Winfried Steffani · Uwe Thaysen (Hrsg.)

Parlamente und ihr Umfeld

Zeitschrift für Parlamentsfragen

im Westdeutschen Verlag

Winfried Steffani · Uwe Thaysen (Hrsg.)

Parlamente und ihr Umfeld

Westdeutscher Verlag

Der Westdeutsche Verlag ist ein Unternehmen der Bertelsmann Fachinformation GmbH.

http://www.westdeutschervlg.de

Gedruckt auf säurefreiem Papier

Umschlaggestaltung: Christine Huth, Wiesbaden
Druck und buchbinderische Verarbeitung: Druckerei Hubert & Co., Göttingen
Printed in Germany

ISBN 3-531-13147-8

Inhalt

Quellenverzeichnis zu:

Steffani · Thaysen (Hrsg.)

Parlamente und ihr Umfeld

Dank und Gratulation

Als die *Deutsche Vereinigung für Parlamentsfragen (DVParl)* am 21. Januar 1970 zu Bonn aus der Taufe gehoben wurde, hatte der Westdeutsche Verlag bereits wesentliche Vorleistungen erbracht.

Dr. Friedrich Middelhauve, damals verantwortlicher Inhaber des Verlages, hatte sich besonders engagiert. Ohne seine Förderung und tatkräftige Mithilfe wäre der Anfang schwerlich so erfolgreich verlaufen, wie er sich von heute gesehen ausnimmt. Dr. Middelhauve war es persönlich zu verdanken, daß der Bonner Gründungsversammlung bereits die Null-Nummer der geplanten und seitdem ununterbrochen nach Plan erscheinenden *Zeitschrift für Parlamentsfragen (ZParl)* vorgelegt werden konnte. Das ganze Jahr 1969 hindurch hatten er und weitere Mitarbeiter des Westdeutschen Verlages sich mit hilfreichem Mut und ohne finanzielle Risikoscheu dem Entwurf und der Realisierung der ersten Ausgabe unserer Zeitschrift angenommen. Dem verstorbenen Verleger gilt auch heute das besondere Gedenken der Hamburger Planer und späteren Gestalter dieses Projektes.

An seiner Seite schon und dann nach Dr. Middelhauve an dessen Stelle stand uns und steht uns im Westdeutschen Verlag noch immer Manfred Müller unerschütterlich zur Seite. Auch seiner kritisch-engagierten Begleitung schuldet die *ZParl* manchen Dank.

Stellvertretend möchten wir ein paar weitere gute Geister des Verlages nennen, die wir – nach jeweiligem Stand der Technik – mit unseren organisatorischen und technischen Unzulänglichkeiten strapazieren durften. Wir danken ihnen, weil wir jeweils auf ihre Fähigkeiten setzen konnten, unser immer aufs neue veralternde technische Können und unsere immer mal wieder verschleppten Einzeltermine auszubügeln: Ilse Müller, Monika Kabas, Barbara Emig. In jedem Falle haben sie ihr jeweils Bestes zu tun gewußt, daß die Zeitschrift stets pünktlich erscheinen und respektable Verbreitung finden konnte.

Wie es zur Gründung der *DVParl* kam, welche Ideen ihr zugrunde liegen und welche Gestalt die vorgesehene Zeitschrift annehmen sollte, wird im folgenden Beitrag zur Gründungsgeschichte näher dargetan. Die ursprüngliche Konzeption der Zeitschrift konnte, da sie sich als tragfähig erwies, bis heute beibehalten werden: Den Schwerpunkt bilden nach wie vor die Sparten „Dokumentation und Kurzanalysen" sowie „Aufsätze"; daran schließen sich die Rubriken „Diskussion", „Literatur", „Mitteilungen" und „Gesetzgebung zum Parlamentsrecht" an. Inhaltlich kreisen die verschiedenen Beiträge vornehmlich um die vier Themenbereiche (a) Fragen des Parlamentarismus auf Bundes- und Länderebene der Bundesrepublik Deutschland, (b) parlamentsrelevante Entscheidungen der oberen Gerichte der Bundesrepublik Deutschland, (c) Fragen der Entwicklung ausländischer Regierungssysteme sowie (d) Probleme des Vergleiches von Regierungssystemen. Als Autoren kamen und kommen neben Wissenschaftlern auch facherfahrene Journalisten, Abgeordnete sowie Parlaments- und Fraktionsmitarbeiter zu Wort.

Die von der *Deutschen Vereinigung für Parlamentsfragen* über den Bundeshaushalt von Anbeginn ohne jede inhaltliche Auflage finanziell mitgeförderte *ZParl* gehört zu jenen wenigen Fachzeitschriften, die ihren Abonnentenstamm von ihrer Erstausgabe bis in die Gegenwart kontinuierlich ausweiten konnten. Die Auflage der alle drei Monate erscheinenden vier Hefte eines

Jahrganges betrug 1970 rund 800, heute deutlich über 2000 Exemplare. Ihr Jahresumfang betrug anfänglich etwa 400, heute etwa 800 Seiten.
Die für diesen Band zum 50jährigen Jubiläum des Westdeutschen Verlages getroffene Textauswahl konzentriert sich auf solche Beiträge, die in der Sparte „Aufsätze" veröffentlicht worden waren. Die Reihenfolge der ausgewählten Beiträge bleibt chronologisch nach deren jeweiligem Erscheinungsdatum. Der den einzelnen Titeln beigefügte Klammervermerk verweist auf das jeweilige *ZParl*-Heft des Erscheinungsjahres. Es wurden jedoch nicht nur die genannten vier Themenbereiche der *ZParl* als besondere Auswahlkriterien herangezogen. Vielmehr sind zugleich auch solche Textbeiträge berücksichtigt worden, deren Verfasser zu jenen Mitgliedern des Bundestages zählen, die – wie Hans Apel, Carl Otto Lenz und Jürgen Rüttgers – während ihrer Abgeordnetenzeit einige Jahre als Vorsitzende die *Deutsche Vereinigung für Parlamentsfragen* repräsentierten.
Insgesamt will die getroffene Textauswahl dem Leser des vorliegenden Bandes einen chronologisch angeordneten Einblick in die vier Themenbereiche, die Autorenschaft und die im Laufe der Jahre verschieden akzentuierten Schwerpunktsetzungen sowie die laufend gesteigerten Qualitätsansprüche der *ZParl* verschaffen. Daß dabei beispielhaft sowohl auf stärker erfahrungsbetonte als auch auf solche Beiträge zurückgegriffen wird, die einerseits deutlicher empirisch oder andererseits stärker systematisch-theoretisch orientiert sind, bedarf gegenüber den Lesern dieses Periodikums keiner weiteren Erläuterung.
Parlamentarismus ist eine in vielfacher Hinsicht herausfordernde Regierungsweise. Sie ist kompliziert und anstrengend – jedenfalls niemals perfekt. Das gilt sowohl für ihre Praktizierung als auch für ihre Analyse. Herausgeber und Redaktion dieser Zeitschrift haben aber immer gefunden, daß die parlamentarische Regierungsweise ihre Herausforderungen wert ist, und unsererseits haben wir stets Wert darauf gelegt, dies auch deutlich zu machen.
Der Herausgeber im Auftrage der Deutschen Vereinigung für Parlamentsfragen und der Chefredakteur danken dem Westdeutschen Verlag für mittlerweile bald 30 gemeinsam bestrittene Jahre im Weinberge des Publikationswesens. Sie gratulieren dem Verlag namens der *Deutschen Vereinigung für Parlamentsfragen,* der heutigen Redaktion und der Leser der *ZParl* mit den besten Zukunftswüschen zu seinem 50. Geburtstag.

Winfried Steffani
Uwe Thaysen

Prof. Dr. Winfried Steffani,
Beauftragter der Vereinigung für die Zeitschrift für Parlamentsfragen:

Gründung, Grundgedanke und Geschichte der Deutschen Vereinigung für Parlamentsfragen und ihrer *Zeitschrift für Parlamentsfragen*

Ausführungen auf einem Symposium aus Anlaß des 25jährigen Bestehens der Deutschen Vereinigung für Parlamentsfragen am 6. September 1995 in Bonn

Daß ich persönlich besondere Freude über das 25jährige Bestehen unserer Vereinigung empfinde, mag verständlich sein; denn ich maße mir an, diesen Verein gegründet zu haben, und zwar nicht erst vor 25 Jahren, sondern konzeptionell bereits vor etwas längerer Zeit. Ich war, um meine Habilitationsschrift über das Abstimmungsverhalten der Kongreßabgeordneten in Washington erstellen zu können, von 1962 bis 1964 in den USA. Als eifrig forschender Europäer, der amerikanische Zustände kennenlernen wollte, habe ich mich damals sowohl mit Praktikern als auch Theoretikern des Parlaments unterhalten. Dabei ging ich einmal auf Prof. Nelson Polsby zu und fragte ihn, was er mir zu einem bestimmten Reformvorschlag sagen könne; denn Reformen waren und sind natürlich stets ein großes Thema, dem ich mich widmete.
Nelson Polsby sah mich verständnisvoll an und meinte: „Ach, Herr Steffani, über den Sinn dieser Reform kann ich Ihnen leider nichts sagen. Ich studiere das Repräsentantenhaus erst seit fünf Jahren und bin immer noch dabei, zu begreifen, was hier eigentlich geschieht". – Also: Man sollte – das empfehle ich auch stets meinen Studenten – einen Sachverhalt erst kritisieren, wenn man begriffen hat, worum es sich handelt. Gerade diese Möglichkeit, durch Kenntnisnahme von Tatbeständen eine fundierte Kritikfähigkeit erlangen zu können, imponierte mir in den USA.
In Hamburg, aber auch in Bonn, mußte ich feststellen, daß man mehr über die Regierung und Verwaltung als über das Parlament erfahren konnte. In Bonn fühlte man sich als Beamter nahezu degradiert, wenn man von der Verwaltung des Innenministeriums zur Bundestagsverwaltung versetzt wurde. Das Degradierungsgefühl wird offenbar durch die Tatsache genährt, daß sich bei uns im 17. und 18. Jahrhundert die Verwaltung etablierte, erst im 19. Jahrhundert das Parlament hinzukam und man diese Umstände noch im 20. Jahrhundert hin und wieder zu spüren bekommt. In den angelsächsischen Ländern war hingegen das Parlament zuerst da, während dann erst im Laufe des 18. und 19. Jahrhunderts die Verwaltung hinzu kam. Das merkt man dort auch im 20. Jahrhundert – selbst in den USA.
In den USA konnte ich erfahren, daß es in Washington einen Congressional Quarterly Service gibt, der detallierte Informationen über den Kongreß erarbeitet und analytisch aufbereitet. Er bietet damit dem Parlamentsforscher eine ideale Tummelwiese, um an handfeste Daten und Informationen heranzukommen. Beim Bundestag – so habe ich jüngst den Eindruck gewonnen – will man nach einer gewissen Annäherung an diese amerikanischen Zustände nun offensichtlich von solchen Dateninformationen wieder etwas abrücken, sich wieder auf großzügigere Erwägungen beschränken.

Davor kann ich nur warnen: wer keinen Sinn für harte Daten hat, um Realitäten besser in den Griff bekommen zu können, der weiß wohl nicht, auf welches Glatteis er sich begibt, wenn er sich kritisch mit den bestehenden Zuständen auseinandersetzen will.
Der Congressional Quarterly Service ist in Washington nach 1945 gegründet worden. Er gab zunächst handgedruckte Vierteljahresberichte heraus. Seit längerem erstellt er nun minutiös erarbeitete Weekly Reports und seine umfangreichen Jahrbücher. Ohne diese Quellen und Sonderreports des Quarterly Service ist eine seriöse Parlamentsforschung in den USA nicht mehr möglich. Heute sind nahezu hundert Personen mit der Datensammlung über den Kongreß in den USA befaßt. Sie fundieren neben den amerikanischen auch die europäischen Fachdiskussionen.
Als ich Mitte der 60er Jahre wieder nach Deutschland kam und unsere Realitäten zur Kenntnis nahm, wo zweifellos alles etwas kleiner ist, meinte ich, daß etwas im Sinne meiner amerikanischen Erfahrungen unternommen werden müßte. In Deutschland muß man möglichst einen „Stall" haben, um etwas Umfassenderes entwickeln zu können. Ich kam zu einem solchen „Stall", als ich im Wintersemester 1967/68 als Ordinarius an die Hamburger Universität berufen wurde. Hier begegnete ich jungen Wissenschaftlern, die ähnlich wie ich dachten. Das lag vielleicht auch daran, daß ich gerade diese gebeten hatte, an meinen Lehrstuhl nach Hamburg zu kommen. Auf jeden Fall ist die Parlamentsforschung in unserem Hamburger Institut zu einem zentralen Thema geworden.
So mag es verständlich sein, daß das damalige Autorengremium, das presserechtlich den Titel *„Zeitschrift für Parlamentsfragen"* erwarb, eben jene Mitarbeiter waren: die beiden Wissenschaftlichen Räte Dr. Udo Bermbach und Dr. Hans-Joachim Winkler sowie meine damaligen Wissenschaftlichen Assistenten Dr. Franz Nuscheler und Dipl-Pol. Uwe Thaysen, von denen auch die zwei letztgenannten bereits seit längerem wohlinstallierte Professoren und heute hier anwesend sind. Wir alle – glaube ich – haben bereits damals sehr schnell begriffen, daß wir uns in Deutschland für eine intensivere Förderung der Parlamentsforschung und einen engeren Kontakt mit der politischen Praxis in unseren Parlamenten einsetzen müßten.
Wir suchten zugleich den ersten Kontakt zu Parlamentsmitarbeitern in Bonn und haben ihn erfreulicherweise auch in Herrn Dipl.-Soz. Peter Schindler gefunden, der frühzeitig Geschäftsführer der neu gegründeten Vereinigung wurde. Schindler verfügte bereits damals über ein ausgeprägtes Verständnis für den Sinn und Wert von Datensammlungen. Er wurde für uns alle, die wir uns mit Problemen des Parlamentarismus befassen, zu einem unverzichtbar wertvollen Informanten. Insbesondere die von ihm erstellten Handbücher zeugen von seinem Vermögen, „harte Daten" anderen zugänglich zu machen, sie benutzerfreundlich aufzubereiten und so nutzbringend zu erschließen. Ich kenne so manchen, der zuvor fragte, wie kommen wir an derartige Informationen heran? Seitdem wir diese Daten nun haben, können wir ernsthafter als bisher Forschung betreiben.
Wie begründet man jedoch ein derartiges Konzept der Parlamentsforschung und einer angemessenen Publikation seiner Ergebnisse? Wir begannen zunächst bescheiden und professoral mit der Überlegung: Wie kommen wir zu einer Zeitschrift? Wir traten mit unseren Vorstellungen und Wünschen an den Westdeutschen Verlag heran, der auch heute hier als Mitgastgeber vertreten ist. Damals war Dr. Friedrich Middelhauve dessen Inhaber. Wir trafen uns zu eingehenderen Kontaktgesprächen. Vor kurzem fand ich einen Brief vom 13. Mai 1969, in dem Middelhauve folgendes an mich schrieb:

„... trotz der Kürze der Zeit habe ich mich über den dann doch sehr intensiven, fruchtbaren Gedankenaustausch mit Ihnen am 9. Mai in Hamburg sehr gefreut. Beglückwünschen darf ich Sie vor allem zu dem zügigen Fortschreiten der Vorbereitungen zur Gründung einer deutschen parlamentarischen Gesellschaft. Das von Ihnen entwickelte Konzept hat in seiner theoretischen Klarheit sowie in seiner praktischen Vernünftigkeit durchaus Modellcharakter. Jetzt können eigentlich nur noch etwaige Unruhen der neuen Regierungsbildung das Zustandekommen der Gründungsversammlung im Herbst des Jahres behindern."

Die freundlichen Bemerkungen, die er mir machte – und für die ich auch der Präsidentin vorhin danken wollte –, hatten sicherlich ein konkretes Ziel. Man wollte mit uns ins Geschäft kommen, etwas erreichen. Auf jeden Fall glaube ich, daß sich das Konzept von damals bewährt hat, denn sonst würde es nicht auch heute noch, nach 25 Jahren, unserer Zeitschrift und unserem Tun zugrunde liegen.

Dr. Middelhauve hat seinerzeit dafür gesorgt, daß wir schon Ende 1969 zu unserer Zeitschrift kamen. Die Gründungsversammlung konnte jedoch nicht im Herbst, sondern erst am 21. Januar 1970 stattfinden. Das hatte seinen besonderen Grund in dem Umstand, daß die größte Fraktion zwar den Präsidenten, dessen Partei im Bundestag jedoch die Opposition stellte. Präsident des Bundestages war damals der CDU-Abgeordnete Kai-Uwe von Hassel. Und von seiten der sozialliberalen Koalition hieß es, daß man jede parteipolitische Einseitigkeit vermeiden sollte – zumal auch Steffani der CDU (damals noch!) angehörte und dazu noch so manch anderer an einer Gründung besonders Interessierter.

Unter meinen Mitarbeitern gab es insbesondere einen, der für all diese Fragen und Probleme einen speziellen Sensus entwickelte. Das war Uwe Thaysen, der in jenen Tagen an seiner Dissertation zu den Auseinandersetzungen um eine Parlamentsreform des Bundestages arbeitete, jener Reformen, die schließlich zu den '69er Ergebnissen führten.

Wir hatten vor, eine Zeitschrift zu erstellen, die beides erreichen sollte: Einerseits eine Tatsachen- und Datenvermittlung von Parlamentsvorgängen, wie das der Congressional Quarterly Service in den USA vorbildlich leistet, und andererseits so etwas wie eine theoretisch-konzeptionelle Durchdringung der Materie, wie dies die Engländer mit ihrer Hansard Society betreiben, vor allem mit ihren Zeitschriften „Government and Opposition" und „Parliamentary Affairs". Alles, was mit dem Parlament im weiteren oder engeren Sinne zu tun hat, alle „parliamentary affairs" also, sollten den Diskussionsgegenstand bilden.

Thaysen und ich fuhren demgemäß nach London zu den Managern der Hansard Society und fragten: Wie geht Ihr vor? Man gestand: „Wir ruinieren uns damit, daß wir immerfort um finanzielle Mittel bitten, daß wir ständig schnorren gehen müssen. Wir müssen dauernd um Gelder bitten. Das ruiniert uns nahezu. Wir selbst kommen kaum zu einer vernünftigen Sacharbeit, das müssen wir unseren Autoren überlassen. Wir von der Hansard Society müssen vornehmlich dafür sorgen, daß unsere Organisation wenigstens funktioniert".

Uwe Thaysen meinte sofort: Wir sollten unser geplantes Zeitschriften- und Veranstaltungsvorhaben erst gar nicht anfangen, wenn wir die Sache nicht sowohl inhaltlich in völliger Unabhängigkeit als auch und trotzdem finanziell gesichert betreiben können. Entsprechend hat er damals an der Satzung unserer Vereinigung gearbeitet. Thaysen wurde übrigens nach Dr. Winkler und Dr. Bermbach bereits 1972 Chefredakteur unserer Zeitschrift, die seiner unermündlichen Wirksamkeit wesentlich ihre heutige Reputation verdankt.

Unsere finanzielle Absicherung bestand schließlich darin, daß wir auf den Bundestag zugingen und ihn baten, uns in seinen Haushalt aufzunehmen. Die heutigen Bezuschussungen liegen nicht allzu weit von den damaligen Beträgen entfernt. Wir bleiben weiterhin im Haushalt des Bundestages und sind – wenn ich das richtig sehe und nicht völlig mißraten argumentiere – der wichtigste Posten in diesem Haushalt. So beurteile ich das jedenfalls.

(Heiterkeit)

Dieser Haushaltsposten muß auch künftighin unbedingt gewahrt werden.
Wir haben von Anbeginn Wert darauf gelegt, daß dreierlei zusammenkommt:
Auf der einen Seite Politiker, die das Fachgespräch über sich und ihr Tun suchen und dafür Sorge tragen, daß unser Unternehmen auch finanziell funktionieren möge. Diese Bezuschussung sollte auch denen zugute kommen, die dem Parlament nicht nur freundlich gegenüberstehen, sondern durchaus kritisch sind, wenngleich im Prinzip „wohlwollend". Ich selbst rechne mich zu ihnen. Aber ein solches Wohlwollen darf nicht zur Bedingung gemacht werden, denn auch diejenigen müssen gehört werden, deren Kritik dem einen oder anderen deutlich überzogen erscheint. Man sollte nur allseitig offen sein und Gegenantworten auch zur Kenntnis nehmen. Ein, zwei Präzedenzfälle parteilicher Einwirkungsversuche hat die Redaktion dann glücklicherweise – gegenüber am Ende einsichtigen Abgeordneten – zu ihren Gunsten entscheiden können.
Zum zweiten waren Menschen erforderlich, die hinreichend genug theoretisch ausgebildet waren, sich als kritische Beobachter mit solchen Fragen zu befassen. Wir meinten, daß wir in Hamburg dazugehörten. Sicherlich nicht nur wir. Es gab auch andere. Ich werde gleich darauf eingehen, will meine Zeit jedoch nicht all zu sehr überziehen.
Zum dritten stellt sich die Frage: Was geschieht, wenn sich betroffen Fühlende auf den Haushaltsausschuß zugehen und erklären: „Wir haben in der ZParl Merkwürdiges gelesen, was uns empört; dreht doch denen mal den Wasserhahn ab; die sollen getrost durstig werden. Wir lassen uns nicht ungestraft kritisieren." Es sollte also auch zur Vermeidung derartiger Konfliktmöglichkeiten eine dritte Größe geben: Journalisten und deren Medien. Uwe Thaysen legte damals besonderen Wert darauf, die Unabhängigkeit unserer wissenschaftlichen Arbeit durch die systematische Einbeziehung des Journalismus zu gewährleisten. Ich entsinne mich, daß er damals häufig auf Walter Lippman und die anderenfalls einsetzbare „artillery of the press" verwies.
Es ist jedoch niemals ernsthaft zu derartigen Konflikten gekommen. Unsere Medienvertreter sahen sich also nie genötigt, uns in unserer wissenschaftlichen Unabhängigkeit beizustehen.
Pressevertreter waren von Anbeginn dabei – vor allem Dr. Friedrich Karl Fromme, der auch zu den Gründungsmitgliedern zählt – und der leider viel zu früh verstorbene Rolf Zundel.
Diese Gruppentrias bildete das Grundgerüst unserer Vereinigung: Abgeordnete, Wissenschaftler und Journalisten. Sie sorgen dafür, daß jeder seinem Handwerk in Freiheit nachgehen kann.
Außerdem konnten wir uns von Anfang an auf diejenigen verlassen, die den parlamentarischen Betrieb von innen kannten, nämlich die Mitarbeiter des Bundestages, des Bundesrates und der Länderparlamente. Zur ersten Generation dieser Gruppe zählten – unvergessen – Werner Blischke und Peter Scholz, die wie Rolf Zundel heute nicht dabeisein können. Dazu kamen viele andere, bald auch unsere Leser sowie diejenigen, die ihre unterschiedlichen Erfahrungen in unsere gemeinsamen Auseinandersetzungen einbrachten.
1969 mußte zunächst einmal der damals amtierende Bundestagspräsident Kai-Uwe von Hassel angesprochen und gewonnen werden. Dabei half uns die Flensburger Nachbarschaft der Herren von Hassel und Uwe Thaysen. Letzterer konnte es arrangieren, daß wir drei uns auf dem Hamburger Flughafen trafen. Dort vermochten wir den Präsidenten davon zu überzeugen, daß es nicht nur für ihn persönlich, sondern auch für unser geplantes Vorhaben ein unschätzbarer

Gewinn wäre, wenn er uns unterstützen würde. Von Hassel war sofort hilfsbereit und meinte: „Ich sehe, es handelt sich um ein vernünftiges Konzept; auf mich könnt Ihr Euch verlassen." Und er hielt sein Wort. Wir sind seitdem Herrn von Hassel sehr dankbar dafür, daß er sich im Bundestag für uns einsetzte und später die Gründung vollzog.

Es war nur allzu verständlich, daß der damalige Vorsitzende der sozialdemokratischen Regierungsfraktion seine Unterstützung von dem Umstand abhängig machte, daß der erste Vorsitzende der Vereinigung aus den Reihen seiner Fraktion gewählt werden sollte. Es sollte sich dabei um eine für dieses Amt besonders geeignete Persönlichkeit handeln. So wurde der Bundestagsabgeordnete Dr. Hans Apel unser erster Vorsitzender.

Apel setzte sich von Anbeginn dafür ein, daß in unserer Vereinigung keine falschen parteipolitischen Akzente gesetzt wurden. Gleiches war für unseren ersten Stellvertretenden Vorsitzenden und späteren Vorsitzenden, den CDU-Abgeordneten Dr. Carl Otto Lenz, selbstverständlich.

Die F.D.P.-Fraktion sagte ebenfalls ihre Mitwirkung zu und betonte ihr Interesse daran, daß die Tätigkeiten der Vereinigung in völliger Freiheit durchgeführt werden sollten. Damals stellte sich der Abgeordnete Werner Mertes als Schatzmeister unserer Vereinigung zur Verfügung. So ist es seitdem Tradition geworden, daß der Vorsitzende entweder der CDU/CSU- oder der SPD-Fraktion und der Schatzmeister der F.D.P.-Fraktion angehört. Ob, wie weit und wie lange diese Tradition fortgesetzt wird, wird die Zukunft zeigen. Die ersten 25 Jahre stellen klar: So war es, und so ist es bis heute geblieben.

Unter den Wissenschaftlern – als Politologe bin ich vornehmlich auf meine Fachkollegen zugegangen – gab es die Frage, wer sich als Gründungsmitglied besonders engagieren wolle. Zudem sollten die regionalen Schwerpunkte politologischer Parlamentsforschung berücksichtigt werden. Die Herren Thaysen, Winkler und ich selbst kommen von der Freien Universität Berlin. Im Sommersemester 1967 hatte ich eine Vertretungsprofessur an der Universität Heidelberg. Die Herren Bermbach und Nuscheler kommen aus Heidelberg und waren dort Schüler von Professor Dolf Sternberger, den Fragen des Parlamentarismus seit jeher speziell interessiert hatten.

Gleichsam als dritte Säule der damaligen Parlamentsforschung bot sich die Universität München an, wo man sich insbesondere am Lehrstuhl von Professor Hans Maier mit Problemen des Parlamentarismus befaßte. Hans Maier selbst zeigte sich sofort interessiert und wurde ein besonders engagiertes Gründungsmitglied unserer Vereinigung. Wir beide waren auch mit der Suche nach einem angemessenen Namen für unsere Vereinigung befaßt. Hans Maier fragte, ob man nicht die Formel „Government and Opposition" übernehmen und die Bezeichung „Regierung und Opposition" als Kürzel wählen sollte. Ich selbst dachte wiederum an den Zeitschriftentitel „Parliamentary Affairs" und meinte, ob man das nicht mit „Parlamentsfragen" übersetzen könnte, denn schließlich ginge es uns doch um solche Fragen im engeren und weiteren Sinne. Hans Maier stimmte damit überein – andere auch. Wir beschlossen, sowohl die Zeitschrift als auch den geplanten Verein „... für Parlamentsfragen" zu benennen.

Ein Wort des Dankes gilt gleich zwei Universitäten: der Universität Hamburg, an der wir das Unternehmen „Deutsche Vereinigung für Parlamentsfragen" begannen, und der Universität Lüneburg, von der die Parlamentarismusforschung wie von der Hamburger Universität mit Sympathie begleitet und unterstützt wird. Eine solche sichere Verankerung der ZParl erscheint mir sowohl personell als auch institutionell unerläßlich.

Mit dem Rest, den praktizierten Konzeptionen für die Vereinigung wie für die Zeitschrift, sind wir alle wohl vertraut. Daß wir uns 25 Jahre lang daran gehalten haben, ist offenkundig.

An der Erstellung der Null-Nummer unserer *Zeitschrift für Parlamentsfragen* vom Herbst 1969

war bereits der damalige Mitarbeiter von Professor Maier, unser heutiger Kollege Professor Heinrich Oberreuter, beteiligt. Aus seiner Feder als Koautor stammt der erste in der Zeitschrift publizierte Aufsatz unter dem fragenden Titel „Parlamentsreform in der Dunkelkammer? Zum Selbstverständnis der Bundestagsabgeordneten". Oberreuter vertrat schon damals die Auffassung, daß das Parlament eine öffentliche Veranstaltung sei, die auch ihre Reformüberlegungen in aller Öffentlichkeit zu erörtern und zu vollziehen habe.
Uwe Thaysen hat ähnliches in seiner seit 1972 gedruckt vorliegenden Dissertation „Parlamentsreform in Theorie und Praxis" – erschienen im Westdeutschen Verlag – ausführlich dargetan.
Nun, 25 Jahre nach der Gründung unserer Vereinigung, kann unsere Zeitschrift einen Beitrag zur Parlamentsforschung mit ihrem Sonderband „Demokratie in Europa: Zur Rolle der Parlamente" leisten. Wie der Sonderband aussieht, wird uns jetzt der Kollege Thaysen vortragen.

(Beifall)

Vier Thesen über Parlamentsreform*

Thomas Ellwein

1. These: Der Bundestag schweigt

Die Behauptung, der Bundestag sei ein schweigsames Parlament, klingt natürlich merkwürdig, zumal es gerade zu den hierzulande verbreiteten Vorurteilen gegenüber dem Parlament gehört, daß in ihm nur geredet, nicht aber gehandelt werde. Dennoch trifft meine These in einem ganz bestimmten Sinne zu.

Das kann man zunächst rein äußerlich belegen: Der vierte Bundestag, also der von 1961 bis 1965, hatte durchschnittlich im Jahr 49 Plenarsitzungen. Auf Stunden umgerechnet bedeutet das, daß die Volksvertretung 273 Stunden öffentlich diskutiert hat. Verglichen damit debattiert das *amerikanische* Repräsentantenhaus etwa doppelt solang, die *französische* Nationalversammlung vor *de Gaulle* etwa dreimal und das *englische* Unterhaus etwa viermal solang. Auch der Reichstag der *Weimarer Zeit* hat wesentlich länger getagt und noch der *erste Bundestag* kam immerhin auf 433 Stunden.

Natürlich sind das nur äußere Feststellungen. Sie haben aber gewichtige Folgen. Die eine ist die, daß ein Parlament, das nur an etwa 50 Tagen im Jahr zu Plenarsitzungen zusammenkommt, zur aktuellen Politik wenig sagen kann. Über die politischen Ereignisse wird die Öffentlichkeit deshalb in erster Linie durch die Regierung, auf Pressekonferenzen und bei anderen Gelegenheiten unterrichtet. Im parlamentarischen System müßte es aber so sein, daß *alle wichtigen Erstinformationen zunächst im Parlament* vorgetragen werden, daß die Regierung sogleich sagt, was sie zu tun gedenkt und daß das Parlament dazu Stellung nehmen kann. Verfährt man so, dann wird auch das Hin und Her der Meinungen deutlich, und die Opposition hat die Chance, mit dem gleichen Echo wie die Regierung ihre Sicht der Dinge vorzutragen. Nur ein Beispiel:

Das Parlament ist der eigentliche Gesetzgeber. Praktisch liegt es aber so, daß die Öffentlichkeit über die Gesetzesentwürfe unterrichtet wird, wenn sie vom Kabinett verabschiedet werden, also lange vor den parlamentarischen Beratungen, die deshalb auch nur ganz selten einen Neuigkeitswert haben.

Die andere Folge ist, daß im Bundestag nur eine vergleichsweise kleine Zahl von Abgeordneten überhaupt öffentlich auftritt. Es gibt einige wenige Starredner und daneben etwa 16 bis 18 vH Parlamentarier, die überhaupt nie öffentlich reden; viele andere machen nur gelegentlich eine Bemerkung. Sie reden natürlich in den Ausschüssen, weil der Bundestag ein Ausschußparlament ist – vor der Öffentlichkeit aber schweigen sie.

* Zuerst vorgetragen im Zweiten Deutschen Fernsehen am 23. Februar 1969 und veröffentlicht in Gewerkschaftliche Monatshefte, Jg. 20, 1969, H. 4, S. 193–196. Nachdruck mit freundlicher Genehmigung des Autors, des ZDF und der Gewerkschaftlichen Monatshefte.

2. These: Die Fachleute sind unter sich

Wenn das Parlament vorwiegend in den Ausschüssen tätig ist, dann muß man fragen, ob in den Ausschüssen die gleiche Wirkung erzielt wird wie in den öffentlichen Plenarsitzungen.
Man muß also fragen, welche Aufgaben das Parlament überhaupt hat. Dabei ergibt sich gleich eine erste Antwort: Die Ausschüsse beschäftigen sich im wesentlichen mit der Gesetzgebung. Nur wenige Ausschüsse – so der Auswärtige, der Verteidigungs- oder der Haushaltsausschuß – stehen darüber hinaus in regelmäßigem Kontakt mit der Regierung und üben damit die parlamentarische Kontrolle aus – neben der Gesetzgebung die zweite wichtige Aufgabe des Parlaments. Je mehr Ausschußsitzungen also, desto weniger parlamentarische Kontrolle, weil die Regierung relativ selten gezwungen ist, ihr Tun öffentlich zu rechtfertigen.
Wieder ist das nur *eine* Seite der Angelegenheit. Die andere ergibt sich aus der Zusammensetzung der Ausschüsse. Die Bundestagsausschüsse sind Fachausschüsse. Sie sind in der Regel einem Fachministerium zugeordnet und haben es in der Hauptsache mit den Gesetzentwürfen dieses Ministeriums zu tun. Selbstverständlich entsenden die Fraktionen in die Ausschüsse am liebsten Leute, die von der betreffenden Sache etwas verstehen. In den meisten Ausschüssen haben deshalb die Fachleute das Wort.
Das hat zwei Konsequenzen: Die eine ist die, daß Fachleute oft zugleich auch Interessenten sind. Es gibt im Bundestag Ausschüsse, auf die die Beamten oder die Landwirte oder die Industriellen oder die Gewerkschaftsfunktionäre oder die Vertriebenen eine Art Monopol haben. Vielfach kann man auf ihren besonderen Sachverstand auch gar nicht verzichten, weil die Gesetze so ungemein kompliziert sind. Aber sie sind eben auch zugleich Interessenten, was häufig ungünstig ist.
Damit bin ich bei der zweiten Konsequenz: In den Ausschüssen sind die Fachleute unter sich. Im Ministerium haben Fachleute einen Gesetzentwurf ausgearbeitet, im Ausschuß wird er von Fachleuten beraten. Viele nehmen daran keinen Anstoß. Sie meinen, Fachleute können nur durch Fachleute beaufsichtigt werden. Unsere Abgeordnete sollen aber in erster Linie *Volksvertreter* sein. Sie sollen zwischen einem Spezialgebiet der Politik und der Politik insgesamt eine sinnvolle Verbindung herstellen. Wer sich sein Leben lang *nur* mit Agrar- oder Sozialpolitik beschäftigt, tut sich da schwer. Er vertritt seinen Bereich; den notwendigen Ausgleich zwischen den Bereichen muß dann die Fraktionsführung bewirken. Die erstaunliche Macht der Fraktionschefs erklärt sich daraus, daß sie vielfach allein alles überblicken, während die meisten Abgeordneten nur für einen kleinen Teil zuständig sind und sich aus Gründen der Arbeitseinteilung für die anderen Teile gar nicht erst interessieren.
Mit seiner Ausschußarbeit erreicht der Bundestag, daß die Gesetze intensiv beraten werden, aber er zerfällt in einzelne Gruppen von Fachleuten, die sich im täglichen Geschäft aufreiben und für die Gesamtpolitik keine Zeit haben, also der Regierung auch nicht entsprechend gegenübertreten.

3. These: Weniger Gesetze wären mehr

Als Ausschußparlament wirkt das Parlament an der Regierung mit, indem es möglichst viel und möglichst gründliche Gesetze berät und beschließt und damit Einfluß auf Regierung und Verwaltung nimmt. Ob wir damit aber gut fahren, ist höchst zweifelhaft.

Ich darf dazu wieder einige Zahlen vortragen: Der vierte Deutsche Bundestag hat 429 Gesetze verabschiedet, im Jahresdurchschnitt also etwa 110. Jedes Gesetz muß förmlich im Plenum in erster, zweiter und dritter Lesung beraten werden. In der ersten Lesung geht es um das Grundsätzliche, in der zweiten um die Berichte der Ausschüsse und die Einzelheiten, in der dritten um die Zusammenfassung und den Beschluß. Nun sind 1961 bis 1965 von den 429 Gesetzen 260 weder in erster, noch in zweiter und in dritter Lesung überhaupt im Plenum nur mit einem Wort angesprochen worden. Über 41 Gesetze beriet man jeweils weniger als zehn Minuten, und nur 25 Gesetze wurden jeweils länger als drei Stunden debattiert, obgleich immerhin die Hälfte der Redezeit im Plenum auf die Gesetzgebung entfällt.

Was verbirgt sich dahinter? Zum einen ist ganz deutlich, daß es für den Bundestag oft einfach langweilig ist, im Plenum zu debattieren. Wenn die Regierung einen Entwurf vorlegt, beschäftigen sich die Fachleute in den Fraktionen damit. Man weiß, daß der Entwurf zuerst in die Ausschüsse geht, und weil man viel zu tun hat, regt man sich zu diesem Zeitpunkt noch nicht auf. Dann beraten die Ausschüsse, und die Spezialisten berichten der Fraktion über die Ausschußverhandlungen, was die Fraktion meist einfach zur Kenntnis nimmt. Kommt man zur zweiten und dritten Lesung, dann ist es in der Regel einfach so, daß nichts Neues mehr gesagt werden kann, weshalb man lieber schweigt.
Zum anderen ist es ebenso deutlich, daß viele unserer Gesetze von Haus aus langweilig und politisch uninteressant sind. Sie werden dann routinemäßig produziert und regen niemanden auf. Vom Gesamtinhalt aller Gesetze entfallen ohnehin höchstens 25 % auf wirkliche Sachentscheidungen, und sie sind oft unbedeutend genug. Die Streitfrage lautet deshalb, ob man weniger Gesetze machen könnte. Die Verteidiger des jetzigen Zustandes sagen nein und verweisen auf die komplizierte föderalistische Konstruktion und auf die rechtsstaatlichen Erfordernisse. Ich selbst bin der Meinung, daß man mehr Rahmengesetze machen und vieles auf dem Verordnungswege regeln könnte, daß also auch der Bundestag mehr Zeit gewinnen könnte, sich mit den wesentlichen Entscheidungen auseinanderzusetzen.

4. These: Der Abgeordnete ist kein Volksvertreter

Wenn das Parlament zwar in den Ausschüssen fleißig ist, aber in den öffentlichen Sitzungen schweigt und in den öffentlichen Sitzungen vielfach keine interessante Verhandlungsgegenstände mehr hat, dann kann diesen Sitzungen auch kaum ein großes öffentliches Interesse entgegengebracht werden. Parlamente haben nur dort einen hohen öffentlichen Rang, wo die wesentlichen politischen Informationen und Meinungen zuerst im Parlament vorgetragen werden, wo also der Bürger über das Parlament erfährt, was gerade wichtig ist und wie es weitergehen soll. Deshalb ist es eine heute verbreitete Forderung, die Parlamentsarbeit mehr der Öffentlichkeit zugänglich zu machen.

Freilich hat das Rückwirkungen vor allem auf die Abgeordneten. Ich behaupte ernstlich, daß ein Abgeordneter, der sich vorwiegend als Spezialist versteht und der sich voll in die Arbeitsteilung seiner Fraktion einbinden läßt, kein Volksvertreter ist. Die Figur des Volksvertreters sieht meines Erachtens ganz anders aus. Zu ihr gehört zunächst allgemeines politisches Interesse und sodann zentral die Fähigkeit, seinen Mitbürgern zu erklären, worum es geht und warum er eine bestimmte Meinung vertritt.
Zu einem Volksvertreter in diesem Sinne gehört auch, daß er sich immer wieder im Parlament hinstellt und erklärt, er habe dies und jenes nicht verstanden, man möge es ihm bitte schön noch einmal erklären, denn schließlich habe er und der Bürger den Anspruch darauf, gerade eine besonders komplizierte Politik verständlich gemacht zu bekommen. Der Volksvertreter braucht Fachkenntnisse wie jedermann, aber er muß als Politiker in erster Linie wissen, wie man sich sinnvoll beraten lassen und sich Informationen beschaffen kann. Er soll sich nicht übertölpeln lassen, wozu er aber nicht selbst Spezialist zu sein und auch nicht unbedingt einen Assistenten zu haben braucht. Tritt solch ein Volksvertreter im Plenum auf, so werden auch die Plenarverhandlungen interessanter.

Parlamentarische Staatssekretäre und Staatsminister – das britische Vorbild

Franz Nuscheler

Wenn auch im Bericht des bei den parlamentarischen Beratungen zum Gesetzentwurf über die »Rechtsverhältnisse der Parlamentarischen Staatssekretäre« (PStS) federführenden Innenausschusses davon gesprochen wird, daß sich »ausländische Vorbilder ... nicht ohne weiteres auf unser Parlaments- und Regierungssystem übertragen« lassen [1], so ist doch unbestritten, daß sich die Konstrukteure des neuen Amtes vor allem am britischen Vorbild orientierten. Aus diesem Bericht geht ebenfalls hervor, daß die Erfahrungen mit dem Amt des Staatssekretärs in Bayern mehr als Abschreckung denn als Vorbild gedient haben. Das Modell des französischen »Secrétair d'Etat« mit Sitz und Stimme im »Conseil de Cabinet« und im »Conseil des Ministers« oder des österreichischen Staatssekretärs, der durch das ausgeklügelte Proporzschema der großen Koalition zum Aufpasser oder zum »Contre-Minister« [2] des der anderen Regierungs-

[1] BT-Drs. V/1556.

[2] Vgl. dazu *Ernst-Wolfgang Böckenförde,* Die Organisationsgewalt im Bereich der Regierung, Berlin 1964, S. 226–227; *Heinz Laufer,* Der Parlamentarische Staatssekretär, München 1969, S. 8–9.

partei angehörenden Ressortchefs denaturiert wurde, scheint bei den Überlegungen im Bundesinnenministerium und in den Ausschußberatungen des Bundestages keine Rolle gespielt zu haben.
K. F. Fromme erwähnt jedoch im vorstehenden Aufsatz die Konkurrenz von zwei Modellen: Der Innenausschuß habe sich am Modell des britischen »parliamentary secretary«, der Rechtsausschuß dagegen mehr am Modell des britischen »minister of state« orientiert. Es scheint nützlich zu sein, diese beiden Vergleichsmodelle in Ergänzung zu dem Aufsatz von K. F. Fromme und zu den Stellungnahmen der ehemaligen und augenblicklichen PStS der BRD noch einmal vorzustellen [3], um damit gleichzeitig die Abweichungen von den konkurrierenden Vorbildern und die unterschiedlichen Entwicklungstendenzen in der BRD und im britischen Regierungssystem zu zeigen.

1. Konventionalregeln als flexible Rahmenvorschriften

Stellung und Rechte sowohl der Staatsminister wie der PStS Großbritanniens sind nicht durch Gesetze oder Geschäftsordnung definiert. Der »Minister of the Crown (parliamentary secretaries) Act« von 1960 und seine Revision durch den »Minister of the Crown Act« von 1964 regeln lediglich ihre Besoldung und ihre zulässige Höchstzahl. Die verfassungsrechtliche Stellung beider Ämter ist durch die aus der Praxis gewonnenen und der Praxis anpaßbaren Konventionalregeln nur vage bestimmt, also durch »pragmatische Regeln für die politischen Verhaltensweisen bestimmter Staatsorgane, ... welche so lange gelten, als ihre Zweckdienlichkeit für den Fortgang des politischen Prozesses von den handelnden Politikern anerkannt wird« [4]. Es scheint, daß auch diese Flexibilität des englischen Modells dem Innenausschuß des Bundestages als Vorbild diente, der in seinem Bericht das Plenum aufforderte, nur das Nötigste durch Gesetz zu regeln und die Ausgestaltung im einzelnen der Entwicklung zu überlassen [5].
Das britische Konventionalrecht überläßt es der in der Prärogative des Premierministers (formal natürlich der »Krone«) enthaltenen Organisationsgewalt, Status und Funktion seines Regierungspersonals seiner Führungskonzeption anzupassen und überläßt es außerdem dem Führungsstil der einzelnen Ressortminister, die ihm zugeordneten Staatsminister und PStS nach seinen Organisationsvorstellungen einzusetzen. Die Grenzen dieses organisatorischen Dispositionsspielraums sind praktisch durch tradierte Organisationsschemata oder durch Interventionen des Regierungschefs, rechtlich vor allem durch das in England extensiv interpretierte verfassungsrechtliche Prinzip der Verantwortlichkeit des Ressortministers für seinen gesamten Zuständigkeitsbereich gezogen. Ansonsten liefert die Praxis von Whitehall ein sehr unterschiedliches Bild von

[3] Diesen Versuch unternahmen bereits u. a. *Ernst-Wolfgang Böckenförde*, a.a.O., S. 226 ff. und S. 232, und besonders *Arnd Morkel*, Lehrjahre für Minister?, in: Aus Politik und Zeitgeschichte, 12/1967.
[4] *Karl Loewenstein*, Staatsrecht und Staatspraxis von Großbritannien, Bd. 1, Berlin–Heidelberg–New York 1967, S. 52.
[5] Vgl. BT-Drs. V/1556.

der Stellung und dem Einsatz der beiden Amtsinhaber. Die spärlichen Informationen über diese Praxis, die vor allem aus notwendigerweise subjektiven Erfahrungsberichten von Politikern stammen, vermitteln zudem nur lückenhafte Einblicke, die nur mit aller Vorsicht auf verallgemeinernde Formeln gebracht werden können. Die fündigste, allerdings veraltete Quelle ist der bereits 1954 publizierte Erfahrungsbericht des langjährigen Kabinettsmitglieds Herbert Morrison [6].

2. *Staatsminister und PStS in der ministeriellen Hierarchie*

Morrisons Standortbestimmung des Staatsministers zwischen dem Minister und dem PStS [7] bedarf der Präzisierung. Im Gegensatz zum PStS ist der Staatsminister »Minister der Krone« und wird vom Monarchen ernannt. Er wird zur Kategorie der »Senior-Minister« gezählt, bildet jedoch deren unterste Stufe. Die Hierarchie der »Senior-Minister« gliedert sich folgendermaßen: a) die »Senior Cabinet Ministers« als Chef der wichtigsten Ressorts und Mitglieder des informellen »inner Cabinet«; b) die übrigen Kabinettsmitglieder; c) die Ressortminister ohne Kabinettsrang; d) die Staatsminister. Unter diesen bestehen wieder Rang- und Prestigeunterschiede je nach der Bedeutung ihres Ministeriums und der Bedeutung ihres Zuständigkeitsbereiches. So kommt dem für europäische Fragen zuständigen Staatsminister im Außenministerium auf Grund der außenpolitischen Bedeutung dieser Frage ein höheres Prestige als manchem formell höherrangigen Minister zu.

Die PStS bilden zusammen mit den sogenannten politischen Mitgliedern des »Königlichen Haushalts« und den »Lords in Waiting« die Gruppe der »Junior-Minister«. Sie führen den Titel eines »parlamentarischen Unterstaatssekretärs«, wenn der Ressortchef den Titel eines »secretary of state« führt. Diese titulare Unterscheidung impliziert jedoch in einigen Fällen auch echte Rangunterschiede unter den PStS. So erhalten die parlamentarischen Unterstaatssekretäre des Außenministeriums sowie der »Wirtschaftsekretär« und »Finanzsekretär« des Schatzamtes als Manifestation dieses Rangunterschiedes seit 1957 die gleiche Besoldung wie Staatsminister (seit 1964 £ 5625 gegenüber £ 3750 der PStS + Diäten). Die unterste Sprosse der ministeriellen Karriereleiter bilden die »Parlamentarischen Privatsekretäre«, die nicht zum engeren Regierungspersonal zählen und als unbezahlte Assistenten der Senior-Minister vor allem Erfahrungen sammeln sollen. Insgesamt zählte die *zweite Regierung Wilson* zu Beginn 39 Minister, 14 Staatsminister, 43 PStS, 15 weitere Junior-Minister und 30 Parlamentarische Privatsekretäre [8]. Diese Zahlen, besonders der Staatsminister und PStS, wechseln jedoch bei jeder der fast jährlichen Regierungsumbildungen. Die Zahl der Regierungsmitglieder, einschließlich der Junior-Minister, aber ausschließlich der

6 *Herbert Morrison,* Regierung und Parlament in England, München 1954.
7 A.a.O., S. 77.
8 Zahlen nach *R. M. Punnett,* British Government and Politics, London 1968, S. 188; ergänzt durch *David Butler/Jennie Freeman,* British Political Facts 1900–1968, 3. Aufl., London 1969, S. 57.

Parlamentarischen Privatsekretäre, die aus dem Unterhaus kommen, darf die 1964 auf 91 erhöhte Höchstzahl nicht übersteigen.

3. *Stellung und Funktion der Staatsminister*

Der Staatsminister ist eine relativ junge Institution des britischen Regierungssystems. *Ivor Jennings* führt seine Entstehung während des 2. Weltkrieges auf einen nomenklatorischen Trick von Premier *Churchill* zurück, der der Abneigung in Parlament und Öffentlichkeit gegen die wachsende Zahl der nur teilweise kriegsbedingten Minister ohne Portefeuille mit einer neuen Titulatur begegnen wollte [9]. »Staatsminister« war also zunächst nur der neue Namen für Minister ohne Ressort. Ein Teil der ersten Staatsminister gehörte noch dem Kriegskabinett an, zählte also zu den höherrangigen Senior-Ministern. Nach dem Krieg wurden Amt und Titel beibehalten, aber die Stellenbeschreibung geändert und vereinheitlicht. Am Ministertitel wurde vor allem deshalb festgehalten, um die Amtsinhaber bei Verhandlungen im Ausland protokollarisch aufzuwerten.

Morrison beschreibt noch etwas unpräzis den statusmäßigen Unterschied der Tätigkeiten von PStS und Staatsministern: »Der Grund für die Ernennung von Staatsministern ist, daß man einem überlasteten Ressortminister einen Mitarbeiter an die Seite stellen will, der ihm einen Teil seiner Arbeit abnehmen kann, und zwar in einem größeren Umfang, als es für den im Rang niedriger stehenden Parlamentarischen Staatssekretär statthaft wäre.« [10] Nach 1955 setzte sich eine Regelung durch, die die bloß quantitative Unterscheidung Morrisons qualitativ ausgestaltete. Die Entlastung des Ressortministers wurde organisiert und institutionalisiert, indem den Staatsministern ein bestimmter und vor allem ständiger fachlicher Aufgabenbereich innerhalb des Ressorts anvertraut wurde. Mit der Zuständigkeit für einen Teilbereich des Ressorts wurde ihnen eine kontrollierte Selbständigkeit konzediert. Die Delegation administrativer Kompetenzen macht sie zu »Hilfsministern«, jedoch nicht zu »Nebenministern« [11], da sie dem verantwortlichen Ressortminister untergeordnet bleiben und nur im Rahmen der von ihm delegierten Vollmachten handeln können [12].

Das bedeutet natürlich auch – und in England selbstverständlich –, daß sie die Politik ihres Ministers vorbehaltlos vertreten oder zurücktreten müssen. Das Delegationsverhältnis begründet die Unterordnung des Staatsministers unter die Weisungen des Ministers, aber auch dessen alleinige parlamentarische Verantwortlichkeit für den gesamten Geschäftsbereich. Der Vorschlag Morrisons, nicht nur Teil-Zuständigkeiten, sondern auch die entsprechenden Teil-Verantwortlichkeiten zu schaffen, widersprach zu sehr einem sakrosankten Prinzip der englischen Verfassung [13].

Der Staatsminister hat kein originäres Weisungsrecht in seinem administrativen Teilbereich, aber seine Zuständigkeit ist in der Praxis ohne dieses Recht kaum denkbar. Er hat kein Recht der Stellvertretung, sondern kann nur im Auftrag des Ministers die Stellvertretung wahrnehmen, im Kabinett jedoch nur mit Zustimmung des Premiers und bei Sitzungen, in denen sein Aufgabenbereich zur Diskussion steht. Bei längerer Abwesenheit des Ministers wird nicht der Staatsminister oder gar ein PStS, sondern ein anderer Minister mit der Vertretung beauftragt.

[9] *Ivor Jennings,* Cabinet Government, 3. Aufl., Cambridge 1959, S. 75.
[10] *Herbert Morrison,* a.a.O., S. 78.
[11] Vgl. *Ernst-Wolfgang Böckenförde,* a.a.O., S. 226/227.
[12] Vgl. *Herbert Morrison,* a.a.O., S. 79.
[13] Vgl. *Herbert Morrison,* a.a.O., S. 91.

Über die Auswahl der Amtsinhaber entscheidet der Regierungschef, wenn auch im Einvernehmen mit dem Ressortminister.

Die Zahl der Staatsminister und der PStS gibt dem Premierminister beträchtliche Möglichkeiten, auch Rebellen der Regierungsfraktion in die Regierung zu berufen und sie dadurch zur Loyalität zu zwingen. In Einzelfällen kann der Premier auch in die Organisationsstruktur eines Ministeriums eingreifen, einen Aufgabenbereich für einen Staatsminister reservieren, besonders wenn er einen solchen Bereich aufwerten möchte, wie es bei der bereits erwähnten Ernennung eines Staatsministers im Außenministerium für die Fragen eines EWG-Beitritts der Fall war. Premierminister *Wilson* hat im Laufe seiner verschiedenen Regierungsumbildungen die Zahl der Staatsminister auf 20 erhöht und damit diese Institution zu einem immer wichtigeren Organisationselement der britischen Regierung gemacht.

4. Stellung und Funktion der »parliamentary secretaries« (PStS)

Wie bereits erwähnt, können Stellung und Funktionen der neuerdings um 40 schwankenden PStS nur schwer auf eine generalisierende Formel gebracht werden.

Sie können von der Organisationsstruktur der einzelnen Ressorts, der Zahl der Staatsminister und PStS, der Kooperationsbereitschaft der Ministerialbürokratie, vor allem aber vom Führungsstil der Ressortchefs abhängen. Eine grobe funktionale Einordnung könnte folgendermaßen formuliert werden: Wenn die *Staatsminister* auf Grund ihrer fachlichen Teil-Zuständigkeit als *Hilfsminister* bezeichnet werden können, dann könnten die *PStS am ehesten als Ministergehilfen* beschrieben werden.

Sie haben keine originären Sonderrechte kraft Amtes, sondern nur Rechte, die ihnen die Ressortchefs zuzugestehen bereit sind. Diese entscheiden letztlich darüber, ob das Leben eines PStS »hochinteressant und ausgefüllt« oder »tödlich langweilig« ist [14]. Sie können die ihnen zugeordneten Junior-Minister nach Belieben beschäftigen, sie am Entscheidungsprozeß des Ministeriums beteiligen, sie als politische Vertrauensleute oder Berater engagieren oder für Planungsaufgaben freisetzen; sie können ihnen beschränkte ständige Aufgaben – wie es Morrison getan hat – oder nur Gelegenheitsaufträge zuweisen; sie können sie mit der Erarbeitung und parlamentarischen Betreuung bestimmter Gesetzentwürfe beschäftigen oder ihre Hilfsfunktion auf gelegentliche und dem Minister lästige Auftritte in Parlament und Öffentlichkeit beschränken; sie können sie schließlich mehr oder weniger zur Untätigkeit verurteilen. Nach dem Erfahrungsbericht von Duff Cooper ist diese letzte Möglichkeit nicht die völlige Ausnahme [15]. In den meisten Fällen bildet jedoch die ständige Kontaktpflege zwischen dem Ministerium und dem Parlament und seinen Organen, die Hilfestellung bei den parlamentarischen Verpflichtungen des Ministers, die Erläuterung und Verteidigung von Gesetzentwürfen in den parlamentarischen Debatten und Ausschußberatungen, die gelegentliche Vertretung des Ministers in Fragestunden des Unterhauses und die Vorbereitung dieses parlamentarischen Kreuzverhörs den Schwerpunkt ihrer Arbeit.

Die PStS können immer nur im Auftrag und nach den Weisungen ihres Ressortministers handeln. Sind ihnen innerhalb eines Ressorts bestimmte ständige Aufgaben übertragen, haben sie dennoch nur eine »partielle und jederzeit widerrufbare Weisungsbefugnis« [16], die dann auf den Widerstand der Ministerialbürokratie stößt. Sie haben

[14] *Herbert Morrison,* a.a.O., S. 68.
[15] *Duff Cooper,* Das läßt sich nicht vergessen, München 1954, S. 200 ff.
[16] Vgl. *Arnd Morkel,* a.a.O., S. 18.

auf keinen Fall ein Weisungsrecht gegenüber dem mit dem beamteten StS in der BRD vergleichbaren »permanent secretary« [17] und müssen selbst bei Meinungsverschiedenheiten mit höheren Beamten die Entscheidung des Ministers einholen. In dessen alleinigem Ermessen steht es, welche Kategorien von Entscheidungen grundsätzlich oder ad hoc von den PStS selbst getroffen werden können [18]. Dieser Entscheidungsspielraum ist gewöhnlich sehr begrenzt.

Erfahrungsberichte ehemaliger PStS beklagen vor allem die mangelnde Information über Planungen und Entscheidungen innerhalb des Ressorts und über die Versuche der Ministerialbeamten, die lästigen zusätzlichen politischen Kontrolleure möglichst von den wichtigsten Informationen abzuschirmen. So berichtet wiederum *Duff Cooper,* daß er als PStS kaum besser als die »Backbencher« über die Pläne seines Chefs informiert gewesen sei [19]. Zu der unangenehmen Außenseiterrolle in der Organisationsstruktur der Ministerien kommen also häufig noch mangelnde Einbeziehung in das Informationsnetz und Widerstände von seiten der Minsterialbürokratie, die nach den Recherchen von *Hans Daalder* die Junior-Minister häufig »mehr als Laufburschen denn als politische Chefs« [20] betrachtet.

Es scheint jedoch, daß die von Morrison geforderten »Grundrechte für Parlamentarische Staatssekretäre«, nämlich im besonderen ihre Einschaltung in den laufenden Geschäfts- und Informationsgang und ihre zumindest beratende Beteiligung im Entscheidungsprozeß, wachsende Anerkennung finden.

5. *Junior-Minister als Instrument der Patronage und als Ministrable in Ausbildung*

K. F. Frommes Vermutung, daß eine nicht unwesentliche Motivation für die Einführung und Vermehrung der PStS der Versuch gewesen sein könnte, das Patronagereservoir der Regierungsparteien zu vergrößern, trifft zumindest auf England zu. Hier kann die Vervielfachung der PStS seit dem 1. Weltkrieg und der Staatsminister seit dem 2. Weltkrieg nicht nur als systematischer Versuch gewertet werden, die Ressortminister zu entlasten oder dem wachsenden bürokratischen Apparat eine verstärkte politische Führung und Kontrolle gegenüberzustellen. Die verfassungsrechtlichen Bedenken, die in der BRD von einigen Staatsrechtlern unter Berufung auf die Doktrin der Gewaltenteilung entweder gegen eine zu starke Parlamentarisierung der Regierung oder umgekehrt gegen eine Gouvernementalisierung des Parlaments vorgebracht werden [21], sind auch in englischen Verfassungskommentaren zu lesen [22]. Kritisch ist dabei vor allem die Zahl der Junior-Minister, die durch das Prinzip der kollektiven Verantwortlichkeit zwar der Regierung verpflichtet sind, aber nur wenig zur Verstärkung

[17] Vgl. das Statement von Premier *Macmillan,* H. of C. Deb. (26 February 1963), cols. 1078–1079: »Constitutionally of course, the Parliamentary Secretary, theoretically, cannot give orders to the Permanent Secretary.«

[18] Vgl. *Herbert Morrison,* a.a.O., S. 85.

[19] *Duff Cooper,* a.a.O., S. 200. Weitere Beispiele bei *Arnd Morkel,* a.a.O., S. 19.

[20] *Hans Daalder,* Cabinet Reform in Britain, 1914–1963, Stanford 1963, S. 26.

[21] Vgl. *Heinz Laufer,* a.a.O., S. 22 f., oder *Rainer Wahl,* Die Weiterentwicklung der Institution des Parlamentarischen Staatssekretärs, in: Der Staat, Bd. 8, 1969, Heft 3, S. 327 ff.

[22] Vgl. *Herbert Morrison,* a.a.O., S. 80, oder repräsentativ für viele *R. M. Punnett,* a.a.O., S. 189 ff.

der politischen Führung oder gar zur Effizienzsteigerung des Regierungsapparates beitragen können. Diese Frage nach dem Nutzen der PStS für die Regierung steht in England jedoch nicht im Vordergrund der Zweckbestimmung oder der Beurteilung der Institution – im Gegensatz zur BRD, wie Fromme und andere gezeigt haben.
Die britische Institution des PStS wird vorab als Vorschule und fast unvermeidliches Durchgangsstadium für Ministeranwärter verstanden. Die PStS sollen also gar nicht in erster Linie den Ressortministern Entlastung verschaffen, sondern von ihnen in die Kunst und Technik des Regierens eingeführt werden. Die Urteile, ob die Lehrpraxis von Whitehall diesen Zweck erfüllt, sind zwar nach unterschiedlichen Erfahrungen sehr verschieden [23], aber das durch dieses Selektionsverfahren immer wieder aufgefüllte Reservoir an guten Ministern spricht kaum gegen diese Methode und sicher nicht gegen die Idee einer Lehrzeit für Minister. In den parlamentarischen Diskussionen vor der Einführung der deutschen PStS wurde dieser Zweck nur am Rande erwähnt [24]. Hier wurde die eigentliche Funktion des britischen Staatsministers, eben die Entlastungsfunktion, in den Mittelpunkt gerückt.
Diese unterschiedliche Intention macht einen wesentlichen funktionalen Unterschied zwischen dem Modell des Staatsministers und des PStS und zwischen den britischen und deutschen PStS aus. Es ist offensichtlich, daß die als vorrangig betrachtete Entlastungsfunktion der deutschen PStS, ihr Drang nach weitergehenden Weisungsbefugnissen in den Ministerien und einem originären Vertretungsrecht im Ressort und im Kabinett und der Ausbau ihrer auch administrativen Zuständigkeit für bestimmte Aufgabenbereiche mehr und mehr auf das Modell des Staatsministers hinauslaufen. Die verfassungspolitische Entwicklung des Amtes hat sich also innerhalb weniger Jahre mehr den Vorstellungen des Rechtsausschusses des 5. BT, die von der Projektgruppe des Bundesinnenministeriums (»Krüger-Kommission«) aufgenommen und weiterentwikkelt wurden, angenähert und sich von dem dem Innenausschuß als Vorbild dienenden und empfohlenen Modell des britischen »parliamentary secretary« entfernt.

[23] Vgl. *Arnd Morkel,* a.a.O., S. 20.
[24] Vgl. *Heinz Laufer,* a.a.O., S. 18.

Die Willensbildung in den Bundestagsfraktionen — Die Rolle der Arbeitsgruppen und Arbeitskreise

Hans Apel

I.

Die Arbeitsgruppen und die Arbeitskreise der Bundestagsfraktionen [1] sind ähnlich wie die Fachausschüsse des Deutschen Bundestages Hilfsorgane der Vollversammlung der Fraktion. Sie sollen Entscheidungen der Gesamtfraktion sachlich und fachlich vorbereiten und der Fraktion ein abschließendes politisches Urteil ermöglichen.

Tatsächlich geht die Macht dieser Untergliederungen der Fraktion weit über diese theoretisch fixierte Aufgabe hinaus. Wenn sich die Fachleute eines Fachbereiches einig geworden sind, und ihre Festlegung nicht mit der Meinung und der Interessenlage anderer Fachbereiche und ihrer Repräsentanten kollidiert, wird die Fraktion gemeinhin ohne viel Aufhebens den ihr vorgetragenen Sachverhalt und die dazu empfohlene Stellungnahme akzeptieren und zu ihrer eigenen machen.

Die Untergliederungen der Fraktionen können dabei beachtliche Fehlentscheidungen fällen. Ein gutes Beispiel dafür liefert die in der Endphase der letzten Legislaturperiode diskutierte sog. Vorbeugungshaft. Der zuständige Arbeitskreis hatte mit Unterstützung des zuständigen Ministeriums für die SPD-Fraktion einen entsprechenden Gesetzentwurf ausgearbeitet, der weitergehendere Wünsche einzelner Landesminister und des damaligen Koalitionspartners verhindern sollte. Die Gesamtfraktion war diesem Vorschlag gefolgt. Erst als dann eine erregte und teilweise überspitzte öffentliche Debatte über Einzelheiten der anvisierten Regelung begann, wurde der Mehrheit der SPD-Abgeordneten klar, was sie beschlossen hatten. So verschwand denn auch dieser Gesetzentwurf sang- und klanglos im Orkus unerledigter parlamentarischer Initiativen. Er war vielleicht juristisch verbesserungsfähig, ja vielleicht sogar polizeilich notwendig, paßte aber nicht in die politische Landschaft und die Grundtendenz politischer Überlegungen dieser Zeit.

Dem Lande war durch dieses Intermezzo kein Schaden entstanden, denn die SPD-Fraktion hatte dieser Initiative erst in erster Lesung zugestimmt. Die danach einsetzende öffentliche Debatte in dem Zeitraum bis zur zweiten und dritten Lesung hatte die dargestellten Konsequenzen. Doch das politische Malheur war geschehen und damit wieder einmal deutlich, wie wichtig es ist, den Expertengruppen der Fraktionen besser als bisher auf die Finger zu schauen. Denn manche andere Fachtorheit mit minderem allgemeinen Rang oder wesentlich höherer Reizschwelle wird eben doch ohne viel Aufhebens zum Gesetz und damit wirksam. Später muß dann oft korrigiert, d. h. novelliert werden.

Die Fraktionen versuchen, die Macht der Experten immer wieder dadurch zu bremsen, daß sie den einzelnen Arbeitsgruppen Abgeordnete zuordnen, die nicht gleichzeitig

[1] Vgl. Dokumentation im Anhang.

Experten und oft Interessenten in einer Person sind. Einfach ist das zweifelsohne nicht. Denn der Abgeordnete eines städtischen Wahlkreises hat kaum Interesse daran, sich im Landwirtschaftsausschuß zu tummeln. Ihm fehlt auch ein Teil des Faktenwissens und der Realitätsnähe, um voll mitwirken zu können. Und so sammeln sich eben doch die Bundesbahner im Verkehrsausschuß, die Wohnungswirtschaftler im Ausschuß für Städtebau und Wohnungswesen, die Soldaten im Verteidigungsausschuß an. Nichtjuristen haben im Rechtsausschuß kaum mehr als Vetofunktionen. Vor allem die Beamten machen im Innenausschuß Besoldungspolitik.

II.

Die Arbeitsgruppen und Arbeitskreise der Fraktionen sind nun keineswegs Geheimzirkel, zu denen die nicht dazugehörenden keinen Zutritt haben. Alle Abgeordneten der SPD-Fraktion werden zu allen Sitzungen aller dieser Fraktionsgremien rechtzeitig eingeladen. Die Tagesordnung macht auch eindringlich deutlich, um was es politisch geht. Doch auch diese Methode gefährdet nicht ernsthaft den Charakter der Exklusivität der jeweiligen Expertengruppen. Es fehlen dem Abgeordneten oft schlicht und einfach die Vorbildung, das Faktenwissen und die Einsicht in die Gesamtzusammenhänge, um echt mitwirken zu können.

Noch einschneidender ist aber die Wirkung des Bonner Terminkalenders. Die Bonner Sitzungswoche beginnt bei der SPD-Fraktion am Montag mit den Sitzungen der Führungsgremien. Ab 17 Uhr tagt der Fraktionsvorstand. Den Arbeitsgruppen steht der Montagabend und der Dienstag bis gegen etwa 14.30 Uhr für ihre Besprechungen zur Verfügung. Das bedeutet aber nichts anderes, als daß gleichzeitig viele dieser Expertengremien tagen, und es deshalb rein faktisch nicht möglich ist, vielseitiger zu sein. Nach gewissen Erfahrungen gibt es auch der Neuling auf, viel mehr sein zu wollen als ein Experte für ...

Es ist die Fraktion nolens volens eine Arbeitsteilungs- und Gesinnungsgemeinschaft. Doch sagt diese in der Literatur benutzte Bezeichnung der unzureichend kontrollierten Expertenmacht eigentlich wenig aus. Denn der Begriff »Gesinnungsgemeinschaft« heißt angesichts der heutigen Komplexität und Vielschichtigkeit nicht viel mehr, als daß die Abgeordneten einer Fraktion ein und derselben Partei angehören, ihren Grundsatz- und Wahlprogrammen verpflichtet sind, sich daraus aber nur bedingt Konsequenzen für aktuelle politische Entscheidungen im Parlament ablesen lassen.

Und auch der Begriff der »Arbeitsteilung« ist in diesem Zusammenhang wenig aussagekräftig. Denn die Arbeitsteilung in einem Gewerbebetrieb zeichnet sich gerade eben darin aus, daß die einzelnen Abteilungen nach einem vorgegebenen Plan arbeiten und einer zentralen Kontrolle unterworfen sind. Zudem wird spätestens bei der Endmontage sichtbar, ob die vielen Einzelteile zueinanderpassen und ein brauchbares Ganzes ergeben.

In praxi heißt das alles nicht mehr, als daß es bisher nur bedingt gelungen ist, die Macht der Experten in den Fraktionen abzubauen und ihre Politik steter demokratischer Kontrolle durch die Gesamtfraktion zu unterwerfen. Es ist meines Erachtens auch hoffnungslos, das auf dem Wege der Erweiterung der Zahl der Experten bzw. der Einschränkung ihrer Einflußnahme zu erreichen. Denn einmal können die Abgeordneten nur ein gewisses Maß an Arbeitslast tragen, Wahlkreis, Partei- und Verbandsarbeit können nicht beiseite geschoben werden. Zum anderen würde die Einflußminderung der Fraktionsexperten der Macht der Experten der Verbands- und Ministerialbürokratie einen noch größeren Rahmen einräumen.

Auch in diesem Falle läßt sich unvermeidbare Macht am wirkungsvollsten durch Gegenmacht kontrollieren. Dazu scheiden Gremien außerhalb der Fraktionen weitgehend aus. Die Fachausschüsse beim Parteivorstand der SPD setzen sich zum Teil aus den Fraktionsexperten zusammen. Diese und viele andere Gremien der Partei tagen zudem so selten, daß sie kaum tagespolitische Bedeutung haben, es sei denn als Transmissionsriemen Bonner Entscheidungen in die deutschen Lande oder als Gremien für Grundsatzdebatten.

So muß geprüft werden, ob die interne Fraktionsorganisation für die Bildung von Gegengewichten Ansätze zeigt. Bei genauem Hinsehen ist das bereits heute bedingt der Fall. So sind in der SPD-Fraktion die Arbeitsgruppen Wirtschaft, Verkehr, Wohnungsbau, Landwirtschaft dem Arbeitskreis Wirtschaftspolitik untergeordnet. Ihre Stellungnahmen und Anträge gelangen also erst dann in die Fraktion, wenn sie durch den Arbeitskreis gelaufen sind. Hier können exzessive Forderungen der einzelnen Fachbereiche redressiert werden. Doch wenn eben diese Forderungen innen- und außenpolitischen Zielsetzungen widersprechen, ist die Chance einer rechtzeitigen Bremsung schon wesentlich geringer. Andere Arbeitsbereiche, so die Sozialpolitik oder die Verteidigungspolitik sind dagegen so organisiert, daß ihre Willensbildung normalerweise direkt in das Plenum der Fraktion läuft.

Das Problem also ist, z. B. die Experten der Sozialpolitik stärker als bisher der Kontrolle der Experten der Wirtschafts- und der Innenpolitik zu unterwerfen. Die Experten der Agrarpolitik müssen stärker als bisher dem Druck der Außenpolitiker ausgesetzt werden usw. Dazu müssen neue Organisationsformen vorgesehen werden.

III.

Wesentlich wäre insbesondere die Diskussion von Zwischenberichten der Experten in der Vollversammlung der Fraktion zu wichtigen Sachfragen, um ihnen rechtzeitig gewisse Richtlinien für ihre weitere Arbeit zu geben. Denn es kommt in einer Koalitionsverbindung hinzu, daß die Experten der Fraktion in einem bestimmten Sachbereich ihre Meinung in Übereinstimmung bringen mit dem Koalitionspartner. Der so gefundene Kompromiß ist dann in den Vollversammlungen der Fraktion nur noch schwerlich zu ändern. Das würde nämlich neue Verhandlungen mit dem Partner bedingen. Sie könnten den Koalitionsfrieden gefährden und müßten zudem quasi vor der Öffentlichkeit geführt werden. Denn der Öffentlichkeit liegt inzwischen über den mit Mehrheit beschlossenen Bericht des zuständigen Parlamentsausschusses für das Bundestagsplenum die Meinung der Experten der Koalition des betreffenden Fachbereichs vor. Jetzt aber erst diskutiert die Vollversammlung der Fraktion diese politische Haltung ihrer Fachleute. Will sie sie revidieren, müssen Verhandlungen mit dem Partner geführt werden, müssen Abänderungsanträge zum Koalitionsentwurf im Plenum eingebracht werden. Wer tut das schon gern, und so wird manchmal zähneknirschend die Meinung der Experten von der Gesamtfraktion übernommen.

Das wäre vermeidbar, wenn der Gesamtfraktion in einem gewissen Vorstadium der politischen Arbeiten in den Arbeitsgruppen ein Zwischenbericht gegeben wird und ihr politische Alternativen vorgetragen werden, die sie richtungweisend ohne Detailbindung entscheiden könnte.

Die SPD-Fraktion wird in Zukunft regelmäßig alle Fachbereiche auffordern, grundsätzlich in der Gesamtfraktion über ihre Arbeiten und die beabsichtigte politische Zielrichtung zu berichten. Das wird den Informationsstand der Nichtexperten erhöhen und u. U. richtungweisende Debatten auslösen können.

Grundsätzlich scheint es zur Zeit utopisch zu sein, daß die Fraktion für die Arbeit der Experten richtungweisende Beschlüsse faßt. Denn diese Methode ließe sich sowieso nur für wenige Sachfragen praktizieren, soll die Gesamtfraktion nicht in Detailinformation ertrinken. Wer soll zudem darüber entscheiden, welche Themen und Gesetzentwürfe in dieser Weise in der Fraktion behandelt werden sollen? Denn es ist ja im voraus keineswegs schon klar, welche Fragen besondere Probleme aufwerfen. Außerdem sind die Fraktionen bereits heute überlastet. Die Arbeitszeit in Bonn reicht niemals zu einer ruhigen und gelassenen Behandlung aller Themen aus.

Das Parlament braucht mehr Zeit. Die Zahl der zur Zeit 22 Sitzungswochen des Parlaments aber auch nur um wenige Wochen zu erhöhen, stößt auf verbreiteten Widerstand. Der Abgeordnete muß seinen Verpflichtungen im Wahlkreis und seiner Partei gegenüber nachkommen. Viele MdB haben noch berufliche oder verbandliche Verpflichtungen. So werden alle Pläne einer breiteren Diskussion und Meinungsbildung allein schon daran scheitern können, daß die drängende tagtägliche Arbeit Grundsatzentscheidungen als Marschroute für alle wichtigen Entscheidungen der Experten vom Zeitplan her blockiert.

IV.

Der Willensbildungsprozeß der Fraktion geschieht entscheidend in den Arbeitsgruppen der Fraktion durch die jeweiligen Experten. Wesentlich ist in diesem Zusammenhang die Rolle des Arbeitsgruppenvorsitzenden bzw. des jeweiligen Ausschußvorsitzenden, soweit er der eigenen Fraktion angehört. Beiden Politikern obliegen bestimmte Pflichten. Der Vorsitzende der Arbeitsgruppe ist gleichzeitig der Sprecher seiner Fraktion in dem jeweiligen Fachausschuß. Er hat das erste und das letzte Wort, wenn im Ausschuß im Namen der Fraktion zu Sach- oder Prozedurfragen Stellung zu nehmen ist. Er muß stets besonders gut informiert sein. Die Fraktion gibt ihm deshalb auch einen wissenschaftlichen Assistenten und eine Sekretärin für seine Arbeit. So ist es wenigstens de fakto, denn offiziell steht dieses Büro der Arbeitsgruppe natürlich allen Mitgliedern der Arbeitsgruppe zur Verfügung. Doch die Aufträge des Vorsitzenden der Arbeitsgruppe haben natürlich Vorrang.

Der Ausschußvorsitzende hat ein entsprechendes vom Parlament finanziertes Büro zu seiner Verfügung, einen Ausschußassistenten und eine Schreibkraft, die allerdings auch die gesamte laufende Ausschußarbeit zu erledigen haben. Dennoch verfügt auch er über einen höheren Informationshorizont als das normale Mitglied der Arbeitsgruppe. Neben diesen beiden hervorgehobenen Experten verfügen die Fraktionen in ihren Arbeitsgruppen über weitere einflußreiche Fachleute unterschiedlicher Herkunft. Verbandsvertreter, akademische und andere Experten und starke Persönlichkeiten haben einen unterschiedlichen und wechselnden Einfluß.

Die Funktionsfähigkeit der Arbeitsgruppen ist auch recht unterschiedlich. Oft sind sie in der Tat die vereinigte Kraft der Fraktionsmitglieder in einem Ausschuß. Manchmal haben es ungeeignete und egoistische Vorsitzende fertigbekommen, fast alle ihre Kollegen wegzugraulen, um dann mit dem Rest unergiebige Zwiegespräche zu führen.

Die Bedeutung eines Vorsitzes in einer Arbeitsgruppe wird oft unterschätzt. Der Vorsitz im übergeordneten Arbeitskreis wird dagegen oft überbewertet. Es ist angesichts der gegenwärtigen Arbeitsorganisation der Vorsitzende der Arbeitsgruppe, der die Verantwortung für einen reibungslosen Ablauf der Arbeiten der Fraktion im jeweiligen Parlamentsausschuß trägt. Er muß intuitiv wissen, wie weit er die Fraktion politisch engagieren kann, wie er das Verhältnis zum Koalitionspartner gestaltet, ob und wie er den politischen Gegenspielern entgegenkommt. Oft sind in der SPD-Fraktion Arbeitskreise faktisch nicht mehr als Arbeitsgruppen, indem sie im wesentlichen nur einem Parlamentsausschuß zugeordnet sind. Dann haben natürlich sie die oben dargestellte Verantwortung zu tragen. In den anderen Fällen sind die Arbeitskreise Koordinationsorgane vielfältiger, oft zufällig geordneter Expertengruppen und nur bedingt wirksam. Die Beteiligung an ihren Sitzungen schwankt beträchtlich. Oft kommen die Experten aus einer Arbeitsgruppe nur dann in eine Sitzung ihres Arbeitskreises, wenn er ihre ureigensten Probleme behandelt. Nicht immer gelingt es, exzessive Forderungen aus einzelnen Arbeitsgruppen zu blockieren.

V.

Die Mitglieder der Fraktionsvorstände einerseits und die Verantwortlichen der Fraktion in den Arbeitskreisen und den Arbeitsgruppen andererseits sind zu einem Gutteil identisch. Insofern könnte es zumindest in den Führungsgremien der Fraktionen zu einer fortlaufenden Diskussion der aktuellen Arbeit in den Fraktionsgremien und ihrer Koordinierung kommen. Doch auch die Arbeit dieser Gremien ist zu stark auf die Bewältigung der laufenden Arbeit, insbesondere der Vorbereitung der Fraktionssitzungen und der laufenden Parlamentsarbeit, konzentriert. Nur bei eklatanten Meinungsverschiedenheiten zwischen den Repräsentanten zweier Arbeitsgruppen kommt es zu richtungweisenden Sachdebatten und Entscheidungen im Fraktionsvorstand. Einfluß nehmen dabei insbesondere die Haushaltsexperten, da sie dafür zu sorgen haben, daß die finanziellen Möglichkeiten des Bundes nicht gesprengt werden.

Wenn es dennoch eigentlich relativ selten Ärger zwischen der engeren politischen Führung der Fraktion und den Experten in den Arbeitsgruppen gibt, dann liegt das im

wesentlichen daran, daß sich ein System informeller Information und Willensbildung entwickelt hat, das nicht unwirksam ist. Die Verantwortlichen in den einzelnen Arbeitsgruppen werden sich vor wichtigen Fragen in der Regel mit dem Fraktionsvorsitzenden abstimmen, insbesondere dann, wenn damit wichtige koalitionspolitische Entscheidungen verbunden sind. Es ist zudem eine der Aufgaben der parlamentarischen Geschäftsführer, Probleme in den einzelnen Fachbereichen aufzuspüren und sie vor ihrer politischen Virulenz einer Lösung zuzuführen, die allerdings dann wieder direkt oder indirekt über den Fraktionsvorsitzenden läuft.
Ihm ist damit eine besondere Arbeitslast, aber auch eine besondere Einflußmöglichkeit auf die politische Orientierung seiner Fraktion gegeben. Sein demokratisches Selbstverständnis, seine Selbstsicherheit und Position in der Fraktion, seine Intuition für das politische Wollen seiner Fraktionsmitglieder sind damit entscheidend für das reibungslose Ablaufen der Fraktionsarbeit.

VI.

Der Vorsitzende der SPD-Fraktion, Herbert Wehner, hat aus diesem Grunde für die SPD-Fraktion ein regelmäßig tagendes Gremium der Vorsitzenden aller Arbeitsgruppen und Arbeitskreise zusammen mit dem Fraktionsvorstand neu geschaffen, das nicht zuletzt angesichts der prekären Mehrheitsverhältnisse der sozial-liberalen Koalition kritische Fragen rechtzeitig ansprechen soll. Dieses Gremium ist allerdings kein Entscheidungsgremium. Es hat eher die Funktion einer Kollektivbeichte mit neuen Verhaltensmaßregeln und Vorkehrungen gegen weitere »Irrungen«. Es entwickelt sich dennoch zu einem wichtigen Koordinations- und Führungsorgan der SPD-Fraktion.
Für die Regierungsfraktionen gilt, daß sich die Arbeit der Experten in den Arbeitsgruppen recht eng an die Vorlagen der eigenen Regierung zu halten hat. Sie machen den Hauptteil der zu behandelnden Fragen aus. Die Regierungsvorlagen stellen insbesondere in einer Koalition einen zwischen den beiden Parteien austarierten Kompromiß dar, den die Fraktionsexperten nicht ohne weiteres gefährden dürfen. In jedem Falle gibt der Regierungsentwurf die politische Marschroute an. So wird zwar die Macht der Fraktionsexperten eingeengt, sie wächst aber nicht ohne weiteres dem Plenum der Fraktion zu.
In der Literatur geht man häufig davon aus, daß die führenden Experten der Fraktionen der Parlamentsmehrheit mehr oder minder stark bereits auf der Ebene der Willensbildung der Regierung mit eingeschaltet sind, sie also ihren Einfluß auf die Beschlüsse und Gesetzentwürfe der Bundesregierung geltend machen können. Auf diese Weise würde es dann für sie leichter sein, die Vorlagen durch die Fraktionsgremien zu bringen. Es ist mir nicht möglich, eine allgemein gültige Aussage zu dieser Behauptung zu machen. Meine Erfahrungen bringen mich allerdings dazu, an der Gültigkeit dieser Aussage beträchtliche Zweifel anzumelden. Die Mitglieder der Regierung lassen sich möglichst wenig in ihre Karten sehen. Sie müssen sich mit den anderen Ressorts auseinandersetzen, die Stellungnahmen der Verbände berücksichtigen bzw. abwehren, sich oft mit internationalen Organisationen wie der EWG oder der NATO abstimmen und

die Wünsche der Bundesländer zur Kenntnis nehmen. Die Experten der Fraktionen müssen sich also schon beträchtlich rühren, wenn ihnen vorab mehr unwirsch als freundlich Informationen und notfalls auch eine gewisse Einflußmöglichkeit gegeben wird. Es hängt nicht zuletzt von ihrer persönlichen Durchschlagskraft und ihrer politischen Funktion in der Fraktion ab, ob und wieweit ihr politischer Einfluß in den Bereich hinein geht, in dem wesentliche Elemente des politischen Willensbildungsprozesses vorgeformt werden.

Um der Übermacht der Exekutive gewachsen zu sein, schaffen sich das Parlament bzw. die jeweiligen Experten in zunehmendem Maße ein geeignetes Instrumentarium. Hier ist insbesondere auf die Institution der öffentlichen Anhörung von Experten durch einzelne Parlamentsausschüsse zu verweisen. Sie kann den Fraktionsexperten neue und wesentliche Argumente liefern, um von den Vorschlägen der Exekutive abzuweichen. Aber auch dann werden wesentliche Veränderungen von Regierungsvorlagen kaum gegen den Willen des zuständigen Fachministers erreicht werden können, es dei denn, der Koalitionspartner setze seine ganze Kraft dafür ein, so daß der Fachminister aus übergeordneten Gründen nachgeben muß.

Ein weiteres Instrument der Experten des Parlaments sind die sog. Enquetekommissionen, die nach § 74a der Geschäftsordnung des Bundestages eingesetzt werden können und deren Befugnisse in einem von der SPD-Fraktion eingebrachten Gesetzentwurf geregelt werden sollen. In diesen Kommissionen arbeiten Experten mit sachkundigen Abgeordneten zusammen, um Tatbestände aufzuhellen und für die parlamentarische Entscheidung reif zu machen.

Diese und andere Instrumente, insbesondere aber auch der Ausbau der wissenschaftlichen Parlaments- und Fraktionsapparate, machen die Experten wettbewerbsfähiger gegenüber der jeweiligen Ministerialbürokratie. Der Fraktion in ihrer Gesamtheit können sie allerdings nur bedingt helfen, die Expertenmeinungen zu beeinflussen, da es in der Praxis kaum möglich ist, daß sich jeder Abgeordnete über alle anstehenden Sachfragen so ausreichend informiert, damit er sich eine eigene Meinung bilden kann. Um so mehr wird es darauf ankommen, künftig Informationsmethoden zu entwickeln, die es dem einzelnen erleichtern, sich auch einen Einblick in Sachgebiete zu verschaffen, mit denen er nicht genügend vertraut ist.

„Ist die Freiheit des Abgeordneten veraltet und historisch überholt?"

Antwort auf Udo Bermbach *

Carl Otto Lenz

Bermbachs Kernthese kann man so zusammenfassen: Da es in der Wirklichkeit des Parteien- und Interessenstaates das imperative Mandat – und zwar von oben – schon gibt und die von der liberalen Repräsentationsidee postulierte Freiheit des Abgeordneten längst verloren ist, muß es darum gehen, das imperative Mandat zu demokratisieren, um eine wirkliche Identifikation von Herrschenden und Beherrschten herbeizuführen. Diese These deckt sich nicht mit meinen Erfahrungen, auf denen die nachfolgende Erwiderung beruht.

1. Nach *Bermbachs* Auffassung gibt es ein imperatives Mandat von oben, wobei »oben« als eine Stelle außerhalb des Parlaments gedacht ist. Ich kann mich nicht an einen einzigen Fall erinnern, in dem vor einer Entscheidung seitens einer Parteiorganisation der Versuch unternommen worden ist, meine Haltung im Parlament festzulegen. Es ist durchaus üblich, daß wichtige Entscheidungen hinterher auf der unteren Parteiebene diskutiert werden und der Abgeordnete über seine Haltung Rede und Antwort stehen muß. Nur die Fraktion als Vereinigung der Abgeordneten gleicher politischer Grundrichtung verlangt die Bekanntgabe und gegebenenfalls die Rechtfertigung politischer Entscheidungen vor der Abstimmung. Selbstverständlich bedarf der Abgeordnete, will er wieder aufgestellt werden, des Vertrauens seiner Partei, d. h. konkret gesprochen seiner Kreis- und Landespartei. Dieses Vertrauen erwirbt und erhält er sich in aller Regel mehr durch eine eigene Leistung in der politischen Arbeit als durch Anpassung.

2. Das Verhältnis zwischen Partei und Abgeordneten ist nicht das Verhältnis zwischen dem Auftraggeber und seinem Beauftragten, sondern eher das des Mannschaftskapitäns zu seiner Mannschaft. Die Parlamente sind ein Reservoir für Führungspersonal der Parteien. Ein Blick in die Handbücher der Parteien würde dartun, wie viele Parlamentarier Parteiämter bekleiden. Dies ist nicht verwunderlich, denn die sorgfältige Ausübung des parlamentarischen Mandats verschafft den Abgeordneten einen politischen Sachverstand, der sie für die Ausfüllung von Parteiämtern geeignet erscheinen läßt. Die Parteien erwarten, daß dieser politische Führungsauftrag an ihre Abgeordneten auch wahrgenommen wird. Infolgedessen ist der Vorwurf der Untätigkeit gefährlicher als der, man habe sich über Parteirichtlinien hinweggesetzt. Auch wo keine formale Führungsposition vorliegt, befindet sich der Abgeordnete im ständigen Gespräch

* *Udo Bermbach*, Probleme des Parteienstaates. Der Fall Littmann, in H. 3/70 der »Zeitschrift für Parlamentsfragen«, S. 342–363. *Dr. Carl Otto Lenz* ist MdB und Vorsitzender des Rechtsausschusses.

mit seiner Partei, in der der Abgeordnete zwar über sein Tun ständig Rede und Antwort stehen muß, aber Weisungen nicht unterworfen ist.

3. Darüber hinaus wird das Mandat nicht als rein parteipolitisches Amt gesehen. Es wird als öffentliches Amt betrachtet, und der Inhaber ist nicht nur seiner Partei, sondern auch dem Gemeinwohl verpflichtet. Die dabei zwischen Gemeinwohl, Auftrag und Parteizugehörigkeit möglicherweise entstehenden Spannungen werden durch das unter 2 geschilderte ständige Gespräch des Abgeordneten mit seiner Partei erträglich gemacht.

Die Gemeinwohlbindung des Abgeordneten ist keine lose Rechtsfiktion. Jedenfalls in Hessen hat jeder CDU-Bundestagsabgeordnete einen bestimmten Kreis zu betreuen, d. h., man erwartet seine Teilnahme am politischen Leben des Kreises, man erwartet die Vertretung der Anliegen des Kreises bei den Instanzen des Landes und des Bundes und man erwartet die Bearbeitung der von der Bevölkerung des Kreises an den Abgeordneten herangetragenen Anliegen ohne Rücksicht auf die Parteizugehörigkeit des Abgeordneten oder des hilfesuchenden Bürgers. Diese Erwartungen finden ihren Ausdruck in Einladungen zu entsprechenden Veranstaltungen – wobei der Abgeordnete des Bundes in der Regel auch als dessen Repräsentant angesehen wird, ohne Rücksicht auf seine Parteizugehörigkeit – in Hilfsersuchen der entsprechenden kommunalen Körperschaften und vieler Bürger. Die Fähigkeit, diese Kontakte über die eigene Partei hinaus wahrzunehmen, ist ein notwendiges Erfordernis für die politische Wirksamkeit des Abgeordneten.

4. Bei diesem Tatbestand ist die Gewissensfreiheit des Abgeordneten keine Fiktion, sondern sie gibt ihm die Möglichkeit, sich möglichst weitgehend mit seinen Wählern zu identifizieren und sie mit Hilfe seines Sachverstandes auch wirkungsvoll zu repräsentieren. Insgesamt gesehen scheint mir der angeblich veraltete und historisch überholte Repräsentationsgedanke der politischen Wirksamkeit erheblich mehr zu entsprechen als die Theorie, die Partien seien das »Sprachrohr, dessen sich das mündig gewordene Volk bedient, um sich artikuliert äußern und politische Entscheidungen fällen zu können«. Das sollte vielleicht so sein, das ist aber weitgehend noch nicht der Fall. Die Parteien repräsentieren nach wie vor erheblich mehr ihre Mitgliedschaft als die Gesamtheit der Bevölkerung. Die Parteien bieten ihren aktiven Mitgliedern erheblichen politischen Einfluß. Legitimation aber verleiht nach wie vor nur die Volkswahl. Die konstant hohe Wahlbeteiligung beweist, daß die Bevölkerung diese Funktion durchaus ernst nimmt. Dabei ist es meines Erachtens eine grobe Verzeichnung der politischen Wirklichkeit, wenn das repräsentative System in unserem Lande so geschildert wird, »daß das Volk, von dem die Staatsgewalt ausgeht, auf die Befugnis beschränkt wird, ihm gegenüber völlig unabhängige Repräsentanten auszuwählen, denen es, sind sie einmal bestellt, in völliger Passivität die politische Willensbildung überläßt«. Im Durchschnitt finden in der Bundesrepublik im Zeitraum von 4 Jahren dreimal Wahlen statt. Darüber hinaus stellen sich die meisten Abgeordneten einem kontinuierlichen Gespräch mit der Bevölkerung, so daß diejenigen, die ihre Auffassung zur Geltung bringen wollen, über Mangel an entsprechenden Möglichkeiten nicht klagen können.

5. Nun wird zweifellos eingewandt, daß diese Gesprächsmöglichkeit den Abgeordneten nicht bindet. Das ist richtig, aber wohl unvermeidlich. Die Behauptung, die Ent-

scheidung, die dem Abgeordneten im Wege des imperativen Mandats durch eine Parteiversammlung auferlegt wird, sei demokratischer als seine eigene freie Gewissensentscheidung, bedarf doch des Beweises und kann nicht einfach unterstellt werden. Auch in gut funktionierenden, mitgliedstarken Parteiorganisationen sind diejenigen, die an einer solchen Parteiversammlung teilnehmen könnten, stets nur eine Minderheit der Parteimitglieder und erst recht der Wähler. Sie ist viel weniger repräsentativ als die Wahl. Sie ist leicht einseitig zu beeinflussen, wie gerade die jüngere Vergangenheit gezeigt hat. Das imperative Mandat würde den Abgeordneten von der Verpflichtung freistellen, auf die Interessen *aller* Wähler Rücksicht zu nehmen und seine Entscheidung der Verfügungsgewalt der kleinen Minderheit der aktiven Parteimitglieder unterwerfen. Das imperative Mandat ist deshalb sehr viel geeigneter, die Herrschaft einer kleinen Minderheit über die schweigende Mehrheit herbeizuführen, ohne daß von den Verfechtern dieser These die Frage nach der Legitimation dieser Herrschaft gestellt wird. Schon beim Abgeordneten würde die Anerkennung des imperativen Parteimandats zu einem Weniger an Freiheit *für alle* führen, abgesehen davon, daß dies auf dem Boden des Grundgesetzes nicht zu rechtfertigen ist.

6. Erst recht kann es nach dem Grundgesetz keine Abhängigkeit von Beamten von Parteitagsbeschlüssen geben. Die Beamten haben ein öffentliches Amt, nicht ein Parteiamt inne. Sie sind – nach Artikel 20 – an Gesetz und Recht gebunden und im Rahmen des Gesetzes natürlich auch an die Weisungen ihrer Vorgesetzten. Die Parteien wirken nach dem Grundgesetz bei der politischen Willensbildung des Volkes mit, aber nicht bei der Willensbildung der »besonderen Organe der Gesetzgebung, der vollziehenden Gewalt und der Rechtsprechung« (Art. 20). Das Grundgesetz unterscheidet das ganz deutlich. Infolgedessen muß der Versuch scheitern, alle Verantwortlichkeit von öffentlichen Amtsträgern gegenüber der Partei in der Weise zu konstruieren, daß der Partei ein Recht auf Sanktionen zustände. Die einzige Sanktion, die zugelassen ist, ist die der Nichtwiederbenennung. Man sollte *Bermbach* einmal fragen, ob auch Richter, die ihr Amt der Präsentation durch eine Partei »verdanken«, ihr Amt nur dann sinnvoll erfüllen können, wenn sie in allgemeiner Übereinstimmung mit der Parteilinie handeln! Wem auch immer ein öffentlicher Amtsträger sein Amt »verdankt«, er *schuldet* eine an der verfassungsmäßigen Ordnung, an Gesetz und Recht orientierte Amtsführung.

7. Die Besonderheit des Falles *Littmann* lag darin, daß hier die Bestätigung der sozialdemokratischen Magistratsmitglieder von Frankfurt durch den Parteitag des SPD-Unterbezirks von der Ablösung *Littmanns* abhängig gemacht werden sollte. Diesem Nötigungsversuch ist durch das Eingreifen des SPD-Bundesvorstandes die Spitze abgebrochen worden. Die »definitive Lösung des Falles Littmann« ohne Bezugnahme auf den Parteitagsbeschluß vom Februar 1970 durch Oberbürgermeister Möller ist wohl der Einsicht zuzuschreiben, daß diese Begründung auf dem Boden des geltenden Rechts nicht zu halten war.

8. Daraus kann nun nicht gefolgert werden, daß Littmann nicht zur Verantwortung gezogen werden konnte für im Amt begangene Fehler. Der Rechtsweg hätte hierfür offengestanden. Der von der Frankfurter SPD eingeschlagene »Linksweg« konnte und durfte in einem freiheitlich-demokratischen Rechtsstaat nicht zum Ziele führen.

9. Sollte sich der Autor von mir in dem einen oder anderen Punkt mißverstanden fühlen, so würde ich das bedauern. Mißverständnisse könnten allerdings auch durch die für einen Praktiker außerordentlich komplizierte wissenschaftliche Ausdrucksweise des Autors entstanden sein.

Kritik und Alternativen zum parlamentarischen Regierungssystem in den Bundesländern

Ein Beitrag zu Thesen von Wilhelm Hennis und Manfred Friedrich über den Länderparlamentarismus in der Bundesrepublik

Klaus-P. Siegloch

Die folgenden Ausführungen sind Teil einer am Seminar für Sozialwissenschaften der Universität Hamburg geschriebenen Arbeit, die den Reformprozeß der Parlamentsreform 1971 in der Hamburger Bürgerschaft analysiert. Daher wird in Text und Anmerkungen ausführlicher auf die politische Situation in Hamburg als in anderen Bundesländern eingegangen. Die Kritik an den Thesen von *Wilhelm Hennis* und *Manfred Friedrich* zur Ausgestaltung des Regierungssystems in den Bundesländern geht jedoch nicht nur von der Hamburger Situation, sondern von der politischen Realität aller Bundesländer aus

I. Die Kritik von Hennis und Manfred Friedrich am Länderparlamentarismus

Bei der im Gefolge der Parlamentsreform im 5. Deutschen Bundestag [1] seit 1969 verstärkten Parlamentsreformdiskussion in den Bundesländern [2] ist die von *Hennis* seit 1956 wiederholt aufgeworfene Frage [3], ob das parlamentarische Regierungssystem

[1] Eine ausführliche Darstellung und Analyse dieses Reformprozesses von *Uwe Thaysen* erscheint demnächst im Westdeutschen Verlag, Köln und Opladen, unter dem Titel: Parlamentsreform in Theorie und Praxis. Zur institutionellen Lernfähigkeit des parlamentarischen Regierungssystems. Eine empirische Analyse der Parlamentsreform im 5. Deutschen Bundestag. Dem Verfasser lag für seine Arbeit das Manuskript von *Thaysen* vor.

[2] Zur Reformdiskussion besonders in dieser Zeitschrift s. *Hans-Joachim Winkler/Uwe Thaysen*, Vorschläge zur Parlamentsreform in Nordrhein-Westfalen, in: ZParl, 1. Jg. (1970), H. 1 S. 47 ff; *Lothar Bewerunge,* Die kleine Parlamentsreform in Nordrhein-Westfalen, in: ZParl, 1. Jg. (1970), H. 4, S. 439–442; *Paul Georg Schneider,* Parlamentsreform in Rheinland-Pfalz, in: ZParl, 1. Jg. (1970), H. 3, S. 306 ff.; *Manfred Friedrich,* Zur Kritik und Reform der Ausschußarbeit in den Landesparlamenten der Bundesrepublik, in: ZParl, 2. Jg. (1971), H. 1, S. 70–98 (im folgenden zitiert als: *Friedrich* I, a.a.O.); *Paul Busse/Ulrich Hartmann.* Verfasssungs- und Parlamentsreform in Hamburg, in: ZParl, 2. Jg. (1971), H. 2, S. 200–205; Haben die Länderparlamente eine Zukunft (Zusammenfassung einer Diskussion der Deutschen Vereinigung für Parlamentsfragen), in: ZParl, 2. Jg. (1971), H. 3, S. 277–292; *Siegfried Mielke,* Reform des Petitionswesens in den Bundesländern (S. 419-427) und *Wilhelm Lenz,* Aufgaben und Neuerungen des Länderparlamentarismus (S. 428–433), beide in: ZParl, 2. Jg. (1971), H. 4.

[3] Zuerst 1956 mit dem Aufsatz: Parlamentarische Opposition und Industriegesellschaft. Zur Lage des parlamentarischen Regierungssystems, in: Gesellschaft-Staat-Erziehung, 5. Jg. (1956), S. 213 ff., wieder veröffentlicht in: *Wilhelm Hennis,* Politik als praktische Wissenschaft. Aufsätze zur politischen Theorie und Regierungslehre, München 1968, S. 105–125, bes. 115 ff. (nach dieser Ausgabe wird der Aufsatz im folgenden zitiert als: *Hennis* I, a.a.O.); der Gedanke wird wieder aufgenommen in: *Wilhelm Hennis,* Große Koalition ohne Ende? Die Zukunft des parlamentarischen Regierungssystems und die Hinauszöge-

überhaupt für die Bundesländer eine sinnvolle Regierungsform sei, kaum beachtet worden. Dabei sollte eine Antwort auf diese Frage der erste Schritt jeder Parlamentsreform sein.

Die Argumentation von *Hennis* geht davon aus, daß politische Grundsatzentscheidungen in den Ländern nicht mehr zur Debatte stehen. Das parlamentarische Regierungssystem passe aber »seinem Wesen nach nur dorthin, wo im politischen Körper zwei große Richtungen miteinander konkurrieren, zwischen denen zu wählen ist. Wo nichts mehr zu wählen ist, es sei denn allenfalls noch die Person der Verwaltungsexekutoren, hat der Parlamentarismus als Regierungssystem sein Recht verloren.« [4] Da die Länder faktisch nur autonome Verwaltungsprovinzen seien, sollten auch alle Hauptströmungen und Interessengruppen der Verwalteten pro rata an der Verwaltung beteiligt werden. *Hennis* weist als mögliche Alternativen auf das Schweizer Regierungssystem und die preußische Magistratsverfassung [5]. Die in Frageform gekleidete Feststellung von *Hennis*, daß das parlamentarische Regierungssystem in den Bundesländern unangemessen sei, wurde ohne ausführliche Begründung von mehreren Autoren zustimmend wiederholt, so von den Politologen *Theodor Eschenburg* [6] und *Manfred Friedrich* [7] sowie den Juristen *Konrad Hesse* [8] und *Walter Leisner* [9]. Im Rahmen dieses Beitrages soll neben der Argumentation von *Hennis* nur noch die von *Friedrich* analysiert werden. Der hier erwähnte Aufsatz von *Manfred Friedrich* ist deshalb besonders interessant, weil er einen der aktuellsten Beiträge zu dieser Diskussion wiedergibt und *Hennis* bereits 1968 darauf hinwies, daß von *Friedrich* »endlich eine Darstellung von Sinn und Unsinn des parlamentarischen Regierungssystems in den Bundesländern zu erwarten« sei [10].

Der Kritik von *Hennis* am Länderparlamentarismus liegt ein »Mängelkatalog« zugrunde. Wesentliche Strukturdefekte des Parlamentarismus auf Länderebene sind danach:

1. das systemwidrige Koalitionsverhalten der Parteien
2. die fehlende Chance des Machtwechsels
3. der Mangel an echten Alternativen
4. das Fehlen von Programmen
5. der geringe Bekanntheitsgrad der Oppositionsführer.

rung der Wahlrechtsreform, München 1968, S. 24; daß *Hennis* auch heute noch zu seinen früheren Grundpositionen steht, zeigen seine Äußerungen im Rahmen der Diskussion: »Haben die Länderparlamente eine Zukunft?« Stenographische Niederschrift einer Veranstaltung der Deutschen Vereinigung für Parlamentsfragen vom 25. 3. 1971, maschinenschr. Vervielfältigung, Bonn o. J. (1971) 78 S. bes. S. 46 f.

[4] *Hennis* I, a.a.O., S. 119.

[5] ebenda.

[6] *Theodor Eschenburg*, Parlamentarische Regierung in den Ländern, in: *Eschenburg*, zur politischen Praxis in der Bundesrepublik, Bd. 1 (1957–1961), München 1964, S. 223–227, hier: S. 225.

[7] *Friedrich* I, a.a.O.

[8] *Konrad Hesse*. Der unitarische Bundesstaat, Karlsruhe 1962, S. 16.

[9] *Walter Leisner*. Schwächung der Landesparlamente durch grundgesetzlichen Föderalismus. Vertikale gegen horizontale Gewaltenteilung, in: Die öffentliche Verwaltung, 21. Jg. (1968), H. 11–12, S. 389–396, bes. S. 390.

[10] *Hennis*, Große Koalition . . ., a.a.O., Anmerkung 13 zu S. 24.

Friedrich betont in seinem Aufsatz besonders die faktisch eingeschränkte Öffentlichkeitsfunktion der Landtage. Er geht auf den Mängelkatalog von *Hennis* nicht näher ein, teilt aber dessen Schlußfolgerungen.
Im folgenden soll anhand der politischen Situation in den Bundesländern im Frühjahr 1972 überprüft werden, inwieweit die genannten Strukturdefekte – die von *Hennis* genannten sind wesentlich aus der Entwicklung bis 1955 abgeleitet – noch heute Geltung beanspruchen können.

1. Das systemwidrige Koalitionsverhalten

Systemwidrig im Rahmen des parlamentarischen Regierungssystems ist, nach *Hennis,* ein Parlament »ohne ernst zu nehmende Opposition«, besonders also Allparteienregierungen und Große Koalitionen. Dazu stellt *Hennis* fest, daß von den 35 Kabinetten der Jahre 1946 bis 1955 nur fünf von einer Partei allein bestimmt wurden. Dem Typus der Kleinen Koalition mit einer Hauptpartei und einer oder mehreren Nebenparteien [11] entsprachen neun Kabinette. Große Koalitionen gab es elfmal und Allparteienregierungen in zehn Kabinetten [12].
Zweidrittel aller Kabinette regierten also ohne numerisch ernst zu nehmende Opposition, die, wie *Hennis* bemerkt, zu den Notwendigkeiten des parlamentarischen Regierungssystems gehört [13]. Es erscheint jedoch problematisch, die von *Hennis* zugrunde gelegten empirischen Daten isoliert von ihrer historischen Situation zu betrachten. Denn gerade die ersten Nachkriegsjahre zeichneten sich durch die außerordentliche Situation eines stark zerstörten Landes aus. Die politische Konsequenz in dieser politischen und wirtschaftlichen Aufbauphase war in den Ländern vielfach die »Zusammenfassung aller Kräfte« in Großen Koalitionen oder Allparteienregierungen, wie sie auch in anderen parlamentarischen Systemen in Krisenzeiten existiert haben. Ob *Hennis'* Feststellung vom systemwidrigen Koalitionsverhalten auf Länderebene auch heute noch zutrifft, soll anhand eines Überblicks untersucht werden. Am 1. März 1972 gab es in den Bundesländern folgende elf Kabinette:

a) sieben Einparteienregierungen mit absoluter Mehrheit im Parlament (Bayern, Berlin, Bremen, Niedersachsen, Rheinland-Pfalz, Saarland und Schleswig-Holstein)
b) zwei notwendige [14] Kleine Koalitionen zwischen einer Haupt- und einer Nebenpartei (Hessen und Nordrhein-Westfalen)
c) eine nicht notwendige, nur stützende [15] Kleine Koalition zwischen einer Haupt- und einer Nebenpartei (Hamburg) [16]

[11] Im Sinne von *Eschenburg,* Staat und Gesellschaft in Deutschland, München 1965, S. 538.
[12] *Hennis I,* a.a.O., S. 115 (alle Zahlenangaben dort).
[13] ebenda.
[14] Darunter sollen Koalitionen verstanden werden, bei denen die Hauptpartei in der Koalition nicht über die absolute Mehrheit im Parlament verfügt und daher auf die Koalition angewiesen ist.
[15] Darunter sollen Koalitionen verstanden werden, in denen die Hauptpartei über die absolute Mehrheit im Parlament verfügt, aber neben anderem aus Rücksichten auf die Koalition auf Bundesebene mit einer Nebenpartei eine Koalition eingeht.
[16] Die Hamburger SPD/FDP Koalition ist wahrscheinlich sowohl als stützende Koalition

d) eine Große Koalition zwischen zwei Hauptparteien, zwei Nebenparteien in der Opposition (Baden-Württemberg; CDU 60, SPD 37 von 127 Sitzen)

Ein nicht systemgerechtes Koalitionsverhalten im Sinne von *Hennis* ist also nur noch in Baden-Württemberg [17] – und mit erheblichen Einschränkungen in Hamburg – festzustellen, wobei nur im erst genannten Land keine Hauptpartei in der Opposition steht. Bei der Beurteilung dieser Ergebnisse muß man berücksichtigen, daß in zehn der elf Länder die letzte Wahl nach der Bundestagswahl 1969 stattgefunden hat, die zum ersten Mal in der Geschichte der Bundesrepublik einen parteipolitischen Wechsel in der Regierungsführung erreichte. Auf die Interdependenzen zwischen Bundes- und Länderpolitik, die am deutlichsten in der Teilnahme des Bundesrates an der Bundesgesetzgebung sichtbar werden, hat *Hennis* hingewiesen [18]. Es ist zwar bei den meisten der bisherigen Bundesregierungen, die aus Kleinen Koalitionen bestanden, sehr deutlich der Versuch zu beobachten, diese Koalitionen auch in den Ländern, in denen die politischen Voraussetzungen dazu gegeben waren, »anzuregen«; ausschließlich parteipolitisch orientierte Länderentscheidungen im Bundesrat sind allerdings außerordentlich selten [19]. Die »Fernbestimmung« von Länderkoalitionen aus dem Bundeskanzleramt oder den Parteizentralen [20], die u. a. die Mehrheit der Regierungsparteien im Bundesrat sichern soll, verliert mit der Entwicklung zum faktischen Zwei-Parteiensystem in der Bundesrepublik an Bedeutung. In einem solchen System wären Koalitionsempfehlungen der Bundesebene überflüssig. Die empirische Analyse hat gezeigt, daß nur in

motiviert gewesen, wie als sichtbarer Wandel der Bildungs- und besonders der Universitätspolitik von Senator *Wilhelm Drexelius*, die nach der Wahl 1970 dem FDP-Senator *Reinhard Philipp* übertragen wurde. Damit war die politische Verantwortung für dieses vorher in der Öffentlichkeit besonders kritisiertes Ressort an die FDP weitergegeben worden. Dazu kommen traditionell enge Verbindungen zwischen SPD und Liberalen, die in Hamburg in der Weimarer Republik bereits ihren Ursprung hatten (Koalitionen mit der DDP 1921-1932).

[17] Die Große Koalition in Baden-Württemberg besteht seit Ende 1966 und gründet sich mit auf Allparteienregierungen von 1953 bis 1960. Zur Begründung durch die Spannungen nach dem Verlust der Selbständigkeit der Badener, s. *Eschenburg*, Politische Praxis ..., a.a.O., S. 224. Die Fortsetzung dieser Großen Koalition über die Wahlen im April 1972 hinaus ist sehr fraglich.

[18] *Hennis* I, a.a.O., S. 116 ff.

[19] Vgl. *Ellwein*, Das Regierungssystem ..., a.a.O., S. 249 und die Rede des damaligen Bundesratspräsidenten *Franz Josef Röder* in der 357. Sitzung des BR vom 23. 10. 70. Darin berichtet er von 500 Vorlagen, über die im ersten Jahr der 6. Legislaturperiode beschlossen worden war. Dabei sei der Vermittlungsausschuß nur viermal, d. h. weit weniger als früher, angerufen worden und kein Gesetz sei am »Veto« des Bundesrates gescheitert. Rede in: Das Parlament, Nr. 44/1970, S. 1. Die heftig diskutierten Anträge der CDU/CSU regierten Länder zum Städtebauförderungsgesetz und zum Mieterschutzgesetz müssen als völlig legitime Einwirkungen durch vom Gesetz betroffene Länder angesehen werden. Bei der augenblicklichen Diskussion um die Ostverträge ist allerdings die parteipolitische Orientierung nicht zu übersehen.

[20] Vgl. auch Beispiele bei *Hennis* I, a.a.O., S. 118; *Karlheinz Neunreither*, Der Bundesrat zwischen Politik und Verwaltung, Heidelberg 1959, S. 107 ff., wo er feststellt, daß die Bundesratsmitglieder dem Einfluß der Parteizentralen viel weniger zugänglich sind als ihre Kollegen im Bundestag.

einem der elf Bundesländer – Baden-Württemberg – das Koalitionsverhalten nicht in ein parlamentarisches Ssytem paßt, da der Koalition kein »alternative government« in der Opposition gegenübersteht.

2. Die fehlende Chance des Machtwechsels

Nicht nur systemwidriges Koalitionsverhalten wie die Große Koalition Baden-Württembergs, sondern auch sozialstrukturelle Ursachen können verhindern, daß der im parlamentarischen System angelegte Machtwechsel zwischen Regierung und Opposition Realität wird. *Hennis* weist auf die negativen Auswirkungen des Koalitionsverhaltens hin [21] und betont die Notwendigkeit von Alternativen in einem parlamentarischen System. Daher scheint es gerechtfertigt, in Fortführung dieses Gedankens zu untersuchen, ob die Chance des Machtwechsels vom realen Wahlverhalten in den gegebenen Wahleinheiten (den Ländern) beschränkt oder gar verhindert wird. Konkret erhebt sich die Frage, welche Chancen z. B. eine CDU-Opposition in Hamburg oder eine SPD-Opposition in Bayern hat, die augenblickliche Regierung in absehbarer Zeit abzulösen. Dieses Problem kann hier nur angedeutet werden, zumal die wissenschaftlichen Erkenntnisse über Motivationen und Determinanten von Wahlentscheidungen bisher nicht sehr präzise Aussagen zulassen [22]. Doch die Mehrheitsverhältnisse z. B. in Hamburg, wo, von kurzen Unterbrechungen abgesehen [23], die SPD seit 1921 die Regierung stellt, bei den letzten Wahlen 55,3 % der Stimmen errang und damit ununterbrochen seit 1957 eine klare absolute Mehrheit im Parlament hat, lassen vermuten, daß die Opposition in absehbarer Zeit nicht die Möglichkeit der Regierungsübernahme erhalten wird [24]. Das recht konstante hamburger Wählerverhalten zugunsten der SPD wird seinen Grund vorwiegend in dem hohen Anteil der Arbeiterschaft an der Gesamtbevölkerung Hamburgs und den traditionell engen Verbindungen der Arbeiterschaft an die SPD haben [25]. Ein solchermaßen sozialstrukturell begründetes Wahlverhalten ändert sich zwar mit der Sozialstruktur, z. B. der Verminderung der Arbeiterschaft zugunsten der Angestellten. Dieser Strukturwandlungsprozeß wird jedoch wahrscheinlich nicht in Jahren, sondern erst in Jahrzehnten abgeschlossen sein. Ein wesentliches Strukturmerkmal des parlamentarischen Regierungssystems, nämlich

[21] *Hennis* I, a.a.O., S. 115.

[22] Vgl. *Heino Kaack*, Geschichte und Struktur des deutschen Parteiensystems, Opladen 1971, S. 439 ff. und die dort angeführte Literatur zum Wahlverhalten.

[23] Das waren die Jahre von 1933 bis 1945, als die Nationalsozialisten die Länder »gleichschalteten« und einen »Regierenden Bürgermeister« in Hamburg einsetzten und die Zeit von 1953 bis 1957, als der von der CDU geführte bürgerliche »Hamburg-Block« mit 50,0 % die absolute Mehrheit der Sitze erhielt.

[24] Wie festgelegt die Parteipräferenzen der Hamburger Wähler sind, zeigen die Ergebnisse einer Meinungsumfrage, die von einer Partei vor den letzten Bürgerschaftswahlen 1970 in Auftrag gegeben worden war. Danach gaben bereits vier Monate vor der Wahl 53 % der Befragten an, SPD wählen zu wollen (Quelle: Vertrauliche Ergebnisse einer Umfrage, im Archiv des Verfassers). (Wahlergebnis: 55,3 %).

[25] Zur Erläuterung der Stellung der SPD in »Arbeitervierteln« die Ergebnisse der Bundestagswahlen 1969 im Bezirk 202 Altona-Altstadt (Sozialstruktur: über 50 % Arbeiter, unter 17 % Angestellte, unter 5 % Beamte, unter 10 % Selbständige. Quelle: *Peter Braun*, Die sozialräumliche Gliederung Hamburgs, Göttingen 1968, beiliegende Karte) SPD: 65,0 % CDU: 25,1 % FDP: 5,4 %.

das Vorhandensein einer loyalen Opposition, die reale Aussichten hat, ihre sachlichen und personellen Alternativen durch Regierungsübernahme zu realisieren [26], ist daher wahrscheinlich für das nächste Jahrzehnt in Hamburg nicht gegeben.
Auf die Situation in den anderen Bundesländern kann hier nur stichwortartig eingegangen werden. Die hohe CSU-Mehrheit im Bayerischen Landtag (56,4 % der Wählerstimmen) besteht erst seit den Wahlen 1970 (1966: 48,1 %). Sie ist nicht primär auf sozialstrukturelle Ursachen zurückzuführen. Daher ist z. B. bei einer Verbesserung des personellen Angebots der Opposition mit einer höheren Mobilität der Wähler als in Hamburg zu rechnen. In den Stadtstaaten Bremen und Berlin gelten von der Sozialstruktur her ähnliche Einschränkungen der Wählermobilität wie in Hamburg. In Bremen haben die regierenden Sozialdemokraten seit 1971 mit 55,3 % (1967: 46,0 %) und in Berlin mit 50,4 % (56,9 %) die absolute Mehrheit. In den übrigen Bundesländern, die schon allein wegen ihrer Größe keine so homogene Sozialstruktur haben, hat die jeweilige Opposition gute Möglichkeiten, allein oder zusammen mit einem kleineren Koalitionspartner die augenblickliche Regierung bei der nächsten Wahl abzulösen. In der überwiegenden Mehrheit der Bundesländer wird also die Chance des Machtwechsels weder durch systemwidrige Koalitionen noch durch sozialstrukturell begründete einseitige Parteipräferenz entscheidend infrage gestellt.

3. Der Mangel an echten Alternativen

Die Behauptung, auf der Ebene der Länderpolitik mangele es an echten Alternativen, sachlich ein »alternative government« zu sein, ist die Basis fast aller Kritik am parlamentarischen System auf Länderebene [27]. Dabei gehen die Kritiker davon aus, daß in den Ländern Grundsatzentscheidungen nicht [28] bzw. kaum mehr [29] zur Debatte stehen. durch die eine Opposition im parlamentarischen System erst befähigt werde, auch Die Forderung nach »echten« Alternativen im parlamentarischen System eines Wohlfahrtsstaates ist jedoch Ausfluß eines verengten Verständnisses politischer Entscheidungen. Dazu soll die Argumentation von *Hennis* etwas weiter verfolgt werden: »Das parlamentarische Regierungssystem«, so heißt es bei *Hennis,* »paßt aber seinem Wesen nach nur dorthin, wo im politischen Körper zwei große Richtungen miteinander konkurrieren, zwischen denen zu wählen ist.« Fehlen diese, so ist nichts mehr zu wählen, »es sei denn allenfalls noch die Person der Verwaltungsexekutoren«. Dort »hat der Parlamentarismus als Regierungssystem sein Recht verloren«. Da in den Ländern nur verwaltet werde, sollen auch alle Hauptströmungen und Interessengruppen der Verwalteten an der Verwaltung pro rata beteiligt werden [30]. Dahinter steht ein technokra-

[26] Vgl. *Hans-Helmut Röhring,* Parlamentarismus, in: *Röhring/Kurt Sontheimer,* Handbuch des deutschen Parlamentarismus. Das Regierungssystem der Bundesrepublik in 270 Stichworten. München 1970, S. 344, Kriterium B 4.
[27] Vgl. *Hennis* I, a.a.O., bes. 118 f.
Eschenburg, Politische Praxis . . ., a.a.O., S. 225.
Hesse, Bundesstaat . . ., a.a.O., S. 16,
ebenso wie *Leisner,* aa.O., S. 390.
[28] *Hennis* I, a.a.O., S. 119; diese Grundsatzentscheidungen werden von *Hennis* allerdings nirgendwo definiert.
[29] *Eschenburg,* Politische Praxis . . ., S. 225.
[30] *Hennis* I, a.a.O., S. 119.

tisches Verständnis von Grundsatzentscheidungen als der »eigentlichen« Politik [31] und dem übrigen Bereich der Landes- und Kommunalpolitik als bloßer Verwaltung.
Der vermutete Gegensatz zwischen Politik und Verwaltung klingt bei *Hennis* in folgendem Satz deutlich an: »Das parlamentarische System mit alternierender Regierungsweise ist ein eminent politisches System; es eignet sich nicht für wesentlich verwaltende Gebietskörperschaften (m. E. daher auch nicht für die Kommunen und Bundesländer).« [32] Der Begriff der Verwaltung [33], den *Hennis* hier undefiniert mit Landes- und Kommunalpolitik identifiziert, resultiert logisch aus seiner einseitigen Definition des Politikbegriffes. Dagegen steht die nach *Winfried Steffani* [34] formulierte Position, der zufolge das Setzen von zeitlichen und sachlichen Rangordnungen, von Methoden und Akzenten, eine eminent politische Entscheidungsaufgabe ist. Die von *Hennis* so apostrophierte »Verwaltungsexekution« ist nach unserer Position Politik. Die Formulierung eines Universitätsgesetzes ist – das wird Hennis vermutlich inzwischen nicht mehr bestreiten, – eine politische Entscheidung, ebenso wie es meist der Bau einer Straße ist [35]. *Werner Freiburg* hat mit Recht darauf hingewiesen, daß die kommunale Verwaltung, von der buchstabengetreuen Gesetzesanwendung z. B. der Bearbeitung von Wohngeldanträgen und der Ausstellung von Personalausweisen einmal abgesehen, ihrem Wesen nach Politik ist, da bedeutende Aufgabengebiete von den zuständigen Organen der Kommunen in freier Entscheidung erst geordnet und geformt werden müssen [36]. Und das gilt für die noch gesetzgeberisch tätige Landesebene in weit größerem Maße. Die Entscheidung, ob mehr öffentliche Mittel z. B in den Ballungszentren für den Straßenbau oder für den Bau öffentlicher Verkehrsmittel ausgegeben werden sollen, ist eine so politische Entscheidung, daß sie nach ihrer Wichtigkeit für die Entwicklung der Ballungszentren fast zu den Hennis'schen Grundsatzentscheidungen zu rechnen ist. Sachliche Alternativen also können in den Ländern und zum großen Teil

[31] Näheres zum Politik-Begriff von *Hennis* in seinem Aufsatz: Ende der Politik?, in: Merkur, 25. Jg. (1971) H. 6, S. 509–526, in dem er sich allerdings sehr allgemein mit der Wandlung des Begriffs der Politik und dem Verhältnis Bürger – Gemeinwesen in der Neuzeit beschäftigt.

[32] *Wilhelm Hennis,* Große Koalition ohne Ende?, Die Zukunft des Parlamentarischen Regierungssystems und die Hinauszögerung der Wahlrechtsreform, München 1968, S. 24.

[33] Das von der »deutschen Juristen-Subkultur« (*Klaus Dammann*) herkömmlich als unpolitisch definierte Gebiet der Verwaltung wird in zunehmendem Maße Gegenstand politikwissenschaftlichen Interesses. Eine Übersicht neuerer Literatur ist zu finden bei: *Klaus Dammann,* Vom »arbeitenden Staat« zur »politischen Verwaltung« (I) in: neue politische Literatur, 16. Jg. (1971) H. 2, S. 188–204. *Hennis* benutzt den Begriff »Verwaltung« hier nicht nur für die Ausführung der Rechtsanwendung sondern auch für die Leitung, die *Steffani* als primäre Regierungsfunktion bezeichnet, s. *Winfried Steffani,* Gewaltenteilung im demokratisch-pluralistischen Rechtsstaat, in: PVS, 3. Jg. (1962), S. 268.

[34] *Steffani,* Zur Kritik am Parteienstaat und zur Rolle der Opposition, in: Aus Politik und Zeitgeschichte, Beilage zur Zeitschrift »Das Parlament«, B 45/65 vom 10. November 1965, S. 32.

[35] So meint *Hansjörg Häfele*: »Es ist aber häufig eine wesenhaft politische Entscheidung, ob eine (Straßen-, K.P.S.) Trasse so oder so gelegt wird. Nur selten handelt es sich um eine rein straßenbautechnische Frage«, ders., Bürokratisierung des Parlaments? in: *Emil Hübner/Heinrich Oberreuter/Heinz Rausch* (Hrsg.) Der Bundestag von innen gesehen, München 1969, S. 190 f.

[36] *Werner Freiburg*, Grundfragen der Kommunalpolitik, Mainz 1970, S. 12 ff.

den Kommunen durch die jeweilige Opposition gesetzt werden. Daß personelle Alternativen möglich sind, steht nicht infrage. Ob sie vorhanden sind, soll weiter unten untersucht werden.

4. Das Fehlen von Programmen

Das von *Hennis* festgestellte völlige Fehlen von Parteiprogrammen oder Wahlplattformen in der Länderpolitik ist für ihn eine Konsequenz aus dem »faktische(n) Charakter der Länder als autonome Verwaltungsprovinzen«. »Es gibt keinen christdemokratischen Straßenbau und keine sozialdemokratische Wasserwirtschaft.«[37] Aber es gibt eben politische Entscheidungen von Christdemokraten einerseits und Sozialdemokraten andererseits über die Priorität von Straßenbau und Wasserwirtschaft im Rahmen des öffentlichen Haushalts und die Prioritäten innerhalb der nötigen Maßnahmen eines Sachgebietes. Programme, oder besser Wahlplattformen für die nächste Legislaturperiode, die Auskunft über Prioritätensetzung, Methode und Akzente und meistens gleichzeitig über das personelle Angebot gaben, waren, nach Informationen, die dem Verfasser zur Verfügung standen, in allen Landtagswahlkämpfen seit 1970 zu finden. Zur Bürgerschaftswahl 1970 in Hamburg z. B. legten alle drei in der Bürgerschaft vertretene Parteien inhaltlich eindeutig unterschiedliche Prioritäten und Akzente setzende Programme bzw. Regierungsleitsätze vor[38].
Generell ist zu beobachten, daß die Parteien in den Ländern in den letzten Jahren »programmbewußter« geworden sind, was wahrscheinlich eine Folge der Entwicklung zum faktischen Zwei-Parteien-System ist. Damit besteht in den meisten Ländern für die Parteien nun die Möglichkeit, aber auch die Notwendigkeit, ihre vor der Wahl gemachten Aussagen in der Regierung alleinverantwortlich zu realisieren. Daß die Programmatik isoliert betrachtet in den Wahlmotivationen sowohl bei Bundes- als auch bei Landtagswahlen eine untergeordnete Rolle gegenüber den zur Wahl stehenden Personen spielt, die Personen also generell auch das Programm repräsentieren, darf als gesichert angenommen werden. Dennoch sind programmatische Richtlinien nötig, um Demokratie als verantwortliche und öffentliche Herrschaft zu ermöglichen[39].

[37] *Hennis* I, a.a.O., S. 118.
[38] So legte die SPD »Regierungsleitsätze« für die nächsten vier Jahre vor, »Hamburgs Zukunft sichern«, Regierungsleitsätze der Hamburger SPD 1970, hrsg. von der SPD-Landesorganisation Hamburg, 32 S. (Auszüge aus den »Regierungsleitsätzen in einer illustrierten Broschüre »Hamburgs Zukunft in die besten Hände«, hrsg. von der SPD-Landesorganisation Hamburg, 32 S.).
Die CDU legte ein »Hamburger Programm«, das allerdings für die »70er Jahre« vorgesehen ist, vor (32 S.) (daraus wurde ein achtseitiger Auszug mit den Spitzenkandidatenporträts an alle Haushalte in Hamburg versandt). Die »Wahlaussage der F.D.P. Hamburg« erschien als Sonderbeilage zum Hamburger FDP-Organ »Die freie Stadt« (in einem »Lotsenbuch«, hrsg. von der Freien Demokratischen Partei, Landesverband Hamburg [26 S.], wurden Auszüge aus der Wahlaussage, mit Fotos illustriert, veröffentlicht).
[39] Vgl. *Wolf-Dieter Narr*, CDU – SPD, Programm und Praxis seit 1945, Stuttgart 1966, S. 14.

5. Der geringe Bekanntheitsgrad der Oppositionsführer

Hennis führt aus dem Anfang der fünfziger Jahre einige Beispiele an, in denen für die Bevölkerung fast unbekannte Männer nach einem Regierungswechsel zu Ministerpräsidenten wurden. So z. B. der deutsche Gesandte in Stockholm, *Kurt Sieveking*, der, nicht einmal Mitglied der CDU, 1953 Bürgermeisterkandidat des CDU-geführten Hamburg-Blocks wurde [40]. Auch hier hat sich jedoch in den letzten Jahren die politische Wirklichkeit stark gewandelt. In der Mehrzahl der neun Landtagswahlkämpfe seit 1970 war den Wählern die personelle Alternative, die die Opposition besonders für den Regierungschef bot, durchaus klar. Die Wahlwerbung und Wahlkampfführung war von den meisten Oppositionsparteien primär auf die Person des Ministerpräsidentenkandidaten und »seine Mannschaft« ausgerichtet. In Hamburg trat die CDU-Opposition mit einer fünfköpfigen Mannschaft unter Führung des Fraktionsvorsitzenden *Wilhelm Witten* auf. *Witten* wurde allerdings nicht besonders herausgestellt, da sich schon vor der Wahl in der Partei die Auffassung durchgesetzt hatte, *Witten* so schnell wie möglich abzulösen. Sofort nach den Bürgerschaftswahlen wurde ein Mitglied der Führungsmannschaft, *Jürgen Echternach*, mit großer Mehrheit zum neuen Fraktionsvorsitzenden und damit Oppositionsführer gewählt. Klar herausgestellt in der Wahlwerbung wurden die Ministerpräsidentenkandidaten der Opposition bei den Landtagswahlkämpfen in NordrheinWestfalen *(Heinrich Köppler)*, Saarland *(Kurt Conrad)*, Niedersachsen *(Wilfried Hasselmann)*, Hessen *(Alfred Dregger)*, Berlin *(Peter Lorenz)*, Rheinland-Pfalz *(Wilhelm Dröscher)* und Schleswig-Holstein *(Jochen Steffen)*. In Bayern wurde von der SPD-Opposition ähnlich wie in Hamburg primär eine Mannschaft präsentiert, da *Volkmar Gabert* auch von seiner Partei nicht als echter Ministerpräsidentenkandidat angesehen wurde.

Es ist keinesfalls so, daß die Ministerpräsidentenkandidaten der Opposition dem Wähler bei der Wahl noch unbekannt sind. Wo das der Fall ist, handelt es sich in der Regel um noch nicht ausgetragene personelle Auseinandersetzungen innerhalb der Opposition (wie in Hamburg und Bayern). Auch hier stimmen die Feststellungen von *Hennis* aus dem Jahr 1956 nicht mehr mit der Wirklichkeit überein.

6. Die eingeschränkte Öffentlichkeitsfunktion

Manfred Friedrich hat 1971 eine Untersuchung vorgelegt, die von der These ausgeht, daß die Stärkung der Öffentlichkeitsfunktion der Landtage [41] »ein mehr oder weniger untauglicher Versuch am untauglichen Objekt« sei. Die Materie, mit der sich die Länderparlamente zu beschäftigen hätten, z. B. »Regionalplanung, Luftverschmutzung, Straßenbau, Gemeindefinanzen, Fremdenverkehrsförderung und ähnliches« [42] könne keine öffentlichkeitswirksamen Plenardebatten hervorrufen. Darüber hinaus seien die *expressive, teaching* und *informing function,* also die drei primär an die Öffentlichkeit

[40] *Hennis* I, a.a.O., S. 118.
[41] *Friedrich* I . . ., a.a.O., S. 70–98.
Friedrich spricht zwar nur von der reduzierten Öffentlichkeitsfunktion im Plenum, hält aber öffentliches Tagen der von ihm weiter aufgewerteten Ausschüsse nicht für richtig (S. 97).
[42] ebenda, S. 75.

gerichteten Funktionen, bei den Länderparlamenten nur beschränkt vorhanden, da ihre eigenständigen Entscheidungsmöglichkeiten durch Bund-Länder-Vereinbarungen auf Regierungsebene stark eingeschränkt seien [43]. *Friedrichs* Vorschläge zur Stärkung der Funktionen der Verwaltungskontrolle und der Beratung als der Funktion, die ein Landesparlament heute noch befriedigend erfüllen könne, sollen später (in II. 4.) eingehender erörtert werden. Nach seinen erheblichen Zweifeln an der faktischen Ausübung der Öffentlichkeitsfunktion der Landtage ist *Friedrichs* Auffassung nicht verwunderlich, daß »manche Erscheinungen in der Landtagsarbeit verstärkt jenen recht geben, die die Ansicht vertreten, daß ein so eminent politisches Regierungssystem wie das parlamentarische für die heutigen deutschen Länder eine Fehlkonstruktion ist« [44]. Man wird mit *Friedrich* darin übereinstimmen, daß ein parlamentarisches System, in dem die Vertretungskörperschaft ihre Öffentlichkeitsfunktion nicht ausfüllt, eine Fehlkonstruktion ist. Aber kann ein Landesparlament seine Öffentlichkeitsfunktion aufgrund der Verhandlungsmaterie und der beschränkten Kompetenzen wirklich nur unzureichend erfüllen? Die von *Friedrich* z. B. als wenig öffentlichkeitswirksame Materie bezeichnete Luftverschmutzung hat in jüngster Zeit im Zusammenhang der Probleme des Umweltschutzes [45] eine hohe öffentliche Aufmerksamkeit gefunden. Die mangelnde Öffentlichkeitswirksamkeit der Landesparlamente ist also nicht allein im verhandelten Stoff, sondern auch im mangelnden Problembewußtsein der Parlamentarier begründet, die mit Problemen von seiten der Ministerialbürokratie meist nur konfrontiert werden, wenn ein bereits »abgeklärter« Lösungsvorschlag geliefert werden kann. Diese »Sachlösungen« der Verwaltung, in die bereits in der Vorbereitung viele politische Entscheidungen eingeflossen sind, werden im Regelfall dann mangels besserer Argumente von den Abgeordneten, meist sogar von der Opposition, akzeptiert; dieses aber häufig nur, weil die Abgeordneten der Landesparlamente in der Mehrheit in einem »Hauptberuf« tätig sind und ihnen damit für die Erarbeitung anderer Lösungen des Problems die Zeit und damit auch meist die Informationen fehlen. Vom plenaren Erscheinungsbild auf die institutionellen Grenzen zu schließen, wie *Friedrich* das weitgehend tut, ohne nach den abänderbaren Voraussetzungen dieses Erscheinungsbildes zu fragen, ist ein zu einfaches Verfahren. Daß sich das plenare Erscheinungsbild auch mit der Qualität der Oppositionsabgeordneten und ihrem Parlamentsverständnis verändert, hat die stark verjüngte Hamburger CDU-Opposition seit 1970 bewiesen [46]. Die auf den ersten Blick so unpolitisch erscheinende Ver-

[43] ebenda, S. 78 f.

[44] ebenda, S. 82.

[45] Wie hoch das Interesse der Bevölkerung an dem weitgehend auf Länderkompetenzen beruhenden Umweltschutz ist, zeigt ein in der ZEIT (Nr. 35/71 vom 27. 8. 71, S. 18: »Report aus Bonn«) veröffentlichtes Umfrageergebnis, nach dem 62 % der Befragten den Umweltschutz für das wichtigste Reformvorhaben halten. Bedauerlicherweise haben sich die Länder nicht rechtzeitig auf ein gemeinsames Vorgehen einigen können. Die Folge ist die jüngst verabschiedete Grundgesetzänderung, die diesen Bereich in die »konkurrierende Gesetzgebung« des Bundes und der Länder aufnimmt und sie damit faktisch den Ländern entzieht.

[46] Vgl. Die WELT, 28. 12. 70, Hamburg-Teil »CDU will mehr Kontrollrecht« von *Karl Denkner*. Dort beschreibt Oppositionsführer *Jürgen Echternach* das Konzept seiner Fraktion »die politischen Gegensätze, die es zwischen Regierung und Opposition gibt, offenzulegen«.

waltungsplanung für den Bau von Schnellbahnlinien durch ein Ballungszentrum trägt einen brisanten Zündstoff in sich, wenn man, wie in Hamburg erst einmal zu diskutieren beginnt, welche Linie Priorität haben und welche Streckenführung gewählt werden soll. An der Materie, die den Bürgern ja viel näher ist als die »hohe Politik«, liegt es sicher nicht immer, wenn schwunglose Debatten die Öffentlichkeit ermüden.

Ist das zweite, von *Friedrich* zur Begründung herangezogene Argument zutreffend? Verlieren die Landtage wirklich immer mehr an Entscheidungssubstanz durch die Entwicklung zum »unitarischen Bundesstaat« [47]? Die Eingrenzung der Entscheidungssubstanz der Länder durch die Übertragung immer weiterer Bereiche in die Gesetzgebungskompetenz des Bundes und die weitgehende Präjudizierung der Entscheidungen der Länder-Legislative durch Finanzierungsabkommen zwischen Bund- und Länderexekutiven, aber auch durch Rahmenvereinbarungen und Abkommen der Länderexekutiven untereinander, werden, besonders in der juristischen Literatur, häufig angeführt [48]. Die Ausweitung der Bundesgesetzgebung im Bereich der konkurrierenden Gesetzgebung nach Art. 72,2 GG ist die Konsequenz einer Entwicklung, die sich aus der Tendenz zur Vereinheitlichung der Lebensbedingungen in allen Bundesländern ergibt. Aber auch gesetzgeberische Vernachlässigung einiger Bereiche, z. B. der vorhin erwähnte Umweltschutz, und die mangelhafte freiwillige Koordination zwischen den Bundesländern, haben dazu beigetragen. Die Verschiebung der Gesetzgebungskompetenz ist eine Entwicklung, die die Entscheidungssubstanz des Föderalismus unabhängig vom Regierungssystem in den Ländern gefährdet. Dieser Gefahr versuchen die Länder in letzter Zeit zunehmend durch die Gründung von Koordinationsausschüssen auf der Ebene der Länderregierungen zu begegnen. Allerdings hat dieses Vorgehen meist einen Kompetenzverlust der Länderparlamente zur Folge, da die zwischen den Länderexekutiven ausgehandelten Pläne oder Abkommen von den Parlamenten faktisch nicht mehr geändert werden können, auch wenn ihnen juristisch das Beschlußrecht vorbehalten ist. Besonders akut geworden ist das für die Länderparlamente durch die im Rahmen der Neuordnung der Finanzverfassung im Grundgesetz Art. 91 a verankerten »Gemeinschaftsaufgaben« von Bund und Ländern, die in Zukunft einen erheblichen Teil der noch frei verfügbaren Mittel in den Länderhaushalten faktisch schon vor dem Parlamentsbeschluß binden werden, was das Haushaltsrecht der Länderparlamente stark einschränkt. Ob dieser Kompetenzverlust allerdings so schwerwiegend ist, wie es bei einigen Juristen anklingt [49], ist zweifelhaft. Denn es ist zu bedenken, daß die »Vollmacht«, die die Mehrheitsfraktion der von ihr gewählten Regierung zur Gesetzesinitiative gegeben hat, auch für die Abkommen und Vereinbarungen dieser Regierung mit der Bundesregierung und anderen Landesregierungen gilt. Das

[47] *Konrad Hesse*, Bundesstaat, a.a.O.

[48] So bei *Walter Leisner*, a.a.O., S. 389–396. Ebenso, auf der Grundlage der Finanzreformgesetze: *Helmuth C. F. Liesegang* und *Rainer Plöger*, Schwächung der Parlamente durch den kooperativen Föderalismus?. In: Die öffentliche Verwaltung, 24. Jg. (1971), H. 7, S. 228–236.
Und: *Anton Böhringer*, Zur Mitwirkung der Landesparlamente im Bereich der Gemeinschaftsaufgaben. In: ZParl, 1. Jg. (1970), H. 2, S. 173–181; *Hesse*, Bundesstaat, a.a.O., S. 16 f.

[49] Vgl. u. a. *Liesegang/Plöger*, a.a.O., S. 232 f.

notwendige Vertrauensverhältnis zwischen Regierung und Regierungsmehrheit macht die Koordination zwischen beiden vor und während der Verhandlungen bei wichtigen Fragen zur logischen Konsequenz des parlamentarischen Systems. Allerdings gehört dazu auch die frühestmögliche Information der Opposition, damit diese ihre alternativen Auffassungen rechtzeitig artikulieren und damit die gemeinsame Verantwortung von Regierung und Mehrheitsfraktion für die von der Regierung ausgehandelte Regelung vor der Öffentlichkeit sichtbar machen kann. Um eine rechtzeitige Mitwirkung der Länderparlamente z. B. bei den Gemeinschaftsaufgaben sicherzustellen, haben in einigen Ländern die Parlamente mit den Regierungen vereinbart, daß die Anmeldungen der Landesregierung zum Rahmenplan dem Parlament zur Beschlußfassung vorgelegt werden. Bürgerschaft und Senat in Hamburg haben Anfang 1970 eine solche Regelung getroffen [50]. Von einer »Entmachtung der Länderparlamente« durch Abkommen, Rahmenvereinbarungen und Gemeinschaftsaufgaben kann also besonders solange keine Rede sein, wie das Parlament Ort der öffentlichen Auseinandersetzung über diese Vereinbarungen ist [51]. Diese Entwicklung auf Länderebene – das sei nur am Rande vermerkt – läßt im kleinen bereits die Probleme sichtbar werden, die auf das Bundesparlament bei einer weitergehenden Delegation von Entscheidungskompetenzen auf supranationale europäische Gremien zukommen.

Zusammenfassung

Abschließend kann gesagt werden, daß auch in den Bundesländern die Entwicklung des Parteiensystems auf ein faktisches Zwei-Parteien-System hin die von *Hennis* kritisierten anfänglichen systemwidrigen Entwicklungen innerhalb des parlamentarischen Systems der Länder weitgehend rückgängig gemacht hat. Daher ist, ganz abgesehen von den im Anschluß näher zu erörternden Alternativen und ihren Konsequenzen für die politische Wirklichkeit, keine Notwendigkeit für die Abschaffung des parlamentarischen Systems zu sehen. Auch die neuere Entwicklung zu meist für die Länderhaushalte finanzwirksamen Abkommen mit Bund und anderen Ländern schwächen nicht notwendigerweise die Parlamente, wenn sie ihr Recht der politischen Debatte weiterhin wahrnehmen können. Eine echte Gefahr für den Länderparlamentarismus stellt allerdings die Verlagerung wichtiger Gesetzgebungskompetenzen auf den Bund dar,

[50] Brief des Präsidenten des Senats an den Präsidenten der Bürgerschaft vom 30. 1. 1970 und Brief des Präsidenten der Bürgerschaft an die Mitglieder des Ältestenrates vom 27. 2. 1970, in: Bericht des Sonderausschusses für Parlamentsreform über die Ergebnisse seiner Beratungen, Landtag Nordrhein-Westfalen – Sechste Wahlperiode – Bd. 12, Drucksache Nr. 1856, Anlage 4. Danach soll der Senat der Bürgerschaft die Anmeldungen von Vorhaben am 1. September eines Jahres (z. B. '71) zur Beschlußfassung im Dezember ('71) vorlegen, für die Anmeldung am 1. Februar ('72), die im Jahr darauf ('73) haushaltswirksam wird.

[51] *Wilhelm Lenz* weist sehr richtig auch auf die Möglichkeit hin, wichtige Bundesgesetze vor der Verabschiedung in den Länderparlamenten zu diskutieren. Das kann zwar die Landesregierung für die Abstimmung im Bundesrat rechtlich nicht binden, dokumentiert aber ihre politische Verantwortlichkeit auch in diesem Bereich (*Lenz*, a.a.O., S. 429 f.). Ebenso ist bei der parlamentarischen Diskussion zukünftiger Planungen und Abkommen auf Regierungsebene die »Veröffentlichung« der politischen Verantwortlichkeit der Regierungsmehrheit und alternativer Konzepte der Opposition die wichtigste Funktion des Parlaments.

die den Föderalismus im Kern schwächt und in der Konsequenz infrage stellt. Die Alternative wäre dann aber nicht mehr der Ersatz des parlamentarischen Systems in den Ländern durch ein anderes, sondern die Auflösung der Länder und die Bildung eines Einheitsstaates. Diese Alternative ist allerdings grundgesetzwidrig.

II. Alternative Modelle

Die im folgenden genannten Alternativen zum parlamentarischen System auf Länderebene können mit ihren Vor- und Nachteilen nur knapp skizziert werden. Auch auf die politischen Voraussetzungen zur Einführung dieser alternativen Modelle kann nur kurz eingegangen werden. In einem letzten Abschnitt wird die Frage aufgeworfen, inwieweit die Strukturen des politischen Systems auf Bundes- und Länderebene gleichgeartet sein sollten.

1. Das Schweizer Bundesratssystem

Hennis wies bereits in seinem Aufsatz 1956 auf die mögliche Alternative »Schweizer Bundesratssystem« hin [52], die er in einer späteren Diskussion (1971) [53] weiter ausführte. Die strikte Gewaltenteilung in diesem System zwischen Regierung und Parlament würde es den Länderparlamenten ermöglichen, sich auf die ihnen primär zukommenden Kontrollfunktionen zu konzentrieren, um diese Aufgabe besser erfüllen zu können. Dabei sollte die Regierung, dem Schweizer Beispiel entsprechend, aus Vertretern aller Parteien zusammengesetzt sein, mit Ausnahme der Extremen [54].

Konstituierende Elemente des Schweizer Systems sind die direkte Demokratie und die betont föderalistische Struktur. Der Schweizer Bürger erhält das Bürgerrecht von seiner Gemeinde. Er hat in allen wesentlichen Entscheidungen in Gemeinde, Kanton und Bund das letzte Wort. Alle Verfassungsänderungen, Steuererhöhungen, die Dauer des Wehrdienstes u. a. werden grundsätzlich von den Bürgern entschieden. Das hat entscheidende Rückwirkungen auf die Stellung der Parteien im politischen System. Sie sind für die Willensbildung der Bevölkerung und als Partizipationsstrang weit weniger wichtig als z. B. die Parteien in der Bundesrepublik. Die stark föderalistische Struktur ließ in den 22 Kantonen Kantonalparteien entstehen, die auf Bundesebene nur locker in Dachorganisationen zusammengefaßt sind. Die einzige Ausnahme stellt die mehr zentralistisch orientierte Organisation der Sozialdemokraten dar. Die Regierung, der Bundesrat, wird von der Vereinigten Bundesversammlung gewählt, die sich aus den beiden gleichberechtigten Kammern des Parlaments, dem Nationalrat (Volksvertretung) und dem Ständerat (Kantonalvertretung) zusammensetzt. Die Bundesratsmitglieder werden in der Regel von ihren Parteien zur Wahl vorgeschlagen. Vertreter der 8 Parteien, die zur Zeit in der Bundesversammlung vertreten sind, bilden eine mehrheitsfähige Koalition, die sich dann auf eine Aufschlüsselung der 7 Bundesratspositionen auf die Parteien einigt. Diese Koalition umfaßt gewöhnlich alle

[52] *Hennis* I, a.a.O., S. 119.
[53] »Haben die Länderparlamente eine Zukunft?«, a.a.O., S. 46 f.
[54] ebenda, S. 46 f.

größeren Parteien. Die für eine vierjährige Amtsperiode gewählten Bundesratsmitglieder sind nicht mehr an Stellungnahmen und Auffassungen ihrer Partei gebunden. Ihre Abwahl ist in den Legislaturperioden nicht möglich; erfahrungsgemäß bleiben sie sogar über die Wahlen hinaus bis zu ihrem selbstgewählten Rücktritt im Amt. Das bewirkt die ungewöhnliche Stabilität des schweizerischen Regierungssystems, trägt aber zu einer Abwertung der Parteien im politischen Leben bei, weil die einzelne Partei dadurch weder auf die Sachpolitik noch auf die Personenauswahl entscheidenden Einfluß ausübt [55]. Die Vorteile dieses Systems liegen in seiner großen Stabilität und in der Beteiligung der größeren politischen Strömungen an Regierung und Verwaltung.

Die Nachteile, die bei einer Übertragung dieses Systems auf die Bundesländer zu erwarten wären, sind erheblich. Das System würde die Bedeutung der Parteien im Bewußtsein der Bevölkerung verringern, ohne daß die politische Kultur und die Institutionen dieses Landes für einen Ausbau der direkten Demokratie vorhanden wären [56]. Außerdem fehlt in den Bundesländern, die, besonders nach einer Neugliederung, von der Bevölkerungszahl her jeweils durchaus mit der Gesamt-Schweiz vergleichbar wären [57], die föderalistische Gliederung in weitgehend selbständige Kantone, die neben der direkten Demokratie ein zweites Gegengewicht gegen die starke Regierung darstellen könnte. Eine »Entpolitisierung«, wie sie heute auch in der Schweiz beklagt wird [58], wäre bei einer Modellübertragung die sehr wahrscheinliche Folge – eine in den Augen von *Hennis* vielleicht sogar wünschenswerte Folge, da es sich bei den Ländern seiner Auffassung nach ja nur um Verwaltungsprovinzen handelt. Darüber hinaus hätte die Abwertung der Parteien auf Länderebene bei gleichzeitig konstituierender Bedeutung auf Bundesebene überaus negative Folgen für die Transparenz und den logischen Zusammenhang des ganzen politischen Systems in der Bundesrepublik.

2. Die Große Koalition

Große Koalitionen stellen im Grunde kein eigenständiges System, sondern eine Ausnahmesituation innerhalb des parlamentarischen Regierungssystems dar. Diese besonders am langjährigen österreichischen Beispiel zu beobachtende Variante hat in der Wissenschaft teilweise scharfe Ablehnung hervorgerufen, teilweise ist sie als zukunftsweisender Weg aus der konstatierten Krise des parlamentarischen Systems bezeichnet

[55] Wie gering der Einfluß auch bei der Wahl zum Bundesrat ist, zeigt das Beispiel des sozialdemokratischen Bundesratsmitgliedes *Hans-Peter Tschudi* (1970 Bundespräsident), der von der Bundesversammlung gegen den offiziellen sozialdemokratischen Wahlvorschlag gewählt wurde.

[56] Zur geringen Nutzung der bestehenden Möglichkeiten der direkten Demokratie in den Bundesländern s. *Manfred Abelein*, Plebiszitäre Elemente in den Verfassungen der Bundesländer, in: ZParl, 2. Jg. (1971), H. 2, S. 187–199, bes. S. 199.

[57] Einwohnerzahl der Schweiz (1962): 6,22 Millionen, Quelle: Der Fischer Almanach '71, Frankfurt, November 1970, S. 133.

[58] *Martin Rosenberg*, Die politische Situation der Schweiz, in: Eichholzbrief, hrsg. von der Politischen Akademie Eichholz, H. 3, 1968, S. 11 und *Wolfram Dorn* in Erwiderung auf *Hennis*, in: »Haben die Länderparlamente noch eine Zukunft?«, a.a.O., S. 48.

worden [59]. Der Staatsrechtler *Hans-Peter Ipsen* hat 1956 die Große Koalition ausdrücklich als Regierungsform für Hamburg empfohlen [60]. Die Vorteile einer Großen Koalition werden in der Hauptsache in der Beteiligung der beiden politischen Hauptströmungen an Regierung und Verwaltung, zuweilen auch in der Stärkung des Parlaments, gesehen. Eine institutionalisierte Große Koalition nach dem Muster Österreichs mit einem Koalitionsvertrag [61], der je nach Wähleranteil einen größeren oder kleineren Anteil jedes Koalitionspartners an Regierung und Verwaltung von vornherein festlegt, trägt darüber hinaus zu einer starken Kontinuität der Arbeit von Regierung und Verwaltung bei.

Ausgangspunkt der Befürworter der institutionalisierten Großen Koalition ist die schwierige Position der parlamentarischen Opposition im Parlamentarismus hochentwickelter Wohlstandsgesellschaften, in denen der Wechsel zwischen Regierung und Opposition angeblich immer seltener wird. Die Beteiligung der Minderheit an der Regierung und die in Österreich praktizierte »Bereichsopposition« der Fraktionen in den Ressorts, für die sie nicht den Minister stellen, sollen der Minderheit effektivere Kontrollmöglichkeiten geben. Die Stärkung des Parlaments durch die Große Koalition [62], eine auch in der Zeit der Großen Koalition in der Bundesrepublik von 1966–1969 oft zu hörende Rechtfertigung, stellt allerdings die Tatsachen auf den Kopf. Allenfalls kann man bei einer Regierungsmehrheit von über 90 % von mehr »Narrenfreiheit« für die Koalitionsabgeordneten sprechen, die nun auch einmal gegen eine Entscheidung ihrer Regierung stimmen dürfen. Diese Freiheit findet jedoch sofort dort ihre Grenzen, wo die Mehrheit gefährdet ist. In Wahrheit, so konstatierte der Bundestagsabgeordnete *Hansjörg Häfele,* wird das Parlament durch die Große Koalition noch mehr entmachtet. Die Entscheidungen fällen nur noch die Spitzen der Koalition in informellen Ausschüssen wie dem »Kreßbonner Kreis« [63]. Und damit geht die ohnehin geringe Transparenz der Entscheidungsvorgänge und Verantwortlichkeiten weiter zurück. Der Wähler muß den ja auch objektiv richtigen Eindruck erhalten, seine Stimmabgabe könne bis auf geringfügige Verschiebungen der Personen in Regierung und Verwaltung nichts verändern. Das Ende der Großen Koalition in Österreich mag manche Befürworter über die Zukunftschancen dieses Modells eines

[59] Kritisch äußern sich u. a. *Franz Schneider,* Große Koalition – Ende oder Neubeginn, München 1969, bes. S. 52 ff.; *Steffani,* Zur Kritik ..., a.a.O., S. 33 ff.; *Otto Kirchheimer* dagegen sieht in ihr einen zukunftsweisenden Versuch s. Wandlungen der politischen Opposition, in: *Kurt Kluxen,* Parlamentarismus, Köln-Berlin 1967, S. 410–424.

[60] *Hans-Peter Ipsen,* Hamburgs Verfassung und Verwaltung, Hamburg 1956, S. 313.

[61] Koalitionsvertrag abgedruckt bei: *Rüdiger Altmann,* Das Erbe Adenauers. Eine Bilanz, München 1963, S. 71 f.

[62] Ein früher Befürworter der Großen Koalition war *Ulrich Lohmar* in seinem Buch: Innerparteiliche Demokratie, Stuttgart 1963, bes. S. 125 ff. s. dazu kritisch besonders *Steffani,* Zur Kritik ..., a.a.O., S. 34 ff., wo er Lohmars These widerlegt, die Gewaltenteilung des Grundgesetzes werde durch die Große Koalition eher erfüllt, als durch das Gegenüber Regierungsmehrheit – Opposition.

[63] *Häfele,* Reform des Parlamentarismus, in: *Dietrich Rollmann* (Hrsg.) Die Zukunft der CDU, Hamburg 1969, S. 42. Zur Bedeutung des österreichischen Koalitionsausschusses vgl. *Wolfgang Rudzio,* Entscheidungszentrum Koalitionsausschuß, Zur Realverfassung Österreichs unter der Großen Koalition, in: PVS, 12. Jg. (1971), H. 1, S. 87 ff.

besseren belehrt haben. Ähnlich wie beim Schweizer Bundesratssystem überwiegen beim Modell der Großen Koalition die Nachteile.
Für Hamburg wäre zu erwägen, ob eine Große Koalition auf mittlere Sicht die CDU in den Augen der Mehrheit regierungsfähig macht und damit eine der Grundvoraussetzungen des parlamentarischen Systems auch in Hamburg wieder gegeben wäre. Für eine begrenzte Periode wären, ebenso wie im Bund, die Nachteile der Großen Koalition tragbar. Das hätte jedoch die Bereitschaft der SPD zu so einer Lösung und die Annahme zur Voraussetzung, daß die Parteipräferenzen der Hamburger durch eine Legislaturperiode Große Koalition verschiebbar würden. Ersteres ist nicht in Sicht, und auch über die zweite Annahme wären heute nur Spekulationen möglich. Eine andere Lösung ist für das parlamentarische System in Hamburg wahrscheinlicher und zukunftsorientierter: die Integration Hamburgs in einen Nord-Staat, bestehend aus Schleswig-Holstein, Hamburg und dem südlichen Hamburger Umland, bei dessen Zuschnitt im Sinne einer parlamentarischen Demokratie auch darauf Rücksicht genommen werden sollte, daß die Wählerpotentiale von SPD und CDU annähernd gleich groß sind. Damit wäre zumindest die Möglichkeit zum Wechsel zwischen beiden Parteien geschaffen.

3. Die Magistratsverfassung

Die Magistratsverfassung, nach der in den Gemeinden der Länder Hessen, Schleswig-Holstein und Berlin regiert wird, sieht in der Regel die Beteiligung aller Parteien oder zumindest der Hauptparteien an der Regierung, dem »Magistrat« vor. Die Stadträte als politische Spitzen der einzelnen Verwaltungszweige werden dann von den Parteien nach dem Stimmenproporz besetzt. *Hennis* weist auf die Magistratsverfassung als mögliches Regierungssystem für die Länder hin [64]. Im Grundsatz unterscheidet sich dieses Modell nicht von den beiden eben skizzierten. Es weist die gleichen Vorteile (Beteiligung aller größeren politischen Richtungen an Regierung und Verwaltung und starke Kontinuität) und die gleichen Nachteile (geringe Transparenz und eine geringe Mobilität) auf.
Die theoretisch auch hier mögliche Bereichsopposition jeder Fraktion der Gemeinde- bzw. Stadtvertreter gegen Entscheidungen des Dezernenten der anderen Fraktion findet in der Praxis kaum statt, zumindest wird sie in der Öffentlichkeit nicht genügend klar. Außerdem fehlt die realisierbare Alternative, die diese Bereichsopposition erst glaubwürdig erscheinen ließe. Der Wähler ist mit der Tatsache konfrontiert, daß seine Stimmabgabe allenfalls der von ihm favorisierten Partei einen weiteren Stadtratsposten bringt. Die Ablösung des Stadtrates der anderen Partei, gegen dessen Politik er sich aussprechen wollte, erreicht er in der Regel nicht. Der Konflikt innerhalb der Frankfurter CDU Anfang 1971 hat in der Öffentlichkeit deutlich auf die Konsequenzen einer solchen Magistratsregierung in einer Großstadt hingewiesen [65]. Die dortige CDU war in der von der SPD-Mehrheit geführten Stadtregierung vertreten. Für die Öffentlichkeit regierte jedoch die SPD, repräsentiert durch ihren damaligen Ober-

[64] *Hennis* I, a.a.O., S. 119.
[65] Vgl. Der Spiegel, Nr. 10 vom 1. 3. 71, S. 48 f.

bürgermeister *Walter Möller*. Die Gefahr der Integration der Führung der Minderheit durch die Mehrheit mit Hilfe von partiellem Einfluß und gut dotierten Positionen ist in einer solchen Regierungsform sehr groß. Ziel der »Rebellen« in der Frankfurter CDU war es daher, die CDU aus der Stadtregierung ausscheiden zu lassen. Da das Stimmenverhältnis zwischen den Parteien in Frankfurt ähnlich wie in Hamburg ist, würde dieser Schritt auf mittlere Sicht für die CDU die Oppositionsrolle bedeuten, ohne eine realistische Chance auf einen Wechsel in die Regierung. Dennoch scheint sich in einigen Großstädten ein Trend in dieser Richtung abzuzeichnen, der durch die Verjüngung der Stadtverordneten-Fraktionen bei allen drei Parteien und der damit wachsenden Politisierung der Kommunalpolitik verstärkt wird.

Dabei ist sich der Verfasser im klaren darüber, daß das Modell der Magistratsverfassung in kleineren und mittleren Gemeinden, in denen eine einseitig ausgeprägte Parteipräferenz vorherrscht, seine Berechtigung hat. Zwar wird auch hier unserer Auffassung nach nicht »unpolitisch« verwaltet, sondern ebenso in großem Umfang nach politischen Kriterien entschieden. Hier ist die Kommunikation zwischen Bürger und Politiker aber noch viel direkter und das Bewußtsein und die Kenntnis der zu lösenden Probleme eher überschaubar als in einer Großstadt. Eine höhere Transparenz der politischen Entscheidungen ist folglich in den kleineren und mittleren Gemeinden auch ohne institutionalisierte Opposition vorhanden.

4. Friedrichs Überlegungen zur Stärkung der Ausschüsse

Aus seinen Schlüssen über die von einem Landesparlament noch befriedigend zu erfüllenden Aufgaben folgert *Friedrich* die zukünftige notwendige Entwicklung der Struktur von Landesparlamenten. Seine Folgerungen stellen auf den ersten Blick nicht auf ein eigenständiges Modell eines Regierungssystems ab. Sie sind nicht einmal eine so starke Abweichung vom Modell des parlamentarischen Regierungssystems wie die institutionalisierte Große Koalition. Als die zwei »Restfunktionen« der Landesparlamente sieht *Friedrich* die Verwaltungskontrolle und die Beratung der Landesregierung an [66]. Diese beiden Funktionen könnten am wirksamsten durch die Ausschüsse erfüllt werden. Um die Gefahr einer zu engen Kooperation zwischen den Behörden und den fachlich spezialisierten und oft einseitig nach Interessengesichtspunkten ausgewählten Ausschußmitgliedern zu verhindern, müßten nach Friedrich die Ausschüsse reformiert und ihre Zahl erheblich reduziert werden. Dadurch sollte die Arbeitskraft der Abgeordneten ökonomischer eingesetzt und die Ausschußarbeit ergiebiger und weniger von Partikularinteressen bestimmt werden [67]. Zusätzlich wären die Ausschüsse zur Vorlage von Zwischenberichten zu verpflichten, über die eine Fraktion eine Aussprache im Plenum durchsetzen könnte. Diese Ausschußreform sollte »nicht dadurch belastet werden, daß man sich für die grundsätzliche Öffentlichkeit der Ausschußsitzungen auch in den Landtagen engagiert« [68]. Es sei im übrigen zweifelhaft, ob die Öffentlichkeit an den Ausschußsitzungen, die häufig einen stark fachlichen Charakter und deren

[66] *Friedrich* I, a.a.O., S. 79 f.
[67] ebenda, S. 96 f.
[68] ebenda, S. 97.

Themen meist politisch untergeordnete Bedeutung hätten, ein stärkeres Interesse hätte. Der wahrscheinliche Nachteil sei, daß die Regierungsvertreter in öffentlichen Sitzungen weniger bereit seien, Interna preiszugeben und Zusagen zu machen. Auch könne es keineswegs als erwünscht gelten, das ohnehin schon geringe öffentliche Interesse an den Plenarsitzungen dadurch zu kupieren, daß es sich auf Plenum und Ausschüsse verteilt. Eine kleine »Interessenöffentlichkeit, bestehend aus einigen Verbandsfunktionären, Kommunalbediensteten und Vertretern der Lokalpresse«, dürfte nach Ansicht *Friedrichs* auch nicht die kontrollierende Öffentlichkeit sein, an die ihre Befürworter denken. »Wer eine bessere Transparentmachung der Einflußnahmen parlamentarischer Gruppierungen für unumgänglich hält, sollte sich dann schon für eine geeignetere institutionelle Lösung einsetzen, wie sie die teilweise Umwandlung der Fachausschüsse in Deputationen nach dem Modell der Stadtstaaten wäre.« [69] Diese Deputationen hätten das Mitwirkungsrecht an bestimmten Exekutiventscheidungen wie die Aufstellung des ministeriellen Einzelplanes, und könnten die Entscheidungen im Plenum begründen, was die Kontrolle des Zusammenspiels zwischen Deputationsausschuß und seinem Ministerium für das Plenum erleichtern würde. »Allerdings wäre dies ein Einbruch in die Verfassungsordnung der Flächenstaaten, der im Grunde das parlamentarische System und sein Kernprinzip, das der öffentlich verantwortlichen Regierung, aufheben würde.«

Durch die »zunehmende Provinzialisierung der parlamentarischen Entwicklung in den Ländern« hält *Friedrich* die Entwicklung zu Deputationen nicht für ausgeschlossen. Ziel der Ausschußreform, die Friedrich anstrebt, ist es, zu verhindern, daß sich eines Tages die Alternative »Deputation« unausweichlich stellt [70].

Eine Verwirklichung der Vorschläge von *Friedrich* würde weder die Beteiligung aller politischen Kräfte, nicht einmal der Opposition, an Regierung und Verwaltung ermöglichen, noch für die nötige Transparenz des politischen Prozesses sorgen. Die sicher feststellbare mangelhafte Öffentlichkeitswirksamkeit der Plenarsitzungen wird einseitig mit der Reduktion der Legislativfunktion und wenig öffentlichkeitswirksamer Beratungsmaterie begründet. Als mögliche Gründe wären aber ferner zu nennen: die mangelhafte Ausstattung der Opposition, die vorwiegend nebenberuflichen Abgeordneten, die die Arbeit eines großen Stabes hochqualifizierter und -spezialisierter Beamter kontrollieren sollen, oder die mangelhafte Qualifikation vieler Landtagsabgeordneter, da die Qualifizierteren in den Bundestag gehen oder gar nicht erst bereit sind, ein Mandat zu übernehmen. Die nach *Friedrich* nicht verbesserungsfähige Öffentlichkeitsfunktion der Landesparlamente soll nun zugunsten der Verwaltungskontrolle und der Beratung der Regierung in den Ausschüssen noch weiter geschwächt werden. Das trifft hauptsächlich die Opposition, die der Öffentlichkeit besonders bedarf. Zwar ist es wahrscheinlich, daß die Abgeordneten in nichtöffentlichen Ausschußsitzungen von seiten der Exekutive umfassender informiert werden und die geheime Beratung gewisse Einflußmöglichkeiten auch für die Oppositionsabgeordneten eröffnet. Aber für die Opposition ist dieser kurzfristig mögliche Detail-

[69] ebenda, S. 98.
[70] ebenda.

einfluß ja nicht das eigentliche Ziel ihrer Arbeit. Die Aufgabe der Opposition besteht primär darin, ihre abweichenden Vorstellungen öffentlich zu äußern, um so die Öffentlichkeit von sich als der besseren Alternative zu überzeugen und damit längerfristig in die wirkliche Einflußposition, die der Regierungsmehrheit, zu gelangen. Dort, wo nach *Friedrich* die eigentliche Tätigkeit der Landesparlamente derzeit konzentriert ist, in den Ausschüssen, soll die Öffentlichkeit aber ausgeschaltet bleiben.

Bei den Begründungen *Friedrichs* ist wenig plausibel, wieso das geringe öffentliche Interesse am Plenum durch öffentliche Ausschußsitzungen noch vermindert würde. Eher ist doch anzunehmen, daß interessante Ausschußthemen Kreise in der Öffentlichkeit ansprechen, die an den Plenarsitzungen, in denen vieles im für Laien unverständlichen Eilverfahren beraten wird, bisher kein Interesse gefunden haben. Warum die von *Friedrich* zitierten Vertreter der Lokalpresse nicht die kontrollierende Öffentlichkeit darstellen können, ist unerklärlich. Wer, außer der Presse, kommt im Regelfall für eine solche Funktion denn überhaupt in Frage! Wieso durch die Umwandlung der Fachausschüsse in Deputationen eine größere Transparenz erreicht werden könnte, ist ebenso unklar. Sowohl die Deputationen in Hamburg als auch in Bremen tagen nicht öffentlich.

Das von *Friedrich* offensichtlich gemeinte Bremer Modell der Deputationen als ständige gemeinsame Ausschüsse von Bürgerschaft und Senat [71] macht die Entscheidungen in der Regel weniger transparent, da die Auffassungen der Opposition z. B. bei der Haushaltsaufstellung bereits bis zu einem gewissen Grad in die wesentlich von der Finanzdeputation gestaltete Senatsvorlage integriert werden und so in der Plenardiskussion teilweise nicht wieder auftauchen. Für die erheblich anders gearteten Hamburger Deputationen [72] hat die Beteiligung an der Aufstellung des Haushaltsplanes in weiten Bereichen nur noch die Alibi-Funktion gegenüber der Gesetzesvorschrift [73]. Die Entwicklung zumindest in Hamburg geht gerade umgekehrt als *Friedrich* sie skizziert: von den Deputationen zur Stärkung der Parlamentsausschüsse.

Die Vorstellungen *Friedrichs* würden darauf hinauslaufen, die Transparenz des parlamentarischen Systems in den Ländern noch mehr zu verschlechtern und den Wechsel zwischen Opposition und Regierung weiter zu erschweren. Damit soll keineswegs die von ihm vorgeschlagene Ausschußreform generell abgelehnt werden, wohl aber jeder weitere Ausschluß der Öffentlichkeit.

[71] S. Art. 129 Bremische Verfassung von 1947 und den Kommentar bei *Theodor Spitta,* Kommentar zur Bremischen Verfassung von 1947, Bremen 1960, S. 234 ff.

[72] In Hamburg dienen sie »zur Mitwirkung der Bürger an der Verwaltung« (faktisch bedeutet das eine Verwaltungskontrollfunktion). Zwar werden die Deputierten von der Bürgerschaft gewählt, seit der Parlamentsreform 1971 dürfen aber keine Abgeordneten mehr in die Deputationen gewählt werden.

[73] Die in § 9 Verwaltungsbehördengesetz vorgeschriebene Beteiligung der Deputationen an der Aufstellung der Haushaltspläne ihrer Behörden wurde durch einen Senatsbeschluß vom Frühjahr 1971 faktisch stark eingeschränkt. Dieser Beschluß schreibt vor, die Deputationen erst dann mit dem Haushaltsvoranschlag der Behörde zu befassen, wenn dieser mit der Finanzbehörde abgestimmt sei. Da nach dieser Abstimmung politisch keine wesentlichen Änderungen mehr möglich sind, bleibt der Deputation im wesentlichen das Recht innerhalb von abgestimmten Titeln kleinere Verschiebungen vorzunehmen.

III. Die Forderung nach Einheitlichkeit der Strukturen des politischen Systems auf der Ebene des Bundes und der Länder

Abgesehen davon, daß man anhand der Analyse der vorgestellten Alternativmodelle zu der Auffassung kommt, daß sie alle gegenüber dem jetzigen Regierungssystem der Länder erhebliche Nachteile aufweisen, muß die Frage gestellt werden, ob es überhaupt sinnvoll ist, das Regierungssystem auf Bundes- und Länderebene verschiedenartig zu strukturieren. Der Wert eines Systems wird nicht allein daraus zu bestimmen sein, wie gut oder schlecht mit ihm die gestellten Aufgaben gelöst werden können, sondern auch daraus, inwieweit dieses System vom Bürger verstanden und akzeptiert wird.

Um die Durchsichtigkeit und Einsichtigkeit des Regierungssystems zu gewährleisten, müßte daher zumindest in der Grundstruktur eine Übereinstimmung zwischen den Regierungssystemen in Bund und Ländern vorhanden sein. Wie bereits bei der Betrachtung des Schweizer Regierungssystems erwähnt, ist diese Übereinstimmung besonders im Bereich des Parteiensystems notwendig. Ein politisches System, das auf Länderebene nur locker verbundene, nicht sehr einflußreiche Parteigruppen kennt und auf Bundesebene auf der Existenz straff organisierter, großer Parteien beruht, ist allenfalls ein theoretisches Denkmodell, praktisch jedoch kaum realisierbar.

Die Analyse der Hamburger Ausprägung des parlamentarischen Systems hat gezeigt, daß sich die Verfassungswirklichkeit in Hamburg der politischen Praxis auf Bundesebene angleicht [74]. Die Einführung eines Schweizer Bundesratssystems oder einer Magistratsverfassung in den Bundesländern wäre auch aus diesem Grund wenig sinnvoll.

[74] Zu einem ähnlichen Untersuchungsergebnis kommt auch *Siegfried Mielke* für alle Länderparlamente in: Länderparlamentarismus, Schriftenreihe der Bundeszentrale für politische Bildung, Heft 83, Bonn 1971, S. 51.

Scheinpublizität oder Transparenz? Zur Öffentlichkeit von Parlamentsausschüssen

Heinrich Oberreuter

Die Beschwörung einer »Legitimitätskrise« des politischen Systems der Bundesrepublik Deutschland – mehr literarische Fiktion als politische Realität – hat nicht nur zunehmend die Blicke auf die Repräsentationsfunktion des Parlaments gelenkt; sie wurzelt sogar weitgehend in nahezu tabuisierten, empirisch und historisch nicht immer abgesicherten, mehr kulturkritischen als sozialwissenschaftlichen Thesen über angeblich defizitäre Strukturwandlungen dieser Repräsentation [1]. Aber der Aufbruch einer militant-antiparlamentarischen Bewegung und die weite publizistische Verbreitung ihrer mit zunehmender Realitätsentrückung umso kritischeren Aussagen aktualisierten nur sichtbar die auch vorher schon beklagte Gefährdung des kommunikativen Kontaktes zwischen Parlament und Öffentlichkeit – eine Kommunikation [2], die entscheidende Bedeutung für die ständige Legitimierung des parlamentarischen Systems und für seine Zukunftschancen besitzt. Darüber hinaus hängt die Möglichkeit zu demokratischer Kontrolle und Partizipation von ihr ab: Hier liegen nicht nur die historischen, sondern auch die verfassungspolitischen Wurzeln für das Verfassungsgebot öffentlicher Parlamentsverhandlungen.

I

Die Parlamente in Bund und Ländern haben auf die Herausforderung überwiegend durch verstärkte Öffentlichkeitsarbeit, weniger durch Korrekturen an der parlamentarischen Prozedur reagiert. Öffentlichkeitsarbeit ist jedoch ein technokratischer Notbehelf: Sie verleiht politischen Entscheidungsprozessen nur durch amtliche Filter Transparenz; sie schafft daher nicht die optimalen Voraussetzungen für einen kommunikativen demokratischen Prozeß. Dessen allenthalben registrierte Gefährdung hat ihre Ursachen gerade auch in der Fortgeltung aus dem 19. Jahrhundert überkommener, publizitätsentrückter Verfahrensgrundsätze und -praktiken angesichts unbestreitbar tiefgreifender Wandlungsprozesse des parlamentarischen Systems, das durch den Übergang zum Legitimationsprinzip der Volkssouveränität, die Erweiterung seiner soziologischen Basis und den Funktionsgewinn des Parlaments erst im 20. Jahrhundert auch ein demokratisches geworden ist. Das Parlament hat auf seinen Aufgabenzuwachs notgedrungen mit einer Verlagerung seiner Entscheidungsprozesse

1 Siehe *Jürgen Habermas,* Strukturwandel der Öffentlichkeit, Neuwied/Berlin 1962; zur Kritik: *Wolfgang Jäger,* Öffentlichkeit und Parlamentarismus, Stuttgart u. a. 1973.

2 Damit ist nicht – für die moderne Massendemokratie illusionär – spontaner, diskursiver Meinungsaustausch gemeint, sondern die *ständige* Verschränkung von parlamentarischer und vorparlamentarischer Meinungs- und Willensbildung durch den Prozeß strukturierter und vermittelter – beides ermöglicht erst nach den gesicherten Erkenntnissen der Kommunikationsforschung Partizipation – politischer Kommunikation.

in den traditionell nicht öffentlichen Ausschußbereich reagiert, wobei das Verfahrensrecht die Fiktion pflegt, dort werde nur die Plenararbeit vorbereitet. Tatsächlich aber wird sie dort so weitgehend vorweggenommen, daß sich das Plenum in der Regel mit der Notifizierung der Ausschußergebnisse begnügt. Dadurch wird nicht nur der quantitativ größte [3] und argumentations- wie entscheidungsträchtigste Teil der Parlamentsarbeit der Öffentlichkeit entzogen; eine ganz erhebliche Anzahl legislativer Materien [4] erfährt darüber hinaus keinerlei öffentliche Erörterung, denn das Plenum begnügt sich im allgemeinen ohne Debatte mit der Abstimmung über die Ausschußvorlage. Die Informationen, welche die beim Parlament institutionalisierte Öffentlichkeitsarbeit über den Weg einer Vorlage in den Ausschüssen vermitteln kann, können unter dem Verfahrensgrundsatz der Nichtöffentlichkeit naturgemäß nur nüchtern und summarisch, im Prinzip sogar entpolitisiert sein [5].

Diesem Sachverhalt gegenüber finden sich nun sogar in der Verfassungsjurisprudenz, die bislang seiner Beschränkung auf die Plenarverhandlung zustimmte, Ansätze zur Problematisierung des Öffentlichkeitsgebotes. Dabei hält sich die Forderung nach Ausschußöffentlichkeit, sofern Gegenstände ausschließlich selbständig beraten werden – das Selbstbefassungsrecht eröffnet die Möglichkeit dazu –, zunächst noch im traditionellen Rahmen: Ihr liegt eine rein formale Interpretation des Öffentlichkeitsgebotes zugrunde, die lediglich intendiert, daß jeder Gegenstand in einer beliebigen Beratungsphase wenigstens »durch das Plenum laufen« [6] müsse. Die Gewährleistung dieses Rituals würde nach dieser Betrachtungsweise die Umgehung der Verfassung verhindern, zumindest formal [7]. Sie vermag aber der materiellen Auszehrung

3 Im Deutschen Bundestag (1949—1972) stehen 1321 Plenarsitzungen 18304 Ausschußsitzungen gegenüber; nur 82 Themen waren Gegenstand öffentlicher Anhörungen; nach *Peter Schindler,* Daten zur Tätigkeit und Zusammensetzung des 1.–6. Deutschen Bundestages, in ZParl 1/1973, S. 3 ff.

4 Nach *Wilhelm Hennis,* Zur Rechtfertigung und Kritik der Bundestagsarbeit (jetzt in: ders., Die mißverstandene Demokratie, Freiburg 1973), S. 131, sind in der IV. Legislaturperiode 260 von 429 Gesetzen ohne jede öffentliche Beratung verabschiedet worden. Verläßliche rationale Kriterien für die unterschiedliche Behandlung der Materien existieren nicht, wenn auch unter den nichtöffentlich behandelten die politisch weder kontroversen noch besonders brisanten überwiegen.

5 Symptomatisch der nüchtern-summarische Agenturstil der Parlamentskorrespondenz »woche im bundestag« (wib), der im Grunde die politischen Positionen und Argumente im Entscheidungsprozeß kaum reflektiert. Die Fraktionen haben naturgemäß kein Interesse daran, die polit. Disposition über den geschützten Ausschußbereich an Journalisten im öffentlichen Dienst zu überantworten, deren Zutrittsrecht darüber hinaus formell nicht geregelt und damit manipulierbar bleibt. Somit schwebt über der amtlichen Öffentlichkeitsarbeit das Damoklesschwert negativer Sanktionsdrohung, das die positionelle politische Restriktion amtlichen Journalismus' zusätzlich verschärft.

6 So bei *Joachim Linck,* Die Öffentlichkeit der Parlamentsausschüsse aus verfassungsrechtlicher und rechtspolitischer Sicht, in: DÖV 1973, S. 513 ff., Zit. S. 517.

7 Ob die herrschende Meinung angesichts ihrer bisherigen Position in nichtöffentlich wahrgenommenen Selbstbefassungsrechten eine Umgehung der Verfassung sehen würde, erscheint angesichts der unter rein formalen Kriterien stehenden verfassungsmäßigen Verfügungsgewalt des Parlaments über das Öffentlichkeitsprinzip und angesichts seiner Verfahrensautonomie ebenso fraglich wie die Möglichkeit, durch einen ausschließlich formalen Ansatz ein im Kern materielles Defizit adäquat zu erfassen und zu korrigieren: Am Selbstbefassungsrecht der Ausschüsse erweist sich vielmehr das Dilemma der traditionellen formalen Interpretation des Öffentlichkeitsgebotes.

des Öffentlichkeitsgebotes nicht zu wehren. Unter Hinweis auf dessen Funktion, die angesichts der geschilderten Wandlungsprozesse leerzulaufen droht, hält *Heinhard Steiger*, materiell argumentierend, »der Sache nach« die Ausdehnung der Öffentlichkeit auf die Ausschüsse für nötig, ohne allerdings generelle Ausschußöffentlichkeit zu fordern [8]. Wenn sich das Öffentlichkeitsgebot seinem Wesen nach auf die konkreten politischen Entscheidungsprozesse des Parlaments richtet – die historische Auseinandersetzung um die Publizität der Parlamentsverhandlungen läßt keinen anderen Schluß zu –, bedarf es seiner Anwendung auf die Parlamentsausschüsse, sobald sich diese Prozesse mehr und mehr dorthin zurückziehen; daß die Entscheidungen im Plenum nicht mehr fallen – dort eigentlich stets nur selten gefallen sind – ist kaum mehr bestreitbar, ebenso wenig wie bestritten werden kann, daß die Schwerpunktverlagerung des parlamentarischen Entscheidungsprozesses in die Ausschüsse der Effizienz von Gesetzgebungsarbeit und Regierungskontrolle dient. Der Drang zur Effizienzmaximierung muß aber sein Korrektiv in der begründeten Transparenzforderung finden, die daraus folgt, daß ein demokratisches Parlament als Legitimationsorgan staatlichen Handelns sich seinerseits der Kontrolle durch die Wähler auszusetzen hat.

Gerade eine extensiv repräsentative Verfassungsordnung erfordert Verfahrensstrukturen, die der Funktion des Öffentlichkeitsgebotes, überwiegend indirekte Partizipation (Kritik und Alternativvorschläge eingeschlossen) zu sichern, angemessen sind. Die demokratische Legitimation endet nicht mit dem Wahlakt. Sie ist vielmehr ein Prozeß ständiger Kommunikation. Sie verliert sich, wenn sie »faktisch zu einem unkontrollierbaren Vertrauensakt verkürzt wird« [9]. Aus diesen Gründen ist die Öffentlichkeit der Parlamentsverhandlungen so weit wie irgend vertretbar herzustellen – wobei die Effizienz weder ein unantastbarer, noch ein grenzenlos antastbarer Wert ist – und daher sind für die Informationsvermittlung durch Parlamentsberichterstattung optimale Voraussetzungen zu schaffen.

Diese Überlegungen sehen sich durchaus unterschiedlichen Schlüssen aus der modernen Entwicklung der Parlamente konfrontiert. Grob zusammengefaßt, lassen sich folgende Positionen ausmachen:

(1) eine plenarfixierte Position, die in der modernen Entwicklung die Depravierung eines klassischen Leitbildes begreift und dessen Restauration betreiben möchte. Dieser Position wohnt ein selbstzerstörerischer Hang inne; denn sie entzieht dem modernen Parlament die Grundlagen seiner Effizienz und tangiert damit seine Legitimität, die es gerade auch aus seiner Leistungsfähigkeit gewinnt;

(2) eng damit verwandt, aber stärker präzisiert und nuancierter artikuliert die Vorschläge *Michael Hereths* [10], die implizit intendieren, die Bedeutung der Ausschüsse durch Abbau der Sacharbeit im Parlament zu reduzieren. Ihnen liegt die Orientie-

8 *Heinhard Steiger*, Organisatorische Grundlagen des parlamentarischen Regierungssystems, Berlin 1973, S. 143 ff.
9 *Winfried Steffani*, Das öffentliche Parlament, in: Mensch und Staat in NRW, 25 Jahre Landtag von Nordrhein-Westfalen, Köln und Berlin 1971, S. 267.
10 Zusammengefaßt in *Michael Hereth*, Die Reform des Deutschen Bundestages, Opladen 1971.

rung am englischen Unterhaus zugrunde, das nur eine verfälschend idealisierende Sicht zum absoluten Leitbild moderner Parlamente stilisieren kann [11];
(3) eine extrem effizienzorientierte Position, die sich selbst dagegen wehrt, »*die Ergebnisse der Ausschußberatungen* stärker als bisher der Öffentlichkeit zugänglich zu machen« [12] und sich mit der Forderung begnügt, »das Volk einer arbeitsteiligen Gesellschaft über das Arbeitsorgan Parlament und seine arbeitsteilige Arbeitsweise in den Ausschüssen aufzuklären« [13], die also Transparenz durch public relations zu ersetzen sucht;
(4) die Einräumung fakultativer Ausschußöffentlichkeit und
(5) die Forderung nach grundsätzlicher Öffentlichkeit der Ausschüsse.
Den Versuch, Effizienz und Transparenz in Balance zu bringen und unter positiver Verarbeitung der modernen Entwicklung einen demokratietheoretisch hinlänglich verankerten [14] Ausgangspunkt zur Problembewältigung zu gewinnen, lassen nur die beiden letzten Positionen erkennen.
Sind Diskussion und Praxis der Parlamentsreform in der Bundesrepublik inzwischen nicht genau an diesem Punkt angelangt? Oberflächlich hat es den Anschein, als ob nicht mehr um das Prinzip, sondern nur noch um die Einzelheiten gestritten würde, haben doch seit 1969 von den 13 Parlamenten in der Bundesrepublik Deutschland inzwischen zwei (Bayern seit 1948 und Berlin seit 1971) die prinzipielle und weitere sechs die fakultative Öffentlichkeit der Ausschüsse in ihrer Geschäftsordnung verankert (Bundestag, Hamburg, Hessen, Nordrhein-Westfalen, Rheinland-Pfalz, Schleswig-Holstein); immerhin noch fünf sind abstinent geblieben. Aber der Anschein trügt. Der Geschäftsordnungskosmetik folgten keine faktischen Änderungen. Von der Möglichkeit, Ausschußöffentlichkeit herzustellen, wird so gut wie kein Gebrauch gemacht: nur ein Fall ist seither aus dem Deutschen Bundestag bekannt geworden. Dies erinnert an das Schicksal der Hearings, die der Bundestag durch vier Legislaturperioden einfach boykottierte — um sie danach allmählich voll zu nutzen. Mag es mit der Ausschußöffentlichkeit in der Zukunft vielleicht

11 Im Unterhaus tagen die *Standing Committees* grundsätzlich öffentlich — »unless the committee otherwise order«; *Select Committees* lassen die Öffentlichkeit in der Regel während der Beweiserhebungsphase, ausnahmsweise auch bei Beratungen zu. (Vgl. Standing Orders of the House of Commons, Public Business, London 1972; StO 65, 2 bzw. StO 83 A.) Das engl. Ausschußsystem ist mit dem deutschen nur schwer vergleichbar. Zumindest die *Standing Committees* verstehen sich als kleine Plena, nicht als spezialisierte Fachausschüsse. Demgemäß wechseln die ihnen zugewiesenen Materien ständig. Wenngleich auch sie der Bedeutung des Sachverstandes vorsichtigen Tribut zollen (dazu *John P. Mackintosh*, Reform of the House of Commons: The Case for Specialization, in: *Gerhard Loewenberg* (Ed.), Moderne Parliaments — Change or Decline? Chicago/New York 1971, S. 33 ff.), steht nach wie vor die politische Diskussion der Vorlagen im Rahmen der Konfrontation von Regierungs- und Oppositionspolitik im Mittelpunkt. Konkrete, fachlich orientierte »Sacharbeit« wird weder geleistet, noch intendiert.

12 *Hans Apel*, Der deutsche Parlamentarismus, Reinbek 1968, S. 143; Hervorhebung vom Verf. H. O.

13 *Heinz Rausch*, Parlamentsreform. Tendenzen und Richtungen, in: ZfP 3/1968, S. 264.

14 Dazu *Winfried Steffani*, Parlamentarische Demokratie — Zur Problematik von Effizienz, Transparenz und Partizipation, in: Parlamentarismus ohne Transparenz, Opladen ²1973, S. 17 ff.

ähnlich ergehen, gegenwärtig tagen in 11 der 13 Parlamente die Ausschüsse grundsätzlich nicht öffentlich und gehen auch kaum von dieser Übung ab. Damit ist die Frage der Ausschußöffentlichkeit genau so offen wie je zuvor, ein Befund der anders gar nicht zu erwarten war, weil das Problem nie umfassend und tief genug diskutiert worden ist. Die vergleichsweise intensivste Diskussion wurde noch anläßlich der kleinen Parlamentsreform von 1969 im Bundestag geführt: in der Reformkommission der Fraktionsexperten, im Geschäftsordnungsausschuß und im Plenum, das nach einer Kampfabstimmung quer durch alle Fraktionen mit knappem Ergebnis den heutigen § 73 Abs. 2 GO annahm [15]. Die FDP war damals für prinzipielle Öffentlichkeit, die SPD, schließlich obsiegend, für fakultative, die CDU/CSU gegen beides; der Meinungsbildungsprozeß blieb bis zur Abstimmung völlig offen. Der Bundestag hat in dieser Frage seinen Standpunkt 1969 nicht definitiv geklärt. Er hat ihn lediglich so modifiziert, daß er sich zwar die Freiheit zum Experiment erhielt, sich aber jeder Verpflichtung, es anzutreten, entledigte. Von Berlin abgesehen, haben sich in der Folgezeit die Länder entweder dieser Haltung angeschlossen oder nicht nur faktisch, sondern auch rechtlich nichts geändert.

II

Die bisherige Diskussion wird durch den Mangel an Erfahrungen erschwert. Daran wird sich wenig ändern, solange der politische Wille fehlt, solche Erfahrungen zu sammeln, und von daher die wenigen existenten Erfahrungen auf eine hohe negative Rezeptionsschwelle treffen. So fallen beim Studium der Protokolle [16] die vagen Vorstellungen über die Praxis des Bayerischen Landtags und die geringe Bereitschaft auf, sie zu präzisieren, obgleich dieser als einziges deutsches Parlament seit mehr als 25 Jahren Ausschußöffentlichkeit praktiziert. Daher soll im folgenden ein Überblick über diese Praxis gegeben und versucht werden, damit die Bestandsaufnahme der Argumente Pro und Contra zu verbinden.

Die generelle Öffentlichkeit der bayerischen Ausschüsse ist kein Produkt bodenständiger Originalität. Sie ergab sich vielmehr aus dem Konflikt zwischen der traditionellen Überzeugung, daß Arbeitsklima und Produktivität in nichtöffentlicher Sitzung am besten gediehen, und der publizitätsfreundlicheren Einstellung der amerikanischen Besatzungsmacht [17]. Das Ergebnis kann als Mißverständnis bezeichnet werden, denn die Amerikaner schlugen im wesentlichen nur die Einführung von Hearings

15 Deutscher Bundestag, 5. Wahlperiode, Sten. Ber., 240. Sitzung, S. 13 305 ff.

16 So die Reformkommission des Bundestages, das Plenum, aber auch der Sonderausschuß Parlamentsreform des Landtages von Nordrhein-Westfalen, der sich noch 1970 angeblich von der Zweckmäßigkeit des Vorschlages »nicht überzeugen konnte« (vergl. Landtag NRW, Drs. VI/1856). Dies mag darin liegen, daß jeder ernsthafte Versuch dazu ausweislich der Ausschußprotokolle unterblieben ist: Dem Gegenstand wandte sich so gut wie keine Aufmerksamkeit zu.

17 Zur Entstehungsgeschichte *Heinrich Oberreuter*, Die Öffentlichkeit des Bayerischen Landtages = aus politik und zeitgeschichte, Beilage zur Wochenzeitung »Das Parlament« B 21/1970, S. 12 f. Immerhin sahen die Geschäftsordnungsentwürfe schon 1947 das Zutrittsrecht für Pressevertreter vor.

vor, ohne daß deren Charakter als Informationserhebungsphase, die sich der Beratungsphase der Ausschüsse vorschaltet, in der Diskussion deutlich wurde. Intendiert wurde lediglich eine Parallelität von öffentlicher und nichtöffentlicher Ausschußarbeit. Allerdings sollten, wie im Kongress, gelegentlich auch Hearings stattfinden, die ein individuelles Recht des Bürgers, sich vor dem Parlament zu äußern, konstituieren und einlösen. Die damit gegebene Durchbrechung des Repräsentativprinzips stieß freilich auf Widerstand, während im Schatten der Auseinandersetzung darum das Öffentlichkeitsprinzip für die traditionelle beratende Ausschußarbeit unversehens an Zustimmung gewann und sich schließlich, nachdem eine Zeitlang die fakultative Öffentlichkeit erwogen worden war, voll durchsetzte. Damit blieb zwar das Repräsentativprinzip unangetastet, zugleich aber war eine Mehrheit des Geschäftsordnungsausschusses weit über die Intention der Amerikaner und die deutsche Tradition hinausgegangen.

Generelle Geltung des Öffentlichkeitsprinzips bedeutet nicht dessen schrankenlose Dominanz. Dem Grundsatz, daß auch der demokratische Entscheidungsprozeß Bereiche der Diskretion kennt, ist durch die Möglichkeit zu punktuellen und sogar allgemeinen Ausnahmen vom Öffentlichkeitsprinzip Rechnung getragen worden. Die Geschäftsordnung sieht dafür die Formen der nichtöffentlichen bzw. der geheimen Sitzung vor. Kriterien der Geheimsitzung sind: a) ein striktes Identitätsgebot der Besetzung des Ausschusses vom Zeitpunkt der Antragstellung bis zur Beendigung der Beratung über den betreffenden Gegenstand und b) ein striktes Informationsverbot gegenüber außerhalb der Geheimhaltung stehenden Personen; Abgeordneten, die diesem Informationsverbot zuwiderhandeln, droht ein Verfahren vor dem Bayerischen Verfassungsgerichtshof (GO § 33; Bay. Verf. Art. 61, 3) [18]. Bei nichtöffentlichen Sitzungen sind dagegen in beschränktem Umfang öffentliche Mitteilungen erlaubt. Theoretisch bleiben Presse und privates Publikum ausgeschlossen; in der Praxis wird den Landtagskorrespondenten die Teilnahme gestattet, wenn auch mit der Auflage eingeschränkter Berichterstattung. Dieses Entgegenkommen ist bisher nicht mißbraucht worden.

Im Konfliktfall besteht also ein hinreichend scharfes und differenziertes Instrumentarium zur Wahrung der Interessen des Parlaments bzw. des Gemeinwohles. Die Annäherung an das Problem geschieht jedoch von einem der Tradition radikal entgegengesetzten Ausgangspunkt aus, nämlich dem demokratiegemäßen Publizitätsgebot, das eine gewisse eigene Dynamik entfaltet: So ist die Beweislast gegenüber dem traditionellen Denkansatz folgerichtig umgekehrt, d. h. für die Verweigerung der Publizität sind Gründe beizubringen, nicht für deren Einräumung.

18 Bis an die Grenzen der Geheimhaltung geht die strikt praktizierte *Vertraulichkeit* der Ausschußberatungen in Belgien. Dort ist jede Mitteilung über die Bezeichnung des Beratungsgegenstandes und der anwesenden bzw. abwesenden Mitglieder hinaus untersagt. Die hermetische Geschlossenheit der *commissions* auch gegenüber der parlamentarischen Binnenkommunikation behindert den parlamentarischen Willensbildungsprozeß, dessen parteipolitischer Strukturierung sie ebenso widerstreitet, wie sie der Öffentlichkeit die politisch wichtige Information über ihn vorenthält. Vergl. dazu *Herman Frans de Croo*, Parlement et Gouvernement, Brüssel 1965, S. 141 ff.

Trotzdem drängt sich, da das Instrumentarium vorhanden ist, die Frage auf, ob in der Praxis das Öffentlichkeitsgebot unterlaufen wird. Sie kann eindeutig verneint werden. Nur die Ausschüsse für Sicherheitsfragen und zur Information über Bundesangelegenheiten tagen generell nichtöffentlich, ebenso – bei Grundstückskäufen ab 500 000 DM sogar geheim – der Haushaltsausschuß, soweit er über Vermögensgeschäfte berät. Die Berliner Regelungen sind im übrigen ähnlich [19].

Der Bayerische Landtag (vgl. die Tabelle) setzt nur für etwa 3 % seiner Ausschußsitzungen das Öffentlichkeitsprinzip prinzipiell außer Kraft; nur in etwa 7 % der grundsätzlich öffentlichen Sitzungen (820) wird partiell nicht öffentlich verfahren. Davon ist fast ausschließlich der Haushaltsausschuß betroffen. Aber auch die generelle Verfahrenspraxis bei Vermögensgeschäften ufert quantitativ zu keiner strukturellen Beeinträchtigung der Verfahrensöffentlichkeit aus. Der kritische Bereich, in dem aus besonderen Gründen die Abwägung zwischen dem Anspruch des Bürgers auf Öffentlichkeit und dem öffentlichen Interesse auf Vertraulichkeit zu Gunsten des letzteren ausgeht, bleibt außerordentlich schmal.

Tabelle 1: *Die Ausschußöffentlichkeit des Bayerischen Landtages in der 6. Wahlperiode (1966 – 1970)*

Gesamtzahl der Sitzungen:	847				
Öffentliche Sitzungen	757				
Öffentliche Sitzungen mit nichtöffentlichen Teilen	63	A. f. Haushalt (Vermögensgeschäfte)	56	Besond. Ausnahmen	7
Nichtöffentliche, bzw. geheime Sitzungen	27	Allgem. Ausnahmen n. § 32 GO	25	Besond. Ausnahmen	2
				Kritischer Bereich	

So zeigt sich als Ergebnis, daß der Bayerische Landtag und seine Ausschüsse zwar der generellen Öffentlichkeitspflicht unterliegen, dieser Pflicht aber nicht schutzlos preisgegeben sind. Andererseits dürfte in der Umkehrung der Beweispflicht ein relativ sicherer Schutz vor mißbräuchlicher Aushöhlung des Öffentlichkeitsgebots gegeben sein.

III

Auch der Bayerische Landtag mußte zunächst eine Phase der Gewöhnung an das neue Geschäftsordnungsinstitut durchlaufen, die sich etwa über eine Legislaturperiode erstreckte. In dieser Phase scheint ein Teil jener Schwierigkeiten aufgetreten zu sein,

19 In Berlin tagen außerdem noch der Petitions- und der Rechnungsprüfungsausschuß nicht öffentlich.

die ihre Gegner als Strukturdefekte öffentlicher Ausschußsitzungen bezeichnen [20]. Seit 1954 lassen sich entsprechende Klagen nicht mehr nachweisen, weder aus den Protokollen noch aus der Publizistik, gelegentliche schriftliche oder wissenschaftliche Äußerungen von Abgeordneten eingeschlossen. Das heißt einerseits, daß diese Übergangsschwierigkeiten überwindbar und überwunden, keineswegs also Strukturdefekte sind, andererseits, daß mit solchen Schwierigkeiten aller Voraussicht nach dort zu rechnen ist, wo eine eingefahrene Praxis entsprechend geändert werden soll. Sie werden erst recht bei lediglich punktuellen Experimenten auftreten. Von daher ist Skepsis vor der Generalisierung gelegentlicher »Erfahrungen« geboten, wie sie anscheinend der Verkehrsausschuß des Bundestages mit einer einzigen öffentlichen Sitzung gemacht hat.

Effektvoll angekündigte, vereinzelte und ausnahmsweise öffentliche Ausschußsitzungen verleiten den einzelnen Abgeordneten nahezu zwangsläufig dazu, sich seinerseits atypisch zu verhalten, was eher als Konsequenz einer verfehlten praktischen Annäherung an das Problem denn als Strukturdefekt von öffentlichen Sitzungen zu bezeichnen ist. Jedenfalls hat man im Maximilianeum die öffentliche Form der Ausschußarbeit längst als angemessenes Instrument zur Ausbalancierung von Effizienz und Transparenz der parlamentarischen Prozedur akzeptiert, nicht mehr mit Widerwillen – wie vielleicht zu Anfang [21] –, sondern inzwischen aus Überzeugung, die in positiver Erfahrung gründet.

Tatsächlich haben sich die Bedenken im Hinblick auf eine Minderung der Effizienz nicht bewahrheitet. Die Arbeitsergebnisse des Bayerischen Landtages stehen hinter denen anderer Landtage nicht zurück. So förderte z. B. eine Fallstudie [22], die zwei politisch brisante Gesetzgebungsverfahren – Rundfunk- und Pressegesetz – in Nordrhein-Westfalen und Bayern einander konfrontierte, keine wesentlichen Unterschiede in Form und Inhalt der Beratung, verglichen mit einem nichtöffentlich beratenden Parlament, zutage. Auch der Zeitaufwand in München ist nicht größer als in anderen Bundesländern. Im Gegenteil: Es finden sich in der Presse eher Klagen über die Kürze der parlamentarischen Sitzungswoche. Die Öffentlichkeit der Ausschüsse zeitigt sogar rationalisierenden Effekt, denn sie entschlackt die Plenardebatte von den Details und erübrigt den Austausch längst bekannter Einzelheiten lediglich zu dem Zwecke, ihnen Publizität zu verleihen: Ausschußberatungen brauchen nicht noch einmal – nur in einem anderen Saal – nachgespielt zu werden. Zu der Befürchtung, es werde mehr zur Öffentlichkeit als zur Sache, also zum Fenster hinaus geredet, stellte der Landtagspräsident fest: »Die Erfahrung widerlegt diesen Ein-

20 Vgl. *Heinrich Oberreuter*, a. a. O., S. 13 f.

21 Auch im Maximilianeum ging es ursprünglich um eine Änderung des status quo. Die neue Geschäftsordnung wurde in der Mitte der 1. Wahlperiode konzipiert und in Kraft gesetzt.

22 *Hermann Meyn*, Zur Transparenz der politischen Ordnung der Bundesrepublik = aus politik und zeitgeschichte, Beilage zur Wochenzeitung »Das Parlament«, B 40/1968, S. 26.

wand weitgehend«[23]. Die gleiche Feststellung trifft *Rudolf Hanauer* auch gegenüber dem Einwand — der »Schutz des Abgeordneten« spielt in der Diskussion eine wesentliche Rolle —, die Beratungs- und Entscheidungsfreiheit könne durch die Lobby oder das Publikum im Saale beeinträchtigt werden.
Aber nicht nur die Erfahrung, auch die Forschung spricht gegen solche Vorbehalte. Wir wissen längst, daß die Parlamente weit weniger Anlaufstellen der Lobby sind als die Exekutive. Wir wissen darüber hinaus, daß wirklich effiziente Verbandsvertretung nicht von außen her durch Druck geschieht, sondern durch verbandsgefärbte Abgeordnete in den Ausschüssen selbst. Insofern stellt die Öffentlichkeit der Ausschüsse nur ein willkommenes Kontrollmittel dar. Im übrigen bedeutet Nichtöffentlichkeit nicht Vertraulichkeit; sie verhindert weder die Information organisierter Interessen, noch schützt sie vor deren Intervention[24].
Kann man wirklich in öffentlichen Ausschüssen keine Kompromisse mehr schließen oder nicht mehr ins oft beschworene »Unreine« denken? Ganz abgesehen davon, daß auch diese Vermutung im Maximilianeum wie im Berliner Abgeordnetenhaus[25] keine Bestätigung findet, sie implizit zum Verfahrensgrundsatz zu erheben bedeutet, die den Abgeordneten zuzumutenden Qualitätsansprüche mit verkürzter Elle zu messen. Zu recht wurde im Bundestag gefordert[26], ein Abgeordneter müsse jederzeit zu seinen Argumenten und Überzeugungen stehen können und auch dazu, daß er sie mit Gründen ändere. Und ebenso wie das Parlament in der Tradition der politischen Kultur seines Landes steht, prägt es diese mit. Wenn Parlamente meinen, der Prozeß der Kompromißfindung habe das Licht der Öffentlichkeit zu scheuen, vermögen sie zur Korrektur traditioneller Grundmuster der Parlamentskritik und des politischen

23 *Rudolf Hanauer,* Die Vertretung des bayer. Volkes im Landtag, in: Nach 20 Jahren. Diskussion der bayerischen Verfassung, München 1966 (Bayer. Landeszentrale für polit. Bildungsarbeit), S. 37. Hier sind eher disziplinierende Impulse zu erwarten, weil Öffentlichkeit zur permanenten Qualitätskontrolle führt; so hat sich in Berlin die Notwendigkeit zu präziserer Vorbereitung für die Ausschußarbeit positiv ausgewirkt (vgl. *Walter Sickert* anl. einer Podiumsdiskussion der Deutschen Vereinigung für Parlamentsfragen, »Öffentliche Ausschußsitzungen — Scheinpublizität oder Ausweitung der parlamentarischen Transparenz?«, Protokoll S. 49). Gegen einen Kausalnexus von Öffentlichkeit und Entsachlichung bzw. Verfall des Parlamentsstils spricht auch die jüngste Äußerung *Hanauers* vor dem Münchner Presseclub, vgl. Süddeutsche Zeitung v. 31. 7. 1974, das Klima im Bayer. Landtag sei im Vergleich zu anderen Parlamenten noch als gut zu bezeichnen, in den Ausschüssen noch mehr als im Plenum.

24 Ein damals führender Abgeordneter des Innenausschusses im Deutschen Bundestag berichtet in einem Seminar des Geschwister-Scholl-Instituts der Universität München das eklatante Beispiel eines Interessenverbandes, der noch in die laufende Sitzung hinein seinen telegraphischen Protest gegen ein soeben getroffenes Beratungsergebnis vorzulegen vermochte.

25 *Sickert,* a. a. O., S. 50 berichtet von »genügend Beispielen«, daß in öffentl. Sitzung »durch gegenseitiges Nachgeben« tragbare Kompromisse geschlossen und dem Plenum empfohlen wurden. Für Bayern bemerkt ein langjähriger Beobachter im Rückblick auf die letzte Legislaturperiode, »daß ohne das formende und schleifende Bemühen von SPD und Freien Demokraten mehr als nur ein Regierungsentwurf seinen zunächst unverbindlichen Charakter behalten hätte.« *Bernhard Ücker,* Aus dem Maximilianeum, Kommentar zur bayerischen Landespolitik, Bayer. Rundfunk, 28. 12. 1974.

26 *Hans-Dietrich Genscher,* Deutscher Bundestag, 5. Wahlperiode, Sten.-Ber., a. a. O., S. 13 308.

Stils nichts beizutragen. In Bayern hat sich von Beginn an das Argument behauptet, die Öffnung dieses arbeitsintensiven Entscheidungsprozesses käme der Reputation des Parlaments zugute [27]. Im übrigen ist der politische Spielraum für Kompromißbildungen in stabilen parlamentarischen Regierungssystemen bei politisch kontroversen Materien in der Regel schmal, der Vorgang weitgehend informell, gerade auch bei nichtöffentlicher Verfahrensweise [28].
Jenseits der interfraktionellen Kompromißbildung schüchtert die Öffentlichkeit der Ausschüsse auch nicht die dissenting opinion einzelner Fraktionsmitglieder ein. Es ist zwar nicht gerade üblich, aber auch nicht unbedingt sensationell, wenn ein Abgeordneter mit der Gegenseite stimmt [29]. Ebensowenig reduziert sie die Reste parlamentarischer Solidarität bei der Verwaltungskontrolle [30]. Nicht einmal offene Rebellion gegen eigene Minister vermag die Öffentlichkeit der Ausschüsse zu kanalisieren. Der Sturz *Ludwig Hubers* als Kultusminister ist ganz wesentlich auf eine Fronde innerhalb der eigenen Fraktion zurückzuführen, die sich auf allen Ebenen des politischen Willensbildungsprozesses artikulierte: in der Öffentlichkeit, in der Partei, in der Fraktion und in den Ausschüssen.
Aber diese Vorgänge — dissenting opinion, Rebellion — sind nicht das tägliche Brot parlamentarischer Arbeit. Dort agieren nicht liberale Einzelgänger, sondern parteipolitisch gebundene und in der Regel und zu Recht solidarische Abgeordnete, die nach im wesentlichen vollzogenem Willensbildungsprozeß in die Ausschußverhandlungen gehen. Das Schutzobjekt unterscheidet sich ebenso von seiner idealisierenden, fast entpolitisierten Sicht, wie öffentliche Verfahrensweise den Schutz des Abgeordneten nicht strukturell tangiert oder gar sein Ende bedeutet.
Als Fazit ergibt sich deshalb, daß das bayerische Beispiel empirisch die üblichen Bedenken gegen öffentliche Ausschußarbeit nicht erhärtet. So überrascht es auch wenig, daß gerade Abgeordnete, die das Bonner wie das Münchner Parlament aus eigener Erfahrung kennen, daher unter den entschiedensten Befürwortern der Ausschußöffentlichkeit zu finden sind [31].

27 Bayer. Landtag, Ausschuß für Geschäftsordnung, 1. Wahlperiode, 13. Sitzung vom 9. 4. 1947.
28 Über die Variationsbreite solcher informeller Techniken vgl. *Gerhard Loewenberg*, Parlamentarismus im politischen System der Bundesrepublik Deutschland, Tübingen 1969, S. 368—430.
29 Z. B. stimmten in der Einzelberatung des bayer. Hochschulgesetzes einzelne Abgeordnete der Regierungspartei Änderungsanträgen der Opposition zu; in einem Fall, in dem der Oppositionsantrag sogar bei Stimmengleichheit gerade noch der Ablehnung verfiel, sogar der Berichterstatter der CSU (Vgl. Süddeutsche Zeitung vom 11. 7. 1973) Dem Lehrerbildungsgesetz verweigerten noch in der Schlußabstimmung des Plenums sechs Abgeordnete der Regierungspartei ihre Zustimmung (vgl. SZ v. 18. 7. 1974).
30 Z. B. erteilte der Haushaltsausschuß aufgrund eines Rechnungshofsberichtes dem Kultusministerium einstimmig — also mit den Stimmen der Regierungspartei — scharfe Rügen wegen nachlässiger Dienstaufsicht gegenüber den Universitäten (vgl. SZ v. 18. 10. 1973).
31 Siehe z. B. *Martin Hirsch*, Macht das Tor auf! Die öffentliche Beratung der Parlamentsausschüsse, SPD-Pressedienst v. 14. November 1967, S. 2.

IV

Dennoch bleibt die Frage offen, ob ein Öffentlichkeitsgebot auch das implizite Tranzparenzversprechen einlöst. Gibt es nicht, wie *Theodor Eschenburg* behauptet [32], ein gleichsam ehernes Gesetz der Diskussionsflucht, sobald einem bisher geschlossenem Beratungsgremium der Einbruch der Öffentlichkeit droht? In der Literatur ist dieses Argument unkritisch übernommen worden, obgleich es einem methodisch völlig unzulässigen Vergleich zwischen Geheimdiplomatie und Parlamentsverhandlungen entstammt, der die unterschiedlichen Funktionen beider sowie die Verschiedenartigkeit ihrer Legitimationszusammenhänge unberücksichtigt läßt.

Eschenburgs scheinbar empirisches Argument läßt sich denn auch empirisch widerlegen. Setzt man die Geltung des »ehernen Gesetzes« der Diskussionsflucht voraus, so müßte im Bayerischen Landtag – dessen Verfahrensgrundsätze *Eschenburgs* Kenntnis im übrigen entgangen sind – ein verzweigtes System nichtöffentlicher Unterausschüsse, Sonderausschüsse oder Kommissionen und wohl auch ein dichteres Netz informeller interfraktioneller Kommunikationskanäle existieren, als in anderen Bundesländern mit nichtöffentlicher Prozedur. Das Gegenteil ist jedoch der Fall. Der Landtag von Nordrhein-Westfalen z. B. besitzt ein nichtöffentliches, gleichzeitig aber weit ausgedehnteres Ausschußsystem, ergänzt durch ein differenzierteres Netz von Unterausschüssen, mit der notwendigen Folge verstärkter Intensität der Ausschußarbeit. Bayern besitzt die geringere Anzahl ständiger Ausschüsse und gar kein Unterausschußsystem [33]. Die Institutionalisierung »interfraktioneller Arbeitskreise« (!) wie in Nordrhein-Westfalen ist im ebenso fremd, wie keinerlei Anzeichen für ein dichteres als in allen Parlamenten übliches Netz informeller Willensbildung bestehen. Aus der Gegenüberstellung zweier vergleichbarer Landesparlamente folgt eher, daß das Publizitätsgebot der weiteren Zerfaserung formeller und informeller parlamentarischer Entscheidungsprozesse entgegensteht, und daß seine Begrenzung auf das Plenum die Tendenz zum weiteren Rückzug der Diskussion in einen Arkanbereich noch jenseits der Ausschußebene zusätzlich fördert.

Natürlich kann institutionalisierte Verfahrenspublizität lediglich zur Transparenz institutionell formalisierter Entscheidungsprozesse führen. Sie kann sich nicht auf präinstitutionelle Entscheidungsvorbereitung oder Vorentscheidung erstrecken. Die Öffentlichkeit der Ausschüsse, für viele eine schon zu weit gehende Forderung, stellt daher ohnehin nur eine Teiltransparenz der parlamentarischen Willenbildung her – und dies nicht als Folge unausweichlicher Diskussionsflucht, sondern als Folge der irreversiblen Dominanz der Parteien, die der in der Parlamentsgeschichte von Anfang an sich abzeichnenden Tendenz zu präinstitutionellen und informellen Willensbildungsprozessen zum Durchbruch verholfen hat. Innerfraktionelle Willensbildung und interfraktionelle Kontakte dienen jedem Parlament als Hilfsmittel zur Sicherung

32 *Theodor Eschenburg*, Öffentliche Sitzungen von Parlamentsausschüssen, in: Zur politischen Praxis in der Bundesrepublik Bd. II, München 1966, S. 40 f.; urspr. April 1963.

33 Das Zahlenverhältnis (Februar/März 1970): NRW 24, Bayern 8.

seiner Arbeits- und Entscheidungskapazität. Sie fassen die Position der Fraktionen zusammen und markieren die Marschroute für die institutionelle Beratung. Diese Präformierung ist weder Konsequenz öffentlicher Ausschußsitzungen, noch muß sich ihr Stellenwert bei entsprechender Verfahrensweise unabdingbar verstärken. Insofern enthalten prognostische Aussagen über die Abwanderung des parlamentarischen Entscheidungsgesprächs in informelle Gremien eher ein Stück aktueller Zustandsbeschreibung.

Öffentlichkeit der Ausschüsse führt weder zur vollen Transparenz noch zur Scheinpublizität. Sie erweitert den Transparenzbereich der institutionalisierten parlamentarischen Willensbildung wenigstens bis zu der Grenze, an der die innerfraktionelle Willensbildung zum vorläufigen Abschluß gekommen ist und erstreckt ihn auf die Konkurrenz der Fraktionspositionen im Ausschußverfahren. Dadurch werden zumindest die bestehenden dualistischen Positionen ständig verdeutlicht, Konfrontation und Kooperation von Regierung und Opposition nachvollziehbar. Insbesondere der Opposition eröffnet sich ein zusätzliches Aktionsfeld zur öffentlichen Kritik und Kontrolle, ebenso aber auch zum öffentlichen Nachweis ihrer Kooperationsbereitschaft.

Was leistet diese Transparenz für die Beziehungen zwischen Parlament und Öffentlichkeit?

1. Sie gewährt Einblick in die gesamte parlamentarische Arbeit im Plenum und in den Ausschüssen. Sie kann damit zur Revision des antiquierten plenarfixierten Parlamentsverständnisses beitragen und Informationen zur Korrektur unreflektierter Parlamentskritik zur Verfügung stellen. Darin könnte auch eine Chance zum Abbau von Identifizierungshindernissen zwischen Bürger und Institution liegen.

2. Sie gewährleistet objektive Öffentlichkeit des Ausschußverfahrens, im Gegensatz zur parteiisch manipulierten, durch Presseerklärungen hergestellten Öffentlichkeit bei nichtöffentlichen Sitzungen: Hier entbehrt der Bürger jede Kontrolle über das Ereignis; das Rätsel widersprüchlicher, parteipolitisch eingefärbter Interpretationen bleibt ihm praktisch unlösbar aufgegeben.

3. Sie gewährleistet kontinuierliche und aktuelle Information über Fortgang und Stand der Beratungen, sowie über die Argumentationslinien der Fraktionen und Abgeordneten. Dem Bürger wird dadurch nicht nur unmittelbare politische Bewertung ermöglicht, sondern auch die Chance zur politischen Partizipation im Ablauf des parlamentarischen Prozesses eröffnet [34].

4. Sie führt zu erheblichen quantitativen Verbesserungen und zur Verdichtung der Kontinuität der Parlamentsberichterstattung. Die vorherrschende Argumentation, die Presse sei an der Ausschußarbeit uninteressiert und durch die Parallelität mehrerer Ausschußsitzungen überfordert, hält empirischer Analyse nicht stand. Eine erneute Gegenüberstellung von Bayern und Nordrhein-Westfalen beweist das Gegenteil.

34 Zur Illustration können die Beratungen über das Bayer. Hochschulgesetz in insgesamt 33 (davon je eine im Rechts- und im Haushaltsausschuß) Ausschußsitzungen dienen. Jenseits der bloßen Information ermöglichte die Verfahrenspublizität politische Bewertungen der Materie durch – in aller Öffentlichkeit – abweichendes Verhalten einzelner Mehrheitsabgeordneter, opportunistische Taktik (z. B. wurden oppositionelle Ände-

Eine quantitative Analyse[35] ergibt für die Parlamentsberichterstattung in Bayern den vierfachen Umfang gegenüber Nordrhein-Westfalen, der Umfang der Ausschußberichterstattung verhält sich wie 30 : 1, und während in Bayern Ausschußberichterstattung über 50 % der Plenarberichterstattung umfaßt, erzielt sie in Nordrhein-Westfalen lediglich 6 %.

Tabelle 2: *Zur quantitativen Relation der Parlamentsberichterstattung in Bayern und Nordrhein-Westfalen (Untersuchungszeitraum Februar/März 1970)*

	Bayern	Nordrhein-Westfalen
Parlamentsberichterstattung insgesamt	4	1
Plenarbericht und Ausschußbericht im Binnenverhältnis	2 : 1	17 : 1
Ausschußberichterstattung	30	1

Die Kontinuität der Parlamentsberichterstattung ist angesichts der Omnipräsenz der Regierung und des Publizitätsdefizits der Parlamente ein wichtiges Problem, insbesondere auch für Oppositionsfraktionen. Während sich in Bayern die Sitzungsaktivität des Landtags in der Presse praktisch voll niederschlägt, ist der Landtag in Nordrhein-Westfalen kaum präsent; die Presse nimmt noch nicht einmal von einem Drittel seiner Sitzungstage Notiz.

Tabelle 3: *Zur Kontinuität der Parlamentsberichterstattung in Bayern und Nordrhein-Westfalen (Untersuchungszeitraum: Februar/März 1970)*

	Sitzungstage	Berichterstattungstage
Bayern	16	12–16
NRW	25	7

rungsanträge bei Aufruf im Ausschuß nicht vertreten) sowie konzeptionelle Inkonsequenzen (während ein Oppositionsabgeordneter im Haushaltsausschuß zur Effizienzsicherung Staatseingriffe forderte, verlangten seine Kollegen im kulturpolitischen Ausschuß für den gleichen Fall die Sicherung der Hochschulautonomie). Die aktualisierten Partizipationschancen, die sich aus diesem Informationsangebot ergeben, erfahren in Bayern positive Einschätzung (vgl. *Rudolf Hanauer*, a. a. O., S. 38). Daß diese Chancen auch wahrgenommen werden, hat sich im Berliner Abgeordnetenhaus als Konsequenz der Verfahrensänderung sogleich anhand der Wählerpost an Abgeordnete und der Diskussion in Parteiveranstaltungen herausgestellt (vgl. *Sickert*, a. a. O., S. 51 f.).

35 Stichprobe, Materialbasis: Pressedokumentation des Deutschen Bundestages; Auswahl: je drei (1 regionale, 1 mittlere, 1 kleine) Zeitungen der untersuchten Bundesländer, Untersuchungszeitraum: 2 Monate (Februar/März 1970), Analyseeinheit: Anschläge.
Der Verfasser hat diese Analyse im Wissenschaftlichen Dienst des Deutschen Bundestages durchgeführt. Vgl. *Heinrich Oberreuter*, Zum Umfang der Parlamentsberichterstattung in

Angesichts dieses Mißverhältnisses von Umfang und Kontinuität der Parlamentsberichterstattung in Nordrhein-Westfalen kann im Zusammenhang mit dem dortigen verzweigten Ausschußsystem bei hoher Sitzungsintensität von parlamentarischer Öffentlichkeit kaum mehr die Rede sein. Andererseits ist die Attraktivität des Parlaments für die Presse in Bayern (wie inzwischen auch in Berlin[36]) ursächlich auf die Öffentlichkeit der Ausschüsse zurückzuführen.

V

Empirische Untersuchung führt zu starken Zweifeln an den Argumenten gegen die Verfahrenspublizität von Parlamentsausschüssen. In der Realität läßt sich keine der beschworenen praktischen Konsequenzen feststellen oder auf sie zurückführen. Darüberhinaus wird die Kontraposition oft nur banal[37] begründet. Insgesamt steht sie in ungebrochener historischer Tradition: Sie bringt die gleichen Argumente vor, die seit dem Streit um die Öffentlichkeit der Parlamentsverhandlungen im 19. Jahrhundert bekannt sind und sich bei jedem Versuch zur zusätzlichen Publizitätsausweitung regelmäßig wiederholen[38]. Bislang haben diese Argumente stets nur hinhaltenden Widerstand zu leisten und Rückzugsgefechte zu decken vermocht.

Demokratie- und repräsentationstheoretisch bedarf es keiner Differenzierung zwischen Bundes- und Länderparlamenten; durch die faktische Kompetenzverteilung mag die Theorie Korrekturen erfahren, die aber der Güterabwägung mit dem demokratiegemäßen Öffentlichkeitsgebot bedürfen. Insofern können Erfahrungen von Landesparlamenten den Bundestag zumindest dazu veranlassen, mit größerer Experimentierfreude die Grenzen für die Ausweitung seiner Verfahrensöffentlichkeit zu erproben, wobei gesicherte Erkenntnisse nicht punktuell, sondern durch einen längeren, befristeten Modellversuch unter Einbeziehung der gesamten Parlamentsarbeit zu gewinnen sind. Generelle Ausschußöffentlichkeit im Grundsatz würde auch im Bundestag nichts anderes bewirken als eine Umverteilung der Beweislast[39]; sie würde allgemeine

drei Bundesländern = Deutscher Bundestag, Wissenschaftliche Abteilung, Geschz III 2 F 352/70, masch. Manuskript.

36 *Sickert*, a. a. O., S. 48 belegt eine mehr als 100 %ige Steigerung des Umfangs der Ausschußberichterstattung nach der Geschäftsordnungsreform; zu Voraussetzungen, Chancen und Defiziten der Parlamentsberichterstattung in Bayern ausführlich *Oberreuter*, Öffentlichkeit, S. 19 ff.

37 »Ich bin im Grunde genommen gegen diese Art der Öffentlichkeit der Ausschüsse, wie Sie sie hier wortreich und zum Teil oder fast ausschließlich mit sehr guten Argumenten begründet haben«. So *Eduard Neumaier*, Deutsche Vereinigung für Parlamentsfragen, a. a. O., S. 65.

38 Sie traten insbesondere bei jedem Versuch zur Ausweitung der aktuellen Öffentlichkeit durch Berichterstattung, besonders durch Funk und Fernsehen zu Tage, so z. B. im Bundestag in den fünfziger und zu Beginn der sechziger Jahre, im Bayer. Landtag beim Eindringen der elektronischen Medien in die Ausschüsse.

39 Die Umverteilung der *burden of proof* war im März 1972 auch Intention jener Reformer im amerikanischen *Congress*, die das Gefühl »that Congress conducted much of its business outside public scrutiny« als Mitursache seines Autoritätsverfalls diagnostizierten und grundsätzliche Ausschußöffentlichkeit auch für die Beratungsphase erstrebten. Ihr Erfolg war im Senat, der schließlich mehr einer fakultativen Öffentlichkeit zuneigte, im

Ausnahmen – die etwa den jetzigen »geschlossenen« Ausschüssen (die den außen-, verteidigungs- und sicherheitspolitischen Bereich abdecken) entsprechen – durchaus zulassen. Wo es wirklich nötig ist, bliebe damit auch für den institutionalisierten demokratischen Entscheidungsprozeß im Parlament ein Diskretionsbereich erhalten. Die Frage, ob der Bundestag seine Möglichkeiten künftig nutzt oder durch Reform sogar von der fakultativen zur grundsätzlichen Öffentlichkeit fortentwickelt, ist jedoch mit Skepsis zu betrachten. Denn Widerstand leisten insbesondere Inhaber parlamentarischer Führungspositionen, deren Kontrolle der Entscheidungsprozesse erschwert und deren routinierte Verfügung über das Verfahren durch Öffentlichkeit stärker kontrolliert werden würde[40]; Exponenten organisierter Interessen, denen in Teilbereichen stärkere Kontrolle ihres Einflusses droht; die Regierung gemeinsam mit der Ministerialbürokratie, der weder an der öffentlichen Dokumentation ihres Einflusses, noch an dessen potentieller Reduzierung gelegen ist, einschließlich der parlamentarischen Mehrheit, deren machtpositionelles Kalkül ein weiteres öffentlichkeitsorientiertes Aktionsfeld für oppositionelle Kooperations- und Konfrontationsstrategien schwer zuläßt. Zur Korrektur dieser positionellen Determinanten trägt, wie sich gezeigt hat[41], insbesondere Oppositionserfahrung bei, während die Oppositionsposition ihrerseits erfahrungsgemäß zur Initiierung und Favorisierung publizitätssteigernder Reformansätze im Ausschußbereich prädestiniert[42]. Da sich an Struktur und Ablauf des parlamentarischen Verfahrens kaum Änderungen ergeben, wird die Gegenposition überwiegend durch diese Nebenwirkungen der Transparenz, die sich auf das Gefüge der parlamentarischen Hierarchie und die reibungslose Verfügung über den Entschei-

wesentlichen aber jeden Begründungszwang für Öffentlichkeitsausschluß verhindern wollte, und im Repräsentantenhaus, das der Intention Rechnung trug, unterschiedlich. Ohne vermessene Vergleiche ziehen zu wollen, bleibt es doch bemerkenswert, daß von den Reformern bis in den Wortlaut die gleichen Argumente vorgebracht wurden, die sich mehr als 25 Jahre zuvor im Bayer. Landtag durchgesetzt hatten.
Im übrigen waren 1972 nur 40 % aller Ausschußsitzungen im Congress nichtöffentlich, in den 20 Jahren zuvor im Durchschnitt 37 %. Der hohe Anteil öffentlicher Ausschußarbeit erklärt sich durch die Hearings; isoliert man die Beratungsphase, ergibt sich für sie nur ein Anteil von 20 % öffentlicher Sitzungen. Hier setzte der Reformvorstoß an, zumal einige Senatsausschüsse ohnehin bereits offen gegen *Rule 25* verfuhren. Vgl. dazu CQ Guide to Current American Government, Fall 1973, Washington 1973, S. 78 ff.

40 Im amerikanischen Senat erwies Seniorität sich als entscheidender Faktor für das Abstimmungsverhalten: 90 % der Senatoren mit mehr als 15jähriger Amtsperiode stimmten gegen, aber fast 70 % der Senatoren mit weniger als vierjähriger Amtsperiode für den weitestgehenden Vorschlag. Da diese nach Seniorität besetzt werden, überrascht die geschlossene Opposition sämtlicher Inhaber von Führungspositionen innerhalb beider Parteien, sowie von 12 der 13 Ausschußvorsitzenden nicht. Die Frontlinien in der Debatte im Juni 1969 lassen die Übertragung dieser Beobachtung auf den Bonner Bundestag zulässig erscheinen, wenngleich sie auch Modifikationsindikatoren – wie Oppositionserfahrung –, die aus den Strukturprinzipien des parlamentarischen Regierungssystems folgen, angeben.

41 Deutscher Bundestag, 5. Wahlp., Sten. Ber., a. a. O.

42 Dazu die Diskussion in Baden-Württemberg 1963 (vgl. Um die Öffentlichkeit der Landtagsausschüsse, in: Staatsanzeiger für Baden-Württemberg v. 15. 5. 1963), die Position der FDP und die gespaltene Haltung der SPD im Bundestag 1969.

dungsprozeß beziehen, motiviert. Die empirische Destruktion der gängigen Argumente, die hier versucht wurde, stößt so weitgehend ins Leere, da die parlamentarische Diskussion es vermeidet, die ihnen zugrunde liegenden Motivationen zu thematisieren. Die Diskussion über öffentliche Ausschußsitzungen wird darüber hinaus zu eng geführt. Sie müßte eher in den Kontext einer Strukturreform der Aufgaben- und Kompetenzverteilung von Plenum und Ausschüssen, die aus dem Wandel der parlamentarischen Praxis Konsequenzen zieht, gestellt werden. Die Wiederbelebung des Plenums als Forum der politischen Diskussion ist mit den bekannten und erfolglosen Mitteln zu seiner »Verlebendigung« nicht zu erreichen, sondern nur durch seine Entlastung von Materien, deren Substanz für Plenardebatten nicht ausreicht. An die unabdingbare Voraussetzung öffentlicher Verfahrensweise gebunden — hier liegt der Defekt der voreilig perhorreszierten italienischen Lösung [43] —, können solche Materien der Beratungs- und Entscheidungskompetenz der Ausschüsse überantwortet werden [44], deren generelle Öffentlichkeit darüber hinaus das Publikum frühzeitig an das Arbeitsgespräch im Parlament heranführt, statt es erst mit seinen festgefügten Ergebnissen zu konfrontieren. Allerdings ist die Enquête-Kommission Verfassungsreform, allem Anschein nach ohne das enge Junktim von Entscheidungskompetenz und Öffentlichkeit konsequent bedacht zu haben, dabei, diesen Weg für die nähere Zukunft zu verschütten.

43 Siehe *Otto Partsch*, Verlagerung des Gesetzesbeschlusses an Ausschüsse in beiden Häusern des italienischen Parlaments, in: Fragen der Verfassungsreform. Zwischenbericht der Enquête-Kommission des Deutschen Bundestages = Zur Sache 1/1973, S. 136 ff. Ausgewogener: *Robert von Lucius*, Gesetzgebung durch Parlamentsausschüsse? In: AöR 1972, S. 568 ff. Das Publizitätsdefizit der Ausschüsse in *sede legislativa* wird im italienischen Parlament inzwischen problematisiert. War bei der Verfassungsschöpfung Ausschußöffentlichkeit mit den interkulturell konvertiblen Argumenten noch abgelehnt worden, sieht die Geschäftsordnung seit 1971 als merkwürdigen Notbehelf die audiovisuelle Übertragung solcher Sitzungen an einen anderen Ort für Presse und Publikum vor. Da die Realisierung auf sich warten läßt, bleibt es in der Praxis bei der unter partizipatorischen Aspekten defizitären Regelung, Wochen nach der Beschlußfassung das stenographische Ausschlußprotokoll zu publizieren.

44 In diese Richtung schon *Oberreuter*, a. a. O., S. 15; inzwischen auch *Hans Engelhardt* MdB, Deutsche Vereinigung für Parlamentsfragen, a. a. O., S. 64.

Die Funktionen des schweizerischen Parlaments im internationalen Vergleich[1]

Alois Riklin

In den Verfassungen werden in der Regel vier Parlamentsfunktionen genannt: die Wahl-, Gesetzgebungs-, Budget- und Kontrollfunktion. Indessen genügt es nicht, die Parlamentsfunktionen allein aus den in der Verfassung ausdrücklich formulierten Parlamentskompetenzen abzuleiten. In diesem Sinne hat *Walter Bagehot* die Verfassungstheorie maßgeblich beeinflußt[2]. *Bagehot* unterscheidet fünf Funktionen:

1. Die *elective function,* d. h. die Funktion, die Regierung zu wählen,
2. die *expressive function,* d. h. die Funktion, die Volksmeinung zum Ausdruck zu bringen,
3. die *teaching function,* d. h. die Funktion, die Nation zu erziehen und zu belehren, wie das Gemeinwesen zum Besseren verändert werden kann,
4. die *informing function,* d. h. die Funktion, die Bevölkerung von den Übelständen zu unterrichten und die Beschwerden aus der Bevölkerung im Parlament vorzutragen,
5. die *legislative function,* d. h. die Gesetzgebungsfunktion mit Einschluß der Budgetkompetenz.

Die Federalists, *Thomas Paine, Emmanuel Joseph Sieyès, Edmund Burke* und *John Stuart Mill* hätten diesem Katalog zweifellos die *Repräsentationsfunktion* des Parlaments hinzugefügt. *Max Weber* nennt zusätzlich die *Auslesefunktion,* d. h. die Funktion der Rekrutierung der künftigen Regierungsmitglieder aus dem Parlament[3]. Neuere Autoren fügen dem unter anderem die *Kommunikationsfunktion* hinzu, d. h. die Vermittlung zwischen Volk und Regierung[4]. *Walter Bagehots* »teaching function« wird heute kaum erwähnt[5] oder auf die *Initiativfunktion* reduziert[6], während *Bagehots* »informing function« meist der *Kontrollfunktion* zugeordnet wird.

1 Beim vorliegenden Beitrag handelt es sich um die überarbeitete Fassung eines Expertenberichts zu Händen der Studienkommission »Zukunft des Parlaments« von Nationalrat und Ständerat. Der Vergleich mit dem Ausland stützt sich insbesondere auf die im Oktober 1975 veröffentlichten Materialien eines EWG-Symposiums (Europäisches Parlament: Europäische Integration und die Zukunft der Parlamente in Europa, Luxemburg 1975).

2 *Walter Bagehot,* The English Constitution, London 1867, zitiert nach der deutschen Übersetzung: Die englische Verfassung, Neuwied 1971, S. 136ff.

3 *Max Weber,* Soziologie der Herrschaft, in: Wirtschaft und Gesellschaft, Tübingen [5]1972, S. 851ff.

4 *Jean Blondel,* Comparative legislatures, Englewood Cliffs 1973, S. 135.

5 Zum Beispiel *Klaus von Beyme,* Grundtendenzen in der Entwicklung der Funktionen des Parlaments in Westeuropa, in: Europäisches Parlament (Anm. 1), S. 11. Die Erziehungsfunktion fehlt auch im ausdifferenzierten Schema der Parlamentsfunktionen bei *Peter Gerlich,* Funktionen des Parlaments, in: *Heinz Fischer* (Hrsg.), Das politische System Österreichs, Wien 1974, S. 82. Eine Ausnahme macht *John P. Mackinthos,* Das britische Parlament, in: Europäisches Parlament (Anm. 1), S. 186.

6 *Uwe Thaysen,* Parlamentarisches Regierungssystem in der Bundesrepublik Deutschland, Opladen 1976, S. 12f.

Der folgenden Analyse werden ohne nähere Begründung sechs Parlamentsfunktionen zugrundegelegt, von denen die Bundesverfassung ausdrücklich vier erwähnt:

1. Repräsentations-, Artikulations- und Kommunikationsfunktion,
2. Wahlfunktion (BV Art. 85),
3. Rekrutierungsfunktion,
4. Initiativfunktion (BV Art. 93),
5. Gesetzgebungsfunktion (BV Art. 85) und
6. Kontrollfunktion (BV Art. 85).

1. Repräsentations-, Artikulations- und Kommunikationsfunktion

Die Vertretung des Volkes im Parlament ist *eine* Voraussetzung dafür, daß das Parlament die Meinung der verschiedenen Bevölkerungsgruppen zum Ausdruck bringen und als Mittler zwischen Volk und Regierung/Verwaltung fungieren kann. Aus diesem Grunde scheint es legitim, die drei Funktionen der Repräsentation, Artikulation und Kommunikation zusammenzufassen.

Parlamentarische Repräsentation im Sinne einer möglichst spiegelbildlichen Vertretung der verschiedenen Bevölkerungsgruppen wird durch das *Verhältniswahlsystem* besser gewährleistet als durch das Mehrheitswahlsystem. Der Majorz bewirkt eine Unterrepräsentation räumlich breitgestreuter Minderheiten.

Um ein Beispiel zu nennen: Bei den *britischen Unterhauswahlen* vom Februar 1974 erzielte die Liberale Partei 19,4% der Wählerstimmen, jedoch nur 2,2% der Parlamentssitze. Nach den vorgängigen Meinungsumfragen hatten die Liberalen sogar bis zu 30% der Wählersympathien auf sich vereinigen können; offenbar verzichtete ein Drittel der Sympathisanten auf eine Stimmabgabe zugunsten der von ihnen an sich bevorzugten Partei, weil sie sich Rechenschaft gaben, daß sie ihre Stimmkraft im Falle einer Unterstützung des liberalen Kandidaten verschleudern würden. Das Beispiel zeigt, wie schwierig es in einem Majorzsystem ist, daß eine Minderheit jemals Mehrheit werden kann, präziser, daß eine dritte Partei in das traditionelle Zweiparteiensystem erfolgreich einbrechen kann. Das Eintreten der britischen Liberalen für den Proporz ist deshalb nur folgerichtig. In *Frankreich* akzentuiert das Majorzwahlsystem das Dilemma der Sozialisten, die Hoffnung auf einen Regierungswechsel entweder zu begraben oder in einer »Volksfront« mit den Kommunisten zu suchen. Nicht mehr im *amerikanischen* und britischen Majorzwahlsystem, wohl aber im französischen kommt die Wahlkreisgeometrie dazu, welche die Gaullisten begünstigt und die Sozialdemokraten erst recht zur Zusammenarbeit mit den Kommunisten verleitet. Auf der anderen Seite haben Einerwahlkreise im Majorzsystem den Vorteil, daß die Wahlkreisbetreuung erleichtert wird. Dieser Vorteil wird aber wieder abgeschwächt durch die Tatsache, daß im britischen[7] und französischen System – aber im Gegensatz zum amerikanischen – die Parteibindung stärker wiegt als die Bindung an den Wahlkreis.

Nun gibt es freilich die verschiedenartigsten Ausprägungen der Proporzwahlen. Am Postulat der proportionalen Repräsentation gemessen, ist das schweizerische Nationalratswahlverfahren nicht optimal. Die Ursache liegt im kantonalen Bezugsrahmen. Im Gegensatz zur *Bundesrepublik Deutschland* oder zu *Schweden* werden nicht die nationalen Wähleranteile der Parteien als Basis für die Mandatsverteilung genommen, son-

7 Vgl. *J. P. Mackintosh*, a. a. O., S. 179.

dern die kantonalen. Dadurch gehen bis zu 10% der abgegebenen Stimmen »verloren«. Die »Erfolgswertgleichheit« aller Stimmen ist deshalb im schweizerischen Wahlsystem zwar besser gewährleistet als in den Ländern mit Majorz, aber schlechter im Vergleich zu Ländern mit nationalem Proporz.

Über- und Unterrepräsentationen werden indessen nicht nur durch das Wahlsystem verursacht. In allen Parlamenten der demokratischen Industriestaaten sind die unteren Einkommensschichten, die Arbeiter, die Frauen, die Konsumenten, die Nichtorganisierten usw. aufgrund ungleicher Chancen schon bei der Kandidatenaufstellung untervertreten. Umgekehrt sind krasse Überrepräsentationen zu beobachten. In der *Bundesrepublik Deutschland* sind es die öffentlichen Bediensteten, die in der letzten Legislaturperiode mehr als ein Drittel der Abgeordneten im Bundestag stellten[8]. Im *amerikanischen Kongreß* bewirkt die Besetzung der einflußreichen Kommissionspräsidien nach dem Anciennitätsprinzip ein Übergewicht republikanischer Parlamentarier im Pensionsalter aus dem Mittleren Westen bzw. demokratischer Parlamentarier im Pensionsalter aus den Südstaaten[9]. Im *schweizerischen »Milizparlament«* sind paradoxerweise die Berufspolitiker überrepräsentiert, nämlich mit 43%[10].

Das Milizparlament begünstigt das *freie Mandat* als eine der ursprünglichen Grundbedingungen des Repräsentationsgedankens. Der Milizparlamentarier steht weniger unter dem Diktat der Wiederwahl als der Berufsparlamentarier. Er ist deshalb in seiner Meinungsäußerung ungebundener. Das freie Mandat wird zudem durch das Konkordanzsystem unterstützt. Im Konkurrenz- oder Zweiparteiensystem hingegen wird das freie Mandat wegen der starken Bindung der Regierungsfraktion an die Regierung weitgehend eingeschränkt.

Die Repräsentationsfunktion wird schließlich durch das *Konkordanzsystem* oder durch ein System wechselnder Regierungsparteien begünstigt, während die Dauerherrschaft einer Hegemonialpartei, wie das in der Schweiz im 19. Jahrhundert der Fall war und heute in Italien und Frankreich der Fall ist, den Wählerwillen verzerrt[11].

Andererseits wird die Repräsentationsfunktion in allen demokratischen Industriestaaten durch die Tatsache geschwächt, daß das Parlament nicht mehr das einzige Organ der politischen Repräsentation ist. Und zwar in zweifacher Hinsicht. Einmal ist ein neues und starkes Repräsentationssystem entstanden in Gestalt der *Verbände*, mit denen die Regierung direkt unter Umgehung des Parlaments verhandelt. Zum zweiten appelliert die Regierung oft durch die *Massenmedien* direkt, wiederum unter Umgehung des Parlaments, an die Wähler, wobei in großen Staaten mit präsidentiellem (USA) oder semipräsidentiellem Regierungssystem (Frankreich) die Telekratie zweifellos eine größere Rolle spielt als in der Schweiz. Aber auch in der Schweiz verlagern sich wichtige politische Debatten zunehmend aus dem Parlament hinaus in die Massenmedien. Das Parlament ist nicht mehr das zentrale »Forum der Nation«. Die Rolle des Parlaments

8 Vgl. *U. Thaysen*, a. a. O., S. 24.
9 *George Goodwin*, The Seniority System in Congress, in: The American Political Science Review Bd. 53 (1959), S. 421. – *Karl H. Kahrs*, US-Anatomie, Wie Amerika regiert wird, Köln 1972, S. 99.
10 Als Berufspolitiker wurden gezählt: hauptamtliche Behördenmitglieder der Kantone, Bezirke und Gemeinden, Richter, Journalisten, Parteien- und Verbandsfunktionäre.
11 *K. von Beyme*, a. a. O., S. 19.

als »Tribüne der öffentlichen Meinung« wird durch andere Repräsentationsebenen konkurrenziert.

Die Repräsentationsfunktion des schweizerischen Parlaments wird schließlich durch die *direkte Abstimmungsdemokratie* geschwächt. Sachabstimmungen gab und gibt es zwar auch in anderen demokratischen Industriestaaten, aber nicht in diesem großen Ausmaß wie in der Schweiz. Von 1945–1975 gab es auf der gesamtstaatlichen Ebene in den USA, der Bundesrepublik Deutschland, den Niederlanden, Österreich und Finnland überhaupt keine direkten Sachabstimmungen, in Großbritannien 1, in Schweden und Italien 2, in Dänemark 5, in Frankreich 9, in der Schweiz aber 122. Immerhin ist es in der Schweiz nicht möglich, daß, wie in Frankreich, die Regierung bzw. der Staatspräsident das Parlament umgehen und direkt an die Stimmbürger gelangen kann (Art. 11 der französischen Verfassung). Im Unterschied zum Plebiszit in Frankreich schwächt deshalb die Abstimmungsdemokratie nicht das Parlament im Verhältnis zur Regierung, sondern Parlament und Regierung in gleichem Maße. Das schweizerische Parlament kann bei der Gesetzgebung immer mitreden, aber es hat nicht das letzte Wort. Die Tatsache der zahlreichen Nullentscheide in Volksabstimmungen gerade in jüngster Zeit wird mitunter damit erklärt, daß das Parlament in seiner Kommunikationsfunktion versagt hätte. Entscheidender als dieser Grund scheint mir indessen das auch in anderen Staaten zu beobachtende Phänomen, daß die Stimmbürgerschaft konservativer, stärker am Status quo orientiert ist als das Parlament[12]. Das ist eine altbekannte Erscheinung, die schon *Fritz Fleiner* im Jahre 1923 pointiert charakterisierte: »Das Referendum wirkt wie ein konservativ gesinntes Oberhaus.«[13] Im Zeitraum 1945–1975 sind 56 von insgesamt 122 eidgenössischen Abstimmungsvorlagen verworfen worden, rund $1/4$ der obligatorischen Referenda, etwa $1/2$ der fakultativen Referenda sowie der Gegenentwürfe des Parlaments zu Volksinitiativen. Von den 29 Volksinitiativen ist eine einzige angenommen worden:

Eidgenössische Volksabstimmungen 1945–1975

	Total	Angenommen	Verworfen
Obligatorische Referenda	60	47	13
Fakultative Referenda	28	13	15
Initiativen	25*	1	24
Gegenentwürfe	9	5	4
Total	122	66	56

* 4 weitere Initiativen sind zurückgezogen worden.

12 Ebenda, S. 13.
13 *Fritz Fleiner*, Schweizerisches Bundesstaatsrecht, Tübingen 1923, S. 316.

2. *Wahlfunktion*

In staatsrechtlichen und politikwissenschaftlichen Lehrbüchern wird bis heute immer noch der alte Zopf mitgeschleppt, wonach die Wahl der Regierung durch das Parlament eines der Hauptkennzeichen des sogenannten parlamentarischen Regierungssystems sein soll.

Bagehot bezeichnet in seiner Darstellung der Verfassung *Großbritanniens* die Wahl der Regierung sogar als wichtigste Funktion des Unterhauses[14]. Das hat sich infolge der Einführung des allgemeinen Wahlrechts und der Herausbildung des Parteienstaates grundlegend gewandelt. Heute bestimmt nicht das Unterhaus, sondern die Wählerschaft[15], welche Partei unter welchem Premierminister die Regierung bilden soll. Eine Ausnahme ergibt sich lediglich, wenn der Premier zurücktritt, ohne daß Neuwahlen ausgeschrieben werden. Aber auch dann wählt nicht das Parlament den neuen Premier; der Übergang *Harold Macmillan/Alec Douglas Home* erfolgte aufgrund einer Absprache zwischen dem abtretenden Premier und der Königin, der Übergang *Harold Wilson/James Callaghan* aufgrund der Wahl durch die Labourfraktion.

Auch in anderen sogenannt parlamentarischen Regierungssystemen zeigt sich der Übergang der Wahlfunktion vom Parlament auf den Stimmbürger. Die Tendenz schwächt sich freilich in dem Maße ab, als drei oder mehr Parteien im Parlament vertreten sind und keine Fraktion die absolute Mehrheit erreicht. Denn der Wähler kann unter diesen Umständen nicht sicher wissen, welche Koalition die Fraktionen eingehen und wie der Koalitionsvertrag aussehen wird. In der *Bundesrepublik Deutschland*[16] sind eigentlich nur die Wahl der ersten Regierung unter *Konrad Adenauer* (1949), der Übergang zur großen Koalition unter *Kurt Georg Kiesinger* (1966) und zur kleinen Koalition unter *Willy Brandt* (1969) vom Bundestag entschieden worden. Der Übergang *Adenauer/Ludwig Erhard* (1963) und *Brandt/Helmut Schmidt* (1974) erfolgte primär aufgrund einer Fraktionswahl, ohne daß unmittelbar Bundestagswahlen vorausgegangen waren. Alle Bundestagswahlen nach 1949 waren mehr oder weniger Kanzlerwahlen (1953, 1957, 1961, 1965, 1969, 1972, 1976).

Ähnlich liegen die Dinge in *Luxemburg*[17]. Auch in *Österreich* sind die Nationalratswahlen de facto in hohem Maße Kanzlerwahlen. Ebenso in *Schweden*. Gemäß der neuen schwedischen Verfassung von 1974 wird der Ministerpräsident vom Präsidenten des Reichstages – nicht mehr vom König – vorgeschlagen. Der Vorschlag gilt als angenommen, wenn nicht mehr als die Hälfte der Mitglieder des Reichstages dagegen stimmt (Kap. 6 § 2). Auf diese Weise werden Abwesenheit und Stimmenthaltung als Zustimmung gewertet.

In *Italien* wird die Regierung durch die Koalitionsparteien, nicht durch das Parlament als Ganzes gebildet[18]. Die jüngste Regierungsbildung (1976) mit einer von der Zu-

14 Vgl. *W. Bagehot,* a. a. O., S. 136.
15 Vgl. *J. P. Mackintosh,* a. a. O., S. 178.
16 Vgl. *U. Thaysen,* a. a. O., S. 19f.
17 *Colette Flesch/Michel Delvaux,* Die luxemburgische Abgeordnetenkammer – Ein Mikrokosmos, Spiegel eines kleinen Landes, in: Europäisches Parlament (Anm. 1), S. 142.
18 *Andrea Manzella,* Die Funktionen des Parlaments in Italien, in: Europäisches Parlament (Anm. 1), S. 107.

stimmung der Kommunisten abhängigen Minderheitsregierung der Democrazia Cristiana weicht freilich vom bisherigen Muster ab. Auch in *Belgien* spielen die Parteispitzen und potentiellen Minister die entscheidende Rolle[19].

In *Frankreich* ist das Parlament gemäß Verfassung an der Regierungsbildung nicht beteiligt. Das Volk wählt den Staatspräsidenten; der Staatspräsident ernennt den Ministerpräsidenten und auf dessen Vorschlag die übrigen Mitglieder der Regierung (Art. 8).

In den *USA* werden Präsident und Vizepräsident nicht vom Kongreß, sondern vom Volk gewählt. Seinen persönlichen Beraterstab kann der Präsident frei auswählen. Für die Ernennung von Staatssekretären, Unterstaatssekretären sowie die Besetzung hoher Regierungsposten bedarf er indessen der Zustimmung des Senats (Art. 2, Abschnitt 2 der Verfassung). Der Senat hat indessen die Zustimmung sehr selten verweigert (weniger als zehn Fälle seit 1789). Bei Rücktritt, Tod oder Amtsenthebung des Präsidenten übernimmt der ebenfalls vom Volk gewählte Vizepräsident das Präsidentenamt (Art. 2, Abschnitt 1). Bei Rücktritt, Tod oder Amtsenthebung des Vizepräsidenten wird der Nachfolger vom Präsidenten nominiert und von beiden Häusern des Kongresses gewählt (25. Verfassungszusatz von 1967). Präsident *Gerald Ford* war der einzige amerikanische Präsident, der wegen Rücktritts von Vizepräsident *Spiro Agnew* und Präsident *Richard Nixon* nicht vom Volk, sondern vom Kongreß gewählt worden ist.

Je stärker die Tendenz vom Konkurrenz- zum Koalitionssystem und vom Koalitions- zum Konkordanzsystem, um so größer ist der Einfluß des Parlaments auf die Wahl der Regierung. Das ist der Grund dafür, daß in *Dänemark*[20] und in den *Niederlanden*[21] die Wahlfunktion des Parlaments relativ stark ist.

Am stärksten ist indessen im Vergleich mit allen genannten Staaten die Wahlfunktion der *schweizerischen Bundesversammlung*. Sie, nicht die Wählerschaft, bestimmt die Regierung. Auch die Fraktionen können nicht damit rechnen, daß ihre Kandidaten gewählt werden. Überraschungen sind möglich. Der entscheidende Übergang vom Koalitions- zum Konkordanzsystem (1959) wurde vom Parlament entschieden. Bei der Wiederwahl von Bundesräten freilich verzichtet die Bundesversammlung ohne zwingenden Grund in übertriebener Rücksichtnahme auf jeglichen Einfluß. Eine Nichtwiederwahl ist nur in zwei Fällen vorgekommen – im 19. Jahrhundert[22].

3. *Rekrutierungsfunktion*

Alle Parlamente erfüllen eine wichtige Funktion bei der Auslese künftiger Regierungsmitglieder. Das Parlament gilt als »Schule der Politiker«.

19 *J. Gerard-Libois,* Das belgische Parlament im politischen System, in: Europäisches Parlament (Anm. 1), S. 34f.

20 *Erik Damgaard,* Funktionen des Parlaments im politischen System Dänemarks, in: Europäisches Parlament (Anm. 1), S. 56.

21 *T. Kooiman/J. Vis,* Das Parlament in einem sich wandelnden System – die Niederlande, in: Europäisches Parlament (Anm. 1), S. 155.

22 *Erich Gruner,* Politische Führungsgruppen im Bundesstaat, Bern 1973, S. 93.

In *Großbritannien* stammen alle 80 bis 100 Regierungsmitglieder aus dem Parlament, vorwiegend aus dem Unterhaus[23].

In *Italien*[24] gilt als Wahlvoraussetzung für ein Regierungsamt die Absolvierung von mindestens zwei Legislaturperioden im Parlament; um Minister zu werden, muß es ein Parlamentarier mindestens bis zum Staatssekretär oder Parteiführer gebracht haben. Obwohl de iure zulässig, werden keine Nichtparlamentarier in die Regierung berufen.

Auch in *Frankreich* waren die meisten Regierungsmitglieder zuvor Parlamentarier, in der Regel Abgeordnete der Nationalversammlung, seltener Senatoren[25]. Die beste Voraussetzung für ein Regierungsamt ist die Kombination von Abgeordneter der Mehrheitsfraktion und Absolvent der berühmten Ecole Nationale d'Administration[26].

In der *Bundesrepublik* waren in der Zeit von 1949 bis 1972 90% oder 89 Bundesminister vor ihrer Ernennung irgendeinmal Mitglied des Bundestages[27].

Schwächer ausgeprägt ist die Rekrutierungsfunktion des Parlaments in Österreich, Holland und insbesondere in den USA.

65–75% der *österreichischen* Regierungsmitglieder stammten aus dem Parlament[28].

In den *Niederlanden* ist die Tradition des Fachministers stark verwurzelt[29]. Nur ein Drittel der in der Nachkriegszeit mit der Kabinettsbildung Beauftragten stammte aus dem Parlament[30].

In den *USA* waren die Präsidenten vor ihrer Wahl häufig Senatoren. Aber Nichtparlamentarier, z. B. Gouverneure, ausnahmsweise auch ein populärer General *(Dwight D. Eisenhower)* haben Chancen. Dagegen sind die Kabinettsmitglieder und Berater des Präsidenten mehrheitlich Nichtparlamentarier, Wissenschaftler, Manager, unter *Nixon* auch Werbefachleute[31].

Die *Schweiz* liegt im Mittelfeld. Drei Viertel der Bundesräte waren vor ihrer Wahl eidgenössische Parlamentarier[32]. Eine schweizerische Besonderheit liegt in der starken Wirksamkeit der föderal-exekutiven Rekrutierungsebene. Zwei Drittel der Bundesräte zwischen 1919–1968 waren zur Zeit ihrer Wahl Mitglied einer kantonalen oder städtischen Regierung[33]. Beste Voraussetzung, Bundesrat zu werden, ist die Kombination von Nationalratsmandat und Regierungsrat. *René Frey* hat die relative Wahrscheinlichkeit, Bundesrat zu werden, unter diesem Aspekt ausgerechnet[34]:

23 Vgl. *J. P. Mackintosh,* a. a. O., S. 187.
24 Vgl. *A. Manzella,* a. a. O., S. 107.
25 *Pierre Avril/Julien Feydy,* Das französische Parlament, in: Europäisches Parlament (Anm. 1), S. 71.
26 Ebenda, S. 81.
27 Vgl. *U. Thaysen,* a. a. O., S. 20.
28 Vgl. *Gerlich,* a. a. O., S. 97.
29 *Arend Lijphart,* The Politics of Accommodation, Pluralism and Democracy in the Netherlands, Berkeley 1968, S. 135f.
30 Vgl. *Kooiman/Vis,* a. a. O., S. 157.
31 *Kurt L. Shell,* Das politische System der USA, Stuttgart 1975, S. 141.
32 *René Frey,* Kombinatorik der Bundesratswahl, in: Wirtschaft und Recht Bd. 21 (1969), S. 97.
33 Ebenda, S. 100.
34 Ebenda, S. 101.

Politische Stellung	Relative Wahrscheinlichkeit
Nationalrat + Regierungsrat	3,0
Ständerat + Regierungsrat	2,3
Durchschnittsparlamentarier	1,0
Nationalrat, aber nicht Regierungsrat	0,7
Ständerat, aber nicht Regierungsrat	0,7
Regierungsrat, aber nicht eidgenössischer Parlamentarier	0,4

Der Weg in die Regierung führt also auch in der Schweiz in der Regel durchs Parlament. Wer sich nicht zuerst im Nationalrat oder Ständerat durchsetzt, hat wenig Chancen, in den Bundesrat gewählt zu werden.

4. Initiativfunktion

Alle Parlamente sind heute »nur in sehr beschränktem Umfange zur Initiative fähig«[35]. Die Parlamente nehmen überwiegend reaktiv, nicht aktiv an der Bestimmung der Politik teil. Man sieht dies am augenfälligsten bei den Gesetzesinitiativen. Das Schwergewicht der gesetzgeberischen Initiativen ist in allen demokratischen Industriestaaten auf die Regierung übergegangen.

In den *USA*[36], der *Bundesrepublik*[37] und *Belgien*[38] gehen etwa 80% der verabschiedeten Gesetze auf Regierungsvorlagen zurück, in *Frankreich* 85%[39], in *Österreich* 75 bis 91%[40], in *Dänemark*[41] und *Luxemburg*[42] sogar 99%. Übereinstimmend wird auch in den Länderberichten über *Irland*[43], *Holland*[44], *Großbritannien*[45] und *Schweden*[46] festgehalten, daß fast alle erfolgreichen Gesetzesinitiativen von der Regierung ausgehen.

Die genannten Prozentwerte sind natürlich fragwürdig. Nicht jede Initiative, die formell der Regierung zugerechnet wird, stammt tatsächlich aus der Regierung. In Wirklichkeit kann eine Regierungsvorlage durchaus von Parlamentariern inspiriert worden sein, z. B. aus dem Kreis der Regierungsfraktion. Der eigentliche Initiant einer Regierungsvorlage kann aber auch ein extrakonstitutioneller Akteur sein, z. B. ein Verband. Umgekehrt kommt es vor, daß eine parlamentarische Initiative in Tat und Wahrheit aus der Exekutive stammt, aber vom Parlament aus lanciert wird, um beispielsweise das für Regierungsvorlagen übliche vorparlamentarische Verfahren zu umgehen oder

35 *Ralf Dahrendorf,* Aktive und passive Öffentlichkeit, in: Merkur 21. Jg. (1967), S. 1117.
36 *Hans J. Kleinsteuber,* Die USA – Politik, Wirtschaft, Gesellschaft, Hamburg 1974, S. 92.
37 Vgl. *U. Thaysen,* a. a. O., S. 48.
38 *Gerard-Libois,* a. a. O., S. 35f.
39 *Avril/Feydy,* a. a. O., S. 71.
40 Vgl. *Gerlich,* S. 88. – *Anton Pelinka/Manfred Welan,* Demokratie und Verfassung in Österreich, Wien 1971, S. 69f.
41 Vgl. *E. Damgaard,* a. a. O., S. 48.
42 *Flesch/Delvaux,* S. 149.
43 *Mary T. W. Robinson,* Die Rolle des irischen Parlaments, in: Europäisches Parlament (Anm. 1), S. 88.
44 *Kooiman/Vis,* a. a. O., S. 155/161.
45 Vgl. *J. P. Mackintosh,* a. a. O., S. 181.
46 *Georg Hahn,* Die neue schwedische Verfassung, in: Archiv des öffentlichen Rechts Bd. 100 (1975), S. 389.

abzukürzen usw. Trotzdem können die zusammengetragenen Prozentzahlen wenigstens Annäherungswerte vermitteln.
Das *schweizerische Staatsrecht* kennt sechs Formen der Initiative:

- die Volksanregung oder parlamentarische Initiative zur Totalrevision (Art. 120 BV) oder Partialrevision (Art. 121 BV) der Bundesverfassung,
- die Standesinitiative (Art. 93 Abs. 2 BV),
- die Gesetzes- und Beschlußvorschläge des Bundesrates (Art. 102 Ziff. 4 BV),
- die parlamentarische Initiative (Art. 93 Ziff. 1 BV): sie war lange Zeit vergessen und wurde erst 1970 ins Geschäftsverkehrsgesetz der Bundesversammlung aufgenommen (Art. 21bisff.). Sie kann in Form eines ausgearbeiteten Entwurfs oder der allgemeinen Anregung eingebracht werden und Verfassungsartikel, Bundesgesetze oder Bundesbeschlüsse betreffen.
- die parlamentarische Motion als selbständigen Antrag, der den Bundesrat verpflichtet, einen Gesetzes- oder Beschlußentwurf vorzulegen (Geschäftsreglement des Nationalrates Art. 29, des Ständerates Art. 25),
- das parlamentarische Postulat als selbständigen Antrag, der den Bundesrat beauftragt zu prüfen, ob ein Gesetzes- oder Beschlußentwurf vorzulegen oder eine Maßnahme zu treffen sei (Geschäftsreglement des Nationalrates Art. 29, des Ständerates Art. 25).

Im internationalen Vergleich ist die schweizerische Verfassungswirklichkeit in bezug auf die Initiative durch drei Besonderheiten gekennzeichnet: a) die Konkurrenzierung der Initiativfunktion von Regierung und Parlament durch die Volksanregung, b) die Seltenheit der Einbringung formulierter Gesetzesentwürfe im Parlament, c) die Häufigkeit der Einbringung von Motionen und Postulaten im Parlament.
In einer Diplomarbeit der Hochschule St. Gallen wurde der Versuch unternommen, die quantitative Verteilung der Initianten in Kraft getretener Verfassungsänderungen, Bundesgesetze und Bundesbeschlüsse zu ermitteln. Methodisch stützte sich die Arbeit auf die Dokumentenanalyse der bundesrätlichen Botschaften. Das ist natürlich fragwürdig. Das peinlich genaue Registrieren der Motionäre und Postulanten in den Botschaften des Bundesrates muß sich mit dem effektiven Initianten nicht decken, sondern dürfte oft nicht mehr als eine captatio benevolentiae sein. Parlamentarische Initiativen, Motionen und Postulate können de facto von der Regierung, der Verwaltung, den Kantonen oder von Verbänden inspiriert sein. Aus dem Brief eines Parlamentariers: »Viele Vorstöße, etwa aus dem Bereich der Landwirtschaft, stammen nämlich nicht von Parlamentariern, sondern aus der Verwaltung. Anliegen von Beamten, mit denen diese auf dem Dienstweg nicht durchgekommen sind, werden von ihnen nahestehenden Parlamentariern aufgegriffen und finden ihren Niederschlag in Anträgen, Postulaten oder Motionen. Natürlich läßt sich das nicht schriftlich belegen, genau so wenig wie die Tatsache, daß immer wieder Kommisionsreferate, vor allem zu komplexen Fragen, von der Verwaltung verfaßt werden.« Solche und ähnliche Probleme stellen sich freilich auch, wie gesagt, für die oben genannten scheingenauen Verhältniszahlen zwischen Regierungs- und Parlamentsinitiativen in anderen politischen Systemen.
Trotz dieser Vorbehalte kann die Diplomarbeit einige Annäherungswerte vermitteln. Die wichtigsten Ergebnisse sind die folgenden:

(a) In den drei untersuchten Legislaturperioden 1959–1971 ist keine einzige Volksinitiative angenommen worden. Dafür dürften in 13 der insgesamt 19 Fälle indirekte Wirkungen in der von den Initianten gewünschten Richtung entstanden sein, vor allem im Bereich der Sozialversicherung.

(b) Die Standesinitiative spielt eine so geringe Rolle, daß sie bei der Auswertung vernachlässigt werden konnte.
(c) 57% der insgesamt 254 Erlasse sind vom Bundesrat, 42% vom Parlament initiiert worden.
(d) Die Initiativfunktion des Parlaments ist bei Verfassungsänderungen (50:45) und Bundesgesetzen (54:45) etwas stärker als diejenige des Bundesrates, bei allgemeinverbindlichen Bundesbeschlüssen (20:80) sowie bei dringlichen Bundesbeschlüssen (32:68) dagegen erheblich schwächer.
(e) Nach Departementen ergeben sich die folgenden Initiativegewichte:
- starke Stellung des Bundesrates: Politisches Departement, Departement des Innern in bezug auf Kulturpolitik, Militärdepartement und Volkswirtschaftsdepartement;
- Gleichgewicht zwischen Bundesrat und Parlament: Departement des Innern ausgenommen Kulturpolitik und Sozialversicherung, Justiz- und Polizeidepartement, Finanz- und Zolldepartement und Verkehrs- und Energiewirtschaftsdepartement;
- starke Stellung des Parlaments: Departement des Innern in bezug auf Sozialversicherung.

(f) Trotz steigender Anzahl parlamentarischer Vorstöße hat sich die Zahl der vom Parlament initiierten Realisationen im Verlaufe der Untersuchungsperiode 1959–1971 nicht erhöht.

Auch wenn man berücksichtigt, daß die effektive Initiativerolle des Parlaments aufgrund der fragwürdigen Untersuchungsmethode überschätzt worden ist und eine erhebliche Korrektur zugunsten der Regierung vorgenommen werden muß, so scheint doch die Initiativefunktion des schweizerischen Parlaments im internationalen Vergleich relativ stark entwickelt. Dabei ist freilich einschränkend zu beachten, daß es sich das schweizerische Parlament einfacher macht, indem es die Ausarbeitung der Erlasse in der Regel nicht selbst in die Hand nimmt, sondern an den Bundesrat delegiert. Das Schwergewicht der Initiativfunktion liegt auch im schweizerischen politischen System beim Bundesrat.

5. *Gesetzgebungsfunktion*

Die sogenannte Legislative, also das Parlament, ist in allen zum Vergleich herangezogenen politischen Systemen de facto weder die einzige, noch die wichtigste Legislative. Diese Aussage ist freilich in bezug auf die vier Phasen des Gesetzgebungsprozesses zu differenzieren (Initiative, Ausarbeitung, Überprüfung, Nachentscheidung).
5.1. Initiative: In bezug auf die Initiative haben wir bereits festgestellt, daß sie dem Parlament weitgehend, in der Schweiz eher weniger als in den andern politischen Systemen, entglitten ist.
5.2. Ausarbeitung: Das gilt in noch stärkerem Ausmaß für die Phase der Ausarbeitung. In der staatsrechtlichen und politikwissenschaftlichen Literatur über das schweizerische politische System wird fast unisono die Verlagerung der Gesetzesausarbeitung in den vorparlamentarischen Raum und der starke Einfluß der Verbände im vorparlamentarischen Gesetzgebungsverfahren mit der Referendums- und Konkordanzdemokratie in Verbindung gebracht. Die explizite oder latende Referendumsdrohung zwinge den Bundesrat, einen möglichst breit abgestützten Kompromiß auszuhandeln und zu diesem Zweck die Wirtschaftsverbände »anzuhören«[47]. Das Phänomen des Verbandseinflusses in der vorparlamentarischen »Legislative« ist indessen in allen verglichenen Ländern

47 An Stelle vieler: *Leonhard Neidhart,* Plebiszit und pluralitäre Demokratie, Bern 1970.

auch ohne Konkordanz und Referendum zu beobachten. Die Ursachen müssen demzufolge tiefer liegen. In den Länderberichten über *Belgien, Dänemark,* die *Bundesrepublik, Frankreich, Irland*[48], *Italien*[49], *Luxemburg*[50], die *Niederlande*[51], *Großbritannien, Österreich* und *Schweden* wird übereinstimmend festgehalten, daß die Regierung und die Verwaltung direkt mit den großen Wirtschaftsverbänden verhandeln, bevor sie eine Vorlage ins Parlament bringen. Einige besonders prägnante Stellungnahmen mögen dies verdeutlichen:

Belgien: »... die Regierung verhandelt unmittelbar mit den großen Sozialpartnern, und die etwaigen Vereinbarungen stellen die Kammern vor eine feststehende, wenn nicht formell vollendete Tatsache.«[52]

Meinungsumfrage in *Dänemark:* Den Befragten wurde die folgende These vorgelegt: »Die großen Gewerkschaften und Arbeitgebervereinigungen haben eine Macht erlangt, die eigentlich dem folketing gehört.« 48% antworteten mit Ja, 22% mit Nein, 30% wußten keine Antwort. Die Anschlußthese »welche Parteien auch an der Regierung sind, eine kleine Zahl wichtiger Organisationen bestimmt, was getan wird«, beantworteten 74% mit Ja, 13% mit Nein und 13% nahmen nicht Stellung[53].

Bundesrepublik: »Dem Parlament werden in der Regel von der Regierung Gesetzesentwürfe vorgelegt, in welche die zwischen Ministerialbürokratie und Interessenverbänden gefundenen Kompromisse bereits eingearbeitet sind.«[54] Der Bundesverband der deutschen Industrie richtete 83% seiner Stellungnahmen zu Gesetzesvorhaben an die Regierung und nur 7% an den Bundestag[55].

In bezug auf *Frankreich* sprechen die Autoren vom verborgenen Teil des Eisbergs: »Das Parlament behandelt einen Regierungsentwurf erst dann, wenn der lange und meist vor der Öffentlichkeit geheim gehaltene verwaltungstechnische Reifeprozeß abgeschlossen ist, in dem die wesentlichen Entscheidungen getroffen, den höheren Regierungsstellen das erforderliche Grünlicht gegeben und mit den betreffenden Partnern (Gewerkschaften, verschiedene Interessengruppen, Parteiführung) bereits mehr oder weniger informelle Verhandlungen geführt worden sind.«[56]

Großbritannien: »Der eigentliche Gesetzgebungsprozeß ist auf den Zeitraum vor der Vorlage eines Gesetzentwurfs vorverlegt worden.«[57] »Großbritannien wird immer mehr von den Führern der wichtigsten Interessengruppen regiert ...«[58]

Österreich: »Gesetzesentwürfe entstehen in enger direkter Kooperation zwischen Verbänden und Bürokratie – die Verlegung der ›Beratungsphase‹ in das (vorparlamentarische – A. R.) Begutachtungsverfahren ist nur ein Beispiel für eine generelle Tendenz.«[59]

48 Vgl. *Robinson,* a. a. O., S. 88/93.
49 Vgl. *Manzella,* a. a. O., S. 115.
50 Vgl. *Flesch/Delvaux,* a. a. O., S. 145.
51 Vgl. *Kooiman/Vis,* a. a. O., S. 170f.
52 Vgl. *Gerard-Libois,* a. a. O., S. 40.
53 Vgl. *Damgaard,* a. a. O., S. 47.
54 Vgl. *Thaysen,* a. a. O., S. 32.
55 *Uwe Thaysen,* Der deutsche Bundestag – Garant demokratischer Regimestabilität?, in: Europäisches Parlament (Anm. 1), S. 64f.
56 Vgl. *Avril/Feydy,* a. a. O., S. 84.
57 Vgl. *Mackintosh,* a. a. O., S. 182.
58 Ebenda, S. 193f. – *Kurt Sontheimer* (Das politische System Großbritanniens, München 1972, S. 143) stellt fest, daß die meisten Regierungsentwürfe »verbändefest«, d. h. mit den beteiligten Interessenorganisationen abgesprochen worden sind, bevor sie dem Parlament vorgelegt werden.
59 Vgl. *Gerlich,* a. a. O., S. 102.

Schweden: »Die Verbände spielen in Schweden im vorparlamentarischen Raum eine besonders große Rolle. Nach Kap. 7 § 2 Satz 2 der neuen Verfassung ist ihnen bei der Vorbereitung von Regierungsbeschlüssen Gelegenheit zur Stellungnahme zu geben. Außerdem sind sie in den zahlreichen Sachverständigenkommissionen zur Vorbereitung von Gesetzen und anderen staatlichen Maßnahmen vertreten – was nicht in der Verfassung zum Ausdruck kommt.«[60]

Angesichts dieser erdrückenden Urteile besteht Grund genug, vor simplen und optimistischen Reformerwartungen zu warnen. *T. Kooiman* und *J. Vis* haben wahrscheinlich recht, wenn sie schreiben: »... das Problem der Interessengruppen, die unmittelbar mit der Regierung verhandeln und so das Parlament zurückdrängen, läßt sich kaum lösen.«[61]

5.3. Überprüfung: Die Überprüfung der Regierungsvorlagen durch das Parlament kann zur Änderung oder überhaupt zur Rückweisung einer Vorlage führen. Hier sind besonders große Unterschiede festzustellen.

Schwach ist die Überprüfungsfunktion der Parlamente in *Großbritannien, Irland*[62] und wohl auch *Belgien*[63]. *Max Webers* zynische Bemerkung, die britischen Parlamentarier seien nichts anderes als gut disziplinertes Stimmvieh[64], war und ist sicher übertrieben. In hochpolitischen Fragen wie beispielsweise dem EG-Beitritt ist die Fraktionsdisziplin offensichtlich nicht zu erzwingen. In der Regel sieht aber die Regierungsfraktion ihre Hauptaufgabe darin, die Regierung durch dick und dünn zu unterstützen. Fast ein Viertel der Regierungsfraktion gehört ja ohnehin der Regierung an. Die Einpeitscher (whips) sorgen für die Disziplinierung der Hinterbänkler. Die Regierung betrachtet jede wichtige Abstimmung als Vertrauensfrage[65]. Die Abgeordneten der Regierungsfraktion »müssen ständig bei den Sitzungen anwesend sein, der Regierung bei jeder Abstimmung zu einer Mehrheit verhelfen, im Namen der Regierung sprechen, in der Fragestunde wohlwollende Anfragen stellen und die Maßnahmen der Regierung in ihren Wahlkreisen fortwährend erläutert und fördern«[66]. Die Opposition umgekehrt hat die Regierung ebenso konsequent dauernd zu kritisieren mit dem Ziel, die nächsten Wahlen zu gewinnen. Bei klarer Mehrheit der Regierungsfraktion hat die Opposition keine Chance, bei der Überprüfung der Gesetzgebung erfolgreich mitzuwirken. Das Parlament ist gleichsam der »Regierungsnotar«, der die bereits gefaßten Beschlüsse mit Gesetzeskraft ausstattet[67]. *John Griffith* hat den Gesetzesüberprüfungsprozeß über drei Jahre hinweg untersucht und festgestellt, daß von den 3000 Abänderungsanträgen der Opposition lediglich 100 angenommen wurden; die Regierungsfraktion stellte im gleichen Zeitraum 900 Abänderungsanträge und brachte alle mit einer einzigen Ausnahme durch[68]. Unter diesen Umständen ist es einleuchtend, daß das britische Parlament die Einrichtung spezialisierter Ausschüsse praktisch nicht kennt. Die Parlamentsreformbewegung der 60er Jahre, die sich ganz auf das Ausschußwesen konzentrierte,

60 Vgl. *Hahn*, a. a. O., S. 359.
61 Vgl. *Kooiman/Vis*, a. a. O., S. 176.
62 Vgl. *Robinson*, a. a. O., S. 87ff.
63 Vgl. *Gerard-Libois*, a. a. O., S. 36.
64 Vgl. *Weber*, a. a. O., S. 845.
65 Vgl. *Mackintosh*, a. a. O., S. 181.
66 Ebenda, S. 179.
67 Vgl. *Pelinka/Welan*, a. a. O., S. 68.
68 Vgl. *Mackintosh*, a. a. O., S. 182.

ist im wesentlichen gescheitert[69]. Ein Parlament, das die Regierungsvorlagen gar nicht ernsthaft prüfen will, braucht keine spezialisierten Ausschüsse. Die Gesetzgebungssouveränität des britischen Parlaments ist eine »Fiktion«[70].

Einen *mittleren* Einfluß bei der Überprüfung der Gesetzesvorlagen der Regierung üben die Parlamente der *Bundesrepublik*[71], der *Niederlande*[72], *Dänemarks*[73], *Österreichs* und *Frankreichs*[74] aus. Aber auch hier ist die Bindung der Regierungsfraktionen an die Regierung relativ stark, so daß mitunter von der Fiktion des freien Mandats die Rede ist[75]. Die Parlamentsbefugnisse würden aufgrund dieser Verklammerung von Regierung und Regierungsfraktionen zunehmend auf das Kabinett übertragen: »So geht es mit dem Parlament langsamt bergab.«[76]

In *Österreich* wurden gut die Hälfte der Regierungsvorlagen vom Parlament unverändert verabschiedet; rund ein Drittel wurde geringfügig, etwa ein Achtel stark verändert[77].

Erstaunlich ist der zähe Überlebenskampf des Parlaments in *Frankreich*. Obwohl die Verfassung der Regierung ein Füllhorn von Möglichkeiten zur Manipulation des Parlaments in die Hand gibt wie die Umgehung des Parlaments durch das Referendum (Art. 11), die Ausrufung des Notstandes durch den Staatspräsidenten (Art. 16), die starke Ausweitung der Verordnungsgewalt, die Ermächtigung zu gesetzesvertretenden Verordnungen (Art. 38), die Ersetzung der Abstimmung über eine Gesetzesvorlage durch eine allgemeine Vertrauensabstimmung (Art. 49 Ziff. 3), die Blockabstimmung usw., vermag sich das Parlament dennoch durchzusetzen. *Alain Brouillet* hat die Überprüfungsrolle des französischen Parlaments am Beispiel des wichtigen Gesetzes über die Ausrichtung der Bodenpolitik untersucht[78]. Er stellt fest, daß nicht weniger als 1000 Abänderungsanträge eingebracht und grundlegende Änderungen der Regierungsvorlage vorgenommen worden sind.

Stark ist die Überprüfungsfunktion der Parlamente in den *USA* und *Italien*. Beide verfügen über ein hochentwickeltes Ausschußwesen und eine regierungsunabhängige Parlamentsbürokratie[79]. In Italien geht die Macht der Ausschüsse soweit, daß sie selbst, nicht das Plenum, Gesetze verabschieden können[80]. Das hat freilich erhebliche Nachteile, eine Gesetzesinflation ohnegleichen (1800 Gesetze in einer Legislaturperiode), einen Gesetzeswirrwarr, letztlich eine Schwächung der Rechtssicherheit.

Die hier vorgenommene Abstufung der Überprüfungsfunktion spiegelt sich mehr oder weniger auch im Einfluß auf das Budget wider. Früher war der Geiz der Parlamente

69 Ebenda, S. 192.
70 *Karl Loewenstein*, Staatsrecht und Staatspraxis von Großbritannien, Bd. 1, Berlin 1967, S. 316.
71 Vgl. *U. Thaysen*, a. a. O., S. 47ff.
72 Vgl. *J. Kooiman/Vis*, a. a. O., S. 158.
73 Vgl. *E. Damgaard*, a. a. O., S. 48f.
74 Vgl. *Avril/Feydy*, a. a. O., S. 73/84.
75 Vgl. *Kooiman/Vis*, a. a. O., S. 169.
76 Ebenda, S. 158.
77 Vgl. *P. Gerlich*, a. a. O., S. 88. – *A. Pelinka/Welan*, a. a. O., S. 69
78 *A. Brouillet*, Le droit d'amendement dans la Constitution de la Ve République, Paris 1973.
79 Vgl. *A. Manzella*, a. a. O., S. 127.
80 Ebenda, S. 112.

sprichwörtlich. Aber schon *Walter Bagehot* gab den Parlamentariern den Ratschlag mit auf den Weg: »Wenn Sie im House of Commons Beifall ernten wollen, halten Sie eine Lobrede auf die Sparsamkeit. Wollen Sie sich einer sicheren Niederlage aussetzen, machen Sie einen konkreten Einsparungsvorschlag.«[81] Heute neigen die Parlamente noch stärker zur Gefälligkeitsdemokratie durch Wahlgeschenke[82]. In *Großbritannien* wurde das Problem durch den Entzug des parlamentarischen Initiativrechts zu ausgabenwirksamen Gesetzen gelöst. In *Frankreich* gibt es keine echte Kontrolle der Budgetvorlage[83]. Gemäß der Verfassung sind parlamentarische Anträge unzulässig, welche eine Verringerung der Staatseinnahmen oder eine Erhöhung der Staatsausgaben zur Folge haben (Art. 40). Parlament und Volk sind 1975 in der Schweiz mit der allerdings befristeten »Ausgabenbremse« einen Schritt in diese Richtung gegangen. Die Schwächung der Budgetkompetenz des Parlaments wird auch in der *Bundesrepublik*[84] und in *Holland*[85] festgestellt. In den *USA* demgegenüber hat der Supreme Court die Nichtverwendung der vom Kongreß bewilligten Mittel durch Präsident *Nixon* (Impoundment) als verfassungswidrig erklärt.
Alle Parlamente der demokratischen Industriestaaten werden in hohem Maße in ihrer Gesetzgebungskompetenz geschwächt durch die *Internationalisierung der Rechtsetzung.* Die Zahl der vom Parlament nicht genehmigten völkerrechtlichen Verträge (»Regierungsabkommen«) wächst. Für die Parlamente der EWG-Staaten kommt noch die Abtretung erheblicher Rechtsetzungskompetenzen an Rat und Kommission der Europäischen Gemeinschaften hinzu.
In der *Schweiz* wird häufig die Meinung vertreten, das Parlament sei praktisch vor die Wahl gestellt, den von der Regierung im vorparlamentarischen Verfahren erreichten Kompromiß zu schlucken oder einen Scherbenhaufen anzurichten. Ich glaube, daß diese Cliché-Vorstellung falsch ist. Zwar fehlen leider exakte Untersuchungen der legislativen Prüfungsfunktion des Parlaments über mehrere Legislaturperioden hinweg. Aber schon ein flüchtiger Blick auf die letzte Legislaturperiode zeigt, daß das Parlament wichtige Vorlagen maßgeblich beeinflußt hat. Ich denke an den Konjunkturartikel, die Krankenversicherung, die Mitbestimmung, den Schwangerschaftsabbruch, das Staatsvertragsreferendum, in schwächerem Ausmaß auch den Bildungsartikel, das Familienrecht, das Betäubungsmittelgesetz, das Raumplanungsgesetz, die Sanierung des Bundeshaushalts. Schwach ist der Parlamentseinfluß insbesondere bei der Überprüfung der wachsenden Zahl dringlicher Bundesbeschlüsse. Aber insgesamt scheint mir der Einfluß des Parlaments bei der Überprüfung der Bundesratsvorlagen im internationalen Vergleich im Mittelfeld zu liegen.
5.4. Nachentscheidung: Der mittlere Einfluß des schweizerischen Parlaments in bezug auf die Gesetzesüberprüfung wird freilich in seiner Wirksamkeit erheblich abgeschwächt durch die häufige Nachentscheidung in der Volksabstimmung. Sieht man die eben genannte Liste der vom Parlament maßgeblich beeinflußten Verfassungsartikel, Bun-

81 Vgl. *Bagehot,* a. a. O., S. 140.
82 Vgl. *von Beyme,* a. a. O., S. 15.
83 Vgl. *Avril/Feydy,* a. a. O., S. 74.
84 Vgl. *Thaysen* 1976, a. a. O., S. 59.
85 Vgl. *Kooiman/Vis,* a. a. O., S. 164.

desgesetze und allgemeinverbindlichen Bundesbeschlüsse durch, so ist die Zahl der Null-Entscheide frappant. Insgesamt ist das Parlament im Zeitraum 1945–1975 33mal in Volksabstimmungen desavouiert worden. Zudem nimmt die Bundesversammlung bereits antizipativ bei der Überprüfung der Regierungsvorlage auf die allfällige Volksabstimmung Rücksicht.

Nachentscheide durch Volksabstimmung kommen zwar auch in anderen demokratischen Industriestaaten vor, aber nirgends so häufig wie in der Schweiz. Dafür kennen andere Staaten wie die *USA*, *Italien*, die *Bundesrepublik*, *Frankreich*, *Österreich* und *Irland* eine andere Form der Nachentscheidung, die Verfassungsgerichtsbarkeit.

In den USA kommt noch eine andere Art der »negativen Gesetzgebung« dazu, nämlich das Veto des Präsidenten gegen Kongreßgesetze (Art. 1, Abschnitt 7, Absatz 2 der Verfassung). Der Präsident ist berechtigt, die Unterschrift unter eine von beiden Häusern verabschiedete Gesetzesvorlage innerhalb von zehn Tagen zu verweigern (»regular veto«). Ferner kann er Gesetze, die vom Kongreß am Ende einer Legislaturperiode verabschiedet werden, »in der Tasche verschwinden lassen« (»pocket veto«). Das Parlament kann zwar das Präsidentenveto mit $^2/_3$-Mehrheiten beider Häuser wieder aufheben; doch das kommt selten vor (5% aller Vetos der Nachkriegszeit). Auf diese Weise hat sich *Franklin D. Roosevelt* 682mal gegen den Kongreß durchgesetzt[86], *Harry Truman* 239mal, *Dwight D. Eisenhower* 179mal, *John F. Kennedy* 21mal, *Lyndon B. Johnson* 30mal, *Richard Nixon* 38mal[87] und *Gerald Ford* 44mal[88].

Die Schwächung des Parlaments geht in den USA durch Nachentscheidungen des Präsidenten und des Supreme Courts sehr viel weiter als in der Schweiz durch das Referendum.

6. *Kontrollfunktion*

Sind die Einbußen der Parlamente in bezug auf die Gesetzgebungsfunktion durch eine Verstärkung der Kontrolle ausgeglichen worden? Fast möchte es scheinen, wenn man bedenkt, daß die meisten Parlamente ihr Kontrollinstrumentarium in der Nachkriegszeit erheblich ausgebaut haben: Hearings, Untersuchungskommissionen, Aufwertung der Geschäftsprüfungskommission, Befragen von Beamten, Explosion des Interpellationsrechts, aktuelle Fragestunde, Dringlichkeitsdebatten, Ombudsmann, Rechnungshof usw. Doch der Schein trügt.

Werfen wir als erstes einen Blick auf die schärfste Sanktion des Parlaments, den *Regierungssturz*. Es galt als besondere Stärke des Parlaments im sogenannten parlamentarischen Regierungssystem, die Regierung durch ein Mißtrauensvotum abwählen zu können. In den Lehrbüchern wird denn auch diese Theorie immer noch mitgeschleppt. In Wirklichkeit aber spielt der Regierungssturz heute in keinem der verglichenen Länder eine ernstzunehmende Rolle. Ironisch bemerkte der französische Präsident *René Coty*: *»On oublie qu'aujourd'hui les gouvernements ne sont plus renversés par les assemblées. Nous sommes à l'âge atomique. Les gouvernements meu-*

86 *François et Claire Masnata*, Pouvoir, société et politique aux Etats-Unis, Paris 1970, S. 90.
87 Congressional Quarterly 11. 10. 1975, S. 2162.
88 Rede Präsident *Fords* auf dem Republikanischen Konvent in Kansas City vom 20. 8. 1976 (Neue Zürcher Zeitung, 21./22. 8. 1976, S. 1).

rent plus souvent de désintégration et ils s'en vont expirer, comme dans la tragédie classique, non pas sur la scène, mais dans les coulisses.«[89] *Klaus von Beyme* nennt die wenigen Regierungsstürze in *Dänemark* 1947, *Norwegen* 1963, den *Niederlanden* 1966 »Betriebsunfälle«[90]. In *Großbritannien* ist Premierminister *Edward Heath* nicht vom Parlament, sondern durch die unheilige Allianz der Gewerkschaften, die zum Streik aufriefen, und der Unternehmer, die der Regierung ihre Unterstützung entzogen, »gestürzt« worden. Der einzige seit 1958 erfolgreiche Tadelsantrag in *Frankreich* (1962) quittierte Staatspräsident *Charles de Gaulle* nicht mit der Entlassung der Regierung, sondern mit der Entlassung des Parlaments; erst nach den Parlamentswahlen nahm er den Rücktritt der Regierung an – und setzte die gleiche wieder ein. Auch für *Österreich* wird festgestellt, daß das Mißtrauensvotum keine »reale Handlungsmöglichkeit« darstellt, ausgenommen im Fall einer Minderheitsregierung[91]. In der *Bundesrepublik* ist der Regierungssturz im Grundgesetz durch die Einführung des konstruktiven Mißtrauensvotums erschwert worden. Dieses wurde ein einziges Mal angewendet – ohne Erfolg (1972). In Koalitionsdemokratien wie *Belgien*[92] und *Italien*[93] wird die Regierung nicht vom Parlament als Ganzem, sondern von den Spitzen der Regierungsparteien aufgelöst. So nähern sich die sogenannten parlamentarischen Regierungssysteme zum Teil den Regimen mit festen Amtszeiten *(USA, Schweiz)* an. Ja man könnte mit Blick auf die USA sogar sagen, die Dinge liegen genau umgekehrt: Der einzige wirkliche Regierungssturz war der vom Kongreß erzwungene Rücktritt Präsident *Nixons!* Hinzu kommt die Schwächung des *freien Mandats* durch die Bindung der Regierungsfraktionen an die Regierung. Die gleichen Gründe, die in *Großbritannien* die Gesetzesüberprüfungsfunktion illusorisch machen, verhindern auch eine echte Kontrolle. Im Grunde kontrolliert in Großbritannien die Regierung das Parlament und nicht umgekehrt. In *Österreich* ist die Kontrollfunktion im wesentlichen auf die Opposition übergegangen; die Regierungsfraktion hat kein Interesse an der Regierungskontrolle[94]. Auch in der *Bundesrepublik* ist das freie Mandat wegen der starken »Oligarchisierung der Redechancen« durch die Fraktionshierarchie in Frage gestellt[95]; immerhin ist die Möglichkeit des Fraktionswechsels gewährleistet. Untersuchungsausschüsse zur Abklärung der verschiedenen Affären der jüngsten Zeit waren unfruchtbar, weil SPD und CDU mehr auf das Fraktionsimage als auf die Aufklärung der Mißstände achteten. Der Dualismus zwischen Regierung und Parlament ist in den sogenannten parlamentarischen Demokratien durch den Dualismus Regierung plus Regierungsfraktionen einerseits, Opposition andererseits abgelöst worden. Der Dualismus Parlament/Regierung des klassischen Gewaltenteilungskonzepts spielt noch am ehesten in den *USA* und der *Schweiz* eine Rolle, in den USA aufgrund der Inkohärenz der Parteien, in der Schweiz aufgrund der Kombination von Parteienschwäche und Konkordanzsystem. Der Gewinn ist das freiere Mandat. Der Verlust der Konkordanz ist das Fehlen einer

89 Vgl. *von Beyme*, a. a. O., S. 16.
90 Ebenda.
91 Vgl. *Gerlich*, a. a. O., S. 93.
92 Vgl. *Gerard-Libois*, a. a. O., S. 36.
93 Vgl. *Manzella*, a. a. O., S. 120.
94 Vgl. *Gerlich*, a. a. O., S. 85/91.
95 Vgl. *Thaysen*, a. a. O., S. 57f.

starken Opposition, welche ihre Hauptfunktion im Aufdecken von Mißständen in Regierung und Verwaltung sieht zuhanden der Öffentlichkeit.
Immerhin hat die schweizerische Bundesversammlung in der Mirageaffäre (1964) trotz Konkordanzsystem die Konfrontation mit der Regierung nicht gescheut. Die parlamentarische Untersuchung führte zum Sturz des Kommandanten der Flieger- und Flabtruppen, zum vorzeitigen Rücktritt des Generalstabschefs, und selbst der Chef des Militärdepartementes entging nur knapp dem Rücktrittszwang. Gestützt auf die Empfehlungen der parlamentarischen Miragekommission wurde in den folgenden Jahren ein eigener Dokumentationsdienst der Bundesversammlung geschaffen, der Beizug von Sachverständigen durch die parlamentarischen Kommissionen geregelt (Hearings), die Auskunftspflicht der Beamten vor parlamentarischen Kommissionen normiert, die rechtliche Grundlage für parlamentarische Untersuchungskommissionen geschaffen, die Befugnisse der Geschäftsprüfungskommissionen erweitert und ein ständiges Sekretariat der Geschäftsprüfungskommissionen eingerichtet. Die Verselbständigung des Sekretariats der Bundesversammlung, d. h. dessen Lostrennung von der Bundeskanzlei, scheiterte einstweilen am Widerstand des Ständerates (und des Bundesrates!).
Dem Außenstehenden ist es nicht möglich, die Präventiv- und Repressivwirkungen der Kontrolle durch die Geschäftsprüfungs- und Finanzkommissionen und insbesondere auch der Finanzdelegation beider Räte zu beurteilen. Denn diese Kontrolltätigkeit spielt sich weitgehend hinter verschlossenen Türen ab. Parlamentarier bestätigen, daß sie seit dem Miragekonflikt erheblich verstärkt worden ist. Dennoch vermute ich, daß sich Breite, Dichte, Intensität und Mittel der Kontrolltätigkeit des schweizerischen Parlaments im internationalen Vergleich eher im unteren Mittelfeld bewegt. Seine Kontrollfunktion ist stärker als in Großbritannien, aber erheblich schwächer als in den USA.

7. Ergebnis

Das schweizerische Parlament zeichnet sich im internationalen Vergleich durch eine *relativ* hohe Repräsentations-, Wahl- und Initiativefähigkeit aus, während es sich in bezug auf die Rekrutierungsfunktion und die Gesetzgebungsfunktion im Mittelfeld, in bezug auf die Kontrollfunktion wohl eher im unteren Mittelfeld bewegt.
Die von den meisten Beobachtern diagnostizierte Schwäche des schweizerischen Parlaments wird vor allem mit den schweizerischen Besonderheiten des Milizparlaments, der Referendumsdemokratie und der Konkordanzdemokratie erklärt. Das Referendum habe die Aufnahme der referendumsfähigen Parteien in die Regierung und der referendumsfähigen Verbände in das vorparlamentarische Vernehmlassungsverfahren erzwungen; dadurch sei das Parlament geschwächt worden und diese Schwäche werde durch den Milizcharakter noch unterstützt.
Blickt man indessen über die schweizerischen Grenzpfähle hinaus, so stellt man fest, daß einerseits das schweizerische Parlament im internationalen Vergleich gar nicht so schlecht abschneidet und daß andererseits alle Parlamente der westlichen Industriestaaten vor ähnlichen Problemen stehen wie das schweizerische. Alle Parlamente sehen sich mit der Tatsache konfrontiert, daß sie die Gesetzesinitiative weitgehend an die Regierung

verloren haben, daß die gesetzgeberischen Weichenstellungen im vorparlamentarischen Raum stattfinden, daß Regierung und Verwaltung unter Umgehung des Parlaments direkt mit den Wirtschaftsverbänden verhandeln, daß das Parlament als »Forum der Nation« von den Medien konkurrenziert wird, daß eine Kontrolle von Regierung und Verwaltung nur punktuell möglich ist, daß der plebiszitäre Einfluß den repräsentativen zurückdrängt usw. Auch die Desavouierung von Parlamentsentscheiden durch Nachentscheide sind in anderen Demokratien festzustellen, weniger häufig zwar durch Volksabstimmungen, wohl aber durch Entscheide von Verfassungsgerichten und in den USA zudem durch das Vetorecht des Präsidenten. Alle Parlamente stehen – auch ohne Konkordanz, Referendum und Milizsystem – vor dem Problem der »Zeit-, Sachkunde- und Bewertungsnot« *(Eichenberger)*. Das Referendum ist nicht die *Ursache* des Verbandseinflusses, sondern das *Mittel*, dessen sich die Verbände unter anderem bedient haben. Wie in den anderen Demokratien hätten die Verbände auch ohne Referendum ihren Einfluß mit anderen Mitteln durchgesetzt.

Die eigentlichen Ursachen des Machtschwunds der Parlamente sind deshalb primär allgemeiner Natur und haben höchstens sekundär mit den Besonderheiten des schweizerischen politischen Systems zu tun. Das klassische Gewaltenteilungskonzept ist obsolet, bedingt durch die Demokratisierung insbesondere des Wahlrechts, den Wandel der soziologischen Gewaltenteilung vom Stände- zum Parteien- und Verbändestaat, den Wandel der Staatsfunktionen vom Minimal- zum Leistungs- und Daseinsvorsorgestaat, den Wandel der Staatsstruktur aufgrund der vierten Gewalt der Bürokratie und der fünften Gewalt der Verbände und schließlich der Umkehrung der Führungsfunktion von der reaktiven zur aktiven Exekutive bzw. vom aktiven zum reaktiven Parlament.

AUFSÄTZE

Bürgerinitiativen, Parlamente und Parteien in der Bundesrepublik. Eine Zwischenbilanz (1977)

Uwe Thaysen

Am 19. Oktober 1977 veranstaltete die DEUTSCHE VEREINIGUNG FÜR PARLAMENTSFRAGEN eine offene Forumsdiskussion zum Thema „Bürgerinitiativen – Hilfe oder Gefahr für Parteien und Parlamente?" Das einleitende Referat wird nachfolgend in leicht überarbeiteter und um einige Quellenangaben ergänzter Form wiedergegeben. Die Diskussion der Thematik ist anschließend an diesen Beitrag nachgedruckt. Die Veranstaltung wurde von Prof. Dr. *Winfried Steffani* geleitet. Als Repräsentant einer überregionalen Bürgerinitiative (gegen Fluglärm) sprach der Umweltbeauftragte des Rates der Evangelischen Kirche Deutschlands (EKD), Pfarrer *Kurt Oeser.* Für die Fraktionen sprachen Dr. *Carl Otto Lenz* (CDU), Bundestagsvizepräsident Dr. *Hermann Schmitt-Vockenhausen* (SPD) und *Helga Schuchardt* (F.D.P.).

Wer der Selbsteinschätzung des Bundesverbandes Bürgerinitiativen Umweltschutz (BBU) zu folgen bereit ist, der hat anzuerkennen, daß diese größte Dachorganisation von Bürgerinitiativen in der Bundesrepublik mit guten Gründen „in Zukunftsfragen zu einer teilweise beherrschenden Führungskraft geworden"[1] ist. Diesem Anspruch steht die Gewißheit von Kritikern der Bürgerinitiativen gegenüber: Nach deren Überzeugung haben Bürgerinitiativen weniger „Führung in Zukunftsfragen" als „Faustkeile gegen den Fortschritt"[2] zu bieten. Für die Kritiker kündigen Bürgerinitiativen Anarchie, „Phonokratie" – die Herrschaft der Lautstärke anstelle der Stimmenstärke – und schließlich gar das „Ende der Aufklärung" an.[3]

Der politische Einfluß, die politische „Macht" von Bürgerinitiativen steht mittlerweile außer Zweifel. Die Beschaffenheit dieser Macht ist jedoch umstritten geblieben. Daher die aus unserer Veranstaltungsfrage sprechende Unsicherheit, wie dieser Macht zu begegnen sei. Die Unsicherheit wurde auch nicht durch die Antwort der Bundesregierung auf die Frage Nr. 47 einer Großen Anfrage aus dem Bundestage[4] behoben. Frage

1 *Hans-Helmuth Wüstenhagen,* bis zum Herbst 1977 Vorsitzender des BBU, zitiert nach „Bürgerinitiativen – Mehr Stimmen als die F.D.P.", in: Wirtschaftswoche (WiWo), 31. Jg., Nr. 16, 7. 4. 1977.

2 So *Reimer Gronemeyer* plastisch in einer Sendung von Radio Bremen über Bürgerinitiativen am 27. 7. 1977. *Gronemeyer* selbst ist mit dieser pauschalen Abwertung von Bürgerinitiativen nicht zu identifizieren.

3 Der Begriff „Phonokratie" wurde von *Hans-Jochen Vogel* in einer kritischen Auseinandersetzung mit Bürgerinitiativen geprägt; vgl. *ders.*: „Wenn Bürger was wollen. Auch Bürgerinitiativen haben ihre Grenzen", in: Die Zeit vom 9. 6. 1972, Nr. 23. Das „Ende der Aufklärung" wurde von *Herbert Kremp* befürchtet, vgl. *ders.*: „An diesen Parteien vorbei. Die Bürgerinitiative: Reaktion auf die versteinerte Demokratie?", in: Die Welt vom 18. 2. 1977.

4 Vgl. BT-Drs 8/24 vom 29. 3. 1977.

Nr. 47 lautete: „Wie gedenkt sich die Bundesregierung in Zukunft gegenüber Bürgerinitiativen zu verhalten?" Die Antwort der Bundesregierung[5] wird insofern niemandem Gewißheit geben können, als diese in zwei Sätzen zusammengefaßt sinngemäß lautete: (1) Die Bundesregierung bejaht die „im Grundsatz erfreuliche Einstellung der Bürgerinitiativen". (2) Sie wird sich aber – wie alle anderen Entscheidungsgremien in Bund, Ländern und Gemeinden – mit der „Problematik" von Bürgerinitiativen auseinanderzusetzen haben. Welcher Art diese Problematik ist, wird nur für einen einzigen Bezugspunkt angedeutet, nämlich für die möglichen Sonderinteressen von Bürgerinitiativen.
Die Unsicherheit gegenüber Bürgerinitiativen rührt nicht zuletzt aus deren Vielfältigkeit. Es gibt bis heute keine allgemein zustimmungsfähige Definition für Bürgerinitiativen. Im folgenden kann daher auch nur versucht werden, einige definitionsbedeutsame Thesen über Bürgerinitiativen zu prüfen. Dabei erscheint mir eine gewisse Ausweitung unserer Veranstaltungsfrage notwendig. Da Parteien und Parlamente gar nicht die häufigsten Adressaten von Bürgerinitiativen sind, können wir uns nicht auf deren Verhältnis zu Bürgerinitiativen beschränken. Andere Institutionen – andere Ebenen, vor allem die Kommunen – sind in die Erörterung einzubeziehen. Schließlich sollten wir uns nicht um Folgerungen aus der zuvor zu leistenden Bestandsaufnahme herumdrücken. Denn die praktisch interessierende Frage ist doch die nach den Möglichkeiten der Reaktion des politischen Systems. Da diese Reaktionsmöglichkeiten sowohl auf realistischem Befund beruhen als auch auf Dauer angelegt sein sollten, muß es vornehmlich darauf ankommen, unabhängig von der wechselhaften Karriere des Themas „Bürgerinitiativen" eine Zwischenbilanz zu ziehen. Dabei erscheint mir die grundsätzliche Beurteilung, die Wertung der in diesem Kreis gewiß weitgehend bekannten Zusammenhänge und Argumente als die eigentlich lohnende Aufgabe dieses Abends.
Die notwendigen Anmerkungen zur Größenordnung der Gesamtheit der Bürgerinitiativen möchte ich mit wenigen Hinweisen zur Geschichte der Initiativbewegung[6] verbinden. Sodann wird – ebenfalls nur stichwortartig – nach den wichtigsten Ursachen der Entwicklung zu fragen sein. Mindestens skizzenhaft müssen die Probleme der Übereinstimmung von Bürgerinitiativen mit den Konstitutionsprinzipien dieses Landes dargestellt werden.
Da ich davon ausgehe, daß pro und contra der Beurteilung von Bürgerinitiativen in diesem Kreise bekannt sind, will ich mich nach der konstitutionellen Einschätzung sogleich an das risikoreiche Unternehmen einer eigenen politologischen Wertung der nach meiner Auffassung zentralen und gerade deshalb umstrittenen Thesen über Bürgerinitiativen begeben. So wird u.a. zu beantworten sein – ob Staat und Kommunen den Bürgerinitiativen stärkere Möglichkeiten der Mitwirkung an staatlicher bzw. kommunaler Mitwirkung einräumen sollten; ob die soziale Zusammensetzung von Bürgerinitiativen eine staatliche bzw. kommunale Kooperation mit ihnen überhaupt rechtfertigt.

5 Vgl. BT-Drs 8/906 vom 15. 9. 1977.
6 Dieser von *Peter Cornelius Mayer-Tasch*, Die Bürgerinitiativbewegung. Der aktive Bürger als rechts- und politikwissenschaftliches Problem, Hamburg 1976, geprägte Begriff ist insofern außerordentlich mißverständlich, als die für eine „Bewegung" vorauszusetzende ideologische und strategische Homogenität für die Vielzahl der Bürgerinitiativen aus noch aufzuzeigenden Gründen nicht vorausgesetzt werden kann.

Auch wird Stellung zu beziehen sein zur offensichtlich aktuellen in Bürgerinitiativen anzutreffenden Gewaltromantik sowie zur tatsächlichen von und aus Bürgerinitiativen angewandten Gewalt. Ferner will ich versuchen, einige Konstanten für eine Prognose der weiteren Entwicklung zu nennen, bevor ich dann abschließend Konsequenzen für die Gestaltung des Verhältnisses von Staat und Kommunen gegenüber Bürgerinitiativen ableite.

Geschichte und gegenwärtige Größenordnung

Die Protagonisten der großen Initiativorganisationen schrecken die Parteien gern mit Zahlen über die Mitgliedschaft. *Rolf Zundel* meldete im August 1977, die Bürgerinitiativen hätten mehr Mitglieder als die Parteien. Er fragte, ob von Seiten der Initiativen ein „Anschlag auf die Parteien" zu befürchten sei.[7] Wie dieser u. a. aussehen könnte, deutete der stellvertretende Vorsitzende des BBU an: „Wenn wir – also nur die Mitglieder des BBU – doch eine Partei gründen würden, könnten wir mit unserem Potential von 300 000 Mitgliedern sicher bei Wahlen besser abschneiden als die F.D.P. Es wäre interessant zu sehen, ob das wirklich einträfe."[8] Hier wird im Konjunktiv gesprochen. Die Ernsthaftigkeit solcher Strategieabsicht bleibt also ebenso vage wie die Erfolgserwartung. Was also wollen die Bürgerinitiativen wirklich?

Historisch sind Bürgerinitiativen keine „neuen" Erscheinungen. Hinweise auf des Wortes ursprüngliche und volle Interpretation, nämlich auf Bürger, die initiativ werden, Hinweise auf Stichworte wie Bürgervereine, Bürgerprotest und Bürgerrevolte oder gar Revolution müssen hier als Indizien für ihre sowohl zeitliche als auch räumliche wie gegenständliche Ausdehnung genügen. Nachdem der Bürger in der französischen Revolution – einer im Ausgang *bürgerlichen* Revolution – sein Recht auf bürgerliche Initiative durchgesetzt hatte, gehört diese in einem umfassenden Sinne zum mindestens normativ gesicherten Bestand seines Bewußtseins, wie unzulänglich auch immer sie historisch aktualisiert werden konnte.

Wir haben indes hier und heute nur über eine ziemlich genau 10 Jahre alte Entwicklung zu befinden. Denn wenn von Bürgerinitiativen im gegenwärtigen Sinne die Rede ist, so sind damit in der Regel Aktivitäten gemeint, die in Literatur und Praxis hierzulande seit etwa 1967 überhaupt erst so genannt werden. Erst nach 1970 nahm die Zahl der Bürgerinitiativen eine Größenordnung und Dringlichkeit an, die quantifizierende Analysen ebenso sehr nahelegte wie überhaupt erst ermöglichte.[9]

7 „Anschlag auf die Parteien oder Ventil der Verdrossenheit? Die Bürgerinitiativen pendeln zwischen friedlichem Protest und Gewaltaktionen", in: Die Zeit, Nr. 33, vom 5. 8. 1977, S. 3.

8 *Hans Günter Schumacher:* zit. nach WiWo, a. a. O., (Anm. 1), S. 22.

9 Die Ausführungen dieses Referates beruhen auf einer Auswertung insbesondere der kommunalwissenschaftlichen und kommunalpraktischen Literatur, hier wiederum vornehmlich der einschlägigen Zeitschriftenliteratur. Aus der Fülle der mittlerweile über Bürgerinitiativen vorliegenden Literatur sind die nachfolgenden Titel hervorzuheben, weil sie in besonderem Maße Grundlage der im Referat erfolgten Auswertung sind:
– *Raiser, Christine* und *Jürgen Bianchi:* Auswertung der Befragung von 38 Projekten der Gemeinwesenarbeit in der Bundesrepublik und West-Berlin. In: Materialien zur Jugend- und Sozialarbeit. Victor Gollancz-Stiftung Frankfurt/M. 1972;

Etwa 3 % der Bundesbevölkerung gaben sich 1973 als „derzeitige oder frühere Mitglieder von Bürgerinitiativen" aus.[10] Pressemeldungen aus dem ersten Quartal des Jahres 1977 sprachen übereinstimmend von 50 000 Bürgerinitiativen[11]; *Rolf Zundel* meldete – wie bereits gesagt – im August 1977 mehr Initiativ- als Parteimitglieder. Gehen wir von 1,7 Millionen Parteimitgliedern aus, so blieb die offizielle Schätzung des Bundespräsidialamtes von 1,5 Millionen Mitgliedern in Bürgerinitiativen artig um 200 000 hinter der Mitgliederzahl von Parteien zurück.[12] Das Präsidialamt tat uns nicht den Gefallen, einen Fußnotenapparat mit seinen Auswahlkriterien nachzureichen.

Alle diese Zahlen sind mit vielen Vorbehalten zu versehen. *Warum*, das muß in diesem Kreis nicht im einzelnen erörtert werden. Wir wissen, daß sowohl der Begriff der Bürgerinitiativen selbst, als auch die Kriterien einer Mitgliedschaft in Bürgerinitiativen so schillernd sind, daß Zahlenmanipulationen der verschiedensten Art Tor und Tür offenstehen. Nur dieses sei vorweg bemerkt: die Tatsache, daß je nach Umfrage 34 bzw. 59 % der Befragten ihre eventuelle Bereitschaft zur Mitarbeit in Bürgerinitiativen bzw. Sympathie für diese bekundeten[13], verleitete viele Akteure, aber auch manchen Autoren dazu, vorschnell, meist hoffnungsfreudig, einen weiteren linearen Aufwärtstrend vorauszusetzen. Liegt hier die in unserer Veranstaltungsfrage angesprochene „Gefahr für Parteien und Parlamente"?

- *Lange, Rolf-Peter* et al.: Zur Rolle und Funktion von Bürgerinitiativen in der Bundesrepublik und in West-Berlin. Analysen von 61 Bürgerinitiativen, in: ZParl, 4. Jg. (1973), H. 2, S. 247–287;
- *Senat von Berlin:* Bericht über die Beteiligung von Betroffenen an Planungsentscheidungen. Drs. Nr. 6/372 – Schlußbericht. 18. 9. 1973.
- *Bayerisches Staatsministerium des Innern:* Bürgerinitiativen in Bayern (1973). Bestandsaufnahme. Az I B 1 – 3000 – 72/1;
- *Borsdorf-Ruhl, Barbara:* Bürgerinitiativen im Ruhrgebiet. Essen 1973;
- Bürgerinitiativen in Stuttgart (1974). Gemeinderatsdrucksache Nr. 904;
- *Battelle-Institut e. V.:* Bürgerinitiativen im Bereich von Kernkraftwerken, Bonn 1975;
- *Kodolitsch, Paul von:* Gemeindeverwaltungen und Bürgerinitiativen. Ergebnisse einer Umfrage des difu, in: AfK, 14. Jg. (1975), H. 2, S. 264–279;
- Erfahrungsberichte der Friedrich Naumannstiftung 1971–75 (s. Lit.-Verz.);
- *Armbruster, Bernt* und *Rainer Leisner:* Bürgerbeteiligung in der Bundesrepublik. Kommission für den wirtschaftlichen und sozialen Wandel, Bd. 54, Göttingen 1975;
- *Ellwein, Thomas* und *Ekkehard Lippert, Ralf Zoll:* Politische Beteiligung in der Bundesrepublik Deutschland. Schriften der Kommission für den wirtschaftlichen und sozialen Wandel, Göttingen 1975;
- *Otto, Konrad:* Bürgerbeteiligung beim Umweltschutz. In: Die demokratische Gemeinde, 28. Jg. (1976), Teil I = Nr. 4/1976, S. 302–304, Teil II = Nr. 5/1976, S. 394–396.

Nachzutragen ist eine Studie im Auftrage des *Bundesumweltamtes: E. Walter Andritzky* und *Ulla Wohl-Terlinden,* Bürgerinitiativen im Bereich des Umweltschutzes und Entwicklung von Modellen zu deren effektiver Mitwirkung im Rahmen der Umweltpolitik der Bundesregierung, Institut für Zukunftsforschung, Oktober 1977, die hier nicht mehr ausgewertet werden konnte.

10 Vgl. Infas-Repräsentativerhebung im Bundesgebiet April/Mai 1973.

11 *Detlef Sprickmann* in der Fernsehsendung „Blickpunkt" am 18. 3. 1977; siehe dazu etwas ausführlicher *Dankwart Guratzsch,* 50.000 Gruppen gegen den Amtsschimmel, in: Die Welt vom 19. 2. 1977.

12 So Bundespräsident *Walter Scheel* anläßlich einer Auszeichnung von fünf Bürgerinitiativen, vgl. Bulletin des Presse- und Informationsamtes der Bundesregierung, Nr. 15, S. 125 f. vom 13. 2. 1973.

13 Vgl. die oben genannte Infas-Erhebung mit EMNID-Informationen, Nr. 11/12 (1973), S. 7.

Zur Prüfung dieser Frage ist u. a. eine Beschäftigung mit den Ursachen der Bürgerinitiativbewegung erforderlich.

Die Ursache: der pluralistische Vorsorgestaat

An erster Stelle der Ursachen ist der vielbeschriebene Wandel vom liberalen Minimalstaat, dem Nachtwächterstaat, hin zum gegenwärtigen, unter Sozialstaatsanforderungen stehenden Vorsorgestaat zu nennen. Dessen Leistungen sind bekanntlich mehr als nur ambivalent. Der einerseits sozialstaatlich durchaus zu gewinnende Gestaltungsspielraum des Bürgers bringt ihn andererseits in zunehmende Abhängigkeit von den kollektiv ausgeschütteten Leistungen der staatlichen und kommunalen Instanzen. Wo diese Leistungen ausbleiben oder aber nicht in seinem Sinne erbracht werden, wird der Bürger geradewegs zur Initiative gezwungen: Er hat immer weniger die Wahl, seine Lebensverhältnisse anders als durch organisierte Einwirkung auf staatliche und kommunale Instanzen wenigstens mitzugestalten. In einer pluralistischen Gesellschaft erreicht der Bürger Mitwirkung nur kollektiv: in Vereinen, Verbänden und Parteien sowie offensichtlich zunehmend in Bürgerinitiativen.

Im Gegensatz zu gängigen Definitionen sind es gar nicht einmal staatliche bzw. kommunale Leistungs*defizite*, die Bürgerinitiativen auf den Plan rufen. Es wäre interessant zu untersuchen, ob Leistungs*defizite* nicht weiterhin durchaus traditionell vornehmlich über Parteien und Verbände eingeklagt, mißliebige Leistungs*überschüsse* und Fehlleistungen – oder als solche empfundene – dagegen zunehmend von Bürgerinitiativen abgewehrt bzw. korrigiert werden.

Parteien und Parlamente, die institutionellen Willensbildungsinstanzen insgesamt, stoßen auf mehrere in ihrer Funktion begründete Beschränkungen, wenn es darum geht, staatliche bzw. kommunale Leistungen abzuwehren bzw. zu korrigieren. Nur die beiden meines Erachtens wichtigsten können hier genannt werden: Die institutionalisierten Willensbildungsinstanzen und die sie beherrschenden Parteien stehen – glücklicherweise – unter dem Zwang, sich mit ihren Entscheidungen zu identifizieren; sie können diese schwerlich aus eigenem Antrieb korrigieren oder gar revozieren. Hierzu bedarf es anderer Organisationen, die z. B. im Falle unmenschlicher „Abwurfplanungen" (Trabantenstädte vom Reißbrett) oder sozial ungerechter „Erbötigkeitsplanungen" (schlimmstenfalls, aber durchaus nicht aus der Luft gegriffen: günstige Zuwegungen für den Bürgermeister) aktiv werden. Im Gegensatz zu einer geläufigen Charakterisierung der Bürgerinitiativen als „Frühwarnsystem" sind diese insofern zutreffender als „Zuspätwarnsystem", als „Korrektursystem" von sowohl temporal als auch funktional den staatlichen, kommunalen und gesellschaftlichen „Erstorganisationen" nachgeordnete „Zweitorganisationen" zu kennzeichnen.[14]

Das vielbeklagte Repräsentationsdefizit ist insoweit als prinzipielles Leistungsunvermögen unserer repräsentativen Organe und Kräfte durchaus strukturbedingt, entwicklungsimmanent und wohl auch irreversibel.

14 Vgl. die hier verwandte Terminologie und den hier aufgenommenen Zusammenhang insbesondere in *Heinz Grossmanns* Nachwort zu dem von ihm herausgegebenen Sammelband, Bürgerinitiativen. Schritte zur Veränderung?, Frankfurt/M. 1971, S. 169.

Es wird verschärft im Wege der zunehmenden Interventionsdichte und Interventionstiefe staatlicher Einwirkungen in die Gesellschaft, die auf eine immer stärkere „Durchnormierung aller Lebensbereiche" drängen und damit, wie *Werner Thieme* bereits 1966 anschaulich formulierte, ein „filigranartiges Gewebe des jeweils geltenden Vorschriftenwerkes . . ."[15] schaffen. In dem Maße, wie das Gesetz im Wandel der Staatsaufgaben als Schutznorm gegen staatliche Eingriffe an Bedeutung verloren hat, treten Bürgerinitiativen als „Zuspätwarngruppen", als „Korrekturgruppen", notwendig auf den Plan, zumal die Parteien ihre Integrationskraft in pauschalen, hochgradig aggregierten Programmen suchen, sich mithin gerade nicht im Filigran des Vorschriftenwerkes verfangen und verzetteln wollen. Je dichter also das Filigran des sozialstaatlichen Vorschriftenwerkes einerseits, je weiter, je allgemeiner die Programmatik der konsenssuchenden „Volksparteien" andererseits, desto unausweichlicher die u. a. durch Bürgerinitiativen ausfüllbare „Repräsentationslücke".

Die verfassungsrechtliche und verfassungspolitische Einschätzung

So gesehen sind Bürgerinitiativen nicht nur verursacht als Korrektiv für zwangsläufige Repräsentationsdefizite des Sozialstaates, sondern auch als Korrektiv rechtsstaatlicher Defizite nach der Auflösung des liberalen Idealtyps vom Rechtsstaat. *Walter Schmitt-Glaeser* sieht in der durch Bürgerinitiativen bewirkten Partizipation einen „Rechtsschutz nicht-judizieller Art"[16] – eine Position, die, auf der Jahrestagung 1972 der Vereinigung Deutscher Staatsrechtslehrer vorgetragen, nicht unwidersprochen blieb.
Bürgerinitiativen vollziehen sich weitgehend an Parlamenten und Parteien vorbei. Ihr häufigster Adressat ist aus vielerlei bekannten Gründen die Verwaltung. Nur der bedeutsamste Zusammenhang sei hier genannt: Das klassische Verständnis der Funktionsfähigkeit von Verwaltung ging von drei Voraussetzungen aus, die gegenwärtig in einem noch nicht dagewesenen Ausmaß infrage gestellt sind. Es wurde angenommen, (1) daß die „politischen" Entscheider, vornehmlich die Legislativen, entweder in der Lage seien, Konsens über die Definition des staatlich zu garantierenden Anteils der sozialen und ökonomischen Wohlfahrt definitiv herzustellen, oder (2) einen solchen Konsensus schlicht voraussetzen könnten, so daß (3) für die Verwaltung nurmehr ein im Sinne dieses Konsensus klar bestimmter, jedenfalls aus ihrer Perspektive politisch neutraler Vollzug verbliebe. In *dem* Maße, wie die eindeutige Determinierung des staatlichen Eingriffs durch die Parlamente (und die Parteien) nicht mehr als selbstverständlich vorausgesetzt werden kann, ergibt sich zwangsläufig auch für die Verwaltung nicht nur ein ohnehin im Zuge des sozialstaatlichen Aufbaues erweiterter Gestaltungs*spielraum*, sondern geradezu Gestaltungs*zwang*. In dem Maße, wie der Bürger dies erfährt und begreift, wendet er sich – nun nicht mehr nur im nachhinein korrigierend, sondern an Parteien und Parlamenten vorbei prophylaktisch postulierend – an die Verwaltungen. Wenn er hier erfolglos bleibt, versucht er es über die Parteien und Parlamente, schließlich über die „Öffentlichkeit". Erst aus diesem Zusammenhang heraus treten Bürger-

15 Selbstverwaltungsgarantie und Gemeindegröße, in: DVBl, 81. Jg. (1966), S. 328.
16 Partizipation an Verwaltungsentscheidungen, in: VVDStRL, Bd. XXXI, Berlin-New York 1973, S. 260 f.

initiativen ernsthaft in Konkurrenz zu Parteien. Jetzt reagieren sie nämlich nicht mehr nur im nachhinein als „Zweitorganisation", jetzt fordern sie letztlich den „Erstorganisationen", inbesondere den Parteien, ebenbürtige Mitwirkung an jener politischen Willensbildung, welche die Verwaltungen determinieren kann.
Häufig werden die Parlamente und die politischen Parteien erst dann überhaupt gefordert und aufmerksam, wenn es zwischen Verwaltungen und Bürgerinitiativen zum Konflikt kommt. Reagierten die Parteien und Parlamente dann tatsächlich, käme es zur sogenannten politischen Lösung, so wären es die Bürgerinitiativen, die mit solcher gelungenen Korrektur von Repräsentationsdefiziten Parlament, Regierung und Verwaltung ihren im grundgesetzlichen System der Gewaltenteilung jeweils verfassungsrechtlich gewollten Stellenwert zugewiesen hätten. Bürgerinitiativen gewährten somit nicht nur individuellen Rechtsschutz, sondern auch eine Art generellen Verfassungsschutz. So gesehen werfen Bürgerinitiativen nicht nur keinerlei grundgesetzliche Kongruenz- oder Adäquanzprobleme auf; so gesehen beinhalten Bürgerinitiativen vielmehr die Chance einer „Effektivierung der demokratischen Grundsätze Menschenwürde, Konsens, Öffentlichkeit"[17], in dem Sinne, daß sie sowohl zur Realisierung des Repräsentativ-, Sozialstaats-, Rechtsstaats- als auch des Selbstverwaltungs- und selbstverständlich des Demokratieprinzips beitragen können.
An einer prinzipiellen Übereinstimmung von Bürgerinitiativen mit den Konstitutionsprinzipien der Bundesrepublik kann kein Zweifel sein.

Die Kontextanalyse

Nun reagieren die Parteien und Parlamente jedoch offensichtlich zuweilen gar nicht oder undeutlich, so daß Bürgerinitiativen zu drastischen Mitteln greifen; zuweilen entscheiden sie gegen den Willen von Bürgerinitiativen, so daß einige Gruppierungen daraus ihr Recht auf „Widerstand", wie sie es nennen und begreifen, gar auf Gewalt ableiten bzw. ihre Gewalttätigkeit mit den Abweichungen der Entscheidungen öffentlicher Instanzen von dem Willen der Bürgerinitiativen nur ummänteln. Offensichtlich also läuft das Einwirken von Bürgerinitiativen auf Staat und Kommunen so märchenhaft reibungslos nicht ab, wie oben wohlwollend nach konstitutionellem Textbuch gedreht. Die verfassungsrechtliche und verfassungspolitische ist also im folgenden um eine empirische-politologische Einschätzung der Bürgerinitiativen zu ergänzen.
Bis zu dieser Stelle wurden Tendenzen benannt, die das Anwachsen der Zahl von Bürgerinitiativen zu einem strukturbedingten historisch generellen Entwicklungstrend erklärten. Daneben gibt es aktuelle Zusammenhänge, aus denen sich Existenz und Wirkung der Bürgerinitiativen zusätzlich speisen. Ich gehe wiederum aus Zeitgründen davon aus, daß diese hier bekannt sind und beschränke mich darauf, sie mit einigen Stichworten ins Gedächtnis zu rufen:

- die in der Rezession 1966/67 kenntlich werdende Verringerung des wirtschaftlichen Wachstums mit welcher sich schärfere Verteilungskonflikte abzeichneten;
- das gleichwohl beibehaltene und durch die Reformpolitik nach 1969 noch gesteigerte Anspruchsniveau der Erwartungen des Bürgers an die Leistungsstärke des Staates;

17 Ebda., S. 260.

- weniger als gemeinhin angenommen, aber auch: die politische Sensibilisierung durch Studentenrebellion und „Außerparlamentarische Opposition" (1967–1970);
- der regierungsoffizielle Aufruf von 1969, „mehr Demokratie" zu wagen;
- die Erklärung des Jahres 1970 zum „Europäischen Naturschutzjahr";
- eine durch die vorangenannten Zusammenhänge verursachte, verstärkte und diese selbst bestärkende wertmäßige Umorientierung;
- die seit 1973 offenkundige Verknappung der Energieressourcen und die seither umstrittenen Operationen zur Erhaltung der Wirtschaftskraft der Bundesrepublik; vornehmlich die Operationen im Herzbereich der Energiepolitik, vor allem deren unvermeidlicher beschäftigungspolitischer bzw. umweltpolitischer Preis;
- schließlich die unmittelbar nach der Wahl von 1976 besonders häufig vermutete und wohl auch begründete politische Stimmungslage, die *Rolf Zundel* erst kürzlich als „schwelende Staats- und Parteienverdrossenheit" bezeichnete. *Rudolf Wildenmanns* neueste Untersuchungen scheinen diesen Befund zu bestätigen. Zwar mag *Dahrendorf* die Zufriedenheit der Bundesbürger auf der Grundlage eines internationalen Vergleichs durchaus „im demokratischen Normalbereich"[18] ansiedeln, in der kurzen Geschichte der Bundesrepublik hat sie dennoch einen auffälligen Tiefpunkt erreicht.

Dies ist die gegenwärtige Situation, die den oben geschilderten, historisch grundlegend bedingten, sich ausweitenden, für Bürgerinitiativen *essentiellen* Boden zusätzlich und eher zufällig, man könnte auch sagen: *akzidentiell,* bereitete. Nur in diesem begrenzten Sinne der lediglich zusätzlichen Bereitung, steht die innere politische Verfaßtheit dieses Landes im umgekehrten Verhältnis zur Stärke der Bürgerinitiativbewegung; nur in diesem zusätzlichen Sinne ist die Bürgerinitiativbewegung um so stärker, je schlechter der Zustand von Parteien und Parlamenten in diesem Lande ist. Ursächlich bedeutsamer für die Zahl der Bürgerinitiativen ist der oben beschriebene Wandel von Staat und Gesellschaft.

Die politologische Einschätzung

Auch die politologische Einschätzung der Bürgerinitiativen *selbst* kann hier nur knapp erfolgen, soweit dies überhaupt ohne deren Kontext möglich ist.

1. Der Mitwirkungsanspruch auf Grund von Gemeinwohlgewißheit

Bürgerinitiativen fordern regelmäßig weitere Mitwirkungsmöglichkeiten als staatlich bzw. kommunal institutionalisiert sind. Sie drängen mithin auf eine Veränderung der offiziellen Entscheidungsstrukturen. Darin unterscheiden sie sich wesentlich von den auf der Basis des bestehenden Institutionengefüges handelnden Vereinen, Verbänden und Parteien. Im Unterschied zu den Vereinen und Verbänden, die sich der Tatsache ihrer legitimen, durchaus etablierten und effektiven Vertretung von Partialinteressen

18 Die Zeit vom 12. 8. 1977; *Rudolf Wildenmann* kam aufgrund von Erhebungen nach der Wahl von 1976 zu dem Ergebnis deutlicher „Parteienverdrossenheit" in der Bundesrepublik. Seine Interpretation stößt auf einleuchtende Vorbehalte der Mannheimer „Forschungsgruppe Wahlen", vgl. „SPD und CDU steigen und fallen gemeinsam", FAZ vom 28. 11. 1977.

stärker bewußt bleiben und von daher auch das repräsentative Instanzengefüge insgesamt nicht nur anzweifeln, sondern stützen, folgen Bürgerinitiativen einem Selbstverständnis, demzufolge sie die geltenden Entscheidungsstrukturen des plebiszitfeindlichen Grundgesetzes und den damit erzielten herrschenden Interessenkompromiß zugunsten der von ihnen verfolgten Ziele mindestens korrigieren wollen.

Winfried Steffani empfiehlt mir, Bürgerinitiativen als schlichte Vereine zu begreifen. Dieser Aufforderung kann ich nur begrenzt folgen. Meines Erachtens sind die Übergänge zwischen Vereinen und Verbänden einerseits und Bürgerinitiativen andererseits fließend, aber doch essentiell bestimmbar. Dort nämlich, wo Gruppierungen für ihre Interessen – subjektiv redlich oder nicht – Gemeinwohlargumentationen geltend machen und darauf gestützt mehr Mitwirkung am Entscheidungsprozeß bzw. Mitwirkung überhaupt erst ermöglichende Entscheidungswege fordern, überschreiten sie die Schwelle vom Verein oder Verband zur Bürgerinitiative. Daß dies häufig aus taktischen Gründen erst dann geschieht, wenn bestimmte Interessen unter einer Vereins- oder Verbandsfahne nicht durchgesetzt werden können, ändert nichts aber auch gar nichts an der ursprünglichen Interessenorientierung. Es ist dennoch nicht nur eine Frage der Nomenklatur. Denn die bisherigen „Vereine", treten den staatlichen und kommunalen Instanzen nunmehr unter ihrem Kriegsnamen als „Bürgerinitiativen" mit höherem Legitimationsanspruch gegenüber als dies unter der Vereins- oder Verbandsfahne möglich war bzw. schien. Als „Vereine" akzeptierten sie die Beweislast. Sie blieben bereit, die Berechtigung ihres „Anliegens" als Bestandteil des Gemeinwohls möglichst glaubwürdig zu begründen. Als „Bürgerinitiative" verlangen sie – meist von der Verwaltung – die (von vornherein für unmöglich erklärte) Widerlegung ihres Gemeinwohlanspruches. Daß eine solche Gemeinwohlgewißheit in einer pluralistischen Demokratie nicht a priori honoriert werden kann, muß hier nicht nachgewiesen werden.

Wollen Bürgerinitiativen mit einiger Aussicht auf Erfolg in ernsthafte Konkurrenz zu den Parteien treten, so müssen sie ihren Legitimationsanspruch – wie einige Versuche in Landtagswahlen, z. B. der USP in Niedersachsen, zeigen – vor allem durch programmatische Erweiterungen steigern.

2. Die „eschatologische" Begrenzung

Bürgerinitiativen sind in der Regel *thematisch, zeitlich und räumlich begrenzt,* obgleich seit 1972 insbesondere im Bereich des Umweltschutzes beträchtliche „horizontale Konsolidierungen"[19], bis hin zu internationalen Querverbindungen, vollzogen wurden. Die – wie einmal gesagt wurde – geradezu „eschatologische" Begrenztheit von Bürgerinitiativen kommt in dem Stoßseufzer erfolgreicher Bürgerinitianten zum Ausdruck: „*Noch ein Sieg, und wir sind verloren!*" Dieser Satz bringt das von der Verfassung gewollte und politisch durchaus wünschenswerte Verhältnis der Bürgerinitiativen zu staatlichen und politischen Organisationen einschlägig zum Ausdruck.

19 *Claus Offe* versteht darunter die organisierte Zusammenarbeit, den Erfahrungsaustausch und die gemeinsame Aktionsplanung verschiedener Initiativgruppen auf der Ebene von Städten und Stadtteilen, mit welcher „bornierte Spezialisierungen" überwunden werden können. Vgl. „Bürgerinitiativen und Reproduktion der Arbeitskraft im Spätkapitalismus", in: *Heinz Grossmann* (Hrsg.), Bürgerinitiativen. Schritte zur Veränderung?, a. a. O., S. 165.

3. Der überraschende Organisationsgrad

Bürgerinitiativen sind mitgliederfreundlich, aber keineswegs organisationsfeindlich, wie *Thomas Ellwein* und seine Mitarbeiter fälschlich annehmen[20]. Mit zunehmender Existenzdauer verdichten sie sich organisatorisch bis zu einem den Vereinen und Verbänden angenäherten Niveau. Dafür gibt es viele Gründe. So müssen sie finanzielle Mittel herbeischaffen, um sich z. B. gemäß Verwaltungsverfahrensgesetz rechtsfähig für Verwaltungs- und Gerichtsverfahren zu machen. Das führt (zur Sicherung der Mitgliederbeiträge wie der Rechtsfähigkeit) zur Organisationsform eines eingetragenen Vereins. Dieser firmiert dann rechtlich als Verein, strategisch aber durchaus weiter als „Bürgerinitiative".

„Nur die Hälfte der Initiativen läßt jeden als Mitglied zu"[21]. Sie haben einen sehr kleinen Aktivkreis von jeweils 20 bis 30 Mitgliedern, der das Reservoir der geschätzten 1,5 Millionen „Mitglieder" praktisch auf höchstens 120000 aktiv Engagierte mindert. Sie müssen einladen, Treffen und Versammlungen anberaumen und durchführen, Tagesordnungen aufstellen und beschließen. Ihre „Kontaktfreudigkeit"[22] erfordert Sprecher und Macher. Eine allenthalben bestätigte Untersuchung lokalisiert die Vertretung in 51 % der Fälle bei gewählten Sprechern, in 33,3 % bei einem Vorstand. 90,9 % der Bürgerinitiativen faßten Mehrheitsbeschlüsse. Ganze 57 % der von *Barbara Borsdorf-Ruhl* befragten Initiativen hatten eine Satzung. Ihre Arbeitsweise ist gekennzeichnet durch Tagesrhythmus, Ausschußsitzungen und Vollversammlungen.[23]

Für unsere weiteren Erörterungen ist wichtig festzuhalten, daß Bürgerinitiativen keineswegs jenen Flugsand darstellen – als der sie vielleicht auch absichtsvoll von den Praktikern in den Erstorganisationen hingestellt werden –, der staatlich, vor allem kommunal, im Einzelfalle nicht zu fassen sei. Es liegt ein für den akademischen Popularbetrieb typischer Fehlschluß darin, Mitgliederfreundlichkeit mit Organisationsfeindlichkeit gleichzusetzen. *Bürgerinitiativen jedenfalls mögen mitgliederfreundlich sein; organisationsfeindlich sind sie nicht.*

4. Die Dividende der sozialen Selektivität

Ein ebenfalls leichtgängiges Mißverständnis liegt darin, von der sozialen Selektivität der Bürgerinitiativen auf die von ihnen verfolgten Interessen zu schließen. Durch eine hier bekannte hochgradig mittelständische Selektivität ihrer Mitgliedschaft geprägt, sind Bürgerinitiativen dennoch nicht auf die Verfolgung von je spezifischen Exklusivinteressen festzulegen. Die Auswertung der einschlägigen Studien führt zwar zu dem Schluß, daß Bürgerinitiativen gerade jene nicht zu aktivieren und mobilisieren vermochten, die auch in allen anderen Organisationen auf allen Ebenen aus vielerlei Gründen unterrepräsentiert sind. Sie bestätigt den Bürgerinitiativen aber auch, daß diese sich nicht a priori und absolut als Sozialegoisten klassifizieren lassen müssen. Innerstädtische Freizeitparks zum Beispiel, für deren Erhaltung sich die Sozialaktiven mög-

20 *Thomas Ellwein, Eckehard Lippert, Ralf Zoll:* Politische Beteiligung . . ., a. a. O., S. 176.
21 Vgl. *Barbara Borsdorf-Ruhl:* a. a. O., S. 78.
22 Ebda., S. 79.
23 Vgl. ebda., Tabelle III/36 im Anhang.

licherweise „nur" wegen ihrer wochentäglichen Luftversorgung einsetzen, werden wochenends nicht von diesen, sondern vornehmlich von jenen genutzt, die – weil sie alt und oder unbemittelt sind – nicht in die Naherholungsgebiete fahren, geschweige denn sich ein Wochenenddomizil leisten können. Wer angelt in den Flüssen, für deren ökologisches „Gleichgewicht" die besitzenden Anrainer kämpfen? Für solche Fälle wurde von der Wahrnehmung eines „Inklusivinteresses"[24] gesprochen.
Selbst wenn also in Bürgerinitiativen materieller Egoismus das ausschließliche Motiv der Sozialaktiven sein sollte, so kann damit doch am Ende ein Vorteil für andere verbunden sein. Gerade im Umweltschutz ist *Mayer-Taschs* These plausibel, „daß die Erfolge der in diesem Bereich agierenden Initiativen den unteren Schichten der Bevölkerung in höherem Maße zugute kommen als den sogenannten privilegierten ..."[25]. Sieht man diesen Zusammenhang weniger optimistisch als *Mayer-Tasch*, erscheint das *Inklusivinteresse immer noch mindestens als Dividende der sozialen Selektivität von Bürgerinitiativen.*

5. Die Auswirkungen auf den Produktionssektor

Seit *Claus Offes* Aufsatz über „Bürgerinitiativen und Reproduktion der Arbeitskraft im Spätkapitalismus" gehört die Behauptung zum gängigen Repertoire der Kritik an Bürgerinitiativen, daß diese nur im Reproduktionssektor entstünden und nur auf diesen bezogen seien[26], mithin aus klassenanalytischer Sicht auch gar nicht progressiv sein können. Sie wurde umso eindringlicher durch die Wirklichkeit widerlegt, je weiter das Motiv des Umweltschutzes in den Vordergrund der Gegenstände von Bürgerinitiativen rückte. Seit der Ölkrise von 1973 wurde zunehmend deutlich, wie sehr gerade die auf den Umweltschutz gerichteten Initiativen bei gleichzeitiger Verknappung der Energiequellen auf den Produktionssektor durchschlagen. Mag das Argument der Arbeitsplatzsicherung sowohl inhaltlich als auch zahlenmäßig nicht selten überstrapaziert werden, so wissen wir heute doch, daß sich die Konzeption von Bürgerinitiativen im Negativen wie im Positiven auf die Zahl der Beschäftigten in 100 000er Größenordnungen auswirken. Bürgerinitiativen werden von der Bundesregierung mehr oder weniger direkt verantwortlich gemacht für den Niedergang der Wachstumsrate von 4 auf 3 %, weil sie vor Verwaltungen und vor Gerichten 25 Milliarden DM blockiert haben.[27] Wie auch immer diese Argumente im einzelnen zu werten sind: *Die einschlägigen Wirkungen im und auf den Produktionsbereich sollten Staat und Kommunen zwingen, Bürgerinitiativen nachhaltig in ihr politisches und gesetzgeberisches Kalkül einzubeziehen.*

24 *Eckart Pankoke:* Politische Partizipation und liberale Demokratie, in: liberal, 14. Jg. (1972), S. 357.
25 *P. C. Mayer-Tasch:* Die Bürgerinitiativbewegung, a. a. O., S. 93.
26 Vgl. *C. Offe:* Bürgerinitiativen ..., a. a. O.; *Rolf-Peter Lange* et al.: Zur Rolle und Funktion von Bürgerinitiativen ..., a. a. O.; *Helga Fassbinder:* Bürgerinitiativen und Planungsbeteiligung im Kontext kapitalistischer Regionalpolitik, in: Kursbuch, Nr. 27, Berlin 1972, S. 68–84; für viele andere.
27 Vgl. das von *Klaus Altmann* mit dem Parlamentarischen Staatssekretär im Bundesministerium für Wirtschaft, *Martin Grüner,* geführte Interview, das in der Fernsehsendung „Bericht aus Bonn" am 23. 9. 1977 ausgestrahlt wurde.

6. Das Problem der Gewalt

Das Mißtrauen gegenüber Bürgerinitiativen rührt für viele aus der theoretisch bekundeten und teilweise durchaus aktualisierten Bereitschaft der Initiativen – meistens nur einzelner Gruppierungen innerhalb der Initiativen – zur Regelverletzung. Staatlicher- und kommunalerseits muß insbesondere jene von *Offe* empfohlene „Kombination von Verhandlungsstrategie mit kalkulierten Gewaltakten"[28] befürchtet werden, die sich keinesfalls auf die Mobilisierung des – wie *Offe* maliziös formuliert – „offiziösen Instanzenzuges des politischen Systems beschränken"[29].

Strategische Anweisungen dieser Art haben Bürgerinitiativen nicht selten in den Geruch revolutionärer Umsturzbewegungen gebracht. Nimmt man nur den Wortlaut, insbesondere mancher studentischer Flugblätter, und nimmt man manche ihrer Taten, so müßte man ihre Verfasser entweder nicht ernst nehmen oder anerkennen, daß die staatlichen und kommunalen Befürchtungen zu Recht bestehen: Dies sind nicht mehr die seit der französischen Revolution selbstverständlichen bürgerlichen Initiativen, sondern Aktionen, die sich tendenziell gegen die Initiativfähigkeit des Bürgerlichen überhaupt richten.

Theorien vom weiten Bereich des „Staatsinterventionismus" bis zum „staatsmonopolistischen Kapitalismus" können staatliche und kommunale Instanzen nur mehr oder minder ausschließlich als Instrument einer ökonomisch herrschenden Klasse sehen. Auf Theorien dieser Herkunft beziehen sich insbesondere studentische Protagonisten von Gesetzesverletzungen. Sie folgern daraus als strategische Zielsetzung mehr oder minder direkt die Notwendigkeit des Aufbaues von „Gegenmacht", die Regeln und Gesetze nicht nur „verletzt", sondern bricht und dadurch langfristig zunichte macht. Bürgerinitiativen wie Parlamente, aber auch „bürgerliche" Parteien, die Sozialdemokratische Partei selbstverständlich eingeschlossen, werden günstigstenfalls nach *Lenins* Grundsätzen zur „Massenarbeit" strategisch als Foren für ihre Ziele verstanden. Auch ohne eine solche ideologische Ausgangsbasis bewirkt die oben erwähnte ungebrochene Gemeinwohlgewißheit nicht selten Fanatismus.

Aus liberaler Sicht ließ sich indessen anfänglich ebenfalls Verständnis für den Regelverletzer ableiten, etwa mit der Frage *Karl Hermann Flachs*: „Ist diese Gesellschaft bereits derart eingeschläfert, daß nur noch sensationelle Regelverletzungen jene Aufmerksamkeit erzielen, die Veränderungen bewirken kann?"[30]

Die außerordentlichen rationalen und emotionalen Belastungen, die von der unüberschaubaren Tragweite moderner Probleme und Entscheidungen – nicht nur im Energiebereich – ausgehen, führen schließlich zu ideologisch überhaupt nicht mehr zu verortenden gewalttätigen Entladungen. *Martin Schrenk* hat die hier bestehenden Spannungen zwischen „Sachlichkeit – Emotionalität und Identität" in einem lesenswerten Aufsatz festgehalten.[31]

28 *C. Offe:* Bürgerinitiativen . . ., a. a. O., S. 163.
29 Ebda., S. 159.
30 Bürgerinitiativen und repräsentative Demokratie, in: liberal, 14. Jg. (1972), H. 4, S. 248.
31 In: *Kurt Oeser, Horst Zillessen* (Hrsg.): Kernenergie, Mensch, Umwelt, Köln 1976, S. 87–98.

Es kennzeichnet die hier primär zur Diskussion stehenden Gewaltwilligen, daß sie sich nicht fragen lassen – schon gar nicht von „bürgerlicher" Seite. Ihre subjektive Wahrheitsgewißheit läßt keine Fragen zu. Wäre dies anders, so müßten sie doch zweifeln, ob nicht sie wie kaum andere Gruppierungen den von ihnen – und nicht nur von ihnen, von ihnen aber vielleicht bloß vorgetäuschtermaßen – befürchteten Polizeistaat herausgefordert haben. Aus marxistischer Sicht müßten sich einige von ihnen mit *Georg Lukacs* (Legalität und Illegalität, 1920) weiterfragen lassen, ob ihre „Romantik der Illegalität", ihre Gewaltromantik, nicht letztlich einen dogmatisch tiefen Kotau vor dem bürgerlichen Staat beinhaltet – einen Kotau, der den Staat nicht nur im Bewußtsein der „Bürgerlichen", sondern auch in dem der „Revolutionäre" überhöht.
Die Distanzierung und Vermeidung von Gewaltanwendung ist ein Problem nicht nur für die Verwaltungen des Staates und der Kommunen; es stellt sich als Herausforderung auch den Bürgerinitiativen selbst, die in aller Regel von Gewaltanwendung nichts wissen wollen. Kürzlich wurde berichtet, Bürgerinitiativen hätten untereinander bereits eine Art Warnspontaneität zur Identifizierung von gewalttätigen „K-Gruppen" und zum Erfahrungsaustausch darüber entwickelt, wie diesen Gruppen zu begegnen wäre. Bei der letzten großen Demonstration in Kalkar wurde das aus den Reihen der Bürgerinitiativen anderen Orts bereits erprobte System von Posten zwischen Polizei und „K-Gruppen" weiter entwickelt.
Insgesamt stellen Bürgerinitiativen „Zweitorganisationen" dar, die „nur" in Opposition bzw. Protest zu den Leistungen der Erstorganisationen stehen. Je prinzipieller die Korrekturvorstellungen gegenüber dem politisch-administrativen System, je weniger also anerkannt wird, daß die Existenz der derzeitig verbindliche Entscheidungen treffenden Instanzen nicht bloß „formal", sondern „selbst ein Erfordernis des wahren Gesamtinteresses"[32] ist, desto entschiedener die – in klassenanalytischen Ansätzen durchaus erkennbare Tendenz, das offizielle Entscheidungsgefüge mindestens ändern, wenn nicht zerstören zu wollen; desto bereitwilliger schließlich in einigen Fällen der Weg der Regel- und Gesetzesverletzung.
Gewaltfreie Formen und gesetzestreue Aktionsmuster stehen jedoch eindeutig im Vordergrund.

7. Die Sicherung staatlicher und kommunaler Effizienz

Schließlich dürfte auch aus Gründen der Effizienzsicherung von Staat und Kommunen zweifelsfrei sein, daß nach der Parteien- und Verbandsprüderie hierzulande keine antipluralistische Prüderie gegenüber Bürgerinitiativen Platz greifen sollte.

Das Gesamturteil

Zusammenfassend bleibt festzuhalten: verfassungstheoretisch stellen die Bürgerinitiativen keinerlei Gefahr, eher eine Hilfe für Parteien und Parlamente dar – eine Verfassungsgarantie, die beiden, den Parteien wie den Parlamenten, günstigenfalls sogar ihren grundgesetzlich gewollten Stellenwert zuweist. Politisch sind die Bürgerinitiativen gerade in diesen Tagen mit Nachdruck vor ihren Kritikern zu schützen: sowohl vor jenen,

32 *Hans J. Wolff:* Verwaltungsrecht, 8. Aufl. 1971, S. 163.

die in ihnen lediglich den Anbruch der Anarchie zu sehen vermögen, als auch vor jenen, die sie nur als Instrument des Klassenkampfes gelten lassen wollen.
Solange die Parteien und Parlamente nur „funktionieren" (in des Wortes ganzer anspruchsvoller Bedeutung) sind Bürgerinitiativen gegenständlich, zeitlich und sachlich notwendig begrenzt. Sie haben einen überraschend hohen Organisationsgrad, der sie für Staat und Kommunen soweit ansprechbar macht, daß eine kalkulierbare Kooperation möglich wird. Sie sind in ihrer sozialen Selektivität und Programmatik wenigstens soweit offen, daß ihre Konsultation, vielleicht auch eine Kooperation mit ihnen, staatlich und kommunalerseits nicht von vornherein auszuschließen ist. Von der in und aus Bürgerinitiativen angewandten Gewalt kann das Gesamturteil über sie nicht abhängig gemacht werden.

Konstanten für eine Prognose

Wie kann sich, wie soll sich der Staat gegenüber solchermaßen im Grundsatz beurteilten Bürgerinitiativen verhalten? Die Antwort hängt auch von den Erwartungen über die Zukunft der Bürgerinitiativen ab. Die Konstanten für eine Prognose ergeben sich zum einen aus dem oben idealtypisch dargelegten Wandel vom liberalen Minimal- zum pluralistischen Vorsorgestaat (wie immer unvollkommen dieser auch sein mag). Dieser Wandel zwingt den Bürger vermehrt zu kollektiv organisierten Initiativen. Zusätzlich ermutigen erst jüngst rechtlich eröffnete Partizipationsmöglichkeiten (z. B. in Kommunalverfassungen, im Städtebauförderungsgesetz, im Bundesbaugesetz sowie im Verwaltungsverfahrensgesetz): Mit den neuen Partizipationsrechten wurden permanente, justiziable Ansprüche konstituiert. Die darauf gegründeten, gerichtlich erstrittenen Erfolge ermutigen zu neuen Initiativgründungen usw. usw. Bürgerinitiativen werden nach einer Phase der Ernüchterung – möglicherweise auch der Einschränkung nach neuen Erfahrungen – jenseits ihrer auch sozialwissenschaftlichen Dramatisierung zur Alltäglichkeit einer pluralistisch organisierten Gesellschaft gehören.
Es gibt demoskopische Anzeichen dafür, daß das Verhalten der Bundesregierung, der Gewerkschaften und der Parteien sowie der diskreditierende Gewalteinsatz aus Bürgerinitiativen heraus in Brokdorf und Grohnde dahin geführt haben, daß die spektakulären bundesweiten Initiativen im Bereich des Umweltschutzes den Scheitelpunkt ihres Zulaufes bereits im Frühjahr 1977 überschritten hatten.[33] Nach einigen „Horrorinitiativen" – z. B. gegen Heime für debile Kinder oder gegen Blindenheime in landschaftlich reizvoller Umgebung mit dem Hinweis, diese Betroffenen vermöchten diese Landschaft sowieso nicht zu würdigen – bedeutete die bekannte Initiative von Berkamen wohl eine endgültige Entzauberung der Bürgerinitiativen.
Die Parteien sind gezwungen, sich der Umweltpolitik so anzunehmen, daß sie gegenüber den Bürgerinitiativen mehrheitsfähig bleiben. Schaffen sie dies nicht, so werden die Bürgerinitiativen in der Tat zu einer Gefahr für die etablierten Parteien. Dies ist je-

33 In der erwähnten Blickpunktsendung vom 18. 3. 1977 wurden Umfrage-Ergebnisse mitgeteilt, die auf einen eindeutigen Rückgang des Protestpotentials von 1975 (= 35 %) auf 1977 (= 27 %) schließen lassen. Die Befragten bekundeten mehr Zutrauen zu den etablierten Formen der Interessenwahrnehmung.

doch noch kein Grund zur Besorgnis um das parlamentarische Regierungssystem insgesamt. Staatliche Institutionen, insbesondere die Parlamente, sind dadurch nicht gefährdet. In dem Moment nämlich und in dem Maße, wo und wie Bürgerinitiativen ernsthaft zu Konkurrenten für Parteien werden, müssen sie mehrheitsfähige Integration betreiben. Solange es strikt verfassungskonform zugeht, treten sie damit nur an die Stelle von Parteien, die versagt haben. Nur für funktionsunfähige Parteien sind Bürgerinitiativen also eine reale Gefahr. Wieweit wir von dieser Gefahr entfernt sind, verdeutlicht etwa die Vorstellung, die Umweltschutzinitiativen sollten eine gemeinsame Position zum Extremistenbeschluß beziehen. Die Naturschutzvereine unter ihnen drohen bereits im Blick auf den Hunger in der Dritten Welt an der Frage auseinanderzubrechen, ob sie sich prinzipiell und überall für ein Verbot der künstlichen Düngung einsetzen sollen.

Die Zahl der höchstalltäglichen Interessenwahrnehmungen durch Bürgerinitiativen wird also zunehmen, die Gefahr einer wie auch immer gearteten „Ablösung" der Parteien wäre noch denkbar, aber nur um den Preis neuer Parteien, mit denen dann – geht es nur rechtmäßig zu – weiterhin Parlamentarismus möglich wäre.

Die Möglichkeiten der Reaktion des Staates und der Partei

Die Möglichkeiten der Reaktion können abschließend nur angedeutet werden. Die Parteien werden sich – wie gesagt: bei Strafe ihrer Existenz – in gesteigertem Maße der von den großen überregionalen Bürgerinitiativen besetzten Themen anzunehmen haben. Die Kommunen – weniger Bund und Länder – werden angesichts der bekannten „Kommunalisierung der Politik" mit der Lawine von Partizipationsansprüchen der Alltagsinitiativen fertig werden müssen.

Die Kommunalverfassungen sind daher meines Erachtens – soweit dies noch nicht geschehen – mit dem ganzen derzeit bekannten Ensemble vornehmlich konsultatorischer Partizipationsrechte auszustatten, als da sind: Bürgerantrag, Bürgerbegehren, Bürgerentscheid, Mitwirkung in Ratsausschüssen und Beiräten, Gemeinwesenarbeit und Anwaltsplanung, Bürgerversammlungen, Bürgerforen, Anhörungen, öffentliche Ratsausschüsse und ebensolche Fragestunden, weitestgehende Aktenöffentlichkeit usw.

Auf der kommunalen Ebene sind nun wirklich Institutionen in Gefahr, die nach meiner Auffassung auch als Parlamente zu betrachten sind[34], die Gemeinderäte nämlich. Deren Prärogative gegenüber den Bürgerinitiativen gilt es – allen Partizipationserweiterungen zum Trotz bzw. diesen korrespondierend – unbedingt zu garantieren, weil es sich bei Bürgerinitiativen immer nur um „Initiativen aus dem Volk an das Volk" handelt. Und weil die zentralen Repräsentationsinstanzen des Volkes, nämlich die Parlamente auf allen Ebenen das letzte Wort behalten müssen, sind insbesondere auf der kommunalen Ebene nach meiner Auffassung die Gemeinderäte ganz entschieden zu stärken; zu stärken insbesondere gegen die höchst traditionelle Interessenkumpanei zwischen Verwaltungen und Bürgerinitiativen.

Die Landesgesetzgeber werden die Gemeinderäte kommunalverfassungsrechtlich also besser ausstatten müssen, damit die ebenfalls kommunalverfassungsrechtlich zu erwei-

34 Vgl. die Begründung im Editorial, H. 4/1976 der ZParl.

ternde politische Mitwirkung des Bürgers demokratiegerechte Abwägung auf das Gemeinwohl hin mindestens erfahren *kann.* Die Gemeinderäte stehen vor dem gleichen Problem wie die Bürgerinitiativen selbst: Angesichts der zunehmenden Politikverflechtung des modernen „Spätföderalismus" wird der Gegenstand sinnvoll abgrenzbarer Partizipation – also der Gegenstand vernünftigerweise dezentralisierter Entscheidungsautonomie – immer schwieriger bestimmbar. Hier liegen die meines Erachtens schwierigsten Probleme angemessener Partizipationsgestaltung für Bürgerinitiativen. Denn daß diese ohne Gefahr für Parlament und Parteien partizipieren sollten, darüber besteht für mich kein Zweifel. Die Frage ist nur: Woran?
Ich werde mich hüten, jetzt noch mit „Entflechtungen" und Gegenstandseingrenzungen zu beginnen. Nur soviel ist für mich gewiß: Eine vollkommen präzise abgrenzende Entflechtung wird es nicht mehr geben können. Wenn dem so ist, dann muß unter demokratischen Gesichtspunkten und unter dem Gesichtspunkt der Garantie der kommunalen Selbstverwaltung die zunehmende Einengung der Gemeindeautonomie kompensiert werden durch stärkere Beteiligung der Gemeinden am überlokalen, vornehmlich am staatlichen Willensbildungsprozeß. Die kommunalrechtlich zu garantierende Partizipation von Bürgerinitiativen läuft nämlich leer, wenn die Gemeinden nicht entweder größere eigenständige Entscheidungsräume erhalten, oder neben Bundestag und Bundesrat stärker an der staatlichen Willensbildung beteiligt werden, von der sie und ihre Bürger so nachhaltig betroffen sind. Ich gebe Herrn *Dr. Schmitt-Vockenhausen* hiermit das Stichwort der „Dritten Säule".
Die Bürgerinitiativen selbst scheinen mir – wie gesagt – keine Gefahr für Parlament und Parteien. Viel größer schätze ich die Gefahr der Innovationsblockade und schließlich Selbstblockade des Gesamtsystems aus Partizipationsrechten – einschließlich der Inanspruchnahme von Gerichten – ein, die dadurch befördert wird, daß die Partizipationsfelder und Partizipationsgegenstände sowie Partizipationsberechtigten nicht hinreichend auf die Bedürfnisse des Gesamtsystems abgestimmt sind.
Die Enquete-Kommission Verfassungsreform hat sich schwer genug mit analogen Entflechtungsversuchen in bezug auf den Föderalismus getan; an die Entflechtung bzw. Verknüpfung sinnvoller politischer Bürgerbeteiligung hat sie sich – ich glaube, das kann man sagen – gar nicht erst heranbegeben. Wenn es stimmt, daß hier, im Bereich der Bürgerinitiativen und ihrer Wirkung, etwa 1 % unserer Wachstumsrate zur Diskussion steht, dann ist nicht nur demokratietheoretisch, sondern auch ökonomisch hinreichender Grund gegeben, an der Entflechtung bzw. sinnvollen Verknüpfung ernsthafter als bisher zu arbeiten, auch und gerade, wenn Bürgerinitiativen vernünftigerweise allenthalben bejaht werden.
Meine Damen und Herren, 1703 schrieb *Alexander Pope* in einem besonders für Rezensenten sehr lesenswerten *Essay on criticism:* "fools rush in where angels fear to tread". (Wo Engel einzuschreiten zögern, da halten Narren ihren Einzug.) Vor einem englischen Gericht stand in diesem Sommer ein Angeklagter wegen Gotteslästerung, also wegen Blasphemie. Der Verteidiger richtete sich mit folgenden Worten an His Lordship, den Richter: "Nobody can know until your Lordship gives his ruling what the law of blasphemy is. Where Parliament fears to tread, your Lordship ist being asked to rush in."

Auf unsere Frage nach der Gefährdung des parlamentarischen Systems angewandt, bedeutet dies: In dem Maße, wie Parteien und Parlamente versäumen, überzeugende Antworten und eindeutige Entscheidungen zu geben, sind die Gerichte gefordert und werden Bürgerinitiativen zu einer Gefahr für die Parteien, noch nicht für die Parlamente. Das gilt auch und gerade in bezug auf eine sinnvolle gesetzliche Gestaltung von Mitwirkungsrechten. Nicht, daß Bürgerinitiativen als "fools" zu charakterisieren wären. In dem Maße aber, wie Parteien und Parlamente versäumen, dem Bürger des pluralistischen Vorsorgestaates sinnvolle politische Mitwirkung anzubieten, schneiden sie ihm und sich selbst – und nun auch den Parlamenten – Lernmöglichkeiten ab, so daß schließlich wirkliche "fools" sowohl in den Parlamenten als auch in den Bürgerinitiativen Einzug halten.

Eine solche Entwicklung hilft nicht, mit jenem Dilemma jeder Demokratie fertig zu werden, welches darin besteht, daß Demokratien den mündigen Bürger, den sie eigentlich voraussetzen, doch ständig erst hervorbringen müssen, und zwar in unserem Zusammenhang sowohl in Bürgerinitiativen als auch in Parteien und Parlamenten. Die Lernfähigkeit, die das parlamentarische Regierungssystem nach meiner Auffassung der Anlage nach in so hohem Maße auszeichnet und der mit ihr verbundene und auf sie gegründete soziale Friede – das wichtigste Produkt dieser Lernfähigkeit des parlamentarischen Systems – stehen auf dem Spiel, wenn es nicht gelingt, den Einzug der Narren zu verhindern. Optimale Bedingungen der Kooperation zwischen Bürgerinitiativen und Staat sind insofern nicht das Ende, sondern Bedingung politischer Aufklärung.

Der Abgeordnete und sein Beruf.
Eine kritische Auseinandersetzung mit folgenreichen Mißdeutungen eines Urteils

Willi Geiger

Der nachfolgend wiedergegebene Vortrag wurde im Rahmen einer zweitägigen Veranstaltung gehalten, die das Presse- und Informationszentrum des Deutschen Bundestages in Zusammenarbeit mit der DEUTSCHEN VEREINIGUNG FÜR PARLAMENTSFRAGEN e.V. am 2. u. 3. Mai 1978 in Berlin unter dem Thema „Politik als Beruf? Das Abgeordnetenbild im historischen Wandel" durchgeführt hat. Weitere Referenten neben Bundesverfassungsrichter a. D. Prof. Dr. *Willi Geiger* waren Prof. Dr. *Hans Boldt,* Mannheim, zum Thema „Die Stellung des Abgeordneten im historischen Wandel" und Prof. Dr. *Dietrich Herzog,* Berlin, zum Thema „Karrieremuster von Abgeordneten in Deutschland: früher und heute". Eine Broschüre mit den Referaten und den daran anschließenden Diskussionen wird durch das Presse- und Informationszentrum des Deutschen Bundestages vorbereitet.

Red. ZParl

Kaum eine Entscheidung des Bundesverfassungsgerichts ist vom Gesetzgeber so mißverstanden worden wie die Entscheidung zum Status des Abgeordneten.
Ich denke nun nicht daran, heute diese Entscheidung gegen die Kritik zu verteidigen, die sie erfahren hat. Dazu müßte man die Interessenlage der Kritiker analysieren und diese Kritik erst einmal daraufhin abklopfen, wie weit sie sich wirklich gegen den Inhalt der Entscheidung und nicht gegen etwas richtet, was man fälschlich für den Inhalt der Entscheidung hält. Aber es läßt sich nicht vermeiden, daß ich gelegentlich auf dieses Urteil Bezug nehme, weil es meinem Referat unausgesprochen zugrunde liegt.

I.

Das Thema „Der Abgeordnete und sein Beruf" geht offenbar – und mit Recht, wie ich darlegen werde – davon aus, daß die Tätigkeit des Abgeordneten in Ausübung seines Mandats normalerweise nicht als identisch mit seinem Beruf zu verstehen ist. Natürlich gibt es Abgeordnete, die noch keinen Beruf haben oder die ihren Beruf aufgegeben haben, um sich der politischen Aufgabe des Abgeordneten zu widmen. Von diesem „reinen Abgeordneten" und seinem Status will ich zuerst reden.

1. In dem genannten Fall mag man in der legeren Umgangssprache davon reden, daß der Abgeordnete so in seiner von ihm übernommenen politischen Aufgabe aufgeht, daß sie ihm zum Beruf geworden ist. Und an dieser Sprechweise wäre auch nicht das geringste unkorrekt, wenn bei uns ähnlich wie etwa in Amerika Beruf nicht als etwas grundsätzlich „Lebenslanges" verstanden würde, sondern der Berufswechsel, also der Übergang, auch der mehrfache Übergang von einem Beruf zu einem anderen Beruf, für etwas ganz Normales und Selbstverständliches gehalten würde. Denn unter dieser Voraussetzung bedeutet Beruf nicht mehr als die Tätigkeit, die einer, solange es ihm gefällt oder solange er nicht genötigt wird, umzudisponieren, ausübt als Grundlage seiner Existenzsicherung. Beruf ist dann alles, was seinen Mann ernährt – für eine bestimmte Zeit, die kürzer oder länger sein kann, wenn sie nur nicht bloß vorübergehender, flüchtiger Natur ist. Beruf kann dann auch die Tätigkeit als Abgeordneter sein.

Beruf wird demnach in diesem Zusammenhang völlig unspezifisch verstanden. Es fallen darunter so verschiedene Tätigkeiten wie die des Beamten, des Ministers, des öffentlichen oder privaten Angestellten, des Arbeitnehmers, des Unternehmers, des Handwerkers, Bauern, Soldaten oder Künstlers, auch die Tätigkeit des Abgeordneten. „Beruf" oder „Job" sagt also gar nichts über die Eigenart, über das Besondere einer der genannten Tätigkeiten aus, gibt insbesondere nichts dafür her, aus der rechtlichen Regelung einer dieser Tätigkeiten Schlüsse für die sachgerechte Regelung einer der anderen Tätigkeiten zu ziehen.

2. Die Tätigkeit des Abgeordneten ist und bleibt die Tätigkeit innerhalb eines durch Wahl für die Dauer der Legislaturperiode gewonnenen *„öffentlichen Amtes"*, insofern mit der Mitgliedschaft im Parlament, der Mitgliedschaft im Verfassungsorgan „Bundestag" Kompetenzen – Mitwirkungs- und Mitbestimmungsrechte – verbunden sind, wie sie die Verfassung und das Parlamentsrecht vorsehen.

3. Unbeschadet dieser Qualifizierung des Abgeordnetenstatus ist natürlich auch zutreffend, daß der Abgeordnete in einer freiheitlichen Demokratie eine zentrale *politische Aufgabe* hat: die Mitwirkung an der Staatswillensbildung einschließlich der Kontrolle der Regierung. Und daran wird auch nichts durch den Umstand geändert, daß in einer sogenannten parteienstaatlichen Demokratie der Abgeordnete in der Regel sein Mandat der Partei verdankt, die ihn aufgestellt hat, und ein Abgeordneter selbstverständlich vielfältig dem Einfluß der Partei, der er angehört, ausgesetzt ist; verkürzt gesagt: daß im Verfassungsleben die Partei im Vordergrund steht und der Abgeordnete seinen politischen Einfluß regelmäßig nur im Konsens mit seiner Partei zur Geltung bringen kann. Das ist ein höchst komplizierter Tatbestand, der sich nicht einfach mit der Formel vom Spannungsverhältnis zwischen Art. 21 GG und Art. 38 GG lösen läßt, so als ob sich aus Art. 21 die Relativierung des Abgeordnetenstatus und der Vorrang der Partei vor dem Abgeordneten herleiten ließen und demgegenüber Art. 38 GG, aus der Zeit der klassischen repräsentativen Demokratie stammend, heute ein wenig antiquiert sei und nur noch von Verfassungs wegen verhindere, daß das parteienstaatliche Konzept zu Ende gedacht werden könne.

Ich meine, man muß da viel stärker differenzieren und präzisieren:
a) Gewiß, die politischen Parteien sind in der modernen freiheitlichen Demokratie ganz unentbehrliche Handlungseinheiten. Sie machen erst möglich, vierzig Millionen diffuse Wahlstimmen sinnvoll auf realistische politische Alternativen, die in einer konkreten politischen Ordnung verwirklicht werden sollen, zu versammeln. Sie stimulieren das politische Interesse der Bürger. Sie halten das Engagement der Demokraten für ihr Gemeinwesen lebendig. In ihrer Hand liegt die Vorbereitung und Durchführung des Prozesses, der in der Wahl zum Parlament kulminiert. Sie präsentieren insbesondere die Kandidaten für die Wahl, übrigens nicht nur die auf den Listen, sondern auch die in den Wahlkreisen (lassen Sie theoretische Ausnahmen einmal beiseite!). Damit ist das weite Feld abgesteckt, auf dem sich die Parteien verfassungskräftig betätigen, in diesem Sinne von der Verfassung anerkannt sind. Das steckt unbestritten in Art. 21 GG. Und das berechtigt uns, von der Bundesrepublik Deutschland als einer parteienstaatlichen Demokratie zu reden.
Die Folge dieses eben dargestellten Tatbestandes – eine *politische* Folge, keine rechtliche Folge! - ist, daß der Kandidat und der gewählte Abgeordnete in einem sehr engen Verhältnis zu seiner Partei steht. Aber nicht so einfach in einem „Abhängigkeitsverhältnis", wie das oft behauptet wird! Gewiß, der Abgeordnete verdankt seine Wahl in einem gewissen Sinne seiner Partei, die ihn aufgestellt und sich im Wahlkampf für ihn eingesetzt hat. Aber der Gewählte hat sich im Zweifel doch deshalb aufstellen und im Wahlkampf unterstützen lassen, weil er vorher schon die politischen Anschauungen der Partei geteilt und für sie optiert hatte. Er weiß, wie jeder erwachsene Bürger, daß diese Übereinstimmung von Partei und Abgeordneten in den allgemeinen Anschauungen über die Grundlagen einer gerechten Ordnung des Gemeinwesens, über die Wege zu ihrer Verwirklichung, über die realisierbaren nächsten politischen Schritte auf das gesteckte Ziel hin durchaus nicht bedeutet, daß es keine Meinungsverschiedenheiten zwischen dem Abgeordneten und seiner Partei in konkreten Fragen geben könnte. Dies ist mitbejaht von beiden Seiten, von der Partei und dem Abgeordneten, wenn er sich entschließt, gemeinsam mit seiner Partei und mit der Fraktion im Parlament Politik zu machen. Erfaßt man diese politische Realität des Aufeinanderangewiesenseins, der auch vom Abgeordneten gewollten Gemeinsamkeit der politischen Bemühungen, dann ist es nicht mehr statthaft, einseitig nur von der Abhängigkeit des Abgeordneten von seiner Partei zu reden. Der „Bestimmende" innerhalb der politischen Verbindung zwischen Partei und Abgeordnetem ist und bleibt in der weitaus überwiegenden Zahl der Fälle der Abgeordnete, insofern er aus innerer Überzeugung – von Anfang an und jeden Tag aufs Neue – akzeptiert und nach Kräften unterstützt, was sich aus der Symbiose zwischen Partei und Abgeordnetem an politisch zu Forderndem, Durchzusetzendem und zu Bekämpfendem ergibt.
Und dies ist notabene eingebunden in einen mehrschichtigen, umfassenderen politischen Tatbestand: „Partei" ist ja keine mystische Einheit: da stehen gestuft und nebeneinander die Funktionäre einer reich verzweigten Organisation, die ja auch gelegentlich verschiedener Meinung sein können, ohne die Einheit der Partei zu zerstören. Und da ist das Gros der Parteimitglieder, die ihre eigenen Anschauungen zu konkreten Ereignissen besitzen, unbeschadet ihrer Mitgliedschaft. Und da sind schließlich

die vielen Millionen Bürger mit ihren politischen Anschauungen, die als Wähler gewonnen werden wollen. Innerhalb dieses Geflechts von politischen Interessen der verschiedensten Art gibt es selbstverständlich vorgegebene Bedingungen, zum Teil wechselseitige Bedingungen für jeden politischen Schritt, Abhängigkeiten, Rücksichtnahmen, Bündniskonstellationen, die den Parteien, der Funktionärshierarchie auf allen Stufen, den Mehrheiten und Minderheiten, die ständig wechseln können, – auch den einzelnen Abgeordneten –, für ihr Handeln Grenzen setzen, insofern jedesmal die Folgen eines jeden Schrittes bedacht sein wollen.

Ich wiederhole, diese politische Wirklichkeit ist eine tatsächliche Folge aus der verfassungsrechtlichen Aussage des Art. 21 GG, der die parteienstaatliche parlamentarische Demokratie verbürgt. Die Vorschrift perhorresziert natürlich nicht die dargestellte Wirklichkeit; sie erhebt sie aber auch nicht zu einer rechtlichen Norm! Es ist und bleibt etwas Tatsächliches, das je nach der konkreten Situation variiert.

b) Was rechtlich vom Augenblick der Annahme der Wahl für den Abgeordneten gilt, ergibt sich aus Art. 38 GG. Er begründet von Verfassungs wegen den Status des Abgeordneten. Und wiederum: Gibt es Meinungsverschiedenheiten oder Konflikte zwischen Partei (Fraktion) und Abgeordnetem wegen des politischen Verhaltens und besteht der Abgeordnete darauf, daß sie rechtlich gewürdigt und entschieden werden, so gibt Art. 38 GG den rechtlichen Maßstab. Die Vorschrift hindert aber nicht, daß sich Partei und Abgeordneter politisch einigen, sei es, daß sie sich (also beispielsweise das Verhalten des Abgeordneten) im Falle eines Konflikts tolerieren, sei es, daß der Abgeordnete „nachgibt", also Parteidisziplin übt oder sein Mandat niederlegt. Auch hier gibt es also unterhalb oder hinter der Norm eine tatsächliche politische Wirklichkeit, der die Norm, solange der Abgeordnete sich auf sie nicht beruft, nicht im Wege steht. Beruft sich der Abgeordnete zu seiner Rechtfertigung auf diese Norm, dann gewährt sie ihm allerdings den klassischen Schutz: keine Disziplinierung des Abgeordneten durch die Partei wegen der Art der Ausübung seines Mandats, keine Einschränkung der Unabhängigkeit und Freiheit des Abgeordneten durch Fraktions- oder Parteibeschlüsse hinsichtlich der Ausübung des Mandats, keine Wirksamkeit einer hinterlegten Mandatsverzichtserklärung, kein Mandatsverlust beim Austritt aus der Fraktion oder beim Wechsel der Partei. Was immer in dieser Richtung geschieht, geschieht nur, wenn und soweit der Abgeordnete es will, also kraft seiner freien und unabhängigen Entscheidung, kraft seiner Einsicht in das politisch Richtige.

Ich meine also, die Vorschriften des Art. 21 und des Art. 38 GG kollidieren nicht, sie ergänzen sich vielmehr sinnvoll. Als Spannungsverhältnis mag man allenfalls das Verhältnis bezeichnen zwischen dem sich aus Art. 21 und Art. 38 GG ergebenden und ergänzenden normativen Sollen einerseits und der politischen Wirklichkeit, die in dem beschriebenen Umfang von den Vorschriften weder rechtlich verboten noch rechtlich geboten ist. Das entspricht exakt der Eigentümlichkeit von Verfassungsnormen, die *Grenzen setzen* und im übrigen *Raum lassen* für das politische Spiel und die politische Gestaltung.

4. Die mit dem öffentlichen Amt des Abgeordneten verbundene *Verantwortung* , die ihm anvertraute Aufgabe ist nicht näher normiert. Das heißt, der Abgeordnete

selbst und allein bestimmt die Art und Weise, in der er seine Tätigkeit als Abgeordneter wahrnimmt, wieviel Zeit er seiner parlamentarischen Tätigkeit widmet, an wieviel Tagen er in Bonn anwesend ist, ob und wielange er die Plenarsitzungen besucht, wie intensiv er seine Mitarbeit in den Ausschüssen betreibt, in welcher Weise er den täglichen Posteingang erledigt und wieweit er die Parlamentsdrucksachen studiert, wie häufig er sich in seinem Wahlkreis sehen läßt und wie eng seine Kontakte mit den örtlichen Parteifunktionären und mit den Wählern sind. Über dies alles und noch einiges mehr ist er niemandem Rechenschaft schuldig. In dieser Hinsicht gibt es weder eine rechtliche Kontrolle noch die Möglichkeit, rechtliche Vorwürfe, etwa den rechtlichen Vorwurf der Pflichtverletzung, zu erheben. Alles ist auf das Verantwortungsbewußtsein, auf die Gewissenhaftigkeit des Abgeordneten gestellt. Und wiederum gibt es natürlich eine Ebene tiefer die politischen Implikationen, die jeder Abgeordnete bei seinem Verhalten bedenken wird: Politische Vorwürfe von Fraktionskollegen oder Parteifunktionären, Reaktionen der Wähler, Reaktionen der für die Kandidatenaufstellung zuständigen Parteigremien. Diese Faktizitäten engen drastisch die rechtliche Freiheit des Abgeordneten bei der Ausübung seines Mandats ein.

5. a) Das ist eine Seite des Status des Abgeordneten, eine andere Seite ist sein Anspruch auf angemessene *Entschädigung*. Beides hängt natürlich miteinander zusammen (sowie Ursache und Folge auch einen Zusammenhang darstellen), aber eben nicht so, wie es arbeitsvertragsrechtliche, dienstvertragsrechtliche oder auch beamtenrechtliche Vorstellungen nahelegen könnten. Es besteht hier kein wie immer geartetes Synallagma, das Leistung und Gegenleistung miteinander verbindet. Darin liegt das elementar andere gegenüber einem öffentlich-rechtlichen Dienstverhältnis, in dem der Beamte steht. Das Urteil des Bundesverfassungsgerichts hat das klarzumachen versucht, aber offenbar noch immer nicht klar genug gemacht. Es gibt keine rechtlich vertretbare Argumentation, mit der man die finanzielle Ausstattung des Abgeordneten dem beamtenrechtlichen Gehalt oder der beamtenrechtlichen Versorgung angleichen oder auch nur annähern könnte. Was der Abgeordnete zu erhalten hat, ist und bleibt eine angemessene Entschädigung, nicht mehr und nicht weniger, *nicht im Hinblick auf die Leistung und nicht wegen der Leistung des Abgeordneten ausgesetzt,* also unabhängig von der konkreten Leistung, die er in Wahrnehmung seines Mandats erbringt, prinzipiell beschränkt auf die Dauer der Ausübung des Mandats und so bemessen – das ist die ratio für die Aussetzung der Entschädigung –, daß jedermann, der das passive Wahlrecht besitzt, daraus seinen und seiner Familie angemessenen Unterhalt für die Dauer der Zugehörigkeit zum Parlament bestreiten kann, daß er, wenn er will, frei von Abhängigkeiten in seiner Tätigkeit als Abgeordneter entscheiden kann, daß in der Höhe der Entschädigung sich auch die Bedeutung des öffentlichen Amts, das er innehat, ausdrückt, und dies für alle gleich, ob sie arm oder reich sind, ob sie einen Rückhalt in einer anderweitigen beruflichen Position haben oder nicht, ob sie Hinterbänkler oder Experten der ersten Reihe sind, ob sie nur einfache Parlamentsmitglieder oder vielgeschundene Mitarbeiter in Ausschüssen und Arbeitskreisen, Berichterstatter usw. usf. sind.

Diese Ausstattung des Abgeordneten mit einer Entschädigung, die den heutigen Anschauungen und Notwendigkeiten entspricht, hat das Bundesverfassungsgericht als „Alimentierung" bezeichnet. Wenn man den Kontext berücksichtigt, in dem dieses Wort steht – es wird an dieser Stelle entwickelt, wie sich gegenüber dem klassischen Parlamentarismus des 19. Jahrhunderts durch die gesellschaftspolitische Entwicklung

– allgemeines Wahlrecht für alle vom 18. Lebensjahr an,
– tiefgreifende Veränderungen in den wirtschaftlichen Existenzbedingungen des Menschen,
– neue und gefährliche Abhängigkeiten anderer Art als diejenige vom Staat,
– ungleich stärkere Inanspruchnahme des Abgeordneten infolge sprunghaft gewachsener, komplizierter Aufgaben des modernen Staates und der vielfältigen Ansprüche und Bedürfnisse der einzelnen und der gesellschaftlichen Gruppen

die Verhältnisse grundlegend gewandelt haben und daraus auch eine Veränderung der Funktion und des Verständnisses von einer „angemessenen, die Unabhängigkeit sichernden Entschädigung" folgt – ich sage, wenn man diesen Kontext berücksichtigt, so wird klar, daß die Wahl des Wortes „Alimentation", „alimentieren" nichts anderes als der Versuch war, Worte wie Entgelt, Gegenleistung, Gehalt, Sold, Honorar zu vermeiden, um Assoziationen mit Rechtsinstituten, in deren Nähe der Abgeordnete und Mandatsträger nicht gebracht werden darf, erst gar nicht aufkommen zu lassen. Mir ist heute klar, daß man das Wort „alimentieren" derzeit unter deutschen Juristen nicht mehr in seinem ursprünglichen Wortsinn versteht, also nicht an „Alimente" denkt, sondern mit dem Alimentationsprinzip des Beamtenrechts in Verbindung bringt. Und das genau war nicht gewollt. Vielleicht hätte man für diejenigen, die keine Zeit zum Nachdenken haben, dies alles, wie ich es eben versucht habe, umschreiben sollen. Dann – vielleicht – wäre es gelungen, die eigentümliche Qualität der Abgeordnetenentschädigung begreiflich zu machen und sie – in respektvoller Distanz – in Parallele zu bringen mit dem Ehrensold des Bundespräsidenten oder – aus anderen Gründen in respektvoller Distanz – mit der Aufwandsentschädigung eines Aufsichtsratsvorsitzenden oder mit den Revenuen des Künstlers aus der Hand eines Mäzens.

b) Klar, darüber braucht ein weiteres Wort nicht verloren zu werden, daß solches Einkommen – und zwar von Verfassungs wegen – steuerpflichtig ist wie jedes andere Einkommen. Ein Wort aber scheint mir nötig, inwieweit es daneben noch eine *steuerfreie Aufwandsentschädigung* geben darf.

Das ist nicht nur eine Frage des Größenverhältnisses zwischen steuerpflichtiger Entschädigung und steuerfreier Aufwandsentschädigung. Es ist ja offensichtlich, daß es hieße, die Dinge auf den Kopf stellen, wenn die steuerfreie pauschalierte Aufwandsentschädigung summenmäßig an die steuerpflichtige Entschädigung heranreichen oder gar sie übertreffen würde. Das wäre ein Formenmißbrauch, der in den Bereich der verfassungsrechtlichen Grundentscheidung des Art. 48 GG reicht, wie ihn das Bundesverfassungsgericht ausgelegt hat; und das heißt, der nicht zu bloß einfacher Rechtswidrigkeit, sondern zur Verfassungswidrigkeit der Regelung führen würde. Rechtlich geläufiger ist die unabhängig davon stehende Argumentation aus dem Gleichheitssatz, die m.E. zur Verfassungswidrigkeit der gegenwärtigen Regelung der Aufwandsentschädigung führt. Wir befinden uns an diesem Punkt der Anwendung des Gleichheitssatzes im Bereich des *Steuerrechts*, nicht im Bereich des Parlaments- und Abgeordnetenrechts. Und da gilt strikt in einer Demokratie, die nach der Diktion des Bundesverfassungsgerichts privilegienfeindlich ist, daß kein Steuerbürger im Hinblick auf seinen besonderen Status im Staat gegenüber den übrigen Steuerbürgern benachteiligt oder bevorzugt werden darf. Alle, ausnahmslos alle, sind nach den gleichen allgemeinen Regeln der Steuergesetze zu behandeln.

Es geht also nicht darum, daß das Einkommen der Abgeordneten beschnitten werden soll, weil es unangemessen hoch wäre. Ich bin für eine großzügige, der Bedeutung der Aufgabe des Abgeordneten in einer parlamentarischen Demokratie angemessene Dotierung; wenn das Parlament – ich meine den Bundestag, nicht die Landtage, von denen einige in diesem Punkt eine merkwürdige Perspektive entwickelt haben![1] – eine Entschädigung von 120000 DM netto für amtsangemessen halten sollte, nehme ich daran keinen Anstoß. Und niemand kann m. E. daran von Rechts wegen Anstoß nehmen. Aber das Parlament muß dann auch den Mut haben, dies ungeschminkt den Wahlbürgern zu sagen und dafür die politische Verantwortung zu übernehmen. Es darf dieses Ergebnis nicht frisieren und kaschieren, indem es die steuerfreien geldwerten Vorteile nach Sonderregeln bemißt, die für die übrigen Steuerbürger nicht gelten. Anders ausgedrückt: Was steuerfreie Aufwandsentschädigung ist, bestimmt sich nicht nach einfachem Recht, sondern wird rechtlich begrenzt durch Verfassungsrecht, insbesondere durch den Gleichheitssatz.

Ich will das näher konkretisieren: Steuerfrei sind nach geltendem Einkommensteuerrecht nur Aufwendungen für einen mit der Berufstätigkeit oder mit dem Amt verbundenen *besonderen* Aufwand. Daneben gibt es immer auch einen allgemeinen mit der Berufstätigkeit oder mit dem Amt verbundenen Aufwand, der aus dem steuerpflichtigen Einkommen wie jede Ausgabe zu bestreiten ist und nicht abzugsfähig ist (Beispiel: Besuch von gesellschaftlichen Veranstaltungen, Blumen und Geburtstagsgeschenke, Bewirtung von Gästen, Telefonate aus diesen und ähnlichen Anlässen, anspruchsvollere Bekleidung usw.). Die Unterscheidung gilt auch für Abgeordnete und hat hier möglicherweise eine ganz besondere Bedeutung.

1 Vollständig unerfindlich ist die Selbstverständlichkeit, mit der die Landtage davon ausgehen, die Tätigkeit ihrer Mitglieder sei als "full-time-job" zu qualifizieren. Aus dem Urteil des BVerfG läßt sich das nicht herauslesen. Das Gericht hat insbes. nicht entschieden, daß die Mitglieder des saarländischen Landtags *mit Recht* sich als Inhaber eines full-time-jobs betrachtet haben. Es hat nur festgestellt, *daß* die saarländische Regelung eine komplette Regelung für einen durch sein Mandat zeitlich völlig in Anspruch genommenen Abgeordneten ist, und hat daraus die Konsequenzen gezogen. Schließlich hindert das Urteil nicht, sondern geht mit Selbstverständlichkeit davon aus, daß zwischen der Höhe der Entschädigung und der übrigen Ausstattung des Bundestagsabgeordneten und eines Landtagsabgeordneten (und ebenso von Landtag zu Landtag) ein *deutlicher* Unterschied zu machen ist, je nach dem verschiedenen Umfang der Geschäfte; um das „deutlich" zu quantifizieren: Die steuerpflichtige Entschädigung in den größten Ländern hat m.E. mindestens 2000,– DM unter der eines Bundestagsabgeordneten zu liegen; und entsprechendes gilt für die Summe der steuerfreien Aufwandsentschädigung und der sonstigen steuerfreien geldwerten Vorteile.

Eine *Pauschalierung* hat sich nach Erfahrungssätzen oder Erhebungen an der tatsächlichen Höhe des mit dem Amt verbundenen besonderen Aufwands zu orientieren. Ihr Sinn ist ausschließlich eine Vereinfachung des Verwaltungsverfahrens. Sind die tatsächlichen Ausgaben für den besonderen, mit dem Amt verbundenen Aufwand – der seinerseits nicht unvertretbar großzügig betrieben werden darf! – für die einzelnen Abgeordneten oder für Gruppen von Abgeordneten (z.B. für solche, die mit ungünstigen Reisewegen zwischen Bonn und ihrem Wohnsitz belastet sind) verschieden hoch, dann geht es nicht an, für alle einen beispielsweise aus dem rechnerischen Mittel zwischen dem niedrigsten und dem höchsten nachweisbaren besonderen Aufwand errechneten Pauschalsatz zu fixieren. Denn das ist, bezogen auf den einzelnen Abgeordneten, keine Orientierung mehr an dem *ihm* tatsächlich entstandenen besonderen Aufwand. In einem solchen Fall ist verfassungsrechtlich korrekt nur ein pauschalierter Sockelbetrag, der in etwa dem niedrigsten tatsächlichen besonderen Aufwand entspricht, den die Abgeordneten mit den günstigsten Verhältnissen haben. Den übrigen Abgeordneten wird ein Vorbehalt gerecht, daß jeder, der insgesamt einen höheren gerechtfertigten besonderen Aufwand nachweist, diesen höheren Aufwand von seinem Einkommen steuerrechtlich absetzen kann. So ist das beispielsweise für alle Steuerbürger geregelt, auf die die Lohnsteuertabelle angewandt wird, in die pauschalierte Steuerfreibeträge eingearbeitet sind.

Im übrigen bedarf es des Hinweises, daß nach der geltenden Entschädigungsregelung neben der steuerpflichtigen Entschädigung nicht nur die Pauschale von monatlich 4500 DM steuerfrei ist, daß vielmehr hierzu auch zu rechnen sind die steuerfreien geldwerten Vorteile, die beispielsweise in der freien Benutzung der öffentlichen Verkehrsmittel bei allen Gelegenheiten, nicht nur den durch das Amt veranlaßten, in der freien Benutzung eines Wagenparks des Bundestages, in der freien Benutzung des Telefons von allen Anschlüssen im Bundestagsbereich aus in alle Welt ohne Rücksicht auf den Zweck liegen. Die freie Gestellung von Büro und Personal erscheint nur deshalb so selbstverständlich, weil die Vorstellung vorherrscht, der Abgeordnete sei mit einem Ministerialbeamten zu vergleichen; der freiberuflich Tätige (Arzt, Rechtsanwalt, Notar) hat für sein Büro und Personal selbst zu sorgen. Nimmt man noch hinzu, daß der Abgeordnete, der sich außerhalb Bonns aufhält, eine Menge seiner Angelegenheiten im Wahlkreis über das Büro der örtlichen Parteiorganisation abwickeln kann, so liegt es nahe, in der Steuerverwaltung es mit dem Nachweis eines besonderen Aufwands, der tatsächlich vom Abgeordneten aus seinem Einkommen zu tragen ist, genau zu nehmen.

Ich sage noch einmal: Ärgerlich ist nicht, daß der Abgeordnete aus seiner Tätigkeit ein unangemessen hohes Einkommen zieht – das ist nicht der Fall! –. Ärgerlich ist vielmehr, daß er steuerrechtlich gegenüber den übrigen Steuerbürgern auffällig kraß privilegiert wird und der Bürger den Eindruck erhält, der Abgeordnete hätte etwas zu verschleiern.

II.

Dem Abgeordneten steht es frei, neben der Wahrnehmung seines Mandats einem Beruf nachzugehen. Die Verfassung geht davon mit Selbstverständlichkeit aus, wie man dem Art. 137 GG entnehmen kann. Diese Vorschrift will einen in bestimmten Situationen aus dem Zusammentreffen von Mandat und Beruf resultierenden Konflikt beheben: Durch Gesetz – und nur durch Gesetz – kann in den Grenzen des Art. 137 GG geregelt werden, daß für Angehörige des öffentlichen Dienstes, Angestellte, Beamte, Richter, Soldaten, einschließlich der leitenden Angestellten in privatwirtschaftlichen Unternehmen, die ganz oder überwiegend in öffentlicher Hand sind, die Wählbarkeit beschränkt wird, – in der Regel in der Weise, daß der Betroffene zwischen Annahme und Ausübung des Mandats einerseits und Ausübung seines Berufs andererseits wählen muß. Wie gesagt, das ist die im Gesetz vorgesehene Ausnahme zur Verhinderung von Interessenkonflikten, von Verfilzungen, von gefährlichen, weil die politische Kontrolle außer Wirksamkeit setzenden Durchbrechungen des Gewaltenteilungsprinzips.

1. Von dieser Ausnahme abgesehen darf der Abgeordnete, wenn er will und soweit er dazu Zeit findet, jedem Beruf nachgehen, also seine Arzt- oder Rechtsanwaltspraxis ausüben, als Unternehmer seinen Industriebetrieb führen, sein landwirtschaftliches Gut bewirtschaften, in seinem Angestelltenverhältnis entsprechend der arbeits-, dienst- und tarifvertraglichen Abrede arbeiten, auch im öffentlichen Dienst tätig sein. Insoweit gibt es rechtlich keinerlei Beschränkungen für den gewählten Abgeordneten. Die tatsächlichen Grenzen dieser Möglichkeiten stehen auf einem anderen Blatt: In aller Regel muß er seine wirtschaftlichen Aktivitäten einschränken, nicht ganz selten sogar aus Mangel an Zeit vorübergehend aufgeben. In manchen Fällen lassen sich die Schwierigkeiten überwinden durch Dispositionen, wie die Bestellung eines Vertreters oder durch Abgabe eines Teils der Verantwortung innerhalb des Managements oder im Familienbetrieb durch Heranziehung von Angehörigen usw. Solche Veränderungen können kostenerhöhend sein oder einkommensvermindernde Umstände innerhalb des Berufs bilden. Sie spielen sich in der Sphäre des Berufstätigen ab und sind in ihren Folgen von ihm allein zu tragen. Sie haben insbesondere keinen Einfluß auf die Höhe der angemessenen Abgeordnetenschädigung und können auch nicht als ein besonderer, mit dem Amt verbundener Aufwand qualifiziert und zu einem Teil der steuerfreien Aufwandsentschädigung gemacht werden.

2. Die aus dem neben der Abgeordnetentätigkeit noch ausgeübten Beruf gezogenen Einnahmen stehen dem Abgeordneten – von einer Ausnahme abgesehen – selbstverständlich ungekürzt neben seiner Abgeordnetenentschädigung zu. Sie bilden zusammen mit der steuerpflichtigen Abgeordnetenentschädigung das Einkommen, aus dem nach allgemeinen steuerrechtlichen Vorschriften die Einkommensteuer zu berechnen und zu bezahlen ist.

Die Ausnahme, die ich eben vorbehalten habe, ist der Fall, daß der Abgeordnete außerdem noch in einem öffentlich-rechtlichen Dienst- oder Amtsverhältnis steht, innerhalb dessen er neben der Wahrnehmung seiner Abgeordnetenverantwortung tätig ist. Er hat in diesem Fall Anspruch auf die aus dem öffentlich-rechtlichen Dienst-

oder Amtsverhältnis fließenden Dienstbezüge. Sie sind jedoch nach denselben Grundsätzen zu kürzen, die im Beamtenbesoldungs- und Versorgungsrecht für den Fall des Zusammentreffens zweier öffentlich-rechtlicher Dienstbezüge gelten. Das verlangt der Gleichheitssatz.

3. Die Beamten haben außerdem durch die mehrfach erwähnte Entscheidung des Bundesverfassungsgerichts das Privileg verloren, während der Dauer ihrer Mitgliedschaft im Parlament Gehalts- oder Versorgungsbezüge aus ihrem Beamtenverhältnis zu beziehen, obwohl sie durch ein Gesetz oder tatsächlich gehindert sind, den geschuldeten Dienst zu leisten. Was dazu in jener Entscheidung gesagt ist, will ich hier nicht wiederholen.

Die Anmerkung genügt, daß die Argumentation des Gerichts auch der in den Augen der Bürger wenig erfreulichen Praxis im Wege steht, Beamte, die über mehrere Legislaturperioden hinweg Mitglied des Parlaments sind, in den Wochen zwischen den Legislaturperioden zu befördern.

Sollte in Zukunft irgendwo generell der Teilzeitbeamte eingeführt werden und der Abgeordnete imstande sein, diese Teilzeitverpflichtung unverkürzt wie die übrigen Teilzeitbeamten, also ohne jede Einschränkung und ohne Sondervergünstigung zu erfüllen, dann hat er natürlich auch Anspruch auf das mit dieser Beamtentätigkeit verbundene Gehalt, das freilich, wie schon gesagt, im Hinblick auf die Einkünfte aus dem Mandatsverhältnis nach den allgemeinen Grundsätzen des Beamtenrechts über das Zusammentreffen zweier Bezüge aus öffentlichen Kassen zu kürzen wäre.

4. Schwierigkeiten haben dem Gesetzgeber bisher offenbar die Fälle bereitet, in denen im Arbeits- oder Angestelltenverhältnis Beschäftigte zu Abgeordneten gewählt worden sind und sich infolge der Wahrnehmung ihres Mandats gehindert sehen, ihrer Berufstätigkeit wie vorher nachzugehen. Mangels ausdrücklicher gesetzlicher Regelung gibt es Zweifel und Meinungsverschiedenheiten, ob und wie sich die Abgeordnetentätigkeit in solchen Fällen auf vertragliche Lohnansprüche auswirkt.

Klar ist, im Hinblick auf die Übernahme und Ausübung des Amts des Abgeordneten ist die Kündigung oder Entlassung aus dem Arbeits- oder Angestelltenverhältnis unzulässig (Art. 48 Abs. 2 GG).

Als unstreitig können wir die Fälle beiseite lassen, in denen sich Arbeitgeber und Arbeitnehmer nach Übernahme des Mandats einigen, daß für die Dauer der Mitgliedschaft im Parlament das Gehalt aus dem Arbeitsvertrag nicht zu zahlen ist oder entsprechend einer reduzierten Arbeitsleistung des Angestellten gemindert wird. Einigermaßen klar scheint mir auch zu sein, daß unser Problem nicht generell in einem Tarifvertrag geregelt werden kann, weil es sich nicht um eine Frage des Arbeitsrechts, nicht um eine Frage der Arbeitsbedingungen handelt, sondern um einen Umstand, der im Statusrecht des Abgeordneten begündet ist und sich in der Person des Arbeitnehmers, besser: auf die Position des Arbeitnehmers, der mit dem Abgeordneten identisch ist, auswirkt nach der allgemeinen Regel für gegenseitige Verträge: Kann der eine Teil seine Leistung nicht erbringen, ohne daß dies von einem der beiden Teile zu vertreten ist, so wird der andere Teil von seiner Gegenleistung frei. Die Übernahme des Mandats legitimiert die damit notwendig werdende Einstellung der nach dem Vertrag geschuldeten Arbeitsleistung. Es handelt sich um einen vom Schuldner nicht zu vertretenden Umstand. Der Arbeitgeber wird also von seiner Lohnzahlungspflicht frei. Er kann andererseits aus dem angegebenen Grund auch keinen Schadensersatzanspruch gegen den Arbeitnehmer geltend machen (beispielsweise wegen Einstellung einer teureren Ersatzkraft oder wegen eines Verlustes, der auf die Arbeitseinstellung des Arbeitnehmers zurückzuführen ist).

Ein besonderes Kapitel bilden die leitenden Angestellten, die infolge der Übernahme eines Abgeordnetenmandats nicht mehr oder nur noch symbolisch imstande sind, ihre Funktionen im Management des Unternehmens oder im Vorstand einer Gesellschaft wahrzunehmen, aber ihre Bezüge weitererhalten, weil man davon ausgeht, daß sie die Interessen ihres Unternehmens oder ihrer Organisation im Parlament vertreten werden. Dies ist nach der Entscheidung des Bundesverfassungsgerichts eine verfassungswidrige Praxis. Um der Unabhängigkeit des Abgeordneten willen und um der in puncto Entschädigung gebotenen Gleichstellung aller Abgeordneten willen sind gesetzliche Vorkehrungen nötig, die die genannten Zahlungen unterbinden. Vertragsfreiheit ist nicht grenzenlos. Es gibt zwingende gesetzliche Regelungen – ius cogens im Gegensatz zu ius dispositivum –, die sie einschränken. In diesen Kreis der Vorschriften gehört die vom Bundesverfassungsgericht geforderte Regelung, sei es das einfache Verbot der Zahlung von Vergütungen der genannten Art, sei es eine zusätzliche, im Falle der Zuwiderhandlung gegen den Zahlenden und den Zahlungsempfänger gerichtete Sanktion in der Form des Tatbestandes einer Ordnungswidrigkeit mit einer Bußgeldandrohung, wie sie beispielsweise für Kartellrechtsverstöße vorgesehen ist.

III.

Am Ende dieses Überblicks läßt sich also allgemein sagen:

1. Alle Berufe, die in einer Person mit der Abgeordnetentätigkeit zusammentreffen, werden im Zweifel in der einen oder anderen Weise Not leiden. Das gilt für die Selbständigen aller Art ebenso wie für die Arbeitnehmer, Angestellten und Beamten. Die damit verbundenen Einbußen hat der Betroffene selbst zu tragen. Er kann sie nicht „absetzen", weder in der Form von Ausgleichsleistungen aus der Parlamentskasse, wie nach dem alten Abgeordnetenrecht, noch in der Form der Geltendmachung von Sonderausgaben nach dem Einkommenssteuerrecht. Es ist sein Risiko, – sein Risiko auch, soweit es um die Einschätzung der Chancen geht, nach Beendigung der Abgeordnetentätigkeit im Beruf wieder Fuß zu fassen oder dort weiterzumachen, wo er bei der Übernahme des Mandats aufgehört hat.
2. Wichtig ist, daß nach der geschilderten Rechtslage in keinem Fall die rechtliche Grundlage des Berufs durch die Übernahme und Ausübung des Abgeordnetenmandats zerstört wird, daß darauf fußend also alle berufsadäquaten Anwartschaften auf Altersversorgung aufrechterhalten werden und unter Umständen dynamisiert werden können. Das gilt auch für eine berufsübliche, private Alters- und Lebensversicherung. Darauf muß deshalb mit besonderer Entschiedenheit hingewiesen werden, weil es ein Abusus ist, mit der Abgeordnetentätigkeit eine staatliche Alterssicherung in Gestalt einer Abgeordnetenpension zu verbinden.

Das Bundesverfassungsgericht hatte bisher noch keine Gelegenheit, sich mit dieser Frage zu beschäftigen.
Aber ich habe keinen Zweifel, daß mit der Konzeption des Gerichts von einer amtsangemessenen Entschädigung des Abgeordneten es unvereinbar ist, eine Pension für Abgeordnete gesetzlich einzuführen. Art. 48 GG deckt noch eine Regelung, die für eine kurze Übergangszeit – sagen wir für drei Monate – nach dem Ende der Mitgliedschaft im Parlament die Fortzahlung der Diäten vorsieht, weil die Umstellung von der parlamentarischen Tätigkeit in eine neue berufliche Tätigkeit ihre Zeit braucht und Aufwendungen mit sich bringt. Insoweit hat der Abgeordnetenstatus noch eine gewisse Nachwirkung. Er befindet sich, wenn ich eine gesellschaftsrechtliche Formel gebrauchen darf, gleichsam im Stadium der Liquidation, mehr aber nicht. Eine Abgeordnetenpension, offenbar nach dem Muster der Pension für Zeitbeamte, läßt sich rechtlich nicht begründen, weil, wie dargelegt, der Abgeordnete mit dem Beamten nicht das geringste gemeinsam hat und weil die Entschädigung nach Art. 48 GG – ohne Rücksicht auf einen erlernten und bisher ausgeübten Beruf – nur die wirtschaftliche Unabhängigkeit des Abgeordneten während seiner Mitgliedschaft im Parlament sichern soll. Es ist seine Sache, wenn er seine Existenz allein auf den Beruf des Abgeordneten „aufbaut", Vorsorge für den Fall der Arbeitsunfähigkeit und des Alters zu treffen, so wie es in anderen freien Berufen üblich ist. Die Versicherungsbeiträge für diesen Zweck sind steuerrechtlich abzugsfähige Sonderausgaben. Sollte das Parlament der Meinung sein, dem Abgeordneten könne nicht zugemutet werden, die Aufwendungen zur Vorsorge für den Fall der Invalidität und des Alters aus der Entschädigung in ihrer gegenwärtigen Höhe zu bestreiten, so muß eben die steuerpflichtige Entschädigung mit dieser Begründung offen entsprechend erhöht werden. Nur bei einer solchen Konzeption wird der Abgeordnete gleich behandelt wie jeder Bürger, der sich einem freien Beruf samt seinem Risiko zuwendet, und zugleich Rechnung getragen dem demokratischen Gebot der Transparenz der Verhältnisse, die nach der Auffassung des Gerichts die Grundlage für das Vertrauen des Bürgers zu den Regierenden bildet.

„Alternative" Politik in den Landesparlamenten? Ideologiekritische Inhaltsanalyse von 300 Redebeiträgen „grüner" Parlamentarier

Rudolf Scharping und *Joachim Hofmann-Göttig*

Ob mit dem „Einzug von vier Abgeordneten der Wählervereinigung Bremer Grüne Liste in das Landesparlament der Freien Hansestadt Bremen durch die Wahl vom 07. Oktober 1979 . . . ein neues Kapitel deutscher Parlamentarismusgeschichte aufgeschlagen wurde", – inzwischen fortgeschrieben durch die Wahlen vom 18. März 1980 in Baden-Württemberg und vom 10. Mai 1981 in Berlin sowie vom 21. März 1982 in Niedersachsen und vom 6. Juni 1982 in Hamburg – und ob „das erstarrte parteipolitische System"[1] damit in Bewegung geraten ist, wird sich noch zeigen müssen. Weniger umstritten scheint uns eine andere Feststellung: „Neue ‚Sozialmilieus' gruppieren sich um Issues neuer politischer Brisanz, stellen sich – außerhalb der etablierten Parteiensysteme – der politischen Auseinandersetzung, versetzen die traditionellen Strukturen politischer Willensbildung in einige Unruhe."[2]

Ob daraus eine – in verschiedenen Zusammenhängen diskutierte – vierte Partei mit dauerhafter parlamentarischer Verankerung wird, entscheidet sich nicht zuletzt vor dem Hintergrund der parlamentarischen Praxis der Vertreter der Grünen, die Gegenstand dieses Beitrages ist.

Das Material für die hier vorgelegte Analyse ergibt sich aus den Niederschriften der Landesparlamente in Baden-Württemberg, Berlin und Bremen vom Sommer 1980 bis zum Sommer 1981[3]. Inhaltlich zu analysieren sind die 300 Redebeiträge „grüner" Parlamentarier in einem Umfang von 970 Seiten. Diese Redebeiträge wurden quantitativ und qualitativ untersucht[4].

Die dafür entwickelten Prüfungshypothesen gingen aus von Diskussionen über das von den Grünen auf deren Bundesparteitag im März 1980 in Saarbrücken beschlossene Grundsatzprogramm.

Diese Begrenzung des Untersuchungsgegenstandes bietet den Vorteil der Überprüfung von Hypothesen zur politisch-parlamentarischen Praxis der Grünen. Damit ist notwendigerweise eine Verkürzung verbunden. Denn im wesentlichen verstehen sich die Grünen als eine aus der Bürgerinitiativ-Bewegung gewachsene Partei, nicht als nurparlamentarisch. Die vielfältig ausdifferenzierte Parlamentarismuskritik der Grünen mündet in die Feststellung:

1 *Axel Adamietz*, Grüne im Parlament – ein Erfahrungsbericht aus der Bremischen Bürgerschaft. In: Kritische Justiz 1981, S. 384.

2 *Hermann Schmitt, Oskar Niedermayer* und *Kurt Menke*, Etablierte und Grüne, in: ZParl, H. 4/81, S. 516 ff.

3 44 Plenarprotokolle der Landesparlamente von Baden-Württemberg, Berlin und Bremen, s. Zusammenstellung im Anhang 1 zu diesem Aufsatz; nach dieser Zusammenstellung wird zitiert (laufende Nr. des Protokolls/Seitenangabe).

4 Vgl. zur hier eingesetzten Methode und Technik der quantitativen Inhaltsanalyse: *Joachim Hofmann-Göttig*, Politik und Schülerpresse, München 1981, S. 274 ff. und S. 139 ff.

„Hier (im Parlament, die Verfasser) fallen nicht wirklich die Entscheidungen, schon gar nicht aufgrund der Debatten. Es handelt sich allenfalls, aber andererseits auch immerhin, um eine Bühne, um einen Teil des Meinungsbildungsprozesses, um eine Art permanenten Wahlkampf. Das parlamentarische Ritual verhilft, einem politischen Streit nach außen hin ein Ende zu setzen, nach dem allenfalls individuell – auf dem Rechtsweg – weitergestritten werden kann. Vor allem dient es – bekanntlich nicht ohne Erfolg – der Erzeugung von Legitimitätsvorstellungen, die an den vorgegebenen Austausch von Argumenten und die Einräumung von Rechtspositionen anknüpfen."[5]

Selbst wenn in dieser Untersuchung gesellschaftliche, außer-parlamentarische, „basisorientierte" Aktivitäten der Grünen nicht berücksichtigt sind, bleibt von Interesse, ob und wie die „Bühne" zur „Darstellung" ihrer sozialen Interessen, ihrer Konflikte miteinander und ihrer politischen Zielvorstellungen genutzt wird.

Hypothesen zur Auseinandersetzung mit der Politik „grüner" Parteien

Die 300 Redebeiträge wurden anhand folgender Hypothesen analysiert:

(1) Im Unterschied zu den im Deutschen Bundestag vertretenen Parteien seien die Grünen eine „Ein-Punkt-Partei". Sie beschränkten ihre Tätigkeit weitgehend auf das Ökologiefeld.

(2) Die Grünen setzten den Akzent ihrer Politik auf Protest, auf Kritik an traditionellen Wertvorstellungen sowie bestehenden wirtschaftlichen, sozialen und politischen Verhältnissen. Diese Schwerpunkte würden so betont, daß die Formulierung positiver eigener Zielvorstellungen zu kurz komme und zu einer Vernachlässigung der Frage einer konkreten Umsetzung von Zielvorstellungen in politische Handlungsmöglichkeiten führe. Dies gelte insbesondere für die Frage der Durchsetzbarkeit und Finanzierbarkeit von politischen Zielen.

(3) Den Grünen fehle es – nicht zuletzt wegen der sozialen Herkunft ihrer Mitglieder und Parlamentarier – an Verständnis für die „soziale Frage", für die Probleme der Arbeitnehmer. Daraus folge ein Mangel an Verständnis für die Funktion der Gewerkschaften. Sie unterschieden deshalb auch nicht zwischen Handlungsfeldern und Möglichkeiten staatlicher Politik und denen der Tarifvertragsparteien. Diese mangelnde Abgrenzung fördere letztlich die Aushöhlung der Tarifautonomie.

(4) Wirtschaftspolitisch hingen die Grünen vorindustriellen Produktionsformen nach, präferierten folglich Kleinbetriebe und stellten sich auch der Frage der Umstrukturierung von Großindustrien nicht.

(5) Die Grünen befürworteten eine Politik der Dezentralisierung von Entscheidungskompetenzen und übersähen dabei, daß viele gesellschaftlichen Fragen, insbesondere ökologische Probleme, durch dezentrale Entscheidungskompetenzen unlösbar würden. Dieser Haltung liege eine Überbetonung von Basisdemokratie und plebiszitärer Elemente zugrunde, die die gesamtgesellschaftliche Steuerungsfunktion und die Kontrollfunktion der Parlamente gegenüber der Regierung verkenne.

5 *Axel Adamietz*, a.a.O., S. 399.

(6) Die Grünen verträten in der Sicherheitspolitik Auffassungen, die lediglich pazifistischer Impetus ohne Perspektive für die politische, zwischenstaatliche Durchsetzung seien.

(7) Bildungspolitisch hingen die Grünen – ähnlich wie in Fragen der Wirtschaftspolitik (Kleinbetriebe) oder in der Frage der Dezentralisierung von Entscheidungskompetenzen – einer idyllischen „kleinen Form" nach, ohne deren soziale Wirkungen (beispielsweise bei der Verteilung von Bildungschancen) zu beachten. Sie begäben sich damit in eine gefährliche Nähe zu romantischen Vorstellungen und trügen im übrigen zur Verhinderung des Anspruches auf gleiche Bildungschancen unabhängig vom sozialen Status bei.

1. Prüfungshypothese: Die Beschränkung der Grünen als „Ein-Punkt-Partei"

„Im Unterschied zu den im Deutschen Bundestag vertretenen Parteien seien die Grünen eine ‚Ein-Punkt-Partei'. Sie beschränkten ihre Tätigkeit weitgehend auf das Ökologiefeld."
Zur Prüfung der 1. Hypothese wurden die 300 analysierten Redebeiträge der „grünen" Parlamentarier danach betrachtet, zu welchen Politikbereichen (inhaltsanalytische Dimension; Ergebnisse in der Tabelle 1) und darüber hinaus zu welchen Themen (inhaltsanalytische Kategorien; Ergebnisse in Tabelle 2) sie sich zuordnen lassen. Jeder Beitrag wurde nur einmal klassifiziert und zwar anhand des Tagesordnungspunktes, in dessen Rahmen der jeweilige Parlamentarier das Wort ergriff. Diese Methode hat den Vorteil, subjektive Wertungen durch die Verfasser weitgehend auszuschließen. Sie beinhaltet aber auch den Nachteil, daß insbesondere die über den Tagesordnungspunkt hinausgehenden thematischen Beiträge keinen Niederschlag in der Zuordnung und Klassifizierung finden. D. h. praktisch, die insbesondere im Rahmen der parlamentarischen Haushaltsberatung geführten Debatten wurden dem Politikbereich „Finanzpolitik" zugeordnet, selbst wenn sich die Rede schwerpunktmäßig eher mit einem anderen Themenbereich (bspw. der Energiepolitik) beschäftigte. Die Klassifizierung erfolgte im übrigen pro Beitrag, unabhängig von dessen Länge. Ferner wurde darauf verzichtet zu prüfen, zu welchen Themen im Rahmen der analysierten Landtagssitzungen sich „grüne" Parlamentarier nicht geäußert haben. Um der unterschiedlichen parlamentarischen Praxis der Grünen in den Landesparlamenten Rechnung zu tragen, wurde die Zuordnung der Redebeiträge zu den verschiedenen „Politikbereichen" (siehe Tabelle 2) für die einzelnen Landesparlamente getrennt ausgewiesen. Diese methodischen Einschränkungen sind bei der Interpretation der Tabellen zu berücksichtigen.

Die nachstehenden Tabellen (Tab. 1 und 2) machen deutlich, daß entgegen der Prüfungshypothese eine Konzentration auf den Politikbereich „Ökologie und Umwelt" nicht festgestellt werden kann. Die Tabellen machen auch deutlich, daß die Schwerpunkte der Debattenbeiträge in den drei untersuchten Landesparlamenten unterschiedlich sind, was sich u. a. aus der Tatsache erklärt, daß in den Untersuchungszeitraum jeweils verschiedene Phasen parlamentarischer Aktivitäten fallen: Während die Grünen in Baden-Württemberg die Probleme der Konstituierung innerhalb des Landtages unter anderen, nach eigener Einschätzung liberalen Bedingungen[6] erlebten, standen in den Landesparlamenten von Bremen und Berlin die hier mit „Internes" bezeichneten Fragen – Personalwahlen, Personaldebatten, Tagesordnungs- und Ge-

6 So *Hasenclever*, in: „Konkret", H. 3/82.

Tabelle 1: Politikbereiche von Plenumsbeiträgen „grüner" Parlamentarier

Politikbereich	Baden-Württ.		Berlin		Bremen		Insgesamt	
	abs.	in %	abs.	in %	abs.	in %	abs.	in %
A) Ökologie und Umwelt	28	19,3	24	42,9	13	13,1	65	21,7
B) Bildungspolitik	17	11,7	0	0,0	6	6,1	23	7,7
C) Innenpolitik	4	2,8	1	1,8	8	8,1	13	4,3
D) Wirtschaftspolitik	6	4,1	0	0,0	7	7,1	13	4,3
E) Arbeits- und Sozialpol.	7	4,8	2	3,6	5	5,0	14	4,7
F) Finanzpolitik	48	33,1	0	0,0	10	10,1	58	19,3
G) Rechtspolitik	2	1,4	4	7,1	1	1,0	7	2,3
H) Medienpolitik	3	2,1	0	0,0	0	0,0	3	1,0
I) Jugend- und Familienpolitik	8	5,5	0	0,0	8	8,1	16	5,3
J) Kommunalpolitik	6	4,1	1	1,8	0	0,0	7	2,3
K) Außen-, Verteidigungs-, Berlin-, Deutschlandpol.	2	1,4	3	5,4	1	1,0	6	2,0
L) Grundsatzaussprache	1	0,7	6	10,7	0	0,0	7	2,3
M) Internes	13	9,0	15	26,8	39	39,4	67	22,3
N) Sonstiges	0	0,0	0	0,0	1	1,0	1	0,3
Insgesamt	145	100,0	56	100,1	99	100,0	300	99,8

Tabelle 2: Politische Themen von Plenumsbeiträgen „grüner" Parlamentarier

A) Ökologie und Umwelt (Insgesamt 65 = 21,7 %)
1. Allgemeine Energiepolitik (3)
2. Kernenergie (4)
3. Tarife für Energieversorgung (4)
4. Allgemeine Verkehrspolitik (1)
5. Straßenbau (4)
6. Bundesbahn (1)
7. Öffentlicher Personennahverkehr (1)
8. Tarife für Verkehrsnutzung (1)
9. Städtebau- und Wohnungspolitik, Hausbesetzung (21)
10. Allgemeine Landwirtschaftspolitik, Tierhaltung, Bodenpolitik (3)
11. Abwasserabgabe, Wasserreinhaltung, Trinkwasserversorgung (11)
12. Erhaltung der Wälder (1)
13. Lebensmittelkontrolle (2)
14. Luftreinhaltung (1)
15. Sonstige Umweltmaßnahmen (7)

B) Bildungspolitik (insgesamt 23 = 7.7 %)
1. Hochschulpolitik (6)
2. Kulturpolitik (2)
3. Personal. Ausbildung (2)
4. Ausländerkinder (2)
5. Bildungsurlaub (1)
6. Unterrichtsinhalte (5)
7. Meinungsfreiheit in der Schule (1)

Fortsetzung Tabelle 2

8. Studentenwohnraumversorgung (2)
9. Oberstufenreform (1)
10. Prüfungen (1)

C) Innenpolitik (insgesamt 13 = 4,3 %)
1. Neonazismus (2)
2. Ausländerpolitik (2)
3. Datenschutz (1)
4. Polizei (3)
5. Zivilschutz (2)
6. Verfassungsschutz (3)

D) Wirtschaftspolitik (insgesamt 13 = 4,3 %)
1. Allgemeine Strukturpolitik (4)
2. Industrieansiedlungspolitik (3)
3. Schlachthofstrukturprogramm (1)
4. Wirtschaftsförderung (5)

E) Arbeits- und Sozialpolitik (insgesamt 14 = 4,7 %)
1. Arbeitslosigkeit (8)
2. Zigeuner (1)
3. Psychiatrische Versorgung (1)
4. Situation der Älteren (1)
5. Behinderte (1)
6. Gesundheitspolitik (1)
7. Schichtarbeit (1)

F) Finanzpolitik (insgesamt 58 = 19,3 %)
1. Haushaltsberatung (50)
2. Finanzbeziehungen Bund/Länder (2)
3. Staatsleistungen an Kirchen (1)
4. Mittelfristige Finanzplanung (3)
5. Nettokreditaufnahme (1)
6. Sparen im öffentlichen Dienst (1)

G) Rechtspolitik (insgesamt 7 = 2,3 %)
1. Juristenausbildung (1)
2. Strafvollzug (1)
3. Strafaussetzung (4)
4. Schöffen bei Gericht (1)

H) Medienpolitik (insgesamt 3 = 1,0 %)
1. Allgemein (2)
2. Neue Medien (1)

I) Jugend- und Familienpolitik (insgesamt 16 = 5,3 %)
1. Förderung von Berufstätigkeit von Frauen mit Kindern (1)
2. Jugendunruhen (2)
3. Zukunftschancen der jungen Generation (1)
4. Jugendwohlfahrt, Jugendpolitik (5)
5. Gleichberechtigung der Frau (7)

Fortsetzung Tabelle 2

J) Kommunalpolitik (insgesamt 7 = 2,3 %)
1. Gemeindeordnung, Bürgerbeteiligung (6)
2. Kommunale Selbstverwaltung (1)

K) Außen-, Verteidigungs-, Berlin- und Deutschlandpolitik (insgesamt 6 = 2 %)
1. Allgemein (1)
2. Übernahme von Bundesrecht in Berlin (3)
3. Rekrutenvereidigung (2)

L) Grundsatzaussprache über Regierungserklärung (insgesamt 7 = 2,3 %)

M) Internes (insgesamt 67 = 22,3 %)
1. Personalwahlen, Personaldebatten (15)
2. Tagesordnung, Geschäftsordnung (36)
3. Ausschußüberweisung (1)
4. Diätenfragen (11)
5. Inkompatibilität (2)
6. Delegationsreisen (2)

N) Sonstiges (insgesamt 1 = 0,3 %)

---

schäftsordnungsdebatten, Diätenfragen usw. – im Vordergrund (vgl. auch die Ausführungen zur 5. Prüfungshypothese).
Auch die an zweiter Stelle plazierten zahlreichen Beiträge zum Bereich „Ökologie und Umwelt" haben eine in sich breite thematische Streuung (vgl. Tab. 2). Diesem Themenbereich wurde auch die Problematik des Wohnungs- und Städtebaus zugeordnet, die insbesondere in den Debattenbeiträgen im Abgeordnetenhaus von Berlin im Vordergrund standen. Daraus erklärt sich der dort festgestellte Schwerpunkt (vgl. Tab. 1).
An dritter Stelle rangieren die Beiträge zum Politikbereich „Haushalts- und Finanzpolitik". Dies erklärt sich aus der Tatsache, daß im Untersuchungszeitraum Haushaltsberatungen in den Landesparlamenten von Baden-Württemberg und Bremen stattfanden. Im übrigen wird auf die methodischen Vorbemerkungen verwiesen.
Auch zu den Politikbereichen „Bildungspolitik", „Jugend- und Familienpolitik", „Arbeits- und Sozialpolitik", „Innenpolitik" und „Wirtschaftspolitik" finden sich zahlreiche Debattenbeiträge. Insgesamt konnten die 300 Beiträge auf 14 Politikbereiche mit 72 Themen zugeordnet werden, von denen etwa jeder 5. dem Bereich „Ökologie und Umwelt" zuzuordnen war. Diese Feststellung ließe sich noch zusätzlich untermauern, wenn man die eingebrachten mündlichen oder schriftlichen Anfragen, Anträge und andere parlamentarische Aktivitäten in solchen Politikbereichen aufschlüsseln würde.

Fazit:

Die Initiativen der drei hier betrachteten parlamentarischen Vertretungen der Grünen in den Landesparlamenten lassen eine breite thematische Streuung feststellen. In den Redebeiträgen kehren allerdings – unabhängig vom jeweiligen Politikbereich – bestimmte Topoi (Umwelt, Verhältnis von Ökonomie und Ökologie, Dezentralisierung, Basisorientierung) wieder.
Die Prüfungshypothese, daß die parlamentarische Praxis der Grünen sie als „Ein-Punkt-Partei" ausweise, läßt sich nicht aufrechterhalten. Das von den Grünen abgedeckte thematische Spektrum ist deutlich breiter.

2. Hypothese: Die Unfähigkeit der Grünen zu positiver politischer Gestaltung

„Die Grünen setzten den Akzent ihrer Politik auf Protest, auf Kritik an Wertvorstellungen und bestehenden wirtschaftlichen, sozialen und politischen Verhältnissen. Diese Schwerpunkte würden so betont, daß die Formulierung positiver eigener Zielvorstellungen zu kurz komme und zu einer Vernachlässigung der Frage einer konkreten Umsetzung von Zielvorstellungen in politische Handlungsmöglichkeiten führe. Dies gelte insbesondere für die Frage der Durchsetzbarkeit und Finanzierbarkeit von politischen Zielen."

Aus den Redebeiträgen „grüner" Parlamentarier geht – auch mit Anfangsschwierigkeiten begründet – hervor, daß man keine geschlossenen Handlungskonzepte für die verschiedenen Politikfelder anbieten könne. „Sie können gerechterweise von uns nicht verlangen, daß wir in den ersten Wochen unserer parlamentarischen Tätigkeit sozusagen eine Gesamtlösung präsentieren ..."[7] Als eine aus dem Protest gegenüber der „Politik der etablierten Altparteien" entstandene Bewegung artikulieren die Grünen nach eigenem Verständnis zuerst „Kritik àn bestehenden Verhältnissen". Für sie liegt ein Schwerpunkt ihrer Arbeit im Aufzeigen einer als gefährlich beurteilten Entwicklung und deren Verhinderung. „Ich habe hier jetzt keine Patentlösung anzubieten, sondern wir wollen verhindern, daß Sie gewissenlose, unmoralische Entscheidungen treffen."[8] Daß wirtschaftliches „Wachstum", „der Raubbau an der Natur" dabei im Mittelpunkt der Kritik steht, muß hier nicht besonders betont werden. Folgerichtig konzentrieren sich die Parlamentsfraktionen der Grünen zuerst darauf, eine „Unterlassungsprogrammatik" zu formulieren und damit „eine neue Form der Profilierung" zu finden, die „darin besteht, daß Parteien sich der Eigendynamik des Industrialismus widersetzen"[9]. Dieser auf Wachstum und Industrialismus konzentrierten Kritik gerät aus dem Blick, daß soziale und politische Kriterien zuerst Ausdruck von sozialen und wirtschaftlichen Interessen und ihrer Konflikte miteinander sind. Wo die Produktionsform derart im Vordergrund der Kritik steht, gerät die Frage nach den Produktionsverhältnissen in einen kaum noch beachteten Hintergrund.

7 So *Hasenclever*, 5/212.
8 So *Heimann*, 5/225.
9 32/134.

Aus der Analyse der Redebeiträge „grüner" Parlamentarier in den drei Landtagen jedenfalls läßt sich jetzt bestätigen, was *Wolfram Elsner*[10] zu den „Alternativen der Alternativ-Bewegung" angemerkt hat: „Ist erst einmal ‚das Wachstum' im Mittelpunkt der Kritik, kann der Profit gleich verschwinden: . . . Nicht wundern muß daher die auffallende Tatsache, daß einigen Theoretikern der alternativen Ökonomie die großen Verfüger über Profite, Investitionen, Arbeitsplätze (und Lebenschancen), ihre Verhaltensmotive und deren Kontrollmöglichkeiten ganz und gar uninteressant geworden sind. Ist denn nichts mehr zu holen für alternative Ökonomie?" Den von *Elsner* kritisierten Theoretikern folgen – legt man deren Redebeiträge in den Parlamenten zugrunde – die Praktiker offensichtlich.

Daneben macht eine Analyse der Redebeiträge auch deutlich, daß die Grünen sich bei ihren Vorschlägen über die Durchsetzbarkeit und die Finanzierbarkeit ihrer Zielvorstellungen auf plakative, die Frage des damit erzielbaren Finanzvolumens aber außer acht lassende Vorschläge beschränken. Außerdem werden soziale und gesellschaftliche Folgewirkungen ihrer Finanzierungsvorschläge auf andere Politikbereiche mindestens nicht benannt. Neben Streichungsvorschlägen für die Besoldung von Spitzenpositionen im öffentlichen Dienst oder bei den Diäten der Abgeordneten werden auch Finanzierungsmittel für Einrichtungen der öffentlichen Infrastruktur als offenbar beliebig angreifbarer Reservefonds zur Finanzierung anderer Vorstellungen betrachtet.

Eine Diskussion beispielsweise über die Frage, ob Straßenbaumittel zur Entlastung von Ortskernen und zur Verbesserung der Qualität des Wohnens in Ortskernen nicht auf Umgehungsstraßen konzentriert werden sollen, findet nicht statt. Stattdessen wird eine globale Reduzierung solcher Mittel vorgeschlagen.

An anderer Stelle wird die Forderung nach „Einstellung aller Lehrer" mit dem Vorschlag verbunden, alle Sammelunterkünfte für Asylanten aufzulösen: „Allein mit den Ausgaben, die Sie für die Bereitstellung von Sammelunterkünften vorsehen, könnten Sie die entlassenen Lehrer ein Jahr lang weiterbeschäftigen." Das sei auch verantwortbar, denn „ausländische Mitbürger können nämlich für sich selber sorgen"[11].

Auf einer ähnlichen Linie lagen auch die Vorschläge, die die Bremer Grüne Liste bei den Haushaltsberatungen der Bremer Bürgerschaft im Jahre 1980 (außerhalb des von uns untersuchten Zeitraums) gemacht hat. Danach sollten Bildungsinvestitionen um 55 Mio DM gekürzt werden mit der Begründung:

„Jetzt höre ich aber schon die einäugigen Bildungspolitiker aller Richtungen laut bellen und aufheulen mit dem Vorwurf, wir hätten etwas gegen Bildung, insbesondere gegen Bildungschancen für Unterprivilegierte. Was die Chancen anbelangt, so haben wir den Eindruck, daß die Chancengleichheit insofern tatsächlich bereits hergestellt ist, als niemand mehr eine ernsthafte Chance hat, diesem Wahnsinn zu entkommen (Heiterkeit und Beifall bei der CDU)."[12]

Ähnliche Vorschläge wurden für den Universitätsbereich gemacht, mit dem Hinweis, daß dort ohnehin nur „Wachstums- und Technokratiebesessene" ausgebildet würden.

10 *Wolfram Elsner,* WSI-Mitteilungen, I/1982, S. 49 ff.
11 5/226.
12 *Olaf Dinné* am 20.02.1980 in der Bremer Bürgerschaft, 29/2239 ff.

Außer Betracht blieb bei den Kürzungsvorschlägen im sozialpolitischen Bereich auch die Frage der daraus entstehenden Wirkungen. Vielmehr wurde auch dort eine den Argumentationslinien der CDU in den Landesparlamenten nahestehende Begründung für Kürzungsvorschläge gegeben, nämlich daß durch Privatinitiativen von Eltern erhebliche staatliche Mittel eingespart werden könnten (in der o. a. Sitzung). In der Plenardebatte im baden-württembergischen Landtag hat der Sprecher der Grünen, *Hasenclever*, sich gegen einen Antrag der F. D. P. zum „Schülerhortgesetz" mit der Begründung gewendet:

„Ich bin in der heutigen Situation prinzipiell gegen Gesetzentwürfe, die – auch wenn sie vom Anliegen her wünschenswert sind, hier kann ich Ihre Argumente hundertprozentig unterstreichen – neue Lasten auf den Staat abwälzen, ohne daß gleichzeitig gesagt wird, an welchen Stellen dem Staat Lasten abgenommen werden sollen."

Dieses Zitat verweist auf einen Argumentationszusammenhang, der die Verschuldung der öffentlichen Hände als an einer absoluten Grenze angekommen sieht und der bei Vorschlägen zur Finanzierung von politischen Zielvorstellungen in den Redebeiträgen der „grünen" Parlamentarier immer dann auftaucht, wenn die „grünen" Parlamentarier sich zu Vorschlägen anderer Parlamentarier äußern: „Wir müssen tatsächlich von der wahnsinnigen Verschuldung im öffentlichen Bereich abgehen".[13] In derselben Rede wird dann gleichwohl einer Erhöhung der Nettokreditaufnahme für eigene Vorstellungen das Wort geredet, z. B. für sozialen Wohnungsbau[14].
Insgesamt muß aber festgestellt werden, daß sich auch bei den Äußerungen „grüner" Parlamentarier zur Frage der Staatsverschuldung eine deutliche argumentative Nähe in den Redebeiträgen von „grünen" Parlamentariern und von CDU-Parlamentariern feststellen läßt.[15]

Fazit:

Die programmatischen Äußerungen der Grünen lassen wenig positive politische Gestaltungsabsichten erkennen. Der Umgang der Grünen mit Finanzproblemen offenbart ein naives bis illusionäres Verhältnis zum politisch Machbaren.

3. Hypothese: Das mangelnde Verständnis der Grünen für die soziale Frage und für die Gewerkschaften

„Den Grünen fehle es – nicht zuletzt wegen der sozialen Herkunft ihrer Mitglieder und Parlamentarier – an Verständnis für die ‚soziale Frage', für die Probleme der Arbeitnehmer. Daraus folge ein

13 4/153.
14 4/154.
15 Vgl. die Haushaltsberatungen in der Bremer Bürgerschaft, a.a.O. und die Haushaltsberatungen im baden-württembergischen Landtag sowie die dortigen Beratungen zur mittelfristigen Finanzplanung; Landtagssitzungen in Baden-Württemberg vom 10.12.1980, vom 11.12.1980 und vom 18., 19., 25., 16.03.1981.

Mangel an Verständnis für die Funktion der Gewerkschaften. Sie unterschieden deshalb auch nicht zwischen Handlungsfeldern und Möglichkeiten staatlicher Politik und denen der Tarifvertragsparteien. Diese mangelnde Abgrenzung fördere letztlich die Aushöhlung der Tarifautonomie."

Eine zukünftige soziale Politik muß nach dem Bundesprogramm der Grünen zum Ziele haben, ein stabiles Sozialsystem zu errichten: „sozial hat vor allem eine ökonomische Komponente". Im Bundesprogramm wird die Frage des Sozialstaates im wesentlichen unter dem Stichwort der „sozialen Randgruppen" behandelt. Ihre Kritik am Sozialstaat formulieren die Grünen als prinzipielle Abwendung vom „Sozialdemokratismus":

„Heute stehen wir aber vor dem Phänomen, vor der Tatsache, daß dieser Sozialstaat, dieser Staat der sozialen Funktionen in seinem Auswuchern die Freiheit des Einzelnen, über sein Leben selbst zu bestimmen, in einem erstaunlichen Maß eingeschränkt hat, daß – wie Sie richtig beklagt haben – Paragraphen, Bürokraten und Beamte vor sozialen Aktivitäten des Menschen selbst stehen."[16]

Diese Position findet sich in verschiedenen argumentativen Zusammenhängen der Redebeiträge der Grünen im baden-württembergischen Landtag wieder. Dabei wird die Kritik am Sozialstaat verbunden mit der Kritik an der Staatsverschuldung.[17]
Die Folgen eines angeblich zu weit ausgebauten Sozialstaates werden in einer „Mentalität schwindender Verantwortungsbereitschaft des Einzelnen" gesehen:

„Wenn nämlich wesentliche Funktionen im sozialen Bereich ohnehin durch Institutionen übernommen worden sind, wird die Verantwortung des Einzelnen für soziale Dinge automatisch kleiner und leider Gottes ist es eine menschliche Grundeigenschaft – ich glaube auch nicht, daß wir die hier im Laufe der nächsten Jahrzehnte ändern können – im Zweifelsfall den Weg des geringsten Widerstands zu gehen (was zu der polemischen Bemerkung provoziert, daß dies selbstverständlich für die nicht gilt, die das so darstellen) und d. h. allerdings auch, solche sozialen Funktionen, wenn sie schon von Institutionen übernommen werden, selbst nicht mehr zu übernehmen."[18]

Aus dieser Vorstellung vom Sozialstaat wird eine dann logische Konsequenz gezogen:

„Im Unterschied zu den Vorstellungen der Sozialdemokraten sind wir nicht der Meinung, daß im sozialen Dienstleistungsbereich ein weiteres Wachstum an Staatsaufgaben stattfinden darf, sondern wir sind der Auffassung, daß die sozialen Funktionen zunehmend in selbstverwalteten, dezentralen Netzen von den Menschen selber in die Hand genommen werden müssen."[19]

Während diese Position der baden-württembergischen Grünen wenigstens mit einer knappen Zielvorstellung verbunden bleibt, liest sich die Kritik am Sozialstaat in der Bremischen Bürgerschaft wesentlich anders:

„Ein Facharbeiter verdient heute mit Frau und zwei Kindern ohne Überstunden netto 1.250,– DM, meinetwegen in der Tarifgruppe 8. Wenn der gleiche Facharbeiter sich arbeitslos meldet oder so-

16 17/1112.
17 4/149; 4/153; 4/154; differenzierter *Hasenclever*, 13/779.
18 *Hasenclever*, 17/1112.
19 *Hasenclever*, 22/1691.

gar von der Sozialfürsorge lebt und zieht dort alle Register, einschließlich Wohngeld, Heizungsgeld usw., dann kann er heute schon 1.380,– DM erhalten. Ein Mann, der sich in einer solchen Lage befindet, arbeitet nicht aus materiellem Anreiz, sondern nur noch aus den Gründen des psychischen Drucks, daß sein Nachbar ihn fragen könnte, warum er eigentlich nicht arbeiten gehe, während dieser arbeiten gehen muß."[20]

Diese Darstellung ist allerdings die ungebrochene Übernahme einer Argumentationsweise, daß der Sozialstaat in seiner heutigen Form ein Überversorgungsstaat sei, der zum Mißbrauch geradezu einlade. In den Debattenbeiträgen von CDU-Politikern in den untersuchten Landesparlamenten findet sich denn auch eine Bestätigung der Kritik, während auf sozialdemokratischer Seite eine andere Befürchtung geäußert wird, nämlich, „daß sich eine Alternativbewegung, die sich nicht der sozialen Frage und damit dem Anspruch, insgesamt einen neuen Politikentwurf zu formulieren, stellt, Gefahr läuft, dort zu enden, wo die erste Jugendbewegung zu Beginn dieses Jahrhunderts geendet ist: in einer antidemokratischen, antisozialistischen, elitärbürgerlichen Aussteigergeneration"[21].

An mancher Stelle wird zur Erklärung dieser Kritik am Sozialstaat durch die Grünen deren soziale Herkunft herangezogen.[22] Diesem Aspekt soll aber hier nicht weiter nachgegangen werden. Wichtig erscheint, daß bei dieser Sicht des Sozialstaates – als eine Ausprägung von totaler Dienstleistung und Verwahrung (Sozialstaat, Supermarkt und Co.) – aus dem Blick gerät, „daß die Produktion solcher Kollektivgüter immer Gegenstand sozialer Auseinandersetzungen ist: Nur in sozialen Auseinandersetzungen können sie errungen, verteidigt und ausgebaut werden. Warum soll man um sie kämpfen? Ihrer sozialen Verteilungswirkungen wegen – aus dem gleichen Grunde also, aus dem der neokonservative Angriff gegen sie geritten wird". Und: „Was uns einst die Wohlfahrtsstaatstheoretiker als ‚paradise now' der kapitalistischen Industrie- und Postindustriegesellschaft darstellten, wird von einigen Theoretikern der alternativen Ökonomie lediglich zur Horrorvision umbewertet. Nicht auf die Umbewertung kommt es an, sondern auf die Erkenntnis der wirklichen Entwicklungstrends."[23]

Die Frage der möglichen Veränderungen von Deformationen in den Institutionen des Sozialstaates wird aber in den Redebeiträgen „grüner" Parlamentarier nicht gestellt. Stattdessen werden, in der Sache verkürzt, Forderungen nach Abbau von Institutionen des Sozialstaates bzw. ihrer finanziellen Ausstattung gestellt. Damit geraten die Redebeiträge der „grünen" Parlamentarier in eine deutliche Nähe zu Entstaatlichungs- und Privatisierungsforderungen konservativer Parteigruppierungen. Sicher ist ein solches „Bündnis" nicht durchgängig intendiert.[24]

20 Abgeordneter *Dinné*, 37/2194.
21 *Klaus Matthiesen*, in: Die Neue Gesellschaft, Heft 9/1980, S. 278.
22 Vgl. *Horst Dieter Rönsch*, Die Grünen: einmaliges Wahlrisiko oder soziale Bewegung? In: Gewerkschaftliche Monatshefte, 8/1980, S. 501 ff. sowie die von dort übernommenen Tabellen 3 und 4.
23 *Wolfram Elsner*, a.a.O., S. 50.
24 So in der Bremer Bürgerschaft: 37/2196 und 38/2243 ff.

*Tabelle 3: Die Einstellung zu Grünen Listen in Abhängigkeit von sozialstrukturellen Merkmalen**

Von 100 Befragen der jeweiligen Sozialstruktur-Kategorie sind:	Gegner	Unentschiedene	Sympathisanten	Anhänger	Anteil an Befragten insgesamt
Geschlecht					
weiblich	19,5	33,1	26,6	20,7	53,0
männlich	29,8	26,6	23,5	20,1	47,0
Alter					
24	17,0	25,5	22,4	35,2	16,8
25 – 34	25,1	25,1	28,9	20,8	19,0
35 – 44	27,2	26,7	24,1	22,0	19,8
45 – 54	22,1	37,2	28,3	12,4	14,7
55 – 64	30,6	31,3	19,7	18,4	14,9
65 –	24,0	37,7	27,4	10,9	14,8
Berufliche Stellung des Haushaltsvorstandes					
Selbständige	20,6	27,0	22,2	30,2	13,4
Angestellte	26,7	25,8	27,9	19,7	34,9
Beamte	24,2	33,7	26,3	15,8	10,1
Arbeiter	24,0	35,5	21,5	19,0	12,8
Facharbeiter	24,5	31,5	25,3	18,7	28,9
Bildungsabschluß des Haushaltsvorstandes					
Hauptschule o. Lehre	26,1	35,8	19,4	18,8	16,8
Hauptschule m. Lehre	23,3	32,6	25,4	18,7	57,2
Mittlere Reife	27,6	23,3	27,0	22,1	16,6
Abitur/Universität	22,6	16,1	31,2	30,1	9,6
Konfession					
evangelisch	24,2	32,1	26,3	17,4	50,4
katholisch	23,6	28,0	25,2	23,2	45,5
sonstige	22,5	27,5	20,0	30,0	4,1
Gewerkschaftsmitgliedschaft					
ja	33,5	29,3	18,6	18,6	17,3
nein	22,4	29,9	26,5	21,2	82,7
Anteil an Befragten insg.	24,6	29,8	25,0	20,6	100,0 N = 1007

* EMNID-Umfrage Okt. 1978

*Tabelle 4: Einstellungen 18–30jähriger zu ausgewählten politischen Problemen**

	Beamte und Angestellte davon „grüne"**	insgesamt	Arbeiter davon „grüne"**	insgesamt
Kampf gegen Arbeitslosigkeit	33,0	35,0	26,5	38,2
Kampf gegen Preissteigerung	25,8	34,7	32,7	34,9
Bessere Ausbildungs- und Arbeitsplätze für die Jugend	33,0	33,0	30,6	25,4
Mehr Umweltschutz	48,5	22,3	32,7	19,7
Sicherung der Energieversorgung	30,9	41,4	32,7	37,7
Sicherung der Renten	9,3	9,4	4,1	18,4

* EMNID-Umfrage im Auftrag des SPIEGEL unter 1000 18–30jährigen, März 1980; die Befragten hatten die beiden ihnen am wichtigsten erscheinenden Probleme zu nennen.

** In dieser Sparte wurden die sicheren Wähler einer Grünen Partei (in der Altersgruppe insgesamt 8,3 %) und die möglichen Wähler zusammengefaßt.

Eine grundsätzliche Differenz zu den Gewerkschaften – als notwendige gesellschaftliche Einrichtung – läßt sich allerdings bei den Redebeiträgen „grüner" Parlamentarier nicht feststellen. Vielmehr wird häufiger ausdrücklich auf programmatische Übereinstimmungen mit gewerkschaftlichen Zielvorstellungen hingewiesen: beispielsweise in der Frage der Lehrerarbeitszeitverkürzung[25], in der Bekämpfung der Schichtarbeit bei der Post[26], in der Kritik von Unzulänglichkeiten des Montanmitbestimmungs-Sicherungsgesetzes[27]. Dennoch kommen wir zu dem Ergebnis, daß die Redebeiträge „grüner" Parlamentarier ungeachtet der gerade in der letzten Zeit aktualisierten Kritik an den bürokratischen Erscheinungen von Großorganisationen eine deutliche Distanz zu gewerkschaftlichen Zielvorstellungen erkennen lassen. Dies wird einmal daran ersichtlich, daß in den Forderungen zur Arbeitsmarktpolitik[28] die Rolle der Gewerkschaften überhaupt keine Erwähnung findet. Zum anderen werden Aufgaben staatlicher Politik und Aufgaben, die von den Gewerkschaften im Rahmen der Tarifautonomie zu bewältigen sind, nicht auseinandergehalten. Wo aber diese beiden Handlungsfelder argumentativ zu einer „Systemapokalypse" *(Elsner)* zusammengeführt werden, gehen auch die Handlungsmöglichkeiten einer differenzierten politischen Strategie verloren.

25 3/83.
26 36/2157 ff.
27 30/7 ff.
28 Z. B. 15/915 und 16/1047.

Fazit:

Die Kritik der Grünen am Sozialstaat liegt in der Nähe neokonservativer Entstaatlichungs- und Privatisierungsforderungen. Die Grünen stehen in deutlicher Distanz zu den Gewerkschaften.

4. Hypothese: Die Präferenz der Grünen für Kleinbetriebe

„Wirtschaftspolitisch hingen die Grünen vorindustriellen Produktionsformen nach, präferierten folglich Kleinbetriebe und stellten sich denn auch die Frage der Umstrukturierung von Großbetrieben nicht."

„Die Großkonzerne sind in überschaubare Betriebe zu entflechten, die von den dort Arbeitenden demokratisch selbstverwaltet werden. Kleine, mittlere und vor allem alternative Betriebe sind zu erhalten, einzurichten und zu fördern." (Die Grünen – das Bundesprogramm). Dieser Intention entsprechen die Redebeiträge „grüner" Parlamentarier:

„Mit Interesse haben wir die Absicht der Landesregierung zur Kenntnis genommen, sich um eine verstärkte Förderung der kleinen und mittleren Unternehmen zu bemühen und von den Investitionshilfen für Großunternehmen Abstand zu nehmen. Die Wirtschaftspolitik muß aber auch im Hinblick auf neue Wirtschaftsformen wirksam werden. So sind Modelle zu fördern, bei denen sich Arbeitende mit Verwaltenden zu genossenschaftlichen Unternehmensformen verbinden."[29]

Im Untersuchungszeitraum haben wir für die Berliner Alternative Liste und die Bremer Grüne Liste keine entsprechenden, ausformulierten Redebeiträge gefunden. Im baden-württembergischen Landtag spielt die Frage für die Grünen in mehreren Beiträgen eine Rolle, obwohl außer dem Ziel der Umstellung der Industriegesellschaft auf „selbständige und kleine Versorgungseinheiten" kaum etwas hinzugefügt wird. Großindustrien, die heute ca. 50 % der gegenwärtigen Produktionsleistung erbringen, werden zwar kritisiert, aber Vorschläge zur Umstrukturierung werden nicht gemacht. Allenfalls wird der Wunsch geäußert, daß in der Energiepolitik „mehr Markt" herrschen möge.[30]

Fazit:

Die Präferenz der Grünen für kleinere autonome Wirtschaftsformen ist unbestreitbar.

29 *Hasenclever*, 4/152, 153.
30 22/1685.

5. Hypothese: Dezentralisierung und Basisdemokratie als Organisationsziele der Grünen

„Die Grünen befürworteten eine Politik der Dezentralisierung von Entscheidungskompetenzen und übersähen dabei, daß viele gesellschaftliche Fragen, insbesondere ökologische Probleme, durch dezentrale Entscheidungskompetenzen unlösbar würden. Dieser Haltung liege eine Überbetonung von Basisdemokratie und plebiszitärer Elemente zugrunde, die die gesamtgesellschaftliche Steuerungsfunktion und die Kontrollfunktion der Parlamente der Regierung verkenne."

Beide Begriffe haben in der politischen Argumentation der Grünen einen zentralen Stellenwert:

„Basisdemokratische Politik bedeutet verstärkte Verwirklichung dezentraler, direkter Demokratie. Wir gehen davon aus, daß der Entscheidung der Basis prinzipiell Vorrang eingeräumt werden muß. Überschaubare, dezentrale Basiseinheiten (Ortsebene, Kreisebene) erhalten weitgehende Autonomie und Selbstverwaltungsrechte zugestanden. Basisdemokratie bedarf jedoch einer zusammenfassenden Organisation und Koordination, wenn ökologische Politik in der öffentlichen Willensbildung gegen starke Widerstände durchgesetzt werden soll. Wir setzen uns in allen politischen Bereichen dafür ein, daß durch verstärkte Mitbestimmung der betroffenen Bevölkerung in regionalen, landesweiten und bundesweiten Volksabstimmungen Elemente direkter Demokratie zur Lösung lebenswichtiger Planungen eingeführt werden." (Die Grünen – das Bundesprogramm, S. 5)

Neben wirtschaftspolitischen Vorstellungen spielen in den untersuchten Redebeiträgen „grüner" Parlamentarier Stichworte eine Rolle wie die Einführung von Mittelpunktschulen im Zuge der Auflösung ein- oder zweiklassiger Dorfschulen, die im übrigen als „Polemik gegen Zwergschulen" bezeichnet wird.[31] Ein anderes Stichwort ist die als unnötiger zentralistischer Verwaltungsapparat bezeichnete Europäische Gemeinschaft.[32] Andere Stichworte in den Reden betreffen die Dezentralisierung der Wirtschaftspolitik, die Stärkung der kommunalen Selbstverwaltung, die Stärkung der Rechte von Schulen gegenüber Schulämtern, die Abschaffung von gemischten Kommissionen bei der Entscheidung über kommunale Zuwendungen (Finanzausgleich), kurzum: mit plakativen Einzelforderungen durchzieht das Prinzip der Basisdemokratie mit dem Ziel der „Stärkung der Selbstverantwortung" die Redebeiträge „grüner" Parlamentarier, insbesondere in Baden-Württemberg.[33] Am ehesten nachvollziehbar sind die Argumentationslinien „grüner" Parlamentarier anhand von Redebeiträgen im baden-württembergischen Landtag. Dort heißt es z. B.:

„Das Selbstversorgungsprinzip ist in der Tat eine ganz wichtige Antwort und man sollte es, auch wenn man an zentralistische, große Strukturen gewöhnt ist, nicht von vornherein abqualifizieren. In meinem Szenarium, das ich im Kopf habe, ist da z. B. eine Stadt wie Tübingen. Wir haben uns mal die Mühe gemacht, am Beispiel einer Stadt ganz konkret und sehr exakt durchzurechnen: a) Ist da eine energetische Unabhängigkeit möglich und zwar mit Hilfe dieser von mir vorhin vorgestellten und noch weiterer alternativer Energieversorgungsmethoden? b) Ist in der Region auch ein viel höherer Selbstversorgungsgrad mit Nahrungsmitteln und mit sonstigen Industrieprodukten, also mit Konsumgütern möglich?"[34]

31 8/363; vgl. ferner die 7. Hypothese zur Bildungspolitik.
32 5/204 und 5/212 ff.
33 4/192; 7/336; 338; 10/504 und 21/1607.
34 4/192.

Freilich erfährt man Näheres über dieses Szenarium nicht. Eher überprüfbar werden die Vorstellungen anhand eines Gesetzentwurfes der Gruppe der Grünen im baden-württembergischen Landtag zur Änderung der Gemeindeordnung mit einer deutlichen Herabsetzung der Quoren für Bürgerbegehren und Bürgerentscheid.[35]
Dieser Gesetzentwurf wurde verbunden mit der in diesem Zusammenhang mehrfach auftretenden Kritik an Inhalt und Form der parlamentarischen, repräsentativen Demokratie:

„Hiermit sollen die Elemente direkter Demokratie als ein Gegengewicht gegen oligarchische Herrschaftsformen, wie sie sich in den letzten Jahrzehnten in unserer Demokratie immer mehr entwickelt haben, gestärkt werden, (Abg. *Teufel*, CDU: „Er geht von der 6-Mann-Gruppe aus und das ist Oligarchie!") während gleichzeitig eine demokratische Volksbewegung durch die Bürgerinitiativen anzeigt, daß der eigentliche Souverän in diesem Lande mündig geworden ist." Und an anderer Stelle: „Hinter dem Begriff der repräsentativen Demokratie verbirgt sich Oligarchie. Demokratie kann sich nicht auf die Möglichkeit beschränken, alle vier Jahre zwischen den drei Atomparteien zu wählen, um sich dann auf dem Boden des Parlaments nur noch auf die Mehrheitsfrage zu reduzieren", denn dort stünden „nicht die repräsentative Demokratie, sondern die Interessen der Parteien" im Vordergrund, was diese „mit Mißtrauen auf alle Formen direkter Demokratie" schauen lasse.[36]

Dennoch ist ein auffälliger Unterschied in den Parlamentsbeiträgen der Grünen in Baden-Württemberg auf der einen Seite, den Debattenbeiträgen in der Bremischen Bürgerschaft und im Berliner Abgeordnetenhaus auf der anderen Seite festzustellen. Dies dürfte nicht nur auf Unterschiede in den parlamentarischen Möglichkeiten zurückzuführen sein. (Die Grünen in Baden-Württemberg haben die Möglichkeit, Gesetzentwürfe einzubringen.)
Während im baden-württembergischen Landtag schon einmal der Versuch gemacht wird, eine Ausschußberatung in das Plenum zu verlegen, weil der entsprechende Abgeordnete den Ausschußtermin „vergessen" hat[37] oder bei der Frage der Reduzierung von staatlichen Finanzhilfen an private Schulen in Baden-Württemberg eine Bibelspruch-Weisheit als Kommentar genügen muß[38], verstehen insbesondere die Grünen in Bremen das Parlament offenbar mehr als eine „Bühne" für „eine Art permanenten Wahlkampf"[39]. Vereinbarte Tagesordnungspunkte werden dort nicht selten geradezu als Stichworte verstanden, mit denen jeweils andere Argumentationslinien und Tagesaktualitäten eingeläutet werden[40]. Die im übrigen im Parlamentsrecht unbestrittene Auffassung, daß das d'Hondtsche Verteilungssystem bei der Zuweisung von Sitzen in Ausschüssen und bei der Berechnung des Anteils der Fraktionen und Gruppen an Gremien des Parlaments zugrundezulegen ist, wird mit der Vokabel der „manipulierten Mehrheit"[41] belegt.

35 Drs. 8/71 des baden-württembergischen Landtags.
36 So der Abgeordnete *Erichsen*, 7/336 ff.
37 7/352.
38 14/870.
39 So *Axel Adamietz*, a.a.O., S. 399.
40 41/24 74 ff. und 41/24 81 ff.
41 42/19.

Thema aufgegriffen, daß seit 1979 (NATO-Doppelbeschluß) in der politischen Diskussion – auch bei den Grünen – wachsende Aufmerksamkeit hat[44]. Was im Bundesprogramm der Grünen in einem argumentativen Zusammenhang mit vielen Einzelforderungen dargestellt wird, verkürzt sich allerdings in den Reden „grüner" Parlamentarier in der Regel auf plakative Schlagworte wie: „Was ist der Nachrüstungsbeschluß, wenn man sich ihn genau durchliest, anderes als der Verkauf der Heimat?"[45] Bei unserer Untersuchung haben wir nur einen Beitrag gefunden, der über die Benennung einer Einzelforderung hinaus einen argumentativen Zusammenhang hergestellt hätte:

„Für uns ist die Aussage ‚Entspannung gibt es nur im Gleichgewicht' äußerst fragwürdig, denn gemeint ist das Gleichgewicht des Schreckens, das bei beiden Blöcken auf einer mehrfachen Übertötungskapazität beruht und vorsieht, daß im Ernstfall Mitteleuropa, vor allem ganz Deutschland, zu einem atomaren Schlachtfeld wird . . . Nicht der Teufelskreis des Waffenzählens und ein darauf basierendes Gleichgewicht ist unsere Vorstellung, sondern: Abrüstung, Reduzierung der Truppenstärken in Europa, die Schaffung einer atomwaffenfreien Zone . . . und letzlich die Auflösung der beiden Militärblöcke. Schritte in diese Richtung sollten durchaus einseitig beginnen."[46]

Mit dieser nach Meinung der Verfasser bescheidenen Ausnahme findet sich in den übrigen Redebeiträgen keine argumentative Auseinandersetzung mit anderen Standpunkten. Auch so bleiben offene Fragen, die in den Redebeiträgen „grüner" Parlamentarier keine Würdigung finden: Wie ist mit der Sorge eines großen Teils der Bevölkerung umzugehen, daß einseitige Abrüstungsmaßnahmen – wenn sie größeren Umfang erreichen – zu einer faktischen Herauslösung der Bundesrepublik aus der NATO führten, ohne daß insgesamt eine Auflösung von Blöcken stattfindet und daß dadurch die Bundesrepublik Deutschland Spielball von Blöcken werden könnte? Könnte nicht auch in anderen Standpunkten die Sehnsucht nach Frieden beinhaltet sein, sich freilich auf andere Wege zu seiner Sicherung konzentrieren? Auch die Untersuchung dieser Hypothese bestätigt, daß sich in den Redebeiträgen „grüner" Parlamentarier häufig Einzelforderungen und Stichworte finden, die als Ziel politischen Handelns sicher auch von anderen politischen Gruppierungen geteilt werden können. Die Problematik dieser Forderungen besteht darin, daß über die Benennung von Endzielen hinaus kaum handlungsorientierte Vorschläge gemacht werden. Damit entsteht nach Meinung der Verfasser das Risiko, daß die politische Auseinandersetzung zu einem Streit über die jeweilige Gesinnung „verkommt", was mit dem zusätzlichen Risiko der Belastung des politischen Prozesses durch „wechselseitige Denunziation" verbunden ist.

Auch dafür finden sich Beispiele. Die Legitimität einer anderen Position wird prinzipiell bestritten, wenn beispielsweise in Auseinandersetzungen über die geprüfte Frage gesagt werden kann:

„Ich möchte Ihnen sagen, daß eine offizielle, honorige Politik, die auf das Gleichgewicht des Schreckens und andere unmoralische Grundlagen der Politik setzt, nicht diesen Namen verdient. Wenn wir Politiker an der Spitze unseres Staates haben, die den Pazifismus als gefährliche Strö-

44 Vgl. auch Die Grünen – Das Bundesprogramm, S. 17 ff.
45 22/1738.
46 33/210 ff.

Den Verfassern scheint auf der anderen Seite unbestreitbar, daß souveränere Reaktionen auf diese Art des Vorgehens dem Vorgehen selbst einen Teil des Bodens entziehen würden. Zu der im Kern wesentlicheren Kritik an Formen und Inhalten repräsentativer Demokratie und an der besonderen Betonung von „Basisdemokratie" und plebiszitären Elementen ist unsererseits ferner darauf hinzuweisen, daß in den Redebeiträgen „grüner" Parlamentarier eine ganze Reihe von Themen nicht angesprochen werden, die hier im Sinne offener Fragen formuliert werden sollen:
Welche Wirkungen erzeugt ein häufig durchgeführter Bürgerentscheid auf der Grundlage niedriger Quoren bei den Bürgern, die nicht zu aktiven Minderheiten gehören? Wie kann der Begriff von Betroffenen abgegrenzt werden, die über Projekte entscheiden sollen? Sind Betroffene bei einem technischen Großprojekt beispielsweise die Anwohner der unmittelbaren Umgebung, die Bevölkerung eines Bundeslandes oder im Zweifel alle Bundesbürger (wenn bspw. an Flughäfen, energietechnische Anlagen o. ä. gedacht wird)? Wie können komplexe Zusammenhänge einer Frage (bspw. einer ökologischen oder energiepolitischen Frage) auf „Ja/Nein-Alternativen" reduziert werden? Können strukturelle Schwächen der repräsentativen Demokratie durch die vorgeschlagenen Instrumente aufgehoben werden, wie wirken sie überhaupt im Verhältnis zur repräsentativen Demokratie und können die ebenfalls vorhandenen Probleme aus einer stärkeren Verlegung von Entscheidungen nach unten in den genannten Fragen in Kauf genommen werden? Auf diese kritischen Einwände gehen die „grünen" Parlamentarier in ihren Redebeiträgen nicht ein. Andererseits finden sich in ihren Reden Hinweise, daß Dezentralisierung und eine Stärkung des Instrumentes des Bürgerentscheides/Volksentscheides eher dadurch motiviert ist, daß damit ein taktisches Instrument zur Verhinderung von Großprojekten geschaffen werde.

Fazit:

Wo die Grünen in den Landesparlamenten der Bundesrepublik vertreten sind, setzen sie sich deutlich für eine Dezentralisierung der politischen Entscheidungsfindung zugunsten einer „Basisdemokratie" ein, die jedoch in ihren einzelnen Strukturelementen und schon gar in ihren Konsequenzen noch wenig durchdacht erscheint.

6. Hypothese: Der Pazifismus der Grünen

„Die Grünen verträten in der Sicherheitspolitik Auffassungen, die lediglich pazifistischer Impetus ohne Perspektive für die politische, zwischenstaatliche Durchsetzung seien."

Die Kritik an Rüstungausgaben ist bei den „grünen" Parlamentariern ein – unabhängig vom jeweiligen Tagesordnungspunkt – ständig wiederkehrendes Element[42], verbunden mit einer entsprechenden Kritik an der Rüstungsindustrie[43]. Damit wird ein

42 Z. B. 13/779; 19/1373.
43 Z. B. 28/2165 ff.; 43/2580.

mung in unserem Volk bezeichnen, wenn dieselben Politiker sich auf der anderen Seite hinstellen und sich im Brustton der Empörung über Steinewerfer aufregen, dann paßt etwas nicht zusammen . . . Diejenigen, die auf gesamtstaatlicher Ebene auf die Politik und Strategie der Gewalt und Waffen setzen, sollten in der Öffentlichkeit etwas bescheidener auftreten, wenn Demonstranten Steine werfen."[47]

Zweifel an einer pazifistisch orientierten Politik nach außen entstehen aber, wenn die Befürwortung von Gewalt bei innergesellschaftlichen Konflikten nicht zweifelsfrei ausgeschlossen ist. In den untersuchten Redebeiträgen der „grünen" Parlamentarier in Baden-Württemberg und Bremen hat sich kein Ansatzpunkt gefunden, im Gegenteil: Dort wird mehrfach ausdrücklich auf die Notwendigkeit von friedlichen und gewaltfreien außerparlamentarischen Aktivitäten hingewiesen. Andererseits wurde im Berliner Abgeordnetenhaus gesagt:

„Bei den sogenannten gewalttätigen Demonstrationen haben die Demonstranten ja nicht blind Gewalt angewendet. Es traf gezielt Objekte wie z. B. Banken, die ihnen als Symbole der Unterdrückung und der verhaßten materialistischen Welt erscheinen. Die Gewalt ist also nicht Selbstzweck, sondern ein Ausdrucksmittel und hat einen Demonstrationscharakter und ist ein Ausbruchsversuch aus der Isolation. Wir können auch die Augen nicht davor verschließen, daß die gewalttätigen Jugendlichen in einer Welt aufwachsen, in der sie ständig mit Gewalt – auch mit sogenannter legitimer – konfrontiert werden. Sie erleben ja täglich die legale Gewalt, die vom Staat ausgeht und die sich im Namen von Ruhe und Ordnung insbesondere gegen sie richtet.
Für viele ist die Gewaltanwendung die wirksamste und radikalste Gegensprache, die auch von der anderen Seite zur Kenntnis genommen wird. Steine können Argumente sein, wenn die Regierenden sich weigern, angeprangerte Mißstände zu beseitigen. Erst nachdem in Kreuzberg Scheiben klirrten, wurde begonnen, über die Wohnungsmisere zu diskutieren. Wir lassen hier nicht trennen zwischen sogenannten guten und bösen Instandbesetzern!"[48]

Freilich wird auch in anderen Redebeiträgen von der angeblichen Legitimität „geringfügiger Regelüberschreitungen" gesprochen, allerdings verbunden mit einem ausdrücklichen Bekenntnis zur Gewaltfreiheit: „Der Widerstand gegen eine Politik möglicher Grundrechtsverletzungen des Staates wird mit Recht – man könnte sagen: nicht legal, aber legitim – von vielen besorgten Bürgern auch unter Einschluß begrenzter Regelverletzungen geleistet. Hierbei war und ist die Gewaltfreiheit immer wesentliche Qualität gewesen. Wie schwer wiegt eigentlich eine Platzbesetzung gegen staatlich verursachtes strahlendes Strontium im Körper? Das müssen Sie doch einmal abwägen. Die Berechtigung des Widerstandes wird durch die Ignoranz des Staates gegenüber den vorhandenen Alternativen noch unterstrichen . . . Eine unserer grundlegenden Säulen ist die Gewaltfreiheit. Nur deswegen kann ich auch guten Gewissens von Abrüstung reden."[49] Offen bleibt allerdings die Frage, wer die in solchen Argumentationen reklamierten „Lebensinteressen" definiert und welche Folgen für den Rechtsstaat und den ihm immanenten Minderheitenschutz es haben kann, wenn die Definition von Lebens-

47 So der Abgeordnete *Kretschmann* im baden-württembergischen Landtag, 17/1159 ff.
48 So die Abgeordnete *Kantemir* (AL) im Abgeordnetenhaus von Berlin, 31/48.
49 So der Abgeordnete *Hasenclever* im baden-württembergischen Landtag, 4/158.

interessen lediglich mit dem Anspruch begründet wird, daß man sie definiere – auch als Minderheit – und daß schon daraus die Legitimität von Regelverletzungen herzuleiten sei.

Fazit:

Der Pazifismus der Grünen wird in den Landesparlamenten zwar häufig deklariert, jedoch selten fundiert argumentiert. Die emphatische Betonung des Pazifismus nach außen steht bei einigen von ihnen in Widerspruch zu einer diffusen Grenzziehung gegenüber möglicher Gewaltanwendung im Innern und deren fragwürdiger Legitimierung.

7. Hypothese: Die provinzielle Bildungspolitik der Grünen

„Bildungspolitisch hingen die Grünen – ähnlich wie in Fragen der Wirtschaftspolitik (Kleinbetriebe) oder in der Frage der Dezentralisierung von Entscheidungskompetenzen – einer idyllischen ‚kleinen Form' nach, ohne deren soziale Wirkungen (beispielsweise bei der Verteilung von Bildungschancen) zu beachten. Sie begäben sich damit in eine gefährliche Nähe zu romantischen Vorstellungen und trügen im übrigen zur Verhinderung des Anspruches auf gleiche Bildungschancen unabhängig vom sozialen Status bei."

Bildungspolitische Fragen spielen in der bundesweiten Diskussion der Grünen eine untergeordnete Rolle. Das Bundesprogramm der Grünen widmet bildungspolitischen Fragen eine von insgesamt 46 Seiten (vgl. Die Grünen – das Bundesprogramm). Für die politische Auseinandersetzung in Landesparlamenten andererseits hat Bildungspolitik eine besonders hohe Bedeutung. Folglich spielt sie in zahlreichen Debattenbeiträgen, insbesondere im baden-württembergischen Landtag, eine Rolle. Stichworte in den Debattenbeiträgen sind u. a. die Forderung nach „weitgehend integrierten Schulsystemen und Einbeziehung der sogenannten Sonderschüler"[50], die Forderung nach „kleinen integrierten, dezentralen Gesamtschulen"[51], die an anderer Stelle wie folgt dargestellt wird: „Bei den Gesamtschulen in Baden-Württemberg, Herr Minister, geht es sicher nicht darum, daß diese Gesamtschulen ihre Schüler bremsen statt sie zu fördern. Genau das Gegenteil ist richtig. Die Gesamtschulen, die wir hier kennen und die Ihrem Verantwortungsbereich unterstehen, bemühen sich samt und sonders, die Schüler, die Ihnen anvertraut sind, nach ihrem besten Vermögen zu fördern."[52]
Andere Stichworte sind: „Abkehr vom Wettbewerbs- und Leistungsprinzip, wenn nicht anders durchführbar, wenigstens während der ersten acht Schuljahre"[53], Senkung der Klassenfrequenzen[54] oder Stärkung der Rechte der Schülerpresse[55].

50 21/1598.
51 21/1598.
52 19/1355 ff. Zum Verhältnis von Gesamtschulen und den dann von den Grünen in Baden-Württemberg geforderten „Dorfschulen" s. weiter unten.
53 9/450.
54 5/237.
55 21/1638.

Überprüft man solche Forderungen mit Blick auf die Frage, welche Handlungsmöglichkeiten vorgeschlagen werden, dann wird hier ein schon früher beschriebenes Defizit deutlich. Der Vorschlag auf Einstellung aller Lehrer wird bildungspolitisch begründet und zur Finanzierung dieses Vorschlages wird – ohne Nennung von Zahlen sowohl hinsichtlich der Zahl der einzustellenden Lehrer als auch hinsichtlich der Finanzierung – gefordert: Abbau der Regierungsbürokratie bei den Oberschulämtern (in Baden-Württemberg), Auflösung des zentralistischen Schulwesens und des damit einhergehenden Schülertransportes und Veränderung der Besoldungsstruktur, die sich automatisch ergibt, wenn die obengenannten Forderungen auf den einen Satz zusammengebracht werden: „Wir sind für die Einstellung aller Lehrer bei Beibehaltung der bisherigen Etatsumme des Kultusministeriums."[56] Die Nennung von Gesamtschulen geschieht im baden-württembergischen Landtag immer ergänzt um das Stichwort „dezentral". Auch dafür werden plakative Einzelforderungen genannt:

> „Zentralismus und bürokratische Schulaufsicht gehen hier zusammen. Das steht doch den Prinzipien von Dezentralität und Selbstverwaltung entgegen. Was den Zentralismus anbelangt, steht Baden-Württemberg der DDR und Frankreich in nichts nach. Wir halten dieses Schulsystem für schlecht . . . Als Stichworte seien hier nur genannt: Zentralabitur, die zentralistische Realschulprüfung, der zentralistische Hauptschulabschluß, den man nur in Baden-Württemberg kennt, die zentralistischen Arbeiten im 4. Grundschuljahr. All dieses – vor allem das Zentralabitur – muß nach unserer Auffassung weg."[57]

Die in mehreren Redebeiträgen verteidigten bzw. befürworteten Gesamtschulen werden bei schwachen Siedlungsstrukturen freilich immer – auch bei gering angesetzten Schülerzahlen – Schülertransport von mehreren Gemeinden zur Schule erfordern. Wir haben den Eindruck, daß diese Diskussion zu einer allmählich stärkeren Befürwortung von noch kleineren Schulsystemen geführt hat. „Mit der Polemik gegen die Zwergschule verschwanden die Schulen überhaupt aus vielen Dörfern und mit dem Verschwinden der Dorfschulen verschwand auch der Dorfschulmeister, mit ihm verschwanden meistens auch der Organist, der Leiter des Gesangsvereins, der Heimatforscher."[58] Ausdruck der Vorstellung, daß den Dörfern die Schulen unbeschadet ihrer Größe erhalten bleiben müßten, ist letzten Endes ein Gesetzentwurf der Grünen im baden-württembergischen Landtag, der im Ergebnis die Wiedererrichtung von Zwergschulen bedeutet. Dies steht in einem auffälligen Widerspruch zu den eingangs zitierten Redebeiträgen, insbesondere bei der Verteidigung der Gesamtschule. Die Frage nach den sozialen und bildungspolitischen Konsequenzen einer solchen Vorstellung wird an keiner Stelle in den Redebeiträgen „grüner" Parlamentarier erörtert. Die Argumentation „grüner" Parlamentarier befindet sich sprachlich und inhaltlich in einer unübersehbaren Nähe zu Redebeiträgen von der CDU angehörenden Abgeordneten. So wird im baden-württembergischen Landtag angesichts der bildungspolitischen Diskussionen vom „Kreuzfeuer" vom ideologisierten Parteienstreit" geredet und davon, daß das Land

56 6/287 ff.
57 So der Abgeordnete *Heimann*, 19/1340.
58 8/363.

Baden-Württemberg „vor einem Schulstreit, wie er etwa in Hessen um die dortigen Rahmenrichtlinien geführt wurde", bewahrt werden müsse. Die Substanz dieser Auseinandersetzung um Bildungsinhalte wird an keiner Stelle erwähnt.[59] Vielmehr: „Es ist durchaus richtig, wenn hier die Verhältnisse im Land Hessen angeprangert werden. Wir haben hier, in Baden-Württemberg einen Kultusminister, der finanzpolitisch versiert und im VFB tätig ist; in Hessen haben wir eben einen Polizeipräsidenten als Kultusminister. Es täte not, da einmal Pädagogen ranzulassen. Das wäre schon wichtig."[60]

Besonders deutlich wird die argumentative Nähe in den Redebeiträgen von „grünen" Parlamentariern zu denen einer konservativen Kritik an der Bildungspolitik, wenn man die Vorschläge des Abgeordneten *Dinné* in der Bremer Bürgerschaft anläßlich der dortigen Haushaltsberatungen mit einer Kürzung der Ausgaben im Bildungsbereich und deren Begründung würdigt (siehe Prüfung der 2. Hypothese). Während im baden-württembergischen Landtag Forderungen beispielsweise der Gewerkschaften nach Verkürzung der wöchentlichen Arbeitszeiten auf 40 Stunden oder nach Senkung der Klassenfrequenzen aufgegriffen werden, spielt dies in den Redebeiträgen der Parlamentarier in den beiden anderen Landtagen keine Rolle. Hinzuweisen ist im übrigen auf eine Auseinandersetzung in der Bremer Bürgerschaft, die am 13. Dezember 1979 – also außerhalb unseres Untersuchungszeitraumes – stattfand. Die CDU hatte einen Antrag eingebracht, einem „Verein Ökumenisches Gymnasium" die Gründung einer Privatschule mit öffentlichen Zuschüssen zu ermöglichen. In der gleichen Debatte macht die SPD deutlich, daß sich diese Schule wegen des von den Eltern zu zahlenden Schulgeldes zu einer Schule für Eltern mit höherem Einkommen entwickeln müsse und daß sie deshalb diesem Antrag nicht zustimmen werde. Die Bremer Grüne Liste nahm dazu in der Bremer Bürgerschaft am 13.12.1979 durch die Abgeordnete *Delphine Brox* u. a. wie folgt Stellung: „Ich weiß nicht, ob die Bildung eines ökumenischen Gymnasiums meiner Vorstellung von Erziehung entspricht. Darum geht es auch heute nicht. Es geht uns darum, prinzipiell jedes alternative Schulmodell, das aus der Unzufriedenheit der Eltern mit der Schule des Staates entwickelt wird, zu unterstützen." Das Protokoll verzeichnet Beifall bei CDU und F. D. P., die Abgeordnete *Delphine Brox* stellt weiter fest: „Eines muß ich Ihnen sagen, ich habe es bereits gestern gesagt, unsere Kinder wollen nicht mehr in Eure Schulen gehen, (Beifall bei der CDU) solange Ihr nicht bereit seid, über andere Schulformen nachzudenken . . . solange sie den Menschen nur den Kopf vollstopfen und sonst nichts entwickeln, bitte ich Euch, den Antrag der CDU zu unterstützen. (Beifall bei BL, F. D. P. und CDU)."

Fazit:

Die Präferenz der Grünen für die „kleine Form" auch innerhalb der Bildungspolitik vernachlässigt die sozialen Implikatoren der Bildung.

Schlußbetrachtung

Die Wahlergebnisse bei den Landtagswahlen – vor allem die Ergebnisse bei den jüngeren Wählern – zeigen, daß sich die Grünen als eine parlamentarische Kraft etabliert haben, zumindest vorläufig (vgl. Tabelle 5). Mit ihrem politischen Wirken werden Hoff-

59 19/1339 f.
60 19/1373.

Tabelle 5: Wählerverhalten bei Landtagswahlen – Gesamtwählerschaft und Jungwähler (18–24 Jahre) im Vergleich

Land	CDU/CSU		SPD		FDP		Grüne		Sonstige	
	Insg.	JW	Insg.	JW	Insg.	JW	Insg.	JW	Insg.	JW
Bad.W. 1980	53,4	40,2	32,9	36,2	8,2	6,9	5,1	15,7	0,5	0,5
Bay. 1978	58,3	54,2	32,5	34,3	6,0	5,4	–	–	3,2	5,6
Berlin 1981	47,1	32,2	38,8	36,4	5.7	5,6	7,5	24,3	0,9	1,5
HB 1979	32,0	16,9	49,7	50,5	10,8	10,3	5,0	14,9	2,5	7,4
HH 1978	37,9	21,6	51,1	48,6	4,7	6,8	4,8*	20,6*	1,5	2,5
Hessen 1978	45,4	35,6	45,0	50,0	6,7	6,7	–	–	3,0	7,7
Nds. 1982	50,8	40,8	36,9	33,3	5,6	5,2	6,3	20,3	0,3	0,4
NRW 1980	41,8	30,6	49,9	53,5	5,0	5,1	2,8	10,1	0,3	0,5
RPF 1979	50,1	42,7	42,6	49,5	6,1	6,4	–	–	1,2	1,4
Saar. 1980	42,9	34,5	46,4	51,4	6,7	4,7	3,0	8,5	1,0	0,9
S.H. 1979	47,5	32,0	42,4	50,7	5,7	7,1	–	–	4,4	10,2

* Die Ergebnisse für „Bunte Liste" und „Grüne Liste Umweltschutz" wurden addiert.
Quelle: Repräsentative Wahlstatistiken der Statistischen Landesämter.

nungen verbunden, deren Erfüllung von den übrigen Parteien nicht (zur Zeit nicht?) erwartet wird. In diesen Parteien besteht die Befürchtung, daß vor allem der einmal sich abkehrende, den Grünen sich zuwendende jüngere Wähler weder kurzfristig noch langfristig zu einer anderen (Wahl) Entscheidung überzeugt werden kann.

Unsere Untersuchung bezieht sich nicht auf die jeweils subjektiv-politischen Erwartungen derjenigen, die sich politisch etwas von den Grünen erhoffen. Wir haben den Eindruck, daß den Hoffnungen und Sehnsüchten vor allem vieler jüngerer Bürger der traditionelle Politikbetrieb nicht gerecht wird. Mehr noch: es gibt unseres Erachtens keine zureichende Vermittlung vom Sinn bestehender politischer Institutionen, parlamentarischer Verfahren, der sie tragenden Parteien, und es gibt offenkundig auch keine politisch-historisch zureichende Vermittlung vom Weg dieser Gesellschaft, den Auseinandersetzungen und Kämpfen, den Fortschritten und Rückschlägen, aus denen sich erst eine politische, auf künftiges Handeln gerichtete Perspektive ableiten ließe. Wir haben den Eindruck, daß diese Problematik verstärkt in den Parteien aufgegriffen wird. Formen des Dialogs, der Vertrauensarbeit, des unmittelbaren Kontaktes zwischen politischen Institutionen, den dort arbeitenden Menschen und den von deren Entscheidungen Betroffenen, das frühzeitige Öffnen von Entscheidungen, all das wird – mehr oder weniger ausgeprägt – in allen Parteien stärker zu besprechen und einzubeziehen sein. Aber diese Untersuchung versucht, auf einigen Feldern der Politik der Frage nachzugehen, ob die *parlamentarische* Praxis der Grünen den Hoffnungen entspricht, die man gemeinhin bei ihren Wählern (und sicher auch dem einen oder anderen Wähler anderer Parteien) unterstellt. Das Ergebnis ist nicht einheitlich, zumal in den einzelnen Landesparlamenten deutliche Unterschiede zutage getreten sind.

In dem Maße, in dem Fragen der gesellschaftlichen Entwicklung politisch-konzeptionell abgelöst werden von sozialen und wirtschaftlichen Interessen, in diesem Maße verschwindet der Bezug zu den Inhalten wirtschaftlicher und sozialer Auseinandersetzungen. Die Übereinstimmung mit bestimmten gewerkschaftlichen Zielsetzungen wird damit zu einer plakativen Legitimationsformel (vgl. Tabelle 4), für die es ein Einlösen in den vorgetragenen politischen Handlungskonzepten (wenn sie in einem die Überprüfung ermöglichenden Maß konkretisiert werden) nicht gibt.

Ein solcher „neuer" Nenner der politischen Konzeption ist die Ablehnung von Großtechnologien, gesellschaftlichen Großstrukturen und – als Gegenpol – die ausgeprägte Sehnsucht nach überschaubaren Einheiten, abseits der Anonymität, der mangelnden demokratischen Durchdringung und der Überschaubarkeit von Entwicklungen und Entscheidungen, der Überwindung von Entfremdung. Das sind unbestritten Zielsetzungen, wie sie auch in der Arbeiterbewegung gelten und von der SPD sowie von den Gewerkschaften reklamiert werden. Freilich gerät diese Zielsetzung in die Gefahr einer bloßen idealistischen Hoffnung, wenn nicht entsprechendes, auch parlamentarisches Handeln Wege zur Verwirklichung dieser Hoffnung entwickelt. Selbst wenn man konzediert, daß es keine „grüne Modellschreinerei" gibt, aus der man solche Gesellschaftsmodelle entnehmen könnte – unseres Erachtens zeigt die parlamentarische Praxis der Grünen trotz der relativen Länge des untersuchten Zeitraumes sehr deutlich die mangelnde Konkretion ohne Reflexion gesellschaftlicher Bedingungen letztlich nur romantische Vorstellungen zu formulieren.

In der Umweltschutzdiskussion versuchen Grüne zu differenzieren zwischen ‚technischem Umweltschutz' (z. B. Mülldeponien, Entschwefelungsanlagen in Kohlekraftwerken) und ‚ökologischem Umweltschutz' (i. S. von Umstellungen der Wirtschaftstechnologien). Diese Unterscheidung wird in der politischen Argumentation eingesetzt, um praktische Umweltschutzmaßnahmen staatlicher Politik als nur vordergründig und unwirksam bekämpfen zu können. Diese Argumentation birgt die Gefahr in sich, in den letzten Jahren erreichte Fortschritte in der Sicherung einer lebensfreundlichen Umwelt gering zu achten.

Indem – ohne Frage wichtige und kontrovers zu beurteilende – politische Entscheidungen (z. B. Flughafenausbau in Frankfurt) zu „Lebensfragen" hochstilisiert werden, werden diese Entscheidungen zugleich dem demokratischen Willensbildungsprozeß entzogen, weil der Vertreter von „Lebensinteressen" für sich andere als die eigene Entscheidung nicht mehr bereit ist zu akzeptieren. Damit ist die Gefahr verbunden, daß letztendlich Mehrheitsentscheidungen gegen sich als Vertreter von Lebensinteressen verstehende Bürger nicht mehr getroffen werden können. Zugleich birgt diese Überhöhung von politischen Entscheidungen die Gefahr in sich, daß militante „Widerstandsaktionen" gegen als „lebensbedrohend" eingeschätzte Vorhaben „legitimiert" werden.

Die Grünen sind keine einheitliche politische Kraft. Gerade jüngere Vorgänge, wie die Entwicklung in Bremen mit dem Ausschluß eines Abgeordneten aus der dortigen Fraktion und dem umgekehrten „Hinauswurf" der Ausschließenden aus der „grünen" Bewegung, die Aufforderung zur Mandatsrückgabe an einen Abgeordneten in Baden-Württemberg, der ein Ausschluß aus parlamentstaktischen Gründen nicht folgt (man will dort gerne Fraktion mit allen politischen und materiellen Vorteilen bleiben und verhält sich dann halt so wie die anderen Parteien, die sonst deswegen so heftig kritisiert werden) und –wichtiger: die auf ein gemeinsames Handlungskonzept nicht verständigten politischen Strömungen innerhalb der Grünen, zeigen ein ständiges Gefahrenpotential für politische Konsistenz und Wirksamkeit der Grünen auf längere Sicht. Heute dagegen stören solche Erscheinungen die Attraktivität der Grünen nicht, sie bleiben oft unbekannt und finden keinen Eingang in die Öffentlichkeit, die von den Wählern oder Anhängern der Grünen registriert wird. Im Gegenteil: manche dieser Unschärfen, der Konflikte untereinander und vor allem, der Verzicht auf Konkretion und der damit verbundene Rückzug ins Allgemeine, Unverbindliche, Gefühlige macht geradezu die Attraktivität der Grünen zu einem wichtigen Teil aus.

Damit wird zugleich das zentrale Risiko beschrieben, wenn Kreativität, Phantasie, Dynamik, Ideenreichtum für die Durchsetzung politischer Konzeptionen letztlich verpuffen. Das Risiko besteht in einer massiven und dauerhaften Enttäuschung von der Politik insgesamt, von der Fähigkeit also, gesellschaftliche Fragen durch gemeinsames, geduldiges und zielbewußtes Handeln zu lösen. Hier liegt die eigentliche Aufgabe, der sich die anderen Parteien in der Auseinandersetzung mit den Grünen zu wenig, manche gar nicht stellen.

Rudolf Scharping und *Joachim Hofmann-Göttig*

AUFSÄTZE

Die Auflösung des Deutschen Bundestages nach Art. 68 GG. Zum Urteil des Bundesverfassungsgerichts vom 16. Februar 1983 (2 BvE 1–4/83)*

Hans Hugo Klein

Nicht oft hat ein verfassungspolitischer Vorgang in dem Maße die Aufmerksamkeit nicht nur der fachlich interessierten Öffentlichkeit gefunden wie die Auflösung des 9. Deutschen Bundestages. Aber auch und gerade die deutsche Staatsrechtslehre hat daran breiten Anteil genommen und mit ihren Äußerungen in wiederum seltenem Umfang Zugang zu den Massenmedien gefunden[1]. Setzt Finden wirklich Suchen voraus, wie Bundesverfassungsrichter *Hans Justus Rinck* in seinem Sondervotum bemerkt[2]?

* Der Abhandlung liegt ein Vortrag zugrunde, den der Verfasser auf einem wissenschaftlichen Kolloquium aus Anlaß des 80. Geburtstags von Prof. Dr. *Ernst Rudolf Huber* am 11. Juni d. J. in Freiburg gehalten hat.

1 Hingewiesen sei beispielhaft auf: *E.-W. Böckenförde*, Leserbrief, FAZ vom 11.10.1982; ders., Badische Zeitung vom 16./17.11.1982; *E. Dreher*, Leserbrief, FAZ vom 6.10.1982; *W. Hennis*, Rheinischer Merkur/Christ und Welt Nr. 49 vom 3.12.1982; ders., Süddeutsche Zeitung vom 11.12.1982; *H. Jäckel*, Leserbrief, FAZ vom 28.10.1982; *M. Kriele, J. Isensee, F. Ossenbühl, J. M. Mössner, R. Herzog, D. Blumenwitz*, Die Welt vom 8.10.1982; *K. Niclauß*, Die Zeit Nr. 49 vom 3.12.1982; *Th. Oppermann*, Leserbrief, FAZ vom 2.2.1983; *F. Ossenbühl*, Die Zeit Nr. 43 vom 22.10.1982; *K. Schlaich*, Generalanzeiger (Bonn) vom 28.12.1982; *H. P. Schneider*, Der Spiegel Nr. 39/1982, S. 27 f.; *P. Schneider*, Allgemeine Zeitung (Mainz) vom 21.10.1982; *R. Scholz, E.-W. Böckenförde, E. Denninger*, Die Welt vom 27.9.1982; *C.-Chr. Schweitzer*, Leserbrief, FAZ vom 26.11.1982; *K.-H. Seifert*, Leserbrief, FAZ vom 16.11.1982; *H. Steiger*, Die Zeit Nr. 42 vom 15.10.1982; *R. Wahl*, Leserbrief, Süddeutsche Zeitung vom 16./17.10.1982. Zu beachten ferner: *F. K. Fromme*, FAZ vom 29.9., 30.11., 11.12.1982; *W. Birkenmaier*, Stuttgarter Zeitung vom 23.9.1982. In wissenschaftlichen Zeitschriften haben sich geäußert: *H. Liesegang*, NJW 1983, 147 ff.; *H. Maurer*, DöV 1982, 1001 ff., *G. Püttner*, NJW 1983, 15 f.; *W. Schenke*, NJW 1982, 2521 ff.; NJW 1983, 150 ff.; *M. Schröder*, JZ 1982, 786 ff.; *G. Schultz*, MDR 1983, 15 ff.; *W. Steffani*, ZParl 1982, 573 ff.; *W. Zeh*, ZParl 1983, 119 ff.; *ders.*, Bundestagsauflösung und Neuwahlen, Der Staat 22 (1983), 1 ff. Ferner sei hingewiesen auf die zur Begründung der Organklagen vorgelegten Schriftsätze von *W. Schenke, K. Schlaich* und *R. Wahl* sowie die Diskussionsbeiträge von *B. Erhard* (CDU), *G. Fischer* (SPD), *D. Kleinert* (FDP), *R. Wahl, H. Meyer, J. Isensee, M. Friedrich, C.-Chr. Schweitzer* u. a. in: ZParl 1983, 128 ff. Der Verfasser dieser Abhandlung hat sich in einem unveröffentlichten Gutachten geäußert. Frühere Publikationen zum Thema führt der Richter *Hans Justus Rinck* in seinem Sondervotum unter V (Fn.) an.

2 BVerfG, Urteil vom 16.2.1983, DöV 1983, 236 (mit Anmerkung *H. Meyer*); DVBl. 1983, 321 ff. mit Sondervoten der Richter Vizepräsident *Wolfgang Zeidler, Rinck, Joachim Rottmann*.

Teilweise schlug die Leidenschaft hohe Wogen: *Klaus Schlaich* beschwor in seinem Plädoyer vor dem Bundesverfassungsgericht dramatisch die Gefahr eines Karussels der Auflösungen, wenn das Gericht dem in Gang gesetzten Verfahren nicht Einhalt gebiete[3], es gelte, die Hoffnung hochzuhalten, daß Bonn nicht Weimar sei[4], *Wilhelm Hennis* gar erwog die Möglichkeit eines drohenden Staatsstreichs[5]. Schrille Töne dieser Art haben um so mehr überrascht, als die Begleitmusik zu einem immerhin ähnlichen Vorgang, der Auflösung des 6. Deutschen Bundestages im September 1972, wesentlich gedämpfter ausgefallen war[6]. Damals meinte *Hans-Peter Schneider,* im Jahre 1982 ein Verfechter der Ungangbarkeit des Weges über Art. 68 GG[7], Sinn und Zweck dieser Vorschrift sei kaum die Abgabe eines positiven Vertrauensvotums, sondern vor allem die negative oder unechte Vertrauensfrage, die entweder eine Parlamentsauflösung oder die Verkündung des Gesetzgebungsnotstandes (Art. 81 GG) „zum Ziel" (sic!) habe[8].

Nach dem Urteil des Bundesverfassungsgerichts vom 16. Februar 1983[9] hat rasche Ernüchterung Einkehr gehalten. Die Wahlen zum 10. Deutschen Bundestag haben solide Mehrheitsverhältnisse geschaffen. Die Aufgeregtheiten der veröffentlichten Meinung haben sich, so scheint es, dem Wähler nicht mitgeteilt. Vor diesem Hintergrund mag es möglich sein, mit der gebotenen Gelassenheit zu diskutieren, ob die verfassungsgerichtliche Billigung des politischen Geschehens zu der von einigen anscheinend befürchteten strukturellen Veränderung unseres Verfassungsrechts geführt und zum Abbau von Hürden beigetragen hat, die das Grundgesetz gegen einen Rückfall in jene politische Instabilität zu errichten versucht hat, die der Republik von Weimar zum Verhängnis geworden ist. Ist etwa das Grundgesetz – durch diese Entscheidung des Bundesverfassungsgerichts! – „ in ein plebizitäres Gefälle" gerutscht, wie *Ernst-Wolfgang Böckenförde*[10] argwöhnte, oder ist das politische Gewicht des Bundeskanzlers gegenüber dem Parlament dadurch zum erdrückenden Übergewicht geworden? Ist also ein Verfassungswandel eingetreten, der dem vom Grundgesetz stark betonten repräsentativen Prinzip Abbruch tut? „Die Fähigkeit zum Verfassungswandel wohnt den Realvorgängen des Verfassungslebens nur inne, wenn sie ‚Wirklichkeit des Verfassungsrechts', nämlich Realisation des sich als Grundordnung des Staates manifestierenden Rechtsprinzips waren"[11].

3 S. 13 des Manuskripts.
4 Ebenda, S. 10.
5 S. Fn. 1.
6 Damals äußerten sich: *U. Scheuner,* Leserbrief, FAZ vom 19.6.1972; *Hauck,* DVBl. 1971, 135 ff.; *H.-P. Bull,* ZRP 1972, 201 ff.; *Tiemann,* JZ 1972, 510 ff.; *R. Leicht,* ZRP 1972, 204 ff.; *H.-P. Schneider,* JZ 1973, 652 ff.; *W. Schreiber,* SKV 1972, 233 ff.; *G. Kretschmer* in: *K. Kremer,* Parlamentsauflösung, 1974, S. 1 ff., 255 ff.
7 Vgl. Fn. 1.
8 JZ 1973, 655.
9 Vgl. Fn. 2.
10 FAZ vom 11.10.1982.
11 *E. R. Huber,* Deutsche Verfassungsgeschichte seit 1789, 6. Bd., 1981, S. 428.

I. Die Rechtslage nach dem Urteil

Wie also ist die Rechtslage nach dem Urteil des Bundesverfassungsgerichts, welches ist die nunmehr „die Verfassungsorgane des Bundes und der Länder sowie alle Gerichte und Behörden" (§ 31 Abs. 1 BVerfGG) bindende Auslegung des Art. 68 GG?

1. Der Zweck der Vertrauensfrage

Das Bundesverfassungsgericht stellt zunächst fest, daß die verschiedenen Stufen des Verfahrens, das zur Auflösung des Bundestages führt, je für sich den verfassungsrechtlichen Anforderungen entsprechen müssen. Die „politische Leitentscheidung" des Bundespräsidenten, die zu treffen in seinem Ermessen liegt, nämlich auf den entsprechenden Vorschlag des Kanzlers hin den Bundestag aufzulösen oder nicht, setzt voraus, daß sämtliche formellen und materiellen Tatbestandserfordernisse des Art. 68 GG erfüllt sind.

Über die formellen Tatbestandsmerkmale besteht kein Streit; sie waren auch in den Auseinandersetzungen des Winters 1982/83 nicht zweifelhaft. Streitig war vielmehr, ob Art. 68 GG über seine geschriebenen Tatbestandsmerkmale hinaus gebietet, daß von der Vertrauensfrage nur in einem sogenannten positiven Sinn Gebrauch gemacht wird, also um das verloren gegangene Vertrauen der Parlamentsmehrheit zurückzugewinnen oder ein sich verflüchtigendes Vertrauen zu restabilisieren. Nach dieser Auffassung[12] darf also die Vertrauensfrage nicht in der Absicht gestellt werden, über ihre Verneinung die Auflösung des Bundestages herbeizuführen. Die Möglichkeit der Auflösung darf sich nur als eine unbeabsichtigte, wenngleich unter Umständen wissentlich in Kauf genommene Folge der Vertrauensfrage ergeben. *Rinck*[13] verweist zur Begründung dieser Meinung, wie erwähnt, auf den Wortlaut des Art. 68 GG: Wer Vertrauen „finden" wolle, müsse eben danach suchen!

Das Bundesverfassungsgericht[14] definiert den Begriff des Vertrauens demgegenüber als Zustimmung zu Person und Sachprogramm des Bundeskanzlers, als die „Bereitschaft, das zumindest in Umrissen vorgezeichnete Regierungsprogramm oder ein konkretes Verhalten, mit dem der Bundeskanzler die Vertrauensfrage verbindet, grundsätzlich zu unterstützen". Es geht also, wie *H. Pohl* es im Blick auf Art. 54 WRV formuliert hat, bei dem Entzug des Vertrauens nicht um den Vorwurf mangelnder Pflichterfüllung, sondern um die Verweigerung der politischen Gefolgschaft[15]. *Püttner*[16] spricht von parlamentarischer Bestätigung oder Legitimation der Regierung.

Vertrauen und Mißtrauen i. S. des Verfassungsrechts sowohl der Weimarer Zeit wie der Bundesrepublik Deutschland sind also entgegen einer weit verbreiteten Ansicht keine moralischen Kategorien. Nur wenn es so wäre, ließe sich ein Verfahren, in dem der

12 Vgl. BVerfG, a.a.O., unter A II 1 b aa.
13 Unter I.
14 Unter C II 1.
15 Handbuch des Deutschen Staatsrechts, 1. Bd., 1930, S. 520 ff. (537).
16 NJW 1983, 16.

Kanzler ein negatives Votum erstrebt, als widersinnig bezeichnen. Die vom Bundesverfassungsgericht vorgenommene Entmythologisierung des Vertrauensbegriffs ist um so bedeutsamer, als es auch der moralischen Überfrachtung eines anderen Verfassungsbegriffs, nämlich des Begriffs des Gewissens in Art. 38 Abs. 1 GG, entgegenzutreten gilt, und zwar im vitalen Interesse der Lebenskraft der repräsentativen Demokratie: Die politische Tagespublizistik geht nämlich weithin davon aus, daß der Abgeordnete nur selten „Gewissens"-entscheidungen zu treffen habe, etwa wenn die Strafbarkeit der Schwangerschaftsunterbrechung zur Debatte steht. Folgerichtig nimmt der Druck auf den einzelnen Abgeordneten, sich im Normalfall der Fraktionsdisziplin zu fügen, zu. Abweichendes Stimmverhalten gerät in den Ruch der Illegitimität. Abstimmungen mit wechselnden Mehrheiten gelten als unseriös und gefährden den Bestand von Regierungen. Richtig hingegen ist: Bei jeder Abstimmung im Parlament ist der Abgeordnete frei, an Weisungen nicht gebunden und also nur seinem Gewissen unterworfen.

2. Das ungeschriebene Tatbestandsmerkmal der „politischen Instabilität der Lage"

Wenn sich also aus dem Begriff des Vertrauens nicht ableiten läßt, daß es dem Bundeskanzler von Verfassungs wegen um eine positive Beantwortung der Vertrauensfrage zu tun sein muß, so soll das Instrumentarium des Art. 68 GG doch auch nicht dazu dienen dürfen, bei jeder sich bietenden Gelegenheit und unter beliebigem Vorwand aufgrund entsprechender Verabredung zwischen dem Bundeskanzler und der seine Regierung tragenden Mehrheit sowie im Einverständnis mit dem Bundespräsidenten eine Auflösung des Bundestages mit anschließender Neuwahl zu veranlassen. Die mit einem jederzeitigen Auflösungsrecht des Bundeskanzlers verbundene, nach Ansicht des Bundesverfassungsgerichts in ihrem Wert freilich zweifelhafte „Prämie auf den legalen Machtbesitz"[17] steht dem Bundeskanzler nach dem Grundgesetz nicht zu.
Deshalb imputiert das Gericht dem Art. 68 GG ein ungeschriebenes Tatbestandsmerkmal, welches „erfordert, daß der Bundeskanzler der stetigen parlamentarischen Unterstützung durch die Mehrheit des Bundestages nicht sicher sein kann"[18]. Eine „politische Lage der Instabilität" muß gegeben sein. Dies ergebe sich, meint das Gericht, aus dem normativen Zusammenhang, der darauf abziele, „Regierungsfähigkeit herzustellen, zu gewinnen oder zu erhalten – und zwar mit dem amtierenden Bundestag ...". Art. 68 fordere als Mißbrauchsschranke mehr als nur die Abstimmung des Bundestages und die Entscheidungsmacht des Bundespräsidenten: „Der Bundeskanzler, der die Auflösung des Bundestages auf dem Weg des Art. 68 GG anstrebt, soll dieses Verfahren *nur* anstrengen dürfen, wenn es politisch für ihn nicht mehr gewährleistet ist, mit den im Bundestag bestehenden Kräfteverhältnissen weiter zu regieren. Die politischen Kräfteverhältnisse im Bundestag müssen seine Handlungsfähigkeit so beeinträchtigen oder lähmen, daß er eine vom stetigen Vertrauen der Mehrheit getragene Politik nicht sinnvoll zu verfolgen vermag. Dies ist ungeschriebenes sachliches Tatbestandsmerkmal des

17 Vgl. *C. Schmitt*, Legalität und Legitimität, in: Verfassungsrechtliche Aufsätze, 1958, S. 263 ff., 288 f., 348; *ders.*, Machtpositionen des modernen Staates, das., S. 367 ff., 369.
18 Unter C II 2 c.

Art. 68 Abs. 1 Satz 1 GG; es muß erfüllt sein, damit ein Verfahren nach Art. 68 GG im Einzelfall verfassungsmäßig ist".
Dieses Ergebnis wird in systematischer Hinsicht damit begründet, daß das Grundgesetz – Art. 39 Abs. 1 Satz 1 i. V. m. Art. 63 Abs. 4 Satz 3 und Art. 68 – die vierjährige Dauer der Wahlperiode nicht nur formal als die Regel und ihre vorzeitige Beendigung auch faktisch als die Ausnahme betrachte, um die „Arbeitsfähigkeit des Parlaments in einer modernen Massendemokratie (zu) sichern". Diese Entscheidung für eine weitgehende Restriktion der Auflösungsmöglichkeiten richte sich gegen das praktisch unbegrenzte Auflösungsrecht des Reichspräsidenten nach Art. 25 WRV, hingegen „nicht in erster Linie gegen ein Selbstauflösungsrecht" des Parlaments, das die Weimarer Verfassung auch nicht gekannt hat.

3. Bestätigung durch die Entstehungsgeschichte

In der im Vorfeld des Verfahrens lebhaft umstrittenen Entstehungsgeschichte des Art. 68 GG sieht das Bundesverfassungsgericht[19] eine Bestätigung seiner Auslegung. Zu Recht, wie ich glaube. Denn die hier in Rede stehenden Regelungen des Grundgesetzes sind bestimmt, zwei möglichen Fehlentwicklungen des parlamentarischen Regierungssystems unter der Geltung der Weimarer Reichsverfassung einen Riegel vorzuschieben:

(a) Ein bloß destruktives Mißtrauensvotum, das die Regierung ohne Mehrheit und ohne eigene Handhabe läßt, das Parlament in die Verantwortung zu zwingen, aber auch die Notwendigkeit einer konstruktiven Alternative, der Bildung einer neuen Mehrheit also, nicht statuiert, sollte ausgeschlossen werden.
(b) Das keiner wirksamen Schranke unterworfene Auflösungsrecht des Reichspräsidenten hat im Grundgesetz keine Parallele. Dieses Recht hat es dem Reichspräsidenten wie dem Monarchen im konstitutionellen System ermöglicht, die von ihm favorisierte, parlamentarisch jedoch in die Minderheit geratene (oder von vornherein in der Minderheit befindliche) Regierung zu stützen[20], was um so eher möglich war, als das Vertrauen des Reichstages, dessen die Regierung nach Art. 54 WRV bedurfte, nach der Staatspraxis und der ihr folgenden herrschenden Meinung im Schrifttum[21] einer vom Reichspräsidenten neu ins Amt berufenen Regierung nicht ausdrücklich bekundet werden mußte, sondern solange als gegeben angesehen wurde, als es der Reichstag nicht ausdrücklich widerrief. Hier lag der wesentliche Grund dafür, daß es den Parteien des Reichstags so leicht fiel, sich der Verantwortung, d. h. der Bildung einer Mehrheit, zu entziehen.

Diesen Gefahren ist im geltenden Verfassungsrecht wirksam vorgebeugt, und dabei bleibt es. Denn weder ist ein nur destruktives Mißtrauensvotum mit der Folge des Kanzlersturzes möglich, noch kann der Bundespräsident über den Kopf des Bundestages hinweg eine Minderheitsregierung berufen und ihr durch Parlamentsauflösungen Luft schaffen. Hingegen hat es das Grundgesetz – vernünftigerweise – nicht unternom-

19 Unter C II 3.
20 *H.-J. Toews,* Verfassungsreform und Parlamentsauflösung in: Im Dienst an Recht und Staat, Festschrift für *W. Weber,* 1974, S. 269 ff., 271. Vgl. auch *E. Busch,* Die Parlamentsauflösung 1972, ZParl 1973, 213 ff., 215 ff.
21 *G. Anschütz,* Die Verfassung des Deutschen Reiches vom 11.8.1919, 14. Aufl. 1933 (Neudruck 1960), Art. 54 Anm. 2, 3; *C. Schmitt,* Verfassungslehre, 3. Aufl. 1957, S. 344 ff.

men, auseinanderstrebende Mehrheiten wider ihren Willen beieinander- oder einander befehdende Gruppierungen zu widerwilliger Zusammenarbeit anzuhalten. Zwar soll eine vorzeitige Beendigung der Wahlperiode des Bundestages die Ausnahme bleiben, sie soll nur in Betracht kommen, wenn es bei der Mehrheits- bzw. Regierungsbildung versagt. Die Verantwortung für das Zustandekommen einer tragfähigen Mehrheit bleibt vorrangig. Aber die Frage, unter welchen Voraussetzungen von einem Versagen vor dieser Verantwortung gesprochen werden kann, hat das Verfassungsgericht nicht geregelt und konnte, ja durfte es nicht regeln. Und zwar deshalb nicht, weil sie von politischen Willensentscheidungen abhängen, nämlich der Entscheidung der Fraktionen, letztlich jedes einzelnen Abgeordneten des Bundestages, darüber, ob sie sich mit anderen zu einer tragfähigen Mehrheit zusammenfinden wollen oder nicht. Diese Entscheidung aber ist notwendig frei (Art. 38 Abs. 1 Satz 2 GG). Das liegt in der unabweisbaren Logik des repräsentativ-parlamentarischen Systems.
Es ist dieser Aspekt, der der viel zitierten Äußerung des Abgeordneten *Rudolf Katz* (SPD) in der 4. Sitzung des Hauptausschusses des Parlamentarischen Rates vom 17. September 1948 zu dem von ihm eingebrachten Antrag, dem Grundgesetz einen Art. 90 a einzufügen, den heutigen Art. 68, großes Gewicht verleiht:

„Hier handelt es sich nicht um einen Mißtrauensantrag i. S. der Weimarer Verfassung, sondern um die Möglichkeit, der Bundesregierung im Falle eines ernsthaften politischen Konflikts oder für den Fall, daß die Bundesregierung den Wunsch hat, eine wichtige politische Frage durch das Volk entscheiden zu lassen, ein Auflösungsrecht zu schaffen."

Und ergänzend in der 33. Sitzung des Hauptausschusses am 8. Januar 1949:

„Der Sinn des Art. 90 a ist, der Regierung die Chance einer Neuwahl zu geben, wenn sie es für gegeben erachtet".

Gewiß sind diese Aussagen nicht die einzig relevanten. Aber sie beweisen – übrigens durchaus in Übereinstimmung mit den Einlassungen anderer an der Diskussion Beteiligter[22] – die Einsicht, daß mit der Ersetzung des bloß destruktiven durch ein konstruktives Mißtrauensvotum mitnichten eine Lösung für alle denkbaren parlamentarischen Krisenlagen gefunden war. Deshalb wurde erwogen und entschieden, daß bei ungesicherten bzw. unklaren Mehrheitsverhältnissen die Regierung nicht zum mühsamen Überleben gezwungen, sondern in die Lage zu setzen sei, selbst die Initiative zur Lösung der Krise zu ergreifen, sei es durch eine Auflösung des Bundestages, sei es durch die Herbeiführung einer neuen Mehrheit. Eine parlamentarische Krise, jene „politische Lage der Instabilität", die das Bundesverfassungsgericht zur ungeschriebenen Voraus-

22 Vgl. die Darlegungen des BVerfG unter C II 3 sowie den im Sondervotum des Richters *Rinck* unter IV 3 a ausführlich zitierten Bericht des Abgeordneten *Robert Lehr*, der die Auslegung des Gerichts ebenfalls bestätigt: Der Bundespräsident sollte bei destruktiver Mehrheit zwar nicht allein über die Auflösung des Bundestages befinden dürfen – das wäre die Wiederherstellung der Rechtslage nach der WRV gewesen! Aber nirgendwo, an keiner Stelle der Materialien, wird die – unter den Bedingungen des parlamentarischen Regierungssystems in der Tat unsinnige – Forderung erhoben, dem fehlenden Willen zur Mehrheitsbildung dürfe keine Beachtung geschenkt werden.

setzung des Verfahrens nach Art. 68 GG erhebt, kann auf die unterschiedlichste Weise entstehen, weil sie stets auf die freie Willensentschließung einer Vielzahl von einzelnen zurückgeht, ihre Ursachen also so vielfältig sein können, wie die denkbaren Motive der Handelnden. Der den Verfassungsvätern in ihren Diskussionen vor Augen stehende Fall, daß eine Mehrheit durch den Rückzug einer oder mehrerer Fraktionen aus der bislang bestehenden Koalition zerfällt (Ende der Regierung *Erhard* 1966), ist, wie die Vorgänge von 1972 und 1982 zeigen, nicht der einzig vorstellbare. Deshalb ist es zutreffend, mit dem Bundesverfassungsgericht die Anwendbarkeit des Art. 68 GG nicht auf die im Parlamentarischen Rat angesprochenen Fallgestaltungen zu beschränken. „Man wollte eine Norm schaffen, die Grenzen setzt und die die im Rückblick auf Weimar vor Augen stehenden Gefahren für die Stabilität der neuen Republik bannen sollte, ohne den notwendigen politischen Freiraum über Gebühr einzuschränken"[23].
Nach alledem ist es auch richtig, daß die Vertrauensfrage nicht notwendig mit dem primären Ziel gestellt werden muß, eine Mehrheit zu finden. *Hans-Peter Schneider*[24] hat zutreffend schon im Jahre 1973, lange also, bevor die Bundesrepublik Deutschland im Februar 1983[25] die bisher einzige praktische Erfahrung damit zu machen Gelegenheit fand, den Nutzen des Art. 68 GG als Instrument zur Disziplinierung einer zerfallenden Mehrheit bezweifelt. Vielmehr darf der Bundeskanzler (und wird er regelmäßig) das Verfahren gemäß Art. 68 GG mit dem Ziel einleiten, zu Neuwahlen zu gelangen[26]. Art. 68 GG ist wie die im gleichen normativen Zusammenhang angesiedelten Vorschriften bestimmt, stabile Mehrheitsverhältnisse zu gewährleisten und die Handlungsfähigkeit der Regierung zu sichern. Eine Auslegung, die bei ungesicherter Mehrheit eine Auflösung ausschlösse, wäre vom Normzweck her gesehen kontra-produktiv.

4. Die Wirksamkeit der Mißbrauchsvorkehr

Ob freilich das vom Bundesverfassungsgericht entwickelte, der Staatspraxis abgeschaute und in der Entstehungsgeschichte bestätigt gefundene ungeschriebene Tatbestandsmerkmal der „politischen Lage der Instabilität" geeignet ist, über die in den einzelnen Stationen des Verfahrens und den politischen Risiken gelegenen Hindernisse hinaus einem normzweckwidrigen Gebrauch des in Art. 68 GG bereitgestellten Instrumentariums zu begegnen, hängt von dem Grade seiner juristischen Präzisierbarkeit, seiner Justitiabilität also, wesentlich ab.
Nach dem Urteil des Bundesverfassungsgerichts[27] ist das Vorliegen dieses Tatbestandsmerkmals zuerst vom Bundeskanzler, sodann vom Bundestag zu prüfen. Dem Bundespräsidenten habe das Grundgesetz im Rahmen dieses Verfahrens die Rolle einer neutralen Entscheidungsinstanz zugewiesen. Das soll wohl besagen, daß auch er selbständig zu beurteilen hat, ob die rechtlichen Voraussetzungen einschließlich jenes ungeschriebenen Tatbestandsmerkmals vorliegen, bevor er in die seiner „politischen Leitentschei-

23 BVerfG unter C II 3 c.
24 JZ 1973, 654.
25 Verhandlungen des 9. Deutschen Bundestages, 84. Sitzung am 5.2.1982, S. 5050 ff.
26 Das war bekanntlich auch die Absicht des Bundeskanzlers *H. Schmidt* im September 1982.
27 Unter C II 5.

dung" vorausliegenden Ermessenserwägungen eintritt. Allerdings räumt das Bundesverfassungsgericht dem Bundeskanzler bei der politischen Einschätzung der Lage, also in bezug auf die Frage, ob diese Lage die Merkmale der Instabilität trägt oder nicht, wegen ihres Prognosecharakters sowohl gegenüber dem Bundespräsidenten als auch gegenüber dem Bundesverfassungsgericht einen Beurteilungsspielraum ein, der nur dann von den beiden zuletzt genannten Organen als überschritten gerügt werden darf, wenn der Lagebeurteilung des Bundeskanzlers eine andere „eindeutig vorgezogen werden" kann. Ist das nicht (?) der Fall, setzt das Ermessen des Bundespräsidenten ein, in dessen Rahmen er ohne Bindung an die vorausgegangenen Elemente des gestuften Verfahrens die Lage einer selbständigen Prüfung unterziehen muß. Hierbei spielen dann Gesichtspunkte wie der Schutz politischer Minderheiten oder die Zustimmung der im Bundestag vertretenen Parteien zu Neuwahlen die ihnen gemäße Rolle.
Legt man die vom Bundesverfassungsgericht[28] entwickelten Maßstäbe für die Beurteilung von Prognosen des Gesetzgebers zugrunde, die sich insbesondere an „der Eigenart des in Rede stehenden Sachbereichs, den Möglichkeiten, sich ein hinreichend sicheres Urteil zu bilden, und der Bedeutung der auf dem Spiele stehenden Rechtsgüter" orientieren und von der Evidenz- über die Vertretbarkeits- bis zu einer intensivierten inhaltlichen Kontrolle reichen, so scheint klar zu sein, daß das Bundesverfassungsgericht dem Bundespräsidenten und sich selbst hinsichtlich der Rechtmäßigkeit des Antrags des Bundeskanzlers, ihm das Vertrauen auszusprechen, und der Entscheidung des Bundestages über diesen Antrag lediglich die Befugnis zu einer Evidenzkontrolle einräumt.
Vor allem die Kompetenzen des Bundeskanzlers und des Bundespräsidenten sind vom Bundesverfassungsgericht nicht eindeutig gegeneinander abgegrenzt worden – *F. K. Fromme*[29] spricht insoweit von einem Bruch in der Argumentation des Gerichts. Indessen dürfte das Bundesverfassungsgericht von der richtigen Einsicht ausgegangen sein, daß es bei Wahrung des dominierenden Zwecks der einschlägigen Verfahrensnormen, stabile parlamentarische Mehrheiten und die Handlungsfähigkeit der Regierung ermöglichen zu helfen, zugleich ein Höchstmaß an politischer Bewegungsfreiheit zu bewahren gelte. Diese Überlegung veranlaßt das Gericht zu großzügiger Bemessung einerseits der Einschätzungsprärogative des Bundeskanzlers, andererseits aber auch des dem Bundespräsidenten eingeräumten Ermessensspielraums. Mit anderen Worten: der Bundespräsident darf zwar nur in Ausnahmefällen entgegen der Lagebeurteilung des Bundeskanzlers von stabilen Verhältnissen ausgehen und deshalb das Vorliegen der verfassungsrechtlichen Voraussetzungen für seine eigene politische Leitentscheidung verneinen; er darf (und muß) aber im Rahmen dieser Entscheidung gleichwohl die Gesamtheit der Umstände berücksichtigen und aufgrund selbständiger Bewertung gegebenenfalls zu dem Ergebnis kommen, daß dem Antrag des Bundeskanzlers, den Bundestag aufzulösen, nicht stattzugeben sei. Diese Interpretation des Art. 68 GG trägt nicht nur auf realistische Weise der Tatsache Rechnung, daß die für die verfassungsrechtlich determinierte Entscheidung des Bundeskanzlers auf der einen und für die politische Leit-

28 BVerfGE 50, 290 (333). Vgl. dazu v. a. *F. Ossenbühl*, Die Kontrolle von Tatsachenfeststellungen und Prognoseentscheidungen und das BVerfG in: *Chr. Starck* (Hrsg.), Bundesverfassungsgericht und Grundgesetz 1976, 1. Bd., S. 458 ff.

29 FAZ vom 18.2.1983.

entscheidung des Bundespräsidenten auf der anderen Seite in Betracht kommenden Gesichtspunkte sich nicht säuberlich scheiden lassen. Sie beugt auch, indem sie die Entscheidungskompetenz beider auf je eigene Füße stellt, wirksam einem leichtfertigen und normzweckwidrigen Mißbrauch des Art. 68 GG vor. Es wird wohl – wenngleich auf subtile Weise – an keiner Stelle des Urteils des Bundesverfassungsgerichts deutlicher als hier, daß auch nach seiner Ansicht die Auflösung des Bundestages am 6. Januar 1983 – „kein Stück (war), das in Serie gehen darf“[30].

Die Wirksamkeit der Mißbrauchsvorkehr, soweit sie normativ möglich ist, wird also weniger in einer Ausdehnung der verfassungsrechtlichen Kontrolle – sei es durch den Bundespräsidenten, sei es durch das Bundesverfassungsgericht – gesucht, als in der Betonung der Eigenständigkeit der Beurteilungskompetenz der am Verfahren beteiligten Organe. Deshalb kann im übrigen auch von der verdeckten Einführung eines parlamentarischen Selbstauflösungsrechtes keine Rede sein.

II. Die abweichende Meinung der dissentierenden Richter

1. Darstellung der Auffassungsunterschiede

Zur weiteren Verdeutlichung sei der Frage nachgegangen, worin sich die Entscheidung des Gerichts von der Auffassung der Antragsteller und der ihnen folgenden dissentierenden Richter unterscheidet. Dies festzustellen, ist deshalb nicht leicht, weil das Gericht den Antragstellern mit der Anerkennung des ungeschriebenen Tatbestandsmerkmals „politische Lage der Instabilität“ ein großes Stück entgegengekommen ist. Die folgenden Sätze aus dem Sondervotum des Richters *Rinck* etwa könnten auch im Urteil stehen:

„Solange das Parlament fähig ist, mit der Mehrheit seiner Mitglieder einen Bundeskanzler zu wählen und/oder zu stützen, ist die Auflösung ausgeschlossen. Gleiches gilt, sobald es diese Fähigkeit, falls sie verloren war, zurückgewonnen hat. Die Regierungsbildung aus dem Parlament heraus hat also während der Dauer der Legislaturperiode Vorrang vor Neuwahlen“.

„Vielmehr setzt Art. 68 GG eine Situation voraus, in der die Ablehnung des Vertrauensantrags des Bundeskanzlers durch den Bundestag anzeigt, daß der Bundeskanzler nicht mehr von der Mehrheit, die ihn gewählt hat, getragen wird und in der auch eine andere Mehrheitsbildung nicht möglich zu sein scheint“.

„Umgekehrt ist eine Bundestagsauflösung verfassungswidrig, wenn der Kanzler ohne Vorliegen einer derartigen Krisensituation und in der erkennbaren, ausschließlichen Absicht der Auflösung des Bundestages durch den Bundespräsidenten ein künstliches Mißtrauensvotum im äußeren Gewande einer Vertrauensfrage herbeiführt und im Anschluß daran vorschlägt, den Bundestag aufzulösen“.

„Solange die Abstimmungsniederlage nicht Ausdruck einer gegenwärtigen Regierungskrise ist, in der die Bundesregierung ihre Fähigkeit eingebüßt hat, mit Unterstützung der Mehrheit des Parlaments politische Vorhaben durchzusetzen, fehlen die rechtlichen Voraussetzungen für eine Bundestagsauflösung“[31].

30 *H. Herles*, FAZ vom 26.3.1983.

31 Unter II 1 b, II 2 und V.

Weiter als *Rinck* scheint der Richter *Dr. Rottmann* zu gehen, wenn er die Forderung aufstellt, die „politische Lage der Instabilität" müsse in Abstimmungsniederlagen der Bundesregierung und der sie tragenden Fraktionen im Bundestag manifest geworden sein, und die Vertrauensfrage dürfe „im Regelfall" (?) nur der Minderheitskanzler und dieser „im allgemeinen" (?) nur in der Absicht stellen, das Vertrauen des Bundestages zurückzugewinnen[32].

Unbeschadet gewisser Abweichungen im einzelnen scheinen jedoch beide Sondervoten mit den Antragstellern vor allem darin übereinzustimmen, daß die verfassungsrechtlichen Kriterien der Krisenlage enger seien und vor allem die Prüfungskompetenz sowohl des Bundespräsidenten wie des Bundesverfassungsgerichts als intensivierte inhaltliche Kontrolle, mindestens als Vertretbarkeitskontrolle, begriffen werden müsse. Anders formuliert: Beide dissenters behalten es wie die Antragsteller dem Bundespräsidenten wie dem Bundesverfassungsgericht vor, ja machen es beiden zur Pflicht, unabhängig von der Lageanalyse des Bundeskanzlers zu prüfen, ob das Parlament zur Mehrheitsbildung nicht *fähig,* nicht in der Lage oder nur nicht *willens* ist, *warum* es also vor dieser Aufgabe versagt[33]. So enthält denn auch das Vorbringen der Antragsteller in der Darstellung des Urteils[34] eine umfangreiche politische Lagebeschreibung nebst einer von derjenigen des Bundeskanzlers, des Bundestages und des Bundespräsidenten abweichenden Lagebeurteilung, und *Rottmann* stellt in ihrem Sinne fest:

> „Der Bundeskanzler hat die Vertrauensfrage nämlich in Wirklichkeit nicht gestellt, um einer instabil gewordenen Bundesregierung die notwendige, parlamentarische Unterstützung zurückzugewinnen; vielmehr wollte er, und zwar völlig unabhängig von der in Wirklichkeit vorhandenen parlamentarischen Stabilität seiner Regierung, ein bereits . . . *vor* seiner Wahl zum Bundeskanzler . . . gegebenes politisches Versprechen, Neuwahlen abzuhalten, einlösen. Dies geschah seinerzeit erklärtermaßen auch deshalb, um der offenbar als unzureichend angesehenen legalen Wahl zum Bundeskanzler nach Art. 67 GG die angeblich durch eine Bundestagswahl zu vermittelnde bessere und wertvollere politische Legitimität hinzuzufügen."

2. Bewertung

Mir scheint, daß diese Meinung Verfassungsrecht und Verfassungsgerichtsbarkeit überfordert und daß sie der durch Art. 38 Abs. 1 Satz 2 GG garantierten politischen Entscheidungsfreiheit der Abgeordneten nicht das ihr zukommende Gewicht beimißt.

Das Verfassungsrecht kann zwar verhindern, daß destruktive Mehrheiten die Auflösung des Parlaments oder den Sturz der Regierung herbeizuführen vermögen. Es kann jedoch die Entstehung solcher Mehrheiten nicht unterbinden oder umgekehrt erzwingen,

32 Anders *Rinck* (unter V): „Es soll festgestellt werden, ob die Regierung tatsächlich noch über die erforderliche parlamentarische Unterstützung verfügt".

33 Der Richter *Rottmann* allerdings formuliert unter 3 seines Votums am Ende, das BVerfG könne (müsse?) „nachprüfen, . . .". Das ist widersprüchlich: Wenn das BVerfG nachprüft, ob *hinreichende* Anhaltspunkte dafür vorhanden sind, daß eine Krisenlage vorliegt, so ist das etwas anderes, als wenn es (nur) prüft, ob eine zu diesem Ergebnis gelangende Würdigung des Sachverhalts *ausgeschlossen* ist. Das erste ist mindestens Vertretbarkeits-, wenn nicht gar intensivierte inhaltliche Kontrolle, das zweite bloße Evidenzkontrolle.

34 Unter A II 1 b bb.

daß sich eine konstruktive Mehrheit bildet. Eben dies möchte die Minderheitsmeinung jedoch erreichen. Das wird deutlich, wenn man sich die Lage im Herbst 1982 vergegenwärtigt.

Sie war gekennzeichnet durch die innere Zerreißprobe, der sich die FDP nach ihrem Koalitionswechsel ausgesetzt sah. Die Annahme, die das politische Kalkül des Bundeskanzlers bestimmte, die FDP werde diese Zerreißprobe ohne den von nahen Wahlen ausgehenden Solidarisierungsdruck nicht bestehen, ist – bzw. war aus damaliger Sicht – nicht widerlegbar. Die Lage war aber auch bestimmt durch die unterschiedlichen Ansichten innerhalb der CDU/CSU darüber, ob überhaupt und, wenn ja, unter welchen Bedingungen eine längerfristige parlamentarische Zusammenarbeit mit der FDP in Betracht komme. Auch diese Annahme, die ebenfalls zu ihrem Teil die politische Lageeinschätzung des Bundeskanzlers beeinflußte, daß nämlich mindestens Teile der CDU/CSU die Zusammenarbeit mit der FDP im 9. Deutschen Bundestag nicht fortzusetzen bereit waren, kann nicht widerlegt werden.

Die Gegenmeinung jedoch erwartete in dieser Situation vom Bundespräsidenten wie vom Bundesverfassungsgericht, daß sie einer anderen, vermeintlich richtigeren Lagebeurteilung Folge geben. Sie machte sich anheischig, die politische Situation anders zu bewerten als Bundeskanzler, Bundestagsmehrheit und endlich auch der Bundespräsident, und wollte dieser abweichenden Bewertung von Rechts wegen den Vorrang zuerkannt wissen. Das hätte bedeutet, den politischen Willen der weitaus meisten Mitglieder der Fraktionen von CDU/CSU und FDP im 9. Deutschen Bundestag für irrelevant zu erklären. Mit welcher Legitimation? Das Verfassungsrecht (Art. 38 Abs. 1 Satz 2 GG) gebietet im Gegenteil den Respekt vor dieser Willensentscheidung. Es verbietet umgekehrt mit keiner Silbe, daß zwei oder mehr Fraktionen des Bundestages sich zum Zwecke der Lösung bestimmter Aufgaben und damit für eine begrenzte Zeit zusammentun, um nach deren Erledigung bzw. Ablauf ihre Koalition in der laufenden Wahlperiode des Bundestages zu beenden. Es ist auch nirgendwo vorgeschrieben, wie sich diese Absicht zu manifestieren habe, etwa durch den Rücktritt eines Teils der Minister oder durch eine Kette von Abstimmungsniederlagen. Zwar kennt das Grundgesetz, wie zu Recht gesagt worden ist, nicht die Wahl eines Bundeskanzlers auf Zeit. Aber wie es Gegenstand einer Koalitionsvereinbarung sein kann, daß der zu wählende Bundeskanzler nach einer gewissen Frist seinen Platz zugunsten eines anderen räumt (*Adenauer* 1963)[34a], so kann auch eine gegenständlich und zeitlich begrenzte parlamentarische Zusammenarbeit zweier Fraktionen vereinbart werden. In beiden Fällen werden keine einklagbaren Rechtspflichten begründet, aber doch zulässige Beweggründe für die Beendigung einer Koalition, also für den Zerfall einer Mehrheit, formuliert.
Es gibt keinen numerus clausus der erlaubten Motive für Beginn oder Ende der politischen Kooperation von einzelnen oder Gruppen im Parlament. Der Verlust der Mehrheit ist nicht notwendigerweise zufällig – aus momentaner Verärgerung der Beteiligten oder akuten Differenzen in Sachfragen entstanden –, er darf auch geplant sein, kann allerdings die Bildung einer neuen Mehrheit niemals ausschließen. Im einen wie im anderen Falle ist die Situation gegeben, in der das Parlament vor der Aufgabe der Mehr-

34a Dazu *E. Mende*, Die schwierige Regierungsbildung 1961, in: Konrad Adenauer und seine Zeit, Beiträge von Weg- und Zeitgenossen. Veröffentlichungen der Konrad-Adenauer-Stiftung – Archiv für Christlich-Demokratische Politik –, 1976, S. 302 ff., 320.

heitsbildung „versagt" und die Vertrauensfrage gestellt werden darf. Wäre es anders, so hieße das, daß die Bundesregierung bei bestenfalls ungeklärten Mehrheitsverhältnissen weiterzuarbeiten, das Parlament handlungsunfähig den Rest der Wahlperiode abzusitzen gezwungen wäre. Das liefe dem Zweck der das Regierungssystem der Bundesrepublik Deutschland regelnden Normen diametral zuwider.

Gewiß gibt es Grenzen. Der Wille zu bloß begrenzter und die Verweigerung neuer Koalitions- bzw. Mehrheitsbildung müssen ernsthaft, sozusagen vernünftig, in nachvollziehbarer Weise begründet, sie dürfen nicht bloß fingiert sein, um der regierenden Formation politische Vorteile vor der Opposition zu verschaffen[35]. Aber: „Die Vorstellung, die Mitglieder der Fraktionen der FDP und der CDU/CSU hätten, nachdem eine Mehrheit von ihnen den Abgeordneten *Dr. Kohl* zum Bundeskanzler gewählt hatte, von Verfassungs wegen die neue Koalition bis zum Ende der laufenden Legislaturperiode mit zu tragen (gehabt), ist ... verfassungsrechtlich nicht haltbar (Art. 38 Abs. 1 Satz 2 GG)"[36].

Hier zeigt sich auch, daß die These, das Instrument der Vertrauensfrage dürfe nur zum Zwecke der Stabilisierung einer zweifelhaft gewordenen Mehrheit angewendet werden, verkennt, daß die Unerreichbarkeit dieses Zieles a priori sicher und offenbar sein kann. Wenn dann noch erkennbar ist, daß die Bildung einer anderen Mehrheit ebenfalls ausgeschlossen ist, liefe die Behauptung von der Unzulässigkeit der Vertrauensfrage auf ein verfassungsrechtliches Gebot zur Petrifizierung von parlamentarischer Instabilität und gouvernementaler Handlungsunfähigkeit hinaus, was den Art. 68 GG ad absurdum führen würde.

3. Fazit

Es zeigt sich: Ein Parlament, daß seine Aufgaben, insbesondere die Aufgabe der Mehrheitsbildung, nicht mehr erfüllen kann oder will – was wegen der politischen Entscheidungsfreiheit seiner Mitglieder regelmäßig das gleiche ist –, künstlich am Leben erhalten zu wollen[37], ist eine sinnwidrige Vorstellung gerade dann, wenn man Stabilität und Handlungsfähigkeit als Ziele des geltenden Verfassungsrechts erkennt. Die organisationsrechtlichen Normen des Verfassungsrechts haben die politischen Kräfte nicht in ein zu enges Korsett eingeschnürt. Zwar wird die Verkürzung der regulären Dauer der

35 In seinem Leserbrief an die FAZ vom 11.10.1982 nennt es *E.-W. Böckenförde* „blauäugig zu meinen, man könne ein Motiv – ... das der Verbesserung der eigenen Mehrheit – herausnehmen und nur dies zum Kriterium des Mißbrauchs machen". Die Scheidbarkeit der Motive bildet gewiß eine nicht zu unterschätzende Schwierigkeit. Es wäre deshalb auch falsch, sich auf sie allein zu verlassen. Deshalb beugt das Grundgesetz dem Mißbrauch, wie geschildert, vor allem durch das gewählte Verfahren vor, in dem Bundeskanzler, Bundestag, Bundespräsident und schließlich u. U. auch noch das BVerfG mit je eigenen Rechtspflichten und Entscheidungskompetenzen hintereinandergeschaltet sind. Der im Herbst und Winter 1982/83 ablaufende Vorgang, dem die Vereinbarung einer zeitlich und gegenständlich begrenzten parlamentarischen Zusammenarbeit von CDU/CSU und FDP zugrundlag, konnte übrigens schon allein deshalb den Verdacht des Mißbrauchs mit dem genannten Ziel nicht rechtfertigen.

36 BVerfG unter C III 1 b.

37 Diese Wendung bei *K. Stern*, Das Staatsrecht der Bundesrepublik Deutschland, 2. Bd., 1980, § 26 III 3 b (S. 72 f.).

Wahlperiode erschwert: weder sollen destruktive Minderheiten den Sturz der Regierung bewirken und dadurch mittelbar die Auflösung des Bundestages erzwingen noch soll ein einzelnes Verfassungsorgan sie herbeiführen können. Aber: der klassische Ausweg aus der Krise des Parlaments, dessen Auflösung nämlich, ist deshalb nicht versperrt[38]. Er bleibt gangbar, wo sich die Bildung einer beständigen Mehrheit als unmöglich erweist und der Bundeskanzler, die Mehrheit der Mitglieder des Bundestages sowie der Bundespräsident davon eine Änderung der Lage erhoffen.

III. Verfassungswandel?

1. Zur Offenheit von Verfassungsnormen

Das Bundesverfassungsgericht[39] hat es expressis verbis abgelehnt, seine Interpretation des Art. 68 GG als Ausdruck eines Verfassungswandels zu bezeichnen[40]. Wenngleich der Begriff des Verfassungswandels vage und die Grenzen zur Verfassungsinterpretation fließend sind[41], dürfte es schon deshalb richtig sein, dem Bundesverfassungsgericht in seiner Wertung zu folgen, weil von einem Verfassungswandel im Sinne einer Änderung der bisherigen Interpretation einer Norm füglich nur gesprochen werden kann, wenn diese nunmehr in einer Weise angewendet werden soll, die von der bisher für zulässig gehaltenen abweicht[42]. Indessen bewegte sich, was im Zusammenhang mit der am 6. Januar 1983 vollzogenen Auflösung des Bundestages geschehen ist, im Rahmen der vom Grundgesetz ermöglichten politischen Wirklichkeit.

Eine andere Auffassung wäre nur dann begründet, wenn sich mit der Eröffnung des Weges über Art. 68 GG die Überzeugung verbände (die ja in der Tat im politischen Raum vertreten wurde), die Kanzlerwahl im Wege des konstruktiven Mißtrauensvotums (Art. 67 GG) leide unter einem Legitimitätsmangel, der von Verfassungsrechts wegen der Heilung durch eine alsbaldige Neuwahl des Bundestages bedürfe. Davon

38 Vgl. *R. Pietzner*, Evang. Staatslexikon, 2. Aufl. 1975, Stichwort „Bundestag", Sp. 274: Das Auflösungsrecht habe im parlamentarischen System grundsätzlich die Funktion eines Instruments zur Wiedergewinnung tragfähiger politischer Mehrheiten im Parlament.

39 Unter C II 4 c.

40 Vizepräsident *Zeidler* spricht hingegen in seinem Sondervotum (unter 3 b) von einem Bedeutungswandel.

41 So formuliert beispielsweise *K. Stern*, a.a.O., 1. Bd. 1977, § 3 IV 3 (S. 80), eine Verfassung müsse „genügend Weite und Offenheit in ihren Normierungen besitzen, um Verfassungswandlungen in sich aufzunehmen, d. h. Interpretationen und Konkretisierungen einer Verfassungsnorm, die bereits in ihr angelegt sind, hätte sie der Verfassungsgeber erkannt". Hier wird ganz deutlich, daß es u. U. geboten sein kann, im Wege der Interpretation einen Verfassungswandel zu vollziehen. Vgl. i. d. S. auch *K. Hesse*, Grundzüge des Verfassungsrechts der Bundesrepublik Deutschland, 13. erg. Aufl. 1982, Rdnr. 39. Ähnlich *K. Doehring*, Staatsrecht der Bundesrepublik Deutschland, 2. Aufl. 1980, S. 23 ff. Ferner *Theodor Maunz/Reinhold Zippelius*, Deutsches Staatsrecht, 24. Aufl. 1982, §§ 6 IV, 7 II. Schließlich *H. H. Klein*, Bundesverfassungsgericht und Staatsraison, 1968, S. 16 ff.

42 Einen Verfassungswandel, zumindest einen Bedeutungswandel des Art. 68 GG dürften freilich nur diejenigen als gegeben ansehen, die – vor allem in dem zum Urteil des BVerfG vom 16.2. 1983 führenden Verfahren – die Meinung vertreten haben, Art. 68 GG sei auf die Lage im Herbst 1982 nicht anwendbar gewesen. Ausdrücklich mit der Figur des Bedeutungswandels operiert *Zeidler* in seinem Sondervotum (unter 3 b).

kann indes keine Rede sein; das Bundesverfassungsgericht[43] hat dies mit aller wünschenswerten Deutlichkeit klargestellt.

„Die Verfassung wird in institutionalisierter Weise dadurch konkretisiert, daß sie von Staatsorganen gehandhabt wird"[44]. Der Berücksichtigung der Handhabung einer Verfassungsnorm durch oberste Verfassungsorgane bei ihrer Auslegung bzw. „Konkretisierung" mißt auch das Bundesverfassungsgericht entscheidende Bedeutung bei[45]. Die Gefahren für die Normativität des Verfassungsrechts, die sich mit diesem wesentlich von *K. Hesse*[46] und *F. Müller*[47] entwickelten Verfahren der „hermeneutisch-konkretisierenden Verfassungsinterpretation"[48] verbinden, sind nicht gering zu schätzen. *E.-W. Böckenförde* hat sie überzeugend beschrieben[49]. Indessen geht es im vorliegenden Falle nicht darum, die Vorgegebenheit der Verfassung ihrer Aufgegebenheit zu opfern[50], sondern um die Erkenntnis, daß „der normative Geltungsanspruch der Verfassung von vornherein in seiner Reichweite begrenzt ist und begrenzt sein muß", daß die Verfassung – zumal im Bereich des Organisationsrechts – „Rahmenordnung", „verbindliche Grenzfestlegung" und „Richtungsbestimmung" ist[51]. In diesem Sinne sind Verfassungsnormen – freilich nicht alle in gleicher Weise – „in die Zeit hinein offen"[52]. „Es gibt keine verfassungsgesetzliche Regelung irgendeiner Verfassung der Erde, die normativ mit der Geschlossenheit einer Prozeßordnung die Frage der politischen Führung und Leitung regeln könnte", bemerkte einst *C. Schmitt* bei Beschreibung der Stellung des Reichskanzlers unter der Weimarer Reichsverfassung, also in einem durchaus ähnlichen Sachzusammenhang[53].

Das Bundesverfassungsgericht hat die Verbindlichkeit des Art. 68 GG durch sein Urteil nicht preisgegeben, es hat nicht einmal den vom Verfassungsrecht gezogenen Rahmen neu bestimmt oder gar den einschlägigen Regelungen eine von der bisherigen abweichende Richtung gegeben. Es hat vielmehr nur unter angemessener Berücksichtigung einer freilich äußerst schmalen und deshalb wenig aussagekräftigen Staatspraxis[54] die

43 Unter C II 2 c. Genau dazu setzt sich das Sondervotum des Vizepräsidenten *Dr. Zeidler* in Widerspruch, obgleich dieser andererseits auch dem Abschnitt C II der Begründung des Urteils zugestimmt hat (vgl. das Urteil unter D).

44 *Maunz/Zippelius,* a.a.O., § 7 II (S. 59).

45 Unter C II 2 (vor a).

46 Zusammenfassend: Grundzüge (Fn. 41), Rdnr. 45.

47 Juristische Methodik, 1971.

48 *E.-W. Böckenförde,* Die Methoden der Verfassungsinterpretation – Bestandsaufnahme und Kritik, NJW 1976, 2089 ff., 2095.

49 Ebenda, S. 2095 ff.

50 Ebenda, S. 2098.

51 Ebenda, S. 2099.

52 *R. Bäumlin,* Staat, Recht und Geschichte, 1961, S. 15.

53 *Carl Schmitt,* Verfassungslehre (Fn. 21), S. 348.

54 Es gibt nur einen dem der Auflösung des 9. Deutschen Bundestages vergleichbaren Vorgang, die Auflösung des 6. Deutschen Bundestages im Jahre 1972. Obgleich die Ausgangslage damals eine andere war als 1982, besteht die Feststellung des BVerfG (unter C II 4 c) doch zu Recht, daß der damals amtierende Bundeskanzler die Vertrauensfrage ebenfalls mit dem Ziel der Auflösung des Bundestages gestellt hat und daß auch damals Abgeordnete davon Abstand genommen haben, für den von ihnen politisch unterstützten Kanzler zu stimmen, um sicherzustellen, daß die Vertrauensfrage verneint und so der Weg zu Neuwahlen eröffnet werde. Die – etwa im Sondervotum des Richters *Rinck* (unter II 3) vertretene – Meinung, beide Situationen seien unvergleichbar, stützt sich auf die Behauptung, daß 1972 anders als 1982/83 der amtierende Kanzler

Verfassungsnorm des Art. 68 GG unter Beachtung ihres Wortlauts, ihres systematischen Zusammenhangs, ihres Zwecks und der Entstehungsgeschichte interpretiert. Es hat also die ihm im System der Gewaltengliederung zugewiesene Kontrollfunktion gegenüber den anderen Verfassungsorganen gewahrt und nicht etwa unzulässigerweise an diese abgetreten. Daß das Gericht sich bei der Prüfung eines Vorgangs, an dem drei oberste Bundesorgane vor ihm beteiligt waren, eine gewisse Zurückhaltung auferlegt, ist ebensowenig zu beanstanden wie der ihm im Normenkontrollverfahren abverlangte judicial self-restraint.

2. Plebiszitäres Gefälle

Gegenüber der mit der Auflösung des 9. Deutschen Bundestages verbundenen Handhabung des Art. 68 GG ist insbesondere der Vorwurf erhoben worden, sie bedeute eine vom Grundgesetz nicht gewollte Hinwendung zum Plebiszitären, die Legitimationskraft sowohl des konstruktiven Mißtrauensvotums als auch der normalen Bundestagswahl werde dadurch geschwächt[55]. Dieses Argument ist nicht mit dem bloßen Hinweis, eine Wahl sei das Gegenmodell des Plebiszits[56], zu entkräften. Denn auch der nicht mit einer konkreten Sachfrage – wie bei Volksentscheid und Volksbefragung – verbundene „Appell an das Volk" im Rahmen einer Wahl trägt plebiszitären Charakter, ist Ausdruck und Instrument der Rückkopplung der repräsentativ ausgeübten Staatsgewalt an den Volkswillen[57].

Für die Beurteilung dieser Frage ist es wichtig, zwischen normativer und tatsächlicher Betrachtung zu unterscheiden. Richtig ist, daß das Grundgesetz das demokratische Prinzip „strikt repräsentativ" ausgestaltet hat, indem es lediglich Parlamentswahlen vorsieht und Abstimmungen nur im Ausnahmefall des Art. 29 GG gestattet[58]. Die Ausnahmen von dem Grundsatz, daß die durch unmittelbare Wahlen zu bestellenden Repräsentanten auf bestimmte Zeit in ihr Mandat berufen sind, die Dauer der Wahlperiode also nicht zu ihrer Disposition gestellt ist, sind zudem auf wenige Fälle (Art. 63 Abs. 4 und Art. 68 GG) beschränkt. Damit ist jedoch nur ein Rahmen gezogen, innerhalb dessen Raum ist für unterschiedliche tatsächliche Entwicklungen, die in den nunmehr fast 35 Jahren des Bestehens der Bundesrepublik Deutschland ein deutliches plebiszitäres Gefälle aufweisen.

So hat, um ein erstes Beispiel zu nennen, die Demoskopie im Laufe dieser Jahrzehnte für die politische Willensbildung im allgemeinen und die Staatswillensbildung im besonderen eine in der Zeit der Entstehung des Grundgesetzes allenfalls wenigen bewußt ge-

bei Stellung der Vertrauensfrage keine Mehrheit im Parlament gehabt habe. Es unterliegt aber nach der vom BVerfG und hier vertretenen Ansicht grundsätzlich nicht verfassungsgerichtlicher Jurisdiktion, ob im Bundestag eine aus der Sicht der Regierung hinreichend tragfähige Mehrheit besteht, nicht besteht oder „eigentlich" bestehen müßte.

55 So v. a. *Böckenförde*, FAZ vom 11.10.1982.

56 So *W. Zeh*, ZParl 1983, 125.

57 Vgl. den Schlußbericht der Enquete-Kommission Verfassungsreform, BT-Drucks. 7/5924, Kap. 1 Nr. 2.1 und 2.2 (S. 11).

58 *K. Stern*, Staatsrecht (Fn. 37), 1. Bd. 1977, § 18 II 6 a ß, b (S. 455).

wesene Bedeutung gewonnen. *W. Hennis*[59] hat darauf frühzeitig hingewiesen. So richtig es nun sicherlich ist, daß demoskopische Umfragen nicht eine Rückbindung an den demos i. S. des demokratischen Prinzips zu erzeugen imstande sind, so richtig ist es doch andererseits auch, daß sie dazu beitragen, die politischen Leitentscheidungen der staatlichen Repräsentationsorgane inhaltlich-politisch dem Wähler zurechenbar zu halten[60, 61].

Der Ausbau der – nicht mit einer systemwidrigen Demokratisierung der Gesellschaft zu verwechselnden – „Partizipation an Verwaltungsentscheidungen"[62] ist in diesem Zusammenhang ebenso zu nennen wie der gewachsene Einfluß von Bürgerinitiativen und die Verstärkung der Elemente unmittelbarer Demokratie im Gemeinderecht[63]. Auf das Spannungsverhältnis zwischen Art. 21 GG einerseits und Art. 38 GG andererseits hat das Bundesverfassungsgericht[64] frühzeitig aufmerksam gemacht: Die parlamentarische Demokratie des Grundgesetzes ist „parteienstaatlich geprägt"[65], was die dem Abgeordneten in Art. 38 GG eingeräumte und garantierte Freiheit de iure nicht obsolet macht, aber de facto verändert und zu einer zunehmenden Verlagerung politischer Entscheidungen auf die wie immer definierte oder auch undefiniert bleibende „Basis" führt. Entwicklungen wie die politische Diskreditierung des Fraktionswechsels von Abgeordneten oder des konstruktiven Mißtrauensvotums vor dem Hintergrund der Tatsache, daß bei Wahlen die personalplebiszitären Komponenten die realplebiszitären regelmäßig überspielen[66], vermögen zwar – das ist der ausschlaggebende Punkt – nicht das Verfassungsrecht zu ändern, aber sie bestimmen unvermeidlich, oft unbewußt und vor allem: legitimerweise die politische Willensbildung der Verfassungsorgane.

Einer politischen Willensbildung, die auf das (gemessen am Maßstab des reinen Prinzips der repräsentativen Demokratie) veränderte Gesicht der Realitäten unseres Verfassungslebens Rücksicht nimmt, die Legalität abzusprechen, wäre wohl nur unter der

59 Meinungsforschung und repräsentative Demokratie, 1957.

60 Zu diesem Erfordernis s. Schlußbericht der Enquete-Kommission Verfassungsreform, a.a.O.

61 Zum Verhältnis von Demoskopie und Demokratie unter einem anderen Aspekt vgl. *E. Noelle-Neumann*, FAZ vom 7.4.1983: Die während des Bundestagswahlkampfes streitig gewordene Frage, ob die Demoskopie das Wählerverhalten zu beeinflussen vermag und ob dies bejahendenfalls als legitim anzusehen sei, wird von *Noelle-Neumann* mit dem Hinweis beantwortet, daß die Chancen der FDP, in den Bundestag zurückzukehren, zu Jahresbeginn von nur 12 % der Bevölkerung positiv beurteilt worden seien, zur gleichen Zeit jedoch etwa 10 % die FDP wählen wollten, die Veröffentlichung dieses Befundes also dem sich in der ersten der beiden Zahlen manifestierenden Druck des (zum guten Teil manipulierten) öffentlichen Meinungsklimas entgegengewirkt habe. *Noelle-Neumann* beschließt ihre Betrachtung insoweit mit der rhetorischen Frage, ob die Bevölkerung nicht weniger manipulierbar sei, wenn die Stärkeverhältnisse offengelegt würden.

62 Dazu *R. Walter* und *W. Schmitt Glaeser* in VVDStRL 31 (1972), S. 147 ff., 179 ff.

63 Überblick bei *E. Schmidt-Jortzig*, Kommunalrecht, 1982, Rdnr. 126 ff. und *W. Blümel*, Gemeinden und Kreise vor den öffentlichen Aufgaben der Gegenwart, VVDStRL 36 (1977), S. 171 ff., 228 ff.

64 BVerfGE 2, 1 ff., 72 ff.

65 *Stern*, Staatsrecht (Fn. 37), 1. Bd. 1977, § 13 II 4 b (S. 328).

66 *Stern*, das., § 18 II 6 a (S. 455). Vgl. auch *W. Steffani*, ZParl 1982, 573, 575: „Eine entscheidende Reduktion der Zahl wahlerfolgreicher Parteien im Bundestag führte zur Herausbildung einer Zweilagerkonstellation im Parteiensystem und dem zentral bedeutsamen Sachverhalt, daß erstmals in der deutschen Geschichte Wähler zur ‚Nahezudirektwahl' des Bundeskanzlers aufgefordert sind".

Voraussetzung möglich, daß die geschilderten Entwicklungen nicht als „,Wirklichkeit des Verfassungsrechts', nämlich (als) Realisation des sich als Grundordnung des Staates manifestierenden Rechtsprinzips"[67] anerkannt werden können. Das ist jedoch keineswegs der Fall. Sie alle liegen innerhalb der Grenzen des verfassungsrechtlich Möglichen[68]. Will man insoweit – entgegen dem hier bevorzugten Sprachgebrauch – von einem Verfassungswandel sprechen, so bewegt er sich doch „innerhalb der Grenzen der bestehenden Fundamentalordnung des Staats"[69]. Diese Grenzen auszuloten, ist hier kein Anlaß[70].

An dieser Stelle ist auf die Feststellung des Bundesverfassungsgerichts[71] einzugehen, besondere Schwierigkeiten der in der laufenden Wahlperiode sich stellenden Aufgaben rechtfertigten eine Auflösung des Bundestages nicht. Ausgeschlossen ist damit die Umdeutung, genauer: die mißbräuchliche Instrumentalisierung einer vorzeitigen Wahl zum Volksentscheid über eine oder mehrere konkrete Sachfragen. Wie weit diese Eingrenzung trägt, wird sich erweisen müssen. Es ist kein Geheimnis, daß bei den zur Auflösung am 6. Januar 1983 führenden Überlegungen auch der Gedanke an die bevorstehenden schwierigen haushalts- und finanzpolitischen Operationen, vor allem aber an die möglicherweise auf die Bundesregierung zukommenden verteidigungspolitischen Entscheidungen eine Rolle gespielt hat. Dem Bundesverfassungsgericht kann das nicht verborgen geblieben sein. Für das Gericht waren jedoch – notwendigerweise – nicht die Motive, d. h. die politischen Überlegungen, wesentlich, die dazu geführt haben, daß im Bundestag im Herbst 1982 eine „politische Lage der Instabilität" entstand, sondern nur die Tatsache des Vorhandenseins dieser Lage. Darin zeigt sich die begrenzte Tragweite der verfassungsgerichtlichen Bemühungen um eine Einschränkung der Anwendbarkeit des Art. 68 GG. Sie ist gleichwohl nicht bedeutungslos. Indem sie nämlich die beteiligten Verfassungsorgane hindert, die Auflösung des Bundestages erklärtermaßen zum Zwecke der Herbeiführung eines Realplebiszits in die Wege zu leiten, nötigt sie die handelnden politischen Kräfte, ihre Entscheidung auf eine breitere Grundlage zu stellen, was zu einer Stärkung der Repräsentationskraft des gewählten Parlaments führt und so plebiszitären Fehlentwicklungen entgegenwirkt.

Nach alledem ist es verfassungsrechtlich nicht zu beanstanden, daß die Mitglieder der die neue Bundesregierung stützenden Fraktionen von CDU/CSU und FDP im Septem-

67 *E. R. Huber*, Deutsche Verfassungsgeschichte seit 1789, 6. Bd. 1981, S. 428.

68 Diese Feststellung markiert den Unterschied der hier vertretenen Ansicht zu dem vom Vorsitzenden des 2. Senats des BVerfG, *Zeidler*, in seinem Sondervotum eingenommenen Standpunkt. *Zeidler* scheint anzunehmen, daß nach der ursprünglichen Interpretation des Art. 68 GG die Auflösung des Bundestages am 6.1.1983 als „manipulierte Selbstauflösung" unzulässig gewesen wäre, die sich immer stärker durchsetzende „personalisierte plebiszitäre Komponente" der Wahl jedoch eine Verminderung der ‚zur vollen politischen Handlungsfähigkeit erforderlichen Glaubwürdigkeit (des auf dem Wege des konstruktiven Mißtrauensvotums ins Amt gelangten Bundeskanzlers) im weitesten Sinne" zur Folge habe, so daß Art. 68 GG einen Bedeutungswandel erfahren habe und nunmehr erlaube, was früher nicht gestattet war. Dieser Ansicht ist schon deshalb nicht zu folgen, weil sie die Darlegungen des BVerfG zum Verhältnis von Legalität und Legitimität verfassungsmäßiger Verfahren (unter C II 2 c), denen auch *Zeidler* ausweislich des Urteils zustimmt (unter D), schwächt, ja zu ihnen im Widerspruch steht. – Vgl. auch *Steffani*, ZParl 1982, 575.

69 *Huber*, a.a.O., S. 429.

70 Das von den „Grünen" propagierte und teilweise praktizierte Rotationsprinzip mag diese Grenzen sprengen.

71 Unter C II 2 c.

ber/Oktober 1982 überwiegend zu dem Schluß gelangten, die politische Tragfähigkeit dieser Koalition sei eine gegenständlich und zeitlich zu begrenzende und begrenzte. An der sich in der Abstimmung vom 17. Dezember 1982 manifestierenden Entschiedenheit dieses politischen Willens kann vernünftigerweise kein Zweifel bestehen. Deshalb bleibt die These[72], die Vertrauensfrage sei von einem Kanzler gestellt worden, der in Wahrheit über eine zuverlässige Mehrheit verfügt habe, spekulativ und ohne verfassungsrechtliche Relevanz. Legalität und Legitimität einer auf dem Wege des Art. 67 GG ins Amt berufenen Bundesregierung bleiben davon ebenso unberührt wie die repräsentative Legitimationskraft einer normalen Bundestagswahl.

3. Machtzuwachs des Bundeskanzlers?

Im Anschluß an die Entscheidung des Bundesverfassungsgerichts vom 16. Februar 1983 ist ferner die Befürchtung laut geworden, sie werde zu einer weiteren, für unerwünscht gehaltenen, Stärkung der Position des Bundeskanzlers gegenüber dem Bundestag im allgemeinen und der die Regierung tragenden Mehrheit im besonderen führen[73]. Das ist schwer voraussehbar. Wenn es so wäre, ließen sich verfassungssystematische Bedenken dagegen freilich kaum geltend machen, nachdem das Regierungssystem des Grundgesetzes – anders als dasjenige der Weimarer Reichsverfassung – ohnehin als „moderiertes Kanzlersystem"[74] ausgestaltet worden ist. Schon die Enquete-Kommission Verfassungsreform sah übrigens in der Auflösungsbefugnis nach Art. 68 GG „in erster Linie eine solche des Bundeskanzlers", an der der Bundespräsident durch sein Ablehnungsrecht teilhabe[75]. Indessen sagt nicht nur die verfassungsrechtliche Heraushebung der Stellung des Bundeskanzlers über dessen tatsächliche Machtposition innerhalb der parlamentarischen Mehrheit nur wenig aus, wie die insoweit durchaus wechselvolle Geschichte der Bundesrepublik Deutschland zur Genüge zeigt, es ist vielmehr auch fraglich, ob die dem Art. 68 GG von der nunmehr herrschenden Lehre gegebene Auslegung eine Machtverschiebung zugunsten des Kanzlers überhaupt bedeuten kann. Bedenkt man, daß im Verlauf des Verfahrens nach Art. 68 GG das Vorliegen des ungeschriebenen Tatbestandsmerkmals „politische Lage der Instabilität" vom Bundeskanzler ebenso zu prüfen ist wie vom Bundestag, und daß der Bundespräsident zwar insoweit die Einschätzungs- und Beurteilungskompetenz des Kanzlers zu beachten, aber gleichwohl eine eigene politische Leitentscheidung zu treffen hat, kann von einer normativ vorgegebenen Dominanz des Bundeskanzlers füglich nicht die Rede sein. Auch politisch vermag der Bundeskanzler die Mehrheit des Bundestages, ohne die er das Ver-

72 So vor allem *Rüdiger Schenke*, NJW 1982, 2521 ff., der unbeirrt vom „Mehrheitskanzler" spricht. Die gleiche Vorstellung liegt ausgesprochen oder unausgesprochen auch den Sondervoten der Richter *Zeidler, Rinck* und *Rottmann* zugrunde, wie auch einer Vielzahl anderer politischer und juristischer Kommentierungen dieser Bundestagsauflösung.

73 Vgl. etwa *L. Gusseck*, Bundestagsauflösung kraft Richterspruch?, NJW 1983, 721 ff., der auch auf die Möglichkeit einer stärkeren Disziplinierung des kleineren durch den größeren Koalitionspartner hinweist.

74 *Stern*, Staatsrecht (Fn. 37), § 22 III 7 (S. 794).

75 Schlußbericht (Fn. 57), Kap. 3 Nr. 3.1 (S. 39).

fahren nicht durchzuführen vermag, durch die Drohung mit der Vertrauensfrage nicht zu beeindrucken.

Begründeter erscheint die Besorgnis, Art. 68 GG könne sich zum Instrument der Disziplinierung der Minderheit durch die Mehrheit entwickeln. Das Bundesverfassungsgericht hat dem durch den Hinweis vorzubeugen gesucht, daß es einem Bundeskanzler, dessen ausreichende Mehrheit im Bundestag außer Zweifel steht, nicht gestattet sei, zu einem ihm geeignet erscheinenden Zeitraum die Vertrauensfrage zu stellen, sie sich negativ beantworten zu lassen und danach die Auflösung des Bundestages zu beantragen. Das Gericht hat zwar das Einverständnis der Minderheit nicht zur Voraussetzung für die Rechtmäßigkeit der Auflösungsverfügung des Bundespräsidenten gemacht, darin jedoch immerhin ein Indiz dafür erblickt, daß ein Mißbrauch nicht vorliegt. Daraus folgt, daß institutionell der Schutz der Minderheit, ohne daß dieser eine Veto-Position zufiele, primär in die Hand des Bundespräsidenten, sekundär in die des Bundesverfassungsgerichts gelegt ist. Auf diesen Schutz läßt sich vertrauen, wenn man berücksichtigt, daß sich sowohl 1972 als auch 1982 die jeweils amtierenden Bundespräsidenten vor ihrer Entscheidung davon überzeugt haben, daß die Opposition keine Einwendungen gegen Neuwahlen erhob.

IV. Einführung eines Selbstauflösungsrechts des Bundestages?

Die Entscheidung des Bundesverfassungsgerichts vom 16. Februar 1983 erwähnt die viel diskutierte Möglichkeit einer Verfassungsänderung mit dem Ziel der Einführung eines Selbstauflösungsrechts des Bundestages mit keinem Wort. Diesen Umstand i. S. einer Befürwortung oder Ablehnung eines solchen Vorschlags zu werten, wäre gleichermaßen verfehlt. Das Bundesverfassungsgericht hat sich zu dieser Frage, die in keinerlei Weise Gegenstand des anhängigen Verfahrens war, nicht geäußert. Man sollte also davon Abstand nehmen, das Gericht für die eine oder andere Position in Anspruch zu nehmen.

Eine realistische Betrachtung der politischen Lage wird sich überdies der Einsicht kaum verschließen können, daß die für eine Verfassungsänderung notwendige 2/3-Mehrheit im Bundestag auch in dessen 10. Wahlperiode schwerlich zu erreichen sein wird. Die anschließenden Überlegungen sind also aus gegenwärtiger Sicht nur von theoretischem Interesse.

Die Enquete-Kommission Verfassungsreform[76], hatte, wie bekannt, im Jahre 1976 empfohlen, Art. 39 Abs. 2 GG wie folgt zu fassen:

> „Auf Antrag eines Viertels seiner Mitglieder kann der Bundestag mit einer Mehrheit von zwei Dritteln seiner Mitglieder beschließen, die Wahlperiode vorzeitig zu beenden".

76 Das., Kap. 3 Nr. 1.2.1 (Begründung unter Nr. 2). – Im Vorfeld der Bundestagsauflösung vom 6.1.1983 hat sich besonders *R. Leicht* gegen ein Selbstauflösungsrecht ausgesprochen; vgl. z. B. Süddeutsche Zeitung vom 5. und 10.10.1982.

Die Kommission begründete ihren Vorschlag damit, daß keine Notwendigkeit bestehe, „auch in einer parlamentarischen Situation, die nur durch Neuwahlen eine sinnvolle Lösung finden kann, den Weg zu Neuwahlen zu verbauen". Als Beispiele einer solchen Lage wurden genannt: Die Patt-Situation des Jahres 1972, der Zerfall der Regierungsmehrheit im Herbst 1966 oder Koalitionsunfähigkeit im Parlament. Von den weiteren Erwägungen, die die Kommission zur näheren Ausgestaltung des Selbstauflösungsrechts angestellt hat: der Bundestag (und nicht etwa Bundeskanzler oder Bundespräsident) als Inhaber der Entscheidung, das Erfordernis der 2/3-Mehrheit, das Antragsrecht der Minderheit, kann hier abgesehen werden.

Ausgehend von den im Kommissionsbericht genannten Beispielen besteht auf der Grundlage der nunmehr vom Bundesverfassungsgericht bestätigten Interpretation des Art. 68 GG keine Notwendigkeit für eine Verfassungsänderung. Alle diese Krisenlagen lassen sich mit Hilfe des Art. 68 GG lösen. Das dürfte allerdings auch schon aus der Sicht der Kommission zur Zeit der Vorlage ihres Berichts der Fall gewesen sein; denn der Bericht läßt nicht erkennen, daß nach Ansicht der Kommission der Weg über Art. 68 GG im Jahre 1972 auf Bedenken hätte stoßen müssen[77].

Wenn gleichwohl nach wie vor eine Verwirklichung des Vorschlags der Enquete-Kommission erwogen werden sollte, so muß darüber Klarheit bestehen, daß sie nicht ohne Rückwirkung auf die Auslegung des Art. 68 GG bleiben, ja womöglich nicht ohne dessen gleichzeitige Neufassung ins Auge gefaßt werden kann[78]. Denn es wäre mißlich, wenn auf der einen Seite eine vorzeitige Beendigung der Wahlperiode an eine 2/3-Mehrheit gebunden würde, andererseits aber das gleiche Ziel aus gleichem Anlaß dadurch erreichbar bliebe, daß die Mehrheit der Mitglieder des Bundestages dem Bundeskanzler das Vertrauen verweigert. Für den Vorschlag der Enquete-Kommission spricht – bei Beachtung des erwähnten Vorbehalts – allerdings weiterhin, daß er dem Interesse der Minderheit, sich nicht zur Unzeit Neuwahlen stellen zu müssen, weiter entgegenkommt als die gegenwärtige Verfassungsrechtslage, die den Minderheitenschutz wesentlich dem Bundespräsidenten anvertraut.

77 Das verkennt *L. Gusseck,* a.a.O., S. 724, wenn er meint, die Verfassungsrechtslage stelle sich heute anders dar als zur Zeit der Vorlage der Kommissionsberichte. Im Vergleich zu damals ist die Lage nur insofern verändert, als die schon früher vertretene Interpretation des Art. 68 GG nunmehr durch das BVerfG bestätigt worden ist.

78 So auch Gusseck, a.a.O., S. 724. Zum Problem vgl. auch *H. Steiger,* Selbstauflösungsrecht für den Bundestag? In: Festschrift für *E. Stein,* 1983, S. 349 ff., der einem Selbstauflösungsrecht des Bundestages, wie es die Enquete-Kommission Verfassungsreform vorgeschlagen hat, skeptisch begegnet, jedoch zu einer differenzierten Betrachtung rät, um die nach seiner Ansicht gegenwärtig bestehenden „Defizite des repräsentativ-parlamentarischen Regierungssystems auszugleichen".

AUFSÄTZE

Das Geheimnis des Europäischen Parlaments: Einfluß auch ohne Kompetenzen

*M. P. C. M. van Schendelen**

Öffentliche Meinung, Massenmedien und ein Großteil der Fachpresse sind weitgehend überzeugt, daß, wie *Herman* und *Lodge* geschrieben haben, das Europäische Parlament (EP) *nicht* ein Parlament sei, oder nicht gerade sehr viel mit einem Parlament gemeinsam habe.[1] Unser Beitrag wird die Gültigkeit dieser Betrachtungsweise anfechten und nicht nur eine alternative Ansicht, sondern auch abweichende Schlüsse vorbringen. Der Kern unserer Argumentation ist, daß Einfluß niemals mit konstitutionellen Kompetenzen gleichgesetzt werden kann. Wir werden auf Forschungsergebnisse Bezug nehmen, die sich zum Teil auf Interviews beziehen, die Ende 1981 mit allen niederländischen Europaabgeordneten geführt wurden.[2] Vergleiche werden angestellt mit einer Reihe nationaler Parlamente, die im Verhältnis zum EP gängigerweise vorteilhaft abschneiden.

Das legendäre Klischee: Konstitutionelle Kompetenzen

Die oben angeführten Bemerkungen vermitteln die vorherrschende Einschätzung des Europäischen Parlamentes. Der Argumentationsstrang ist vorwiegend legalistisch und stützt sich mehr oder weniger explizit auf die Bestimmungen der Römischen Verträge (1957) sowie der früheren assoziierten Verträge (z. B. des Treaty of Paris, 1951) oder der folgenden Vereinbarungen zwischen den Mitgliedstaaten. Wir werden dieses als das *Rom-Modell* der Europäischen Gemeinschaft bezeichnen. Es gründet sich auf ihre formelle Gewaltenteilung, durch welche die Verantwortung des Entscheidungsprozesses zum Teil bei der Kommission liegt, da sie das ausschließliche Recht zur Entscheidungsinitiative innehat, und zum Teil beim Ministerrat, welcher – einer römisch-

* Die Übersetzung dieses Beitrages aus dem Englischen wurde von der Redaktion der ZParl besorgt.

1 V. Herman und *J. Lodge*, The European Parliament and the European Community, London 1978, S. 64–65.

2 Siehe im einzelnen und vollständig *M. P. C. M. van Schendelen*, Codebook: de Nederlandse Europarlementarier, Erasmus University, Rotterdam 1984; und Het Europese Parlement, Utrecht 1984.

katholischen Kurie vergleichbar – den Kommissionsvorschlägen sein 'nihil obstat' erteilt. Von den verbleibenden politischen Institutionen wird nur der Gerichtshof als bedeutend angesehen.

Dem Europäischen Parlament wird Schwäche nachgesagt. Seine Rolle auf dem Gebiet der europäischen Gesetzgebung sei rein konsultativ und könne daher unbeachtet bleiben. Die von ihm ausgeübte Kontrolle über die Aktionen oder Unterlassungen anderer Institutionen – Rat oder Kommission – belaufe sich auf wenig mehr als Fragen zu stellen und selbst, wenn die Antworten das EP nicht zufriedenstellen sollten, so könne die Kommission unbeeindruckt und in unveränderter Besetzung fortfahren. Dem Europäischen Parlament wird ferner nachgesagt, es unterscheide sich von anderen Parlamenten auch durch sein Umfeld: es bilde keine Regierung; es habe kein entwickeltes System rivalisierender politischer Parteien; es könne den Rat oder die Kommission nicht „absetzen"; es habe nur ein kümmerliches Wählerfundament, bestehend aus wenig mehr als dem Wahlgang einmal alle 5 Jahre.

Diese Erwägungen könnten zu dem Schluß führen, daß das Europäische Parlament ein unbedeutender Faktor in der Gemeinschaft sei und daß es in jeder Analyse über das Funktionieren der Gemeinschaft übersehen werden kann. Es gibt zumindest zwei Gründe, warum diese Schlüsse falsch sind.

Das erste Gegenargument ergibt sich aus vergleichenden Studien über Parlamente und ihre Arbeitsweise.[3] Diese zeigen, daß die legislativen Gewalten des Europäischen Parlamentes kaum begrenzter sind als die der französischen Nationalversammlung; daß seine Haushaltsgewalten größer als die des britischen Unterhauses sind; daß seine Kontrollgewalten denen der Zweiten Kammer in den Niederlanden sehr ähnlich sind; daß die französische Regierung vom Präsidenten und nicht von der Nationalversammlung berufen wird; daß das britische Unterhaus zwar eine Opposition hat, daß diese aber machtlos ist; und daß viele nationale Parlamente ein ziemlich schwaches Wählerfundament haben. Solche Vergleiche relativieren die negative Wertung des Europäischen Parlamentes selbst dann, wenn man nur den Kompetenzen-Maßstab anlegt. Dieser Maßstab wird weiter relativiert, wenn man fragt: Sind Parlamente mit extensiven Kompetenzen auch einflußreich? „Parlamente" mit vielen legalen Befugnissen schließen den Obersten Sowjet ein. Parlamente dieser Art werden jedoch selten oder nie in der internationalen Fachliteratur wegen ihres Einflusses angeführt. Die niederländische Zweite Kammer hat ebenfalls ein weites Spektrum formaler Rechte. Trotzdem hat die verwundbare Natur einer Viel-Parteien-Regierung immer bedeutet, daß die Kammer wenig Gebrauch von ihren Befugnissen macht und dem Machterhalt der Regierung durch strikte Disziplin innerhalb der Regierungsparteien Priorität einräumt.[4]

Kurz gesagt, begrenzte Kompetenzen können mit sehr viel Einfluß und weitreichende Kompetenzen mit einem Mangel an Einfluß assoziiert werden. Kompetenzen und Einfluß sind zwei verschiedene Dinge.

3 Vgl. die formal vergleichende Studie Parliaments of the Worlds, Interparliamentary Union, Geneva 1976.

4 Siehe *M. P. C. M. van Schendelen* u.a. (Hrsg.), Leden van de Staten-Generaal, VUGA, Den Haag 1981.

Studie des Einflusses – eine archäologische Ausgrabung

Das „Einflußkonzept", wie es allgemein von der modernen Politikwissenschaft formuliert wird, bedeutet, daß Einfluß nicht etwas ist, von dem man eine bestimmte Menge besitzt, sondern vielmehr eine Charakteristik von Beziehungen von A zu B.[5] Eine Analyse des Einflusses des EP wird daher niemals zu gültigen Aussagen kommen, wenn das Parlament isoliert betrachtet wird. Wie konkret die Bedingungen auch immer sein mögen, in denen solcher Einfluß ausgeübt wird: Jede Analyse stößt auf zwei fundamentale Probleme.[6] Erstens weiß man nie genau, was B ohne A getan hätte. Jeder Kommentar über A's Einfluß auf B ist daher gegründet auf eine Hypothese über B's Verhalten unter anderen Umständen. Wie gut begründet und logisch diese Hypothese auch immer sein mag – z. B. könnte sie auf B's früherem Verhalten oder auf B's eigenen Aussagen basieren – es bleibt eine Hypothese. Dieses gilt auch für das zweite Problem – den Zeitfaktor –, da sich Zeit unerbittlich während eines jeden Beeinflussungsprozesses fortbewegt und B zu einer Veränderung seines Verhaltens bewegt, nicht aufgrund A's Verhalten, sondern wegen des Faktors X. Wenn etwa der Ministerrat in der zweiten Beratung seines Haushalts eine beträchtliche Erhöhung für den Posten „Jugendarbeitslosigkeit" vornimmt, nachdem das Parlament eine bescheidene Erhöhung in seiner ersten Beratung (ein tatsächlicher Fall aus dem Haushaltsverfahren von 1983) unternommen hat, ist es gut denkbar, daß der Rat (B) diesen Posten in jedem Fall erhöht hätte, selbst wenn sich das Parlament (A) anders verhalten hätte, weil es sich schon vorher dahingehend entschieden hatte, oder sich aufgrund völlig anderer Ereignisse, die während der Zwischenzeit vorkamen, so verhielt.

Diese Studie des Einflusses ist eine Art mathematisches Geduldspiel, vergleichbar mit archäologischer Forschung. Man besitzt eine Menge von Einzelheiten, weiß aber nicht genau, wie sie zusammengesetzt werden sollten, ob sie tatsächlich zusammengehören und noch weniger, ob die, die zusammengehören, alle da sind.

(A) Netzwerke politischen Einflusses

Das *Rom-Modell* der Europäischen Gemeinschaft besagt, daß die Gemeinschaft ein komplexes System formaler Körperschaften, Institutionen und Verfahrensweisen ist. Die Gemeinschaft sollte im Verhältnis zu den Mitgliedstaaten supranational sein. Die internen Institutionen sind deutlich voneinander getrennt und passen in eine hierarchische Struktur. Beziehungen zwischen den verschiedenen Körperschaften werden nach bürokratischen Richtlinien unterhalten.

Diese Sicht kann mit dem *Brüssel-Modell* der Gemeinschaft verglichen werden. Danach sind die formalen Strukturen und Arbeitsmethoden der Gemeinschaft nur eine ihrer Komponenten. In der Praxis ist Brüssel gekennzeichnet von einer ganzen Reihe von Netzwerken, die nur zum Teil mit den formalen Strukturen und Prozessen übereinstimmen. Es gibt viele intensive Kontakte zwischen Mitgliedern der verschiedenen Institutionen, Körperschaften, Gruppen oder Assoziationen aller Arten, die bei weitem die Grenzen ihrer formalen Beziehungen überschreiten. Diese internen Netzwerke waren seit den frühesten Anfängen der Gemeinschaft wichtig, selbst in ihrer extremen

5 Vgl. grundlegend *R. Dahl*, Modern Political Analysis, Englewood Cliffs 1976 (third edition).

6 *M. P. C. M. van Schendelen* (Hrsg.), Kernthema's van de politicologie, Amsterdam 1981 (second edition), Kapitel 5.

Form von politischen Cliquen. Sie sind heute oft auf einer sektoralen Grundlage organisiert. Zusätzlich wird eine internationale Dimension durch die externen Netzwerke geschaffen. Auf allen Ebenen der Gemeinschaft gibt es politische Beziehungen zu den parallelen Ebenen in den Mitgliedstaaten. Die Ratsminister erhalten ihre Ideen und Instruktionen aus den nationalen Hauptstädten; Mitglieder der Beamten-Eurocracy fungieren als Gastgeber für nationale Beamte aus zehn Mitgliedstaaten auf einer praktisch-täglichen Basis; und selbst das Parlament ist noch zu einem gewissen Grad mit den nationalen Parlamenten verbunden, obgleich erheblich weniger, seit die ersten Direktwahlen von 1979 dem Doppelmandat praktisch ein Ende setzten (weniger als 10 % der MEP's haben noch ein Doppelmandat inne). Wo immer sich diese internen und externen Netzwerke überschneiden, gibt es politische Berührungspunkte, die vielfältige Wege zur Erreichung politischer Ziele eröffnen. Im praktischen Brüssel-Modell bietet der Besitz eines extensiven Netzwerkes von Kontakten und die Fähigkeit, diese auszunutzen, viel, um den Grad zu bestimmen, bis zu welchem man den Lauf der Ereignisse beeinflussen oder das politische Verhalten ändern kann.

Diese Tatsache läßt sich bezüglich des Einflusses des EP's anhand der Erfahrungen niederländischer Mitglieder demonstrieren. Auf die Frage nach der Häufigkeit ihrer Kontakte zu politischen Akteuren innerhalb und außerhalb der Gemeinschaftsinstitutionen gaben die 25 niederländischen MEP's das folgende Bild (siehe Tabelle 1)[7]. Die meisten holländischen Mitglieder unterhalten monatliche Kontakte mit einer großen Anzahl von Individuen und Organisationen; die beiden Ausnahmen sind die Ständigen Vertretungen anderer Länder und der Wirtschafts- und Sozialausschuß, mit denen nur wenige Mitglieder regelmäßige Kontakte pflegen. Die am meisten gepflegten Netzwerke sind diejenigen mit den Mitgliedern der niederländischen Regierung, die Brüssel besuchen, mit dem Ständigen Vertreter der Niederlande (der kürzlich begann, eine monatliche Besprechung für die niederländischen MEP's zu organisieren), mit den Kommissionsmitgliedern, den Angestellten ihrer Kabinette und den höchsten Beamten, mit Mitgliedern des niederländischen Parlaments in Den Haag, mit ihren eigenen nationalen Parteien und Staatsbeamten in Den Haag.
Bei der Frage nach den am meisten genutzten Netzwerken wurde auch untersucht, wer die Initiative für Treffen ergriff. MEP's sagten, daß sie entweder von ihnen selbst oder halb-und-halb, d. h. manchmal auf ihre eigene Initiative hin, manchmal auf die der anderen Seite hin entstanden. In einigen Fällen gab es keine Frage nach der Initiative, da Treffen als Teil eines regelmäßigen Arrangements stattfanden; dieses gilt für Treffen mit Mitgliedern des niederländischen Parlaments. In der Regel sind die MEP's außergewöhnlich aktiv bei der Kontaktherstellung und im Aufbau von Netzwerken innerhalb und außerhalb der Institutionen der Gemeinschaft.
In bezug auf Kontakte mit niederländischen Ministern, dem Ständigen Vertreter der Niederlande, hohen EG-Beamten, Mitgliedern des niederländischen Parlaments und niederländischen Staatsbeamten wurden die niederländischen MEP's auch aufgefordert anzugeben, was solche Kontakte gewöhnlich einbringen. Die Antwort war eigentlich immer einfach: Erhalt von Informationen, Klarstellung der Position der anderen Seite oder Beeinflussung der anderen Seite; nur im Falle des Ständigen Vertreters und der niederländischen Staatsbeamten lag das Gewicht mehr auf der reinen Informationsbeschaffung.
Fast 3/4 (72 %) der niederländischen MEP's haben ein Mitglied der niederländischen Regierung gebeten, dem Ministerrat ein spezifisches Issue nahezubringen; nach Auskunft der meisten dieser MEP's haben die Regierungsmitglieder positiv auf diese Anfrage reagiert. Fast die Hälfte der nie-

7 Siehe Fußnote 2.

Tabelle 1: Netzwerk von Kontakten, hergestellt durch niederländische MEP's (1981; N = 25)

	Häufigkeit der Kontakte					Hauptsächlich initiiert durch				
	selten	mehrmals pro Jahr	monatlich	wöchentlich	täglich	Die Interviewten	Die andere Partei	50/50	festes Arrangement	unbekannt
Niederländische Mitglieder des Ministerrats	4	7	12	2	0	14	3	6	1	1
Niederländische Ständige Vertreter	3	6	13	3	0	11	2	10	0	2
Andere Ständige Vertreter	15	6	4	0	0	–	–	–	–	–
Kommissionsmitglieder	3	2	15	5	0	10	0	12	1	2
Angestellte des Kabinetts der Kommissionsmitglieder	7	1	10	5	2	6	1	13	0	5
Oberste Kommissionsbeamte	5	3	9	7	1	8	0	10	3	4
Mitglieder des Wirtschafts- und Sozialausschusses	18	5	2	0	0	–	–	–	–	–
Mitglieder des niederländischen Parlaments	2	2	16	5	0	7	2	10	6	0
Niederländische (Verwaltungs-)Staatsbeamte	9	5	10	1	0	14	0	3	2	6
Mitglieder niederländischer politischer Parteien	1	5	15	4	0	–	–	–	–	–
Mitglieder der europäischen Parteiföderationen	5	4	15	1	0	–	–	–	–	–

derländischen MEP's (44 %) berichtet auch von der umgekehrten Situation, in der ein Regierungsmitglied um das Anbringen einer Frage im EP nachgesucht hat; alle sagten aus, solch einer Aufforderung nachgekommen zu sein. Beidseitige Vorteile dieser Art sind mit Kollegen nationaler Parlamente noch häufiger.[8] Praktisch alle befragten MEP's (88 %) sagen aus, daß sie gelegentlich Mitglieder des niederländischen Parlaments fragen, ein bestimmtes Issue im nationalen Parlament einzubringen, und alle finden, daß solche Anliegen erfüllt werden sollten. Fast alle (84 %) haben die umgekehrte Situation erlebt, in der sie von einem Mitglied des nationalen Parlaments aufgefordert wurden, eine Angelegenheit im EP zur Sprache zu bringen; die meisten stimmen dem zu. Im Fall der hohen EG-Beamten sind die meisten politischen Übereinkommen der Kommission eingeschlossen. Gut die Hälfte der niederländischen MEP's (52 %) gaben an, daß entweder sie Beamte ersucht haben, die Kommission auf bestimmte Issues aufmerksam zu machen oder aber, daß sie selbst aufmerksam gemacht wurden; in beiden Fällen war die Reaktion auf solche Anfragen gewöhnlich vorteilhaft. Einige wenige (12 %) sind von EG-Beamten aufgefordert worden, Angelegenheiten dieser Art durch nationale Beamte zu regeln, sie agieren dann als Vermittler. Die Befragten sagten, daß sie selbst nicht einen Verwaltungsapparat gegen den anderen ausspielten. Trotzdem sind 1/3 (32 %) von ihnen von niederländischen Beamten aufgefordert worden, Issues im EP anzubringen.

Kurz gesagt, den Mitgliedern des Europäischen Parlaments stehen eine Vielzahl von Netzwerken und Kontakten zur Verfügung, die sie selbst aufgebaut haben, um politische Ziele zu erreichen. Es gibt einen kontinuierlichen Austausch von Informationen, Ansichten und beidseitigem Einfluß. Jemand, der in der politischen Szene Geschäfte betreibt, weil er etwas anbietet, das jemand anderes haben möchte, besitzt Einfluß, denn sonst hätte er nichts anzubieten, geschweige denn wäre er in der Lage, Geschäfte zu machen.

(B) Reputation aufgrund politischen Einflusses

Jeder, der in einer bestimmten Sphäre aktiv ist, erlangt früher oder später eine Reputation, einen Namen für seinen Einfluß oder seinen Mangel an Einfluß. Je länger man aktiv und hierfür bei anderen bekannt gewesen ist, desto treffender ist die erlangte Reputation. Jemand, der wiederholt einen großen Einfluß ausübt, kann es nicht vermeiden, als Gewinner bezeichnet zu werden; gleichermaßen wird jemand, der wiederholt verliert, dafür bekannt werden. Selbst wenn eine Reputation ungerechtfertigt ist und jemand hinter den Kulissen mehr Einfluß ausübt, als andere Leute denken oder, umgekehrt, viel weniger als allgemein angenommen, so können solche Reputationen dennoch politisch relevant sein, da selbst eine unzutreffende Reputation eine sich selbst erfüllende Prophezeihung sein kann. Wenn andere Leute denken, jemand sei einflußreich und sich aufgrund dieser Annahme verhalten, dann wird ihm Einfluß geradezu aufgedrängt. In Kürze: eine auf Reputation basierende Methode kann zur Lösung von Problemen beitragen, die mit jeder Studie von Einfluß verbunden sind. Diese Methode wurde in den durchgeführten Interviews mit niederländischen MEP's angewandt. Sie wurden aufgefordert, den Einfluß des EP's und einer ganzen Reihe anderer Organisationen und Körperschaften innerhalb der Gemeinschaft einzuschätzen.[9] Ihre Antworten bieten ihr Bild der Reputation des EP aufgrund des Einflusses innerhalb der Gemeinschaft (Tabelle 2). Diese Tabelle zeigt, daß der Einfluß des EP innerhalb der Gemeinschaft je nach

8 Diese Daten wurden erhoben, als das Doppelmandat schon der Vergangenheit angehörte. Für die Situation vor 1979 siehe *V. Herman* und *M. van Schendelen* (Hrsg.), The European Parliament and the National Parliaments, London 1979.

9 Siehe oben Fußnote 2.

Tabelle 2: Reputation des Europäischen Parlaments aufgrund von Einfluß aus der Sicht niederländischer MEP's (1981; N = 25)

	Reputation aufgrund von Einfluß			
	schwach	moderat	stark	keine Antwort
A. Einfluß des EP's in bezug auf:				
Haushaltsverfahren	3	5	12	5
Politikfindung	9	14	2	0
Kontrolle über die Politik des MinRates	19	6	0	0
Kontrolle über die Politik der Kommission	3	12	10	0
Gesetzgebung (per Resolution etc.)	10	10	5	0
Förderung nationaler Interessen	14	5	5	1
Förderung von Gruppeninteressen	11	9	4	1
Förderung von Parteiinteressen	10	6	7	2
Förderung regionaler Interessen	10	9	6	0
Abwägung der Forderungen einer pressure group gegen die einer anderen	9	10	5	1
Anbringen aktueller Issues	5	8	12	0
Anbringen von Meinungen über allgemeine Gemeinschaftspolitik	6	9	8	2
B. Einfluß verschiedener Körperschaften und Gruppen innerhalb der Gemeinschaft				
Europäischer Rat	5	4	16	0
Ministerrat	0	1	23	1
Ständige Vertreter	2	4	18	1
Kommission	2	13	10	0
Wirtschafts- und Sozialausschuß	17	6	1	1
Höchste EG-Beamte	2	13	9	1
Europäisches Parlament	9	14	2	0
Rechnungshof	11	11	3	0
Gerichtshof	3	6	16	0
Organisierte pressure groups	5	15	3	2

Art der Aktivität erheblich variiert. Diese Differenzierung, die in allgemeinen Diskussionen über den Einfluß des EP's gewöhnlich übersehen wird, zeigt, daß der Parlamentseinfluß seinen Höhepunkt im Haushaltsverfahren und seinen Tiefpunkt bei der Kontrolle der Politik des Ministerrats erreicht. Während die niederländischen Abgeordneten das Parlament als relativ einflußreich im Haushaltsverfahren ansehen, erachten sie die Ausübung der Kontrolle über den Rat als sehr gering. Das Parlament hat auch eine gute Reputation für seinen Einflußreichtum bei dem Anbringen von aktuellen Issues, für die Überprüfung der Arbeit der Kommission der Europäischen Gemeinschaften und die (Aus-)Formung der allgemeinen Gemeinschaftspolitik. Der Einfluß des Parlaments innerhalb der Gesetzgebung und beim Abwägen von Wünschen einer pressure group gegen die einer anderen wird als moderat gesehen. Im allgemeinen wird die Forderung spezifischer Interessen (von seiten der Mitgliedstaaten, Gruppen, Parteien oder Regionen) durch das EP als ineffektiv angesehen.

In Konkurrenz zu anderen Körperschaften und Gruppen innerhalb der Gemeinschaft wurde der Einfluß des Parlaments von den Interviewten als moderat angesehen. Der Ministerrat, zusammen mit dem angeschlossenen Europäischen Rat und der Gerichtshof wurden als dominant angesehen. Der Wirtschafts- und Sozialausschuß sowie der Rechnungshof wurden im allgemeinen als recht schwach eingeschätzt. Andere Körperschaften, denen, wie dem Parlament, ein mittelmäßiger Einfluß nachgesagt wird, waren die Kommission und ihre Beamten sowie die organisierten pressure groups.
Die Reputation des Europäischen Parlaments bezüglich seines Einflusses, der von einem Aktivitätenbereich zum anderen variiert, wird von den meisten niederländischen MEP's durchschnittlich als schwach bis mittelmäßig angesehen im Vergleich zu dem von anderen Körperschaften in der EG. Die Mitglieder sind sich auch eines Einflußzuwachses bewußt: praktisch alle (88 %) betrachten den „Einfluß des Parlaments innerhalb der Gemeinschaft als gestiegen in den letzten Jahren". Die meisten Abgeordneten (84 %) wiesen auf die Direktwahlen von 1979 als einen positiven Faktor in diesem Trend hin. Interessanterweise zeigte unsere frühere Studie von 1978, daß 3/4 der niederländischen MEP's damals den Einfluß des Parlaments innerhalb der Gemeinschaft als in „den letzten Jahren gestiegen" beurteilten; zu der Zeit deuteten sie auf die wachsenden Haushaltskompetenzen als positiven Faktor.

Diese Untersuchung der Reputation des EP's zeigt, daß dessen Einfluß als schwach bis mittelmäßig gesehen wird, daß aber in einer Anzahl von Gebieten der Einfluß beträchtlich ist und an Gewicht in den letzten Jahren gewonnen hat.

(C) Einfluß auf Entscheidungsfindung

Die zwei Entscheidungsfindungsprozesse innerhalb der Gemeinschaft, die im allgemeinen als die wichtigsten angesehen werden, sind die Gesetzgebung und der Haushalt. In der traditionell legalistischen Betrachtungsweise wird argumentiert, daß die Macht des Parlaments auf dem Gebiet der europäischen Gesetzgebung schwach, weil rein beratend sei und auch in bezug auf den Haushalt begrenzt sei. Wo Macht nur eines von mehreren möglichen Einflußmitteln ist, schließt die Tatsache, nur begrenzte Kompetenzen zu haben, die Möglichkeit der Einflußausübung indessen nicht aus. Dieses wird am deutlichsten gerade in bezug auf die europäische Gesetzgebung. Die Ansichten des Parlaments (ausgedrückt in Resolutionen) über die Gesetzesvorschläge, unterbreitet von der Kommission, können auf der Ebene des Ministerrats, wo die formale Entscheidung endgültig getroffen wird, völlig mißachtet werden. Die Wahrscheinlichkeit, daß dieses geschieht, ist jedoch erheblich geringer, wenn die Kommission die Parlamentsresolution gutheißt und sie in ihre eigenen Vorschläge gegenüber dem Rat einschließt. Die Kommission mag in der Tat die Änderungsanträge des Rates ablehnen und solche Ablehnungen können nur dann zurückgewiesen werden, wenn der Rat einmütig handelt. Diese Einmütigkeit ist in der Praxis nicht einfach zu erreichen, da das Parlament (oder die Kommission) die Unterstützung von nur einem Mitgliedstaat brauchen. Wenn das Parlament die Kommission in ihren Resolutionen mitträgt, hat es somit das Potential, ein erhebliches Hindernis für den Rat zu schaffen. Diese Macht kann in der Folge die Form von antizipativem Einfluß (der Rat möchte Schwierigkeiten vermeiden), positivem Einfluß (der Rat gibt klein bei) oder einer Verhandlungsposition annehmen, wenn andere Wünsche erfüllt werden.

Die Frage ist, bis zu welchem Grad das Parlament die Kommission mit ihren Ansichten mittragen kann. Unsere derzeitige Fallstudie basiert auf der jährlichen Sitzungsperiode des Parlaments von 1981–1982. Während dieser Zeit beschäftigte sich das Parlament mit 140 Kommissionsvorschlägen. 65 % davon erhielten seine volle Zustimmung. Bei den restlichen 35 % wurden Änderungen vorgenommen. In mehr als der Hälfte dieser Fälle (53 % oder 26 von 49 Vorschlägen, für die Veränderungen vorgeschlagen wurden) stimmte die Kommission schließlich den Ansichten des Parlaments zu; in den übrigen Fällen tat sie das nicht.[10] Eine Erfolgsrate von mehr als 50 % deutet auf einen mehr als zufälligen Einfluß hin und rückt nachdrücklich die Perspektive zurecht, daß gesetzgebungsmäßig 'rein beratende Kompetenz' keine Macht sei.

Das Parlament kann den Haushalt entweder insgesamt annehmen oder ablehnen. Es hat das letzte Wort bei den nicht-obligatorischen Ausgaben. Im Fall der obligatorischen Ausgaben liegt das letzte Wort beim Ministerrat. Bisher ist der Haushalt erst einmal völlig abgelehnt worden. Das war 1979; seither ist auch der Nachtragshaushalt für 1982 abgelehnt worden. Für das Parlament sind die Hauptstreitpunkte im Haushaltsverfahren die Beziehung zwischen obligatorischen und nicht-obligatorischen Ausgaben sowie die Zusammensetzung von beiden. Was den ersten dieser Punkte angeht, so gab es über die letzten Jahre hinweg einen erheblichen Anstieg des Anteils der nicht-obligatorischen Ausgaben und damit des Ausmaßes parlamentarischer Entscheidungsfreiheit.

Während in der letzten Fassung des 1974er Haushalts das Verhältnis von obligatorischen zu nicht-obligatorischen Ausgaben 86 % zu 14 % war, hat sich das Verhältnis seither ständig verschoben bis 76 % zu 24 % in den frühen 80er Jahren. Dieser relative Anstieg wurde begleitet von einem absoluten Anstieg, da sich der Gesamthaushalt während derselben Periode vervierfachte. Daher hat das Parlament das entscheidende Wort über einen stetig größeren Anteil eines stetig wachsenden Haushalts.

Nicht-obligatorische Ausgaben betreffen eine ganze Reihe von Haushaltspunkten. Für die Zwecke der derzeitigen Studie (Haushalt 1983) haben wir die Ausgaben für Sozialpolitik (Haushaltskapitel 60 und 61) genommen, die 1/4 der nicht-obligatorischen Ausgaben repräsentieren und die Ausgaben für Umwelt- und Verbraucherpolitik (Kapitel 66), eine neue Aktivität, die bisher nicht einmal 1/1000 des Gesamthaushaltes ausmachte. Eine Zusammenfassung dessen, was auf dem Gebiet der Sozialpolitik während des Haushaltsverfahrens geschah, zeigt Tabelle 3.

Tabelle 3: Tauziehen wegen des Kapitels „Soziale Politik" im Haushalt 1983 (X 1000 europäische Zahleinheiten)

Europäische Sozialfonds	Kommissionsentwurf	1. Lesung des Rates	1. Lesung des Parlaments	2. Lesung des Rates	2. Lesung durch das EP und endgültige Summe
Landwirtschaft	9.000	8.190	8.190	8.190	8.190
Textilien	19.000	13.020	13.020	13.020	13.020
Berufsausbildung für junge Menschen	399.000	313.390	405.390	409.690	409.690
Beschäftigung für junge Menschen	136.000	134.090	151.590	230.390	230.390
Jugendprojekte	p.m.	p.m.	1.000	p.m.	1.000
Gastarbeiter	48.000	39.650	47.650	39.650	39.650
Frauen	29.000	15.750	29.000	15.750	17.750
Regionen	455.500	405.250	509.250	405.250	405.250
Unternehmen	14.000	10.820	12.120	10.820	10.820
Industriebereiche	58.000	39.540	55.540	39.540	39.540
Behinderte	96.000	106.800	125.200	106.800	106.800
Total	1.263.500	1.086.500	1.357.950	1.279.100	1.282.100

10 Die weitere Prozedur auf der Ratsebene ist nicht nachvollziehbar.

Die Verhandlungen, die hinter den Kulissen abliefen, waren recht merkwürdig. Bei seiner ersten Lesung schlug der Rat zehn Veränderungen vor, Reduzierungen eingeschlossen. Der einzige erhöhte Posten war für Behinderte. Das Parlament stimmte bei seiner ersten Lesung nur zwei von diesen Reduzierungen zu (Sozialausgaben für Landwirtschaft und Textilien). In allen anderen Fällen wies das Parlament die vom Rat vorgeschlagenen Reduzierungen ab. In einigen Fällen erhöhte es sogar die von der Kommission vorgeschlagenen Summen (besonders für junge Arbeitslose und benachteiligte Regionen). Zusätzlich nahm es eine Gesetzesinitiative zur Schaffung eines neuen Postens (Jugendarbeitslosigkeit-Projekt) an. In zweiter Lesung stimmte der Rat zwei der neun verbleibenden Eingaben des Parlaments und sogar einer höheren Summe zu. In fünf Fällen akzeptierte das Parlament diese Einwände des Rates, aber in den verbleibenden zwei Fällen wies es diese zurück und hatte in der Tat das letzte Wort.

Das Endresultat war, finanziell betrachtet, daß die endgültigen Ausgaben um 1, 5 % höher lagen als die Kommissionsvorschläge und sogar um 18 % höher als die Vorschläge des Rats nach seiner ersten Lesung. Das Parlament war höchst befriedigt über dieses Ergebnis, das es als „einen eindeutigen Erfolg" betrachtete.[11]

Der zweite, weniger wichtige Fall zeigt eine nicht weniger quälende Verhandlungsprozedur. Bei seiner ersten Lesung halbierte der Rat das von der Kommission vorgeschlagene Budget. Die Reaktion des Parlaments war gleichermaßen radikal: es stimmte 18 Gesetzesvorlagen zu, wodurch es den Kommissionsvorschlag mehr als wiederherstellte. Dieses wurde vom Rat nur teilweise akzeptiert. Die endgültige Summe war schließlich 60 % höher als die vom Rat nach seiner ersten Sitzung vorgeschlagene und 42 % höher als die Zahl, die bei seiner zweiten Lesung herauskam.

Der Einfluß des Parlaments auf den Entscheidungsprozeß innerhalb der Gemeinschaft wurde also deutlich sichtbar. In den meisten Fällen, wo es den festen Willen dazu hat, kann das Parlament die Kommission bei seinen vorgeschlagenen Modifikationen zur europäischen Gesetzgebung mitziehen. Vereint ziehen beide dann auch den Rat auf ihre Seite. Im Haushaltsverfahren hat das Parlament das letzte Wort bei einem stetig steigenden Anteil des Budgets und die beiden obigen Fallstudien zeigen, daß es tatsächlich bereit ist, dieses Recht – soweit es Punkte der nicht-obligatorischen Ausgaben betrifft – geltend zu machen. Daran kann der Rat gar nichts ändern. Er kann sich nicht einmal rächen, indem er das Parlament auflöst. Als letzten Ausweg kann er die Haushaltsmittel einfrieren, aber dadurch würde er auch solche Ausgaben blockieren, die er selbst zu machen wünscht. In diesem politischen Feilschen, in diesem Kuhhandel, wird ein budgetärer Einfluß des EP erkennbar, wie er so direkt in keinem anderen Parlament Westeuropas gegeben ist.

Die Gemeinschaft als eine Polyarchie

Die hier benutzten drei Methoden zur Einschätzung des Einflusses des Parlaments führen alle zu dem gleichen Schluß: das Europäische Parlament ist eine nicht einflußlose repräsentative Körperschaft. Im Gegensatz zu dem, was der Mythos nahelegt, besitzt das EP (sehr wohl) politische, konstitutionelle und entscheidungsmäßige Züge, die es ihm ermöglichen, Gesetzgebung und Haushalt zu beeinflussen und eine Kontrollfunktion auszuüben.

11 Siehe PE 81.957/fin. (WP 0216N), S. 15.

Dieses Ergebnis ist offen für zwei Kritiken, einer technischen und einer mehr fundamentalen. Die technische Kritik betrifft die Tatsache, daß unser Schluß zum Teil auf der Beobachtung einer nur geringen Anzahl von MEP's basiert und, obwohl alle Mitglieder der niederländischen Delegation befragt wurden, dieses immer noch ein kleiner Ausschnitt bleibt. Zusätzlich können sich ihre Ansichten von denen anderer sowohl innerhalb als auch außerhalb des Parlaments unterscheiden. Diese Kritik kann beantwortet werden mit dem Hinweis, daß die geringe Anzahl anderer verfügbarer Studien, die auf Interviews mit europäischen Politikern basieren[12], nicht zeigen, daß die Kommentare und Ansichten der niederländischen Abgeordneten so untypisch sind.

Die mehr fundamentale Kritik besagt, daß das EP den Lauf der Ereignisse in der Gemeinschaft zwar beeinflussen mag, daß es damit aber noch nicht einflußreich ist. Zu sagen, das Parlament ist nicht ohne Einfluß, ist in der Tat nicht dasselbe wie zu sagen, es ist einflußreich; das ist jedoch nicht der hier erreichte Schluß. Unser Befund ist vielmehr, daß das EP einer von vielen aktiven Teilnehmern in der europäischen politischen Arena ist und – zumindest gelegentlich – in der Lage ist, den Lauf der Dinge zu beeinflussen.

Es muß nun gefragt werden, ob irgendeiner der anderen Körper innerhalb der Gemeinschaft ausnahmslos seinen eigenen Weg durchsetzen kann. In Bereichen, in denen das EP manchmal Punkte für sich verbucht, ist dieses unwahrscheinlich. In bezug auf die Reputation glaubten die niederländischen MEP's, daß Einfluß in der Tat unter den verschiedenen Gruppen und Organen innerhalb der Gemeinschaft verteilt war, wenn auch ungleich. Die Interviews mit ihnen zeigen weiterhin, daß sie eine ähnliche, mehr oder weniger ungleiche Verteilung von Einfluß unter den Mitgliedstaaten, parteipolitischen Bewegungen und verschiedenen Kategorien von pressure groups[13] annehmen. Genauer gesagt, die Bundesrepublik Deutschland, Frankreich, Großbritannien, die Christdemokraten, die Sozialisten und die Agrarorganisationen werden regelmäßig als einflußreich angesehen.

Dieses Bild von vielen, miteinander um eine größere und fluktuierende Einflußsphäre konkurrierenden Akteuren ergibt sich aus sowohl früheren wie auch neueren Studien der konkreten Politik innerhalb der Gemeinschaft, z. B. von *L. Dierickx*[14]. Vielfältige Befunde wurden jüngst von der amerikanischen Politikwissenschaftlerin *Glenda Rosenthal* veröffentlicht.[15] Sie kommt u. a. zu dem Schluß, daß in jedem der von ihr untersuchten fünf Politikfelder der Prozeß nach einem anderen Muster ablief, daß es innerhalb der Gemeinschaft kein festes einziges Zentrum der Entscheidungsfindung gab, daß vielmehr die europäische politische Arena von einer Reihe von Akteuren bevölkert ist (sowohl formal wie auch informal, europäisch und national), daß die dominierenden Konstellationen sich ständig ändern, und daß das EP bei einigen Issues zweifellos eine bedeutende Rolle spielt.

12 Siehe *W. Feld* und *J. Wildgen*, Electoral Ambitions and European Integration, in: International Organization, Vol. 29, 1975, S. 447–468; *J. Lamlin-Saint-Lo* und *J. Van de Calseyde*, Les parlementaires des membres de la CEE et l'intégration europeéne, College of Europe, Brügge 1975; *E. Kirchner*, Background and activities of Members of the European Parliament, in: Res Publica, 1983, S. 21–38.

13 Siehe oben Fußnote 2.

14 *L. Dierickx*, Het Europese besluitvormingsproces en het Europese integratieproces, (The European decision-making process and the process of European integration), University of Brussels, Brüssel 1972.

15 *G. Rosenthal*, Men behind the decisions, Lexington 1975.

Kurz gesagt, das Brüssel-Modell der EG ähnelt stark einer politischen Arena mit leichtem Zugang, einem hohen Grad an Konkurrenz um die Macht und einem sich ständig verschiebenden Gleichgewicht des realen politischen Einflusses. In der modernen Literatur wird eine solche politische Arena als Polyarchie[16] beschrieben. Dieser selbe Typ von politischem System wird im Kern auch in jedem der Mitgliedstaaten der Gemeinschaft gefunden. Das impliziert, daß keiner der Mitgliedstaaten ein Parlament mit alleiniger Kontrolle über die Ereignisse im Lande besitzt. So ist auch unter diesem Aspekt die Position des EP's keine Ausnahme.

16 Siehe *R. Dahl*, Polyarchy, New Haven 1971.

AUFSÄTZE

Das neue Gesicht des Unterhauses. Herausforderungen von außen – Stärkung von innen*

Philip Norton

Parlamente in der westlichen Welt haben innerhalb ihrer Regierungssysteme höchst unterschiedliche Funktionen zu erfüllen. Diese Aufgaben wandeln sich im Laufe der Zeit. Das 19. Jahrhundert wurde von vielen als Blütezeit des Parlamentarismus angesehen. Seither hat der Druck von Demokratisierung und Industrialisierung zu einem „Niedergang" des Parlamentarismus geführt; zahlreiche Aufgaben, die Parlamenten zugeschrieben werden, sind ihnen verloren gegangen, andere können sie weniger wirksam erfüllen. Für den Politikwissenschaftler stellt sich das Problem, diejenigen Entwicklungstendenzen, die allen Parlamenten gemein sind – den Niedergang des Parlamentarismus – von denjenigen zu unterscheiden, die für ein bestimmtes Parlament charakteristisch sind. Eine Beschäftigung sowohl mit der Geschichte als auch mit der gegenwärtigen Stellung des Unterhauses im britischen Regierungssystem demonstriert sehr eindringlich die Schwierigkeit dieses Unterfangens.

Im Unterschied zu Deutschland hat Großbritannien im 19. Jahrhundert in der Tat ein „Goldenes Zeitalter" des Parlaments erlebt. Dieses Goldene Zeitalter war unter Einflüssen zum Untergang verurteilt, die nicht auf Großbritannien beschränkt blieben, aber durch die politischen und konstitutionellen Eigenarten des britischen Regierungssystems verschärft wurden. Als Konsequenz verlor das Parlament bestimmte Funktionen, und seine Fähigkeit, die ihm verbliebenen Funktionen auszuüben, wurde durch das Wachstum des Wohlfahrtsstaates und das Engagement des Staates in der Wirtschaft weiter eingeschränkt. In den letzten Jahren wurde seine Funktionsfähigkeit einerseits durch Entwicklungen außerhalb des Parlaments weiter eingeengt, die nicht auf Großbritannien beschränkt waren, andererseits durch Entwicklungen innerhalb des Unterhauses gestärkt – Entwicklungen, die in ihrer Kombination so nur in Großbritannien zu beobachten sind. Die Fähigkeit des Unterhauses, die Kontrolle der Regierung wirkungsvoller auszuüben, bleibt nichtsdestoweniger durch die doppelte Problematik eingeschränkt, die ich als konstitutionelle und politische Zweigleisigkeit bezeichnen möchte – Probleme, die in ihrer Gesamtheit in keinem anderen westeuropäischen Parlament ihre Entsprechung finden.

* Übersetzt von *Konstantin Groß*; der Originalbeitrag in englischer Sprache erscheint in: *Herbert Döring* und *Dieter Grosser* (Hrsg.), Großbritannien – Ein Regierungssystem in der Belastungsprobe, Opladen 1985.

I. Der „Niedergang" des Parlaments

Für einen begrenzten Zeitraum des 19. Jahrhunderts hatte das Unterhaus an der Regierung teil, indem es sich selbst in den Prozeß der Gesetzgebung und der politischen Entscheidungsfindung einzuschalten vermochte. Die Industrielle Revolution in Großbritannien, die Mitte des 18. Jahrhunderts begonnen hatte, hatte eine grundbesitzlose Klasse von Industriellen, Unternehmern und Kaufleuten hervorgebracht, die sich mit ihrem Ausschluß aus dem von Adel und Großgrundbesitzern dominierten Parlament nicht abfinden wollten. Der Druck aus der Mittelklasse, die noch nicht das Wahlrecht besaß, traf zusammen mit der Erkenntnis der Whigs – für viele Jahre die Opposition in der britischen Politik – über die Notwendigkeit eines Wandels, der in der Großen Wahlrechtsreform von 1832 gipfelte[1]. Diese führte zu einer begrenzten Ausdehnung des Wahlrechtes und zu einer vorsichtigen Neueinteilung von Sitzen und Wahlkreisgrenzen. Doch das Ausmaß der Veränderung genügte, das Unterhaus aus dem Würgegriff des Adels und der Regierung zu befreien[2] – Mandate waren jetzt weniger leicht zu kaufen –, war aber nicht umfassend genug, um die Herausbildung organisierter politischer Parteien zu beschleunigen. Diese Minderung äußeren Drucks führte dazu, daß die Mitglieder des Parlaments unabhängiger in ihrem Auftreten im Parlament wurden und somit ein Unterhaus schufen, das entschlossen war, Regierungsanträge zu verwerfen oder zu verändern und bei der Gestaltung dieser Maßnahmen mitzuwirken. Das Schicksal eines solchen Antrages konnte nun vom Ausgang der Parlamentsdebatte abhängen. „Es bestand stets die Möglichkeit, daß eine Rede Abgeordnete umstimmen konnte; das Ergebnis einer Abstimmung war nicht mehr von vorneherein vorauszusehen."[3] Mit Ausnahme des Zeitraumes zwischen 1841 und 1846 war Fraktionsdisziplin damals nahezu unbekannt[4]. Dies also war die Periode, die man als das Goldene Zeitalter des Parlaments bezeichnete. Sie erwies sich als äußerst kurzlebig.

Die Forderung nach weiterer Ausdehnung des Wahlrechts, politische Berechnung und ein gewisses Maß an Patriarchismus führten zur Verabschiedung der Wahlrechtsreform von 1867, die zusammen mit späteren Gesetzen das Wahlrecht auf die Mittelklasse ausdehnte und eine gerechtere Einteilung der Wahlkreise zur Folge hatte. Mit der Verabschiedung des Wahlgesetzes von 1884 erhielt auch die Mehrheit der Arbeiter das Wahlrecht. Die Zahl der Wähler war nun zu groß, um noch bestochen werden zu können – zumindest was die finanziellen Möglichkeiten eines einzelnen Kandidaten betraf. Die Folge war, daß „die organisierte Korruption allmählich durch organisierte Parteien ersetzt wurde"[5], und beide Honoratiorenparteien, Konservative und Liberale, somit gezwungen wurden, sich zu Massenparteien zu entwickeln und eine umfassende Parteiorganisation aufzubauen. Die Parteiorganisation erleichterte natürlich den Kontakt mit den Wählern. Um Stimmen zu gewinnen, mußten sie Versprechungen machen – immerhin war einer neuen Klasse und nicht einfach nur einer Masse das Wahlrecht gewährt worden –, und Wahlversprechen konnten nur dann auf fruchtbaren Boden fallen, wenn die Parteien die nötige Geschlossenheit in ihrer parlamentarischen Arbeit und ein Abstimmungsverhalten an den Tag legten, das eine entsprechende Gesetzgebung sicherstellte.

Institutionelle und zeitgeschichtliche Faktoren, verbunden mit dem Druck, der aus den neuen Wahlrechtsbestimmungen resultierte, führten zu einem Unterhaus mit geringem Einfluß auf den politischen Entscheidungsfindungsprozeß. Der Wettbewerb bei den Parlamentswahlen mit Alles-oder-

1 Öffentliche Agitation sowie die Französische Revolution von 1830 führten ebenfalls zu einem bedeutenden Handlungsbedarf. Vgl. *Sir L. Woodward*, The Age of Reform 1815–1870, 2. Aufl., Oxford 1962, S. 77–78.

2 Ein um 1815 zusammengestelltes Verzeichnis offenbarte, daß 144 Peers zusammen mit 123 Unterhausabgeordneten 471 Sitze im Unterhaus kontrollierten, sei es durch Bestechung oder durch Patronage. Vgl. *M. Ostrogorski*, Democracy and the Organisation of Political Parties, Bd. 1, London 1902, S. 20.

3 *Lord Campion*, Parliament and Democracy, in: *Lord Campion* (Hrsg.), Parliament: A Survey, London 1952, S. 15.

4 *A. Lawrence Lowell*, The Government of England, Bd. II, London 1924, S. 76–78.

5 *R. H. S. Crossman*, Einführung zu W. Bagehot, The English Constitution, S. 39.

Nichts-Parolen, der Ein-Mann-Wahlkreis mit dem einfachen Mehrheitswahlrecht und eine verglichen mit anderen Ländern homogene Bevölkerung scheinen ein Zwei-Parteien-System begünstigt, wenn nicht sogar hervorgebracht zu haben. In der Tat wies das Land Charakteristiken auf, unter denen *Sartori* ein perfektes Zwei-Parteien-System versteht[6]. Eine Partei wurde normalerweise mit überwältigender parlamentarischer Mehrheit zur Regierungspartei bestimmt. Angesichts der Tatsache, daß die Regierung aus dem Parlament hervorgeht und weiterhin sein Bestandteil bleibt, hingen die Wahlaussichten der einzelnen Abgeordneten vom Erfolg oder Mißerfolg der Regierung ab. Die Regierung war also abhängig von der Unterstützung ihrer parlamentarischen Basis, sowohl was die Verwirklichung ihrer Wahlversprechen als auch ihr Verbleiben im Amt betraf. Die Weigerung einzelner Abgeordneter, ihre eigene Seite zu unterstützen, konnte nicht nur zum Scheitern der Gesetzesvorlage, sondern auf dem Wege der Vertrauensfrage auch zu einer Auflösung des Parlaments und zu Neuwahlen führen – Aussichten, die nicht nach dem Geschmack der Abgeordneten sein konnten. Innerhalb des Unterhauses wurde Fraktionsdisziplin somit rasch zur Regel[7].

Die Bereitschaft der Abgeordneten, sich der Regierung zu fügen, wurde außerdem durch innerparteilichen Druck gefördert. Ein Abgeordneter wurde von seiner lokalen Wahlkreisorganisation zum Parlamentskandidaten gewählt und war somit sowohl bei einer erneuten Aufstellung als auch im Wahlkampf auf sie angewiesen. Vorausgesetzt, daß die lokale Parteiorganisation gegenüber ihrer Parteiführung loyal war – und dies war, wenn auch nicht ohne Ausnahme, so doch die Regel –, dann war es unwahrscheinlich, daß sie eine abweichende Meinung „ihrer" Abgeordneten einfach hinnehmen würde. Im Parlament bestanden keine anderen Aufstiegsmöglichkeiten als ein Regierungsamt, und ein Platz in der Regierung hing vom Premierminister ab. Eine Führungsposition im Unterhaus anzustreben, bedeutete im Endeffekt Minister bzw. Mitglied des Schattenkabinetts zu werden.

Das Wesen des politischen Entscheidungsprozesses wie auch die wachsenden Regierungsaufgaben führten dazu, daß die Entscheidungen immer mehr aus dem Plenum des Unterhauses verlagert wurden. Das britische Regierungssystem entwickelte und bewahrte seinen Ruf, eine geschlossene Gesellschaft zu sein. Die Konvention der kollektiven Ministerverantwortlichkeit diente dazu, die Vertraulichkeit der Kabinettsberatungen sicherzustellen: Lediglich die getroffenen Entscheidungen wurden bekanntgegeben. Die Konvention individueller Ministerverantwortlichkeit wiederum führte zu einem schützenden Mantel, der die internen Entscheidungsprozesse in den Ministerien umgab[8]. Das Unterhaus war an den Regierungsgeschäften nicht beteiligt.

Gegen Ende des 19. und besonders im zweiten Jahrzehnt des 20. Jahrhunderts wurden die Aufgaben der Regierung weit über ihren ursprünglichen Auftrag hinaus, den inneren Frieden zu bewahren und das Königreich nach außen zu verteidigen, ausgedehnt. Sozialpolitische Initiativen erschienen auf der Tagesordnung der Regierung. Gesetzesentwürfe für ein obligatorisches Sozialversicherungssystem wurden aufgelegt. Viele der Fundamente des britischen Wohlfahrtsstaates wurden in den zwanziger und dreißiger Jahren gelegt, besonders unter *Neville Chamberlain* als Gesundheitsminister. Der Wohlfahrtsstaat und die staatliche Intervention in der Wirtschaft („managed economy") wurden in den Jahren nach 1945 durch eine Regierung der Labour-Party eingeführt und dann von den Konservativen beibehalten. Das Wachstum der Staatsaufgaben brachte nicht nur größere Ministerien und höhere Staatsausgaben mit sich, sondern auch eine Flut von Gesetzen, die das Unterhaus nicht nur wegen ihres Umfanges, sondern auch wegen ihrer Komplexität nur schwer bewältigen konnte. Nach 1945 wurde die Regierungsverordnung kraft parlamentarischer Ermächtigung („delegated legislation") zu einem bestimmenden Merkmal britischer Politik.

Je mehr die Eingriffe der Regierung in das wirtschaftliche und soziale Leben der Nation ausgedehnt wurden, desto mehr wurde sie von den verschiedensten Gruppen abhängig, die in den betreffenden Sektoren operierten. Man verließ sich auf die Informationen, Meinungen und Mitwirkung dieser Gruppen, insbesondere der sektoralen Interessengruppen, bei der Verwirklichung politischer Ziele.

6 *G. Sartori*, Parties and Party Systems, Bd. 1, Cambridge 1976, S. 188–189.
7 *A. L. Lowell*, a. a. O., S. 76–78.
8 Zur Konvention individueller und kollektiver Ministerverantwortlichkeit siehe *P. Norton*, The Constitution in Flux, Oxford 1982, Kapitel 2.

Diese Abhängigkeit führte zu einer immer engeren Fühlungnahme zwischen Regierung und Interessengruppen. Schon früh in unserem Jahrhundert begann diese Kooperation den Charakter von Mitentscheidung anzunehmen. Bestimmten Gruppen wurde per Gesetz das Recht zuerkannt, Vertreter in verschiedene öffentliche, halb-regierungsamtliche Körperschaften zu entsenden. Regierungsakte wurden zunehmend das Produkt von Verhandlungen zwischen Ministerien und Interessengruppen; die Vereinbarungen wurden dem Parlament als einstimmige Pakete präsentiert. Der Ort des Entscheidungsfindungsprozesses bewegte sich immer mehr vom Plenum des Unterhauses weg.

Die Wandlungen der letzten Hälfte des 19. Jahrhunderts reichten aus, das Unterhaus in der Tat seiner wichtigsten Funktionen, die ihm von *Bagehot* zugeschrieben worden waren, zu berauben: der Wahlfunktion und der Gesetzgebungsfunktion. Die Wahlfunktion, also die Aufgabe, die Regierung einzusetzen, ging auf das Elektorat über (so war also das Recht, die Regierung einzusetzen, ein kurzlebiges Recht des Unterhauses gewesen; vor dem Goldenen Zeitalter des Parlaments vollzog diese Aufgabe – wie formal auch heute noch – der Monarch). Die Gesetzgebungsfunktion ging in der Praxis auf das Kabinett über. Dem Unterhaus blieb, obwohl es davon wenig Gebrauch machte, nur die Möglichkeit, ein Gesetz zu ergänzen oder zu verwerfen; aber auf keinen Fall kann man sagen, daß es noch länger die Gesetze „machte"[9].

Was geschah mit den übrigen Funktionen? Dem Unterhaus verblieb sein Status als Repräsentativorgan, obgleich jetzt mit etwas anderem Charakter als bisher; es wurde zu einer wahren Volksvertretung im Gegensatz zu einer Kammer, die lediglich eine regierende Kaste oder (wie im Mittelalter) die Stände vertrat[10]. Als Repräsentativversammlung besaß es drei wichtige Funktionen, nämlich (1.) das Personal für die Regierung zu stellen, (2.) diese Regierung zu legitimieren und (3.) die Regierung und ihre Maßnahmen einer eingehenden Überprüfung und Einflußnahme zu unterwerfen.

Das Personal für die Regierung zu stellen, war und ist eine Funktion, die das Unterhaus mit dem nicht aus allgemeinen Wahlen hervorgegangenen Oberhaus teilt, obgleich durch Konvention festgelegt ist, daß die Mehrheit der Kabinettsmitglieder – einschließlich des Premierministers – aus dem Unterhaus kommen muß. Die Funktion der Legitimation umfaßt nicht nur die Zustimmung zu den von der Regierung eingebrachten Gesetzen, sondern auch die Legitimierung der Regierung selbst (manifestiert im Falle der Vertrauensfrage und indirekt dadurch, daß es eine gewählte Versammlung darstellt, aus der die Regierung hervorgeht) und des politischen Systems schlechthin. Letzteres wird vor allem durch die Unterfunktionen der Ablenkung von Spannungen und der Mobilisierung von Unterstützung gewährleistet[11]. Bevor das Unterhaus seine Zustimmung zu den von der Regierung eingebrachten Vorlagen erteilen kann, soll es – so bestimmt es die Konvention – die Regierung und ihre Anträge in einem festgelegten Verfahren einer eingehenden Prüfung und Einflußnahme unterziehen. Prüfung und Einflußnahme sind theoretisch und empirisch trennbar, obgleich in der Praxis beide oft engstens verbunden sind, wobei eine Einflußnahme sehr viel wirkungsvoller ist, wenn sie

9 Vgl. *P. Norton*, The Commons in Perspective, Oxford 1981, Kapitel 2, 4 und 5.

10 *Burkes* Konzept einer „virtual representation" behielt nichtsdestoweniger einen nicht unerheblichen Einfluß, siehe *P. Norton*, The Commons in Perspective, a. a. O., Kapitel 4.

11 Vgl. besonders *P. Norton*, The British Parliament and Regime Support, Papier vorgelegt auf der Conference on Parliaments and Regime Support, Duke University, USA, December 1982.

von wohlinformierter Kontrolle herrührt. So wird die Prüfungsaufgabe des Unterhauses von vielen Parlamentsforschern für zwecklos gehalten, wenn das Haus über keine entsprechenden Instrumentarien verfügt. Daher kann man diese beiden Funktionen unter dem Stichwort „Prüfung und Einflußnahme“ zusammenfassen.
Abgesehen davon, daß das Unterhaus zwei seiner wichtigsten Funktionen verloren hatte, führte die Entwicklung im neunzehnten und frühen zwanzigsten Jahrhundert außerdem dazu, daß seine Möglichkeiten zu einer wirksamen Kontrolle der Regierung immer mehr eingeschränkt wurden. Dem Unterhaus fehlte sowohl der Wille als auch das Instrumentarium, diese Aufgaben wirkungsvoll auszuüben. Die Mehrheit der Parlamentsmitglieder waren gewöhnlich Anhänger der Regierungspartei und als solche nicht sonderlich darauf erpicht, eine sich möglicherweise als politisch störend erweisende Kontrolle der Regierung zu fördern. Falls eine Regierung die öffentliche Unbill ertragen mußte, Ziel der Kritik im Parlament zu sein, konnte sich dies ungünstig auf die Wahlchancen ihrer Anhänger auswirken. Und für jene Abgeordneten, die durchaus die Absicht hatten, die Regierung einer anhaltenden Kontrolle und Einflußnahme zu unterziehen – mit anderen Worten also: die Abgeordneten der Oppositionsparteien – waren derartige Möglichkeiten nicht gegeben. Das Unterhaus entwickelte kein Instrumentarium zur Kontrolle der Regierung, das auch nur im Ansatz den bedeutsamen Veränderungen entsprochen hätte, die sich innerhalb des Regierungssystems und des weiteren politischen Umfeldes vollzogen hatten. Das entscheidende Instrument, über das die Abgeordneten verfügten, war die Debatte im Plenum des Parlaments. Nichtsdestoweniger erfreute sich die Regierung in der Regel nicht nur der Unterstützung einer Mehrheit der Abstimmenden, sondern auch der Kontrolle über die Tagesordnung. Sie bestimmte so den Verlauf der Debatte und damit ihr Ergebnis. Nicht selten kontrollierte sie überdies den Informationsfluß zu den Abgeordneten. Dem Unterhaus fehlten die Möglichkeiten, in einem geregelten Verfahren Informationen aus unabhängigen Quellen zu erhalten. Es unterhielt zwar Ständige Ausschüsse, um seine Aufgaben im Gesetzgebungsprozeß erfüllen zu können; doch wurden derartige Gremien, ganz im Gegensatz zu ihrem Namen, ad hoc eingesetzt; ihre Sitzungen waren vom Schlagabtausch der Parteien geprägt, ihre Mitglieder spiegelten die Fraktionsstärken im Plenum wider und hatten nicht das Recht, Zeugen vorzuladen oder Untersuchungen durchzuführen. Außerdem waren sie formell dadurch eingeschränkt, daß sie sich lediglich auf die Einzelheiten der vor ihnen liegenden Gesetzentwürfe zu beschränken hatten, während das Grundsätzliche bereits zuvor im Plenum in Zweiter Lesung gebilligt worden war. Dem Unterhaus mangelte es an einem umfassenden System von Fachausschüssen zur Kontrolle der Regierung.
Das Zusammentreffen von Entwicklungen außerhalb des Parlaments und die selbstgewollte Untätigkeit des Unterhauses hatten bis zur Mitte des zwanzigsten Jahrhunderts eine Versammlung geschaffen, die nach wie vor Personal für die Regierung rekrutierte, um ihren Maßnahmen sodann seinen Segen zu geben, sich aber nahezu unfähig zeigte, die Regierung irgendeiner ernstlichen Kontrolle und Einflußnahme zu unterwerfen. In dem Maße aber, wie es unfähig erschien, dies zu tun, begann auch die Bedeutung seiner Zustimmungsfunktion angezweifelt zu werden. Die Abgeordneten wurden von einem Kritiker (früher selbst Mitglied des Parlaments) einmal mit Schafen verglichen,

und die Zustimmung wurde immer mehr als ausgemachte Sache betrachtet; die Legitimierung der Maßnahmen der Regierung begann den Charakter eines bloßen Rituals anzunehmen.

So viel zur Lage des Parlaments in der Mitte dieses Jahrhunderts. Was aber geschah in jüngerer Zeit? Sind die Möglichkeiten des Unterhauses, seine begrenzten Aufgaben zu erfüllen, weiter verkümmert? Blieb es unverändert? Oder entwickelte das Unterhaus endlich den politischen Willen und das Instrumentarium, die Regierung einer wirkungsvollen Kontrolle und Einflußnahme zu unterziehen? Hat es nun plötzlich einen „Aufstieg des Parlaments"[12] gegeben? Wie so oft gibt es keine einfachen Antworten. Nach Lektüre eines Großteils der jüngsten Literatur über die Parlamentsreform ist man zwar versucht, sich in dem Glauben zu wiegen, daß das Unterhaus wirkungsloser wurde als zuvor. Doch in Wirklichkeit ist das Bild sehr viel komplizierter.

II. Herausforderungen von außen

In den sechziger und siebziger Jahren sah sich Großbritannien wirtschaftlichen Herausforderungen gegenüber, die zwar nicht auf dieses Land beschränkt waren, denen es aber in einzigartiger Weise nicht gewachsen schien[13]. Die für das Unterhaus bedeutendsten Entwicklungen der letzten Jahrzehnte waren sowohl das Ergebnis von Versuchen der Regierung, mit diesen nationalen wirtschaftlichen Problemen fertigzuwerden, als auch Ergebnis politischer Zweckmäßigkeitsüberlegungen. Diese bestanden (1.) in der Mitgliedschaft in der Europäischen Gemeinschaft, (2.) in der Zuflucht zu Volksabstimmungen und (3.) im „Tripartismus" in Verbindung mit einer größeren Fragmentierung des politischen Entscheidungsprozesses. Zwei weitere externe Einflüsse stellten die Möglichkeiten der Abgeordneten, die ihnen zugeschriebenen Aufgaben zu erfüllen, weiter in Frage: (4.) die inneren Entwicklungen der Labour Party und (5.) die Forderungen nach einer tiefgreifenden Umgestaltung des Verfassungssystems.

1. Die Mitgliedschaft in der Europäischen Gemeinschaft

Zu Beginn der sechziger Jahre beschritt die konservative Regierung von *Harold Macmillan* eine Reihe neuer Wege bei dem Versuch, wirkungsvoller mit der sich ständig verschlechternden wirtschaftlichen Lage Großbritanniens – sowohl absolut als auch im Vergleich zu anderen Ländern – fertigzuwerden. Der weitreichendste Vorschlag, der aus politischen und ökonomischen Erwägungen gemacht wurde, war der Eintritt in die Europäische Gemeinschaft[14]. Das erste Beitrittsgesuch wurde jedoch durch ein

12 *S. H. Beer*, Britain Against Itself, London 1982, S. 180.

13 Eine Zusammenfassung unterschiedlicher Erklärungsversuche hierfür findet sich bei: *P. Norton*, The British Polity, New York und London 1984, S. 50–53.

14 *S. M. Camps*, Britain and the European Community 1955–1963, Oxford 1964; *R. J. Lieber*, British Politics and the European Unity, Berkeley 1970; *P. Norton*, The Constitution in Flux, a. a. O., Kapitel 8.

Veto *de Gaulles* zu Fall gebracht. Ein zweiter Antrag wurde von der Labour-Regierung *Harold Wilsons* unterbreitet und während der Regierung von *Edward Heath* positiv beschieden. Am 1. Januar 1973 wurde Großbritannien Mitglied der EG.

Obgleich das Beitrittsabkommen unter den prärogativen Befugnissen der Krone abgeschlossen wurde, wozu die Zustimmung des Parlaments nicht erforderlich war, wurden die „gesetzlichen Nägel mit Köpfen", die für die Mitgliedschaft notwendig waren, später durch den European Communities Act von 1972[15] bereitgestellt. Dieses Gesetz und die folgende Direktwahl des Europäischen Parlaments mußten zwangsläufig zu bedeutsamen Konsequenzen für das britische Unterhaus führen. Kraft britischem Statut wurden alle bereits bestehenden und alle folgenden Gesetze der EG unmittelbar geltendes Recht im Vereinigten Königreich. Von jetzt an war in EG-Angelegenheiten das Unterhaus in der Tat seiner Funktion der Legitimierung von Maßnahmen der Regierung beraubt. Die Inkraftsetzung von EG-Gesetzen war bereits im voraus im Gesetz von 1972 verankert worden. Dem Unterhaus fehlt es an Sanktionen, um seine Einwilligung zu EG-Gesetzen, die es mißbilligt, zu verweigern.

Überdies hat die Existenz eines Europäischen Parlaments oder genauer gesagt: direkt gewählter Abgeordneter dieses Gremiums (seit 1979) zur Folge gehabt, daß die verschiedenen Funktionen des Unterhauses in Fragen, die in die Kompetenz der EG fallen, auf das Europäische Parlament übergingen. Es kann nun den Anspruch erheben, eine repräsentative Vertretung zu sein und in begrenztem Maße Kontrolle und Einfluß auszuüben. Es spielt im Entscheidungsprozeß der EG jene Rolle, die dem Unterhaus im britischen Entscheidungsprozeß verweigert wird. Außerdem kann nur in begrenztem Sinne und in den seltensten Fällen davon gesprochen werden, daß das Unterhaus dazu beiträgt, das Personal für den Ministerrat zu stellen.

Das Unterhaus hat einiges Geschick entwickelt, von der Gemeinschaft ausgehende Gesetze zu überprüfen, obgleich seine Kompetenz in diesen Fragen außerordentlich stark eingeschränkt ist (in der Tat stärker als die Kompetenz des Oberhauses gegenüber dem Unterhaus eingeschränkt wurde)[16]. Dies stellt aber eine nur geringfügige Veränderung im Vergleich zu dem generellen Verlust an Funktionen dar, die der Beitritt zur EG mit sich brachte.

2. Der Gebrauch des Referendums

In der bisherigen Geschichte des Vereinigten Königreiches hat es erst ein einziges landesweites Referendum gegeben (1975 über den Verbleib in der EG auf der Grundlage der neuausgehandelten Beitrittsbedingungen) sowie zwei regional begrenzte Referenden

15 Am 29. Februar 1972 hatte der Chairman of Ways and Means entschieden, daß das Gesetz kein Gesetz zur Genehmigung des Beitrittsabkommens oder irgendwelcher anderen Verträge darstelle, die auf der Mitgliedschaft in der Gemeinschaft basierten, sondern lediglich ein Gesetz sei, um die „gesetzlichen Nägel mit Köpfen" zu machen, die nötig seien, wenn das Vereinigte Königreich Mitglied der Gemeinschaft werden sollte.

16 Vgl. *F. E. C. Gregory*, Dilemmas of Government, Oxford 1983, Kapitel 3.

in Schottland und Wales im Jahre 1979 über die Devolutionspläne der damaligen Labour-Regierung. Die Ausschreibung der Referenden erfolgte in beiden Fällen aus politischer Opportunität. Nachdem *Harold Wilson* die Labour Party auf eine Neuverhandlung der Beitrittsbedingungen zur EG eingeschworen hatte – ein Versprechen, das gemacht wurde, um zumindest den Anschein von Geschlossenheit innerhalb der Labour Party aufrechtzuerhalten –, sah er sich in der Folge dazu gezwungen, diese Beitrittsbedingungen der Wählerschaft vorzulegen. Er und sein Kabinett zogen dieses verfassungsgeschichtlich völlig neuartige Instrument der Volksabstimmung der Ausschreibung von Neuwahlen vor. Nachdem dieser Präzedenzfall geschaffen worden war, war es für *Wilsons* Nachfolger, *James Callaghan*, möglich, Referenden in Schottland und Wales über die Vorschläge seiner Regierung zur Devolution auszuschreiben, um sich damit die Unterstützung noch schwankender Labour-Abgeordneter für die Zweite Lesung der Gesetzesvorlagen über Schottland und Wales zu sichern. Nachdem nun jene Referenden stattgefunden haben, erschallt bereits der Ruf nach weiteren. Die Forderung nach einer Volksabstimmung über die Todesstrafe ist besonders populär unter jenen, die die Wiedereinführung des Galgens befürworten. *Vernon Bogdonor*, ein führender Verfechter des Verhältniswahlrechts, redet unentwegt einem Referendum über die Wahlrechtsreform das Wort, und *Margaret Thatcher* sinnierte in ihrer Zeit als Oppositionsführerin öffentlich über ein Referendum zur Reform des Gewerkschaftswesens.

Dem Unterhaus geht der Gebrauch des Referendums an den Nerv seines Verständnisses als legitimierendes Verfassungsorgan. Die eigentlichen Wurzeln des Unterhauses selbst lagen ja gerade in der Notwendigkeit eines den Maßnahmen der Exekutive zustimmenden Repräsentativorgans[17]. Referenden bedeuten daher teilweise einen Rückfall zu bzw. eine neuartige Verwendung der direkten anstelle der repräsentativen Demokratie. Die Konsequenzen für das Unterhaus wurden prägnant von *John Mackintosh* dargestellt: „Die grundsätzliche Annahme, die hinter dem Referendum steht, ist die, daß das Unterhaus nicht das Stimmungsbild im Lande angemessen repräsentiert."[18] Daher wird die Legitimierung politischer Maßnahmen dem Volk übertragen – zumindest de facto, wenn auch nicht de jure, denn diese Referenden hatten lediglich beratenden Charakter und waren keineswegs bindend. Überdies gibt es keinerlei eindeutige Kriterien, welche Fragen einem Referendum unterworfen werden sollen und welche nicht. Für verschiedene Parteien und Interessenorganisationen besteht damit die Verlockung, „ihr" Anliegen dem Volke zur Entscheidung vorzulegen und diese nicht dem aus allgemeinen Wahlen hervorgegangenen Unterhaus zu überlassen. Kurzum, es besteht die Gefahr, daß Entscheidungen des Unterhauses in den Augen vieler Gruppen als nicht mehr definitiv angesehen werden.

17 *P. Norton*, The Commons in Perspective, a. a. O., S. 11.
18 House of Commons Debates (Hansard), Bd. 888, col. 414.

3. „Tripartismus" und Sektoralisierung

Wachsende Verpflichtungen sowie eine ständig sich verschlechternde wirtschaftliche Lage zwangen das Kabinett, eine wie auch immer geartete Zusammenarbeit mit den Spitzenvertretern von Arbeit und Kapital, dem Gewerkschaftsdachverband TUC und dem Verband der Britischen Industrie CBI, anzustreben. Zuweilen war diese Beziehung zwar eher zweiseitig (zwischen Regierung und Gewerkschaften) denn dreiseitig; entscheidend aber ist, daß die Wirtschaftspolitik des Staates nicht mehr allein von der aus dem Unterhaus hervorgegangenen Regierung bestimmt wurde, sondern von der Regierung in Verbindung mit Kräften außerhalb des Parlaments – ein Vorgang, der in der Tat eine tiefgreifende Veränderung im Verhältnis zwischen Regierung und Unterhaus mit sich brachte.

Oftmals führte diese Beziehung zwischen Regierung und Spitzenverbänden dazu, daß jene Gruppen de facto die Funktion der Legitimierung einnahmen, während sie de jure weiterhin beim Parlament lag. Dies war am deutlichsten im Verhältnis zwischen der Labour-Regierung und den Gewerkschaften 1974 bis 1979 sichtbar. 1976 beispielsweise machte Schatzkanzler *Denis Healey* die dreiprozentige Senkung der Einkommenssteuer von der Zustimmung der Gewerkschaften zur Lohnpause abhängig. Dies wurde von manchen als Vergewaltigung der Verfassung angesehen, da es Kräften außerhalb des Parlaments die Macht einräumte, eine Veränderung im Steuersystem zu billigen bzw. abzulehnen. Allgemein herrschte der Eindruck, daß die Regierung mehr Zeit und Energie darauf verwendete, die Zustimmung externer Gruppierungen für ihre Maßnahmen zu erlangen denn die des Unterhauses.

Die Ausweitung der staatlichen Tätigkeit und die Zunahme von Interessengruppen führten notwendigerweise zu einer stärkeren Fragmentierung des politischen Entscheidungsprozesses. Während von der Regierung bedeutende wirtschaftspolitische Entscheidungen auf höchster Ebene durch zweiseitige oder dreiseitige Abmachungen getroffen wurden, waren andere Entscheidungen das Ergebnis langer Verhandlungen an der Basis mit den verschiedensten, oft kurzlebigen politischen Gruppierungen – in Form von Vereinbarungen zwischen Beamten und den jeweiligen Interessenvertretern, die danach dem Rest der Regierung verkauft und von den betreffenden Ministern oder dem Kabinett als ganzem gebilligt wurden[19]. Erneut wurde der Entscheidungsprozeß aus der Arena zwischen Regierung und Parlament hinausverlagert; die getroffenen Entscheidungen wurden gelegentlich zwar dem Parlament zur Billigung vorgelegt, konnten jedoch nicht einer eingehenden Prüfung und Einflußnahme unterzogen werden. Dem Parlament war nicht immer bewußt, was hier vor sich ging, und wenn es ihm bewußt wurde, stand es gewöhnlich nur vor vollendeten Tatsachen.

19 *G. Jordan* und *J. Richardson*, The British Policy Style or the Logic of Negotiation?, in: *J. Richardson* (Hrsg.), Policy Styles in Western Europe, London 1982, Kapitel 4.

4. Entwicklungen innerhalb der Labour Party

Das offensichtliche Scheitern traditioneller Keynesianischer Instrumentarien zur Beherrschung wirtschaftlicher Krisen beschleunigte die Auflösung des grundlegenden Konsenses der fünfziger Jahre, der Ära des sogenannten „Butskellismus", und der sechziger Jahre, die bereits eine größere Polarisierung zwischen Konservativen und Labour Party mit sich brachten. Auf der einen Seite mag diese Polarisierung dazu beigetragen haben, den einzelnen Abgeordneten eine größere Unabhängigkeit innerhalb des Unterhauses zu verschaffen; mehr gemäßigte Abgeordnete beispielsweise rückten von der radikaleren Politik ihrer Parteiführer ab. Nichtsdestoweniger hat dies wohl zu einem ganz anderen Ergebnis geführt: Das unabhängige Handeln einzelner Abgeordneter wurde weiter eingeschränkt. Die Polarisierung zwischen den Parteien wurde verstärkt durch und war verantwortlich für das Wiedererstarken der Linken innerhalb der Labour Party, eines Flügels der Partei, der unbeirrt am Prinzip innerparteilicher Demokratie und eines Führungsstils „von unten nach oben" und nicht „von oben nach unten" festhielt. Linke Aktivisten übernahmen nun die Führung einer Reihe lokaler Parteiorganisationen. Auf Wahlkreisebene versuchten sie, die erneute Nominierung bestimmter Labour-Abgeordneter des rechten Flügels für die anstehenden Unterhauswahlen zu verhindern. Auf nationaler Parteiebene strebten sie erfolgreich danach, die Satzung dahingehend abzuändern, daß auch amtierende Labour-Abgeordnete sich der ganzen Prozedur eines Wiederaufstellungsverfahrens für die nächste Legislaturperiode in Konkurrenz zu anderen Bewerbern stellen mußten, so daß sich die Chancen der Linken erhöhten, Abgeordnete „abzuschießen", die der Politik des linken Flügels ihre Unterstützung versagt hatten. (In der Vergangenheit war es für Parlamentsmitglieder üblich gewesen, schnell und ohne Gegenkandidaten für die anstehende Parlamentswahl wiederaufgestellt zu werden.) Diese Änderung der Statuten mußte für eine kleine Zahl von Labour-Abgeordneten geradezu verheerende Folgen haben. Vor den Parlamentswahlen von 1983 wurden allerdings nur sieben Labour-Abgeordnete nicht mehr als Kandidaten aufgestellt. Es ist sehr wahrscheinlich, daß diese Zahl erheblich größer gewesen wäre, wenn nicht eine größere Anzahl gefährdeter Abgeordneter der im März 1981 neugegründeten Sozialdemokratischen Partei beigetreten wäre. Darüber hinaus glaubte man, daß linke Aktivisten ihren Einfluß für die Nominierung linksstehender Kandidaten ausüben würden, um gemäßigte Abgeordnete zu ersetzen. Der Erfolg des linken Parteiflügels mag außerdem eine Reihe von Labour-Abgeordneten dazu bewogen haben, ihr Verhalten in Übereinstimmung mit den Forderungen der Linken zu bringen und dadurch die Gefahr für ihre Kandidatur abzuwenden.

Die Folgen dieser Veränderungen wurden von Kritikern als weitere Einschränkung der Unabhängigkeit der Parlamentsmitglieder angesehen, die mehr und mehr zu Marionetten ihrer lokalen Parteiorganisation würden. Da sie anscheinend ihren lokalen Parteiaktivisten (von denen sie bei der Nominierung und im Wahlkampf ja abhängig waren) mehr verpflichtet waren als den Bürgern ihres Wahlkreises (von denen sie bei der Wahl aller Berechenbarkeit des Wahlverhaltens zum Trotz abhingen), schienen Labour-Abgeordnete ihre „repräsentative" Aufgabe aufs Spiel zu setzen. Wenn man sie nicht mehr als repräsentativ ansehen würde, dann würde auch der repräsentative Charakter des Unterhauses (und damit auch seine Legitimität als repräsentatives Verfassungsorgan) in Frage gestellt werden.

5. Forderungen nach Umgestaltung des Verfassungssystems

Wirtschaftliche und politische Entwicklungen in den sechziger und siebziger Jahren verstärkten außerdem den Druck zugunsten tiefgreifender Verfassungsreformen. Besonders brisant unter diesen vorgeschlagenen Reformen waren die Devolution sowie eine verfassungsmäßig verankerte Bill of Rights und die Wahlrechtsreform.
Forderungen nach der Dezentralisierung der Macht hin zu gewählten Regionalparlamenten in Schottland und Wales hatten sowohl wirtschaftliche als auch politische Hintergründe. Es wurde argumentiert, daß die Zentralisierung des politischen Entscheidungsprozesses in London die Wähler in Schottland und Wales, wie auch übrigens in bestimmten Regionen Englands, entfremdet hatte und daß man außerdem an falschen wirtschaftspolitischen Entscheidungen ablesen könne, daß die Politiker und Beamten in London nicht in der Lage seien, die Probleme richtig einzuschätzen, mit denen sich die Peripherie des Vereinigten Königreiches konfrontiert sah. Angesichts der überraschenden Wahlerfolge für nationalistische Parteien in Wales und besonders in Schottland versuchte die Labour-Regierung unter *James Callaghan*, ein Devolutionsgesetz einzubringen, das letztendlich und ironischerweise an der parlamentarischen Opposition und dem Gebrauch des Referendums gescheitert ist. Wären diese Gesetzeswerke verwirklicht worden, dann hätte das Parlament zusehen müssen, wie Teile seiner Funktionen an gewählte Versammlungen in Schottland und Wales übergegangen wären. Die Forderungen nach Devolution sind aber nicht erloschen; lediglich die Konservativen weigern sich noch, derartige Vorschläge erneut aufzulegen[20].
Die Forderung nach einem förmlichen Grundrechtskatalog, einer neuen Bill of Rights, resultiert im Grunde genommen aus politischen Erwägungen. Verschiedene Kritiker der bestehenden politischen Strukturen glauben, daß die Macht zu stark zentralisiert worden ist und ein Machtpotential erzeugt hat, für das *Lord Hailsham* den Begriff der „gewählten Diktatur"[21] prägte. Die hinter einer derartigen Kritik verborgene Furcht wurde durch die Ergebnisse der beiden Unterhauswahlen im Jahre 1974 bestärkt, als eine Regierung mit einer nur knappen Mehrheit der Stimmen Wahlsieger wurde und trotzdem daran ging, ihr Programm ungeschmälert zu verwirklichen. Die Lösung des Problems der Mehrheitsherrschaft stellt in den Augen von Kritikern wie *Hailsham* eine neue Bill of Rights dar, in der gewisse Grundrechte einer Verfassungsänderung kraft einfacher Mehrheit entzogen werden sollen. Damit würden bestimmte Sachverhalte, zumindest aber wichtige Fragen, der Kontrolle und Einflußnahme der Parteimehrheit des Unterhauses entzogen.

20 Für eine Zusammenfassung der betreffenden Argumente, siehe *P. Norton*, The Constitution in Flux, a. a. O., Kapitel 9.
21 *Lord Hailsham*, The Dilemma of Democracy, London 1978, Kapitel 20–21, sowie *ders.*, Electoral Dictatorship, London 1976.

Für die Reform des Wahlrechts wurde sowohl aus politischen wie auch aus ökonomischen Gründen plädiert. Das gegenwärtige Wahlsystem wird als ungerecht angesehen, weil es große Disparitäten zwischen dem Anteil an erhaltenen Stimmen und dem Anteil an zugeteilten Parlamentssitzen schafft. In den Wahlen von 1983 beispielsweise erhielt die Sozialliberale Allianz nahezu 26 % der Stimmen im Vereinigten Königreich, aber weniger als 4 % der Sitze im Unterhaus. Das Wahlsystem wird außerdem dafür mitverantwortlich gemacht, daß Großbritannien nicht in der Lage ist, mit seinen gegenwärtigen wirtschaftlichen Problemen fertigzuwerden. Gemäß Kritikern wie *S. E. Finer* und *S. A. Walkland* wetteifern die Konservativen und die Labour Party mit Alles-oder-Nichts-Parolen um den Wahlsieg; der Wahlkampf verstärkt noch die ehrgeizigen Wahlversprechen – Versprechen, die mit den zur Verfügung stehenden Mitteln gar nicht einzuhalten sind. Die siegreiche Partei übernimmt die Macht, kehrt die Politik ihrer Vorgänger vollkommen in ihr Gegenteil um und geht an die Verwirklichung eines überehrgeizigen Alternativprogramms, das sie im Laufe der Zeit aber wieder abschwächen muß[22]. Ergebnis ist, folgt man den Kritikern, eine Politik der Kehrtwendungen, die Unternehmer und Investoren nur zögernd langfristig planen läßt. Die Lösung liegt gemäß *Finer* und *Walkland* in einer Wahlrechtsänderung hin zu einem System der proportionalen Repräsentation, also zur Einführung des Verhältniswahlrechts. Das Verhältniswahlrecht werde zu einer Art Koalitionsregierung mit breitester Unterstützung führen, die Brüche in der Politik verhindern und es überflüssig erscheinen ließe, unnötig aufgeblasene Wahlversprechen zu machen. Die möglichen Auswirkungen einer solchen Entwicklung auf das Unterhaus sind nur schwer abzuschätzen. Es gibt eine Reihe von Widersprüchen in der Argumentationskette der Reformbefürworter wie etwa die Kontinuität der Politik hervorbringende Wirkung des Verhältniswahlrechts bei gleichzeitiger Stärkung der Unabhängigkeit des einzelnen Abgeordneten[23]. Viel hinge zudem davon ab, wie das neue Wahlsystem im einzelnen wirklich aussehen würde. Für unsere Fragestellung entscheidend ist, daß die Kritik an dem gegenwärtigen System den repräsentativen Charakter des gegenwärtigen Unterhauses in Frage stellt und damit Zweifel an seiner Legitimität nährt, die aus seinem Charakter als Repräsentativorgan herrührenden Funktionen zu erfüllen.

So haben wir mehrere verschiedenartige Entwicklungen, welche in ihrer Kombination die Fähigkeit des Unterhauses, die ihm zugeschriebenen Aufgaben zu erfüllen und den Anspruch einer repräsentativen Versammlung einzulösen, untergraben. Diese Entwicklungen selbst finden in keinem anderen Land der Welt eine Entsprechung, obgleich sie als Teil eines allgemeinen Trends hin zu einer immer weiteren Schwächung der Parlamente zugunsten der Exekutive angesehen werden können, die *Richardson* und *Jordan* als „post-parlamentarische Demokratie“[24] charakterisiert haben. Das britische

22 *S. E. Finer*, Adversary Politics and Electoral Reform, London 1975; *S. A. Walkland*, Parliamentary Reform, Party Realignment and Electoral Reform, in: *D. Judge* (Hrsg.), The Politics of Parliamentary Reform, London 1983, Kapitel 2.

23 Vgl. *P. Norton*, The Influence of the Backbench Member, in: The Parliamentarian, 58 (3), July 1977, S. 169.

24 *J. Richardson* und *G. Jordan*, Governing under Pressure, Oxford 1979. Der Begriff stammt vom Untertitel des Buches „The Policy Process in a Post-Parliamentary Democracy“.

Parlament wurde, wie wir gesehen haben, über die letzten hundert Jahre Opfer einer systematischen Schwächung seiner Stellung. Die Ereignisse der beiden letzten Jahrzehnte haben diesen Trend verschärft. Was seine Stellung im politischen Entscheidungsprozeß anbelangt, so wurde das Unterhaus im Verlauf des letzten Jahrhunderts immer weniger eine die Politik *bestimmende* gesetzgebende Körperschaft; die Entwicklungen der letzten Jahre haben dazu geführt, daß der Ort der politischen Entscheidungsfindung immer mehr aus dem Plenum des Unterhauses hinausverlagert wurde. Das Unterhaus blieb das, was es seit einem Jahrhundert gewesen war: eine Politik lediglich *beeinflussende* gesetzgebende Körperschaft[25]. Viele der Entwicklungen, die oben dargelegt wurden, zogen seine Fähigkeit in Mitleidenschaft, Einfluß auszuüben. Dennoch blieben Veränderungen der letzten Jahre alles in allem nicht einseitig. Entwicklungen innerhalb des Unterhauses haben für ein gewisses Gegengewicht zu diesen externen Entwicklungen gesorgt.

III. Stärkung von innen

Vor dem Hintergrund externer Herausforderungen erfuhr das Unterhaus in den siebziger und achtziger Jahren auch eine Anzahl innerer Veränderungen, die zu einer Stärkung seiner Einfluß- und Kontrollmöglichkeiten führten. Diese Veränderungen können unter zwei großen Überschriften zusammengefaßt werden: (1.) Veränderungen im Verhalten und Selbstverständnis der Abgeordneten und (2.) Veränderungen in Organisationsstruktur und Verfahrensregeln des Hauses.

1. Veränderungen im Verhalten und Selbstverständnis der Abgeordneten

In der Zeit zwischen 1945 und 1970 war das Abstimmungsverhalten im Unterhaus bekannt für seine Berechenbarkeit. Konservative und Labour-Party wahrten strikt ihre Fraktionsdisziplin – die beiden Parteien saßen sich im Plenum ja auch gegenüber[26] –, und zwar in einem solchen Maße, daß *Samuel Beer* 1965 die Ansicht vertreten konnte, daß die Fraktionsdisziplin so nahe bei einhundert Prozent liege, „daß es nicht mehr sinnvoll erschien, sie überhaupt noch zu messen"[27]. Zu keinem Zeitpunkt hatte eine Regierung damals in irgendeinem Gremium als Ergebnis von Stimmabgaben ihrer eigenen Abgeordneten zusammen mit der Opposition eine Niederlage erlitten. Die Anwendbarkeit derartiger Generalisierungen endete in den siebziger Jahren endgültig.
In der Legislaturperiode zwischen 1970 und 1974 erwies sich, daß konservative Abgeordnete nicht nur gegen ihre eigene Seite immer öfter und in immer größerem Ausmaße stimmten als zuvor, sondern auch mit immer ernsteren Folgen. Zum ersten Mal in der

25 *P. Norton*, Parliament and Policy Making in Britain: The House of Commons as a Policy Influencer, Teaching Politics, 13 (2), May 1984.
26 Vgl. *P. Norton*, Dissension in the House of Commons 1945–1974, London 1975.
27 *S. H. Beer*, Modern British Politics, überarbeitete Auflage, London 1969, S. 350.

jüngeren Geschichte zeigten sich Abgeordnete der Regierungspartei gewillt, zusammen mit der Opposition ihrer eigenen Regierung eine Niederlage beizubringen[28]. In der zweiten Hälfte jener Legislaturperiode mußte die Regierung *Heath* sechs Abstimmungsniederlagen hinnehmen, weil eigene konservative Abgeordnete zusammen mit der Opposition gestimmt hatten – drei davon, obwohl die Fraktionsführung höchste Fraktionsdisziplin angeordnet hatte (sogenannter „three-line-whip"); die bedeutendste dieser Abstimmungsniederlagen betraf die Einwanderungsbestimmungen im Jahre 1972[29]. Der wachsende innerparteiliche Widerstand mit derart schwerwiegenden Folgen war aus zweierlei Gründen bemerkenswert: Zum einen verfügte, wie *Leon Epstein* bemerkte, die Regierung über eine „parlamentarische Mehrheit in einem Ausmaße, von dem einstmals angenommen wurde, daß sie den Zusammenhalt und damit die Durchsetzungsfähigkeit der Regierung im politischen Entscheidungsprozeß geradezu garantiert"[30]. Zum zweiten ging die Veränderung im Abstimmungsverhalten der Ölkrise voraus, der die ökonomischen Probleme des Jahres 1973 sowie die politische Instabilität folgten, die durch die unklaren Ergebnisse der beiden Parlamentswahlen von 1974 verursacht wurde. Diese beiden Punkte hängen nach Meinung *Epsteins* eng miteinander zusammen: „Die wachsende innerparteiliche Zerstrittenheit der frühen siebziger Jahre macht es unwahrscheinlich anzunehmen, daß die noch größere Zerstrittenheit der Labour-Regierung von 1974 bis 1979 alleine darauf zurückzuführen ist, daß der Partei die absolute Mehrheit fehlte."[31]

Die wirtschaftlichen und politischen Veränderungen der Jahre 1973 und 1974 können also nicht als Ursache für das veränderte Abstimmungsverhalten der Abgeordneten herangezogen werden, obwohl sie es im Nachhinein gefördert und verstärkt zu haben scheinen. Verantwortlich dafür, daß die konservativen Abgeordneten ihre abweichende Meinung in dieser Form ausdrückten, die zu Abstimmungsniederlagen für ihre eigene Regierung führte, war der Führungsstil von Premierminister *Edward Heath*. Abweichende Meinungen artikulieren sich nicht im politischen Vakuum. Das politische und wirtschaftliche Klima und die von der Regierung *Heath* verfolgte Politik schufen die Voraussetzungen, in denen eine Minderheit konservativer Abgeordneter mit bestimmten Maßnahmen ihrer eigenen Regierung nicht mehr übereinstimmte. Aber es war der Führungsstil von *Heath* als Premierminister, der zum öffentlichen Ausbruch dieses Widerspruches im Unterhaus führte. Seine Uneinsichtigkeit, Veränderungen in Betracht zu ziehen, abweichenden Meinungen einfacher Abgeordneter Gehör zu schenken, seine Politik entweder im persönlichen Gespräch oder auf intellektueller Ebene zu vermitteln und seine Machtbefugnisse wie die Ämterpatronage richtig einzusetzen – dies alles zusammen führte dazu, daß andersdenkende Abgeordnete in das Lager der Opposition getrieben wurden[32]. Allein dieser Analyserahmen kann den plötzlichen und massiven

28 Vgl. *P. Norton*, Conservative Dissidents, London 1978.

29 *P. Norton*, Intra-Party Dissent in the House of Commons: A Case Study. The Immigration Rules 1972, in: Parliamentary Affairs, 29 (4), Autumn 1976, S. 404–20.

30 *L. Epstein*, What Happened to the British Party Model?, in: American Political Science Review, 74 (1), 1980, S. 19.

31 Ebenda.

32 *P. Norton*, Conservative Dissidents, a. a. O., Kapitel 9.

Verfall konservativer Parteidisziplin in der Legislaturperiode zwischen 1970 und 1974 erklären. Keine andere Erklärung liefert eine derartig eindeutige Wechselbeziehung. Veränderungen beim Abstimmungsverhalten sollten in den verbleibenden Legislaturperioden dieses Jahrzehnts noch entschiedener zu Tage treten. In der kurzen Legislaturperiode von 1974 erlitt die Labour-Minderheitsregierung insgesamt 17 Abstimmungsniederlagen, weil sich die verschiedenen Oppositionsparteien gegen sie verschworen hatten[33]. In der Legislaturperiode von 1974 bis 1979 war die Regierung nach Verlust ihrer Mehrheitsposition im April 1976 äußerst verwundbar, wenn Abgeordnete ihrer eigenen Fraktion mit der Opposition zusammen stimmten oder sich die Oppositionsparteien bei der Abstimmung zusammenrauften. Im Parlament erlitt die Regierung insgesamt 42 Abstimmungsniederlagen, 23 davon, weil Labour-Abgeordnete zusammen mit der konservativen Opposition stimmten, und 19, weil die Oppositionsparteien sich gegen die Minderheitsregierung zusammengetan hatten[34]. Die Niederlagen waren sowohl wegen ihrer Häufigkeit bedeutsam als auch wegen der Wichtigkeit des Abstimmungsgegenstandes; der zentrale Konfliktpunkt zwischen Regierung und Parlament, Haushalt und Wirtschaftspolitik, wurden Opfer der Niederlagen. Ihre Bedeutung kann ermessen, wer sie in die historische Perspektive einordnet: In den sieben Jahren zwischen 1972 und 1979 war die Regierung insgesamt 65 Mal unterlegen. Um eine ähnlich hohe Anzahl von Abstimmungsniederlagen innerhalb von sieben Jahren zu entdecken, muß man schon bis ins Jahr 1860 zurückgehen.

Der Verfall der innerparteilichen Solidarität und besonders die Folgewirkungen derartiger Regierungsniederlagen beeinflußten die Auffassungen und Einstellungen der Abgeordneten gegenüber dem Kabinett. Nach und nach erkannten sie, daß viele der angeblichen Sachzwänge in ihrem parlamentarischen Abstimmungsverhalten in der Praxis politische und konstitutionelle Mythen darstellten, die ihnen durch die „Einpeitscher" der Fraktionsführung, die sogenannten „Whips", aus purem Eigeninteresse eingehämmert worden waren. Die Ansicht, wonach eine Regierungsniederlage anläßlich einer bedeutenden Sachfrage entweder den Rücktritt des Kabinetts oder die Auflösung des Parlaments nach sich ziehen müßte, erwies sich als bar jeder Grundlage sowohl hinsichtlich der Verfassungstheorie als auch der parlamentarischen Praxis[35]. Die Auffassung, daß die Whips Disziplinierungsorgane mit machtvollen Sanktionen darstellten, war endgültig zerstoben. Die Whips waren, wie ein Abgeordneter es einmal formulierte, „nicht so sehr Einpeitscher als wedelnde Waschlappen"[36] geworden. In dem Maße, in dem die unterstellten Zwänge verflogen, begannen auch die Abgeordneten ihre Einstellungen gegenüber der Regierung zu ändern. Sie erkannten, daß sie ihr parlamentarisches Verhalten selbständiger gestalten konnten, ohne die angeblich so fürchterliche Rache der Whips heraufzubeschwören. Und als das Jahrzehnt voranschritt, begann ihre ehrerbietige Anschauung von der Regierung durch eine „partizipatorische

33 *P. Norton*, Dissension in the House of Commons 1974–1979, Oxford 1980, S. 491.

34 Ebenda, S. 491–493.

35 Vgl. *P. Norton*, Government Defeats in the House of Commons: Myth and Reality, in: Public Law, Winter 1978, S. 360–378.

36 Zitiert nach: *A. King*, British Members of Parliament: A Self-Portrait, London 1974, S. 59.

Einstellung"[37] ersetzt zu werden. Diese Veränderung wurde treffend durch einen Labour-Abgeordneten ausgedrückt, der zwischen 1974 und 1979 selbst für einige Abstimmungsniederlagen seiner Regierung verantwortlich zeichnete:

„So wie die Gewohnheit eines blinden Gehorsams sich entwickeln kann, so kann auch die Gewohnheit entstehen, nachzudenken und bei bestimmten Anlässen eigenständig abzustimmen ... Das Interessante daran ist, daß, je mehr die Legislaturperiode voranschritt, es immer einfacher wurde, an Kollegen heranzutreten und sie zu bitten, ein bestimmtes Argument in ihre Überlegungen miteinzubeziehen und eine Aktion gegen eine bestimmte Regierungsvorlage zu erwägen. Langsam gingen immer mehr Abgeordnete dazu über, einen kleinen Grad an Unabhängigkeit in ihrem Abstimmungsverhalten für selbstverständlich zu erachten. Sie glaubten nicht mehr daran, daß die Regierung letztendlich immer Recht hatte, und sie genossen die Macht, die ihnen die Wähler in die Hand gegeben hatten."[38]

Diese Veränderung im Selbstverständnis bei einem Teil der Abgeordneten war bezeichnend für die Legislaturperioden zwischen 1974 und 1979 sowie zwischen 1979 und 1983. In der jetzigen Legislaturperiode setzte sich dies fort und zeitigte zwei bedeutende Folgewirkungen: zum einen die Fortdauer eines abweichenden Abstimmungsverhaltens. Trotz einer klaren, alles beherrschenden Mehrheit (nicht unähnlich der Mehrheit der Regierung *Heath* 1970–1974) sah sich die Regierung bei einer Reihe von Fragen der Gefahr einer Abstimmungsniederlage gegenüber. Nur durch Konzessionen im Vorfeld der Abstimmungen konnte diese Niederlage vermieden werden. In mindestens zwei Fällen bedeutete dies sogar die Zurückziehung des Gesetzentwurfes – so geschehen im Falle der „Local Government Bill" und der „Iran (Temporary Provisions) Bill". Die Bereitschaft der Minister, Widerstand im Parlament zu antizipieren, war so groß, daß das Konzept des Nicht-Entscheidens bei der Analyse parlamentarischen Einflusses erhebliche Bedeutung erlangte[39]. *Margaret Thatcher* ihrerseits räumte in einem Rundfunkinterview ein, daß sie die radikale Wirtschaftspolitik, die sie sich vorgenommen hatte, allein deshalb nicht durchgeführt habe, weil nach ihrer Überzeugung dafür im Parlament keine Zustimmung zu erhalten gewesen wäre[40]. Zum zweiten die Einführung neuer Strukturen und Verfahrensregeln innerhalb des Unterhauses. Die Verwirklichung dieser strukturellen und prozeduralen Reformen war nicht ohne Vorläufer, doch waren derartige Reformen bei früheren Anlässen von der Regierung initiiert worden. Die Neuerungen in der Legislaturperiode zwischen 1979 und 1983 hingegen wurden im wesentlichen auf Druck der einfachen Abgeordneten erreicht, ja sogar gegen die Wünsche der Mehrheit der Minister. Besonders das Kabinett stand weder der Bildung der neuen Select Committees 1979[41] noch der durch *Norman St. John-Stevas* eingebrachten und 1983 vom Unterhaus gebilligten National Audit Bill wohlwollend gegenüber. Die neuen Ausschüsse und Verfahren sind in der Tat vom Unter-

37 *S. H. Beer*, Britain Against Itself, a. a. O., S. 190.
38 *G. Cunningham*, M. P., Buchbesprechung, The Parliamentarian, July 1980, S. 192–193.
39 *P. Norton*, Parliament and Policy Making in Britain, a. a. O.
40 The Times, 11. Januar 1982.
41 Vertrauliche Information des Autors.

haus selbst geschaffen und folgerichtig auch durch das Haus selbst in Gang gesetzt worden. Die Veränderungen im Abstimmungsverhalten und in den Einstellungen der Abgeordneten während der siebziger Jahre mögen von nur begrenzter Dauer sein, doch haben sie dazu geführt, neue Strukturen und Verfahrensweisen zu schaffen, die sich höchstwahrscheinlich als langlebig erweisen werden und das Unterhaus mit einem Instrumentarium ausgestattet haben, mit dem es die Regierung einer ernsthaften Kontrolle und Einflußnahme unterziehen kann.

2. Strukturelle und prozedurale Veränderungen

Übersicht: Jüngste interne Reformen im Unterhaus

Select Committees
Im Jahre 1979 wurden 14 Select Committees eingerichtet, um „die Ausgaben, die Verwaltung und die Politik der wichtigsten Regierungsbehörden und beigeordneter öffentlicher Körperschaften zu überprüfen". Im Januar 1980 wurde ein Liaison Select Committee gegründet, das u. a. die Vorsitzenden der Select Committees umfaßt. Die 14 Committees wurden in der Legislaturperiode 1983 ff. erneut eingerichtet.

Special Standing Committees
In der Sitzungsperiode 1980/81 hatte das Unterhaus Versuche mit Special Standing Committees gebilligt. In dem gewählten Verfahren kann ein Gesetzentwurf an einen Ausschuß weitergeleitet werden, der in Wirklichkeit eine Mischung aus einem Select und einem Standing Committee darstellt. Die Special Standing Committees (SSC) können sich als Select Committee konstituieren und Zeugenvernehmungen durchführen – es kann drei anderthalbstündige öffentliche Sitzungen abhalten –, bevor es zu einem traditionellen Standing Committee zurückgestuft wird, um dann den Gesetzentwurf Satz für Satz durchzuarbeiten. In der letzten Legislaturperiode wurden ganze vier Gesetzentwürfe an ein SSC verwiesen.

Estimates Days
Um dem Unterhaus die Möglichkeit zu geben, über einzelne Haushaltsposten abzustimmen – was früher nicht möglich war –, gibt es nun in jeder Sitzungsperiode drei Tage Haushaltsberatungen – eine Reform, die im Jahre 1982 durchgeführt wurde. Gemäß dem damals vom Unterhaus angenommenen Antrag werden die zu debattierenden Haushaltsposten nicht von der Regierung, sondern vom Liaison Committee (s.o.) festgelegt.

House of Commons Commission
Seit dem House of Commons (Administration) Act von 1978 besteht eine House of Commons Commission. Diese kontrolliert die internen Finanzen des Unterhauses. Von der Regierung unabhängig, besteht sie aus dem Speaker, dem Führer des Unterhauses, einem vom Oppositionsführer nominierten Abgeordneten und drei weiteren Abgeordneten, die allerdings kein Regierungsamt bekleiden dürfen (in der Praxis u. a. ein Abgeordneter, der von den kleineren Parteien nominiert wird).

Public Accounts Commission
Der National Audit Act, der als Private Member's Bill von *Norman St. John-Stevas* eingebracht worden war, wurde im Jahre 1983 verabschiedet. Er sieht einen Comptroller and Auditor General als Beamten des Unterhauses vor und schuf ein National Audit Office unter dem C & AG mit der Befugnis, Rechnungsprüfungen bei Regierungsbehörden und anderen öffentlichen Körperschaften vorzunehmen. Die Behörde ist der Public Accounts Commission verantwortlich, die ebenfalls durch das Gesetz errichtet wurde. Sie trat am 1. Januar 1984 in Kraft und hat 9 Abgeordnete als Mitglieder. Vorsitzender ist der Konservative *Edward du Cann.*

Opposition Days
Im Jahre 1982 waren die 20 Supply Days abgeschafft worden. Sie wurden durch 19 Opposition Days ersetzt – Tage, an denen die Opposition das Recht hat, selbst den Gegenstand der Debatte zu bestimmen. Traditionell an Supply Days diskutierte Themen wie Sicherheitspolitik oder die Schottland-Frage wurden in die Zeiten verlegt, in denen die Regierung die Tagesordnung bestimmt.

Außerdem wurden noch verschiedene andere Verfahrensänderungen beschlossen. Siehe dazu das House of Commons Factsheet Nr. 9 und Nr. 18 (zu beziehen vom Public Information Office, House of Commons, London SW1A OAA).

Im Jahre 1979 eingerichtet und 1983 bestätigt, haben die Select Committees das Unterhaus erstmals mit einem verhältnismäßig umfangreichen und streng umrissenen Instrumentarium von Ausschüssen ausgestattet, um nun wirklich die nötige Kontrolle und Einflußnahme auf die Arbeit der Ministerien ausüben zu können. Im Gegensatz zu ihren ad hoc gebildeten und nicht recht vergleichbaren Vorläufern entfalteten diese Ausschüsse ein hohes Maß an Aktivitäten, Teilnahme (was die Abgeordneten betrifft) und Interesse (auf Seiten der außerparlamentarischen Gruppen und in gewissem Maße auch bei der Regierung). In den ersten drei Jahren ihres Bestehens hielten die 15 Ausschüsse und ihre Unterausschüsse 1.701 offizielle Sitzungen ab, in denen durchschnittlich 76 % aller Mitglieder anwesend waren (gegenüber weniger als 70 % in den Ausschüssen von vor 1979[42]) und legten insgesamt 172 substantielle und 37 zweitrangige Abschlußberichte vor.
Mittels der schriftlichen und mündlichen Beweisaufnahmen haben es die Ausschüsse vermocht, von der Regierung Informationen zu erlangen, die ihnen auf andere Art und Weise niemals zur Verfügung gestanden hätten. Durch die Erfahrung und Hilfe spezieller Berater wurden die Ausschüsse immer fachkundiger in der Kunst der Informationsbeschaffung und immer geschickter darin, diese Informationen den vor ihnen erscheinenden Ministern und Beamten zu entlocken. Verschiedene Mitglieder der Select Committees haben ihren Einfluß durch scharfe Fragen bei Zeugenvernehmungen erheblich steigern können[43].
Zum Abschluß ihrer Untersuchung veröffentlichen die Ausschüsse Abschlußberichte und versuchen darüber hinaus, die Regierung zuweilen durch Empfehlungen zu beeinflussen. Die Regierung kann die vom Ausschuß vorgebrachte Empfehlung übernehmen, sie kann durch das Interesse und die Unterstützung beeinflußt werden, die ein solcher Bericht unter den Abgeordneten und in der Öffentlichkeit findet; umgekehrt ist die Regierung in der Lage, die Empfehlung des Ausschusses gänzlich zu verwerfen. Die Ausschüsse haben keine formellen Sanktionen, die sie über die Regierung verhängen könnten. Insgesamt ist der Einfluß der Ausschüsse auf die Regierung, soweit er offen erkennbar ist, nicht eindeutig, aber darum doch nicht unerheblich. Dem Home Affairs Committee wird zugute gehalten, die Regierung zur Abschaffung der sogenann-

42 The Select Committee System, First Report from the Liaison Committee Session 1982/83, HC 92, London 1983, S. 8.
43 Zum Beispiel *Bruce George* (Defence Committee), *Robin Maxwell-Hyslop* (Trade and Industry) und *Terence Higgins* (Chairman, Treasury Committee) unter anderem in verschiedenen Sitzungen und Seminaren im Jahre 1984.

ten „sus“-Gesetze (Verhaftung Verdächtiger ohne Straftat) gezwungen zu haben. Im Juni 1984 hat der Ausschuß den Anspruch erhoben, den Innenminister davon überzeugt zu haben, die Zeitspanne, in der eine Person ohne Gerichtsverfahren in Haft gehalten werden kann, zu verkürzen[44]. Das Foreign Affairs Committee hat bedeutenden Einfluß nicht nur auf die britische, sondern auch auf die kanadische Regierung in der Debatte über die „Repatriierung“ der kanadischen Verfassung ausgeübt. Das Energy Committee erhebt für sich den Anspruch, eine Änderung der Atomenergiepolitik bewirkt zu haben[45]. Derartige Beispiele stellen jedoch nur die Spitze eines Eisberges dar. Ein früherer Beamter hat einmal gemeint, daß alleine durch die Veröffentlichung eines Abschlußberichtes der Ausschuß einen potentiellen Einfluß ausüben könne – wenn auch nicht sofort, so doch zumindest langfristig: „Das wichtigste ist, der Bericht ist in den Akten.“ Irgendwann in der Zukunft kann er dann von einem Minister oder Beamten aus der Schublade gezogen werden, wenn dieser eine neue Initiative seines Hauses erwägt.[46]

In der Tat können diese Ausschüsse die Regierung schon durch ihre bloße Existenz beeinflussen. Sie haben das Recht, ihren Untersuchungsgegenstand selbst zu wählen, was eine abschreckende Wirkung insofern ausübt, als Minister und Beamte sich ziemlich vorsichtig bei der Verfolgung einer bestimmten Politik oder Maßnahme verhalten, wenn sie damit rechnen müssen, einer kritischen öffentlichen Kontrolle unterworfen werden zu können.

Obwohl nicht leicht quantifizierbar, können die Select Committees doch in einem gewissen Maße Einfluß und Kontrolle über die Regierung ausüben, die auf andere Weise kaum möglich wäre, besonders nicht in Plenarsitzungen des Unterhauses mit einer Tagesordnung, die von der Regierung zusammengestellt und kontrolliert wird. Die Ausschüsse haben sogar die Möglichkeit, einige der zuvor erwähnten legitimierenden Zusatzfunktionen auszuüben. Indem sie ihre Machtbefugnisse auch tatsächlich wahrnehmen, um Zeugen vorzuladen und Beweisaufnahmen durchzuführen, können die Ausschüsse – und zu einem bestimmten Grad haben sie das bereits getan – wichtige Foren darstellen, auf denen auch Gruppen von außerhalb des Parlaments ihre Ansichten vortragen können. Für Gruppen, die keinen engen oder regelmäßigen Kontakt mit der Regierung besitzen, kann die Möglichkeit, ihre Ansichten in einem offiziellen Parlamentsgremium darzustellen, eine spannungsmindernde Wirkung haben[47]. Die meisten Zeugen, die vor den Ausschuß geladen werden, sind zwar Minister und Beamte, aber ein ständig steigender Anteil wird (gegenüber vor 1979) von außerhalb des Parlaments hinzugezogen. Auch kann ein Ausschuß eine Unterstützung mobilisierende Wirkung entfalten, indem er bestimmte politische Handlungen seiner Kontrolle unterzieht und darüber einen Untersuchungsbericht veröffentlicht. Eine kritische Untersuchung bedeutet aber nicht zwangsläufig einen kritischen Bericht. Ein fundierter Bericht, der

44 *Sir E. Gardner*, M.P., Vorsitzender des Ausschusses, in einer Äußerung auf einem Seminar im Juni 1984.
45 Report of the Committee Chairman, *Ian Lloyd*, in: The Select Committee System, a.a.O., S. 64.
46 Ehemaliger Beamter gegenüber dem Autor.
47 *P. Norton*, The British Parliament and Regime Support, a.a.O.

eine bestimmte politische Maßnahme für gutheißt, kann weitere Unterstützung für diese Politik zur Folge haben.

Die Befragung von Zeugen in öffentlichen Sitzungen findet jetzt wesentlich mehr Medienbeachtung als früher und erntet im Vergleich zu den rüden Methoden der Parteien im Plenum des Unterhauses positive Kommentare. Überdies dient diese dazu, die Legitimität des gesamten Unterhauses bei der (dem Umfang nach allerdings eng begrenzten) interessierten politischen Öffentlichkeit zu erhöhen.

All jene, die sich um die Kontrolle und Einflußnahme auf die Regierung in Select Committees bemühen, arbeiten unter den verschiedenartigsten Restriktionen; die bedeutsamste wird anschließend kurz diskutiert werden. Selbstverständlich haben die Ausschüsse die äußerst zuversichtlichen Voraussagen ihrer überoptimistischen Befürworter aus dem Jahre 1979 nicht voll erfüllen können. Sie haben beispielsweise keine Machtverlagerung zwischen Exekutive und Parlament bewirken können. Nichtsdestoweniger haben sie es vermocht, wertvolle Instrumente des Unterhauses zur Kontrolle und Einflußnahme auf die Exekutive zu werden. „Im allgemeinen legen die neue Ausschußstruktur und die größere Aktivität der Ausschüsse den Schluß nahe, daß die Arbeit der Ausschüsse dem Unterhaus zum Vorteil gereicht."[48]

Die Ausschüsse haben es vermocht, sich selbst innerhalb des parlamentarischen und politischen Rahmens in einem Ausmaße zu etablieren, daß sie aus der parlamentarischen Landschaft nicht mehr wegzudenken sind. Trotz der skeptischen Einstellung einiger Minister und Beamten, für die sie lediglich einen zusätzlichen Arbeitsaufwand darstellen, hat der Unterhausführer kürzlich eingeräumt, daß er sich ihr Verschwinden nicht vorstellen könne[49]. Um diesen Punkt nochmals zusammenzufassen: Selbst wenn die Verhaltensänderungen der siebziger Jahre sich nicht als von Dauer erweisen sollten, so haben sie doch zu Kontrollinstanzen und anderen prozeduralen Veränderungen geführt, die dauerhafte Bestandteile des Unterhauses bleiben werden. Es ist ein Kompliment für die Select Committees, daß es schwierig geworden ist, sich ein Unterhaus ohne sie vorzustellen.

IV. Das Problem der Zweigleisigkeit

Ungeachtet der Veränderungen der letzten Jahre, deren Bedeutung hier keineswegs unterbewertet werden soll, bleiben die Möglichkeiten des Unterhauses begrenzt, die Regierung einer effektiven Kontrolle und Einflußnahme zu unterziehen. Dies ist ein Produkt dessen, was man als konstitutionelle und politische Zweigleisigkeit bezeichnen kann.

Die konstitutionelle Zweigleisigkeit betrifft die Trennung zwischen der Beratung der Gesetze und der Kontrolle der Regierungstätigkeit auf der einen und die Trennung zwi-

48 *B. George*, M.P. und *B. Evans*, Parliamentary Reform – The Internal View, in: *D. Judge* (Hrsg.), The Politics of Parliamentary Reform, a.a.O., S. 86.

49 *John Biffen*, M.P., in einem Vortrag auf einem Seminar im Policy Studies Institute in London am 5. Juni 1984.

schen der Bewilligung von Einnahmen und der Überwachung der Ausgaben der öffentlichen Hand auf der anderen Seite. Die Kontrolle der Gesetzgebung wird, wie bereits erwähnt, durch die Standing Committees ausgeübt, Ausschüsse, die vom parteipolitischen Schlagabtausch geprägt sind und erst zusammengesetzt werden, nachdem das Unterhaus dem Gesetz im Prinzip bereits zugestimmt hat. Die Ausschüsse haben die Möglichkeit, die Bestimmungen eines Gesetzes zu verändern, aber sie haben keinerlei Befugnis, Zeugen zu laden oder Beweisaufnahmen durchzuführen. Von einem Whip geführt, sorgt die von einer Partei gebildete Mehrheit in der Regel dafür, daß die Abstimmungen den Vorschlägen der Regierung nicht zuwiderlaufen. Für die Kontrolle über die Regierungsakte und das Haushaltsgesetz ist das Select Committee zuständig. Im Unterschied zu den Ständigen Ausschüssen ist die Mitgliedschaft in den Select Committees nicht länger eine von den Whips gewährte Gnade. Außerdem versuchen die Committees selbst, in gewissem Maße eine parteiübergreifende Kontrolle auszuüben. Die Committees haben, wie bereits erwähnt, die Möglichkeit, Zeugenbefragungen und Beweisaufnahmen durchzuführen. Nichtsdestoweniger verfügen sie über keinerlei formale Sanktionen, die sie über die Regierung verhängen könnten: Sie können Haushaltspläne oder Gesetze weder verändern noch ablehnen. Sie haben formal nicht das Recht, Gesetze zu beraten. In Anbetracht der Arbeitslast, die ihnen bereits bei der Abhaltung verschiedener Enquêten zugemutet wird, ist wohl kaum anzunehmen, daß sie, selbst wenn sie es wollten oder befugt wären, die Zeit hätten, eine derartige Kontrolle auszuüben. Das einzige Experiment, die Kluft zwischen Enquêten und Gesetzesberatung zu überwinden, besteht in der probeweisen Neuerung der Special Standing Committees. Derartige Ausschüsse tagen in Form von Select Committees und führen Beweisaufnahmen durch, bevor sie sich als traditionelle Standing Committees konstituieren, um ein Gesetz Satz für Satz durchzuarbeiten. Nichtsdestoweniger wurden die „gemischten" Committees in nur vier Fällen in der letzten Legislaturperiode und ein einziges Mal in der gegenwärtigen eingesetzt[50]. Es scheint so, als bestünde zwischen Ministern und Abgeordneten Übereinstimmung darüber, daß solchen Ausschüssen sowohl das Instrumentarium als auch die Möglichkeit fehlt, umfassender eingesetzt zu werden. Die Zweigleisigkeit der Committees wird in der Tat ein Charakteristikum des Unterhauses bleiben, das allerdings eine wirksame Kontrolle und Einflußnahme des Parlaments auf die Exekutive behindert.

Zweigleisigkeit besteht ebenfalls zwischen den Einnahmen und den Ausgaben der öffentlichen Finanzen. Haushaltsdebatten sind getrennt von der Beratung des Steuerwesens, und die Beratung von Gesetzen ist getrennt von der über die Ausgabenplanung. Diese doppelte Zweigleisigkeit, gekoppelt mit einem festen Zeitplan der Beratungen, der nicht mit dem parlamentarischen Jahr zusammenfällt, führt zu einem Unterhaus, das zu fiskalischen und ökonomischen Problemen nur in begrenztem und unkoordiniertem Rahmen bestenfalls beratend Stellung nehmen darf[51]. Ungeachtet einiger be-

50 Siehe die Kommentare von *George* und *Evans*, a. a. O., S. 87–90.

51 *P. Norton*, The Commons in Perspective, a. a. O., S. 173–175. Siehe außerdem das Memorandum von *N. St. John-Stevas*, M. P., in: First Report from the Select Committee on Procedure (Supply), Session 1980/81, Band 2, Minutes of Evidence, HC 118–II, London 1981, S. 203–208.

deutender Fortschritte in den letzten Jahren, besonders natürlich der Schaffung und des Wirkens des Treasury and Civil Servant Select Committee (allgemein Premier Select Committee genannt) und der Haushaltsberatungen an speziell dafür bestimmten „Estimates Days" bleibt das Unterhaus bar jeder Möglichkeit, die Einnahmen und Ausgaben öffentlicher Gelder einer aufeinander abgestimmten und wirksamen Kontrolle zu unterziehen. Die Zweigleisigkeit der Ausschüsse hat auch hier ihre Bedeutung: Das alljährliche Haushaltsgesetz ist Gegenstand der Kontrolle eines Committees, das zwar das Recht hat, es zu verändern, das aber durch eine Partei bzw. die Regierungsmehrheit dominiert wird. Die Wirtschaftspolitik der Regierung ist zwar Gegenstand der Beratung im Treasury Select Committee, doch verfügt dieses über keinerlei formelle Sanktionen, um gegen die Regierung tätig werden zu können. Es konnte aber, wie seine Abschlußberichte zeigen, wenigstens in gewissem Maße eine parteiübergreifende Arbeit verwirklichen.

Letztere Zweigleisigkeit überlappt sich mit der dualen Struktur der Ausschüsse. Sie ist in ihrem Kern eine politische Zweigleisigkeit. Auf der einen Seite stellen die neuen Select Committees den Versuch dar, parlamentarische Ausschüsse zu schaffen, die zu einem gewissen Grade Fraktionsgrenzen überwinden können. Es ist ein Versuch, interfraktionelle oder gar überparteiliche Vereinbarungen zu treffen. Auf der anderen Seite spiegelt die Zusammensetzung der Ausschüsse die Zusammensetzung im Plenum wider. In allen diesen Ausschüssen haben die Konservativen die Mehrheit. Bei dem Versuch, einen einstimmigen Abschlußbericht zu erstellen, müssen die Vorsitzenden somit oft einen Kompromiß ansteuern, der die Regierungsmehrheit nicht vor den Kopf stößt, auf der anderen Seite aber auch von den Oppositionsabgeordneten getragen wird. Wenn eine Untersuchung zu kritisch und zu einseitig parteiisch wird, dann könnte sich die konservative Mehrheit dazu gezwungen sehen, als konservative Mehrheit zu handeln und ihre Whips in Aktion treten zu lassen. Zuweilen besteht daher die Tendenz, sich lieber auf wichtige, aber dennoch unparteiische Fragen zu beschränken, wie etwa eher auf Entscheidungen der Verwaltung als auf die von den Parteien getragenen politischen Ziele der Minister.

Will der Ausschuß seinen Einfluß über das Unterhaus geltend machen, so wird er erkennen, daß es ein Parteienparlament ist, geteilt in Fraktionen. Wenn ein Ausschußbericht Kritik an der Regierung übt, ist es daher unwahrscheinlich, daß unerfahrene Abgeordnete der Regierungsparteien bereit sein würden, zusammen mit dem Ausschuß gegen ihre eigene Regierung anzugehen. Daher versuchen die Ausschüsse, in einer Art und Weise zu wirken, die dem weiteren parlamentarischen Umfeld, in dem es besteht, vollkommen fremd bleibt.

Zusammenfassend läßt sich sagen, daß das Unterhaus Gegenstand von Herausforderungen geworden ist, denen sich auch andere parlamentarische Systeme gegenübergesehen haben, die aber durch die ökonomischen und politischen Entwicklungen außerhalb des Parlaments verschlimmert wurden. Die Verbindung von externen und internen Wandlungstendenzen im britischen Parlamentarismus dürfte – verglichen mit anderen Parlamenten westlicher Demokratien – einmalig sein. Entwicklungen innerhalb des Unterhauses haben wie eine Art Gegengewicht zu den äußeren Herausforderungen gewirkt und es dem Unterhaus erlaubt, seine Funktionen der Kontrolle und Einflußnahme in einer besser strukturierten und effizienteren Art und Weise auszuführen. Derartige interne Veränderungen sind in ihrer Kombination einzigartig für das Unterhaus. Seine Möglichkeit, weiter zu gehen und die ihm zugewiesenen Aufgaben wirksamer zu erfüllen, wird nichtsdestoweniger auf Grund der konstitutionellen und politischen Zweigleisigkeit beschränkt bleiben, die wiederum einzigartig für das britische Regierungssystem ist. Großbritannien gilt als ein oft zitiertes Modell des Parlamentarismus, aber eine Analyse der jetzigen Verhaltensweisen seiner Abgeordneten, der inneren Herausforderungen und der Strukturen des Unterhauses zeigt uns eher seine Besonderheit im Vergleich mit anderen westlichen Parlamenten.

Kein Parlament wie jedes andere. Die veränderte Rolle des Kongresses im politischen System der USA*

Werner Jann

In den letzten 10 bis 15 Jahren hat sich das amerikanische politische System in einem Maße verändert, wie es für ein träges System wie die Bundesrepublik Deutschland, wo jede Änderung, vielleicht aus guten Gründen, mit großem Mißtrauen betrachtet wird, schwer vorstellbar ist. Beobachter sprechen inzwischen von einem „*New American Political System*", und es besteht weitgehend Einigkeit darüber, daß der Kongreß die entscheidenden Änderungen durchgemacht hat.[1]

I. Der unbekannte und unterschätzte Kongreß

Die politische Berichterstattung der Bundesrepublik konzentriert sich fast vollständig auf den Präsidenten und weist ihm dadurch eine beinahe alles-entscheidende Supermann-Rolle zu. Gleichzeitig wird der Kongreß oft ignoriert, weil er im parlamentarischen Sinne als Element der Regierungsmehrheit interpretiert wird. Beide Vorstellungen führen zu Mißverständnissen. Die Rolle der Parteien und einzelner Abgeordneter wird verkannt. Die tiefgreifenden Unterschiede zwischen beiden politischen Systemen werden durch die Stichworte vom parlamentarischen und präsidentiellen Regierungssystem nicht adäquat wiedergegeben, vielleicht sogar eher verschleiert. Die Änderungen des politischen Systems haben in den USA dazu geführt, daß einflußreiche Beobachter von der „Illusion präsidentieller Regierung" sprechen und gleichzeitig eine „Wiedergeburt des Kongresses" konstatiert wird.[2] Dieses Erstarken des Kongres-

* Der Beitrag beruht auf Erfahrungen, die ich während eines sechsmonatigen Arbeitsaufenthaltes am amerikanischen Kongreß sammeln konnte. Mein Dank gilt dem German Marshall Fund und der American Political Science Association, die meinen Aufenthalt als Congressional Fellow ermöglicht haben, sowie Rep. *Stan Lundine*, für den ich während dieser Zeit gearbeitet habe, und seinen Mitarbeitern.

1 Vgl. hierzu insgesamt *Anthony King* (ed.), The New American Political System, Washington D.C. 1978. Als Darstellungen des „neuen Kongresses" siehe *Thomas E. Mann/Norman J. Ornstein* (ed.), The New Congress, Washington und London 1981 und *Roger H. Davidson/Walter J. Oleszek*, Congress and its Members, Washington D.C. 1981, sowie die ausgezeichnete Literaturübersicht von *Arthur B. Gunlicks/John T. Whelan*, Präsident-Kongreß-Wahlen: Ein Bericht über neuere Publikationen, in: Amerikastudien, Jg. 29, 1984, S. 453 ff. Zur Literatur über die Kongreßreformen siehe außerdem *J. A. Helm*, Die amerikanische Parlamentsreform im Spiegel der Literatur, in: ZParl, 16. Jg. (1985), S. 267 ff.

2 *Hugh Heclo/Martin Salamon* (ed.), The Illusion of Presidential Government, Boulder, Col. 1981; *James L. Sundquist*, The Decline and Resurgence of Congress, Washington, D.C. 1981. Zur wissenschaftlichen Diskussion über die unterschiedlichen Regierungssysteme siehe *Winfried Steffani*, Parlamentarische und präsidentielle Demokratie, Opladen 1979. *Steffani* geht ausdrücklich auf die Strukturprobleme präsidentieller Demokratie am Beispiel der USA ein. Vgl. zum folgenden vor allem *Roger H. Davidson*, Subcommittee: New Channels for Policy Making, in: *Mann/Ornstein*, a. a. O. (Anm. 1).

ses ist bei uns nicht ausreichend zur Kenntnis genommen worden und wird in seinen Auswirkungen auf Politikinhalte oder „*Policies*", d.h. das, was beim politischen Prozeß schließlich herauskommt, unterschätzt. Grob zusammengefaßt kann man die Stellung des Kongresses heute durch drei Thesen charakterisieren: Der Kongreß ist selbstbewußter und unabhängiger gegenüber der Exekutive als er es je war; er ist individualistischer und egalitärer in seiner internen Organisation und damit offener gegenüber politischen Einflüssen von Wählern und Interessengruppen; er ist gleichzeitig fragmentierter und dezentralisierter in seinen internen Entscheidungsstrukturen.

II. Kongreß und Präsident: Der selbstbewußte und unabhängige Kongreß

1. Das traditionelle Modell präsidentieller Führung

Auch im amerikanischen präsidentiellen System, das eine eindeutige Trennung der „Gewalten" im Sinne *Montesquieus* anzustreben scheint, ist diese Unterscheidung alles andere als eindeutig. Zwar verkörpert der Präsident die „Exekutive" und der Kongreß die „Legislative", aber tatsächlich spielt der Präsident eine entscheidende Rolle im Bereich der Gesetzgebung, und der Kongreß übt erhebliche Aufgaben im Bereich der Administration politischer Programme aus.[3] Um die Problematik etwas zu überspitzen, könnte man sagen, daß für die Gesetzgebung der Präsident die Schlüsselstellung einnimmt, denn er ist eher in der Lage, umfassende und übergreifende Gesetzesvorhaben zu konzipieren und durchzusetzen, während im Bereich der Administration der Kongreß der wichtigere Akteur ist, da die Ausgestaltung, Finanzierung und Durchführung politischer Programme oft durch festgefügte Interessenkoalitionen zwischen weitgehend unabhängigen Behörden, den betroffenen Interessengruppen und den beteiligten Ausschüssen und Unterausschüssen des Kongresses, den sog. „iron triangles", kontrolliert und im Detail gesteuert wird.[4]

In der amerikanischen Verfassung ist das Verhältnis zwischen Präsident und Kongreß nur undeutlich definiert. Die „Founding Fathers" waren nicht an einer eindeutigen Zuweisung von Regierungsaufgaben an bestimmte Institutionen interessiert, sondern ganz im Gegenteil an der mehrdeutigen Verteilung an konkurrierende Institutionen. Die amerikanische Verfassung versucht nicht, Konflikte zwischen den Verfassungsorganen zu vermeiden, sondern institutionalisiert sie geradezu, sie kann daher als „invitation to struggle" interpretiert werden.[5] Idealbild ist nicht ein stromlinienförmiges Regierungssystem, Regieren soll nicht einfach sein, sondern gewollt ist ein System der „checks and balances", in dem die verschiedenen Gewalten einander in Schach halten und sich das Leben schwer machen. Die amerikanische Auffassung des

3 „Whatever we might expect from the president as chief executive, the vast bulk of ultimate administrative power rests with the Congress, not the president." *Hugh Heclo*, The Presidential Illusion, in: ders./*Salamon*, a.a.O., S. 15.

4 *Roger H. Davidson*, Breaking Up Those „Cozy Triangles": An Impossible Dream?, in: *Susan Welch/John Peters* (ed.), Legislative Reform and Public Policy, New York 1977.

5 Vgl. *Davidson*, a.a.O. (Anm. 4), S. 101.

Government verdeutlicht diese Sichtweise: Government ist eben nicht nur Regierung im Sinne von Exekutive, sondern dazu gehören ganz selbstverständlich auch Kongreß und Oberster Gerichtshof. Regieren und Verwalten ist gemeinsames Anliegen aller drei Gewalten.

Die Beziehungen zwischen Kongreß und Präsident waren im Zeitablauf verschieden ausgeprägt und sind unterschiedlich interpretiert worden. Seit einiger Zeit war das Pendel eindeutig in Richtung des Präsidenten geschwungen, und erst in jüngster Zeit, genau seit der Präsidentschaft *Richard Nixons*, wurde versucht, diese Bewegung zu stoppen und umzudrehen.

Die Übernahme neuer Aufgaben durch die Bundesregierung in diesem Jahrhundert war gleichzeitig Anlaß und Ergebnis der neuen Rollendefinition des Präsidenten.[6] Der Präsident wurde zunehmend „*General Manager*", der die Aktivitäten der Bundesregierung anleitet und koordiniert. Als „*Economic Stabilizer*" ist er verantwortlich für den ökonomischen Zustand der Gesellschaft, als „*Foreign Policy Leader*" legt er die Richtung der Außenpolitik fest, und als „*Chief Legislator*" dominiert er die Innenpolitik und gibt dem Kongreß vor, womit er sich in erster Linie zu beschäftigen hat. In vielerlei Hinsicht ist *Franklin D. Roosevelt* der Inbegriff dieses „aktiven Präsidenten", aber im Prinzip handelt es sich um eine kontinuierliche Entwicklung von *Roosevelt* über *Dwight D. Eisenhower* bis hin zu *John F. Kennedy* und *Lyndon Johnson*.

Im Verlauf dieser Entwicklung hat sich ein Verhältnis zwischen Kongreß und Präsident herausgebildet, das als „Modell präsidentieller Führung" bezeichnet werden kann.[7] Der Präsident hat in diesem Modell, das zwar nirgendwo verbindlich formuliert oder definiert wurde, das aber zunehmend die informelle Grundlage der Interpretation der verschiedenen Rollen wurde, die zentrale Führungsrolle inne. Er ist für die umfassenden, grundlegenden Perspektiven der Politik zuständig und definiert damit auch die Ziele und Aktivitäten der Legislative, während der Kongreß die begrenzteren, z. B. lokalen oder gruppenspezifischen Perspektiven in den Prozeß der politischen Entscheidung einbringen soll. Er soll nicht einfach dem Präsidenten folgen, sondern dessen Vorschläge einem Konsenstest unterwerfen. Repräsentanten und Senatoren mit ihren starken lokalen und regionalen Bindungen entscheiden, inwieweit die präsidentiellen Vorschläge mehrheitsfähig sind.

Dieses Modell „präsidentieller Führung" hat die amerikanische Wirklichkeit einigermaßen adäquat beschrieben und ist heute noch, ohne daß sich die Beobachter dessen im klaren sind, Grundlage der meisten europäischen Interpretationen des amerikanischen Regierungssystems. Aber es trifft nicht mehr ohne weiteres zu.

2. Kongreß gegen den Präsidenten

Der Präsident ist, um seine Politik durchzuführen, auf die Zustimmung von Repräsentantenhaus und Senat angewiesen, und diese Zustimmung war nie selbstverständlich.

6 *Sundquist*, a. a. O. (Anm. 2), passim.
7 Ebd., S. 418.

Die Präsidenten der Nachkriegszeit haben nie mehr als ca. die Hälfte ihrer Gesetzgebungsvorhaben verwirklichen können, gleichzeitig sind jeweils ca. 1/4 bis 1/3 der Abstimmungen im Kongreß, zu denen sie eine ausdrückliche Position bezogen hatten, gegen ihren Willen entschieden worden, d. h. ein nicht unbedeutender Teil der vom Kongreß verabschiedeten Gesetze und Haushaltsausgaben wird regelmäßig vom Präsidenten abgelehnt.[8]

Die Präsidenten sind daher immer damit beschäftigt, den Kongreß, und das heißt bei Abwesenheit von Parteidisziplin einzelne Abgeordnete, dazu zu bringen, in ihrem Sinne abzustimmen. Die modernen Präsidenten haben dazu besondere Verbindungsstäbe zwischen Weißem Haus und Capitol eingerichtet, und im Kongreß versuchen Lobbyisten des Präsidenten, genauso wie Lobbyisten anderer Interessengruppen, Abgeordnete zu überzeugen oder zumindest zu überreden, doch in dieser oder jener Angelegenheit mit dem Präsidenten zu stimmen.[9] In besonderen Fällen greift auch der Präsident zum Telefon oder kommt zum Capitol, um die nötigen Stimmen zu mobilisieren. Bemerkenswert ist, daß die Erfolgsrate der Präsidenten seit den siebziger Jahren zunächst erheblich abgenommen hat, und daß auch seitdem – obwohl *Reagan* ursprünglich beeindruckende Erfolge vorweisen konnte – die Beziehungen zwischen Kongreß und Präsidenten kontinuierlich schwieriger geworden sind.[10]

Der Umschwung der Beziehungen zwischen Kongreß und Präsident wird zu Recht mit dem Namen *Richard Nixon*s verbunden. Während bzw. als Folge seiner Präsidentschaft verabschiedete der Kongreß eine Reihe von Gesetzen und änderte seine traditionellen Strukturen, um die unheimlich gewordene Macht des Präsidenten einzudämmen. Die Konflikte lagen durchaus nicht nur und wahrscheinlich nicht einmal in erster Linie an *Nixon*, allerdings spielten *Nixon*-spezifische Besonderheiten (wie seine Verachtung des Washingtoner Establishments, sein beinahe krankhaftes Mißtrauen und seine Mißachtung elementarer Verfassungsgrundsätze) und situative Faktoren (wie Vietnam-Krieg und Studentenunruhen) eine wichtige Rolle. *Nixon* suchte den Konflikt mit dem Kongreß, und dieser nahm schließlich den Fehdehandschuh auf.[11]

8 Der Präsident kann gegen diese Entscheidungen sein Veto einlegen, aber da er nur ganze Gesetze, nicht einzelne Paragraphen oder Haushaltstitel ablehnen kann, wird er dieses grobe und drastische Instrument nur in Ausnahmefällen anwenden. Aus diesem Zusammenhang entstammt die Kontroverse um das sog. „line item veto", d.h. die Möglichkeit des Präsidenten, Teile von Gesetzen oder Haushaltsentwürfen abzulehnen. Der Kongreß hat bisher in seiner Mehrheit diese Forderung des Präsidenten entschieden abgelehnt.

9 Vgl. hierzu *Eric L. Davis*, Congressional Liaison: The People and the Institution, in: *Anthony King* (ed.), Both Ends of the Avenue: The Presidency, the Executive Branch, and Congress in the 1980s, Washington and London 1983. Wenn im folgenden von „Abgeordneten" die Rede ist, sind damit sowohl die Mitglieder des Repräsentantenhauses (Repräsentanten) und Senatoren gemeint.

10 *Richard Nixon* und *Gerald Ford* konnten den Kongreß nur dazu bringen, ca. 1/3 ihrer wichtigen Gesetzesvorhaben zu verabschieden, vgl. *Davidson/Oleszek*, a.a.O. Für die neuesten Daten siehe auf deutsch *Hartmut Wasser*, Präsidentschaft und Kongreß in der Ära *Reagan*, in: aus politik und zeitgeschichte B43/84 vom 27. Oktober 1984, S. 14ff. Offensichtlich spielt es eine gewisse Rolle, ob Präsident und Kongreß unterschiedlichen Parteien angehören, aber dieser Faktor kann die wachsenden Schwierigkeiten der Präsidenten nicht allein erklären.

11 Vgl. *Charles O. Jones*, Congress and the Presidency, in: *Mann/Ornstein*, a.a.O. (Anm. 1), m.w. A.; *Frederic I. Greenstein*, Change and Continuity in the Modern Presidency, in: *King*, a.a.O. (Anm. 1), spricht in diesem Zusammenhang von „presidency curbing legislation".

Ohne in technische Details zu gehen, seien die wichtigsten gesetzlichen Änderungen kurz aufgeführt:

– in der Außenpolitik u. a. die „*War Powers Resolution*“, die den Präsidenten zwingen soll, den Einsatz amerikanischer Truppen mit dem Kongreß abzustimmen;
– in der Finanzpolitik der „*Impoundment and Budget Control Act*“, der die Möglichkeiten des Präsidenten über den Haushalt zu verfügen einschränkt und es vor allem dem Kongreß ermöglicht, ein eigenes Budget unabhängig vom Präsidenten zu erarbeiten;
– in der Innenpolitik die verstärkte Anwendung des sog. „*Legislative Veto*“, d.h. die Bestimmung, daß Entscheidungen der Exekutive bei der Durchführung von Gesetzen dem Kongreß (entweder beiden Häusern oder auch nur einem oder sogar nur einem Ausschuß) vorgelegt werden müssen und, falls dieser in einem bestimmten Zeitraum widerspricht, nicht in Kraft treten können[12]; und
– schließlich im Bereich politischer Moralität neue Gesetze, die die Wahlkampffinanzierung und das ethische Verhalten von Amtsinhabern überwachen und regeln.

Der Kongreß begleitete diese Zunahme seiner Macht mit einer Reihe von internen Reformen, die ihn kompetenter, offener und demokratischer machen sollten. Insbesondere sollten:
– die analytischen und informellen Ressourcen des Kongresses durch eine erhebliche Ausweitung der Mitarbeiter und Hilfsorganisationen des Kongresses ausgebaut werden, um die Unterlegenheit der Legislative gegenüber der Exekutive abzubauen;
– der Kongreß offener, durchschaubarer und demokratisch kontrollierbarer werden, indem z.B. die Wahlkampffinanzierung und die Einkommensverhältnisse der Abgeordneten offengelegt werden mußten, fast alle Ausschuß- und Unterausschußsitzungen der Öffentlichkeit zugänglich gemacht wurden und gleichzeitig die Zahl der namentlichen Abstimmungen erheblich ausgeweitet wurde;
– schließlich die interne Arbeitsweise des Kongresses (in diesem Fall insbesondere des Repräsentantenhauses) demokratisiert werden, indem die alten Hierarchien entmachtet und den einzelnen Abgeordneten mehr Einfluß zugebilligt wurde.

Der Effekt dieser Reformen war ohne Zweifel, daß die Rolle des Präsidenten als „Führer“ des amerikanischen politischen Systems geschwächt wurde. Dem „presidential leadership“ Modell wurde implizit ein anderes Modell, das der Gleichberechtigung beider Regierungsgewalten gegenübergestellt, wobei einige Akteure ausdrücklich ein Übergewicht des reformierten und demokratischen Kongresses anstrebten und anstreben.[13] Allerdings spricht nichts dafür, daß die Beziehungen zwischen Präsident und Kongreß als Nullsummenspiel betrachtet werden können, d.h. daß die Verluste an Steuerungsfähigkeit der einen Instanz automatisch als Gewinne der anderen Seite auftreten.

12 Die Praxis des Legislative Veto wurde am 23.06.1983 vom Obersten Gerichtshof für verfassungswidrig erklärt, aber der Kampf zwischen Präsident und Kongreß über dieses Instrument geht weiter. Es ist unklar, auf welche Fälle das Gerichtsurteil angewendet werden kann und ob es rückwirkend gilt. Seit dem Urteil hat der Kongreß mindestens 30 neue Vetos in 11 verschiedenen Gesetzen verabschiedet. Außerdem hat er neue Wege gefunden, die Administration politischer Programme zu kontrollieren. Vgl. *Richard Rothman*, Court Challenges Continue: Despite High Court Ruling, Legislative Vetos Abound, in: Congressional Quarterly Weekly Report, Vol. 42, 1984, S. 1797.

13 Zu den verschiedenen Konzeptionen des Verhältnisses zwischen Kongreß und Präsident siehe *Leroy N. Rieselbach*, The Forest for the Trees: Blazing Trails for Congressional Research, in: *Ada W. Finifter* (ed.), Political Science: The State of the Discipline, Washington D.C. 1983, S. 172 ff.

3. Die Ressourcen des Kongresses

Um die veränderte Rolle des Kongresses im amerikanischen politischen System einzuschätzen, muß man sich zunächst die Ressourcen, über die er verfügt, verdeutlichen. Seit Mitte der sechziger Jahre hat sich die Zahl der Mitarbeiter des Kongresses ca. verdreifacht. Wenn man sämtliche Mitarbeiter mitzählt (d.h. auch die ca. 1000 Polizisten und 2000 Mitarbeiter der Hausverwaltung, Handwerker usw.), arbeiten heute mehr als 23.000 Bedienstete für den Kongreß. Diese erhebliche Ausweitung hat in verschiedenen Bereichen stattgefunden.[14]

Repräsentanten und Senatoren beschäftigen heute ca. 11.000 persönliche Mitarbeiter. Ca. 60–70% dieser Mitarbeiter befinden sich in Washington, während der Rest Aufgaben im jeweiligen Staat oder Wahlkreis wahrnimmt. Damit verfügt jeder Repräsentant in Washington im Durchschnitt über mehr als 10 Mitarbeiter, während die im Einzelfall stark schwankende Zahl für die Senatoren bei durchschnittlich 27 liegt. Gleichzeitig wurde die Zahl der Mitarbeiter der Ausschüsse und Unterausschüsse erheblich erhöht. Insgesamt beschäftigen sie heute mehr als 3000 Mitarbeiter. Schließlich hat der Kongreß die personelle Kapazität seiner verschiedenen Hilfsorganisationen entscheidend verstärkt:[15]

– Die Zahl der Mitarbeiter des Congressional Research Service (CRS) wurde seit Mitte der sechziger Jahre beinahe vervierfacht. Heute arbeiten mehr als 870 Mitarbeiter für den CRS, der als wissenschaftlicher Hilfsdienst des Kongresses Anfragen einzelner Abgeordneter beantwortet, Untersuchungen für Ausschüsse und Unterausschüsse durchführt, sowie generell die Arbeit des Kongresses durch Informationsmaterial, die Verarbeitung und Erschließung wissenschaftlicher Untersuchungen und die Erstellung von Hintergrundberichten unterstützt. Jährlich beantwortet der CRS ca. 400.000 Anfragen und veröffentlicht u.a. ca. 5000 Reports.

– Das Office of Technology Assessment (OTA) wurde 1972 neu eingerichtet, um dem Kongreß Wissen über die Auswirkungen neuer und umstrittener Technologien zu verschaffen. Es erstellt jährlich ca. 20 Gutachten und beschäftigt heute ca. 140 Mitarbeiter.

– Als direkter Ausfluß des steigenden Selbstbewußtseins und des wachsenden Mißtrauens gegenüber der Exekutive wurde im Gefolge der Auseinandersetzungen mit Präsident *Nixon* 1974 das Congressional Budget Office (CBO) eingerichtet, um dem Kongreß zu ermöglichen, ein eigenes, von der Exekutive unabhängiges Budget zu erstellen, und um über eigene Expertise im Bereich der Finanzpolitik und der finanziellen Auswirkungen politischer Programme zu verfügen. Das CBO beschäftigt z.Zt. ca. 220 Mitarbeiter.

– Schließlich wurden die Aufgaben des General Accounting Office (GAO) neu definiert. Insbesondere die Kapazitäten zur umfassenden sozialwissenschaftlichen Evaluierung staatlicher

14 Die aktuellen Daten beruhen auf Auskünften und den Jahresberichten der verschiedenen Hilfsorganisationen. Zur Entwicklung der Daten siehe *Norman J. Ornstein* et. al., Vital Statistics on Congress, Washington D.C. and London 1982, S. 109 ff. Für einen ausführlichen Überblick siehe *Werner Jann*, Die Helfer des Kongresses: Eine Bestandsaufnahme der personellen und analytischen Ressourcen von Senat und Repräsentantenhaus, Speyer 1985 (Speyerer Arbeitshefte 66); speziell für den CRS *Gerhard Hahn*, Die wissenschaftlichen Hilfsdienste des Kongresses der Vereinigten Staaten von Amerika, Deutscher Bundestag, Wissenschaftliche Dienste, Materialien Nr. 91, Bonn November 1985.

15 Vgl. außerdem *James A. Thurber*, The Evolving Role and Effectiveness of the Congressional Research Agencies, in: *J. Cooper/G. C. Mackenzie* (ed.), The House at Work, Austin, Texas 1981, S. 292 ff.

Programme des GAO, das ansonsten ähnliche Aufgaben wie bei uns der Bundesrechnungshof wahrnimmt, wurden ausgebaut.[16]

Um diese erhebliche Informationsfülle zu verarbeiten, wurde darüber hinaus in den letzten Jahren die elektronische Aufbereitung und Verbreitung von Informationen ausgebaut. Inzwischen verfügt praktisch jedes Repräsentanten- und Senatorenbüro über mindestens einen Terminal, über welchen Informationen über den Stand der Gesetzgebung, Abstimmungen, Ausschußveröffentlichungen usw., aber auch das Informationsangebot der Hilfsdienste an relevanten Veröffentlichungen bis hin zu ökonometrischen Modellen zur Abschätzung von Haushalts- und Wirtschaftsdaten abgerufen werden können. Über diese Terminals können nicht nur die erheblichen Informationsbestände des Kongresses einschließlich der Library of Congress erschlossen werden, sondern auch kommerzielle Datenbanken, z. B. das amerikanische Juris oder das Register der New York Times sowie die aktuellen Dienste der Presseagenturen.

Durch die beeindruckende Ausweitung der personellen und informationellen Ressourcen sollte die Unterlegenheit des Kongresses gegenüber der Exekutive beseitigt oder zumindest vermindert werden. Dieses Ziel scheint weitgehend erreicht zu sein. Informierte Beobachter gehen davon aus, daß das frühere Monopol der Exekutive, was Informationen und insbesondere analytische Kapazitäten angeht, gebrochen ist.[17] Der Kongreß hat heute die personellen Kapazitäten, Vorschläge der Exekutive kritisch zu durchleuchten und fundierte eigene Vorschläge vorzulegen. Gleichzeitg hat er seine Möglichkeiten, die Administration politischer Programme kritisch zu durchleuchten, das sog. „Congressional Oversight", ausgeweitet.[18] Der Kongreß beschäftigt sich nicht nur mit der Formulierung neuer Programme, sondern zunehmend mit der Durchführung und Bewertung bestehender Programme und Gesetze.

Die Möglichkeiten des Kongresses, sich mit den Voraussetzungen und Folgen bestehender oder in Erwägung gezogener Politiken wie auch mit den Details und Interna der Administration zu beschäftigen, sind beeindruckend. Im Prinzip verfügt der Kongreß durch seine ausgezeichnet ausgestatteten und angesehenen Hilfsdienste sowie durch die Mitarbeiter der Ausschüsse und schließlich die persönlichen Mitarbeiter über eine Reihe von konkurrierenden Bürokratien und Stäben, die es durchaus mit ihren Gegenpolen in der Administration aufnehmen können. Die Konkurrenz zwischen den verschiedenen Hilfsorganisationen und Ausschüssen ist erwünscht, zu wichtigen Fragen ist es üblich, daß Gutachten von mehreren Hilfsorganisationen angefordert werden. Auch in der Konkurrenz mit den Informationen der Exekutive schneidet der Kongreß gut ab, z. B. gelten in Finanzfragen die Zahlen und Aussagen des Congressional Budget Office als verläßlicher als die des Office of Management and Budget (OMB) des Präsidenten.

16 Hierzu ausführlich *Frederick C. Mosher*, The GAO: The Quest for Accountability in American Government, Boulder, Col. 1979.
17 *Sundquist*, a. a. O. (Anm. 2), S. 409.
18 Grundlegend *Joel D. Aberbach*, Changes in Congressional Oversight, in: American Behavioral Scientist, Vol. 22, 1979, S. 493 ff.

Schließlich kann jeder öffentlich Bedienstete und generell jeder Experte oder Betroffene von einem Ausschuß oder Unterausschuß des Kongresses zu seiner Tätigkeit oder zu einem den Kongreß interessierenden Problem befragt werden, und der Kongreß ist nicht gerade ängstlich oder zurückhaltend, von diesem Recht Gebrauch zu machen. Während des 96. Kongresses hat z.B. das House Appropriation Committee (entspricht in etwa unserem Haushaltsausschuß) an 720 Tagen Hearings durchgeführt, dabei 10.265 Auskunftspersonen angehört und/oder befragt und darüber 225 Bände mit Protokollen mit insgesamt 202.767 Seiten publiziert.[19]

Offensichtlich sind nicht alle Hearings gleich bedeutend, zum Teil handelt es sich um reine Public-Relation Angelegenheiten mit allenfalls Symbolwert, aber eines wird deutlich: Der Kongreß hat die Möglichkeit, sich in die Geschäfte der Administration einzumischen, und er macht von dieser Möglichkeit ausführlich Gebrauch. Da der Kongreß schließlich entscheidet, welche Regierungsprogramme und Institutionen wieviel Geld bekommen, darf diese Einflußnahme nicht unterschätzt werden.

Die Reformen haben dazu geführt, daß der Kongreß selbstbewußter und unabhängiger gegenüber der Exekutive ist. Auf der anderen Seite sind sie aber auch für eine zunehmende Fragmentierung verantwortlich. Die Ausweitung der Zahl der persönlichen Mitarbeiter führt dazu, daß Repräsentanten und Senatoren unabhängiger von der Exekutive, aber auch von der Fraktionsführung und sogar von den Vorgaben der zuständigen Ausschüsse werden. Nicht nur Ausschüsse und Unterausschüsse verfügen über kleine Gegenbürokratien zur Exekutive (von denen einige ja gar nicht so klein sind), sondern jeder Abgeordnete ist heute Chef eines eigenen „mittelständischen Beratungsbetriebes", den er nach seinen Bedürfnissen und Interessen einsetzen kann.

Die Ausweitung der personellen Ressourcen und das Entstehen vieler kleiner, miteinander konkurrierender Stäbe wird in den USA mit Argumenten kritisiert, die aus der bei uns vorherrschenden Bürokratiekritik wohlbekannt sind.[20] Zentrale Vorwürfe sind, daß der „Congressional Staff" sich seine Arbeit selbst schafft, und daß die Mitarbeiter die Abgeordneten kontrollieren, nicht umgekehrt. Mitarbeiter eines Abgeordneten oder Ausschusses zu sein, ist für die meisten dieser in der Regel sehr gut ausgebildeten und oft überraschend jungen Leute nur ein Zwischenschritt einer ambitiösen Karriere. Wichtig ist dabei, die Aufmerksamkeit des jeweiligen Chefs zu erlangen, d. h. sich als Politik-Innovator und -Advokat zu profilieren. Gleichzeitig entwickeln sich zwischen spezialisierten Mitarbeitern der Ausschüsse und Abgeordneten, den Spezialisten in den jeweiligen Behörden und den betroffenen Interessenverbänden eine neue Form der „cozy relationships". Es entsteht eine „Policy-Technocracy", die durch die überlasteten und überforderten Volksvertreter nicht mehr zu kontrollieren ist.[21]

Die Macht der Exekutive wurde offensichtlich eingeschränkt, aber es ist fraglich, ob

19 *Davidson/Oleszek*, a. a. O. (Anm. 1), S. 220.

20 Vgl. u. a. *Michael Malbin*, Delegation, Deliberation, and the New Role of Congressional Staff, in: *Mann/Ornstein*, a. a. O., S. 134 ff.; *Sundquist*, a. a. O., S. 411 ff.; *Mosher*, a. a. O., S. 269.

21 *Hugh Heclo*, Issue Networks and the Executive Establishment, in: *King*, a. a. O. (Anm. 1), S. 87 ff. Im Prinzip handelt es sich um eine besonders umfassende Form der von *Frido Wagener* immer wieder beklagten „Ressortkumpaneien" bzw. „vertikalen Fachbruderschaften", die auch die Legislative und Interessengruppen umfaßt.

die Macht der Legislative erhöht wurde. Zumindest aus der Sicht einiger Beobachter ist der Kongreß zu fragmentiert und dezentralisiert, und die gewählten Volksvertreter haben weniger Zeit denn je, sich mit substantiellen Fragen zu beschäftigen, da sie die selbst geschaffenen Hilfsorganisationen managen müssen. Politische Entscheidungen werden mehr und mehr den Mitarbeitern überlassen, diese „unelected representatives"[22] verhandeln untereinander über politische Kompromisse und entwerfen Gesetze, die die gewählten Vertreter nur noch ratifizieren. Auf der anderen Seite ist natürlich nicht zu verkennen, daß die Abgeordneten lieber von ihren eigenen Mitarbeitern abhängig sind, die sie nach Belieben „heuern und feuern" und damit kontrollieren können, als von der Bürokratie der Exekutive.

III. Kongreß und politische Umwelt: Der individualistische und offene Kongreß

Gleichzeitig mit der Veränderung im Verhältnis zwischen Präsident und Kongreß haben sich die Beziehungen zwischen Repräsentanten und Senatoren und ihren Wählern sowie zwischen Abgeordneten und Parteien und Interessengruppen verändert.
Die grundlegenden Rahmenbedingungen sind gleich geblieben: Das Wahlsystem, gekoppelt mit einem schwachen Parteiensystem, hat schon immer dafür gesorgt, daß Abgeordnete in erster Linie die lokalen Interessen ihrer Wähler vertreten und nationale oder parteipolitische Argumentationen zweitrangig sind. In den letzten Jahren sind allerdings Faktoren zum Tragen gekommen, die zu einer weiteren „Lokalisierung" der Politik und Abkoppelung der Abgeordneten von den Parteien geführt haben. Zu erwähnen sind die zunehmende Bedeutung von Vorwahlen, Veränderungen im System der Wahlkampffinanzierung (die berühmt-berüchtigten PAC's) sowie die immer perfektionistischere Betreuung der Wähler durch ihre gewählten Repräsentanten.

1. Abgeordnete und Parteien

Amerikanische Parteien sind bekanntlich mit unseren disziplinierten Mitgliederparteien nicht zu vergleichen.[23] Man wird nicht Mitglied einer Partei mit Mitgliedsbuch, regelmäßigen Sitzungen, Beiträgen usw., sondern man gibt bei der Registratur als Wähler an, ob man als Demokrat, Republikaner oder als Unabhängiger registriert sein will.[24]

22 So der Titel eines einflußreichen Buches von *Michael Malbin*, Unelected Representatives: Congressional Staff and the Future of Representative Government, New York 1980.

23 U.a. *Thomas E. Mann*, Elections and Change in Congress, in: ders./*Ornstein*, a.a.O., S. 32 ff; *Austin Ranney*, The Political Parties: Reform and Decline, in: *King* (ed.), a.a.O. (Anm. 1), S. 213 ff.; für eine Darstellung auf Deutsch siehe *Hartmut Wasser*, Zur Krise des amerikanischen Parteiwesens, in: Zeitschrift für Politik, Jg. 29, 1982, S. 50 ff.

24 Außerdem kann man sich auch als Anhänger einer anderen Partei, z.B. der Libertären registrieren lassen, aber nur ein verschwindend geringer Teil der Amerikaner macht von dieser Möglichkeit Gebrauch. Die Bestimmungen über Wählerregistration und Teilnahme an Vorwahlen weichen in den einzelnen Staaten z.T. erheblich voneinander ab, in einigen Staaten gibt es keine Wählerregistrierung, in anderen können alle Wähler an den Primaries teilnehmen. Hier wird versucht, das am weitesten verbreitete Modell zu verdeutlichen.

Durch diese Registratur erwirbt man das Recht, bei den Vorwahlen, in denen die Kandidaten der jeweiligen Partei für lokale, staatliche und bundesstaatliche (und gelegentlich auch Partei-)Ämter bestimmt werden, mitzustimmen. Mitglieder einer Partei in unserem Sinne gibt es daher in den USA überhaupt nicht.[25]
Das System der Vorwahlen ist seit der Jahrhundertwende immer mehr ausgeweitet worden, so daß heute die Kandidaten der großen Parteien in den Fällen, in denen die Nominierung umstritten ist, fast ausschließlich durch Primaries bestimmt werden. Rekrutierung und Auswahl werden nicht mehr durch Kooptation geregelt (die professionellen Politiker kontrollieren, wer als Kandidat der Partei kandidieren darf), sondern jeder, der, z. B. als Demokrat, registriert ist, kann sich um die Nominierung seiner Partei bewerben, egal wie seine Position zu zentralen demokratischen Programmpunkten aussieht. Wichtig ist nur, daß er genügend Geld auftreiben und Anhänger mobilisieren kann, um den Wahlkampf und vor allem den Vorwahlkampf zu finanzieren und erfolgreich betreiben zu können.
Kombiniert mit einer zunehmend geringer werdenden Bindung der Wähler an Parteien haben diese Entwicklungen dazu geführt, daß eine neue Art von Abgeordneten entstanden ist. Es gibt immer weniger „party regulars“, die sich durch Gefolgschaft gegenüber der Parteiführung und Kompromißfähigkeit auszeichnen, und immer mehr „self starters“, die mit den Begriffen „self-selected, self-organized, and self-reliant“ charakterisiert werden[26].
Diese Abgeordneten „neuen Stils“ verkörpern den Typ des politischen Entrepreneurs. Politischer Erfolg ist für sie weitgehend identisch mit persönlichem Erfolg, und dieser wird wiederum darin gesehen, daß der Abgeordnete nach außen hin sichtbar ist, seinen eigenen persönlichen Anteil an politischen Entscheidungen betont und herausstellt, die Rolle der Partei aber eher herunterspielt.

2. Abgeordnete und Interessengruppen

Die Unabhängigkeit der Kandidaten gegenüber ihren Parteien ist durch die Reform der Wahlkampffinanzierung im Gefolge der mit Watergate verbundenen Skandale noch verstärkt und durch eine neue Abhängigkeit von Interessengruppen ersetzt worden. Die weitgehende Offenlegung der Wahlkampffinanzierung, das Verbot der Unterstützung durch Unternehmen und die einschneidende Begrenzung der Wahlkampfspenden durch Personen und Vereinigungen hat zu einer Ausweitung des Systems der „Political Action Committees“ (PACs) geführt. Diese werden von Personen, Interessengruppen,

25 Während für Amerikaner unsere Mitgliedsparteien sehr fremd sind (sie entsprechen am ehesten den amerikanischen Vorstellungen von der Mitgliedschaft in einer Kirche), können wir uns das lose Bekenntnis zu einer Partei, das zwar Rechte (nämlich über die Kandidaten dieser Partei abzustimmen), aber keine Pflichten (z. B. Mitgliedsbeiträge) beinhaltet, nur schwer vorstellen. Es gibt bei uns keine vergleichbaren Mechanismen. Allenfalls basisdemokratische Vorstellungen, daß z. B. die Wähler der „Grünen“ über die Wiederaufstellung von Kandidaten entscheiden sollen, gehen in diese Richtung.

26 *Sundquist*, a. a. O. (Anm. 2), S. 369 f.

aber auch Firmen gegründet, um politische Spenden zu verteilen und natürlich auf diese Weise politische Ziele durchzusetzen. Inzwischen gibt es ca. 4000 PACs, die einen erheblichen Teil der extrem kostspieligen amerikanischen Wahlkämpfe finanzieren.[27]
Da es für Kandidaten darauf ankommt, durch eine möglichst große Zahl von Spenden ihren Wahlkampf zu sichern, sind PACs von nicht zu unterschätzender Bedeutung. Sie sind in der Lage, erhebliche Mittel für Wahlkämpfe bereitzustellen, und es ist daher wenig überraschend, daß Kandidaten und vor allem zur Wiederwahl anstehende Politiker es sich nicht gern mit einflußreichen Interessengruppen verderben, da sie u. U. im nächsten Wahlkampf auf die finanzielle Unterstützung einer größeren Anzahl PACs angewiesen sind. Inwieweit dieses System in den USA inzwischen zu einer neuen, schlimmeren Form der politischen Korruption geführt hat, kann hier nicht diskutiert werden. Offensichtlich ist aber, daß wohl-organisierte Interessengruppen für viele Abgeordnete heute wichtiger sind als die alten, schwachen Parteien.[28]
Aufgrund der relativen Unabhängigkeit des Kongresses von den Vorgaben der Exekutive und seiner Bedeutung bei der Durchführung von Politik ist er, wie es bei uns die Ministerialbürokratie ist, Hauptansprechpartner von Interessengruppen. Aufgrund der geringen Einbindung der Mitglieder in Parteien, Fraktionen und Ausschüsse sind es gleichzeitig die einzelnen Mitglieder, die von den Lobbyisten überzeugt werden müssen. Neben der Bereitstellung von Spenden durch PACs hat sich dabei in den letzten Jahren der Druck aus dem Wahlkreis, das sog. „grass root lobbying", als wichtigstes Einflußinstrument der Interessengruppen entwickelt. Bei dieser Form des Lobbying mobilisieren Interessengruppen eine größere Anzahl von Mitgliedern oder auch nur interessierten Wählern, die ihrem Abgeordneten schriftlich oder per Telefon nahelegen , sich auf eine bestimmte Art und Weise zu verhalten. Untersuchungen haben gezeigt, daß Abgeordnete gerade auf diesen Druck aus ihrem Wahlkreis empfindlich reagieren.[29]
Tatsächlich ist die Zahl der brieflichen Kontakte zwischen Abgeordneten und Wählern frappierend. Ein normales Büro eines Repräsentanten erhält in einer Woche oft mehr als 2500 Postsendungen, durchschnittlich liegt die Zahl bei 132.000 Einheiten jährlich pro Repräsentant. Bei den Senatoren sind es durchschnittlich jährlich 345.000 Sendungen, das sind wöchentlich mehr als 6600.[30] Fast alle diese Sendungen, auch wenn sie z. B. durch mächtige Interessengruppen koordiniert sind (die Bürger brauchen dann

27 Die Problematik der Wahlkampffinanzierung durch PACs kann hier aus Platzgründen nicht hinreichend diskutiert werden. Einen ausgezeichneten Überblick liefert auf deutsch *Peter Lösche*, Unternehmen im Wahlkampf: Eine Untersuchung von Corporate Political Action Committees und amerikanischen Kongreßwahlen, in: PVS, Jg. 23 (1982), S. 367 ff.

28 Für eine sehr kritische Auseinandersetzung mit der Rolle von PACs siehe *Elisabeth Drew*, Politics and Money, New York 1983. Eine gute Beschreibung, wie PACs sich vor allem auf die Wiederwahl „freundlicher" Abgeordneter konzentrieren, liefert *Thomas K. Hamburger*, How to Fleece the PACs, in: Washington Monthly, Juli/August 1983, S. 27 ff.

29 Siehe ausführlich *Hans-Ulrich Brinkmann*, Interessengruppeneinflüsse auf den amerikanischen Kongreß, in: PVS, Jg. 25 (1984), S. 255 ff.

30 Nur ein Teil dieser Schreiben sind Briefe oder Postkarten, in denen Wähler ihre Meinung zu politischen Fragen ausdrücken oder zu bestimmtem Abstimmungsverhalten auffordern. Daneben handelt es sich um Ersuchen um Hilfe und um Zeitschriften, Informationsdienste usw., aber dennoch ist der Umfang der Wählerpost beeindruckend.

nur noch die schon ausgefüllte Postkarte abschicken), werden umgehend beantwortet. Ca. 1/3 der Bevölkerung hat schon einmal an einen Abgeordneten geschrieben und eine Antwort erhalten – und das in einem Land, in dem die Wahlbeteiligung selten über 50 % steigt[31].

Diese Informationsmassen können nur durch eine ausgeklügelte Technisierung der Abgeordnetenbüros bewältigt werden, d. h. Adressenlisten und Standardantworten werden über Computer aufgebaut und ermöglichen es, Wähler direkt anzuschreiben und mit Material oder persönlich gehaltenen Stellungnahmen zu versorgen. Es bereitet keine Schwierigkeiten, sämtliche Interessenten, die sich für ein Gesetz ausgesprochen haben, regelmäßig über den Fortgang der Bemühungen zu informieren, oder auch z. B. alle Lehrer oder selbständigen Unternehmer, die sich jemals an den Abgeordneten gewandt haben, gezielt anzuschreiben.

3. Abgeordnete und Wähler

In diesem Zusammenhang ist daher eine weitere „Lokalisierung" der Politik zu konstatieren: Die Wiederwahl eines Abgeordneten hängt in erster Linie davon ab, ob er den Kontakt mit seinen Wählern im Wahlkreis aufrechterhält und ob er genügend Spenden für den nächsten Wahlkampf mobilisieren kann, nicht inwieweit er sich an einer Partei oder sogar an einem Präsidenten orientiert. Abgeordnete sind in erster Linie gefährdet, wenn ihnen vorgeworfen werden kann, daß sie in Washington die Interessen ihres Wahlkreises vernachlässigt haben. Paradoxerweise kann dies dazu führen, daß je bekannter ein Abgeordneter wird, er gleichzeitig auch angreifbar wird. Die Gefahr droht dann oft nicht durch einen Kandidaten der anderen, sondern durch einen Herausforderer aus der eigenen Partei.[32]

Wichtig ist daher der Kontakt mit den „folks back home". Die Betreuung der Wähler durch ihre Repräsentanten und Senatoren wird in einem Umfang und mit einem Aufwand betrieben, der für deutsche Verhältnisse schwer vorstellbar ist. Zunächst sind Abgeordnete für viele Wähler in erster Linie Quasi-Ombudsmänner, die bei allen möglichen Konflikten zwischen Bürgern und Verwaltung helfen können. Die Bedeutung dieser Wahlkreis-bezogenen Dienstleistungen eines Abgeordneten bzw. seiner Mitarbeiter kann kaum überschätzt werden. Untersuchungen haben ergeben, daß mehr als 15 % der Bevölkerung angeben, sie oder ein Mitglied ihrer Familie hätten sich schon einmal an ihren Abgeordneten mit der Bitte um Hilfe gewandt, und daß bei weitem der größte Teil mit den Bemühungen des oder der Abgeordneten zufrieden war[33]. Gleichzeitig ist es für Repräsentanten und Senatoren enorm wichtig, nachweisen zu

31 *Richard A. Brody*, The Puzzle of Political Participation in America, in: *King* (ed.), a. a. O. (Anm. 1), S. 317.

32 *Sundquist*, a. a. O., S. 445, listet eine Reihe prominenter Politiker auf, die auf diese Weise ihre Karriere beenden mußten. U. a. sind so fast alle Vorsitzenden des Auswärtigen Ausschusses des Senats bestraft worden, das letzte Opfer war 1984 der republikanische Senator *Charles Percy*, der von einem angesehenen demokratischen Repräsentanten besiegt wurde.

33 *Davidson/Oleszek*, a. a. O., S. 443.

können, daß sie es geschafft haben, Bundesmittel für Projekte in ihrem Wahlkreis bzw. Staat beschafft zu haben.
Die Möglichkeiten einmal gewählter Abgeordneter, sich ihren Wählern gegenüber gut ins Bild zu setzen, z. B. durch Hilfestellungen bei Behörden und geschickten Gebrauch der Medien, sind beeindruckend. So verfügt inzwischen jeder Abgeordnete über „Case Worker", die sich allein um die Bearbeitung der Klagen und Hilfeersuchen der Wähler kümmern, und einen Pressesprecher, der den Kontakt mit den Medien, insbesondere im Wahlkreis, pflegt. Auch diese Mechanismen führen dazu, daß Abgeordnete sich auf ihre eigene Organisation und ihr eigenes Image verlassen, während nationale oder übergreifende Gesichtspunkte bei ihrer politischen Strategie eine geringere Rolle spielen.

4. Abgeordnete im Kongreß

Die unterschiedliche Rolle, die Abgeordnete im amerikanischen Kongreß im Gegensatz zu den Abgeordneten in unserem parlamentarischen System spielen, und die sich daraus ergebenden Auswirkungen, lassen sich sehr gut am Abstimmungsverhalten verdeutlichen. Im parlamentarischen System stimmen Abgeordnete in aller Regel mit ihrer Partei. Ausnahmen sind selten und haben im Wiederholungsfall meistens drastische Konsequenzen. Ganz anders im Kongreß[34]:

- In einem normalen Jahr sind nur zwischen 1/3 und 1/2 aller namentlichen Abstimmungen sog. „party unity votes", d. h. Abstimmungen, in denen überhaupt eine Mehrheit von Abgeordneten der einen Partei einer Mehrheit der anderen Partei gegenübersteht.
- Trotzdem gewinnt die Minderheitspartei ca. 1/3 dieser Abstimmungen, weil ein erheblicher Teil der Mehrheitspartei nicht mit ihrer Partei stimmt.
- Ein „durchschnittlicher" Abgeordneter stimmt bei ca. 2/3 aller Abstimmungen mit seiner Partei, d. h. aber immerhin in 1/3 aller Fälle entscheidet er anders.
- Obwohl es nur wenige Abgeordnete gibt, die regelmäßig gegen die Empfehlungen ihrer Fraktionsführung stimmen, gibt es auch wenige, die regelmäßig mit ihr stimmen. Eine detaillierte Untersuchung des Abstimmungsverhaltens der Demokraten in den 70er Jahren zeigt, daß nur 35 der ca. 200 demokratischen Mitglieder des Repräsentantenhauses in mehr als 80 % der Abstimmungen so abstimmen, wie es die Fraktionsführung vorschlägt.[35]

Offensichtlich gibt es im Kongreß keine Fraktionsdisziplin, ja tatsächlich spielen Fraktionen bei politischen Sachabstimmungen eine untergeordnete Rolle. Vor 1970 gab es keine regelmäßigen Fraktionssitzungen der Demokraten im Repräsentantenhaus und Senat. Auch in den seitdem eingeführten monatlichen Sitzungen werden allenfalls Meinungsbilder hergestellt. Die Mehrheit des „Caucus", bzw. der Conference, wie die Fraktionen genannt werden, kann zwar versuchen, das Abstimmungsverhalten ihrer Mitglieder im Plenum oder in den Ausschüssen festzulegen, aber die wenigen halbherzigen Versuche, die in dieser Richtung unternommen wurden, zeigen, daß dies keine

34 Daten bei *Davidson/Oleszek*, a. a. O., S. 384 f., und *Ornstein* et. al. (Anm. 14), S. 168.
35 *Barbara Sinclair*, Coping with Uncertainty: Building Coalitions in the House and Senate, in: *Mann/Ornstein*, a. a. O., S. 202 ff.

ernsthafte Handlungsalternative darstellt. Die Fraktionsführungen können, ähnlich wie der Präsident, nur versuchen, die Abgeordneten zu überreden, sie verfügen kaum über wirksame Sanktionen. Ihre zentrale Aufgabe besteht darin, aus einer Ansammlung selbstbewußter und unberechenbarer Individualisten immer neue Koalitionen zu bauen.

Weitere Entwicklungen der letzten Jahre haben die Unabhängigkeit der Abgeordneten von ihren Parteien und damit gleichzeitig die größere Offenheit gegenüber externen Einflüssen noch verstärkt. Im Kongreß wird heute mehr als je zuvor und auch mehr als in anderen Parlamenten namentlich abgestimmt. Während in den 50er Jahren in einer zweijährigen Wahlperiode durchschnittlich 70 namentliche Abstimmungen im Repräsentantenhaus und 312 im Senat durchgeführt wurden, sind die Durchschnittszahlen für die 70er Jahre 1135 und 1140.[36] Im Bundestag werden im Vergleich in einer vierjährigen Legislaturperiode durchschnittlich 50–60 namentliche Abstimmungen durchgeführt.

Die Auswirkungen liegen auf der Hand. Abgeordnete können von ihren Wählern (oder auch Interessengruppen) für fast alle Entscheidungen nahezu direkt verantwortlich gemacht werden. Während es früher durchaus üblich war, daß unbekannt blieb, wie ein Abgeordneter in einer kontroversen Angelegenheit abgestimmt hatte, ist dies heute undenkbar. Gleichzeitig mit der Anzahl der Abstimmungen hat ihre Unvorhersehbarkeit zugenommen. Je öfter abgestimmt wird, desto weniger ist das Abstimmungsverhalten z. B. durch Parteizugehörigkeit prognostizierbar.[37]

Das Abstimmungsverhalten „ihrer" Repräsentanten und Senatoren wird von der interessierten Öffentlichkeit verfolgt, indem z. B. von lokalen und regionalen Zeitungen veröffentlicht wird, wie die jeweiligen Abgeordneten abgestimmt haben. Zum Teil wird den Wählern diese Aufgabe abgenommen, indem gut organisierte Interessengruppen an ihre Mitglieder oder auch an alle Wähler Listen verschicken, aus denen hervorgeht, welche Abgeordneten sich in welchen Abstimmungen wie verhalten haben. So kann z. B. der Bauernverband seinen Mitgliedern genau mitteilen, wie das jeweilige Mitglied sich noch bei den kleinsten Änderungsabstimmungen in den grundsätzlich öffentlich tagenden Ausschüssen verhalten hat.

Das System ist noch weiter vereinfacht. Eine ganze Reihe von Organisationen, von den Gewerkschaften über Frauenverbände bis hin zu den Vereinigungen der „Neuen Rechten", benennen für sie wichtige Abstimmungen und berechnen dann jährlich oder für jede Wahlperiode den Grad der Unterstützung bzw. Gegnerschaft der Ziele ihrer Organisation auf einer Skala von 0–100, d. h. jeder Abgeordnete bekommt eine „Zensur". Wie sämtliche Senatoren und Repräsentanten von wichtigen Organisationen bewertet werden (das System läuft unter der Bezeichnung „rating"), kann in verschiedenen weit verbreiteten Nachschlagewerken nachgelesen werden.[38] Um auch dieses Sy-

36 *Sundquist*, a. a. O., S. 410. Wichtig war in diesem Zusammenhang die Einführung elektronischer Abstimmungen im Repräsentantenhaus.

37 *Sinclair*, a. a. O.

38 *Allan Ehrenhalt*, Politics in America: Members of Congress in Washington and At Home, Washington D. C., verschiedene Jahrgänge; *Michael Barone/Grant Ujifusa*, The Almanac of American Politics, Washington D. C., verschiedene Jahrgänge.

stem noch zu vereinfachen, führt eines der Handbücher eine statistische Analyse der verschiedenen „ratings" durch und errechnet daraus Rangordnungen des Abstimmungsverhaltens in den Bereichen Ökonomie, Außenpolitik und Kultur. Jeder Abgeordnete wird auf dieser dreidimensionalen Links-rechts-Skala verortet.[39]

Die Auswirkungen dieser „Überwachung" der Abgeordneten sind zumindest zweischneidig. Es kann gefährlich sein, von einer mächtigen Interessengruppe vorgehalten zu bekommen, in 70 oder 80 % der Fälle gegen ihre Position zu stimmen. Problematisch kann aber auch der umgekehrte Fall sein. Wem 100prozentige Unterstützung von einer Gruppe bescheinigt wird, ist in Gefahr, als unselbständige Marionette angeprangert zu werden. Außerdem ist das System natürlich nicht „objektiv". So kommt es immer wieder vor, daß Abgeordnete, die von Interessengruppen der „Moral Majority" höchste Wertungen erhalten, wegen Vergehen verurteilt werden.[40]

Man sollte diese für uns ungewohnte Offenheit des Kongresses nicht vorschnell verurteilen. Im Prinzip hat der Kongreß viele Kritikpunkte, die auch bei uns gegen das Parlament geäußert werden, beherzigt. Die Abgeordneten werden nicht von Parteihierarchien ausgewählt, sondern von den Wählern. Sie entscheiden nicht aufgrund von Fraktionsdisziplin, sondern aufgrund ihres eigenen politischen Kalküls oder, wenn man so will, Gewissens. Die Entscheidungsfindung ist weitgehend offengelegt und kontrollierbar, Ausschuß- und Unterausschußsitzungen sind öffentlich, und das Abstimmungsverhalten wird für die Wähler dokumentiert. Die Abgeordneten sind nicht ihrer Partei, sondern ihren Wählern Rechenschaft schuldig. Der Kongreß, nicht die Bürokratie, ist zentraler Ansprechpartner der Lobbyisten, und diese versuchen daher, auch unter den Augen der Öffentlichkeit, Einfluß auf die Abgeordneten zu nehmen. Aber nicht nur sie belagern die Abgeordnetenbüros in Washington. Für einen ausländischen Beobachter ist es beeindruckend zu sehen, daß die Abgeordnetenbürohäuser ohne Einschränkungen für die Öffentlichkeit zugänglich sind, und daß die Abgeordneten tatsächlich täglich von größeren und kleineren Gruppen ihrer Wähler besucht werden.

Insgesamt führt diese Offenheit des Kongresses dazu, daß die Abgeordneten sich auf die Vertretung der Interessen ihrer Wähler, oder was sie dafür halten, konzentrieren, und die Erzielung von Kompromissen deutlich geringer bewerten.[41] In einem Wahlkampf „zu Hause" läßt sich die Position „ich habe bis zuletzt für Eure Interessen gekämpft, leider haben wir verloren" oft besser verkaufen, als „ich habe an einem ver-

39 Um dies an einem Beispiel zu verdeutlichen: Das Abstimmungsverhalten der Vizepräsidentschaftskandidatin *Geraldine Ferraro* wurde für 1982, als sie Mitglied des Repräsentantenhauses war, folgendermaßen bewertet: In ökonomischen Fragen in 80 % der Abstimmungen „liberaler" (d. h. nach unserem Verständnis „linker") als alle anderen Abgeordneten, im außenpolitischen Bereich 73 % „liberaler", und im kulturellen Bereich, worunter auch die umstrittenen „*social issues*" wie Abtreibung, Schulgebet usw. fallen, 86 % „liberaler". *Ferraro* gehörte damit zu den „liberalsten" Mitgliedern des Repräsentantenhauses. Ihr „linkes" Image war fest etabliert, denn vor allem Journalisten richten sich in ihrer Berichterstattung nach diesen handlichen „Maßen" politischer Einstellungen. *Barone/Ujijusa*, a. a. O., S. 806 und 1325.

40 *Davidson/Oleszek*, a. a. O., S. 362. Besonders problematisch ist es, wenn PACs ihre Unterstützung von der Erreichung einer bestimmten „Punktzahl" abhängig machen oder sogar eigene Kampagnen gegen ungeliebte Abgeordnete, z. T. mit erheblichem Medienaufwand, führen.

41 Zu dieser Argumentation *Sundquist*, a. a. O., S. 454.

nünftigen Kompromiß mitgewirkt". Kompromißfähigkeit oder auch die Unterordnung lokaler Interessen unter übergreifende Erwägungen wird in diesem System nicht belohnt, eher bestraft. Für einen Abgeordneten lohnt es sich u. U. eher, eine politische Lösung zu verhindern, als einem Kompromiß zuzustimmen. Es gibt keine Instanz, wie bei uns die Parteien, die Interessen bündelt und ausgleicht, unpopuläres Abstimmungsverhalten schützt, und die Abgeordnete gegen die Dominanz rein lokaler oder lokalmächtiger Interessengruppen abschirmt. Offensichtlich haben, wie zumeist in einem pluralistischen System, nicht alle Interessen die gleichen Chancen, in diesem „offenen" Kongreß gehört zu werden.

IV. Kongreß und Politikformulierung: Der fragmentierte und dezentralisierte Kongreß

1. Gesetzgebung als Interessenartikulation

Abb. 1 verdeutlicht noch einmal durch ein paar grundlegende Zahlen einige entscheidende Unterschiede zwischen dem Deutschen Bundestag und dem U.S. Kongreß:

- Der Kongreß tagt viel häufiger als der Bundestag und hat seine Ausschüsse und Unterausschüsse der Öffentlichkeit geöffnet.
- Er behandelt eine größere Anzahl von Gesetzentwürfen.[42]
- Er verfügt zur Bewältigung dieser Arbeitsfülle über ein ausgesprochen arbeitsteiliges System von Ausschüssen und Unterausschüssen.
- Er hat zu seiner Unterstützung eine große Anzahl professioneller Mitarbeiter und Hilfsorganisationen bereit.

Gesetzentwürfe im Bundestag und „Bills" im Kongreß sind nicht unbedingt miteinander zu vergleichen. Vereinfacht kann man sagen, daß Gesetzentwürfe im Bundestag i. d. R. eine praktische Lösung eines politischen Problems oder zumindest eine glaubwürdige Alternative zur Regierungspolitik anbieten wollen. Es sind zumeist „ernstgemeinte" Lösungsvorschläge, in denen versucht wird, unterschiedliche Interessen zu aggregieren. Wie oft dies gelingt, zeigt sich daran, daß immerhin ca. 75 % der im Bundestag eingebrachten Entwürfe auch als Gesetze verabschiedet werden und daß nur ca. 7 % der verabschiedeten Gesetze kontrovers abgestimmt werden.
Der Kongreß arbeitet entscheidend anders. Die meisten der eingebrachten Gesetzentwürfe gehen von einzelnen Abgeordneten aus. Von ihnen erreicht nur ein kleiner Teil jemals das Plenum, der weitaus größte Teil wird in den zuständigen Ausschüssen und Unterausschüssen begraben. Gesetzentwürfe dienen im Kongreß nicht in erster Linie dazu, politische Lösungen möglichst konsensfähig auszuformulieren, sondern sollen Positionen artikulieren. Durch Gesetzentwürfe werden Forderungen gestellt und Lösungen skizziert, nicht fertige Lösungen angeboten. Das Einbringen eines Gesetzent-

42 Tatsächlich war der 96. Kongreß sogar außergewöhnlich inaktiv. Im 95. Kongreß (1977–78) wurden im Repräsentantenhaus 15.587 Gesetzentwürfe eingebracht, siehe *Ornstein* et. al., a. a. O. (Anm. 14), S. 130 f.

Abb. 1: U.S. Kongreß und Deutscher Bundestag: Einige grundlegende Statistiken

	8. BT 1976–1980	96. Kongreß 1979–1980		
	Bundestag	Repräsenths.		Senat
Mitglieder	496 + 22	435 + 4		100
Arbeitsaufwand				
Plenarsitzungen	230	326		333
– pro Jahr	57,5	163		166,5
Sitzungsstunden	1410	1876		2324
–pro Jahr	326	938		1162
Namentliche Abst.	58	1276		1028
– pro Jahr	14,5	638		514
Ausschüsse				
Ständige Aussch.	19 (+ 4)	22		15
– Unteraussch.	54 (+ 8)	149		91
Sitzungen	1850	7022		3790
– pro Jahr	462,5	3511		1895
– nicht öffent.	95 %		ca. 7 % (1975)	
Mitarbeiter				
Persönliche Mitar.	1239	7478		3638
– in Bonn/Wash.	639	4785		2701
– pro Mitgl.	1,2	10,9		27
Wissensch. Dienste			2752	
Ausschüsse		1917	126	1150
Präsidium/Fraktion		1813		1134
– zusammen	1567		8892	
Gesetzgebung				
Gesetzentwürfe	485	9103		3480
– Reg.vorlagen	66,4 %	3,8 %		8,6 %
Verabsch. Gesetze	354	928		977
– % der Entw.	73 %	10,2 %		28,2 %
Unterzeichn. Ges.	339		613	
Parteiliche Abst.	100 %	37 %		48 %
Regierungsniederl.	0	25 %		21 %

Daten nach *Ornstein* et. al., a. a. O. (Anm. 14) und *P. Schindler*, Datenhandbuch zur Geschichte des Deutschen Bundestages 1949–1982, Bonn 1983. Einige Daten wurden dem SCORPIO-System der Library of Congress entnommen bzw. aggregiert.

wurfs im Kongreß ähnelt daher eher dem Einbringen eines Antrages auf einem Parteitag bei uns. Es geht darum, eine bestimmte Richtung der Politik zu unterstützen, nicht die Politik im Detail festzulegen. Ein weiterer entscheidender Unterschied besteht darin, daß im Kongreß die Entwürfe zum größten Teil von den Mitarbeitern der Abgeordneten bzw. der Ausschüsse selbst gefertigt werden, während der Bundestag sich weitgehend auf die Vorarbeiten der Exekutive verläßt.
Aber nicht nur bei der Formulierung von Politik ist der Kongreß aktiver als unser Parlament. Das gleiche gilt für die Durchführung und Evaluierung politischer Programme.

Einzelne Ausschüsse und vor allem die spezialisierten Unterausschüsse greifen z. T. detailliert in die Durchführungsphase ein, und insbesondere durch seine Hilfsorganisationen und spezielle Unterausschüsse[43] verfügt der Kongreß über erhebliche Kapazitäten, um die tatsächlichen Erfolge und Mißerfolge etablierter Politiken zu überprüfen. Die interessante Frage ist nun, wie der Kongreß diesen riesigen Arbeitsaufwand bewältigt, wie er zu politischen Entscheidungen kommt und diese durchsetzt. Offensichtlich sind die Möglichkeiten und Aktivitäten des Kongresses, was die informationelle Grundlage und die Artikulation von Interessen angeht, beeindruckend. Aber ist der Kongreß auch in der Lage, diese Interessen zu aggregieren und konsensfähige Lösungen zu formulieren? Die bisher schon behandelten Entwicklungen der letzten Jahre, insbesondere die Konkurrenz zum Präsidenten und vor allem die Schwächung der Parteien und Stärkung der individuellen Abgeordneten, lassen Zweifel aufkommen. Aber auch die Änderungen in der internen Arbeitsorganisation des Kongresses sind in ihren Auswirkungen für die Arbeits- und Regierungsfähigkeit des Kongresses zweischneidig.

2. Die Herrschaft der Unterausschüsse

Die Arbeit des Kongresses wird entscheidend durch seine Ausschüsse und vor allem Unterausschüsse geprägt. Der Kongreß ist ein „Arbeitsparlament", und die Arbeit wird in diesen Ausschüssen erledigt. Um zu verstehen, wie dieses System funktioniert, muß man sich einige weitere Besonderheiten des Kongresses verdeutlichen: Die Mehrheitspartei stellt sämtliche Ausschußvorsitzende und kontrolliert die zahlenmäßige Zusammensetzung der Ausschüsse,[44] gleichzeitg werden die Ausschußvorsitzenden nach dem Senioritätsprinzip bestellt und verfügen über eine erhebliche Machtfülle.[45] Allerdings kontrollieren die Parteien die Zusammensetzung der Ausschüsse nur auf eine oberflächliche Art. Die Mitglieder eines Ausschusses werden zwar von der jeweiligen Fraktion gewählt, aber es ist außerordentlich selten, daß ein Abgeordneter, der Mitglied eines Ausschusses ist und es bleiben möchte, in einer neuen Legislaturperiode nicht bestätigt wird. Dies ist eine der vielen ungeschriebenen Regeln des Kongresses.
Auch der Ausschußvorsitz ist von der Fraktion kaum zu kontrollieren. Die Mitglieder sitzen im Ausschuß in der Reihenfolge ihrer Seniorität, d. h. wer am längsten Mitglied ist, sitzt vorn neben dem Vorsitzenden und wird praktisch automatisch dessen Nachfolger, wenn der alte Vorsitzende sich zurückzieht, stirbt, oder, was seltener vorkommt, die Wahl verliert. Gleichzeitig garantieren die geschriebenen und vor allem ungeschriebenen Regeln des Kongresses den Vorsitzenden eine für unsere Begriffe sehr

43 Die sog. Oversight Subcommittees.
44 Wichtige Ausschüsse werden z. B. im Verhältnis 2:1, doppelt so viele Demokraten wie Republikaner besetzt.
45 Die Tatsache, daß die Mehrheitspartei sämtliche Ausschußvorsitzende stellt, gewinnt an Bedeutung, wenn man bedenkt, daß der Kongreß im Gegensatz zur Präsidentschaft seit langem von einer Partei, den Demokraten, dominiert wird. Seit *Roosevelt* 1933 Präsident wurde, hatten Senat und Repräsentantenhaus nur jeweils für 2 Jahre eine republikanische Mehrheit (1947/48 und 1953/54). Erst seit 1981 wird der Senat von den Republikanern kontrolliert.

große Machtfülle. Der Vorsitzende ist u. a. allein verantwortlich für die Einberufung von Sitzungen, Festlegung der Tagesordnung, Organisation von Hearings, Kontrolle der Finanzen und Räume des Ausschusses, Anstellung und Kündigung der Mitarbeiter usw.

Die klassischen Ausschußvorsitzenden hatten keine Skrupel, diese Macht einzusetzen. Der Kongreß schwirrt noch heute von Geschichten über legendäre Vorsitzende, die ihre Ausschüsse wie kleine Fürstentümer verwalteten und durch nichts in der Welt bewegt werden konnten, Gesetzesvorhaben, denen sie ablehnend gegenüberstanden, auch nur in ihrem Ausschuß zu behandeln. Der Vergleich mit einem feudalen System ist nicht ganz zufällig. Die klassischen Ausschußvorsitzenden verhielten sich wie eigensinnige Barone, aber gleichzeitig bildeten sie eine Oligarchie, die in der Lage war, die unübersichtlichen und widersprüchlichen Anforderungen an den Kongreß zu strukturieren und zu koordinieren.

Die Ankunft der selbstbewußten und individualistischen Abgeordneten „neuen Stils" führte zu Reformen dieses überkommenen Systems. Die Arbeit des Kongresses sollte offener, kontrollierbarer und demokratischer gestaltet werden. Das Ergebnis ist zweischneidig. Der Kongreß ist heute demokratischer, aber noch weniger in der Lage, seine auseinanderstrebenden Aktivitäten aufeinander abzustimmen. Etwas überspitzt könnte man sagen, daß er die Nachteile des Senioritätsprinzips mit den Problemen einer Demokratisierung seiner Arbeitsweise kumuliert.

Zunächst wurde das Senioritätsprinzip durchbrochen und versucht, die Machtfülle der Ausschußvorsitzenden einzuschränken. In einer berühmten Aktion wurden 1975 drei legendäre autokratische Ausschußvorsitzende durch die demokratische Fraktion, die diese Macht theoretisch immer besessen hatte, von ihrem Vorsitz abgelöst. Diese Art der Palastrevolution ist seitdem nur einmal wiederholt worden (Anfang 1985), d. h. im Prinzip sind seitdem die Ausschußmitglieder, die nach dem Senioritätsprinzip an der Reihe waren, auch bestätigt worden. Trotzdem hatte dieser Denkzettel Auswirkungen auf die Amtsführung der übrigen Vorsitzenden. Sie müssen heute mehr Rücksicht auf die Interessen und Wünsche der Mitglieder und ihrer Fraktion nehmen. Die Zeit der unabhängigen Barone ist vorbei.

Gleichzeitig wurden die Zahl und die Macht der Unterausschüsse erheblich verstärkt, d. h. der politische Einfluß wurde weiter dezentralisiert. U. a. wurde festgelegt, daß jeder Unterausschuß, und das sind im Repräsentantenhaus inzwischen ca. 150, über eigene Zuständigkeiten und ausreichende Mitarbeiter und Mittel verfügen soll, daß jeder Ausschußvorsitzende nur gleichzeitig einem Unterausschuß vorsitzen darf, und daß die Vorsitzenden der Unterausschüsse nicht mehr vom Ausschußvorsitzenden ernannt, sondern von den jeweiligen Mitgliedern der Mehrheitsfraktion gewählt werden. Auch wenn heute noch de facto die Vorsitze der meisten Unterausschüsse nach dem Senioritätsprinzip vergeben werden, ist doch offensichtlich, daß der Einfluß der „normalen" Mitglieder auf die Arbeit der Ausschüsse erheblich verstärkt wurde.

Schließlich wurden, wie schon erwähnt, sämtliche Ausschuß- und Unterausschußsitzungen mit wenigen Ausnahmen der Öffentlichkeit zugänglich gemacht.[46] Abge-

46 Zahlen bei *Ornstein* et. al., a. a. O. (Anm. 14), S. 104.

ordnete sind jetzt auch während der Arbeit im Ausschuß der Kontrolle durch die Massenmedien, durch ihre Wähler, aber vor allem durch mächtige Interessengruppen unterworfen, die am ehesten die Ressourcen besitzen, die für sie relevanten Sitzungen zu verfolgen.

Das Resultat der Reformen ist widersprüchlich. Der Kongreß ist egalitärer organisiert, aber auch fragmentierter und dezentralisierter als vor 10 Jahren. Politik wird fast ausschließlich in den Unterausschüssen gemacht; es gibt keine hinreichend anerkannte und starke politische Führung und keine Parteidisziplin, die die verschiedenen Aktivitäten zureichend koordinieren könnte, d.h. kaum Mechanismen, die übergreifende Politikinhalte ermöglichen und sich widersprechende Aktivitäten verhindern. Gleichzeitig ist es schwieriger geworden, der Kontrolle von Ausschüssen und Unterausschüssen durch mächtige Interessengruppen entgegenzuwirken.

Die interne Arbeitsweise des Kongresses hat paradoxe Züge. Die Mehrheitspartei hat oft Schwierigkeiten, das Ergebnis von Abstimmungen zu beeinflussen, ja manchmal auch nur das Ergebnis vorherzusagen. Gleichzeitig wird die Zusammensetzung der Ausschüsse und deren Arbeit, werden Ablauf und Agenda der Plenarsitzungen allein von der Mehrheitspartei ohne große Rücksicht auf die Minderheitspartei kontrolliert. Überspitzt gesagt: Während im Bundestag substantielle Fragen von Regierung und Mehrheitspartei entschieden werden, beruht das tägliche Verfahren weitgehend auf interfraktionellen Absprachen und Konsens. Im Kongreß gilt das Gegenteil. Die Mehrheitspartei ist nicht in der Lage, Politikinhalte zu kontrollieren, aber sie dominiert den politischen Prozeß. Die Parteien streiten sich über die Tagesordnung, weniger über kontroverse Politiken. Auch dies hat selbstverständlich Auswirkungen auf die Fähigkeit des Kongresses, konsensfähige Lösungen zu erarbeiten bzw. von den Wählern politisch zur Rechenschaft gezogen zu werden.[47]

3. Spezialisierte Zusammenschlüsse statt Parteien

Wenn die bisherige Beschreibung des Kongresses eher an einen etwas chaotischen Markt als ein geordnetes, diszipliniertes Parteienparlament erinnert, ist dies sicherlich nicht zufällig und nicht unbeabsichtigt. Eine weitere Besonderheit des Kongresses verstärkt diesen Eindruck. Während die traditionellen Parteien im Kongreß, wie gezeigt, bei weitem nicht die Bedeutung haben, wie in einem parlamentarischen System westeuropäischer Prägung, gibt es im Kongreß andere Gruppierungen, die z.T. diese Aufgaben übernehmen.

Im Kongreß gibt es zur Zeit ca. 90 Zusammenschlüsse, die von Repräsentanten und/oder Senatoren gebildet wurden, um ihre übereinstimmenden oder ähnlichen Interessen gemeinsam besser zu vertreten.[48] Es handelt sich dabei sowohl um Zusammen-

47 Ausführlicher *Werner Jann*, The Internal Workings of Congress and Bundestag: Surprises and Second Thoughts, in: PS, Vol. 17, 1984, S. 90ff.

48 Vgl. zum folgenden ausführlich *Susan Webb Hammond* et. al., Congressional Caucuses: Legislators as Lobbyists, in: *A.J. Cigler/B.A. Loomis* (ed.), Interest Group Politics, Washington D.C. 1983, S. 275ff. und *Jann*, a.a.O. (Anm. 14).

schlüsse von Abgeordneten einer Partei (z. B. der „Democratic Study Group“, einem Zusammenschluß „liberaler“ Abgeordneter der demokratischen Mehrheitspartei des Repräsentantenhauses) als auch um überparteiliche Zusammenschlüsse (wie z. B. die „Environmental and Energy Study Conference“, in der sich umwelt-interessierte Abgeordnete zusammengefunden haben), Mitglieder können aus einem der beiden Häuser kommen (z. B. „Congressional Sunbelt Council“) oder aus beiden Häusern (z. B. „Steel Council“).

Die Zusammenschlüsse nehmen keine offiziellen Aufgaben wahr und sind zum größten Teil informell[49], aber das heißt nicht, daß sie nicht zum Teil über einen beachtlichen organisatorischen Unterbau verfügen. Fast alle dieser „Caucuses“, wie diese Spezial-Fraktionen genannt werden, verfügen über eigene Mitarbeiter, Büros in den Abgeordnetenhäusern neben dem Capitol, regelmäßige Veröffentlichungen, in denen Mitglieder und interessierte Kreise über wichtige Entwicklungen unterrichtet werden, und zum Teil sogar über eigene Forschungsinstitute, in denen politische Vorschläge vorbereitet werden. Zentrale Aufgaben dieser Zusammenschlüsse sind, Informationen zu sammeln, aufzuarbeiten und zu verbreiten, die Aktivitäten verschiedener Abgeordneter zu koordinieren und damit effektiver zu machen, und generell die Bildung von Koalitionen und Stimmblöcken zu ermöglichen, die dann mit anderen Blöcken u. U. gekoppelt werden können, um gemeinsame oder auch nur einander nicht ausschließende Ziele zu erreichen.

Caucuses gibt es für die verschiedensten Anliegen. Unterschieden werden Zusammenschlüsse:

- die parteispezifische Orientierungen vertreten, also z. B. neben dem schon erwähnten linken Flügel der Demokraten auch den Zusammenschluß ihres rechten Flügels im „Conservative Democratic Forum“ (die sog. „Boll Weevils“);
- die Interessenschwerpunkte von Abgeordneten unterstützen, z. B. Caucuses für die bildenden Künste oder für Zukunftsforschung, z. B. „Congressional Clearinghouse for the Future“;
- die nationale Wählergruppen und ihre Interessen vertreten, z. B. „Congressional Black Caucus“ oder „Hispanic Caucus“;
- die regionale Interessen vertreten, z. B. „Conference of Great Lakes Congressmen“ oder „Northeast-Midwest Coalition“;
- oder die spezifische ökonomische Interessen vertreten wie z. B. „Auto Task Force“, „Steel Caucus“ oder „Rural Caucus“.

Die Unterscheidung ist natürlich nicht immer eindeutig. Wählergruppen-orientierte Zusammenschlüsse wie der Black Caucus oder regional ausgerichtete Zusammenschlüsse wie die Northeast-Midwest Coalition vertreten auch ökonomische Interessen, im ersten Fall die der unterprivilegierten Schichten, im zweiten die der traditionellen „Smokestack Industries“, die im Nordosten und Mittleren Westen der USA konzen-

49 1981 wurde die Geschäftsordnung des Repräsentantenhauses geändert, so daß seitdem die Möglichkeit besteht, daß sich Zusammenschlüsse von Abgeordneten als „Legislative Service Organizations“ registrieren lassen und damit zumindest einen halb-amtlichen Status erhalten. Anfang 1984 gab es ca. 35 dieser LSOs, aber die Registrierung hat keinen weiteren Einfluß auf die Arbeit der Caucuses.

triert sind. Die Zusammenschlüsse vertreten dabei durchaus nicht nur oder auch nur in erster Linie Arbeitgeberinteressen. Ganz im Gegenteil zeichnen sich viele regional oder auch sektorspezifisch definierte Probleme dadurch aus, daß Arbeitnehmer und -geber weitgehend identische Forderungen stellen und einander bei der Durchsetzung ihrer jeweiligen Interessen behilflich sein können.

„Caucuses" übernehmen einige Funktionen, die bei uns von Parteien und Fraktionen wahrgenommen werden. Insbesondere dienen sie der Interessenabklärung und Koalitionsermöglichung. Die Aggregation unterschiedlicher Interessen, die im amerikanischen System so schwierig ist, weil Parteien diese Funktionen nur ungenügend übernehmen, wird durch die Caucuses erleichtert, allerdings auch in eine bestimmte Richtung vorherbestimmt. Wie nicht selten in einem pluralistischen System sind die wohldefinierten (z. B. sowohl regional wie sektoral abgrenzbaren), sanktionsfähigen und etablierten Interessen bevorteiligt.

Tatsächlich kann die Organisation von Interessen im Kongreß mit einem pluralistischen System verglichen werden. Um die grundlegenden Unterschiede zwischen unserem disziplinierten Parteiensystem und dem Interessengruppensystem des Kongresses zu verdeutlichen, kann man sogar auf die zur Zeit so aktuelle Korporatismusdiskussion zurückgreifen. Ohne diesen Vergleich übermäßig zu strapazieren, kann man sagen, daß die interne Organisation des Kongresses weitgehend pluralistische Züge aufweist: die Zahl der Zusammenschlüsse von Abgeordneten ist prinzipiell unbegrenzt, die Mitgliedschaft in diesen Caucuses ist freiwillig, es besteht zwischen den einzelnen Zusammenschlüssen Wettbewerb um Mitglieder, Hierarchien sind wenig ausgeprägt, Caucuses sind nicht formal durch das Parlament anerkannt, sie haben kein Monopol der Interessenvertretung, und sie nehmen keine offiziellen internen Regelungsaufgaben im Parlament wahr. Wenn man demgegenüber unser parlamentarisches System betrachtet, wird deutlich, daß es weitgehend „liberal-korporatistische" Züge aufweist: die Zahl der Zusammenschlüsse im Parlament ist de facto auf die Zahl der Fraktionen begrenzt, die Mitgliedschaft in einer Partei ist de facto Voraussetzung der Mitgliedschaft im Parlament, der Wettbewerb um Mitglieder ist auf Ausnahmefälle begrenzt (Abwerbung, Parteiaustritt), Fraktionen sind hierarchisch organisiert, sie sind formal anerkannte Strukturelemente des Parlaments, sie haben de facto ein Monopol der Interessenartikulation im Parlament, und sie nehmen wichtige interne Steuerungsaufgaben wahr.

V. Zusammenfassung: Kurzfristige und unvorhersehbare Politik

Die skizzierten Entwicklungen lassen sich holzschnittartig in einigen wenigen Thesen zusammenfassen:

- Der Kongreß hat sich von einem eher „stillen Partner" der Politikformulierung zu einem aktiven, selbstbewußten und unabhängigen Akteur im Rahmen der Formulierung, Durchführung und Evaluierung staatlicher Politiken entwickelt.
- Gleichzeitig hat er sich von einem eher geschlossenen System, in dem interne Belohnung und Anreize weitgehend das Verhalten der Mitglieder beeinflußt haben, zu einem außergewöhnlich offenen System entwickelt, in dem vor allem externe

Belohnungen und Anerkennung das Verhalten individualistischer politischer Entrepreneure bestimmen.

– Schließlich hat sich der Kongreß von einer hierarchisch geführten Organisation, in der Politik in erster Linie in oligarchisch geführten Ausschüssen gemacht wurde, zu einer mehr egalitären, dezentralisierten und fragmentierten Organisation entwickelt, in der nur wenig Mechanismen zur Koordination und Integration der unterschiedlichen Interessen und Anforderungen vorhanden sind.

Die interessante Frage ist, welche Auswirkungen die beschriebenen Veränderungen auf das amerikanische politische System gehabt haben und weiter haben werden. Von vielen Beobachtern wird die These vertreten, daß der Kongreß heute eher weniger als vor zehn Jahren in der Lage ist, die von ihm beanspruchte gewichtigere Rolle wahrzunehmen, und daß, weil gleichzeitig dem Präsidenten nicht zugebilligt wird, die Führungsrolle einzunehmen, die „Regierungsfähigkeit" des Systems abgenommen hat.

Die Stärken des Kongresses liegen, wie gezeigt, in der Artikulation von Interessen, in der von der Exekutive unabhängigen Information über Voraussetzungen und Folgen politischer Entscheidungen und in der ausgeprägten individuellen Rechenschaft der Abgeordneten gegenüber ihren Wählern. Aber diesen Stärken entsprechen gravierende Schwächen, nämlich die Ungeschütztheit gegenüber spezialisierten Interessen und deren problematische Aggregation, die Schwierigkeiten, breite, konsensfähige Lösungen zu entwickeln, und die nur sehr gering ausgeprägte kollektive Verantwortung des Kongresses gegenüber den Wählern.

Der Kongreß kann sehr schnell auf Stimmungsumschwünge reagieren, aber es fällt ihm schwer, langfristige und konsensuale Politiken zu formulieren und durchzusetzen. Er ist zu selbstbewußt, individualistisch und fragmentiert, um die Vorgaben des Präsidenten zu akzeptieren, aber auch nicht in der Lage, eigene kohärente Politik zu entwikkeln. Das hervorragende Merkmal ist Kurzatmigkeit und Unberechenbarkeit seiner Entscheidungen. Das derzeitige amerikanische System ist daher als „atomistisch" bezeichnet worden[50]: Es wird zunehmend unmöglich zu kalkulieren, wie politische Akteure und Wähler sich verhalten und welche Auswirkungen politische Aktionen haben werden. *Anthony King* hat dieses atomistische politische System mit einer Menschenmenge verglichen: Es bewegt sich entweder sehr langsam oder mit erschrekkender Geschwindigkeit, und es ist schwer vorherzusagen, welche Richtung es einschlagen wird.

Die Erfahrungen während der *Reagan*-Administration scheinen diese Thesen zu bestätigen. *Reagan* hat z. T. sehr umstrittene Elemente seiner Politik (insbesondere Steuersenkungen, Kürzungen im Sozialbereich) in extremer Geschwindigkeit und mit großem Geschick durch den Kongreß gebracht, während er in anderen Bereichen (Teilen der Sozial- und Verteidigungspolitik) immer wieder Niederlagen hinnehmen mußte.[51]

50 *Anthony King*, The American Polity in the Late 1970s: Building Coalitions in the Sand, in: ders. (ed.), a. a. O. (Anm. 1), S. 371 ff.

51 Für eine ausgezeichnete Fallstudie über die Beziehungen zwischen *Reagan* und Kongreß während der ersten beiden Jahre der Reagan-Präsidentschaft siehe *William Greider*, The Education of David Stockman and Other Americans, New York 1982. Siehe auch *Wasser*, a. a. O. (Anm. 10).

Seit seinem ersten großen Erfolg 1981 ist kein Haushaltsvorschlag des Präsidenten auch nur ernsthaft vom Kongreß diskutiert worden. Gleichzeitig ist der Kongreß nicht in der Lage gewesen, eigene Initiativen zu erarbeiten, um Probleme, über die weitgehend Einigkeit besteht (z. B. Budgetdefizit), glaubwürdig zu attackieren.[52] Der Präsident hat es immer wieder verstanden, über die Massenmedien Druck auf den Kongreß auszuüben, und wie sehr dieser auf Stimmungsumschwünge reagiert, hat sich an den wechselnden Mehrheiten der Nicaragua-Politik gezeigt. Wie der Kongreß zukünftig zu diesem Bereich und bei anderen Vorhaben *Reagans* reagieren wird, ist offen.

Die Chancen einer stetigeren und berechenbareren Innen- und Außenpolitik aus Washington sind auch in Zukunft nicht besonders groß. Die Erklärung hierfür liegt nicht in erster Linie in der gegenwärtigen Administration (die ja eine für amerikanische Verhältnisse ausgesprochen ideologische und kohärente Politik verfolgt), sondern vor allem in den veränderten Strukturen und Mechanismen des Kongresses, die die Formulierung und Legitimierung solcher Politiken erschweren. Änderungen wären allenfalls zu erwarten, wenn ein populärer Präsident ein umfassendes und auf breitem Konsens beruhendes Programm gegenüber dem Kongreß vertreten und durchsetzen würde. Daß viele Mitglieder des Kongresses auf einen solchen Präsidenten warten, hat sich bei den Anfangserfolgen *Reagans* gezeigt. Aber die derzeit zu beobachtende Entwicklung mit einer zunehmenden Ideologisierung und Polarisierung der politischen Diskussion geht eher in die entgegengesetzte Richtung, d. h. die aus Washington kommenden Signale werden in Zukunft wohl noch widersprüchlicher und unvorhersehbarer werden.

52 Der *Gramm-Rudman* Act, mit dem jetzt versucht werden soll, die Haushaltsausgaben in den Griff zu bekommen, bestätigt diese These, da durch ihn Kürzungen in Zukunft quasi-automatisch und ohne politische Diskussion vorgenommen werden. Ein inhaltlicher politischer Konsens oder eine Mehrheit für inhaltliche Schwerpunkte war nicht zu erreichen.

Polen im Umbruch: Die Wahlen 1989. Politische Hintergründe, Verlauf, Analyse*

Jerzy Maćków

Die Juni-Wahlen zum Parlament des heutigen polnischen Staates und die Wahl des Präsidenten der Volksrepublik Polen durch die Mitglieder der Nationalversammlung am 19.07.1989 markieren den politischen Anfang der polnischen Abkehr von Staatsinstitutionen des Sowjetsozialismus. Deshalb wird in Polen mitunter vom Beginn der IV. Polnischen Republik gesprochen[1]. Man könnte zwar einwenden, Versuche solcher Abkehr habe es schon früher gegeben (etwa 1956 oder 1980–1981), doch erst in diesem Jahr scheint sich die Abwendung vom totalitären Kommunismus institutionell zu vollziehen.

Am sog. Runden Tisch, an dem von Februar bis April 1989 die kommunistischen Machthaber Polens, Vertreter des offiziellen Gewerkschaftsbundes OPZZ und die namhaften Vertreter der „Solidarność"-Opposition tagten, wurde die politische Basis dieses Wandels ausgehandelt. Insofern sind die polnischen Wahlen im Jahre 1989 einmalig nicht nur als ein Modus der Lösung einer scheinbar unlösbaren Krise eines kommunistischen Staates, sondern auch – im weiteren Sinne – als ein geglückter Versuch, den Reformen der Staatsordnung einen realen politischen Konsensus zugrunde zu legen.

Daß dies in einem Land nicht ohne weiteres möglich ist, in dem seit 1939 das pluralistische politische Leben verboten bzw. weitgehend eingeschränkt war – so in den kurzen „anormal" pluralistischen Perioden (1955–1957, 1980–1981) –, bezeugen die Krisen der diesjährigen Wahlzeit in Polen. Diese Wahlen hatten nämlich nicht nur die allen parlamentarischen Staaten bekannte Funktion, entsprechend dem Willen der Wähler ihre Vertreter in das Parlament zu entsenden. Vielmehr dienten sie auch dazu, unter außergewöhnlich schwierigen ökonomischen und politischen Bedingungen den Prozeß der friedlichen Umbildung eines totalitär-kommunistischen Staates mit seiner monopolitischen Machtstruktur in einen parlamentarischen Rechtsstaat in Gang zu setzen. Anders gesagt: Die Parlamentswahlen in Polen hatten die Wähler als den Souverän zu etablieren, ohne dabei den brüchigen politischen Konsensus völlig zu zerstören.

Das parlamentarische Prinzip und die Praxis des politischen Kalküls hatten folglich gleichzeitig einherzugehen. Deshalb kann man diese Wahlen weder beschreiben noch analysieren ohne Berücksichtigung ihrer politischen Determinanten. Dementsprechend wird im vorliegenden Artikel versucht, sowohl die politischen Absichten und die rechtlichen Bestimmungen der nacheinanderfolgenden Wahlakte zu skizzieren, als auch die Wahlvorgänge sowie die Wahlergebnisse zu analysieren. Als Quellen werden hier zahl-

* Der Beitrag wurde im Juli 1989 fertiggestellt.

1 Die erste Republik Polens war die sog. Adelsrepublik des 16.–18. Jahrhunderts. Die zweite existierte in den Jahren 1919–1939. Die dritte sollte die Volksrepublik Polen sein.

reiche Artikel der polnischen Presse und die dem Verfasser bekannte Wahlberichterstattung des polnischen Fernsehens sowie die Beobachtungen des Autors in Polen während der Wahlvorgänge herangezogen.

Die politische Vorgeschichte der Wahlen

Die Einführung des Kriegszustandes am 13. Dezember 1981 und die Zerschlagung und Delegalisierung aller autonomen Institutionen, die in Polen in den Jahren 1980–1981 entstanden sind, eröffneten eine Phase des sozial-politischen Patts in der Geschichte der Volksrepublik. Es gab eine breite illegale Opposition, die größtenteils im Untergrund ihre gesellschaftliche Basis zu bewahren und zu erweitern trachtete. Fast alle oppositionellen Gruppen verstanden sich (zumindest ideell) als Vertreter oder Nachfolger der nationalen Bewegung „Solidarność", deren Symbolperson und Hauptautorität der im November 1982 aus der Internierung freigelassene *Lech Wałęsa* war. Unter dem Schutz von Panzern sowie der andauernden willkürlichen Verfolgung der Opposition tat sich die Equipe unter Führung des Partei- und (seit 1985) Staatsratsvorsitzenden *Wojciech Jaruzelski* schwer, die Probleme des Landes zu lösen. Es konnte auch nicht anders sein, weil die Gewaltanwendung und die Einsetzung von Militärs auf Partei- und Staatsposten sowie die administrativ-polizeilichen Methoden, deren sich die Herrschenden in Polen in den 80er Jahren bedienten, gar nicht dazu taugten, das sozial-politische System der Volksrepublik zu reformieren. Folgen waren u. a.: der ständig sinkende Lebensstandard der breiten Bevölkerung, die Verdoppelung der Schulden des Landes aufgrund des Unvermögens der zentralen Planwirtschaft, Kredite aus den 70er Jahren zurückzuzahlen und eine wachsende gesellschaftliche Unzufriedenheit, die bald die beängstigende Erinnerung an die Panzer Generals *Jaruzelski* verdrängte.

Die Opposition um *Wałęsa* deklarierte in diesen Jahren bis zur Selbstaufgabe Dialogbereitschaft mit den Kommunisten unter der Bedingung der Wiederzulassung der freien Gewerkschaft „Solidarność". Solange die Gruppen um *Jaruzelski* kein Interesse an einem solchen Dialog zeigten, dauerte die Patt-Situation an. Unter diesen Umständen breitete sich sowohl in Polen als auch im polnischen Exil die Meinung aus, jegliche Gespräche mit Kommunisten seien sinnlos, vom Dialog mit *Jaruzelski* selbst ganz zu schweigen. Perestrojka in der Sowjetunion wurde immer öfter betrachtet als ein Anzeichen dafür, daß eine sowjetische Militärintervention in Polen unmöglich geworden sei. Deshalb solle man weiterhin rebellieren und schließlich die Kommunisten aus den Machtposten verjagen.

Im Mai und August 1988 brachen indessen in Polen zwei Streikwellen aus. Es passierte ein „politisches Wunder": Die Regierenden setzten den bisher verfemten *Lech Wałęsa* ein, um die Streiks einzudämmen. Es begannen Gespräche hinter geschlossenen Türen zwischen dem Vorsitzenden der verbotenen Gewerkschaft „Solidarność" und dem Innenminister *Czesław Kiszczak*. Aus diesen Verhandlungen ist nach mehreren Monaten, vielen Vorbereitungen und taktischen Spielen am 6. Februar 1989 der Runde Tisch hervorgegangen.

Damit in einem sowjetsozialistischen Staat ein wahrer Dialog zwischen der kommunistischen Partei und der Opposition stattfinden kann, muß die Partei auf einige ihrer ideologischen Dogmata verzichten sowie – auf der Ebene der „Realpolitik" – den faktischen gesellschaftlichen Pluralismus akzeptieren. Ideologisch hat sich die Polnische Vereinigte Arbeiterpartei (PVAP) im Dezember 1988 und Januar 1989 – auf der X. Plenarsitzung ihres Zentralkomitees – den Gegebenheiten angepaßt[2]. Man weiß, daß die Gruppe um *Jaruzełski* und den Ministerpräsidenten *Mieczysław F. Rakowski* ihren Parteigegnern mit eigenem Rücktritt gedroht hat, um der „Linie des Dialogs" die Zustimmung zu verschaffen[3]. Die Partei verzichtete demnach auf ihre 1976 in die Verfassung aufgenommene „führende Rolle"[4], auf das Prinzip der „Diktatur des Proletariats" sowie auf ihr Machtmonopol in Polen. Damit ging ein Nachlassen von polizeilicher Verfolgung der Opposition und die offizielle Anerkennung *Lech Wałęsas* und anderer bekannter Vertreter des antikommunistischen Milieus in staatlichen Medien einher. So wurden beispielsweise die Plenarsitzungen des Runden Tisches im Fernsehen übertragen, und die Journalisten der Untergrundpresse hatten denselben Zugang zu Informationen über die Verhandlungen wie die der legalen.

Die Bestimmungen des Runden Tisches

Der Runde Tisch war ein Tauschgeschäft der politischen Eliten Polens. Die kommunistische Partei gewährte die Neuzulassung der verbotenen Gewerkschaft „Solidarność" und bekam dafür das Einverständnis der Opposition um *Wałęsa*, das Wahlgesetz so zu konstruieren, daß Oppositionsvertreter zwar ins Parlament einziehen konnten, die Mehrheit der Sitze jedoch weiterhin von der Koalition aus der PVAP und der bisher im Sejm anwesenden politischen Satellitenformationen der Kommunisten (PAX, UChS, PZKS, ZSL, SD)[5] gesichert werden[6]: Es wurde demzufolge beschlossen[7], daß

2 In der Regierungszeitung schrieb dazu *A. Dzierżanowski*, Nowy parlament zainaugurował kadencję (Das neue Parlament begann seine Kadenz), „Rzeczpospolita" („Republik") Nr. 156 vom 5.07.1989, S. 1: „Das X. Plenum stellte für die Partei eine Art Krönung der Reformabsichten dar: Proklamierung des politischen und gewerkschaftlichen Pluralismus". [Alle Übersetzungen aus dem Polnischen stammen vom Verfasser].

3 Probleme mit der eigenen Partei deutete *M. F. Rakowski* in einem Interview an, Godzina prawdy już jest (Die Stunde der Wahrheit hat schon geschlagen), „Gazeta Wyborcza" („Wahlzeitung") Nr. 18 vom 2.07.1989, S. 3: Auf dem X. Plenum „wurden [meine Aussagen] zuerst mit unterschiedlichen Zweifeln, Ängsten, mit Erstaunen usw. angenommen".

4 „Die führende politische Kraft der Gesellschaft im Bau des Sozialismus ist die Polnische Vereinigte Arbeiterpartei", Konstytucja PRL (Die Verfassung der VR Polen), Art. 3 Abs. 1.

5 Die Vereinigung PAX, die Christlich-Soziale Union (UChS) und der Polnische Katholisch-Soziale Bund (PZKS) sind die offiziellen christlichen Organisationen Polens, die der Partei näher stehen als dem Episkopat der Kirche. Die Vereinigte Volkspartei (ZSL) sowie die Demokratische Partei (SD) gelten als Satellitenparteien der PVAP.

6 So sah es beispielsweise *Bronisław Geremek*, einer der Hauptarchitekten des Kompromisses. Vgl. das Gespräch *Adam Krzemińskis* mit *Geremek*, Kruchy proces zbliżenia (Der brüchige Prozeß der Annäherung), „Polityka" („Politik") Nr. 16 vom 22.04.1989, S. 1 u. 6.

7 Die Verhandlungsergebnisse des Runden Tisches sind in der „Frankfurter Allgemeine Zeitung" Nr. 84 vom 11.04.1989, S. 8, dem deutschen Leser zugänglich gemacht worden. Im weiteren wird hier auf diese Übersetzung Bezug genommen.

freie Wahlen zum Sejm nur im Rahmen von 35 % seiner Sitze stattfinden werden, d. h. daß sich jeder um einen der 161 zur Wahl anstehenden Sitze wird bewerben dürfen. Um die restlichen 299 Mandate sollten allein die Bewerber aus dem Koalitionslager kämpfen, die – darüber hinaus – ihre Kandidaten für die Sitze der „freien 35 %" aufstellen dürften.

Man hat sich außerdem noch auf die freien Wahlen zu der neu zu schaffenden zweiten Kammer des Parlaments – zum Senat – geeinigt. Ähnlich einzuführen war die Institution des Präsidenten der Volksrepublik Polen, der von der Nationalversammlung – bestehend aus den gleichberechtigten Mitgliedern von Sejm und Senat – gewählt werden soll. Ausdrücklich ist auch betont worden, daß die nächsten Parlamentswahlen in vier Jahren „ganz demokratisch" ablaufen würden und daß der Präsident in sechs Jahren direkt vom Volk gewählt würde. Alle Verhandlungsseiten haben das Prinzip der Gewaltenteilung befürwortet[8].

Der gesetzliche Rahmen der Wahlen

Am 5. April 1989 ist das Schlußdokument des Runden Tisches feierlich unterzeichnet worden. Schon am 7. April verlieh der noch amtierende Sejm den die Wahlen betreffenden Verhandlungsergebnissen die gebotene Form, indem er drei von dem Regierungslager vorgelegte Gesetze verabschiedete: (I) das Gesetz über die Änderung der Verfassung der Volksrepublik Polen, (II) das Wahlgesetz zum Sejm der X. Kadenz der VR Polen für die Jahre 1989–1993 sowie (III) das Wahlgesetz zum Senat der Volksrepublik Polen[9].

Was (I) die Verfassungsänderung anbelangt, so ging sie dahin, in die Staatsorgane den Senat und den Präsidenten aufzunehmen sowie ihre Kompetenzen zu präzisieren. Der Senat erhielt das Recht, zu allen vom Sejm angenommenen Gesetzentwürfen Änderungsvorschläge zu machen. Falls der Sejm diese Änderungsvorschläge nicht akzeptiert, kann er das Gesetz in seiner früheren Form nur dann verabschieden, wenn er dafür eine Zweidrittelmehrheit aufbringt[10].

Die Wahl des Präsidenten im Jahre 1989 erfolgte durch die Nationalversammlung[11]. Die geänderte Verfassung reguliert lediglich, daß die Kandidaten für das Amt des Präsidenten von zumindest einem Viertel der Mitglieder der Nationalversammlung vorgeschlagen werden müssen[12] und daß – bei mehreren Kandidaten – nach jedem Wahlgang der Kandidat durchfällt, der die wenigsten Stimmen auf sich vereinigt hat. Dies trifft zu, so lange kein Kandidat die erforderliche (durch die Nationalversammlung zu bestimmende) Stimmenmehrheit erreicht hat[13].

8 Erstaunt darüber zeigte sich in einem Interview der Rechtsberater der „Solidarność" *Jerzy Ciemniewski*, Nie ma pwrotu (Es gibt keine Rückkehr), „Wprost" („Direkt") Nr. 25 vom 18.06.1989, S. 6 – bisher „schien es so zu sein, als wäre das Element der Gewalteneinheit in der marxistischen Rechtstheorie logisch".

9 Die genannten Gesetze sind u. a. in einer Broschüre abgedruckt, aus der hier im weiteren zitiert wird. Sie ist unter dem Titel „Wybory '89" („Wahlen '89") im Verlag „Żołnierz Wolności" („Soldat der Freiheit") ohne Bekanntgabe des Ortes veröffentlicht worden.

10 Vgl. (I), Art. 27, Abs. 1, Pkt. 2., S. 3.

11 Vgl. ebenda, Art. 32b, Abs. 2, S. 4.

12 Vgl. ebenda, Art. 32b, Abs. 4, S. 4.

13 Vgl. ebenda, Art. 32b, Abs. 5, S. 4.

Obgleich die Nationalversammlung gewisse Rechte gegenüber dem Präsidenten besitzt[14], sieht die geänderte Verfassung einen starken Präsidenten vor. Er ist u. a. der Oberbefehlshaber der Streitkräfte, ebenso ist er berechtigt, dem Sejm den Premierminister und den Vorsitzenden der Nationalbank vorzuschlagen[15]. Er kann auch den Kriegs- bzw. Ausnahmezustand verhängen[16]. Der Ausnahmezustand kann allerdings vom Präsidenten höchstens für drei Monate verhängt werden, und seine einmalige Verlängerung um höchstens drei Monate kann nur im Einverständnis mit Sejm und Senat erfolgen[17]. Jedes Gesetz muß vom Staatsoberhaupt unterschrieben werden. Ähnlich dem Senat kann der Präsident jedoch jedes Gesetz zwecks Modifikation an den Sejm zurückverweisen. Der weitere Vorgang ist dem Fall des Konflikts zwischen Sejm und Senat analog[18].

Am Tag der Amtsübernahme durch den Präsidenten gehen die Kompetenzen des bisherigen Staatsrates, der eine Art „kollektives Staatsoberhaupt" gewesen war, auf den Präsidenten über[19].

All die oben aufgeführten Regelungen entsprechen den Verhandlungsergebnissen des Runden Tisches. Da man von der Annahme ausging, daß die Mehrheit der Senatoren der Opposition angehören werden, und daß im Sejm die Koalition sowohl die Gesetzgebung als auch die Regierungsbildung problemlos durchführen könnte, wurde als Kompromiß beschlossen, dem Senat zumindest die Kontrolle über die Gesetzgebung zu geben. Der starke Präsident aus den Reihen der Koalition sollte wiederum die innenpolitische Stabilität und die außenpolitische Kontinuität des Staates garantieren. Unverkennbar ist dabei die Absicht, diese politischen Sachverhalte verfassungsrechtlich abzusichern.

Ein Muster der Rechtsstaatlichkeit sollten die Parlamentswahlen werden. Es kann nicht erstaunen, daß es am schwierigsten war, diese Rechtsstaatlichkeit im Gesetz zu den Sejmwahlen (II) zu gewährleisten. Zwar behauptet das Gesetz, daß die Wahlen allgemein, gleich und direkt sind sowie in geheimer Abstimmung erfolgen[20]. Doch wie kann man dies alles ernsthaft verwirklichen, wenn 65 % der Sejmsitze von vornherein der Koalition zugeschrieben wurden? Die Aufgabe der Zuteilung der „sicheren Mandate" für die Koalitionskandidaten hat das Gesetz dem Staatsrat übertragen, wobei „in jedem Wahlbezirk zumindest ein Mandat für die parteilosen Kandidaten bestimmt ist"[21]. Hier ist ausdrücklich Bezug auf die Ergebnisse des Runden Tisches genommen worden[22].

Innerhalb der für die Koalition bestimmten 65 % Sitze wurde auch der Platz für die Kandidaten der Landesliste geräumt. Viele dieser 35 Kandidaten repräsentierten das Machtlager am Runden Tisch und sind dem Reformflügel der Herrschenden zuzurechnen[23]. Im Gegensatz zu anderen Mandaten, die für die Koalition reserviert wurden – um jedes der Landesliste-Mandate durfte sich nur ein Kandidat bewerben[24]. Um das „freie" Mandat innerhalb der 35 % der Sejmsitze konnte

14 Siehe ebenda, Art. 32d. So kann die Nationalversammlung den Präsidenten vor dem Verfassungsgericht wegen eines Verbrechens bzw. einer Verfassungsverletzung anklagen.

15 Vgl. ebenda, Art. 32f, S. 4.

16 Vgl. ebenda, Art. 32i, S. 4.

17 Vgl. ebenda, Art. 32i, Abs. 2, S. 4.

18 Vgl. ebenda, Art. 27, S. 5. Ähnliche Rechte hat der französische Präsident. Siehe dazu: *Jerzy Ciemniewski*, Ponad parlamentem (Über dem Parlament), „Gazeta Wyborcza" Nr. 52 vom 20.07.1989, S. 3: „Dort [in Frankreich] beschließt aber das Parlament über ein [vom Präsidenten abgelehntes] Gesetz erneut mit normaler Stimmenmehrheit. Wenn [in Polen] der Sejm ein verworfenes Gesetz annimmt, besteht das Risiko, daß der Präsident ‚zur Vergeltung' beide Parlamentskammern auflösen kann. ... Dieser Bereich der Rechte des Präsidenten stellt ihn faktisch über das Parlament. Eine bloße konstitutionelle Rhetorik bleibt der 20. Artikel [der Verfassung], der besagt, der Sejm sei das höchste Organ der Staatsmacht in Polen."

19 Vgl. (1), Art. 3, S. 5.

20 Vgl. (II), Art. 2, 4, 5, 6, S. 6.

21 Ebenda, Art. 39, S. 9.

22 Vgl. ebenda.

23 Am Runden Tisch hatten die Kommunisten ihren „Solidarność"-Partnern vorgeschlagen, daß sich auf der Landesliste auch einige Vertreter der „Solidarność" befinden sollten. Die Opposition hat dieses Angebot abgelehnt.

24 Vgl. (II), Art. 44, S. 9.

freilich jeder kämpfen, der als Kandidat von zumindest 3000 Wählern aus seinem Wahlbezirk unterstützt wurde[25].

Denselben Anforderungen mußte ein potentieller Kandidat zum Senat (III) gerecht werden[26]. Aus 47 Wojewodschaften (Verwaltungsbezirken) sollten je zwei Senatoren gewählt werden. Die übrigen zwei Wojewodschaften – Warszawa (Warschau) und Katowice (Kattowitz) – haben je drei Senatoren-Mandate erhalten[27]. Insgesamt sieht das Gesetz also hundert Mitglieder des Senats vor. Das Wahlgesetz zum Senat zeichnet sich, wie gesehen, durch Simplizität aus, was sich vom Sejm-Wahlgesetz keineswegs sagen läßt.

Der Vorgang der am selben Tag durchzuführenden Wahlen zu Sejm und Senat mußte sich als äußerst kompliziert erweisen. Für jedes Sejm-Mandat sollte der Wähler einen Wahlschein bekommen, auf dem alphabetisch die Namen der Kandidaten ohne ihre Organisationszugehörigkeit aufgeführt sind. Das Gesetz bestimmte, daß in jedem Sejm-Wahlbezirk der Wähler zwei bis fünf solcher Wahlscheine erhalten werde[28]. Dazu sollte der Wahlzettel der Landesliste kommen. Außerdem hatte der Wähler mit dem Wahlschein zum Senat fertig zu werden, auf dem auch mehere Namen alphabetisch geordnet waren. In den beiden Wahlgesetzen war weiterhin beschlossen worden, daß der Wahlakt durch das Streichen der Bewerber-Namen erfolgt, die der Wähler nicht unterstützen will. Auf den Sejm-Wahlzetteln hatte er einen von ihm gewählten Namen nicht zu streichen. Würde er mehr als einen Namen nicht streichen, wäre seine Stimme ungültig[29]. Auf dem Senats-Wahlschein sollte er wiederum zwei (in Bezirken Warszawa und Katowice jeweils drei) Namen nicht streichen. Würde er hier mehr als zwei (drei) Namen ungestrichen lassen, wäre seine Stimme ungültig[30]. Ganz anders hatte er dagegen mit der Landesliste vorzugehen. Hier dürfte er alles tun: Entweder alle oder einige oder auch keine Namen streichen[31].

Es besteht kein Zweifel, daß diese komplizierte Wahlprozedur in den Intentionen der Autoren lag. Die „Koalitions"-Mehrheit im Parlament war sowieso garantiert, und nur die Opposition mußte sich Sorgen darüber machen, wie groß der Prozentsatz der ungültigen Stimmen sein werde.

Für alle Wahlen galt das absolute Mehrheitswahlsystem mit der relativen Mehrheitswahl im zweiten Wahlgang. D. h. vorgesehen wurde die relative Wahl zwei Wochen nach dem ersten Wahlgang in all den Fällen, da Kandidaten keine absolute Mehrheit erreichten. Um ein Sejm-Mandat würden dann zwei Bewerber zu kämpfen haben und zwar diejenigen, die im ersten Wahlgang die meisten Stimmen auf sich vereinigen konnten[32]. Ähnlich verhielt es sich mit den Senats-Sitzen, wobei hier in der Wiederwahl „höchstens doppelt so viele Personen [kandidieren dürfen] wie die Zahl der zu besetzenden Mandate [beträgt]"[33]. Im zweiten Wahlgang sollte mit der normalen Stimmenmehrheit entschieden werden.

Obwohl eine Fälschung der Wahlergebnisse diesmal ausgeschlossen wurde[34], und obwohl die Kommunisten in Polen bekanntlich nie beliebt waren, erschien es fraglich,

25 Vgl. ebenda, Art. 41, S. 9.
26 Vgl. (III), Art. 6, S. 15.
27 Vgl. ebenda, Art. 2 u. 3, S. 15.
28 „In einem Wahlbezirk wählt man 2 bis 5 Abgeordnete". (II), Art. 11, Abs. 1, S. 6.
29 Vgl. ebenda, Art. 66, S. 11.
30 Vgl. ebenda, Art. 65, S. 11.
31 Vgl. (III), Art. 10, S. 15.
32 Vgl. (II), Art. 78, Abs. 4 u. 5, S. 12.
33 (III), Art. 13, Abs. 1, S. 15.
34 Vor 1989 fanden die Parlamentswahlen in der Volksrepublik Polen nur einmal – am 19.01. 1947 – statt. Ihre Ergebnisse sind drastisch gefälscht worden. [Dazu *Krystyna Kersten*, Narodziny systemu wadzy. Polska 1943–1948 (Geburt des Herrschaftssystems ...), Paris 1986, S. 250–263.] Danach wurden die Wahlen durch die aus der Sowjetunion bekannte plebiszitäre Scheinwahl ersetzt. Ihr Wesenszug stellt die uneingeschränkte Entscheidungskompetenz der kommunistischen Partei in der Sache der Kandidatenauswahl, der Wahlpropaganda und des Wahlverlaufs sowie der offiziellen „Wahlergebnisse" dar. Am Zählen der Stimmen nach den Wahlen zu Sejm und Senat 1989 waren dagegen die Vertreter der Opposition mitbeteiligt.

ob die Opposition bei solch komplizierten Abstimmungsverfahren und in der vorgesehenen Eile[35] Chancen haben würde, das „Maximum" herauszuholen.
Es kam auf den Wahlkampf an.

Der Wahlkampf der Opposition

Die oppositionellen Gesprächspartner der Kommunisten am Runden Tisch stellen eine Gruppe von Menschen dar, die die Akzeptanz *Lech Wałęsas* gefunden hatten und sich zur verbotenen „Solidarność" bekannten. Da diese gewerkschaftliche Massenbewegung fast acht Jahre lang ihre Arbeit in der Illegalität durchgeführt hatte, gab es in ihr kaum formale Strukturen. *Wałęsa* konnte sich somit Leute aussuchen, die seiner Auffassung nach eine Art politische und intellektuelle Elite der „Solidarność" darstellten.
In den Jahren 1981–1989 hatte sich in Polen ein sehr breites oppositionelles Spektrum herauskristallisiert. Sein Auftreten hat indessen sowohl ideologisch als auch weltanschaulich zu deutlichen Unterschieden innerhalb der Opposition geführt. Es gibt demnach mehr oder weniger strukturierte Formationen von Sozialisten, Nationalen, Konservativen, Liberalen, Pazifisten, Grünen, Monarchisten, Christdemokraten usw., von denen viele als eigenständige Parteien auftreten sowie eigene Untergrundschriften oder (inzwischen) legale Presseorgane herausgeben. „Solidarność" war – bis zu ihrer Legalisierung infolge des Kompromisses am Runden Tisch – zweifellos die stärkste sozial-politische Untergrundstruktur Polens. Sie war freilich weder die einzige noch eine die ganze Opposition koordinierende Kraft. Deswegen wurde dieser Kompromiß nicht selten von den an seiner Entscheidung nicht beteiligten konservativ-liberalen Oppositionskreisen als ein Zusammenkommen der „Roten" (Kommunisten) mit den „Rosaroten" („Solidarność") scharf kritisiert. *Lech Wałęsa*, als der 1981 demokratisch gewählte Vorsitzende der ersten freien Gewerkschaft in einem kommunistischen Land, war wiederum die einzige Person, die für die Legitimation der unter dem Schild der „Solidarność" auftretenden Opposition sorgen konnte. Dieselbe Aufgabe hat er während des Wahlkampfes übernommen.
Nichtsdestotrotz konnte man ihm anmerken, daß er sich bei seiner nationalen und internationalen Reputation auf eine gewisse Distanz zu Wahlaktivitäten hielt. Dafür spricht allein die Tatsache, daß er sich nicht zum Parlament wählen ließ. Nur in besonderen Situationen, wo beispielsweise die „Solidarność" gespalten war, griff er in den Wahlkampf ein[36].
Die „Solidarność"-Kandidaten sind als die „Mannschaft *Lech Wałęsas*" in die Parlamentswahlen gegangen. Jeder von ihnen wurde mit dem Vorsitzenden photographiert. Hunderttausende von Plakaten mit solchen Photos wurden überall in Polen ausgehängt. Eine Mannschaft setzt Einheitlichkeit voraus. Daher reklamierten alle Kandidaten der

35 Für den Wahlkampf blieben den gerade aus dem Untergrund kommenden Oppositionskreisen ungefähr vier Wochen.
36 So war es z. B. in Bydgoszcz (Bromberg). Vgl. *Witold Pasek*, Rulewski, nie przeszkadzaj! (Rulewski, störe nicht!), „Gazeta Wyborcza" Nr. 13 vom 24.–25.05.1989, S. 4.

– wie man zu sagen pflegte – „solidaritäts-oppositionellen Seite" das Wahlprogramm der zwecks der Wahldurchführung entstanden „Bürgerkomitees ‚Solidarność' ". Es bestand aus den Erklärungen wie „Warum gehen wir wählen" und „Was werden wir anstreben" sowie drei weiteren exemplifizierenden Teilen: Bürgerrechte, Wirtschaft, Lebensbedingungen der Gesellschaft.

„Unser Ziel ist die Souveränität der Nation und die Unabhängigkeit des Landes: die Reparatur der Republik. Wir wollen es auf dem Weg des legalen parlamentarischen Kampfes anstreben. Wir streben die Garantien der Menschen- und Bürgerrechte an, damit freie Menschen zusammen ihr Land aufbauen können. Wir streben den Umbau der Wirtschaft und die neue soziale Politik an, damit sich Arbeit wieder mit ihrem Sinn erfüllt und damit Menschen die ihnen zustehenden würdigen Lebensbedingungen erhalten."[39]

Das Programm legte den Akzent auf die Befreiung des gesellschaftlichen Lebens von Verwaltungszwängen[38], auf die Änderung von Eigentumsstrukturen in der Wirtschaft[39] sowie auf die Verbesserung des Lebensstandards[40].
Die „Solidarność" erhielt Sendezeit im täglichen Wahlprogramm des polnischen Fernsehens mit dem Titel „Wer in Deinem Namen?", sowie einmal in der Woche für das 40-minütige Programm „Studio ‚Solidarność". Es wurde die erste legale oppositionelle Tageszeitung in einem kommunistischen Land – „Gazeta Wyborcza" („Wahlzeitung") – gegründet. Sie ist zwar doppelt so teuer und im Umfang nur halb so groß wie andere Zeitungen Polens, doch hat sie die recht erstaunliche Auflage von 500 Tsd. Exemplaren. Es wurde – darüber hinaus – von Anfang Juni 1989 an das aus dem Jahre 1981 bekannte „Tygodnik ‚Solidarność' " („Wochenblatt ‚Solidarność' ") wiederbelebt. „Solidarność" hatte auch im Radio ihre Wahlstudios. Aufgehört hat die Miliz mit der Beschlagnahme der Untergrundpresse, die in allen Großstädten auf den Straßen und in den Räumen der Bürgerkomitees „Solidarność" zu kaufen bzw. zu erhalten war. Von einzelnen Übergriffen der Miliz abgesehen, konnte die bisher verbotene Gewerkschaft ungehindert ihre Plakataktionen durchführen. Ebenso ungehindert verliefen die Wahltreffen aller Oppositionskandidaten.
Einige von ihnen sind allerdings auf eigene Faust, das heißt nicht als Mitglieder der „Mannschaft *Wałęsas*" zu den Wahlen gegangen. *Leszek Moczulski*, der Vorsitzende der illegalen Partei Konfederacja Polski Niepodleglej (KPN – die Konförderation des Unabhängigen Polens), trat beispielsweise am 18. Mai in einem vollgefüllten Saal einer staatlichen Institution in Poznań (Posen) auf, wo er seine Posener Sejm-Kandidaten vorstellte. Er sprach sich unverblümt gegen das kommunistische System und gegen *Jaruzelski* aus. Die in vielen Städten auf Plakaten der KPN aufzufindende Parole war: „Kommunismus oder Unabhängigkeit". *Moczulski*, langjähriger politischer Gefangener, mied den Konflikt mit der „Solidarność", obgleich seine Partei um dieselben Man-

37 Zitiert aus der Broschüre „Program wyborczy Obywatelskiego Komitetu Wyborczego ‚Solidarność' ", die in Leszno verteilt wurde (ohne Bekanntgabe des Ortes), S. 2.
38 Vgl. ebenda, S. 2–4.
39 Vgl. ebenda, S. 4–7.
40 Vgl. ebenda, S. 7–10.

date gekämpft hat wie die „solidaritäts-oppositionelle Seite". Damit seine Partei ihre Anwesenheit auf der politischen Bühne Polens demonstrieren konnte, nahm er bewußt deren Wahlniederlage in Kauf. Ein anderer bekannter Oppositioneller, *Władysław Siła-Nowicki*, ehemals eng mit *Wałęsa* verbunden, entschied sich für den Kampf gegen *Jacek Kuroń*, einen der Hauptberater des „Solidarność"-Vorsitzenden.

Schon diese einzelnen Beispiele machen darauf aufmerksam, daß die Taktik der „Einheitsliste" der „solidaritäts-oppositionellen Seite" einem Teil der Opposition den Weg ins Parlament versperrt hat. Einige Oppositionsgruppen haben auch deshalb zum Wahlboykott aufgerufen[41].

Nicht gerade höflich war manchmal die Kritik der monopolistischen Oppositionszeitung „Gazeta Wyborcza" an jener Opposition, für die es keinen Platz in der „Mannschaft *Wałęsas*" gab. *Siła-Nowicki*, ein bereits in den fünfziger Jahren zum Tode verurteilter politischer Gefangener konnte am Vorwahlstag beispielsweise folgende Propaganda-Sätze über seine in diesem Jahr nach ungefähr 40 Jahren reaktivierte christlich-demokratische Paria Pracy (Arbeitspartei) lesen:

> „Ähnliche Parteien gibt es in der DDR und in der ČSSR. Wenn ich in einem kommunistischen Land das Adjektiv ‚katholisch' oder ‚christlich' beim Namen einer Organisation oder eines Funktionärs finde, werde ich doppelt, ja dreifach vorsichtig"[42].

Andererseits zeichnete sich die Wahlpropaganda der „Mannschaft *Wałęsas*" durch echte Professionalität und Anziehungskraft aus. Sehr viele namhafte Polen und Ausländer unterstützten auf Seiten von „Gazeta Wyborcza" die „Solidarność". Außer daß die Kandidaten *Wałęsas* zu Worte kamen, wurden z. B. Gespräche geführt mit dem ehemaligen Chef der polnischen Station des populären Radio „Freies Europa" *Jan Nowak-Jeziorański*[43], mit *Zbigniew Brzeziński*[44] oder mit ... *Yves Montand*[45]. Auch *Nastasja Kinsky* und *Jane Fonda* haben sich mit dem Zeichen von „Solidarność" photographieren lassen[46].

Die Wahlklipps der oppositionellen Gewerkschaft im Fernsehen appellierten an die Emotionen der Polen, indem sie auf das schwere nationale Schicksal, den polnischen „Drang nach Freiheit" sowie den Katholizismus Bezug nahmen.

Die ‚Bürgerkomitees „Solidarność"' verteilten Karteien mit den Namen der Kandida-

41 „Zum völligen Boykott der Wahlen haben PPS-RD [Polnische Sozialistische Partei-Radikal/Demokratisch], Polskie Porozumienie Niepodległościowe [Polnische Unabhängigkeitsverständigung], Liberalno-Demokratyczna Partia ‚Niepodległość [Liberal-Demokratische Partei ‚Unabhängigkeit'] ... aufgerufen. Sie hatten gemeinsame Argumente: die 35 % an Demokratie, der nicht demokratische Vorgang bei der Auswahl der ‚Solidarność'-Kandidaten, die Kritik am Programm der Bürgerkomitees". Siehe: *Dawid Warszawski*, Wokół bojkotu (Um den Boykott), „Gazeta Wyborcza" Nr. 21 vom 7.06.1989, S. 6.

42 *Krzysztof Śliwiński*, Pod katolickim sztandarem (Unter der katholischen Fahne), „Gazeta Wyborcza" Nr. 19 vom 3.–5.06.1989, S. 3.

43 Szansa dla Polski (Chance für Polen), „Gazeta Wyborcza" Nr. 13 vom 24.–25.05.1989, S. 3.

44 Lepsze 35 niż zero. Wywiad ze Zbigniewem Brzezińskim (Besser 35 als null. Ein Interview mit *Zbigniew Brzeziński*), „Gazeta Wyborcza" Nr. 15 vom 30.05.1989.

45 Jestem z lewicy, z frakcji Reagana (Ich bin von der Linken, von der Reagan-Fraktion), ebenda, S. 4.

46 Brutalna ingerencja (Brutale Einmischung), „Gazeta Wyborcza" Nr. 18 vom 2.06.1989, S. 1.

ten *Wałęsas*, eigene Wahlprogramme und Flugblätter. Verkauft wurden lokale Wahlzeitungen sowie „Solidarność"-Schmuck.
Ein besonderes Problem für die Führung der „solidaritäts-oppositionellen Seite" war die Frage, was man den Wählern in der Sache der Landesliste empfehlen sollte. Anders gesagt: Wie konnte man diese Liste nicht durchfallen lassen, ohne auf den Hauptwahlaufruf, alle Koalitionskandidaten zu streichen, zu verzichten? Logisch gesehen wäre folgende Empfehlung die beste gewesen: Die „Solidarność"-Wähler sollten die Wahlkarte der Landesliste mit nach Hause nehmen. Auf solche Weise könnte die Landesliste allein mit den Stimmen der Koalitionswähler durchkommen, ohne daß die Anhänger der Opposition vor dem moralischen und politischen Dilemma der Stimmabgabe für das Machtlager gestellt wären. Die Wahlpropaganda der „Solidarność" hat jedoch dieses Problem dem Wähler überlassen, wenn man von einzelnen Aufrufen zum Streichen der Landesliste absieht[47].

Der Wahlkampf der Koalition

„Die Polnische Vereinigte Arbeiterpartei ist bisher die führende und die leitende Kraft, doch sie benimmt sich so, als wäre sie schon im Untergrund. Ihre Kandidaten zu Sejm und Senat erzählen über eigene Vorteile und Absichten, aber meistens verstecken sie sorgfältig ihre Zugehörigkeit zur PVAP, als handelte es sich um die ‚Solidarność' im Kriegszustand. Die Teilnehmer der anderen Koalitionsparteien scheinen sich auch für ihre Zugehörigkeit zu schämen."[48]

Auf den Plakaten der kandidierenden Kommunisten und ihrer Koalitionspartner konnte man wirklich ihre Parteizugehörigkeit nicht finden. Nicht wenige Poster der Koalition waren rot auf dem Weißen gedruckt worden, damit sie sich der bekannten Schrift von „Solidarność" annähern. Versprochen wurde auf ihnen alles: Eine dynamische Entwicklung, höherer Lebensstandard, das Festhalten an den Vereinbarungen des Runden Tisches, die Sanierung der degradierten Umwelt, Telefone und Wohnungen für Bürger usw. Im Gegensatz zur „solidaritäts-oppositionellen Seite" hat die Koalition mehr auf die Werbung für die einzelnen Kandidaten mit ihren eigenen Programmen gesetzt. Dies konnte aber kaum etwas daran ändern, daß diese Menschen meist unbekannt waren. Geworben wurde auch für die Landesliste. Ein Kuriosum stellten in diesem Zusammenhang die Wahlplakate des auf dieser Liste kandidierenden Ministerpräsidenten *M. F. Rakowski* dar, die in ganz Polen zu sehen waren: „Unterstütze nicht diejenigen, die viel reden, sondern diejenigen, die etwas tun. *MFR*" oder „Realitäten – meine Herren – Realitäten. *MFR*".

47 *Zbigniew Bujak*, der langjährige Chef der „Solidarność" im Untergrund, sagte kurz vor dem ersten Wahlgang: „Nachdem der NZS (Der Unabhängige Studentenverbund) nicht registriert wurde, werde ich keinen aus dieser Liste unterstützen". Siehe: *Zdanie Zbigniewa Bujaka* (Der Satz von Zbigniew Bujak), „Gazeta Wyborcza" Nr. 19 vom 3.–5.06.1989, S. 1. Am Vorabend der Wahlen sagte *Lech Wałęsa* in den Fernsehnachrichten, er werde nur einen Bewerber von der Landesliste streichen (gemeint war offenbar *Alfred Miodowicz*, Chef der offiziellen Gewerkschaft OPZZ).

48 (c), Jak zdejmowano audycję (Wie man eine Sendung verbot), „Gazeta Wyborcza" Nr. 14 vom 19.05.1989, S. 8.

In der Fernsehsendung „Wer in Deinem Namen" konnte man sich mit den Koalitionsbewerbern vertraut machen. Es gab auch andere Fernsehsendungen, insbesondere für die Kandidaten der Landesliste.
Ein wichtiger Ansatz der Wahlpropaganda der Koalition waren die ständigen Vorwürfe an die „Solidarność", sie bekomme Gelder aus dem (westlichen) Ausland und verwende sie für Wahlzwecke. Darauf zielten viele Artikel des Chefredakteurs der Parteizeitung „Trybuna Ludu" („Volkstribüne"). Da jegliche polnische Opposition jahrzehntelang als eine Bande von Agenten des Westens diffamiert worden war, war dem Wähler diese Art von Propaganda allzu gut bekannt und konnte ihn nur dazu bewegen, für „Solidarność" zu stimmen.
Dieselbe Wirkung mußte die andere Art des Wahlkampfes der Koalition haben: nämlich der Eingriff der vom Machtlager gesteuerten Zensur in eine Fernsehsendung der Opposition. Verboten wurde nämlich die dritte Sendung in der Reihe „Fernsehstudio ‚Solidarność' ". „Gazeta Wyborcza" erklärte, aus welchen Gründen es geschah:

(Die Zensur hat) „gefordert, Fragmente der Sendung auszuschneiden, die derartige Formulierungen wie ‚der schmähliche Kriegszustand', ‚Änderung der Gesellschaftsordnung' ... oder Informationen über die Möglichkeiten der Entschädigung für polnische Gulag-Gefangene sowie Fragen nach der Verantwortung der Richter für Urteile, die im Kriegszustand gefallen sind, beinhalteten"[48].

Die Partei konnte sich also nicht ganz von ihren alten Methoden des politischen Kampfes lösen. Es gab freilich auch geglückte Wahlpropaganda der Koalitionsvertreter. *Tadeusz Fiszbach* aus Gdańsk (Danzig), ein kommunistischer Parteireformer, ließ sich beispielsweise ausführlich vom Danziger „Tygodnik Wyborczy" („Wahlwochenblatt") der „Solidarność" interviewen[49].
Der Wahlkampfverlauf machte immer deutlicher, daß die „Mannschaft *Wałęsas*" einen großen Erfolg ansteuerte. Am Freitag, dem 2. Juni schlug General *Jaruzelski* im Fernsehen die große Koalition mit der „Solidarność" nach den Wahlen vor. Kompromißbereit, aber vorsichtig, was die Form eventueller Zusammenarbeit nach den Wahlen angeht, zeigte sich am Vorwahlabend im Fernsehen *Lech Wałęsa*.

Der erste Wahlgang

Erst am 8. Juni hat der Staatswahlausschuß die Ergebnisse des ersten Wahlgangs vom 4. Juni veröffentlicht[50]. Der namhafte Parteipublizist *Ryszard Wojna* schrieb zwei Tage später in einem Artikel der Regierungszeitung:

49 Sprawa honoru (Die Ehrensache), „Tygodnik Wyborczy" Nr. 1 vom 4.06.1989, S. 16 (*Fiszbach* erzielte ein sehr gutes Ergebnis im ersten Wahlgang: 48 % der Stimmen).

50 Siehe: Wyniki wyborów do Sejmu i Senatu (Die Ergebnisse der Wahlen zu Sejm und Senat), „Rzeczpospolita" Nr. 135 vom 10.–11.06.1989, S. 1 sowie: Obwieszczenie Państwowej Komisji Wyborczey z dnia 8 czerwca 1989r. o wynikach wyborów do Sejmu i Senatu Polskiej Rzeczpospolitej Ludowej przeprowadzonych dnia 4 czerwca 1989r. (Bekanntmachung des Staatswahlausschusses ...), ebenda, S. 3–15.

„Zum ersten Mal in der Volksrepublik Polen ist im Gebäude an der Wiejska-Straße [im Parlamentssitz] ein neues Kräfteverhältnis entstanden. Die Polnische Vereinigte Arbeiterpartei ist nicht imstande dem Sejm – vom Senat ganz zu schweigen – ihren Willen aufzudrängen. Aus dem bisherigen Hegenomen gestaltet sie sich zu einem Partner um, der mit anderen Seiten zu verhandeln hat und zwar sowohl mit den Bündnispartnern als auch mit der Opposition"[51].

Mit diesen Worten hat *Wojna* eine katastrophale Niederlage der Koalition umschrieben. Von ihren Senat-Kandidaten hatte keiner im ersten Wahlgang die absolute Mehrheit erreicht. Im Sejm hatten wiederum nur drei ihrer Bewerber die für die Koalition reservierten Sitze (65 %) erkämpft. 33 der 35 auf der Landesliste aufgestellten Kandidaten waren durchgefallen. Ein Koalitions-Bewerber, der über 20 % der Stimmen auf sich vereinigt hatte, konnte schon von einem „guten Wahlergebnis" reden.
Der Erfolg der „solidaritäts-oppositionellen Seite" war demgegenüber gewaltig. Sie konnte bereits im ersten Wahlgang 92 Sitze im Senat besetzen. Im Sejm (innerhalb der frei gewählten 161 Mandate) hatte sie 160 Mandate erworben. Alle von der „Mannschaft *Wałęsas*" unabhängigen Oppositionskandidaten waren demgegenüber durchgefallen[52]. Es war zu einem solch überwältigenden Sieg der „Solidarność" gekommen, obwohl der Prozentsatz der ungültigen Stimmen – insbesondere in den ländlichen Wahlbezirken – bis zu 30 % betragen hatte! Sehr hoch war auch die Wahlabstinenz – sie betrug ungefähr 38 %. (Von den über 27 Mio. Wahlberechtigten waren demnach über 10 Mio. nicht zu den Wahlen gegangen.) Die Wahlbeteiligung konnte also mit der plebiszitären Kommunalwahl vom Jahre 1988[53] verglichen werden, bei der die „Solidarność" zum Boykott aufgerufen hatte. Es wird allgemein angenommen, daß unter den den Wahlen Ferngebliebenen sich sowohl die Gegner des Kompromisses am Runden Tisch als auch die von der Politik enttäuschten Bürger befunden haben[54].
Soziologisch gesehen hat es die stärkste Unterstützung für die „Solidarność" dort gegeben, wo der Prozentsatz der Kirchenbesucher höher liegt als sonst in Polen und wo die Kriminalitätsrate niedrig ist[55].

Das Problem der Landesliste. Die erste konstitutionelle Krise

Die Freude der „Solidarność" über ihren Wahlsieg war eindeutig. Ein Problem hat allerdings Schatten auf sie geworfen. Das Wahlgesetz hatte nämlich für den Fall eines Va-

51 *Ryszard Wojna*, Co jest teraz najważniejsze (Was nun das Wichtigste ist), „Rzeczpospolita" Nr. 135 vom 10.–11.06.1989, S. 1–2.
52 Vgl. *Krzysztof Leski*, Na razie 252 z 261 (Zur Zeit 252 von 261), „Gazeta Wyborcza" Nr. 24 vom 10.–12. Juni 1989, S. 1.
53 Vgl. *Andrzej Florczyk/Tomasz Żukowski/Jarosław Najdowski*, Nowa geografia polityczna Polski (Die neue politische Geographie Polens), „Tygodnik ‚Solidarność'" Nr. 5 vom 6.07. 1989, S. 8.
54 Vgl. *Adam Michnik*, Radość ... i chwila namysłu (Freude ... und ein Augenblick des Bedenkens), „Gazeta Wyborcza" Nr. 21 vom 7.06.1989, S. 1 sowie Wojciech Wieczorek, Krajobraz po wyborach (Die Landschaft nach den Wahlen), „Tygodnik ‚Solidarność'" Nr. 3 vom 16.06. 1989, S. 1.
55 Vgl.: Kto głosował na „Solidarność" (Wer die „Solidarność" gewählt hat), „Gazeta Wyborcza" Nr. 29 vom 17.–19.06.1989, S. 3.

kuums im Parlament infolge des Durchfallens der Landesliste nichts vorhergesehen. Die Kandidaten der Landesliste konnten übrigens die besten Ergebnisse von allen Koalitionsbewerbern erzielen. 29 dieser Bewerber haben über 45 %, 21 über 48 % und immerhin zwei über 50 % der Stimmen erhalten. Auf diese Weise wurde die Arroganz der Machthaber gerächt, die auf die Möglichkeit verzichtet hatten, in das Wahlgesetz die Garantie des automatischen Durchkommens ihrer Landesliste bei jedem Wahlergebnis aufzunehmen. Da sie auf die demokratische politische Legitimation ihrer Landesliste-Kandidaten bedacht waren, wurde hierdurch die erste Verfassungskrise der Wahlperiode verursacht[56].

Sofort nach der offiziellen Bekanntgabe der Wahlergebnisse am 8. Juni mußte der (während der Verhandlungen des Runden Tisches einberufene) Schlichtungsausschuß der Kommunisten und der „Solidarność" zusammentreten, um nach einer Lösung dieser Krise zu suchen. Die Vertreter der „Solidarność" waren der Meinung, daß der neue Sejm die Entscheidung über die nicht besetzten Mandate der Landesliste treffen sollte. Zugleich hatten sie sich aber mit der Absicht der „koalitions-regierenden Seite" einverstanden gezeigt, die den noch amtierenden Staatsrat[57] um das „Schaffen der Rechtsmöglichkeiten der Durchführung von Wahlen für die 33 Abgeordnetenmandate im zweiten Wahlgang am 18. Juni"[58] bitten wollte.

Angesichts der Kritik an der „Solidarność" wegen ihrer Kompromißbereitschaft antwortete *Lech Wałęsa* auf einer Pressekonferenz, indem er auf die politischen Determinanten der Wahlen hinwies: „ ‚Solidarność' gibt nichts davon ab, was wir gewonnen haben, sie muß aber das zurückgeben, was von vornherein für die andere Seite bestimmt war"[59].

Am 12. Juni gab der Staatsrat ein Dekret über eine Änderung im Wahlgesetz heraus:

> „Die geänderten Vorschriften bestimmen, daß man im Falle der Nichtbesetzung aller Mandate der Landesliste im neuen Wahlgang die Zahl der Mandate um die nicht besetzten Mandate aus der Landesliste erhöht. Um jedes dieser Mandate werden sich am 18. Juni d. J. zwei neue Kandidaten bewerben"[60].

Dem Dekret nach sollten die neuen Kandidaten von den Koalitionspartnern aufgestellt werden. Die Landesliste hörte auf zu existieren. Die auf diese Weise benannten Bewerber sollten mit relativer Stimmenmehrheit gewählt werden[61]. Erst vier Tage vor dem

56 Von einem „Problem der konstitutionell-rechtlichen Natur" schrieb in diesem Zusammenhang die staatliche Nachrichtenagentur PAP, siehe: Posiedzenie Rady Państwa (Sitzung des Staatsrates), „Trybuna Ludu" Nr. 137 vom 14.06.1989, S. 1.

57 „Der Staatsrat ... erläßt Dekrete mit der Kraft des Gesetzes" – besagt die Verfassung der Volksrepublik Polen, Art. 30, Abs. 1, Pkt. 5.

58 Komunikat PAP o posiedzeniu komisji porozumiewawczej w czwartek 8 czerwca (Das Kommuniqué der PAP ...), „Rzeczpospolita", S. 1.

59 Jesteśmy na cienkiej gałęzi (Wir sitzen auf einem dünnen Zweig), „Gazeta Wyborcza" Nr. 25 vom 13.06.1989, S. 2.

60 Posiedzenie Rady Państwa (Sitzung des Staatsrates), „Rzeczpospolita" Nr. 138 vom 14.06. 1989, S. 1.

61 Vgl. ebenda.

zweiten Wahlgang sind auch die Namen und die Organisationszugehörigkeit der neuen 66 Bewerber bekanntgemacht worden[62].
Ähnlich dem alten politisch völlig gehorsamen Sejm, der durch die Verabschiedung der Wahlgesetze der Opposition den Weg ins Parlament eröffnet hatte, half diesmal auch die völlige politische Verfügbarkeit des Staatsrates dem kommunistischen Machtlager, seine bedrohte Mehrheit im Sejm zu garantieren.

Ergebnisse des zweiten Wahlgangs

Einige Bürgerkomitees haben im zweiten Wahlgang auch Koalitionskandidaten unterstützt. Dies betraf Personen, von denen man wußte, daß sie im Parlament mit der „Solidarność" arbeiten würden[63]. Selbstverständlich am meisten lag jedoch der „Mannschaft *Wałęsas*" daran, möglichst viele von ihren eigenen neun im ersten Wahlgang durchgefallenen Kandidaten ins Parlament zu bringen.
Die Wahlbeteiligung war diesmal noch geringer. Sie betrug im Durchschnitt nur 25 % und war lediglich dort höher, wo „Solidarność"-Bewerber auftraten. Die Wahlprozedur war wesentlich einfacher als am 4. Juni – der Wähler bekam jetzt höchstens zwei Wahlscheine. Nur ein Mandat, und zwar im Senat, hat die „Solidarność" zugunsten *Henryk Stokłosa*, eines Privatunternehmers, der sich einen amerikanischen Wahlkampf für 100 Mio. Złoty geleistet hat, abgegeben[64].
Alle Mandate wiederum, um die sich allein die Koalitionspartner untereinander zu bewerben hatten, sind selbstverständlich dem Machtlager zugefallen.
Im zweiten Wahlgang ist letztlich über das Kräfteverhältnis im Parlament entschieden worden. Im Senat hat die „solidaritäts-oppositionelle Seite" 99 von 100 Mandaten gewonnen. Im Sejm hat sie alle zur freien Wahl anstehenden 161 Sitze besetzt. Die Koalition mußte sich mit den 299 Mandaten im Sejm (65 %) – darunter 273 für die PVAP – begnügen.
Nach der Beendigung der Parlamentswahlen sagte *Wojciech Jaruzelski*, daß ihr Ergebnis die politische Lage Polens kompliziert habe:

> „Während der Verhandlungen des ‚Runden Tisches' hat man sich auf eine Triade geeinigt – Sejm, Senat und Präsident –, indem man gewisse Proportionen und Regeln der Zusammenarbeit vorausgesetzt hat. Sie wurden durch die einheitliche Zusammensetzung des Senats verletzt. ... Daraus folgt, daß die vermittelnd-ausgleichenden Aufgaben des Präsidenten noch unentbehrlicher und dominanter werden"[65].

62 Vgl.: Zamiast listy (Anstatt der Liste), „Gazeta Wyborcza" Nr. 27 vom 15.06.1989, S. 1.
63 In der „Gazeta Wyborcza" Nr. 18 vom 16.06.1989, Wybrać lepszych (Die Besseren wählen), S. 4, sind die Namen dieser Bewerber veröffentlicht worden.
64 Vgl. *Krzysztof Leski*, Kropka nad i (Der Punkt über dem ‚i'), „Gazeta Wyborcza" Nr. 31 vom 21.06.1981, S. 1. Vgl. auch: Obwieszczenie Państwowej Komisji Wyborczej (Bekanntmachung des Staatswahlausschusses), „Trybuna Ludu" Nr. 145 vom 22.06.1989, S. 3–5.
65 Powiedzieli po głosowaniu (Sie sagten nach der Abstimmung), „Rzeczpospolita" Nr. 143 vom 20.06.1989.

Der Parteichef spielte auf die Auseinandersetzung um die Person des Präsidentschaftskandidaten an. Es handelte sich um seine Person.

Das Ringen um das Amt des Präsidenten. Die zweite Verfassungskrise

Seit April 1989 schon gab es in Polen Andeutungen, daß *Lech Wałęsa* der Präsident der Volksrepublik Polen werden könnte. Der Wahlsieg der „Solidarność" hatte diese Hoffnungen ihrer Anhänger gestärkt. Obwohl *Wałęsa* mehrfach wiederholte, er werde sich um das Amt des Staatsoberhauptes nicht bewerben[66], bestand auf der ersten Sitzung des neuberufenen Bürgerlichen Parlamentsklubs „Solidarność" (Obywatelski Klub Parlamentarny „Solidarność" – OKP)[67] am 23. Juni eine Gruppe seiner Mitglieder darauf, daß die Opposition einen eigenen Präsidentschaftskandidaten durchzusetzen versuchen sollte[68]. Am Runden Tisch hatte man nämlich über die Person des Präsidenten nicht entschieden. Alle waren freilich damals der Meinung gewesen, daß *Jaruzelski* dieses Amt übernehmen würde. Am 30. Juni verzichtete General *Jaruzelski* auf der Sitzung des Zentralkomitees der PVAP indessen auf seine Bewerbung um das Amt des Staatsoberhaupten: „Ich muß soziale Realitäten berücksichtigen. Ich weiß gut, daß die Öffentlichkeit mich öfter mit dem Kriegszustand assoziiert."[69]
Zugleich befürwortete er für dieses Amt General *Czesław Kiszczak*. Der Abgeordnetenklub der PVAP sprach sich trotzdem für die Kandidatur *Jaruzelski*s aus[70]. In einem Interview für die staatliche Nachrichtenagentur erklärte sich *Kiszczak* bereit zu kandidieren, obwohl er *Jaruzelski* für den besten Kandidaten hielt[71]. Die letzte Entscheidung über den bzw. die Präsidentschaftskandidaten sollte nach der ersten Sitzung des Sejms und des Senats[72] getroffen werden.
Bevor es aber zur Konstituierung des Parlaments kam, tauchte ein neues Problem auf. Es führte zur zweiten Verfassungskrise dieser Wahlperiode. Zu spät nämlich ist erkannt worden, daß der von der kommunistischen Ideologie gefärbte Abgeordneteneid vor den Wahlen nicht geändert worden war.
Den Eidestext, so hieß es, „müßte der Staatsrat mit der Herausgabe eines Dekrets än-

66 Z. B. in einem Interview für „Gazeta Wyborcza" Nr. 34 vom 24.–26.06.1989, Wziąłem na siebie odpowiedzialność (Ich habe die Verantwortung auf mich genommen), S. 1. Dazu *Jerzy Holzer*, Szanse i obawy (Die Chancen und die Befürchtungen), „Tygodnik ‚Solidarność'" Nr. 6 vom 6.07.1989, S. 1.
67 Im weiteren wird hier die Parlamentsfraktion der „Solidarność" ‚OKP' bzw. ‚OKP „Solidarność" ' genannt. Eine Fraktion des polnischen Parlamentes nennt sich meistens „Abgeordnetenklub" bzw. „Klub".
68 Vgl.: *Ewa Milewicz*, Jak wybrać prezydenta. Powstal Obywatelski Klub Parlamentarny (Wie soll man den Präsidenten wählen? Es entstand der Bürgerliche Parlamentsklub), „Gazeta Wyborcza" Nr. 35 vom 27.06.1989, S. 1.
69 Zitiert nach: „Tygodnik ‚Solidarność' ", Nr. 7 vom 14.07.1989, S. 2.
70 Vgl.: Ebenda.
71 Vgl.: „Polityka" Nr. 28 vom 15.07.1989, S. 2.
72 Die geänderte Verfassung bestimmte: „Die erste Sitzung des neu gewählten Sejms und des Senats wird vom Staatsrat innerhalb eines Monats nach der Beendigung der Wahlen einberufen". Siehe: (I), Art. 2, Abs. 1.

dern. Es entstand die unklare Rechtssituation, ob der Staatsrat das [hierfür erforderliche] Dekret nach dem 18. Juni [nach Abschluß der Parlamentswahlen] überhaupt erlassen könne"[73].

Unabhängig davon, wie diese Rechtsfrage zu beantworten sei, handelte man so, als gäbe es sie gar nicht. Dementsprechend ist der Staatsrat noch einmal aus politischen Gründen eingesetzt worden. Wunschgemäß hat er den Artikel 4 des Gesetzes über die Rechte und Pflichten des Abgeordneten, der den Eidestext beinhaltet, abgeändert[74]. Weder die Abgeordneten noch die Senatoren müssen sich seitdem dem Sozialismus verpflichten. Der Weg zur ersten Sejm- und ersten Senatssitzung war somit frei.

Der Sejm trat zu seiner ersten Tagung am 4. und am 5. Juli zusammen, während der Senat an den selben Tagen zwei Sitzungen durchführte. Die Abgeordneten und Senatoren beschäftigten sich vorwiegend mit organisatorischen Fragen. U. a. hatten sie die Gültigkeit der Parlamentswahlen und die der vom Staatsrat erlassenen Dekrete zu bestätigen sowie die Marschalle (Präsidenten) der beiden Kammern zu wählen[75].

Am 5. Juli war die Entscheidung über den Präsidentschaftskandidaten der PVAP auf die Zeit nach dem Besuch des amerikanischen Präsidenten *Bush* in Polen verschoben worden[76]. Allen ist dabei schnell klar geworden, daß General *Jaruzelski* mit Hilfe *Bush*s seine Reputation im eigenen Land zu reparieren versuchen werden. Am 10. Juli ist *George Bush* auf der feierlichen Sitzung beider Parlamentskammern in der Begleitung des Vorsitzenden des Staatsrates *Wojciech Jaruzelski* erschienen. In den darauffolgenden Tagen konnten die Polen fast tagtäglich in den Fernsehnachrichten General *Jaruzelski* beobachten, der aufmerksam verschiedenen Menschen zuhörte, die ihn zu überzeugen trachteten, daß er der beste polnische Präsident wäre.

Am 14. Juli gab *Lech Wałęsa* eine Erklärung ab, wonach der Präsident aus den Reihen der Koalition kommen müsse, da dies für die innere sowie die internationale Lage Polens geboten sei[77]. Drei Tage später wurde in den Fernsehnachrichten bekanntgegeben, daß der Marschall des Sejm die Nationalversammlung zum 19. Juli einberufen werde. Den politischen Hintergrund dieser Entscheidung stellten die Treffen *Jaruzelski*s mit den Parlamentsfraktionen[78] dar.

73 *Ewa Milewicz*, Jak wybrać ... a. a. O.

74 Siehe dazu: MU, Pierwsze posiedzenie. Zbiera się Sejm i Senat (Die erste Sitzung ...), „Rzeczpospolita" Nr. 155 vom 4.07.1989, S. 2.

75 Vgl. Berichte der Regierungszeitung „Rzeczpospolita" vom 5.07. und vom 7.07.1989, entsprechend: Nowy parlament zainaugurował kadencję (Das neue Parlament begann seine Amtszeit), Nr. 156, S. 1–2 sowie – Pracowity początek kadencji (Ein arbeitsreicher Beginn der Amtszeit), Nr. 158, S. 1–2. Siehe auch den Bericht von *Teresa Bogucka*, Zaczął się Sejm (Der Sejm begann seine Tagung), „Gazeta Wyborcza" Nr. 42 vom 6.07.1989, S. 1.

76 Siehe: *Aleksander Chećko*, Szybciej, panie prezydencie (Schneller Herr Präsident), „Polityka" Nr. 28 vom 15.07.1989, S. 6.

77 Vgl. Oświadczenie Lecha Wałęsy w sprawie prezydentury (Erklärung *Lech Wałęsa*s ...), „Trybuna Ludu" Nr. 165 vom 15.–16.07.1989, S. 1.

78 Vgl. das Kommuniqué PAP, Wojciech Jaruzelski spotkal się z klubami poselskimi (*Wojciech Jaruzelski* traf mit den Abgeordnetenklubs zusammen), ebenda, *Krzysztof Leski*/*Włodzimierz Słowiński*, Koalicja a Jaruzelski (Koalition und Jaruzelski), „Gazeta Wyborcza" Nr. 52 vom 20.07.1989, S. 2. Über das Treffen *Jaruzelski*s mit dem OKP hat der „Solidarność"-Abgeordnete *Jacek Szymanderski* am 17.07. um 23 Uhr im 2. Fernsehprogramm berichtet. *Szymanderski* sagte, der General sei nach dem Kriegsnotstand, nach seiner Rolle bei der Intervention in der Tschechoslowakei 1968 sowie beim Massaker der Arbeiter an der polnischen Küste 1970 befragt worden. *Jaruzelski* soll diese Frage nicht ausreichend beantwortet haben.

Am nächsten Tag trat der Abgeordnetenklub der PVAP zusammen. Auf seiner Sitzung sagte General *Jaruzelski* u. a.:

„Am 30. Juni erklärte ich, daß ich darauf verzichte, mich um das Amt des Präsidenten ... zu bewerben. ... Ich habe mich doch – nach einer grundlegenden Überlegung aller Fakten und Umstände, indem ich mich ausschließlich nach dem Pflichtgefühl richtete – dazu entschlossen, den Vorschlag aller Koalitionsteilnehmer anzunehmen und für das Amt des Präsidenten der Volksrepublik Polen zu kandidieren."[79]

Am 18. Juli traten die Vertreter aller Parlamentsfraktionen erneut zusammen, um die Wahlordnung für das Präsidentenamt[80] vorzubereiten. Der Bürgerliche Parlamentsklub „Solidarność" (OKP) schlug vor, daß die Fraktionsvorsitzenden an den Kandidaten Fragen stellen dürften, womit die Koalitionsfraktionen allerdings nicht einverstanden waren. Was den Vorgang der Abstimmung angeht, so trat die Fraktion der PVAP für das Abstimmen durch Handheben auf. Der OKP sprach sich demgegenüber dafür aus, entweder mit Hilfe unterschriebener Wahlzettel oder durch die öffentliche Stimmabgabe jedes Abgeordneten abzustimmen. Da keine Einigung in diesen Fragen erreicht worden war, sollte die Nationalversammlung selbst über sie vor dem Wahlakt entscheiden[81].

Die Wahl des Präsidenten

Am 19. Juli 1989 um 15 Uhr traten die über 550 Mitglieder der Nationalversammlung im Sejmsaal zusammen[82]. Im ersten der oben genannten Streitpunkte hatte sich die Koalition mit dem Votum 290 zu 259 durchsetzen können. Eine Befragung des Präsidentschaftskandidaten konnte nicht stattfinden. In der zweiten Streitfrage vertrat die Koalition eine eigenartige Meinung: Es sollte zwar mit Hilfe unterschriebener Wahlzettel abgestimmt werden, doch nur die Vorsitzenden der Parlamentsfraktionen dürften nach der Abstimmung die Einsicht in diese Wahlzettel haben. Der OKP „Solidarność" hat es demgegenüber durchgesetzt, daß die namentlichen Wahlergebnisse allgemein zugänglich gemacht werden.
Während der Sitzungspause, die um 17 Uhr von dem die Nationalversammlung präsi-

79 Oświadczenie Wojciecha Jaruzelskiego (Erklärung *Wojciech Jaruzelski*s), „Rzeczpospolita" Nr. 169 vom 20.07.1989, S. 1.

80 Es wurde dabei Bezug auf die parlamentarische Tradition der II. polnischen Republik genommen. Vgl. z. B. *Zygmunt Łuczyński*, Wybór prezydenta (Die Wahl des Präsidenten), „Gazeta Wyborcza" Nr. 41 vom 5.07.1989, S. 2.

81 Vgl. (em), Jak go wybrać (Wie soll man ihn wählen?), „Gazeta Wyborcza" Nr. 52 vom 20.07. 1989, S. 2.

82 Die Sitzung wurde fast acht Stunden lang im ersten polnischen Fernsehen übertragen. Zur Wahl des Präsidenten siehe auch folgende Berichte: *Wojciech Jaruzelski* prezydentem Polskiej Rzeczpospolitej Ludowej (*Wojciech Jaruzelski* ...), „Trybuna Ludu" Nr. 169 vom 20.07.1989, S. 1, *Krzystof Leski*, O jeden glos (Eine Stimme ...), „Gazeta Wyborcza" Nr. 53 vom 21.–23. 07.1989, S. 1. Auf die erwähnte Übertragung sowie die genannten Berichte wird im weiteren Bezug genommen.

dierenden Marschall des Sejm angeordnet wurde, ist ihm von den Vertretern der Fraktion der PVAP offiziell die Kandidatur General *Jaruzelski*s überreicht worden. Gemäß den Erwartungen sind keine weiteren Personen zur Wahl gestellt worden.
Während der weiteren Sitzung sprachen sich die Vorsitzenden der Koalitionsfraktionen mehr oder weniger deutlich für *Jaruzelski* aus. *Bronisław Geremek* erklärte hingegen im Namen des OKP, daß die Mitglieder der „Solidarność"-Fraktion im Einvernehmen mit ihrem Gewissen und dem Willen der Wähler abstimmen würden.
Die Wahl selbst sowie das Zählen der Stimmen dauerte fast bis 22 Uhr. Es wurden u.a. vier Erklärungen abwesender OKP-Mitglieder verlesen, die ihre Abwesenheit mit dem undemokratischen Wahlverfahren (nur ein Kandidat) sowie mit der Person des Kandidaten rechtfertigten. Es hat sich später herausgestellt, daß ausgerechnet diese Parlamentsmitglieder entscheidend zur Wahl *Jaruzelski*s beigetragen haben. Er erhielt nämlich 270 Stimmen, was bei den 537 gültigen Stimmen (von den 544 abgegebenen) die erforderliche absolute Mehrheit von 269 Stimmen plus einer weiteren Stimme ergab. Ungefähr eine halbe Stunde nach der Bekanntgabe des Wahlergebnisses erschien *Wojciech Jaruzelski* im Sejmsaal. Unmittelbar darauf wurde er vom Marschall des Sejm als Staatspräsident vereidigt.
In seiner ersten Rede als Präsident schlug General *Jaruzelski* die Bildung einer Regierung der Nationalen Verständigung vor:

„Ich will ein Präsident der Verständigung sein, ein Vertreter aller Polen. Ich möchte also auch das Vertrauen derjenigen erwerben, die ihre Abneigung meiner Person gegenüber zum Ausdruck bringen. Es ist keine leichte Aufgabe. Ich werde sie übernehmen, obwohl sie nicht frei von Bitterkeit ist. Auch mein Lebensweg ist nicht auf Rosen gebettet worden."[83]

Am gleichen Tag erklärte *Lech Wałęsa* u.a.:

„Wir erwarten vom neuen Präsidenten, daß er ... zur Verwirklichung der Verhandlungsergebnisse des Runden Tisches beitragen sowie die Politik der polnischen Staatsräson verwirklichen wird ... Auf ihm liegt auch die Pflicht, [das Land] zu freien Parlamentswahlen innerhalb der nächsten vier Jahre sowie zur allgemeinen Präsidentenwahl zu führen. Das letzte Urteil, das die Geschichte über General *Jaruzelski* treffen wird, wird im größten Ausmaß von seiner Haltung in den nächsten Jahren abhängen."[84].

Schlußwort

Die politischen Eliten Polens sowie die polnischen Wähler haben im Sommer 1989 eine scheinbar paradoxe Lage zustande gebracht. Die formelle Mehrheit im Parlament liegt bei denjenigen, die die Wahlen faktisch verloren haben. Zum Präsidenten der Volksrepublik ist ein unbeliebter Kommunist gewählt worden, da seine politischen

83 Przemówienie prezydenta w Zgromadzeniu Narodowym (Die Rede des Präsidenten vor der Nationalversammlung), „Trybuna Ludu" Nr. 170 vom 21.–23.07.1989, S. 3.
84 Oświadczenie Lecha Wałęsy (Erklärung *Lech Wałęsa*s), „Gazeta Wyborcza" Nr. 23 vom 21.–23.07.1989, S. 1.

Gegner ihm dazu verholfen haben. Paradox erscheint diese Situation allerdings nur dann, wenn man die Wahlergebnisse ohne Berücksichtigung der gesellschaftlich-politischen Determinanten der Wahlperiode analysiert. Zieht man diese Determinanten des Landes im Umbruch mit in Betracht, so erkennt man, daß den Polen etwas scheinbar Unmögliches gelungen ist: der friedliche Übergang vom kommunistischen Totalitarismus mit seiner monopolitischen Machtstruktur hin zu ersten Erscheinungsformen eines demokratischen Pluralismus.

Die Ereignisse des Sommers 1989 lassen sich folgendermaßen zusammenfassen: Die Opposition hat einen großen Wahlsieg errungen und zugleich dem Machtlager einen wichtigen Platz im Parlament eingeräumt. Sodann ist für die Zeit des Systemwandels in Polen ein echtes parlamentarisches Leben möglich gemacht worden. Zumindest der Einfluß der Opposition auf die Gesetzgebung sollte es garantieren. Es ist – weiterhin – gelungen, einen dem Machtlager angehörenden Präsidenten zu wählen, der zu einem überparteilichen Staatsoberhaupt werden muß, wenn er ständige Konflikte mit dem Parlament vermeiden will. Die Besonderheit des polnischen Weges zur parlamentarischen Demokratie besteht wiederum darin, daß er durch die freie Wahl eines neu eingerichteten Senats geebnet wurde.

Damit eine derart günstige parlamentarische Ausgangssituation entstehen konnte, sind allerdings während der Parlamentswahlen einige „Geburtssünden" begangen worden. Zweimal sind über den „damals noch amtierenden" Staatsrat politische Faktoren benutzt worden, um konstitutionellen Krisen zu begegnen. Im Parlament hat sich – darüber hinaus – noch kein Platz für viele Oppositionskräfte gefunden.

Es ist nicht auszuschließen, daß aus den beiden oben dargestellten Verfassungskrisen Legitimationsprobleme der neu entstandenen Staatsstrukturen resultieren werden. Probleme dieser Art könnten u. a. gerade von jenen Oppositionskreisen aufgeworfen werden, die bisher zur Teilnahme am Parlamentsleben nicht zugelassen worden sind.

Der unklare Status der stärksten oppositionellen Kraft Polens – der „Solidarność" – ist noch zu erwähnen, wenn von den „Geburtssünden" des polnischen Nachkriegs-Parlamentarismus die Rede ist. Die „Solidarność" ist nämlich zu den Parlamentswahlen als eine allgemeingesellschaftliche antitotalitäre Bewegung gegangen. Im Parlament fand sie sich freilich als die einheitliche „Mannschaft *Wałęsa*s" zusammen, die später reibungslos wie eine Parlamentsfraktion einer auf Disziplin versessenen Partei die Wahl *Jaruzelski*s ermöglicht hatte. Nicht zuletzt ist doch die „Solidarność" die berühmteste Gewerkschaft der Welt. In dieser Funktion hat sie übrigens bisher die wenigsten Erfolge erzielt. Daß es auf längere Sicht unmöglich ist, zugleich die „Gesellschaft", die „politische Opposition" und die „freie Gewerkschaft" darzustellen, werden sowohl die „Solidarność"-Führer als auch ihre Anhänger spätestens dann merken, wenn die Erstgenannten zumindest beschränkt politische Verantwortung im Regierungssystem übernehmen werden.

Es kann sich angesichts der hier vorgetragenen „Unsicherheits-Faktoren" als voreilig erweisen, den Beginn der „IV. Polnischen Republik" schon heute zu konstatieren. Vielleicht wird die Geschichte deren Anfang in den ersten wirklich freien Parlamentswahlen in Nachkriegs-Polen sehen.

Man kann auch nicht außer acht lassen, daß sich das Schicksal der polnischen Staatlichkeit nicht nur im Parlament entscheiden wird. Die Polen erwartet jetzt das, was bisher in keinem kommunistischen Land gelungen ist: eine „fast demokratisch" bestellte Regierung, die das Vertrauen der Wähler und des Parlaments hat, sowie der Bau einer freien Marktwirtschaft. *Jerzy Holzer* hat dazu zutreffend erklärt:

„Aus der Rechnung der Chancen und Ängste folgt klar, daß die Chancen brüchig und die Ängste zahlreich sind. Was aber ist uns sonst geblieben, als auch diesem Stückchen Erde eine ihm entsprechende politische und wirtschaftliche Kultur zu finden versuchen, die die Erde unfruchtbar machende Monokultur des osteuropäischen Kommunismus ersetzt?"[85].

85 *Holzer*, a. a. O. (Anm. 66), S. 6.

DISKUSSION

Von der Gremienpartei zur Bürgerpartei. Zu den Kontroversen um die Krise der Parteiendemokratie

Dr. Jürgen Rüttgers MdB

Die aktuelle Kontroverse um die Ursachen und Folgen des Akzeptanzverlustes der großen demokratischen Parteien in Deutschland ist nicht neu. Seit Jahren gehören Analysen

- über die abnehmende Bindungs- und Integrationskraft der Volksparteien im Zusammenhang mit der Auflösung traditioneller sozialer Milieus, aus denen heraus die Parteien entstanden und breite Unterstützung erfuhren,
- über Wählerwandel als Folge von Wertewandel und wachsender Individualisierung in unserer Gesellschaft,
- über Engpässe und Blindstellen politischer Willensbildungs- und Entscheidungsprozesse,
- über die Personalauslese der Parteien,
- über die Einkünfte von Politikern und die Wahrnehmung von zusätzlichen Leitungsfunktionen, etwa in Verbänden oder Unternehmen, mit entsprechender Dotierung,
- über Struktur- und Verfahrensfragen im Spannungsfeld von Repräsentation und Partizipation

zum Repertoire der allgemeinen politischen Diskussion.

In den Parteien selbst nimmt die Debatte um Reformen der Organisationsstrukturen und um die Aktualisierung der programmatischen Grundlagen – nicht nur jeweils nach ausbleibenden Wahlerfolgen – breiten Raum ein.

Im Hinblick auf diesen, sicher nicht vollständigen, Katalog ist vor einer Schieflage in der aktuellen Politikverdrossenheitsdebatte zu warnen. Sie entsteht, wenn man sich bei der Ursachenrecherche und Therapieplanung allein auf die Parteien konzentriert. Eine redliche Diskussion kommt um Differenzierung nicht herum. Sie muß die Wechselbeziehungen zwischen gesellschaftlichem Wandel und Parteienentwicklung berücksichtigen. Natürlich sind die Parteien nicht allein „Opfer der Verhältnisse“ und damit fein aus dem Schneider. Sie sind aber auch eine abhängige Variable, verständlich nur aus dem politisch-rechtlichen und soziokulturellen Kontext heraus, in den ihre Arbeit eingebunden ist. Überlegungen zur Zukunftsfähigkeit der Volksparteien müssen dieser Ausgangslage Rechnung tragen.

Der Rückblick auf die kritische und selbstkritische Parteiendiskussion zeigt aber auch, daß die Debatte heute eine andere Zuspitzung erfährt als noch vor zwei oder drei Jahren. Die Ergebnisse der Parteienforschung haben die abnehmende Integrationskraft der Parteien vielfach als einen Normalisierungsprozeß in der deutschen Parteien- und Wählerlandschaft eine zeitversetzte, aber folgerichtige Anpassung unseres Parteiensystems an die Verhältnisse in anderen westlichen Demokratien und als Folge gesellschaftlicher Modernisierung und Differenzierung beschrieben. Es herrschte breiter Konsens darüber, daß die Krise der Parteien keine Krise des demokratischen Systems sei, dessen Institutionen sich auf hohe Zustimmungswerte in der Bevölkerung stützen könnten. Diese Unterscheidung verwischt sich heute. Parteienverdrossenheit wird zunehmend zum Indiz einer Krise des gesamten politischen Systems stilisiert.

Die neue Qualität der Parteiendiskussion

Vor diesem Hintergrund gewinnt die Parteiendiskussion eine neue Qualität. Es geht nicht mehr alleine um Anpassungsleistungen der Parteien innerhalb des demokratischen politischen Systems, sondern um die Zukunft der Parteien als den entscheidenden Stabilitätsfaktoren unserer demokratischen Ordnung. Vor allem die Fähigkeit der Parteien zur politischen Führung durch Entscheidung und Selbstbescheidung ist gefragt. Mit Kategorien der Machtbesessen- und Machtvergessenheit ist sie nicht zu vermessen.

Politische Führung durch Entscheidung meint, auf neue Fragen auch neue Antworten zu finden. Wir haben es uns unter den Bedingungen der „alten" Bundesrepublik gut eingerichtet, Veränderung fällt uns schwer. Wir erinnern uns unserer jüngsten Geschichte als einer demokratischen und wirtschaftlichen Erfolgsgeschichte, auch und vor allem dank der Parteien. Aber wir können und werden sie nur fortsetzen, wenn wir nicht allein altbekannten Wegen folgen und dabei unbemerkt auf der Stelle treten, sondern die Kompaßnadel neu ausrichten. Sie zeigt, wenn ich ihre Bewegung richtig deute, auf den Bürger: auf die Notwendigkeit, dem Bürger neue Räume und Wege der Eigenverantwortung und Selbstbestimmung zu erschließen. Unser Gemeinwesen kommt in die Jahre und wird altersstarr, wenn es uns nicht gelingt, in die festgefahrene Formation – hier der Bürger mit großen Leistungserwartungen an den Staat, dort der Staat mit umfassenden Wohlfahrts- und Sicherheitsgarantien für den Bürger – Bewegung zu bringen. Gemeint ist eine Bewegung,

- die das staatliche Leistungsvermögen nüchtern am finanziell Machbaren und politisch Notwendigen orientiert,
- die dem Bürger mehr Eigenverantwortung zumißt und entsprechende Gestaltungsräume eröffnet,
- die es den Parteien ermöglicht, ihre Aufgaben- und Einflußbereiche neu zu vermessen, ohne dabei ihre eigenen Kräfte zu überschätzen.

Der Weg zur Bürgerverantwortung

Ob Bürgerverantwortung in Zukunft erweitert wird, hängt entscheidend davon ab, wie fähig und willens die Parteien sind, nicht nur ihrer politischen Verantwortung gerecht zu werden, sondern auch den verantwortlich handelnden Bürger guten Gewissens handeln zu lassen.

Der Weg zum Bürger, zu mehr Bürgerverantwortung und -engagement, führt auch über die Parteien. Es ist der Weg von der Gremienpartei zur Bürgerpartei, und dieser Weg setzt mindestens drei Weichenstellungen voraus:

- Den Rückzug der Parteien aus Positionen und Einflußsphären, die über deren originären grundgesetzlichen Auftrag hinausgehen.
- Die Stärkung der Kooperations- und Koordinationsaufgaben der Parteien im Dialog mit dem Bürger.
- Die Öffnung der Parteiarbeit und der Parteistrukturen hin zu flexibleren und wirksameren Möglichkeiten der Bürgerbeteiligung.

Rückzug der Parteien aus den Angelegenheiten der Bürger

Die Parteien haben in den zurückliegenden Jahren ihre Einflußbereiche über Gebühr in die Freiräume bürgerschaftlicher Selbstbestimmung hinein ausgedehnt. In immer weitere Gebiete des gesellschaftlichen Lebens verzweigten sich ihre Aktivitäten. Nicht nur im staatlichen Bereich, auch im – sogenannten – vorpolitischen Raum, in Verbänden und Vereinen, öffentlichen Unternehmen und Selbstverwaltungsorganen, spielen Parteirepräsentanten eine entscheidende Rolle. Wo Entscheidungsbedarf mit Aussicht auf politische Einflußnahme erkennbar wurde, waren die Parteien zur Stelle. Die horizontal in die Gesellschaft ausgedehnte Reichweite der Parteien aber brachte dabei nicht, wie zur Begründung angeführt, mehr Teilhabe der Bürger an der politischen Willensbildung, sondern mehr Teilhabe der Parteien an der Lebensgestaltung der Bürger. Die Entwicklung zum Leistungsstaat verstärkte diesen Trend. Je tiefer der Staat in den gesellschaftlichen Bereich hineinintervenierte, um so stärker wuchs die Rolle der Parteien als Vermittlungs- und Verteilungsinstanzen. Durchaus guten Willens, machten sich die Parteien für die Einzelinteressen der Bürger stark, ohne dabei jedoch im ausreichenden Maße ihre Verpflichtung gegenüber dem Gemeinwohl zu verdeutlichen. „Nein-Sagen" kam außer Mode. Immer stärker wurden die Parteien als Interessenvertreter identifiziert und auch von den Bürgern belangt. Zeigten sich die Parteien aber außerstande, den Erwartungen gerecht zu werden, stieg der Erwartungsdruck der Bürger weiter an. Die Parteien suchten Bürgernähe, aber die Kluft zum Bürger wuchs.

Hier nun offenbart sich das Dilemma, in dem wir heute stehen: *Die Parteien straucheln über ihren eigenen Geltungsanspruch. Sie haben ihre Kräfte überspannt.* Durch die Selbstüberschätzung, die mit einem vielfach überzogenen Anspruchsdenken in Teilen der Bürgerschaft korrespondiert, tragen die Parteien mit zu jenem Verdruß und jener Vertrauenskrise bei, der sie selbst zum Opfer fallen könnten.

Notwendig bleibt daher eine Selbstbeschränkung der Parteien. Die Parteien sollen, das ist der Auftrag des Grundgesetzes, an der politischen Willensbildung des Volkes mitwirken. Sie haben nicht die Aufgabe, in alle Bereiche des gesellschaftlichen Lebens hineinzuwirken. Im gesellschaftlichen Bereich tut Rückzug Not. Selbstorganisation und mehr Eigenständigkeit der Bürger, mehr Zutrauen in die Bürger, ist die Antwort, die zu mehr Akzeptanz der Parteien führt und den Trend des Rückzugs der Bürgerschaft aus ihren Angelegenheiten stoppt. Die Bürger müssen sich im Gegenzug auch selbst mehr zutrauen, statt Verantwortung bequem zu delegieren.

Notwendig ist Offenheit im Erkennen der Gestaltungsgrenzen der Parteien und der Abschied von der Fiktion jener unbegrenzten Handlungsallmacht, die den Parteien nicht zusteht und in modernen Industriegesellschaften mit ihren vielfältigen Formen eigenständiger Steuerung auch nicht zustehen kann.

Der politische Raum, in dem die Parteien eine nicht zu ersetzende demokratische Aufgabe wahrnehmen, muß sich wieder deutlich unterscheiden von dem Raum, in dem die Bürger unmittelbar und selbstverantwortlich entscheiden. Dies entlastet auch die Parteien.

Auch neue Aufgaben

Staat und Gesellschaft haben sich tiefgreifend verändert. Der demokratische Staat ist, gerade weil er die Grenzen seiner Macht eng markiert und die Autonomie der pluralen Gesellschaft respektiert, nicht mehr der Übervater vergangener Zeiten. Er verfügt nur begrenzt über Mittel und Hebel, die er zur Umsetzung gesamtgesellschaftlicher Ziele benötigt. Er ist auf Unterstützung und Folgebereitschaft der gesellschaftlichen Institutionen und Gruppen angewiesen. Immer weniger tritt er in hoheitlichem Gewande auf, immer mehr sucht er seine Aufgaben im Verhandlungswege, durch komplexe Koordinations- und Kooperationsverfahren, wahrzunehmen. Auch unsere politische Kultur hat sich

verändert. Die Pluralität der Werthaltungen und Vorstellungen wächst. Viele Menschen lehnen sich nicht im Gemütswinkel ihres Wohnzimmers zurück, um allein auf die wohlfahrtsstaatlichen Gaben zu warten. Sie gehen eigene Wege, wollen sich engagieren. Sie suchen daher Einflußnahme dann, wenn die Chance besteht, sich mit ihren Anliegen in den politischen Entscheidungen wiederzufinden.
Für die Parteien an der Schnittstelle zwischen Bürger und Staat entstehen damit auch neue Aufgaben. Sie reduzieren sich nicht auf die nach wie vor notwendige Integrationsleistung mit dem Ziel, den staatlichen Willensbildungs- und Entscheidungsprozeß zu präjudizieren. Vielmehr wächst ihre Aufgabe, staatlichen Koordinierungsbedarf und bürgerschaftliches Engagement aufeinander abzustimmen und in Einklang zu bringen. Die Parteien schlüpfen in die Rolle des Moderators, der den Austausch von Argumenten befördert, um dadurch den Interessenausgleich durch die Interessenträger selbst zu bewirken: Weg vom Parteihearing, in dem Standpunkte lediglich vorgetragen werden – hin zum Runden Tisch, zur konzertierten Aktion, um auf der Basis unterschiedlicher Interessen gemeinsame Ziele und die daraus folgenden gemeinsamen und abgestimmten Aktionen herauszuarbeiten und zu verabreden.
Für die Parteien verbinden sich mit diesem ergänzenden Modell der Politikgestaltung zusätzliche Anforderungen. Die Parteien müssen umdenken, Gesprächsführung üben, zuhören lernen und von der Haltung Abschied nehmen, die eigene politische Zielvorgabe als die einzig richtige Entscheidungsmaxime anzusehen. Kommunikative Kompetenz ist verlangt, Offenheit, die zugleich klare Standpunkte und Grundsatztreue voraussetzt.

Dem Bürger, was des Bürgers ist

Diese Offenheit gewinnt dann Raum, wenn es den Parteien gelingt, innere Selbstblockaden aufzulösen. Die Parteien sind zu kompliziert und unbeweglich. Sie haben sich zu durchorganisierten Gremienparteien entwickelt, sie sind zu Dinosauriern mutiert, die an ihrer Schwerfälligkeit leiden. Innerparteiliche Meinungsbildung und Entscheidungsfindung haben sich zu aufwendigen Verfahren verdichtet, die nur noch wenig Spielraum lassen, Expertenwissen voraussetzen und routinierter Inszenierung Vorschub leisten. Statt politischer Entscheidungen zelebriert man für die Menschen symbolische Politik. Geschäftsordnungen erfreuen sich nicht nur größter Aufmerksamkeit und Sorgfalt, sondern auch der juristischen Kommentierung, was die Vermutung nahelegt, daß es sich nicht um einfache und leicht handhabbare Regelungen handelt.
Die Vielzahl der Gremien – vom Ortsverband über den Stadtbezirks-, Kreis- und Landesverband zur Bundespartei, entsprechende Vorstände, Ausschüsse und Arbeitsgruppen auf allen Ebenen; Kreis-, Bezirks-, Landes- und Bundesdelegiertenversammlungen; Vereinigungen mit einer ähnlich hochgradigen Organisationsstruktur – machen die Parteien zu komplexen Apparaturen. Ein Schicksal, daß die Parteien mit vielen Institutionen teilen. Wer sich in Parteien engagiert, braucht die Kondition eines Marathonläufers. Lange Wege sind zurückzulegen, Sitzungstermine füllen den Kalender. Die Aufstiegssprossen sind vielzählig. Wer oben ankommt, hat oftmals noch die bekannte „Ochsentour" hinter sich. Seiteneinsteiger bleiben die Ausnahme. Die Formen und Methoden der Personalauswahl favorisieren eher das bewährte Mitglied. Man bleibt unter sich. Bei der Kandidatenaufstellung dominieren Vorabsprachen, offene Rennen sind eher selten. Wo Führungsgremien der Verlust auf die Einflußnahme von Personalentscheidungen droht, wird die Handbremse gezogen.
Sporadische Mitarbeit wird zunehmend schwierig, aus einem Ehrenamtlichen wird schnell ein Amtsinhaber. Der Grad der Professionalität nimmt zu. Nicht selten trifft man auf den „Typ des Multifunktionärs". Nur in Ausnahmefällen ist zwar der Vorwurf des Karrieretanzes auf vielen Hochzeiten berechtigt. Das man Menschen, die sich im Kirchenvorstand oder der Schulpflegschaft, im Bürger- oder Sportverein engagieren, auch in den Parteien wiedertrifft, ist kein Zufall. Denn die Zahl der Mitbürger, die in ihrer Freizeit ein Ehrenamt übernehmen, hält sich durchaus in Grenzen. Oft wird

engagierte Mitarbeit daher mit dem Drängen belohnt, auch auf anderen Stühlen Platz zu nehmen. Entscheidend ist dabei aber, daß diese „Multifunktionalität" im politischen System der Volksparteien angelegt ist. Wer seine Aufgaben erfüllen will, muß präsent sein: der Politiker zum Anfassen. Wer präsent ist, bekommt Ämter. Sie sind der Beweis für Basisnähe.

Ähnlich verhält es sich mit der Ämterhäufung. Auch für sie lassen sich berechtigte Gründe anführen, etwa die Tatsache, daß für immer mehr Wahlämter bei sinkenden Mitgliederzahlen immer weniger Bewerber zur Verfügung stehen. Die Parteien sind entgegen einem weitverbreiteten Vorurteil keine „closed shops". Man freut sich über neue Mitarbeiter. Die Parteien können es sich manchmal kaum noch leisten, jemanden zurückzuweisen. Viele Parteigliederungen sind heute nur bedingt noch in der Lage, die ihnen zustehenden Positionen seriös zu besetzen. Dies gilt für Parteiämter ebenso wie für Stadt- und Gemeinderatsmandate und die Vielzahl von Delegiertenpositionen, die alle zwei Jahre neu zu wählen sind. Da nach aller Erfahrung aber nur 10 bis 15 Prozent der Mitglieder an Versammlungen teilnehmen, bleibt den Aktiven oft nichts anderes übrig, als sich selbst immer weiter vorzuschlagen und zu wählen.

Dies führt dazu, daß in den verschiedenen Parteigremien zu oft die gleichen Leute sitzen, die die gleichen Erfahrungen und Ideen einbringen. Dies ist kein Vorwurf an die Amtsinhaber, sondern ein strukturelles Problem, das die Lern- und Innovationsfähigkeit der Parteien einschränkt. Eine Stichprobe in einem normalen Kreisverband ergab, daß der Spitzenreiter 19 solcher Delegierten- und Vorstandspositionen besaß. Dies war weder den Wählenden noch dem Betroffenen bewußt. Man war dankbar, daß er die Arbeit auf sich nahm; er hatte selbst den Überblick verloren, weil er sowieso an allen Sitzungen teilnehmen mußte. Die Basis erwartete dies von ihrem politischen Aushängeschild. Die Folge ist eine Spirale: Wer sich engagiert, bekommt Ämter. Wer sich viel engagiert, bekommt viele Ämter. Wer Ämter hat, muß an vielen Sitzungen teilnehmen. An vielen Sitzungen teilzunehmen, ist unattraktiv. Unattraktive Aufgaben werden gemieden mit der Folge, daß immer weniger Bürger für die Vielfalt der ehrenamtlichen Positionen zur Verfügung stehen. Immer weniger Menschen arbeiten also immer mehr. Dieser Trend zur Professionalisierung macht die Parteien wenig anziehend und ihre Arbeit steril. Wo aber neue Leute ausbleiben, bleiben auch neue Fragen und Ideen außen vor. Der Mangel vor allem an jungen Menschen, die sich in oder an der Seite von Parteien engagieren, ist ein signifikantes Indiz.

Die Parteiarbeit ist heute, nicht zuletzt durch die innerparteilichen Strukturen, auf eine inhaltliche „Einkreisung" der Themen auf dem Weg durch die Gremienpartei angelegt. Dies hat Einfluß auf die gesamte inhaltliche Gestaltung der Parteiarbeit, weil durch schematische Formen politische Kreativität an Schwung verliert.

Wenn aber neue Fragen nicht in den Parteien gestellt werden, können sich die Parteien auch nicht auf notwendige neue Antworten zubewegen. Parteien entstehen und haben Bestand, wenn sie Themen aufgreifen und Herausforderungen benennen, die sich für eine Gesellschaft als grundlegend erweisen. Ihre Zukunft entscheidet sich daher auch daran, wie es ihnen gelingt, sich neuen Fragen zu öffnen.

Mehr noch: Neue Fragen bedürfen auch neuer, manchmal unkonventioneller Antworten. Hier aber tun sich die Gremienparteien schwer. Wer mit originellen Vorschlägen in eine Partei hineingeht, ist oft darüber enttäuscht, wie wenig von seinen Ideen am Ende der innerparteilichen Willensbildungs- und Entscheidungsverfahren herauskommt. Wie Mühlsteine wirken die Instanzen: Vorschläge werden gefiltert, abgerundet und zerrieben. Statt Anreicherung und Komprimierung, Verwässerung und Aussortierung. Dies ist sicher vielfach notwendig, um Konsens zu erreichen, um den kleinsten gemeinsamen Nenner, den „Kern der Sache", zu finden. Aber ein wenig mehr Mut, auch Vorschläge mit Ecken und Kanten die Nadelöhre von Vorstandsbeschlüssen passieren zu lassen, wäre wünschenswert.

Dies käme nicht nur der Kreativität, sondern auch der öffentlichen Wirkung der Parteien zugute. Auch hier gibt es Nachholbedarf. Gegenüber einer kritischer werdenden Öffentlichkeit macht sich

Überwinterungsmentalität breit. Parteiveranstaltungen haben kaum noch den Charakter öffentlicher Foren. Vielmehr wird in den Gremien hinter verschlossenen Türen debattiert, verlagern sich Entscheidungen in nicht-öffentliche Zirkel, was weder der Transparenz dient, noch vom Bürger als demokratisch empfunden wird.

Eine realistische Sicht wird davon ausgehen, daß sich die Parteien zumindest mittelfristig auf abnehmende oder stagnierende Mitgliederzahlen einstellen müssen. Die Parteien sollten darin nicht nur eine Gefahr, sondern vielmehr eine Chance sehen. Struktureller und administrativer Ballast kann abgeworfen werden. Vor allem aber besteht die Chance, die Parteien weniger als Kampftruppe in eigener Sache oder Blitzableiter organisierter Gruppen, denn als Resonanzkörper für den ungebundenen, aber engagierten Bürger zu begreifen. Daher wäre der Weg von der Volkspartei zum Dienstleistungsapparat für die Funktions- und Mandatsträger der falsche Weg. Die Parteien müssen Institutionen des Bürgers bleiben, die nicht nur seinem Wort Gehör verschaffen, sondern ein Optimum an eigenständigen Gestaltungsmöglichkeiten für die Bürger eröffnen. Dazu zählt auch, daß sich die Parteien in ihrem Anspruch bescheiden. Sie sollten nicht in allen Bereichen des öffentlichen Lebens die Fäden ziehen, sondern die Bürger darin bestärken, ihr Gemeinwesen unmittelbar und eigenständig, also nicht immer über den Umweg der Politik und Parteien, zu gestalten. Wir müssen dem Bürger lassen, was des Bürgers ist.

AUFSÄTZE

Die Konstituierung des Zentralamerikanischen Parlaments: Friedensprozeß und subregionale Integration

Günther Maihold

Mit dem Zusammentritt des Zentralamerikanischen Parlaments am 26. Oktober 1991 in Guatemala-Stadt hat sich nach dem Europäischen Parlament die zweite parlamentarische Versammlung regionalen Zuschnitts auf der Welt konstituiert, die aus direkten Wahlen hervorgegangen ist. Gleichzeitig wird damit ein weiterer Schritt zur Erfüllung der im Friedensabkommen von Esquipulas 1987 festgelegten Forderungen getan, um in der Krisenregion Zentralamerika einen dauerhaften Frieden zu ermöglichen. Weiterhin trägt diese neu geschaffene parlamentarische Instanz den intensiven Bemühungen zur Verstärkung der regionalen Integration Rechnung, die den Platz Zentralamerikas im Rahmen der Regionalisierung der Wirtschaftsräume und Handelsströme auf dem amerikanischen Kontinent sichern sollen.

Somit hat sich das Projekt der Konstituierung eines Zentralamerikanischen Parlamentes (ZaP) trotz des Regierungswechsels in den fünf beteiligten Ländern Costa Rica, El Salvador, Guatemala, Honduras und Nicaragua erhalten können, obwohl bislang nur gewählte Abgeordnete aus El Salvador, Guatemala und Honduras am ZaP teilnehmen. Trotz dieser zunächst eingeschränkten parlamentarischen Repräsentation der am Esquipulas-Abkommen beteiligten Staaten ist mit dem ZaP eine Institution ins Leben gerufen worden, die der regionalen Integration zusätzlichen Schub verleihen kann, da erstmals eine Beteiligung von Volksvertretern an diesem Prozeß gewährleistet ist. Die Initiatoren dieser neuen parlamentarischen Versammlung in Zentralamerika haben sich dabei explizit an dem Vorbild des Europäischen Parlamentes orientiert[1] und erhielten auch seitens der europäischen Institutionen technische Beratung sowie eine Zusage über 20 Millionen US-Dollar als Beitrag zur Durchführung der notwendigen Urnengänge. Für die Weiterentwicklung des ZaP ist daher von Interesse, die Erfahrungen aus Europa für die spezifischen Herausforde-

1 So die Aussage des früheren Vizepräsidenten Guatemalas *Roberto Carpio Nicolle*, der maßgeblich an der Erarbeitung des Gründungsvertrages des Zentralamerikanischen Parlamentes beteiligt war: „Auf der Basis der wichtigsten Orientierungspunkte des europäischen parlamentarischen Handelns und unter Einbeziehung der zentralen Unterschiede zwischen dem Europa der fünfziger Jahre und dem Zentralamerika von heute wollten wir die besten und objektivsten Erfahrungen des europäischen Prozesses in einen zentralamerikanischen Vorschlag einbringen, der den Notwendigkeiten und der Realität des zentralamerikanischen Volkes entspricht." Vgl. Fundación Friedrich Ebert/Instituto de Cooperación Iberoamericana (Hrsg.), El Parlamento Centroamericano y la Experiencia Europea (Documentos y estudios 66), Madrid 1989, S. 31.

rungen des zentralamerikanischen politischen Kontextes sinnvoll anwendbar zu gestalten und die Auswirkungen der Besonderheiten des Entstehungsprozesses dieser neuen parlamentarischen Versammlung in Zentralamerika für die politische Wirksamkeit dieses Regionalparlamentes in Rechnung zu stellen.

I. Das Zentralamerikanische Parlament als Bindeglied zwischen Friedensprozeß und Integration

Initiativen zur Einrichtung einer parlamentarischen Instanz in Zentralamerika lassen sich nicht nur in der jüngsten Geschichte dieser Region nachweisen. Der Konflikt zwischen zentralistischen und föderalistischen Kräften, der sich in Zentralamerika und Mexiko auch in politischen Termini als Auseinandersetzung zwischen Konservativen und Liberalen artikulierte[2], brach bereits unmittelbar nach der Unabhängigkeit des Gebietes der kolonialen *Capitanía General de Guatemala* im Jahre 1821 aus, die sich in die *Provincias Unidas del Centro de América* (Vereinte Provinzen Zentralamerikas) transformierte. Aus dem Ende der kolonialen Herrschaft folgte ein Machtvakuum, das von den lokalen Kaziken und den aufsteigenden Städten zum Ausbau ihrer Ansprüche auf regionale Vorherrschaft genutzt wurde, so daß de facto ein Prozeß der Dezentralisierung der ökonomischen und politischen Grundlagen der früher zentralisierten Herrschaftsstrukturen einsetzte. Der erste ernstzunehmende Versuch zur Reintegration der fünf Provinzen, die sich gebildet hatten, stellt die *Convención de Chinandega* von 1842 dar, die einen aus zwei Kammern bestehenden „Kongreß Zentralamerikas" vorsah, der jedoch ebenso wie seine Nachfolger an den regionalen und lokalen Partikularismen scheiterte[3]. Insgesamt lassen sich für das 19. Jahrhundert vierzehn weitere Versuche zur Einrichtung einer parlamentarischen Instanz als Grundlage oder Ergänzung einer Union Zentralamerikas identifizieren, die jedoch alle eher dem Interesse an der gemeinsamem Abwehr externer Aggressionen (vor allem seitens Großbritanniens und der USA) oder der internen Suche nach Frieden angesichts der Gefahren lokaler Auseinandersetzungen geschuldet sind[4], als daß sie ein authentisches Interesse an der Formierung einer regionalen Einheit widerspiegeln würden.
Auch die Bemühungen im 20. Jahrhundert zum Ausbau der regionalen Reintegration entsprachen diesen Motiven, wobei verschiedene Ansätze zusätzlich durch Putsche in einem der Mitgliedstaaten obsolet wurden. Als letzter Versuch zur Begründung einer parlamentarischen Versammlung kann der Reformversuch der 1951 geschaffenen Organisation Zentralamerikanischer Staaten (ODECA) gelten, die auf guatemaltekische Initiative im Jahre 1962 durch einen „Zentralamerikanischen Kongreß" als Parlament der Parlamente ergänzt werden sollte. Allerdings wurde diese Vorlage der „Grundlagen der zentralamerikanischen Gemeinschaft" von den Mitgliedstaaten nicht ratifiziert.

2 So vor allem *Jorge Carpizo,* Federalismo en Latinoamérica, México 1973, S. 15.
3 Vgl. *Caros Meléndez Chaverri,* Rasgos fundamentales de la Geopolítica Centroamericana en la Independencia, in: Revista de la Universidad de Costa Rica Nr. 31/1971.
4 Als Überblick vgl. *Jorge Mario García Laguardia,* La frustrada vocación federal de la región y el proyecto de parlamento centroamericano, San José/Costa Rica (Cuadernos de Capel 28) 1988, S. 32.

1. Die Entwicklung der Idee des Zentralamerikanischen Parlaments im Kontext des Friedensprozesses

Der eigentliche politisch wirksame Vorschlag zur Gründung des ZaP als permanentes Forum wurde vom guatemaltekischen Präsidenten *Vinicio Cerezo* den anderen Präsidenten der Region noch vor seiner offiziellen Amtsübernahme unterbreitet. *Cerezo* konnte auf einer Reise am 14./15. Dezember 1985 durch alle Länder Zentralamerikas die Unterstützung seiner Kollegen für seinen Vorschlag erhalten, den er bereits im Oktober in Venezuela als dem federführenden Land der Contadora-Gruppe propagiert hatte. Diese Vorbereitung seiner Initiative deutet auf die Einbindung der zentralamerikanischen Politik zu diesem Zeitpunkt in die Friedensbemühungen der Contadora-Gruppe hin, die von Kolumbien, Panama, Mexiko und Venezuela getragen wurde, um mit diplomatischer Schützenhilfe der Unterstützungsgruppe südamerikanischer Staaten (*Grupo de Apoyo*), die sich aus den Ländern Uruguay, Peru, Brasilien und Argentinien zusammensetzte, eine regionale Friedenslösung für die Konfliktsituation in Zentralamerika zu erarbeiten[5]. Die Tatsache, daß die Initiative für das ZaP aus der betroffenen Region Zentralamerika kam, stellte für die Friedensbemühungen ein bedeutsames Novum dar.

Zudem entspricht dies einem Wandel in der Außenpolitik Guatemalas, die eine Politik aktiver Neutralität unter der erstmals aus freien Wahlen hervorgegangenen Regierung des Christdemokraten *Cerezo*[6] verfolgte, wodurch die festgefügten Fronten der regionalen Krise – der Block von Tegucigalpa (El Salvador, Honduras, Costa Rica) einerseits und das sandinistische Nicaragua andererseits – in Bewegung gerieten. *Cerezo* vertiefte seine Initiative, die inzwischen von der Contadora-Gruppe auf ihrer Sitzung in Caraballeda/Venezuela am 12. Januar 1986 aufgegriffen worden war[7], anläßlich seiner Amtseinführung am 14./15. Januar 1986, indem er eine gemeinsame „Erklärung von Guatemala" der zentralamerikanischen Präsidenten vorlegte, mit der die Diskussion seines Vorschlages auf die Tagesordnung einer demnächst einzuberufenden Gipfelkonferenz gesetzt wurde. Dieses vom costarikanischen Präsidenten *Luis Alberto Monge* jedoch nicht mitgetragene Comuniqué knüpft an die von *Cerezo* vorgetragene Zielbestimmung des Zentralamerikanischen Parlamentes an: „Unsere Absicht, die Möglichkeit eines Zentralamerikanischen Parlamentes anzudeuten, in dem wir uns mit unseren Brüdern treffen können und gemeinsame Regeln unseres friedlichen Zusammenlebens und unserer sozioökonomischen Entwicklung suchen, entspricht unserer Unterstützung für Contadora und jeden anderen genuinen Versuch, bei der Erreichung des zentralamerikanischen Friedens mitzuarbeiten."[8]

Auf dem am 24./25. Mai 1986 in Esquipulas/Guatemala stattfindenden Präsidentengipfel,

5 Zu den Bemühungen der Contadora-Gruppe vgl. *Víctor Flores Olea* (Hrsg.), Relación de Contadora, México 1988.

6 Vgl. hierzu AVANCSO, Política exterior y estabilidad estatal, Guatemala (Cuadernos de Investigaión Nr. 5) 1990, S. 106ff.

7 Zur Geschichte der Contadora-Friedensinitiative allgemein vgl. *Wolfgang Dietrich*, Die Bemühungen um den Frieden in Zentralamerika 1983–1989, Frankfurt 1990, zum Treffen in Caraballeda konkret vgl. S. 224ff.

8 Rede des Präsidenten Guatemalas *Vinicio Cerezo* bei seiner Amtseinführung am 14. Januar 1986, zit. in: *Andrés Araya Montezuma*, El Parlamento Centroamericano (Descripción Cronológica), San José (Cuadernos de Investigación CSUCA Nr. 18) 1987, S. 4.

der erstmals wieder die Staatsoberhäupter Zentralamerikas ohne die Vermittlung Dritter zusammenführte, wurde die Forderung nach der Einführung eines Zentralamerikanischen Parlamentes neben der Formalisierung der Gipfeltreffen als wichtigstes Element zur Friedenssicherung in die gemeinsame Schlußerklärung aufgenommen. Der Text des Abschnittes 3 der Erklärung von Esquipulas I kann daher als die offizielle Geburtsstunde des ZaP betrachtet werden:

„Die Präsidenten erklären (...) 3. Daß es notwendig ist, Anstrengungen zur Verständigung und Kooperation mit institutionellen Mechanismen zu beginnen und auszubauen, die einen Ausbau des Dialogs, der gemeinsamen Entwicklung, der Demokratie und des Pluralismus als fundamentale Elemente für den Frieden in der Region und für die Integration Zentralamerikas ermöglichen. Daher kommen sie überein, daß Zentralamerikanische Parlament zu schaffen. Seine Mitglieder werden frei nach allgemeinem und direktem Wahlrecht gewählt, in dem das Prinzip des politischen partizipativen Pluralismus respektiert wird. Zu diesem Zweck werden die Vizepräsidenten nach vorheriger Übereinkunft ihren jeweiligen Regierungen innerhalb von 30 Tagen die Zusammensetzung einer Vorbereitungskommission des Zentralamerikanischen Parlamentes vorschlagen, die in einem Zeitraum von nicht mehr als 90 Tagen nach ihrem Zusammentreten das Projekt eines Gründungsvertrages des genannten Parlamentes vorbereitet."[9]

Auf der Basis eines Entwurfes der Regierung von Guatemala erarbeitete die aus 25 Mitgliedern bestehende Vorbereitungskommission, der auch jeweils drei Abgeordnete der nationalen Parlamente angehörten, einen ersten Vertragstext, der den Präsidenten bei ihrem Gipfeltreffen am 6./7. August 1987 in Guatemala-Stadt – später als Esquipulas II bekannt geworden[10] – vorgelegt wurde. Im Abschlußdokument wird hinsichtlich des ZaP unter Punkt 4 ausgesagt, „daß zur Erzielung der Versöhnung und des dauerhaften Friedens für die Völker Wahlen zur Integration des ZaP durchgeführt werden"[11]. Gleichzeitig wurde die Vorbereitungskommission aufgefordert, innerhalb von 150 Tagen ihre Beratungen zu beenden und den Präsidenten ein Schlußdokument vorzulegen. Für das erste Halbjahr 1988 wurden gleichzeitige Wahlen in allen Ländern vorgesehen, die unter Kontrolle der nationalen Gremien sowie mit Einladung der Organisation der Amerikanischen Staaten (OAS) und Dritter Staaten als Beobachter durchzuführen seien. Nach Abschluß der Wahlen sei das Ratifizierungsverfahren des Gründungsvertrages in allen fünf Ländern einzuleiten.

9 Deklaration von Esquipulas, 25. Mai 1986; vgl. *Andrés Araya Montezuma*, a. a. O., Anhang 2.

10 Esquipulas II wird als Durchbruch einer „zentralamerikanischen Lösung" der Krise auf der Grundlage des Arias-Friedensplans betrachtet, die erstmals ohne Beteiligung von Regionalmächten oder internationalen Organisationen zustandekam. Die zentralen Punkte des Dokumentes sind: 1. Nationale Versöhnung; 2. Waffenstillstand; 3. Demokratisierung; 4. freie Wahlen; 5. Beendigung der Militärhilfe; 6. Beendigung der Nutzung des Territoriums, um andere Staaten anzugreifen; 7. Abrüstung; 8. nationale und internationale Überwachung; 9. Überprüfung der Fortschritte im Friedensprozeß und 10. Demokratie und Freiheit für den Frieden sowie Frieden für die Entwicklung. Zur Vorgeschichte und Bewertung des Abkommens vgl. *Enrique Gomáriz* (Hrsg.), Balance de una esperanza. Esquipulas II un año después, San José 1988, S. 49ff.

11 Procedimiento para establecer la paz firme y duradera en Centroamérica (Esquipulas II), 7. August 1987, vgl. *Enrique Gomáriz*, a. a. O., S. 357.

2. Die Funktion des Zentralamerikanischen Parlaments im Esquipulas-Friedensplan

Die Verknüpfung der Entstehung des ZaP mit den Friedensbemühungen in Zentralamerika hat die Struktur dieser neuen Institution maßgeblich geprägt. Dies gilt in besonderem Maße für die Regelungen, die die Funktion der neuen Institution betreffen und den politischen Prozeß in der Region dauerhaft stabilisieren sollen:

– Da das Parlament in den Friedensprozeß eingebunden ist, ist die Beteiligung auf die fünf Länder Costa Rica, El Salvador, Guatemala, Honduras und Nicaragua beschränkt. Eine Einbeziehung der geographisch auch zu Zentralamerika gehörenden Staaten Belice und Panama war aus diesem historischen Grund sowie wegen der gegebenen politischen Lage – Guatemals Ansprüche auf Belice sowie die Herrschaft *Noriegas* in Panama – nicht in Erwägung gezogen worden. Durch die Anerkennung Belices durch Guatemala am 5. September 1991 und die Integration Panamas unter der Regierung *Endara* in die Gipfelkonferenzen der zentralamerikanischen Präsidenten (erstmals beim Gipfel in San Salvador im Jahre 1991) sind entscheidende Hemmnisse für einen Beitritt dieser Länder zum ZaP beseitigt worden. Der von Belice und Panama zur Eröffnung des ZaP geäußerte Wunsch zur Mitgliedschaft kann allerdings nur über ein Zusatzprotokoll zum Gründungsvertrag geregelt werden.

– Das ZaP entsteht aus der politischen Notwendigkeit des Friedensprozesses und versteht sich nach seinem Gründungsvertrag, Artikel 1 als „regionales Organ der Diskussion, Analyse und Verabschiedung von Empfehlungen über politische, ökonomische, soziale und kulturelle Angelegenheiten gemeinsamen Interesses mit dem Ziel, ein friedliches Zusammenleben im Rahmen von Sicherheit und sozialem Wohlstand zu erlangen, der sich in der repräsentativen und partizipativen Demokratie, im Pluralismus und im Respekt für die nationalen Gesetze und das internationale Recht begründet"[12]. Das Parlament wird damit zunächst in den Dienst des Friedensprozesses gestellt, der institutionalisiert und auf Dauer in den nationalen Gesellschaften durch die politischen Parteien verankert werden soll. Somit besteht für die zentralamerikanischen Staaten kein Anlaß, der neuen Instanz eine supranationale Qualität zuzuerkennen, zumal keine Verflechtung mit schon bestehenden Integrationsinstanzen vorgesehen ist.

– Das Esquipulas-Abkommen ist durch ein neues Element der Verständigung in Gestalt einer doppelten Symmetrie gekennzeichnet, insofern die Staaten ihre Legitimität gegenseitig anerkennen und damit gleichzeitig die Illegitimität aller gegen sie gerichteten bewaffneten Kräfte festlegen. Dies gilt ebenso für die Contras des nicaraguanischen Widerstandes wie auch für die Aufständischen der FMLN in El Salvador und der URNG in Guatemala[13]. Die damit vollzogene Anerkennung des Status quo in Zentralamerika durch alle Beteiligten nach der sandinistischen Revolution in Nicaragua von 1979, die das Land in die Rolle eines Fremdkörpers im regionalen Konzert gebracht hatte, impliziert die

12 Tratado Constitutivo del Parlamento Centroamericano y Otras Instancias Políticas, Documento aprobado en la II. Reunión de la Comisión Preparatoria del Parlamento Centroamericano, Guatemala, 2. Oktober 1987, S. 2.

13 So *Gabriel Aguilera,* La concertación como alternativa a la crisis centroamericana, in: Seminario Encuentro 88: La Cooperación Internacional y su contribución a la integración, la democracia y la paz en Centroamérica, Guatemala-Stadt 1988, S. 116.

Beendigung der Diskussion über die Berechtigung unterschiedlicher politischer Regime[14] zugunsten der demokratischen Gleichwertigkeit der Staaten. Dies bedeutete für die Struktur des Parlamentes, daß auch keine Gewichtung der einzelnen Länder nach Bevölkerungszahl, Wirtschaftskraft etc. vorgenommen wurde, sondern dem formalen Gleichheitskriterium entsprechend jedem Land gleichermaßen 20 Abgeordnete zustehen[15]. Aus der strengen Beachtung der Gleichheit der Staaten im Gründungsvertrag des Parlaments folgt auch die Festschreibung des Nationalitätsprinzips mit Rotation bei der Besetzung der Präsidiumspositionen und bei der Bestellung der technischen Mitarbeiter. Zudem wird auf ein gemeinsames Wahlrecht verzichtet, das statt dessen den jeweiligen nationalen Gesetzen überlassen bleibt.

– Die instrumentelle Funktion des Parlamentes im zentralamerikanischen Friedensprozeß wird auch in der Einführung des Prinzips der Direktwahl für die Bestimmung der Abgeordneten sowie im Zeitplan der Durchführung der Wahlen vor Ratifizierung des Gründungsvertrages erkennbar. Hinter diesen Regelungen steht das Interesse der Unterzeichnerstaaten, Nicaragua so schnell wie möglich zur Abhaltung von anerkannten Wahlen zu bewegen[16] und damit eine Vereinheitlichung des Demokratieverständnisses in der Region herbeizuführen. So wird berichtet, daß es auf dem Gipfeltreffen von Esquipulas I zu einem heftigen Konflikt von *Oscar Arias* mit dem nicaraguanischen Präsidenten *Daniel Ortega* über das Demokratieverständnis gekommen ist[17], die im Rahmen von Esquipulas II in einer pragmatischen Formel über die Bedingungen des Urnengangs und demokratischer Teilhabe gelöst wurde[18]. Die repräsentative Demokratie wurde damit zum allgemeinen politischen System erhoben[19], dem sich Nicaragua durch die Wahlen zum Zentralameri-

14 Diese Position konnte erst ab 1985 eingenommen werden, da vor der Wahl von *Vinicio Cerezo* Guatemala von einem Militärregime beherrscht wurde. Dem Mangel an demokratischer Legitimität in den zentralamerikanischen Ländern hatte daher die Contadora-Initiative mehr Raum eingeräumt, während nunmehr durch die Kooperation der Präsidenten *Vinicio Cerezo* und *José Arias* die Achse Guatemala-Costa Rica eine flexiblere Linie gegenüber den im Block von Tegucigalpa verbliebenen Ländern El Salvador und Honduras einschlug und selbst initiativ wurde; sie konnte damit die erzwungene teilweise Inaktivität der USA durch die Iran/Contra-Affäre für eine regionale Lösung nutzen.

15 Bezieht man die durchschnittliche Repräsentation durch die Abgeordneten des ZaP auf die 24,3 Millionen Einwohner Zentralamerikas, so entspricht jedem Abgeordenten eine Zahl von 243000 Personen. Aufgrund der unterschiedlichen Bevölkerungsdichte der Länder variiert die Zahl im nationalen Rahmen jedoch von 417000 Personen in Guatemala bis zu 139000 Personen in Costa Rica pro Abgeordnetensitz. Diese Disparitäten im Stimmengewicht werden auf lange Sicht korrigiert werden müssen.

16 Vgl. *Edgar Ugalde*, La visión política partidaria del Parlamento Centroamericano; Vortrag gehalten auf dem internationalen Seminar „El Parlamento Centroamericano y el proceso de integración", Managua/Nicaragua 11. April 1991.

17 Vgl. AVANCSO: Centroamérica: El reto de la convivencia, Guatemala (Cuadernos de Investigación Nr. 3) 1988, S. 20.

18 Die entsprechenden Regelungen finden sich in den Artikeln 3 und 4 des „Procedimiento . . ." a. a. O., S. 356. Darin wird die Freiheit der Massenmedien, die Freiheit von Zensur, der Pluralismus der politischen Parteien, ihr geordneter Zugang zu den Massenmedien sowie der Propaganda festgelegt. Zudem wird die Beendigung des Ausnahmezustandes und die Wiederherstellung aller Verfassungsgarantien niedergelegt.

19 Vgl. *Rocío Barahona R.*, La Comunidad y el Parlamento Centroamericano, San José (Cuadernos de Ciencias Sociales, FLACSO Nr. 20) S. 6.

kanischen Parlament unter Verzicht auf seinen volksdemokratischen Anspruch anschließen sollte. Das ZaP, das in diesem Kalkül als Instrument zur Erzielung von simultaner demokratischer Legitimität durch gleichzeitige Wahlen in allen Ländern auf der Basis eines festgelegten Wahlkodex eingesetzt wurde, ohne damit aber unmittelbare nationale Machtpositionen anzutasten, verwandelte sich in ein Ziel an sich; es verlor seinen instrumentellen Charakter zur Verstärkung von Koordination und Kooperation im regionalen Raum und wurde zu einer politischen Errungenschaft durch seine erfolgreiche Umsetzung in Realität[20].

Darüber hinaus erbringt eine Direktwahl auch für die anderen zentralamerikanischen Länder, die sich mit Ausnahme Costa Ricas im Prozeß der Konsolidierung demokratischer Herrschaft befanden, den Sekundäreffekt einer externen Stabilisierung der neuen Strukturen[21]. Die Existenz einer direkt gewählten regionalen Instanz ermöglicht die konzertierte Aktion der beteiligten Staaten im Falle eines Putsches und sichert die Präsenz von legitimierten Abgeordneten außerhalb des nationalen Parlaments. Die Stabilisierung der jungen Demokratien Zentralamerikas, die nach wie vor durch das demokratisch nicht kontrollierte Militär bedroht werden[22], läßt sich nur über die Vertiefung demokratischer Wahlverfahren und die Verbreiterung der politischen Beteiligung erreichen, wozu das Zentralamerikanische Parlament beitragen soll.

– Die Zusammensetzung des Parlamentes aus je 20 Abgeordneten pro Land sowie der jeweils aus dem Amt scheidenden Präsidenten und Vizepräsidenten der fünf Staaten hat dieser Vertretung einen hybriden Charakter verschafft[23], der sich aus der Mischung von Elementen ergibt, die klassischerweise zwischen der 1. und 2. Kammer geteilt sind. Die Einbeziehung der Senatskomponente in Gestalt der Beteiligung der ehemaligen Staatsoberhäupter und ihrer Vertreter wird mit dem Argument begründet, dem politischen Prozeß im regionalen Verbund müsse durch die Erfahrung dieser Staatsmänner Kontinuität verliehen werden. Dieser Versuch der Verknüpfung von parlamentarischer Arbeit mit Senioritätsrechten der Exekutive qua Amtes kann zwar für die Stabilisierung des politischen Prozesses hilfreich sein, birgt aber andererseits die Gefahr, daß sich das Parlament den Vorstellungen von Ex-Präsidenten verschreibt, die mit den aktuellen Notwendigkeiten nur schwer zur Deckung zu bringen sind.

Die Rolle des ZaP im Friedensabkommen von Esquipulas ist als entscheidender Schachzug interpretiert worden[24], da die Eröffnung der Diskussion über die politischen und ideologischen Differenzen gleichzeitig die Chance für Verständigung und Integration in eben diesen Bereichen eröffnete. Die regionale Volksvertretung versteht sich in der Logik des Friedensplans als Ausgangspunkt für die Institutionalisierung des Prozesses von

20 Vgl. hierzu *Fernando Suárez*, La constitución del Paralamento Centroamericano y el Parlamento Europeo, in: Fundación Friedrich Ebert/Instituto de Cooperación Iberoamericana (Hrsg.), a. a. O., S. 106.

21 So auch *Juan Mario Vacchino*, a. a. O., S. 5.

22 In Guatemala fanden während der Regierungszeit von *Vinicio Cerezo* ca. 7 Putschversuche statt, die Regierung Honduras besaß wegen der Dominanz der Armee, die massiv von den USA unterstützt wurde, einen nur sehr begrenzten Handlungsspielraum und in El Salvador sind die Beziehungen zwischen radikalen Todesschwadronen und Militär bislang noch immer nicht geklärt.

23 Vgl. *Hugo Carrillo*, Discusión y comentarios, in: *Ennio Rodríguez Céspedes* (Comp.): Centroamérica: Expresión de una voluntad, Heredia/Costa Rica 1989, S. 219.

24 So AVANSCO 1988, S. 31.

Esquipulas, verwandelt sich jedoch von einem Mittel zu einem Zweck an sich, der die Voraussetzung für die Verwirklichung jener vier Grundelemente sichert, die den Erfolg von Esquipulas ausmachten: Esquipulas übernimmt von der Contadora-Initiative die Ziele der internen Demokratisierung der beteiligten Länder und die Reaktivierung der irregulären bewaffneten Gruppen, verzichtet jedoch auf die Forderung nach einer Verhandlung eines Rüstungsgleichgewichtes, die Contadora nachhaltig gebremst hatte. Statt dessen greift der Arias-Friedensplan als Basis von Esquipulas den Ausbau der ökonomischen und finanziellen Kooperation auf, die seit 1984 im sogenannten San-José-Prozeß auf jährlichen Konferenzen zwischen Zentralamerika und der Europäischen Gemeinschaft verhandelt wird. Das Potential dieses Elementes der politischen Übereinkunft innerhalb Zentralamerikas wird sich insbesondere unter der Sichtweise einer zunehmenden Vernetzung kleiner Wirtschaftsräume als Voraussetzung einer erfolgreichen Teilnahme am Welthandel erweisen.

3. Der Integrationsprozeß in Zentralamerika – das ZaP als Element einer neuen Integrationsstrategie?

Neben seiner Verortung im Friedensprozeß, der mit Esquipulas II einen entscheidenden Fortschritt für die Homogenisierung der politischen Situation in den Ländern Zentralamerikas brachte, ist das ZaP in die Bemühungen zur Wiederbelebung der Integrationspolitik im Wirtschaftsraum Zentralamerika eingebunden. Dies beinhaltet vor allem auch die Notwendigkeit, zu bestehenden Integrationssituationen eine rechtliche Beziehung herzustellen und durch eigene Initiativen konzeptionell auf das Zusammenwachsen der Ökonomien des Isthmus hinzuwirken[25]. Das Interesse an einer Verstärkung des Integrationsprozesses auch durch die Wiederbelebung schon vorhandener Integrationssituationen stellt die zentrale Übereinkunft des Gipfels der zentralamerikanischen Präsidenten vom 15.–17. Juli 1991 in San Salvador dar[26]. Zunächst steht insbesondere die Neuordnung der Zoll- und Handelsbestimmungen im Vordergrund, um den zentralamerikanischen Binnenhandel zu stärken.

Zentralamerika kann in dieser Hinsicht an eine erfolgreiche Tradition anknüpfen, stellte doch der im Jahre 1960 durch den Generalvertrag zur ökonomischen Integration begründete „Zentralamerikanische Gemeinsame Markt" (MCCA) den bislang erfolgreichsten Fall regionaler Integration Lateinamerikas dar[27]. So gelang es, über eine Freihandelszone mit einem gemeinsamen Außenzoll den Binnenhandel so zu dynamisieren, daß er von einem Anteil von 7,6 Prozent an den Gesamtexporten im Jahre 1960 auf 21,7 Prozent im Jahre 1981 anstieg[28]. Im Gefolge der Instabilität der Region sank das

25 Dies gilt vor allem für die die kleinen und peripheren Ökonomien der zentralamerikanischen Länder, vgl. *Pedro Vuskovich/René Escoto*, PPP – Pequeños Países Perifericos en América Latina, Caracas 1990.

26 Vgl. hierzu die Erklärung von San Salvador der sechs zentralamerikanischen Präsidenten, Punkt 8, 17 etc.

27 So *Alfredo Guerra-Borges*, Los desafíos para la integración centroamericana hacia el 2000, in: *Edelberto Torres-Rivas* (Coord.), América Central hacia el 2000. Desafíos y opciones, Caracas 1989, S. 185.

28 Vgl. *Gert Rosenthal*, Algunas lecciones de la integración económica en America Latina: el caso de Centroamérica, in: *Heraldo Muñoz Valenzuela/Francisco Orrego Vicuña*, La cooperación regional en America Latina. Diagnóstico y proyecciones futuras, México 1987, S. 274/275.

erreichte Niveau jedoch in den Jahren 1985 und 1986 auf 13 beziehungsweise 11 Prozent ab und hielt sich im Jahre 1988 bei 15 Prozent[29]. Dabei wird deutlich, daß sich die isolierte politische Lage Nicaraguas auch im zentralamerikanischen Handel niederschlug: Der Anteil des Landes fiel von 17,3 Prozent (1975) auf 6,5 Prozent (1989)[30]. Den angestrebten Weg, über einen gemeinsamen Markt und die Zollunion zur ökonomischen Union vorzudringen, konnte auch Zentralamerika nicht zurücklegen. Allerdings gelang es, durch das Instrument der Integrationsindustrien[31] einen ersten Schritt zur Komplementarisierung der zentralamerikanischen Ökonomien zu tun. Die Ausweitung des Regionalhandels erbrachte für die Mitgliedsländer weithin positive Effekte, während die Investitionspolitik insbesondere ausländischer Anleger zur Verstärkung der Entwicklungspole in den industrialisierten Ländern führte, so daß Honduras und Nicaragua Ausgleichszahlungen verlangten. Diese Tendenz zur Desintegration wurde zunächst durch den „Fußfallkrieg" zwischen El Salvador und Honduras im Juli 1969 und später durch die politischen Spannungen der 80er Jahre verstärkt, so daß die genuine Integrationspolitik zum Erliegen kam[32] und durch eine „informale" Integration oder „Integration durch Projekte" unter Verzicht auf umfassende Konzeptionen ersetzt wurde.

Daran wird auch die Begrenztheit der Entwicklungslogik des Zentralamerikanischen Gemeinsamen Marktes erkennbar: Die intentionale Trennung der ökonomischen Integration von den Fragen der politischen Beziehungen zwischen den Ländern wurde als zentrale Voraussetzung für einen Erfolg interpretiert, um politische Spannungen nicht auf den Integrationsprozeß durchschlagen zu lassen[33]. Diese Strategie schien zunächst auch in der politischen Instabilität der Region in den 80er Jahren erfolgreich zu sein, da es trotz der Konflikte und kriegerischen Auseinandersetzungen zwischen den einzelnen Ländern weiterhin zu gemeinsamen Zusammenkünften der Zentralbankpräsidenten und Wirtschaftsminister kam[34], ohne daß jedoch die Stagnation des Integrationsprozesses überwunden werden konnte.

Die Kontinuität der ökonomischen Kooperation trotz politisch-militärischer Zusammenstöße in der Region läßt sich unter Rückgriff auf die aus der Integrationstheorie bekannte Externalisierungshypothese erklären, die auf die Notwendigkeit zur Erarbeitung einer gemeinschaftlichen externen Position von Integrationszusammenschlüssen gegenüber nicht beteiligten Dritten abhebt, weil dritte Parteien, je weiter die Integration vorangehe, dieser

29 Berechnungen des Verfassers auf der Basis der Daten von SIECA: Series estadísticas seleccionadas de Centroamérica, Nr. 24, Mai 1991, S. 88.

30 Die Vergleichsdaten für die anderen zentralamerikanischen Länder lauten: Guatemala 31,4 Prozent (1975)/39,5 Prozent (1989); El Salvador 26,4 Prozent (1975)/25,8 Prozent (1989); Honduras 5,0 Prozent (1975)/5,1 Prozent (1989) und Costa Rica 20,0 Prozent (1975)/23,1 Prozent (1989). (Quelle: SIECA, a. a. O., S. 80.)

31 Vgl. hierzu *Waldemar Hummer,* Die neuen sozio-ökonomischen Strukturen in Mittel- bzw. Zentralamerika, unter besonderer Berücksichtigung der Integrationserfolge und Umstrukturierungsversuche im „Zentralamerikanischen Gemeinsamen Markt", in: Zeitschrift für Lateinamerika Bd. 16/1979, S. 27 ff.

32 Die „Technokraten der Integration" waren meist mehr mit dem Kampf um ihr eigenes Überleben beschäftigt, als daß sie als supranationale Agenten zur Stärkung der gemeinsamen Interessen tätig gewesen wären; so *Yale Fergueson,* Cooperation in Latin America: The Politics of Regional Integration, in: *Jennie K. Lincoln/Elizabeth G. Ferris* (Hrsg.), The Dynamics of Latin American Foreign Policies. Challenges for the 1980s, S. 40.

33 So *Gert Rosenthal,* a. a. O., S. 291 f.

34 Vgl. hierzu im einzelnen IRELA (Hrsg.), Una nueva etapa en la integración centroamericana?: La dimensión institucional, Madrid 1988, S. 10 ff.

mit verstärkter Unterstützung oder Ablehnung begegneten[35]. Diese durch die externe Wahrnehmung induzierte Konvergenz der zentralamerikanischen Staaten folgte aus dem Kooperationsangebot der Europäischen Gemeinschaft mittels der seit 1984 jährlich durchgeführten San-José-Konferenzen[36]. Letztlich vermochte jedoch auch diese externe Komponente nicht zu verdecken, daß die Trennung von ökonomischer Zusammenarbeit und politischem Konflikt nicht länger haltbar war und nur einen künstlichen Kooperationszusammenhang stiftete.

Das Abkommen von Esquipulas und die Übereinkunft zur Gründung des ZaP entsprechen der Notwendigkeit eines Strategiewechsels im Integrationsprozeß: Die Lösung der politischen Konflikte wird zum Ausgangspunkt eines Integrationsprojektes, das nicht mehr nur einseitig die ökonomische Dimension hervorhebt, sondern durch das ZaP gerade auch die politische Konvergenz der Staaten der Region befördern möchte. Das ZaP, vor allem aber die Direktwahl dieses neuen Integrationsorgans, wird als Impuls für den Integrationsprozeß betrachtet[37], um gleichzeitig sowohl die ökonomische als auch die politische Kohäsion voranzubringen. Zudem wird mit der Gleichzeitig- und Gleichrangigkeit der ökonomischen und politischen Faktoren im Integrationsprozeß der Strukturschwäche der zentralamerikanischen Staaten Rechnung getragen, die sich in den Defiziten endogener Dynamik der nationalen Märkte sowie fehlender Ordnungsmacht beziehungsweise sozialer Repräsentativität des Staates als Folge der politischen Krise der 80er Jahre ausdrückt. Das Modell der horizontalen ökonomischen Integration im Zentralamerikanischen Gemeinsamen Markt wird damit ergänzt durch eine erweiterte Perspektive des Esquipulas-Konzeptes, das der internen sozialen Dynamik jedes Landes über das ZaP eine größere Bedeutung in den zentralamerikanischen Innenbeziehungen einräumt. Neben das Interesse an einer Modernisierung des produktiven Sektors, der Wiederbelebung des Regionalhandels und der Sicherung externer Finanzhilfe treten als neue Aufgaben die Definition einer gemeinsamen Infrastrukturpolitik, die Koordination von Erziehungspolitik und Arbeitsrecht, die soziale Lösung der Flüchtlingsproblematik sowie die Einrichtung eines regionalen Forums der gesellschaftlichen Gruppen zur Analyse des Integrationsprozesses[38].

Darüber hinaus ist durch das Abkommen von Tuxtla Gutiérrez/Chiapas als Ergebnis des Treffens des mexikanischen Präsidenten *Carlos Salinas de Gortari* mit seinen zentralamerikanischen Kollegen (10./11. Januar 1991) eine Vereinbarung zur Einrichtung einer Freihandelszone mit Mexiko unterzeichnet worden, die im Jahre 1996 in Kraft treten soll[39]. Damit würde Zentralamerika präferentiellen Zugang zum Nordamerikanischen Gemeinsamen Markt über das zur Zeit in Verhandlung befindliche Freihandelsabkommen Mexikos mit den USA und Kanada gewinnen. Allerdings könnte der zentralamerikanische Markt

35 Vgl. *Philippe C. Schmitter,* Three neo-functional Hypotheses about international integration, in: International Organization Vol. 23/1969, S. 165.

36 Vgl. zur Entstehung des San-José-Prozesses: *Klaus Bodemer,* Westeuropas Engagement in Zentralamerika. Politisches Schattenboxen oder Ausdruck einer neuen Qualität im trilateralen Verhältnis Europa – USA – Lateinamerika, Bonn 1985, S. 43ff.

37 Vgl. IRELA (Hrsg.), The Future of the Central American Parliament (Conference Report No. 4/88), Madrid 1988, S. 6.

38 Vgl. hierzu die Beschlüsse der Präsidenten in San Salvador.

39 Zur Gesamtproblematik vgl. die Sondernummer „El fortalecimiento de la relaciones de México con los países centroamericanos" der Zeitschrift Comercio Exterior Vol. 41, Nr. 4/April 1991.

auch unter den Druck der nordamerikanischen Konkurrenz geraten; um diesen Anforderungen gerecht zu werden, ist eine schnelle Implementierung des neuen Integrationskonzeptes eine absolute Vorbedingung, um die Strukturschwächen der Länder des Isthmus durch den angestrebten integralen Kooperationsansatz zu überwinden.

4. Das ZaP als Instrument zur Neuordnung des regionalen Institutionengefüges

Die neue Qualität des Integrationsprozesses seit Esquipulas kommt auch in der Tatsache zum Ausdruck, daß dem ZaP die Wahl des jeweils ranghöchsten Funktionärs der Integrationsinstanzen nach Art. 5c des Gründungsvertrages übertragen wurde. Hierzu können die beteiligten Institutionen einen Listenvorschlag erstellen, aus dem das Parlament seine Personalentscheidung zu treffen hat, wobei das Nationalitätsprinzip in alphabetischer Reihenfolge zu beachten ist. Unterbleibt ein geeigneter Vorschlag, so ist das Parlament in seiner Wahl ungebunden. Zudem haben die Integrationsinstitutionen nach Art. 29 dem Parlament jährlich über ihre Tätigkeit Bericht zu erstatten und dem Parlament jegliche Hilfestellung zukommen zu lassen, die nicht ihre rechtlichen Grundlagen überschreitet (Art. 28).

Mit diesen Dispositionen wird das Verhältnis der Institutionen, die bislang am Integrationsprozeß beteiligt waren, neu geregelt. Dies gilt jedoch nicht nur im Verhältnis des Parlaments zu den bereits bestehenden Institutionen, da – und dies stellt sicherlich eine rechtliche Neuerung dar – mit dem Gründungsvertrag des Parlamentes noch weitere Instanzen begründet werden, die in den Integrationsprozeß einwirken. Zu nennen sind die Gipfelkonferenzen der Präsidenten und die Versammlung der zentralamerikanischen Vizepräsidenten, ein Gremium, das bislang nur in informeller Form zusammentrat. Mit der Ratifizierung des Gründungsvertrages erhält diese Instanz ihr eigenes Gewicht, da ihr nach Art. 21 ein umfassendes Initiativrecht zu Integrationsfragen zukommt. Alle mit der Integration zusammenhängenden Fragen sind von den Vizepräsidenten zu diskutieren und gegebenenfalls in der Form von Empfehlungen den zentralamerikanischen Präsidenten zur Kenntnis zu bringen. Darüber hinaus überwacht die Versammlung der Vizepräsidenten die Ausführung der Entscheidungen und sichert die Koordination der verschiedenen Instanzen. Das Parlament kann seine Vorschläge zur Integrationsproblematik an die Vizepräsidenten weiterleiten.

Über das ZaP und die Vizepräsidenten hinaus wirken noch folgende Institutionen im Integrationsprozeß mit:

– Die Organisation der Zentralamerikanischen Staaten (ODECA), die im Jahre 1951 geschaffen wurde mit Sitz in San Salvador. Mit einer Fülle von Ministerkonferenzen versehen fand die ODECA nie zu einer effizienten Arbeitsweise und wurde auf der Basis der eingeschlagenen Integrationsstrategie (Trennung von ökonomischen und politischen Fragen) Opfer der politischen Turbulenzen[40]. Nach den Vereinbarungen der Präsidenten auf dem Gipfel in San Salvador soll die ODECA wiederbelebt und rechtlich als Koordinationsorgan im Exekutivbereich gestaltet werden. Mit dem Protokoll der

40 Vgl. zur ODECA *Manuel Fuentes Irurozqui*, Centro América y la Organización de Estados Centro Americanos (ODECA), in: Revista de Política Internacional Nr. 146/1976, S. 53–69.

11. Gipfelkonferenz der zentralamerikanischen Präsidenten in Tegucigalpa/Honduras (12./13. Dezember 1991) wird die Gründungsakte der ODECA reformiert und in ein „zentralamerikanisches Integrationssystem“ (SICA) eingebunden, das die gesamte organische Struktur der Region neu regelt[41].

– Der Zentralamerikanische Universitätsrat (CSUCA), der 1948 gegründet wurde und seinen Sitz in San José hat; das Institut für Ernährung in Zentralamerika und Panama, gegründet 1949 mit Sitz in Guatemala sowie das Zentralamerikanische Institut für öffentliche Verwaltung (ICAP), das 1954 gegründet wurde und in San José arbeitet. Weiterhin das Zentralamerikanische Institut für Forschung und Technologie (ICAITI), das 1956 mit Sitz in Guatemala geschaffen wurde. Diese Institutionen arbeiten seit ihrer Gründung, haben es jedoch bislang nicht vermocht, eine Vernetzung ihrer Tätigkeit zu erreichen.

– Mit dem Generalvertrag zur Gründung des Zentralamerikanischen Gemeinsamen Marktes aus dem Jahre 1960 wurden weitere Instanzen ins Leben gerufen, die sich insbesondere mit den ökonomischen Fragen des Integrationsprozesses befassen, die aus der ODECA ausgegliedert wurden. Das Ständige Sekretariat (SIECA), ausführendes Organ des Zentralamerikanischen Ökonomischen Rates (Versammlung der zentralamerikanischen Wirtschaftsminister) als oberstes Organ des Gemeinsamen Marktes, nimmt nicht nur Aufgaben zur Umsetzung und Kontrolle der Vereinbarungen multilateraler Art wahr, sondern ist auch für alle bilateralen Zoll- und Handelsvereinbarungen zuständig. Die SIECA mit Sitz in Guatemala hat sich zum Kernstück des Integrationsprozesses entwickelt, da es sich als Planungs- wie auch als Überwachungsbehörde für die Koordinierung der Wirtschaftspolitiken profiliert hat.

– Die Zentralamerikanische Bank für wirtschaftliche Integration (BCIE) soll durch geeignete Projekte im Bereich der Infrastruktur, der langfristigen Entwicklung von regionalen Industrien, durch Unternehmensförderung und ergänzende Maßnahmen zur Komplementarität der Ökonomien der Mitgliedstaaten, ihrem regionalen Ausgleich und zur Stärkung des Regionalhandels beitragen. Mit dem jüngsten Beitritt von Mexiko, Venezuela, Argentinien[42] und Taiwan als extraregionale Teilhaber kann die BCIE, die ihren Sitz in Tegucigalpa/Honduras hat, zum finanziellen Motor der Wiederbelebung der zentralamerikanischen Ökonomien werden, wenn es ihr gelingt, geeignete Projekte an den zentralen Achsen des Wirtschaftswachstums zu definieren. Die ergänzenden Institutionen wie die Zentralamerikanische Verrechnungskammer (CCCA) und der Zentralamerikanische Währungsrat (CCMCA) nehmen die ihnen zugewiesenen Funktionen zur Reduzierung des effektiven Devisentransfers sowie zur Koordination der Währungspolitiken weiterhin wahr, ohne daß allerdings ein vertiefter Beitrag zur Integration in der vergangenen Dekade geleistet werden konnte.

Dieser Überblick zu den Integrationsinstanzen verdeutlicht, daß dem ZaP aus seiner Kompetenz zur Bestimmung des jeweils höchsten Repräsentanten der genannten Integra-

41 Vgl. Protocolo de Tegucigalpa – XI Cumbre de Presidentes Centroamericanos, 12./13. Dezember 1991, Punkt 4.

42 Argentinien erklärte seinen Beitrag zur BCIE auf der 12. Gipfelkonferenz der Präsidenten Zentralamerikas in Managua/Nicaragua (4./5. Juni 1992), was als erster Schritt zur Verknüpfung der regionalen Wirtschaftsräume Zentralamerikas (SICA) und des Gemeinsamen Marktes des Südens (MERCOSUR) interpretiert werden kann.

tionsinstanzen[43] eine Koordinierungsfunktion in den interinstitutionellen Beziehungen zukommen kann. Gleichzeitig wird im ZaP der geeignete Akteur gesehen, um die traditionelle Gleichsetzung von Integration und Gemeinsamen Markt in Zentralamerika zu überwinden, was den Weg zur Definition von Gemeinschaftspolitik in den verschiedenen kektoren von der Außen- und Außenhandels- über Agrar- bis zur Antidrogenpolitik eröffnet[44]. Inwieweit das ZaP diese Impuls- und Koordinationsfunktion wahrnehmen kann, wird davon abhängen, ob es ihm gelingt, zum authentischen Ausdruck einer ökonomischen und politischen Kohäsion Zentralamerikas zu werden.

II. Strukturen und Aufbau des ZaP

Der „Konstitutivvertrag des ZaP und anderer politischer Instanzen" hat eine Fülle von juristischen Diskussionen ausgelöst, die sich insbesondere auf die Rechtsnatur der einzigen aus diesem Vertrag hervorgehenden permanenten Instanz – das ZaP – beziehen.

1. Der Gründungsvertrag vom 2. Oktober 1987

Eines der Hauptprobleme zur Beurteilung der Rechtsfähigkeit des ZaP ist darin zu sehen, daß es als Instanz gegründet wurde, ohne daß eine Vereinbarung zwischenstaatlicher Natur über die Gründung einer Gemeinschaft oder Staatenunion vorläge. Angesichts des Fehlens eines solchen Referenzrahmens kann das ZaP auch unter der Annahme einer „impliziten Union" nicht als Organ einer solchen Staatenverbindung im engeren Sinne interpretiert werden, so daß die Vertragsfähigkeit des ZaP für internationale Abkommen in Frage steht[45].

Dies führt unmittelbar zur Frage der Bindungswirkung der Entscheidungen des ZaP für die Mitgliedstaaten. Aus Art. 5 des Vertrages folgt der deliberative Charakter des ZaP, der somit keine supranationalen Qualitäten begründet, die eine Unterordnung der nationalen Parlamente zur Folge haben könnten. Andererseits erlaubt die in Art. 5 c geregelte Wahl der obersten Repräsentanten der Integrationsinstanzen und deren Berichtspflicht gegenüber dem Parlament (Art. 29) die Ableitung einer indirekten normativen Kompetenz, die allerdings nicht den Charakter legislativer Gewalt annimmt. So wird zwar keine juristisch-formale Beziehung zwischen dem ZaP und anderen Rechtsquellen der zentralamerikanischen Integration gestiftet, andererseits konstituieren jedoch der genannte Art. 5 c sowie der Art. 18 (Kompetenzen des Parlamentspräsidiums) und der genannte Art. 29 materielle Beziehungen zum institutionellen Gefüge der Integrationsinstanzen. Unter dem

43 Dieses Wahlrecht bezieht sich auf die wichtigsten Integrationsinstanzen wie SIECA, BCIE, zentralamerikanischer Währungsrat, ICAITI etc., während andere Institutionen wie ICAP, INCAP wegen der Beteiligung Dritter Staaten (Panama oder extraregionale Staaten) dieser Bestimmung entzogen sind.

44 So *Gloria Abraham*, El Parlamento Centroamericano: su incidencia en el desarrollo futuro de la región, in: Relaciones Internacionales (Costa Rica) Nr. 24–25/1988, S. 57.

45 Vgl. IRELA (Hrsg.), El Parlamento Centroamericano: Alternativas de constitución y elección (Dossier Nr. 24), Madrid 1990, S. 6.

Gesichtspunkt des Völkervertragsrechtes kann der Gründungsvertrag als multilaterales System zwischen den fünf vertragschließenden Parteien betrachtet werden, das mit deren Zustimmung auf weitere Länder ausgedehnt werden kann.
Auch die Wahl der 20 ordentlichen Abgeordneten und ihrer 20 Stellvertreter pro Mitgliedsland nach dem jeweiligen nationalen Wahlrecht (Art. 6) ist als Hinweis darauf interpretiert worden, daß der supranationale Charakter des ZaP nicht umfassend ausgebildet ist[46]. Obwohl diese Abgeordneten ihr erneuerbares Mandat für fünf Jahre erhalten (Art. 2a), ist die Zusammensetzung des Parlamentes nicht konstant, da die jeweils aus dem Amt scheidenden Präsidenten beziehungsweise Vizepräsidenten ex officio Mitglied des ZaP werden (Art. 2b und c). Diese im klassischen Parlamentarismus ungewohnte Mischung von direktem Volksmandat und persönlichen Senioritätsrechten soll einerseits größere Kohäsion und Konsolidität als Regionalorgan verschaffen, birgt jedoch andererseits die Gefahr einer zu großen Instabilität in sich wegen des Rotationscharakters der Regierungschefs unabhängig von den Wahlterminen sowie der Möglichkeit, das Parlament für persönliche Zielvorstellungen zu instrumentalisieren[47]. Zudem ist in Staaten, die wie Costa Rica und Honduras verfassungsmäßig mehrere Vizepräsidenten kennen, vom nationalen Parlament zu bestimmen, welcher der jeweiligen Amtsinhaber Anspruch auf den Parlamentssitz erheben kann.
Die innere Ordnung des ZaP ist über die in Artikel 14–18 des Gründungsvertrages festgeschriebenen Bestimmungen hinaus durch die am 30. Januar 1992 verabschiedete Geschäftsordnung[48] geregelt worden. Dabei ist insbesondere die Konstituierung der Fraktionen von Interesse, die sich Art. 73 der Geschäftsordnung entsprechend nach politischen Affinitäten bilden. Um als parlamentarische Gruppe registriert zu werden, müssen sich Abgeordnete aus mindestens zwei Mitgliedsländern zusammenschließen, wobei Abgeordnete einer Partei nicht unterschiedlichen Fraktionen angehören dürfen. Somit konnte in dieser Frage die Tendenz zur Organisation des Parlamentes nach nationalen Gesichtspunkten überwunden werden, die für die Besetzung der Posten des Parlamentspräsidenten, -präsidiums und -sekretariats in Art. 14–18 des Gründungsvertrages festgelegt worden war. Die umstrittene Frage der Doppelmandate im nationalen Parlament und im ZaP wurde nach Art. 16 der Geschäftsordnung dem einzelnen Abgeordneten beziehungsweise der Regelung nach der jeweiligen nationalen Gesetzgebung überlassen.

2. Politische und juristische Vorbehalte Costa Ricas

Die Paraphierung des Gründungsvertrages des ZaP durch die fünf beteiligten Regierungen war am 16. Oktober 1987 abgeschlossen. Der Ratifizierungsprozeß wurde mit der Hinterlegung der Urkunde von El Salvador am 14. November 1988 vorläufig abgeschlossen, nachdem bereits Nicaragua, Guatemala und Honduras den Vertrag akzeptiert hatten.

46 So *Rocío Barahona*, La Comunidad y el Parlamento Centroamericanos, a. a. O., 16.
47 Vgl. *Barahona*, a. a. O., S. 17.
48 Vgl. Reglamento Parlamento Centroamericano, aprobado en tercera lectura por la Asamblea Plenaria en la Ciudad de Guatemala el 30 de enero de 1992.

Allerdings kam der Ratifizierungsprozeß in Costa Rica aufgrund mehrfacher Hindernisse nur teilweise in Gang, das Plenum der Nationalversammlung dieses Landes ist mit dem Vertrag bislang nicht befaßt gewesen. Trotz des positiven Votums des Sozialausschusses der Nationalversammlung vom 4. Oktober 1988 konnte die Ratifizierungsvorlage nicht ins Plenum gelangen, da mit der Wahl des erbitterten Gegners des ZaP, *Fernando Volio* zum Parlamentspräsidenten zu Beginn des Jahres 1989 die Behandlung dieses Themas aus dem Parlamentspräsidium heraus verhindert wurde. Die Argumente gegen eine Verabschiedung des Gründungsvertrages durch die Nationalversammlung Costa Ricas sind äußerst vielfältig; sie reichen von ideologischen Elementen („Zentralamerikanisierung" Costa Ricas, Einschränkung der Souveränität, Legitimierung eines marxistischen Nicaragua, Militarisierung des Landes etc.) bis zu wirtschaftspolitischen Argumenten eines eigenständigen und von Zentralamerika unabhängigen Entwicklungsweges des Landes[49]. Neben der spürbaren „‚mentalen Struktur' historischer Überlegenheit"[50], die Costa Rica in eine isolationistische Position[51] gebracht hat, ist für die interne Debatte des Landes entscheidend gewesen, daß auch von der Regierung *Arias* vornehmlich der instrumentelle Charakter des ZaP hervorgehoben wurde, das sandinistische Nicaragua zu Wahlen zu zwingen[52]. Mit der schnellen Akzeptierung dieser Forderung von seiten Nicaraguas wurde die Einbeziehung des ZaP in das Esquipulas-Abkommen von wichtigen Meinungsführern im Parlament als voreiliges Zugeständnis der Regierung *Arias* angesichts der inflexiblen Haltung Guatemalas in dieser Frage gewertet[53]. Neben den Argumenten einer verfassungswidrigen Übertragung von Souveränitätsrechten auf das ZaP[54] und der Regelung einer Wiederwahl der Abgeordneten, die der nationalen Gesetzgebung fremd ist, war die nationale Diskussion von Einwänden gekennzeichnet, die aus wahltaktischen Überlegungen der politischen Konjunktur und Auseinandersetzungen bezüglich der benötigten qualifizierten Mehrheiten im Parlament resultierte. Zum Ende der Legislaturperiode im November 1990 belegte die Ratifizierung des Gründungsvertrages des ZaP den Platz 104 im Rahmen der nicht mehr zu behandelnden Vorlagen.

Auch gegenwärtig ist nach Meinung führender Parlamentarier Costa Ricas nicht mit einer

49 Vgl. als frühe Übersicht *Fernando Suárez,* La constitución del Parlamento Centroamericano y el Parlamento Europeo, in: Fundación Friedrich Ebert/ICI (Hrsg.), a. a. O., S. 110ff. sowie ausführlich Centro de Estudios y Publicaciones, Alforja: El Parlamento Centroamericano: Un debate de raíces históricas, San José 1989, S. 10ff.

50 Vgl. ebenda, S. 2/3.

51 Paradoxerweise sind dies dieselben politischen Kreise, die sich in der Regierungszeit *Monge* der Neutralitätspolitik bzw. ihrer juristischen Formulierung widersetzten; vgl. *Wolfgang Lutterbach,* Costa Ricas Grenzen der Autonomie – Zur Außenpolitik eines Kleinstaates in Mittelamerika, Saarbrücken 1989, S. 237ff.

52 Vgl. *Francisco Rojas Aravena,* Política exterior de Costa Rica en 1988: frente al atascamiento del Plan de Paz, más mediación y más profesionalización, in: *Heraldo Muñoz* (comp.), A la Espera de una nueva Etapa. Anuario de Políticas Exteriores Latinoamericanas 1988–1989, Caracas 1989, S. 176f. sowie *ders.,* Costa Rica: las balas amenazan truncar la negociación regional, in: *Heraldo Muñoz* (comp.), El Desafío de los 90s. Anuario de Políticas Exteriores latinoamericanas 1989–1990, Caracas 1990, S. 208ff.

53 So *Edgar Ugalde,* a. a. O., S. 3.

54 Vgl. hierzu *Francisco Aldecoa Luzarraga,* El Parlamento Centroamericano: A la luz de la experiencia europea, in: Polémica, Nr. 8/1989, S. 38ff. sowie Francisco Cordero: Discusión y Comentarios, in: *Ennio Rodríguez Céspedes* (comp.), Centroamérica, a. a. O., S. 211ff.

Ratifizierung des Vertrages zu rechnen, da in der Öffentlichkeit wie im Parlament selbst die dafür notwendige Unterstützung fehlt[55].

3. Das Zusatzprotokoll vom 8. Dezember 1989

Angesichts der nicht absehbaren Ratifizierung des Gründungsvertrages durch Costa Rica war nach Artikel 35 die Konstituierung des ZaP bis zur Hinterlegung der Urkunde des fünften Unterzeichnerstaates blockiert. Um jedoch das „Verfahren von Guatemala" vom 7. August 1987 fortführen zu können, beschlossen die Präsidenten Zentralamerikas ein Zusatzprotokoll zum Gründungsvertrag, das am 9. Dezember 1989 von allen Staatspräsidenten unterzeichnet war und am 17. Juni 1990 mit Hinterlegung der Ratifizierungsurkunden durch Guatemala, El Salvador, Honduras und Nicaragua in Kraft trat.
Kernstück des Zusatzprotokolls ist eine Reform des Artikels 35, der nunmehr das Inkrafttreten des Gründungsvertrages des ZaP mit dem Vorliegen von drei Ratifizierungsurkunden vorsieht. Gleichzeitig wird bis zur noch ausstehenden Ratifizierung des Vertrages durch Costa Rica eine Reihe von Kompetenzen des ZaP außer Kraft gesetzt. Dies gilt für den Artikel 5 c, der die Wahl der höchsten Repräsentanten der Integrationsinstanzen durch das ZaP vorsah, und den Artikel 29, der sich auf die Berichtspflicht dieser Institutionen gegenüber dem ZaP bezog. Dementsprechend werden die Referenzzahlen über die Zusammensetzung des Parlamentes jeweils einer Mitgliedschaft von drei bzw. vier Staaten angepaßt und die Durchführung der Wahlen in den noch fehlenden Unterzeichnerstaaten auf einen Zeitraum von 16 Monaten nach Inkrafttreten festgelegt.
Mit diesem Zusatzprotokoll wurde den rechtlichen Problemen einer nur teilweisen Gültigkeit des Vertrages in nur vier Staaten und den Rechtsfolgen dieses Inkrafttretens für die Integrationsinstanzen und bestehenden Verträge Rechnung getragen. Bezogen auf die Kompetenzen des Parlaments bedeutet dies die Reduzierung des Interesses am ZaP auf die Demokratisierung und die Sicherung des Friedensprozesses, während der indirekte normative Charakter der Kompetenzen nach Artikel 5 c und 19 einstweilen suspendiert ist.

4. Wahlverfahren und Wahlergebnisse

Das Esquipulas-II-Abkommen vom 7. August 1986 sieht in seinem 4. Abschnitt die simultane Wahl des ZaP in allen zentralamerikanischen Ländern für das erste Halbjahr 1988 vor. Aufgrund der geschilderten Probleme im Ratifizierungsverfahren wurden mit dem Zusatzprotokoll zum Gründungsvertrag des ZaP vom 9. Dezember 1989 in Artikel 1 die Wahlen auf einen Zeitraum von 16 Monaten nach Inkrafttreten des Protokolls verschoben. Die Forderung nach Gleichzeitigkeit war damit unter dem Eindruck der Entspannung der politischen Beziehungen in Zentralamerika fallengelassen worden. Da das ZaP nunmehr auch nicht mehr als Kernstück des Friedensprozesses fungieren konnte, verloren die beteiligten Staaten – nicht zuletzt angesichts der anhaltenden Blockade des Vertrages durch

55 So die Abgeordneten *Edgar Ugalde* (PLN) und *Miguel Antonio Bolaños Salas* (PUSC) gegenüber dem Verfasser am 27. 2. 1992.

Costa Rica – zunehmend das Interesse am ZaP. Zudem waren alle Unterzeichner des Esquipulas-Vertrages am Ende ihrer Präsidentschaft angelangt und bei den jeweiligen nationalen Wahlen ihre Parteien von den Wählern in die Oppositionsrolle verwiesen worden. So fanden, nicht zuletzt aus ökonomischen Gründen, die Wahlen zum ZaP im Rahmen der nationalen Präsidentschaftswahlen in Honduras, El Salvador und Guatemala statt, während die Durchführung der Präsidentschaftswahlen in Nicaragua von der Weltöffentlichkeit als Nagelprobe des Esquipulas-Abkommens verfolgt wurde.

Der Sieg des Oppositionsbündnisses UNO mit seiner Präsidentschaftskandidatin *Violeta Barrios de Chamorro* sowie der in Nicaragua folgende Prozeß der Demilitarisierung und Demobilisierung im Rahmen eines friedlichen politischen Übergangs veränderten auch die Prioritäten Nicaraguas bezüglich des ZaP. Um der politischen Polarisierung im Lande nicht durch einen weiteren Wahlkampf neuen Schub zu verleihen, beantragte die Regierung Nicaraguas auf dem vom 15.–17. Juli 1991 in San Salvador tagenden Präsidentengipfel eine Verlängerung des Zeitrahmens zur Durchführung der Wahlen auf 36 Monate und die Möglichkeit der Entsendung von Beobachtern zu den Sitzungen des ZaP für jene Länder, die noch keine entsprechenden Wahlen durchgeführt hätten. Diese Regelung wurde durch ein weiteres Zusatzprotokoll festgeschrieben, so daß Nicaragua bis Juli 1994 seine Abgeordneten zum ZaP gewählt haben muß.

Mit dieser Bestimmung bleibt somit das ZaP einstweilig auf die Länder des „Trifinio" Guatemala, El Salvador und Honduras beschränkt, die ihre Abgeordneten des ZaP nach dem jeweiligen nationalen Wahlrecht bereits bestimmten.

Honduras wählte als erstes Land am 26. November 1989 seine 20 ordentlichen Abgeordneten und ihre Vertreter mit einem eigenständigen Wahlvorgang zusammen mit den gleichzeitig durchgeführten Präsidentschafts- und Parlamentswahlen. Dabei ist bemerkenswert, daß das Wahlergebnis zum ZaP leicht von den Resultaten der Wahl des Nationalkongresses abweicht, da es der Christdemokratischen Partei gelang, einen Abgeordnetensitz im ZaP zu erringen, während ihr dies bei der nationalen Wahl nicht möglich war. Die Mandatsverteilung für Honduras sieht folgendermaßen aus:

Land: Honduras	Datum der Wahl: 26. November 1989
Verteilung der Mandate	
Partido Nacional de Honduras (PNH)	10 Abgeordnete
Partido Liberal (PL)	8 Abgeordnete
Partido de Innovación y Unidad (PINU)	1 Abgeordneter
Partido Demócrata Cristiano de Honduras (PDCH)	1 Abgeordneter

In *Guatemala* erfolgten die Wahlen zeitgleich mit den Präsidentschaftswahlen und Kongreßwahlen am 11. November 1990. Die Koppelung der Kandidatenliste für das ZaP an diejenige der Kongreßwahlen machte es den Wählern unmöglich, unterschiedliche Kriterien für die nationalen und die zentralamerikanischen Abgeordneten zur Geltung zu bringen[56]. Die Sitzverteilung der Mandate unter den guatemaltekischen Parteien sieht folgerndermaßen aus:

56 Vgl. *Roberto Bermejo González*, El Parlamento Centroamericano, in: Siglo Veintiuno, Guatemala, 28. Oktober 1991.

Land: Guatemala	Datum der Wahl: 11. November 1990
Verteilung der Mandate	
Unión del Centro Nacional (UCN)	6 Abgeordnete
Movimiento de Acción Solidaria (MAS)	5 Abgeordnete
Democracia Cristiana Guatemalteca (DCG)	4 Abgeordnete
Partido de Avanzada Nacional (PAN)	4 Abgeordnete
Movimiento de Liberacion Nacional/Frente de Avance Nacional (MLN/FAN)	1 Abgeordneter

Auch in *El Salvador* wurden die Wahlen zum ZaP an die Wahlvorgänge zur Nationalversammlung und zu den Stadt- und Gemeinderäten vom 10. März 1991 gekoppelt. Nach Art. 299 des geltenden Wahlgesetzes[57] ist für die Wahlen zum ZaP ein ordentliches Gesetz zu verabschieden, was jedoch aus verfassungsrechtlichen wie konjunkturpolitischen Gründen nicht geschah. Angesichts des Zeitdrucks zur Durchführung der Wahlen zum ZaP wurde mit dem Legislativdekret vom 17. Januar 1991 eine Übergangsregelung geschaffen, die eine Bestimmung der Mitglieder des ZaP nach der Proportionalregel entsprechend den Stimmgewichten der Parteien bei den 20 nach nationalen Listen zu wählenden Abgeordneten der 84 Sitze umfassenden Nationalversammlung vorsieht. Die Parteien hatten dem Zentralen Wahlrat vor dem Wahlgang mitzuteilen, welche ihrer Abgeordneten beziehungsweise ihrer Stellvertreter gleichzeitig auch Mitglied des ZaP werden könnten. Somit lag dem Wähler kein eigenständiger Stimmzettel für die Abgeordneten des ZaP vor, so daß zumindest unter dem Gesichtspunkt der nach Art. 2a des Gründungsvertrages des ZaP geforderten Direktwahl im Falle von El Salvador nur von einer „unechten Direktwahl" gesprochen werden kann, da eine festliegende Kandidatenliste dem Bürger nicht bekannt war[58]. Die Parteien wählten nach den Wahlen aus der dem Zentralen Wahlrat vorgelegten Liste ihrer im Parlament vertretenen Abgeordneten und deren Stellvertreter die ihnen zustehenden Mandatsträger aus. Die Verteilung der Mandate im Falle von El Salvador gestaltet sich wie folgt:

Land: El Salvador	Datum der Wahl: 10. März 1991
Verteilung der Mandate	
Alianza Republicana Nacionalista (ARENA)	9 Abgeordnete
Partido Demócrata Cristiano (PDC)	6 Abgeordnete
Partido de Conciliación Nacional (PCN)	2 Abgeordnete
Convergencia Democrática (CD)	2 Abgeordnete
Movimiento Auténtico Cristiano (MAC)	1 Abgeordneter

Gerade aus dem Falle El Salvador wird erkennbar, daß eine der wichtigen Folgen des durchgeführten Wahlverfahrens die Existenz von Doppelmandaten nationaler Abgeord-

57 Vgl. Consejo Central de Elecciones: Código Electoral y sus reformas, San Salvador 1989.
58 So *Silvia Barrientos* (Mitglied der Nationalversammlung El Salvadors für die Convergencia Democrática), Vortrag, gehalten auf dem internationalen Seminar „El Parlamento Centroamericano y el Proceso de Integración", 11. April 1991, Managua/Nicaragua.

neter mit Vertretung im ZaP ist[59]. Die integrationsfördernde Funktion von Doppelmandaten durch die Stärkung der parlamentarischen Komponente im Institutionsgefüge ist aus dem Prozeß der europäischen Einigung zu belegen[60], allerdings gilt dies sicherlich nur für die frühen Phasen der EWG, während mit der Vertiefung des Integrationsprozesses die Bedeutung der transnationalen Parteienzusammenarbeit größeres Gewicht zu gewinnen scheint[61]. In dieser Hinsicht kommt der Bildung von übernationalen Fraktionen[62] in Regionalparlamenten wie dem ZaP eine wichtige Rolle als Klammer für die Ausbildung einer grenzüberschreitenden Integration der politischen Parteien zu.

Die Zusammensetzung des ZaP nach einem groben Links-/Rechts-Schema[63] ist dem Schaubild auf der folgenden Seite zu entnehmen. Dabei fällt die geringe Repräsentanz sozialdemokratischer oder als links einzustufender Kräfte auf, die zum einen in den vorangegangenen Wahlgängen keine bedeutsame Rolle spielten, und sich zum anderen, wie im Falle der FMLN in El Salvador und der URNG Guatemalas, nach wie vor außerhalb der nationalen Wahlgremien befinden. Zudem würde eine Beteiligung Nicaraguas und Costa Ricas am ZaP über das Stimmengewicht der FSLN beziehungsweise der PLN eine deutliche Verschiebung des Bildes bedeuten. Auf der Basis der gegebenen Repräsentanz der Länder El Salvador, Guatemala und Honduras im ZaP haben sich bislang folgende parlamentarische Gruppen (Fraktionen) gebildet:

– Liberale und Zentrums-Gruppe: bestehend aus sechs Abgeordneten der UCN und einem des MLN aus Guatemala sowie zehn Abgeordneten der PL aus Honduras; insgesamt 17 Abgeordnete.

– Christlich-demokratische Gruppe: bestehend aus sechs Abgeordneten der DCG aus Guatemala und sieben Abgeordneten der PDC aus El Salvador; insgesamt 13 Abgeordnete.

Neben diesen beiden offiziell registrierten Gruppen befinden sich zwei weitere Fraktionen im Aufbau, die aber bislang keinen offiziellen Status besitzen:

– Große Gruppe („Gran Grupo"): bestehend aus neun Abgeordneten der ARENA (El

59 Die Nationalversammlung El Salvadors legte dementsprechend im schon erwähnten Dekret Nr. 693 fest, daß die mit Doppelmandaten versehenen Abgeordneten keine Entschädigung für ihre Tätigkeit im ZaP erhalten.

60 So *Valentine Herman*, The European Parliament and the national parliaments: some conclusions, in: *Valentine Herman/Rinus van Schendelen* (Hrsg.), The European Parliament and the National Parliaments, Westmead/Farnborough 1979, S. 272ff., sowie *Georges Vedel*, Die Rolle der parlamentarischen Institution bei der europäischen Integration. Probleme der Verwirklichung des demokratischen Auftrags, in: *Claus Schöndube* (Hrsg.), Parlamentarismus und europäische Integration, Bonn 1975, S. 86f.

61 Die ersten Direktwahlen des Europäischen Parlamentes beendeten die bis dahin verbreitete Tradition des Doppelmandates. Weniger als 10 Prozent der MdEP haben noch ein Doppelmandat inne.

62 Artikel 73 der Geschäftsordnung des ZaP legt die Bildung von parlamentarischen Gruppen nach „politischer Affinität" aus zumindest zwei Staaten fest und schließt die Mitgliedschaft von Abgeordneten derselben nationalen Partei in mehreren Fraktionen explizit aus, was den Parteien eine starke Bindungswirkung gegenüber ihren Abgeordneten verschafft.

63 Vgl. einen ähnlich angelegten Versuch noch vor den Wahlen, in: IRELA (Hrsg.), El Parlamento Centroamericano. Alternativas de constitución y elecciones, Dossier No. 24, Madrid 1990, S. 27ff.

Ideologische Orientierung der Parteien	links	sozial-demokrat.	liberal	christ-demokrat.	konserv.	rechts	
gewählte Abgeordnete							
aus: Guatemala			6 UCN	4 DCG	4 PAN 5 MAS	1 MLN	
Honduras		1 PINU	8 PL	1 PDCH	10 PNH		
El Salvador		2 CD		6 PDC 1 MAC	2 PCN	9 ARENA	
Zwischensumme		3	14	12	21	10	
Abgeordnete ex-oficio							
Guatemala Ex-Präs. und Ex-Vizepräs.				2			
Honduras Ex-Präs. und Ex-Vizepräs.			2				
El Salvador (1) Ex-Vizepräs.				1			
Nicaragua Ex-Präs. und Ex-Vizepräs.	2						
Summe	2	3	16	15	21	10	67

(1) Expräsident *José Napoleón Duarte* verstarb am 23. Februar 1990.

Salvador), fünf Abgeordneten des MAS und vier des PAN aus Guatemala sowie den zehn Abgeordneten der PNH aus Honduras; insgesamt 28 Mitglieder.

– Gruppe der Nichtorganisierten: bestehend aus einem Abgeordneten des MAC (El Salvador), einem Abgeordneten der DC und dem einen Abgeordneten der PINU aus Honduras sowie den beiden Abgeordneten der Convergencia Democrática aus El Salvador.

Die innere Kohärenz dieser parlamentarischen Gruppen scheint bei den beiden offiziell registrierten Fraktionen aufgrund der jeweiligen nationalen Blöcke, die sie konstituieren, recht groß zu sein, während die Große Gruppe und die der Nichtorganisierten wohl eher Ausdruck einer Organisationsnotwendigkeit zur Verstärkung des eigenen Gewichtes ist. Allerdings könnten diese Gruppen jedoch auf lange Sicht ernstzunehmende Ansätze einer die nationalen Grenzen überschreitenden Kooperation innerhalb der zerklüfteten Parteienlandschaft Zentralamerikas darstellen. Auch auf diese Weise würde das Interesse an einer Verstärkung der politischen Dimension des Integrationsprozesses zur Geltung gebracht.

III. *Die Rolle von Regionalparlamenten in Lateinamerika*

Mit der Konstituierung des ZaP konkretisiert sich neben dem seit über zehn Jahren existierenden Andenparlament und dem lateinamerikanischen Parlament ein weiterer regionaler Zusammenschluß, der, wie die in Aussicht genommenen Projekte eines Karibik- und eines Amazonasparlamentes, eine Stärkung der Integrationsbewegungen bringen soll. Dabei ist die Frage zu stellen, ob solche Regionalparlamente, die meist nur den Charakter parlamentarischer Versammlungen besitzen, überhaupt in der Lage sind, sich gegenüber den nationalen Parlamenten zu behaupten. In dieser Hinsicht besitzt das ZaP durch seine Direktwahl gegenüber den anderen vergleichbaren lateinamerikanischen Versammlungen[64] – zumindest bezogen auf seine Legitimationsgrundlagen – eine bessere Ausgangsposition. Die Befürchtung, daß die Regionalparlamente wegen ihrer unzureichenden Ausstattung mit Kompetenzen nur auf die Rolle eines „Ombudsmanns"[65] für die Beachtung der Menschenrechte und als moralische Kontrollinstanz verwiesen sein könnten, ist aufgrund der bestehenden Erfahrungen mit dem lateinamerikanischen und dem Andenparlament nicht von der Hand zu weisen[66]. Hervorgehend aus dem Interesse, im Rahmen der regionalen Zusammenschlüsse durch die Beteiligung der politischen Parteien die *politische* Dimension des Integrationsprozesses zu stärken, lassen sich fünf Grundfunktionen der Regionalparlamente als typisch identifizieren, die in der lateinamerikanischen Integrationspolitik den klassischen Parlamentsfunktionen[67] als zeitlich vorgelagert zu verstehen sind:

- Mobilisierung der öffentlichen Meinung zugunsten der Integration und Sicherung breiter Unterstützung für diesen Prozeß (Informationsfunktion),
- Einbeziehung von Repräsentanten der gesellschaftlichen Gruppen und politischen Parteien auf breiter Ebene und unter pluralistischem Vorzeichen als Hauptakteure einer kontinentalen Integrationsbewegung (Mitwirkungsfunktion),
- Qualifizierung nationaler Politiker im Themenbereich der regionalen Probleme (Qualifizierungs-/Rekrutierungsfunktion),

64 Der Gründungsvertrag des Andenparlamentes, der am 25. Oktober 1979 in La Paz/Bolivien unterzeichnet wurde und nach der Ratifizierung durch die beteiligten Länder Bolivien, Ecuador, Peru, Venezuela und Kolumbien am 16. Januar 1984 in Kraft trat, besitzt ein Zusatzprotokoll, das 10 Jahre nach Hinterlegung der letzten Ratifikationsurkunde, d. h. im November 1994 wirksam wird und die Direktwahl der andinen Parlamentarier vorsieht. Im Fall des lateinamerikanischen Parlaments, das sich als Vertretung der nationalen Parlamente auf dem Subkontinent versteht, stellt sich die Frage der Direktwahl nicht. Als Überblick vgl. *Juan Mario Vaccino,* Los parlamentos regionales en los procesos de integración: Las experiencias europeas y latinoamericanas, Madrid (IRELA) 1990.

65 Vgl. die entsprechende Aussage des kolumbianischen Exekutivsekretärs des Andenparlaments *Milos Alcalay,* in: IRELA (Hrsg.), El papel de los parlamentos regionales en los procesos de integración de América Latina (Informe de Conferencia Nr. 6/89), Madrid 1990, S. 7.

66 Vgl. *Raymundo Barros,* El Parlamento Andino: organo principal del Acuerdo de Cartagena, Santiago de Chile (CEPAL LC/R. 664) 1988.

67 Vgl. die Diskussion über die Funktionenbilanz des Europäischen Parlaments sowie den Überblick über die Funktionenraster nationaler Parlamente in der Studie von *Eberhard Grabitz/Otto Schmuck/Sabine Steppat/Wolfgang Wessels,* Direktwahl und Demokratisierung – eine Funktionenbilanz des Europäischen Parlaments nach der ersten Wahlperiode, Bonn 1988, S. 51 ff.

– Tätigkeit als demokratisches Forum zur Diskussion gemeinsamer Probleme der Region (Artikulationsfunktion),
– Herstellung von Kohäsion unter den lateinamerikanischen Politikern und politischen Kräften, die die Chance zur Erarbeitung und Vertretung gemeinsamer Positionen nach außen eröffnet (Kohäsionsfunktion)[68].

Die genannten Funktionen weisen auf die bedeutende Rolle hin, die den Parlamenten in der Beziehung zur zivilen Gesellschaft zukommt, der sie als Sprachrohr oder auch zur Meinungsbildung dienen sollen. Sie sind in diesem Sinne eher als Ausdruck einer noch im Entstehen begriffenen regionalen Identität zu verstehen, so daß die eigentlichen Arbeitsbereiche im Vorfeld der klassischen Beteiligungs- und Kontrollrechte der Parlamente liegen.

Die konkrete Ausformung dieser Funktionen ist allerdings vor dem Hintergrund der im Einzelfall gegebenen historischen, politischen und kulturellen Rahmenbedingungen zu betrachten, die sich im Falle des ZaP gerade aus der Überschneidung von Friedensprozeß und Neuansatz der Integrationspolitik ergeben. Begünstigend für eine Ausweitung der Rolle dieses regionalen Parlaments kommt die Demokratisierung der politischen Regime in der Region und die Beendigung des Konfliktes der Großmächte um die Rolle Nicaraguas hinzu, die zu einer Abflachung der Spannungen in Zentralamerika beitrugen. Obwohl das ZaP ohne Einbindung in einen klaren institutionellen Rahmen eines Integrationszusammenschlusses begründet wurde und durch die Beendigung der militärischen Verwicklungen in Zentralamerika der demokratische Impuls seiner Gründungsphase verlorenging, kann es dennoch von seiner Anlage her als wichtige Stütze der drängenden Notwendigkeit einer stärkeren regionalen Kooperation[69] betrachtet werden. Seine indirekte normative Kompetenz ist jedoch durch die fehlende Ratifizierung des Gründungsvertrages durch Costa Rica einstweilen aufgehoben, so daß bis zum Beitritt dieses Landes stärker die Informations-, Artikulations-, Kohäsions- und Rekrutierungsfunktion im Vordergrund stehen werden. Die Wahrnehmung dieser Aufgaben kann angesichts des Fehlens einer breiten Bewegung in der Gesellschaft zur Förderung der Integration und ihrer Abstützung in der Bevölkerung Zentralamerikas ein wichtiges Desiderat für den zukünftigen politischen Prozeß in der Region erfüllen.

68 Vgl. hierzu auch die Ergebnisse der in Fußnote 65 genannten Tagung.
69 Als Übersicht zu den aktuellen Tendenzen in Lateinamerika vgl. *Manfred Mols*, Konzertation: Regionalismus in Lateinamerika, in: Außenpolitik Bd. 43/1992, S. 72–81.

AUFSÄTZE

Öffentlichkeitsarbeit der Parlamente – Politikvermittlung zwischen Public Relations und Parlamentsdidaktik[1]

Ulrich Sarcinelli

Erscheinungsbilder oder Images von politischen Institutionen sind außerordentlich zähe Gebilde. Sie entwickeln sich in einem sehr komplizierten Geflecht von Informationen, Meinungen, Vorurteilen, Erfahrungen und auch sehr subjektiven Vorstellungen. Und sie bilden sich in einem keineswegs allein durch die Parlamente bestimmten Erfahrungsraum. Wer politische Öffentlichkeitsarbeit betreibt, muß dabei in Rechnung stellen: Es gibt eine Art „Gesamthaftung der Politik" – oder sollte man sagen: eine Gesamthaftung der „politischen Klasse" – für das öffentliche Erscheinungsbild von Politik. Das ist das schwierige Los der Bediensteten in den Öffentlichkeitsreferaten der Parlamente. Da kann ein einzelnes Ereignis die Ergebnisse mühsamer Arbeit mit einem Schlage in Frage stellen. Wir wissen es aus zahlreichen Umfragen: Die Bürgerinnen und Bürger sortieren eben nicht fein säuberlich nach verfassungstheoretischen Konstrukten oder Gewaltenteilungsmodellen, etwa nach der Art „Das ist der Regierung, jenes der Partei X, dieses dem Politiker Y anzulasten, und für letzteres trägt die Institution Z Verantwortung". Die Wahrnehmung von Politik erfolgt eher nach Art einer Mischkalkulation. Vielleicht haben die Bürgerinnen und Bürger dabei ein gar nicht so unrealistisches Politikbild. Ob Regierung, Parlament oder Parteien – Imageverluste des einen wirken sich in der Regel negativ auf die anderen aus[2], und von Ansehensverlusten der Regierungsseite scheint die Opposition kaum mehr zu profitieren; umgekehrt gilt dies in gleicher Weise.

Daraus ergibt sich eine folgenreiche Konsequenz: Es dürfte außerordentlich schwer sein, das öffentliche Erscheinungsbild der Parlamente nachhaltig zu verändern – losgelöst etwa von der Frage, welches Politikbild Regierungen, Parteien oder generell politische Akteure abgeben; losgelöst natürlich auch davon, welche Politik und wie Politik betrieben wird. Dies sollte uns nicht davon abhalten, Probleme bei der Herstellung parlamentarischer Transparenz zu thematisieren und Perspektiven für die Verbesserung der Öffentlichkeitsarbeit der Parlamente aufzuzeigen. Zwar ist etwas Wahres an dem Argument, daß eine noch

1 Überarbeiteter Vortrag, gehalten zur Eröffnung der Tagung der Deutschen Vereinigung für Parlamentsfragen und des Schleswig-Holsteinischen Landtages zum Thema „Öffentlichkeitsarbeit der Parlamente – Zwischen Public Relations und Parlamentsdidaktik" am 18./19. 3. 1993 im Landeshaus zu Kiel.

2 Vgl. *Suzanne S. Schüttemeyer*, Bundestag und Bürger im Spiegel der Demoskopie, Opladen 1986, S. 139.

so professionelle parlamentarische Öffentlichkeitsarbeit nichts nütze, wenn die Politik selbst nicht stimme. Aber wo will man bei dieser Diskussion anfangen? Wer legt die Kriterien fest, ist ermächtigt, Schiedsrichter zu spielen? Man sollte sich keine Illusionen machen: Öffentlichkeitsarbeit kann Politik nicht verändern; insofern ist sie ein politisches Sekundärphänomen. Aber sie kann Politik besser verständlich, besser durchschaubar machen, kann die Menschen näher an die realen parlamentarisch-politischen Prozesse heranführen. Das ist nicht zu unterschätzen, denn das Verhältnis der Bürger zum Parlament ist weithin durch ein verbreitetes freundliches bis unfreundliches Desinteresse am parlamentarischen Geschehen gekennzeichnet. „Parlamentsgewöhnung" auf schmaler kognitiver, normativ häufig unzutreffender, zumeist positiv-verschwommener emotionaler Basis[3] hat *Suzanne S. Schüttemeyer* dies in Auswertung zahlreicher Umfragen in ihrer Studie über das Erscheinungsbild des Bundestages so schön genannt. Da es auch eine Verdrossenheit aus Unkenntnis gibt, Distanz aufgrund von Intransparenz, Frustration infolge von falschen Idealisierungen, kommt der Öffentlichkeitsarbeit der Parlamente heute mehr Bedeutung denn je zu. Hier haben die Parlamente eine gegenüber der Öffentlichkeit ständig einzulösende politische Bringschuld.

Natürlich spiegelt das Parlamentsimage nicht die parlamentarische Wirklichkeit. Images sind gleichsam Wahrnehmungsfilter zwischen Person und Gegenstand. Weil aber Menschen ihr Verhalten nicht danach ausrichten, was ist, sondern danach, was sie meinen, daß es sei, ersetzt für sie zumeist die subjektive Wirklichkeit, eben das Parlamentsimage, die Parlamentsrealität[4]. Deshalb kann es uns nicht gleichgültig sein, welches Image unsere Parlamente haben. Wenn man im Wege von Öffentlichkeitsarbeit hier etwas erreichen will, gilt auch dabei *Max Webers* berühmtes Wort vom „starke(n) langsame(n) Bohren von harten Brettern"[5].

1. Öffentlichkeitsarbeit der Parlamente

„Parlamente und PR" – paßt das eigentlich zusammen? „Didaktik und Parlamente", „Parlamente als politische Schule der Nation" vielleicht? Die Spannweite der durch die Öffentlichkeitsarbeit der Parlamente zu leistenden Politikvermittlung reicht in der Tat von der parlamentarisch-politischen PR-Arbeit bis zu didaktisch fundierten Bemühungen etwa

3 Ebenda, S. 272. Vieles spreche dafür, so ein Teilnehmer der Jubiläumstagung zum 40jährigen Bestehen des Deutschen Bundestages, „daß der Bundestag in einer etwas distanzierten Weise eher als ein tüchtiger Teil des Staatsgefüges denn als eine Quelle der politischen Autorität und als lebendige Vertretung des Volkes betrachtet wird". Diskussionsbeitrag Prof. *Johnsons*, in: 40 Jahre Deutscher Bundestag. Referate und Diskussionsbeiträge der Tagung der Deutschen Vereinigung für Parlamentsfragen e. V. ... am 8.–10. September 1989 in Bonn, Baden-Baden 1990, S. 67. Der Bundestag sei „in einer gespaltenen politischen Kultur", so *Heinrich Oberreuter,* Zwischen traditionellem und aufgeklärtem Parlamentsverständnis, in: Aus Politik und Zeitgeschichte, B 37–38/89, 8. September 1989, S. 28–39.

4 Vgl. dazu: SINUS-Institut, Das Ansehen der Parlamente in der Öffentlichkeit. Zum Bild und Verständnis des Parlamentarismus in der Bundesrepublik Deutschland, Heidelberg 1991 (Unveröff. Projektskizze), insb. S. 4.

5 *Max Weber*, Politik als Beruf, Berlin 1968 (5. Aufl.), S. 67.

im Zusammenhang mit Organisation und inhaltlicher Ausrichtung der Besucherbetreuung.

In einem Dokument des Jahres 1946 heißt es – und diese Passage könnte man als die „Geburtsurkunde“ für die Öffentlichkeitsarbeit jedenfalls des Schleswig-Holsteinischen Landtages bezeichnen:

„Ich rege an, in der Presse den Publikumsbesuch von Landtagssitzungen zu propagieren ... Es erscheint mir außerordentlich wünschenswert, daß von dieser Möglichkeit demokratischer Schulung weitgehend Gebrauch gemacht wird. Besonders fruchtbar halte ich einen solchen Besuch für unsere Jugend; sie kann dadurch im Rahmen ihrer staatsbürgerlichen Erziehung mit den demokratischen Einrichtungen bekannt gemacht werden und über die theoretische Schulung durch den Geschichtsunterricht hinaus eine praktische gegenwartsnahe politische Erziehung erhalten. Ferner bitte ich zu erwägen, ob es tunlich ist, nach der nächsten Landtagssitzung durch eine von Amts wegen verfaßte Pressenotiz den Stand der Verwaltungsorganisation (Landtag und dessen Aufbau, Kabinett und dessen Mitglieder, Ausschüsse und Ämter sowie deren z. T. neue Bezeichnungen) in großen Zügen dem breiten Publikum bekanntzugeben.“[6]

Diese Verfügung des ersten Präsidenten des noch nicht frei gewählten Schleswig-Holsteinischen Landtages – eines gelernten Pastors übrigens – mag aus heutiger Sicht als geradezu naives Unterfangen in Sachen politischer Öffentlichkeits- und Bildungsarbeit eines Parlamentes erscheinen. Sie ist aus ihrer Zeit heraus aber ein durchaus verständliches, gewiß auch ein von demokratischen Umerziehungsvorstellungen geprägtes Dokument. Gleichwohl lassen sich aus diesem Text, wenn auch contrario, die heute mehr noch als damals virulenten Probleme der Politikvermittlung im Kontext von Parlamenten verdeutlichen.

Wohl kaum wird man sich heute noch vom Besuch einer Plenarsitzung „eine demokratische Schulung“ oder „eine praktische gegenwartsnahe politische Erziehung“ versprechen. Nicht wenige Parlamentarier raten ja allen Ernstes, wenn auch oft mit einer gewissen Koketterie, von der Teilnahme an einer Plenardebatte geradezu ab, fordern gar Tribünenverbot, weil so das medienvermittelte negative Bild parlamentarischer Arbeit allenfalls bestätigt werde. Und geradezu naiv institutionenkundlich mutet aus heutiger Sicht an, „durch eine von Amts wegen verfaßte Pressenotiz den Stand der Verwaltungsorganisation“ dem Publikum bekanntzumachen.

Im Gegensatz allerdings zu der in dem zitierten Text bereits zum Ausdruck gebrachten besonderen Wertschätzung scheint sich die gesamtparlamentarische Informationsarbeit im Sinne einer wohlverstandenen institutionellen Imagepflege des Parlaments erst allmählich aus einer lange Zeit eher stiefmütterlichen Randexistenz zu befreien. Dies muß um so mehr verwundern, als ein angemessenes Parlamentsverständnis für Legitimitätszumessung und politisches Grundvertrauen essentiell sind[7]. Die Spitze dieses Hauses, insbesondere dem

6 Präsident des Schleswig-Holsteinischen Landtages, Verfügung vom 16. Mai 1946 (im Archiv des Verfassers).

7 Vgl. zu dieser Kritik auch *Heinrich Oberreuter,* Zwischen traditionellem und aufgeklärtem Parlamentsverständnis, in: Aus Politik und Zeitgeschichte, B 37–38/89, 8. September 1989, S. 28–39, hier insb. S. 35 f.; *Suzanne Schüttemeyer,* Der Bundestag im Urteil der Bürger. Zur Parlamentarismusperzeption in der Bundesrepublik, in: *Dirk Berg-Schlosser/Jakob Schissler* (Hrsg.), Politische Kultur in Deutschland. Bilanz und Perspektiven der Forschung (PVS-Sonderheft 18), Opladen 1987, insb. S. 412.

Direktor des Schleswig-Holsteinischen Landtages, Herrn Dr. *Schöning*, gebührt Dank für das über Jahre beharrliche Bemühen, auch die anderen Parlamente für eine Intensivierung der Öffentlichkeitsarbeit zu gewinnen.

Politischer Souveränitätsverlust und Unübersichtlichkeit: strukturelle Bedingungen parlamentarischer Öffentlichkeitsarbeit heute

Wer heute parlamentsbezogene Öffentlichkeitsarbeit betreiben will oder gar in der Beschäftigung mit der parlamentarischen Demokratie politisch-pädagogische Absichten verfolgt, steht vor ganz anderen Herausforderungen als zur Zeit des demokratischen Neuanfangs in der unmittelbaren Nachkriegszeit. Was zur damaligen Zeit noch den Respekt des Neuen und im Rahmen demokratischer Umerziehung per se Autorität beanspruchen konnte, unterliegt heute dem Verschleiß politischer Gewöhnung. Vielleicht gibt es diesen Bonus noch kurze Zeit für die Landtage in den neuen Bundesländern. Generell wird man aber festhalten müssen: Parlamentarische Politik hat ihre legitimatorische Exklusivität wenn nicht verfassungsrechtlich, so doch realpolitisch weitgehend verloren. Was wir aus der neueren staatstheoretischen und verwaltungssoziologischen Diskussion wissen, das gilt auch für die deutschen Parlamente: Souveränitätsverlust[8], „Entgrenzung" und „Verflüssigung von Politik"[9], „kooperativer Staat"[10], „Entzauberung des Staates"[11], ein „Nebeneinander von hierarchischer Steuerung und horizontaler Selbstkoordination"[12]. In diesem Zusammenhang macht *Fritz W. Scharpf* auf ein auch die parlamentarische Öffentlichkeitsarbeit tangierendes Grundsatzproblem aufmerksam: Den politischen Funktionsträgern werde weit mehr Ereignisbeherrschung zugeschrieben, als diese auch unter günstigsten Umständen haben könnten. Umgekehrt tendiere die politische und wissenschaftliche Diskussion dazu, – Gleiches gilt für die politische Bildung – alle Verhandlungszwänge als „Demokratiedefizit" zu registrieren[13]. In der Tat: Unübersichtlichkeit,

8 Vgl. *Thomas Ellwein*, Staatlichkeit im Wandel. Das Staatsmodell des 19. Jahrhunderts als Verständnisbarriere, in: Staat und Demokratie in Europa, a. a. O., S. 73–82, hier insb. S. 80. Vgl. die neuere staatstheoretische Diskussion zusammenfassend, *Hans-Hermann Hartwich*, Die Suche nach einer wirklichkeitsnahen Lehre vom Staat, in: Aus Politik und Zeitgeschichte, B 46–47/87, 14. November 1987, S. 3–20.

9 Vgl. *Ulrich Beck*, Die Risikogesellschaft. Auf dem Weg in eine andere Moderne, Frankfurt 1986, S. 300, 313 und 323.

10 Vgl. *Ernst-Hasso Ritter*, Der kooperative Staat. Bemerkungen zum Verhältnis von Staat und Wirtschaft, in: Archiv des öffentlichen Rechts (1979), S. 389–413.

11 Vgl. *Helmut Willke*, Entzauberung des Staates. Überlegungen zu einer sozietalen Steuerungstheorie, Königstein 1983, 13.

12 *Fritz W. Scharpf*, Die Handlungsfähigkeit des Staates am Ende des zwanzigsten Jahrhunderts, in: Politische Vierteljahresschrift, H. 4/1991, S. 95, 104 und 107. Ebenfalls abgedruckt in: Staat und Demokratie in Europa, a. a. O., S. 93–115. Vgl. ebenso *ders.*, Politische Steuerung und politische Institutionen, in: Macht und Ohnmacht politischer Institutionen, a. a. O., S. 16–29; siehe dazu auch *Joachim Jens Hesse/Arthur Benz*, Die Modernisierung der Staatsorganisation. Institutionspolitik im internationalen Vergleich: USA, Großbritannien, Frankreich, Bundesrepublik Deutschland, Baden-Baden 1990, S. 50.

13 Vgl. *Fritz W. Scharpf*, Die Handlungsfähigkeit des Staates, a. a. O. (s. Anm. 10). Zum Wandel der legislatorischen Arbeit und zur Bedeutung komplexer Kommunikations- und Koordinationsbe-

Komplexität, Aushandlungsdemokratie oder inner- und zwischeninstitutionelle Problemverflechtung lassen sich eben in der Regel nicht in ein einfaches Politikbild pressen und medienwirksam vermarkten. Dennoch sind sie der strukturelle Bedingungsrahmen, von dem parlamentarische Öffentlichkeitsarbeit auszugehen hat. Und sie sind eben nicht per se Ausdruck eines demokratischen Defizits.

Das Parlament – ein Ereignisproduzent unter vielen

Parlamentarische Politik hat nicht nur ihre Exklusivität realpolitisch eingebüßt. Sie kann auch kommunikationspolitisch nicht mehr mit einem Aufmerksamkeitsbonus rechnen. Auf dem politischen Angebotsmarkt sind die Parlamente einer kaum zu übersehenden harten Konkurrenz von möglichen Erzeugern politischer Aufmerksamkeit ausgesetzt. Nur wer sich in der Produktion der „Wirklichkeit des Außergewöhnlichen" noch bemerkbar machen kann, hat eine Chance, die Medienbarrieren zu überspringen und damit überhaupt in der Öffentlichkeit wahrgenommen zu werden. Parlamente sind hier nur Anbieter unter vielen und insofern – wie andere politische und gesellschaftliche Institutionen auch – auf die organisierte „Herstellung von Öffentlichkeit"[14] im Wege aktiver Öffentlichkeitsarbeit, das heißt mehr denn je auf „Legitimation durch Kommunikation"[15], angewiesen. Das repräsentative System ist eben kein Ersatz für die Kommunikation mit den Bürgerinnen

ziehungen im System parlamentarischer Parteiregierung vgl. *Heinrich Oberreuter*, Entmachtung des Bundestages durch Vorentscheider auf höchster politischer Ebene, in: *Hermann Hill* (Hrsg.), Zustand der Gesetzgebung, Berlin 1989, S. 121–139.

14 Vgl. aus jeweils radikaldemokratisch-kritischer beziehungsweise aus systemtheoretischer Perspektive *Jürgen Habermas*, Strukturwandel der Öffentlichkeit, Neuwied 1969 (4. Aufl.), insb. S. 233 ff.; *Niklas Luhmann*, Legitimation durch Verfahren, Frankfurt 1983, insb. S. 16; *ders.*, Öffentliche Meinung, in: Politische Vierteljahresschrift, 11. Jg. 1970, S. 2–28. Zur Politikvermittlung der Parlamente vgl. *Edwin Czerwick*, Parlament und Politikvermittlung, in: *Ulrich Sarcinelli* (Hrsg.), Politikvermittlung. Beiträge zur politischen Kommunikationskultur, Bonn/Stuttgart 1987, S. 161–183, hier insb. S. 162. Siehe aus kommunikationswissenschaftlicher Sicht *Hans Mathias Kepplinger*, Ereignismanagement. Wirklichkeit und Massenmedien, Zürich/Osnabrück 1992, insb. S. 23 ff. Zur herausgehobenen Bedeutung der Medien im Rahmen der Kontakte von Abgeordneten vgl. die Untersuchung von *Dietrich Herzog* u. a., Abgeordnete und Bürger. Ergebnisse einer Befragung der Mitglieder des 11. Deutschen Bundestages und der Bevölkerung, Opladen 1990, insb. S. 26 ff., zum Informationsverhaltenvon Abgeordneten siehe *Henry Puhe/H. Gerd Würzberg*, Lust und Frust. Das Informationsverhalten der deutschen Abgeordneten. Eine Untersuchung, Köln 1989.

15 Vgl. dazu insb. *Heinrich Oberreuter*, Parlament und Öffentlichkeit, in: *Wolfgang R. Langenbucher* (Hrsg.), Politische Kommunikation. Grundlagen, Strukturen, Prozesse, Wien 1986, S. 70–79; *ders.*, Parlament und Medien in der Bundesrepublik Deutschland, in: *Uwe Thaysen/Roger H. Davidson/ Robert G. Livingston* (hrsg.), US-Kongreß und Deutscher Bundestag. Bestandsaufnahmen im Vergleich, Opladen 1988, S. 500–515. Vgl. den zusammenfassenden Überblick über die kommunikativen Instrumentarien des Bundestages mit zahlreichen Verweisen bei: *Wolfgang Ismayr*, Der Deutsche Bundestag. Funktionen, Willensbildung, Reformansätze, Opladen 1992, S. 344–363.

und Bürgern. Kommunikation ist vielmehr die ständig einzulösende Bringschuld der repräsentativen Demokratie[16].
Was unterscheidet nun im Näheren parlamentarische PR von Parlamentsdidaktik und wo liegen die „wunden" Punkte? Welches sind die zentralen Herausforderungen, vor denen wir stehen?

2. *Herausforderungen parlamentarischer Öffentlichkeitsarbeit in der Gegenwart*

Formal und auch real ist Parlamentsdidaktik Teil der parlamentarischen Öffentlichkeitsarbeit; denn Öffentlichkeitsarbeit zielt zwar primär auf Multiplikatorenwirkung ab, ist vornehmlich also massenmedial adressiert. Sie hat es aber auch mit den direkten Kontakten von Besucherinnen und Besuchern zu tun, die in den Landesparlamenten in die Zehntausende gehen und beim Bundeshaus im Schnitt zwischen zweihundert- und dreihunderttausend Personen pro Jahr umfassen[17].

Parlamentarische Öffentlichkeitsarbeit versus Parlamentsdidaktik

Bei Public Relations, hierzulande zumeist gleichgesetzt mit Öffentlichkeitsarbeit, geht es, wie der Begriff sagt, um die „öffentlichen Beziehungen", um Belange öffentlicher Kommunikation[18]. Nach einer geläufigen Definition kann Public Relations als das „Management von Kommunikation zwischen einer Organisation und ihrem (?) Publikum"[19] verstanden werden. Sie basiert in hohem Maße auf „Selbstdarstellung durch Information"[20] und ist Teil der „angebotsorientierten Kommunikationspolitik"[21]. Öffentlichkeitsarbeit gilt auch im Bereich der Politik als legitimer und notwendiger Bestandteil der Informationsvermittlung mit dem Ziel, die öffentliche Meinung zu beeinflussen[22].

16 So auch *Uwe Thaysen*, in: *Konrad Porzner/Heinrich Oberreuter/Uwe Thaysen* (Hrsg.), 40 Jahre Deutscher Bundestag, a. a. O., S. 82. Vgl. nach wie vor grundlegend dazu: *Ernst Fraenkel*, Demokratie und öffentliche Meinung, in: *ders.*, Deutschland und die westlichen Demokratien, Stuttgart u. a. 1968 (4. Aufl.), S. 141.

17 Vgl. *Peter Schindler*, Datenhandbuch zur Geschichte des Deutschen Bundestages 1980 bis 1987, Baden-Baden 1988, S. 915.

18 Vgl. dazu *Franz Ronneberger/Manfred Rühl*, Theorie der Public Relations. Ein Entwurf, Opladen 1992, hier insb. S. 14.

19 So ins Deutsche übersetzt nach: *James E. Grunig/Todd Hunt*, Managing Public Relations, New York 1984, S. 6; siehe die zusammenfassende Übersicht weiterer auf verschiedene theoretische Ansätze zurückgehende Erklärungen von PR bei *Benno Signitzer*, Theorie der Public Relations, in: *Roland Burkart/Walter Hömberg* (Hrsg.), Kommunikationstheorien. Ein Textbuch zur Einführung, Wien 1992, S. 134–152.

20 Art. Public Relations, Öffentlichkeitsarbeit, in: *Kurt Koszyk* und *Karl Hugo Pruys*, Handbuch der Massenkommunikation, München 1981, S. 262.

21 *Ulrich Sarcinelli*, Symbolische Politik und politische Kultur. Das Kommunikationsritual als politische Wirklichkeit, in: Politische Vierteljahresschrift, 30. Jg. 1989, H. 2, S. 297.

22 Einen Überblick über Selbstverständnis und Tätigkeitsbereich der Pressestellen der Öffentlichen Hand gibt die Untersuchung von *Frank Böckelmann*, Pressestellen der Öffentlichen Hand (Journalistische Berufsfeldforschung „Pressestellen", Teil III), München 1991. Um eine Historio-

Wiewohl immer wieder und nicht selten zu Recht mit kommerzieller Werbung verglichen und in den Geruch von Propaganda kommend, ist politische PR keineswegs zwingend auf Einweg-Kommunikation ausgelegt[23]. Gerade moderne Konzepte von Öffentlichkeitsarbeit intendieren Interaktion und Kommunikation[24].

Im Felde des Journalismus gilt Öffentlichkeitsarbeit als eine wesentliche, Timing und Themen der Berichterstattung mitbestimmende Informationsgrundlage. Erfolgreich ist parlamentarische Öffentlichkeitsarbeit infolgedessen dann, wenn sie die Parlamentsberichterstattung in den Medien beeinflußt[25]. Sie nutzt die Kriterien der Selektion und Strukturierung von Nachrichten und ist vor allem dann effektiv, wenn sie in die Vorstufen und Ausgangsmaterialien von Nachrichten eingreift, durch Ereignismanagement, durch agenturfähige Vorprodukte oder durch nachrichtenfähige Inszenierungen[26]. Sie realisiert

graphie der Bundestags- und z. T. der Landtagsberichterstattung bemüht sich *Gregor Mayntz* in seiner Dissertation „Zwischen Volk und Volksvertretung". Entwicklung, Probleme und Perspektiven der Parlamentsberichterstattung unter besonderer Berücksichtigung von Fernsehen und Deutschem Bundestag, Bonn (Diss. phil.) 1992, insb. S. 157–311.

23 Zur Kritik an der elitendominierten Politikvermittlung in der postindustriellen Moderne vgl. *Jay Rosen*, The Return of the Expressed, in: Boston Review, 17 (1989) 1, S. 14f. *Rosen* unterscheidet zwischen „selling" und „marketing" von Politik. Mit ersterem wird versucht, von der Richtigkeit bereits vorgefaßter Positionen zu überzeugen, ohne daß auf deren inhaltliche Gestaltung noch Einfluß genommen werden kann. Mit „Marketing" werden dagegen in der Bevölkerung vorherrschende Stimmungen aufgegriffen, kanalisiert sowie begrifflich und programmatisch umgesetzt. Siehe auch meine Beiträge in: *Ulrich Sarcinelli* (Hrsg.), Politikvermittlung, a. a. O., S. 19–45 und S. 303–328.

24 Vgl. zum Bemühen um eine Verankerung von Öffentlichkeitsarbeit in der Theorie kommunikativen Handelns: *Roland Burkart/Sabine Probst*, Verständigungsorientierte Öffentlichkeitsarbeit: eine kommunikationstheoretisch begründete Perspektive, in: Publizistik, 36. Jg. 1991, H. 1, S. 56–76. Verständigungsorientierte Öffentlichkeitsarbeit müsse den Weg des direkten Kontaktes, den Dialog mit den Teilöffentlichkeiten suchen (S. 73). Aus funktional-systemtheoretischer Sicht baut „Public Relations auf soziales Handeln, genauer: auf Kommunikation und Interaktion". Vgl. *Franz Ronneberger/Manfred Rühl*, Theorie der Public Relations, a. a. O., S. 12. Daß damit innerorganisatorische Konflikte verbunden sein können, zeigt aus organisationssoziologischer Sicht *Anna H. Theis*, Inter-Organisationsbeziehungen im Mediensystem: Public Relations aus organisationssoziologischer Perspektive, in: Publizistik, 37. Jg. 1992, H. 1, S. 25–36.

25 Vgl. dazu *Barbara Baerns*, Öffentlichkeitsarbeit oder Journalismus? Zum Einfluß im Mediensystem, Köln 1985; *dies.*, Macht der Öffentlichkeitsarbeit und Macht der Medien, in: *Ulrich Sarcinelli* (Hrsg.), Politikvermittlung, a. a. O., S. 147–160. Siehe dazu ebenfalls *Winfried Schulz*, Politikvermittlung durch Massenmedien, in: ebenda, S. 129–144. Zu PR und Journalismus als interdependente Systeme vgl. *Rene Grossenbacher*, Hat die „Vierte Gewalt" ausgedient? Zur Beziehung zwischen Public Relations und Medien, in: *Johanna Dorer/Klaus Lojka* (Hrsg.), Öffentlichkeitsarbeit, Theoretische Ansätze, empirische Befunde und Berufspraxis der Public Relations, Wien 1991, S. 42–49.

26 Vgl. *Winfried Schulz*, Geht die Wirklichkeit verloren?, in: *Johanna Dorer/Klaus Lojka* (Hrsg.), a. a. O., insb. S. 63; *Fritz Plasser/Franz Sommer*, Politische Öffentlichkeitsarbeit in informationsgesellschaftlichen Demokratien, in: ebenda, S. 93–110, hier insb. S. 108. Immer noch grundlegend zur Nachrichtenwertforschung: *Winfried Schulz*, Die Konstruktion von Realität in den Nachrichtenmedien. Analyse der aktuellen Berichterstattung, Freiburg/München 1990 (2., unveränd. Aufl.). Zur Inszenierung von Politik vgl. als Grundlagenstudie *Murray Edelman*, Politik als Ritual, Frankfurt/New York 1976; *Ulrich Sarcinelli*, Symbolische Politik, Opladen 1987; *Thomas Meyer*, Die Inszenierung des Scheins. Voraussetzungen und Folgen symbolischer Politik, Frankfurt 1991. Man könnte von der Janusköpfigkeit auch der parlamentarischen Öffentlichkeitsarbeit sprechen: Einerseits muß sie in ihrer Darstellung von Politik vereinfachen, pointieren, reduzieren etc.,

sich im parlamentarischen Bereich im wesentlichen auf zwei Ebenen: teilparlamentarisch im täglichen politisch-kommunikativen Wettbewerb der Fraktionen und – eher dem Ausgewogenheitspostulat verpflichtet und auf die Gesamtsituation bezogen[27] – gesamtparlamentarisch in den Informationsangeboten der Öffentlichkeitsreferate der Parlamente. Vielleicht sollte man noch die Ebene des beziehungsweise der einzelnen Abgeordneten nennen, die ja durch eigene Öffentlichkeitsarbeit ein für die Responsivität des Parlaments ganz wesentliches Feld „beackern".
Unterliegt parlamentarische Öffentlichkeitsarbeit wie politische Öffentlichkeitsarbeit auch mehr (auf der Ebene der Fraktionen) oder weniger (auf der Ebene des Gesamtparlaments) dem Machtkalkül, so ist Parlamentsdidaktik demgegenüber zu verstehen als Informations- und Bildungsarbeit in pädagogischer Absicht. Hier geht es um eine didaktisch begründete Auswahl von Zielen, Inhalten und Methoden im Rahmen der Öffentlichkeitsarbeit der Besucherdienste. Dies ist angesichts eines zunehmend medien- und unterhaltungsverwöhnten und zudem sehr disparaten Publikums keine leichte Aufgabe. Dennoch sollte man die Wirkung der in der Regel ja singulär bleibenden Erfahrungen und Erlebnisse der Besucherinnen und Besucher „vor Ort" nicht unterschätzen. Pädagogisch-didaktisch anspruchsvolle und interessierende Institutionenvermittlung, ein „aufgeklärter Institutionalismus", das gehört so ziemlich zum Schwierigsten in der politischen Bildungsarbeit[28].

3. Acht Thesen zur Politikvermittlung im Wege parlamentarischer Öffentlichkeitsarbeit

(1.) Es gibt eine nicht aufzulösende Spannung zwischen der Binnenkomplexität parlamentarischer Arbeit und der Notwendigkeit vereinfachender Darstellung. Insofern bleibt Öffentlichkeitsarbeit immer ein Balanceakt.
(2.) Krisenhafte Entwicklungen, politische Skandale oder spektakuläre Konflikte waren immer auch Zeiten, in denen dem Parlament mehr Öffentlichkeit abgerungen wurde. Demgegenüber sind sachpolitische Detailarbeit, arbeitsteilige Routine, unspektakuläres Klein-Klein nicht unbedingt der Stoff, aus dem Nachrichten entstehen. Dies aber ist auch und gerade parlamentarischer Alltag, den Öffentlichkeitsarbeit transportieren muß.

andererseits steht sie immer in der Gefahr, mit der Darstellung professionell inszenierter Politik zur abnehmenden Glaubwürdigkeit von Politik beizutragen.

27 Vgl. dazu insb. *Edwin Czerwicks* Plädoyer für eine stärkere Betonung des „Subjektcharakters" des Parlaments in der parlamentarischen Politikvermittlung. *Edwin Czerwick,* Parlament und Politikvermittlung, in: *Ulrich Sarcinelli* (Hrsg.), Politikvermittlung, a. a. O., S. 161–183. Zur Doppelrolle des Parlaments als Sprachrohr des Gemeinwillens und Exponent der Partikularwillen vgl. *Ernst Fraenkel,* Deutschland und die westlichen Demokratien, a. a. O., insb. S. 19ff.

28 Vgl. dazu aus politikwissenschaftlicher und politisch-pädagogischer Sicht *Ulrich Sarcinelli,* Politische Institutionen, Politikwissenschaft und politische Bildung. Überlegungen zu einem „aufgeklärten Institutionalismus", in: Aus Politik und Zeitgeschichte, B 50/91, 6. Dezember 1991, S. 41–50; s. insb. auch *Walter Gagel,* Renaissance der Institutionenkunde? Didaktische Ansätze zur Integration von Institutionenkundlichem in den politischen Unterricht, in: Gegenwartskunde, 38. Jg. 1989, H. 3, S. 387–418.

(3.) Der schon von *Gerhard Loewenberg* in seiner Bundestagsstudie[29] beklagten, zu sehr an Ereignissen und Ergebnissen orientierten Berichterstattung sollte durch eine mehr an parlamentarischen Methoden und Verfahren orientierten Öffentlichkeitsarbeit gegengesteuert werden. (Das Problem ist nicht etwa dadurch gelöst, daß man der Öffentlichkeitsarbeit auf Fraktionsebene Ereignisorientierung und der gesamtparlamentarischen Öffentlichkeitsarbeit Verfahrensorientierung zuweist.)

(4.) In dem ständigen Balanceakt zwischen parlamentarischer Effizienz und politischer Transparenz ist Öffentlichkeitsarbeit das zentrale Scharnier. Ohne aktive Herstellung von Öffentlichkeit in den Arbeitsbereichen der parlamentarischen „Werkstatt" bleibt das plenumszentrierte öffentliche Erscheinungsbild der Parlamente – weil im Grunde nur die „Oberflächenstruktur" abbildend – ein Zerrbild parlamentarischer Wirklichkeit[30]. Solange sich die entscheidungsvorbereitenden und politisch tatsächlich entscheidenden Prozesse der Parlamentsarbeit in einem intransparenten Halbdunkel bewegen, können auch alle Bemühungen um eine Parlamentsreform das Verhältnis von Parlament und Öffentlichkeit nur marginal verändern.

(5.) Wenn Öffentlichkeitsarbeit das Grundvertrauen in die parlamentarische Demokratie stärken will, dann muß sie die Wahrnehmungsmuster der Menschen ernst nehmen. Das Publikum ist ein außerordentlich differenziertes Gebilde, und es ist zudem unterhaltungsverwöhnt. Auch parlamentarische Öffentlichkeitsarbeit muß angesichts zunehmender gesellschaftlicher Individualisierung und Differenzierung durch eine entsprechend zielgruppenorientierte Angebotspalette zielgenaue Informationen vermitteln.

(6.) Parlamentarische Politik ist für die Menschen ein Geschehen aus zweiter Hand, ist in der Regel „Sekundärparlamentarismus". Um so notwendiger ist es, daß parlamentarische Öffentlichkeitsarbeit mit didaktisch-methodischer Phantasie und auch Mut zu Neuem immer wieder die Brücke zu schlagen versucht zwischen dem institutionell-parlamentarischen Getriebe und der Lebenswelt der Menschen[31].

(7.) Eine ganz wesentliche Brücke zum Verständnis von Politik und parlamentarischer Demokratie, das wissen wir aus vielen empirischen Untersuchungen, ist das personale Element. Gibt es gegenüber der abstrakten Institution Parlament Skepsis, Mißtrauen und Distanz, so zeigt sich ja auch: Je näher die Bürgerinnen und Bürger an die Akteure – beziehungsweise umgekehrt – herangebracht werden, je mehr die Abgeordneten den Menschen vertraut sind, ihr Handeln konkret nachvollziehbar ist, desto positiver ist ihr Bild. Personalisierung im wohlverstandenen Sinne, auch Herstellung dialogischer Situationen, bleibt deshalb eine ganz wesentliche Vermittlungsschiene vor allem im Rahmen des Besucherdienstes.

29 Vgl. *Gerhard Loewenberg*, Parlamentarismus im politischen System der Bundesrepublik, Tübingen 1969, S. 470.

30 Zu dem an „Oberflächenphänomenen" orientierten, traditionellen Parlamentsbild beziehungsweise -verständnis vgl. weitere Hinweise bei *Heinrich Oberreuter*, Zwischen traditionellem und aufgeklärtem Parlamentsverständnis, a. a. O., S. 38 (insb. Anm. 49).

31 Hier sollten vor allem auch neue Möglichkeiten zur intensiveren Betreuung von Spezialpublika (zum Beispiel Multiplikatoren) erprobt werden. Dabei wäre zu denken an Intensivseminare, thematisch aufgaben- oder fallorientierte Projekte über mehrere Tage, Hospitationen in den verschiedenen Bereichen der „Werkstatt" Parlament in Verbindung mit begleitender Seminararbeit, Übungen in einem einzurichtenden parlamentarischen „Lernbüro", spielerische Angebote etc.

(8.) Wenn Öffentlichkeitsarbeit mehr sein soll als ein publikumswirksames Verlautbarungsorgan für Akteurshandeln, dann darf sie Politikvermittlung nicht nur aus der „Täterperspektive" betreiben, sondern muß auch die „Opferperspektive" miteinbeziehen. Nicht nur das Handeln der Abgeordneten, die Arbeit der Institution, sondern auch die Folgen ihres Tuns für die so viel bemühten „Menschen draußen im Lande" sollten durch Öffentlichkeitsarbeit verstärkt in den Blick kommen. Es geht darum, subjektive Betroffenheit herzustellen, wo objektives Betroffensein vorliegt[32].

Diese Thesen lassen sich in folgende Empfehlungen verdichten:
- parlamentarische Komplexität verständlich machen,
- die Normalität des parlamentarischen Alltags zeigen,
- parlamentarische Prozesse und Verfahren transparent machen,
- Einblicke in die parlamentarische „Werkstatt" geben,
- differenzierte und zielgruppengerechte Informationen bieten,
- parlamentarische Politik mit der Lebenswelt der Menschen verbinden,
- Personalisierung als Möglichkeit der Politikvermittlung nutzen und
- „Täter-" und „Betroffenenperspektive" miteinander verbinden.

Insgesamt sollten sich die Parlamente nicht darüber beklagen, daß ihr Anteil an der politischen Kommunikation zurückgegangen sei. Diese Entwicklung folgt keinem Naturgesetz, und sie läßt sich auch nicht allein mit Kompetenzverlusten begründen. Parlamente sollten statt dessen und können auch selbst mehr tun, um als zentrale „Arenen" der politischen Willensbildung wahr- und ernstgenomen zu werden. Parlamentarische Öffentlichkeitsarbeit wird dabei zwar immer nur eine dienende Funktion einnehmen können. Gleichwohl kann sie dazu beitragen, die viel beschworene „Bringschuld" gegenüber der Öffentlichkeit immer wieder einzulösen.

32 Vgl. aus politisch-didaktischer Sicht analytisch auch für Öffentlichkeitsarbeit im Bereich der Besucherdienste anregend: *Walter Gagel*, Betroffenheitspädagogik oder politischer Unterricht? Kritik am Subjektivismus in der politischen Didaktik, in: Gegenwartskunde, 36. Jg. 1985, H. 4, insb. S. 407; *ders.*, Von der Betroffenheit zur Bedeutsamkeit. Der Zusammenhang zwischen subjektiver und objektiver Betroffenheit als Erkenntnisprozeß, in: Gegenwartskunde, 37. Jg. 1986, H. 1, S. 31–44.

AUFSÄTZE

Rußlands Suche nach einer neuen politischen Ordnung

Stefanie Babst

In der „bewaffneten Revolte" vom 3. und 4. Oktober 1993 in Moskau erfuhr die Auseinandersetzung zwischen den politischen Kräften Rußlands eine dramatische Zuspitzung. Nachdem Präsident *Boris Jelzin* am 21. September 1993 den Kongreß der Volksdeputierten aufgelöst und zu Neuwahlen aufgerufen hatte, verschanzten sich die russischen Volksvertreter mehr als eine Woche hinter den Mauern des Weißen Hauses und hofften auf das Eintreten verschiedener Wunder: auf das Einlenken des Präsidenten, die Empörung der westlichen Welt über dessen verfassungswidrigen Akt und die Unterstützung der breiten Volksmassen. Doch die Moskauer Bevölkerung, die das Weiße Haus im August 1991 so tapfer gegen die Putschisten verteidigt hatte, verhielt sich zurückhaltend. Nur wenige Anhänger der Volksvertreter versammelten sich vor dem Parlamentsgebäude und protestierten gegen die Auflösung des Kongresses. Nach Tagen des zermürbenden Wartens auf eine für sie positive Wende, weitgehend abgeschnitten von der Außenwelt und ohne Wasser und Strom, begingen die Volksvertreter und ihre Anhänger eine Verzweiflungstat. Angeführt von dem ehemaligen Luftwaffengeneral *Alexander Ruzkoi* und dem Parlamentssprecher *Ruslan Chasbulatow* sowie einigen nationalistisch-kommunistisch orientierten Kräften riefen sie ihre Anhänger zum Sturz *Jelzins* auf. Die blutigen Kämpfe mit regierungstreuen Einheiten dauerten zwei Tage an und hinterließen ein zerstörtes Parlamentsgebäude, das die Putschisten mit über ihren Köpfen erhobenen Händen verlassen mußten. Das Fazit dieser „bewaffneten Revolte" ist bedrückend: Nach offiziellen Angaben forderte sie das Leben von mehr als 160 Menschen sowie eine weitaus größere Anzahl von Verletzten.

Der russische Präsident nutzte die Gunst der Stunde, um die Durchsetzung seiner Ziele weiter abzusichern. Im Rahmen des „Dekrets über den Ausnahmezustand infolge der bewaffneten Revolte" vom 4. Oktober 1993 verbot er einige „kommunistisch-faschistische Parteien" und ihre Sprachorgane, führte eine generelle Pressezensur ein, löste die lokalen Sowjets im gesamten Gebiet der Russischen Föderation auf und bekräftigte seine Absicht, die Neuwahlen zum Parlament am 12. Dezember 1993 durchzuführen.

Für den Augenblick schien es, als hätten sich die Befürworter von Reformen durchgesetzt und den Weg freigemacht, um das gesellschaftliche und wirtschaftliche Reformprogramm weiter voranzubringen. Bei näherer Betrachtung erweist sich diese Einschätzung jedoch als trügerisch. Die vereinfachende Unterscheidung zwischen Reformern und ihren Gegnern entspricht schon lange nicht mehr der politischen Landschaft und der Kräftekonstellation in

Rußland. Die russische politische Elite ist ausgesprochen heterogen und in einer Vielzahl von Parteien und Bewegungen organisiert, die unterschiedliche Interessen verfolgen. Sie haben sich keineswegs mit der Niederschlagung der Revolte aufgelöst, sondern ein Teil von ihnen ist in das neugewählte Parlament eingezogen und wird damit über die künftige Entwicklung des politischen Systems mitentscheiden, von der Erfolg oder Mißerfolg des gesamtgesellschaftlichen Reformvorhabens entscheidend abhängen.

Anfänge der russischen Verfassungskrise

Die Ursprünge der russischen Verfassungskrise gehen bereits auf die Reformen *Michail Gorbatschows* zurück. Im Rahmen der Perestroika des wirtschaftlichen und gesellschaftspolitischen Systems hatte er im Sommer 1988 den Umbau der obersten Staats- und Parteiorgane angekündigt. Auf der XX. Parteiallunionskonferenz der KPdSU plädierte er nicht nur für die Entzerrung der bis dato eng miteinander verknüpften Partei- und Staatsorgane, sondern auch für die Wiederbelebung der leninistisch-revolutionären Normen, die im Rahmen des Sowjetsozialismus zunehmend von dem Prinzip des bürokratisch-parteilichen Zentralismus verdrängt worden waren.
Unter dem Slogan „Alle Macht den Räten" sollten die Sowjets (Räte) auf allen Ebenen des Staatsaufbaus gestärkt werden und sich von der allgegenwärtigen parteilichen Bevormundung emanzipieren. Durch diese „Konkurrenz", so hoffte *Gorbatschow,* würde der parteiinterne Erneuerungsprozeß beschleunigt werden und die Zahl der reformfreundlichen Kräfte zunehmen.
Folgerichtig wurde auf Allunionsebene die Einrichtung des Kongresses der Volksdeputierten beschlossen, dessen Abgeordnete im März 1989 gewählt wurden. Das neue „Superparlament", das aus 2250 Deputierten bestand, sollte ein- bis zweimal jährlich tagen und die grundsätzlichen Fragen der sowjetischen Innen- und Außenpolitik beschließen. Das aus seiner Mitte gewählte kleinere Arbeitsparlament, der Oberste Sowjet, sollte für die tägliche legislative Arbeit zuständig sein. Das neue Staatsorgan wurde von allen Sowjetrepubliken parallel in ihren Staatsaufbau übernommen. Obwohl die Wahlen zum Kongreß der Volksdeputierten vielerorts nicht uneingeschränkt nach demokratischen Prinzipien abgehalten wurden, gelang einer Reihe von reformorientierten Kräften der Einzug in das Parlament. Von den 2250 Abgeordneten vertraten ungefähr ein Drittel eine demokratisch-progressive Politik, während jedoch die überwältigende Mehrheit der Deputierten einen konservativ-orthodoxen Standpunkt einnahm. Als Mitglieder der kommunistischen Nomenklatura standen sie dem Reformprogramm *Gorbatschows* tendenziell ablehnend gegenüber.
In der Folgezeit mußte *Gorbatschow* erkennen, daß er bei den Geistern, die er selbst gerufen hatte, keine breite Unterstützung für sein Reformprogramm fand. Während die demokratisch orientierten Abgeordneten ihn wegen seiner oftmals zögerlichen Haltung und der Langsamkeit des Reformtempos kritisierten, verweigerten die Reformgegner ihre Unterstützung für jedwede Veränderungen. Einig waren sich die Abgeordneten lediglich in der Forderung gegenüber dem Präsidenten, das Parlament mit größeren Kompetenzen auszustatten.
In den letzten drei Jahren des Bestehens der Sowjetunion (1989 bis 1991) war das

Staatsgefüge etlichen Veränderungen ausgesetzt, die nicht nur zu seiner Unübersichtlichkeit, sondern auch Lähmung führten. Unter *Gorbatschow* wurden neue Staatsorgane, beispielsweise der Föderations- und Präsidialrat, geschaffen, ohne ihre Kompetenzen und Aufgaben vorab konkret zu definieren. Über ihre personelle Zusammensetzung ließ sich teilweise nur spekulieren. Im Zweifelsfall wurden ihre Mitglieder vom Staatspräsidenten ernannt und unterlagen keiner parlamentarischen Kontrolle. Die geltende Verfassung, die 1978 unter *Leonid Breschnew* angenommen worden war, wurde über 300 Mal modifiziert. Zu den wichtigsten Verfassungsänderungen gehörte die Streichung des Art. 6 im März 1990, in dem der Alleinherrschaftsanspruch der KPdSU rechtlich fixiert war. Damit trug die Partei der Tatsache Rechnung, daß sich mittlerweile ein breites Parteienspektrum entwickelt hatte, dessen Vertreter sowohl innerhalb als auch außerhalb des Parlaments mehr politische Mitspracherechte forderten. Doch die Hoffnung *Gorbatschows*, daß der Reformprozeß durch die freiwillige Aufgabe des Machtmonopols der KPdSU nun von einem gesamtgesellschaftlichen Konsens getragen und beschleunigt werden würde, erfüllte sich nicht. Der Kongreß der Volksdeputierten und insbesondere das russische Parlament, dem *Jelzin* als Parlamentssprecher vorstand, blockierten das Reformvorhaben auf vielfältige Art. Im Mittelpunkt der Kritik standen nicht nur die Person des Staatspräsidenten, sondern vor allem die Wirtschaftsreformen sowie der von *Gorbatschow* geplante Unionsvertrag, in dem die Beziehungen zwischen dem politischen Zentrum und den Unionsrepubliken und autonomen Gebieten neu geordnet werden sollten. In beinahe jeder Frage, die den Umbau des gesellschaftspolitischen und wirtschaftlichen Systems betraf, bezog das Parlament eine andere Position als der Staatspräsident.

Gegen Ende der Amtszeit *Gorbatschows* wurde erkennbar, daß sich die zentralen Staatsgewalten unversöhnlich gegenüberstanden und eine Fortsetzung der Reformen nur auf der Basis einer neuen Verfassung möglich sein würde, die die Kompetenzen von Exekutive und Legislative klar voneinander abgrenzte. Doch der Versuch *Gorbatschows*, die Staatskrise mit Hilfe einer Verfassungskommission zu beheben, kam zu spät. Zwar legte die Kommission, die von *Jelzin* geleitet wurde, dem Parlament zwei Verfassungsentwürfe vor, aber der Kongreß der Volksdeputierten weigerte sich sowohl im November 1990 als auch im Oktober 1991, den jeweiligen Entwurf überhaupt zu diskutieren[1]. Mit dem offiziellen Untergang der Sowjetunion als Staatsgebilde im Dezember 1991 wurde die Verfassungskrise zwar de jure beendet, da sich die Staatsorgane auf Allunionsebene aufgelöst hatten, aber de facto wurde der Konflikt zwischen dem Präsidenten und dem Parlament auf ihre Nachfolgestaaten, insbesondere auf die Russische Föderation, übertragen.

Doppelherrschaft in Rußland

Der Konflikt zwischen dem Präsidenten und den Parlamentariern begann am 12. Juni 1991, als *Jelzin* von der russischen Bevölkerung in sein Amt gewählt wurde. Mit diesen in der Geschichte Rußlands ersten freien Wahlen erhielt er eine direkte demokratische Legitimation, die das russische Parlament in dieser Form nicht besaß, da seine Vertreter noch unter

1 Vgl. *Vera Tolz*, Drafting the the New Russian Constitution, in: RFE/RL Research Report, Vol. 2, No. 29, 16. Juli 1993, S. 1–11.

Gorbatschow gewählt worden waren. Der Präsident, der sich für eine rasche Durchführung radikaler demokratischer Reformen aussprach, sah sich mit einer ähnlichen Situation wie sein einstiger Rivale *Gorbatschow* konfrontiert. Ihm gegenüber befand sich ein Parlament, das in seiner Zusammensetzung äußerst heterogen war und dessen Mehrheit aus Mitgliedern der Nomenklatura bestand. Diese war hauptsächlich in dem oppositionellen *Russischen Einheitsblock* organisiert, der ein Konglomerat verschiedener kommunistisch und nationalistisch orientierter Parteien bildete und das *Jelzin*sche Reformprogramm kategorisch ablehnte. Diejenigen Abgeordneten, die *Jelzin* zwar prinzipiell unterstützten, jedoch unterschiedliche Akzente in den wirtschaftlichen und gesellschaftspolitischen Reformen setzten, waren in zwei Blöcken zusammengefaßt: dem *Demokratischen Zentrum* sowie dem *Block der kreativen Kräfte*. Beide Blöcke waren lose Sammelbecken unterschiedlicher demokratischer Parteien und Interessenvertretungen.

Kennzeichnend für die innerparlamentarische Situation bis zum Sommer 1993 waren die folgenden Merkmale:

(1) Während 1990 die Kommunisten mit ca. 86 Prozent noch die überwältigende Mehrheit der 1033 Kongreßabgeordneten darstellten, sank ihre Anzahl bis 1993 drastisch auf 80 Deputierte, die sich offiziell zu Mitgliedern kommunistischer Parteien rechneten. Die restlichen 78 Prozent verteilten sich auf die anderen im Parlament vertretenen Parteien.

(2) Im Parlament herrschte keine klare Partei- oder Fraktionsstruktur. Aufgrund fehlender Organisationsprinzipien stellten die 12 Fraktionen lediglich lose Bündelungen von Abgeordneten dar, die keine innere Fraktionsdisziplin kannten. Dementsprechend hoch war die Fluktuationsrate der Abgeordneten. Insgesamt besaßen 338 Deputierte keine feste Fraktionszugehörigkeit. Weitere 648 Abgeodnete machten ihre Zugehörigkeit von der jeweiligen Frage abhängig, die zur Abstimmung gestellt wurde.

(3) Materielle und organisatorische Schwierigkeiten behinderten die Abgeordneten in ihrer Arbeit ebenso wie die finanziellen und technischen Mängel, mit denen sich das Parlament auseinandersetzen mußte. Da es nur über eine unzureichende Geschäftsordnung verfügte, waren die Debatten und Abstimmungen zunehmend von den Versuchen einzelner gekennzeichnet, das parlamentarische Prozedere zu manipulieren. So bestimmte beispielsweise der Parlamentsvorsitzende *Chasbulatow* die Zusammensetzung der Tagesordnung und legte eigenmächtig fest, welche Frage von welchen Abgeordneten diskutiert beziehungsweise zu welchem Zeitpunkt zur Abstimmung gestellt wurde. Die Mehrzahl der Deputierten, die über keine nennenswerten Erfahrungen mit parlamentarischer Arbeit verfügen und deren Rollenverständnis als Vertreter der Legislative nicht sonderlich ausgeprägt ist, konnten dem nur wenig entgegensetzen.

Im Frühjahr 1993 spitzte sich der Konflikt zwischen dem Präsidenten und dem Parlament zu. Da das Parlament sich weigerte, die Reformen *Jelzins* zu unterstützen, versuchte dieser, sein Reformprogramm ohne die Zustimmung des Kongresses zu realisieren, indem er seine Kompetenzen erweiterte. Seine Versuche, mit Hilfe von präsidialen Dekreten unmittelbare Veränderungen herbeizuführen, scheiterten jedoch am Einspruch und Widerstand des Parlaments, das diese für rechtswidrig erklärte. Mit der Begründung, daß er das einzig demokratisch legitimierte Staatsorgan sei, hob der Präsident wiederum die Beschlüsse des Kongresses auf[2].

Auf dem vom 10. bis zum 13. März 1993 einberufenen Sonderkongreß der Volksdeputierten versuchten die Parlamentarier, die Kompetenzerweiterungen des Präsidenten mit Hilfe einer Reihe von grundlegenden Maßnahmen zu verhindern. In der Resolution „Über die Einhaltung der Verfassung durch die höchsten Organe der Macht" wurde festgelegt, daß die geltende Sowjetverfassung von 1978 unantastbar sei und nach Art. 104 der Verfassung nur von dem höchsten Staatsorgan, dem Volksdeputiertenkongreß, geändert werden könne. Mit diesem Beschluß sollte allen Bestrebungen des Präsidenten entgegengewirkt werden, den Prozeß der Verfassungsgebung ohne die Beteiligung des Parlaments voranzubringen. Darüber hinaus beschlossen die Deputierten eine Kompetenzumverteilung innerhalb der Exekutive. Hinsichtlich der Durchführung von wirtschaftlichen Reformen wurden die Befugnisse des Ministerrats erweitert und die des Präsidenten eingeschränkt. Schließlich sprach sich die Mehrheit der Abgeordneten dafür aus, das vom Präsidenten für den 11. April 1993 geplante Referendum über die Fortsetzung der Reformen und vorgezogene Parlamentswahlen zu verbieten.

Staatspräsident *Jelzin* reagierte auf diesen massiven Angriff der Parlamentarier in einer Fernsehansprache am 20. März 1993, in der er das Verbot des Referendums als undemokratisch bezeichnete[3]. Das Volk habe als einziger Souverän das Recht, über elementare Fragen der künftigen Entwicklung Rußlands mitzuentscheiden. Er beharrte auf der Durchführung des Referendums, das er geschickterweise nun als eine Abstimmung (russ.: Golosovanie) bezeichnete und für den 24. April 1993 festsetzte. Darüber hinaus kündigte er die Einführung einer „besonderen Verwaltungsweise des Landes" (Osobyi porjadok upravlenija stranoj) durch den Präsidenten an, nach der dessen Erlasse unmittelbare Gesetzeswirkung haben sollten.

Das Parlament reagierte auf diese Gegenoffensive *Jelzins* mit einem Sturm der Entrüstung. Mit Hilfe des Verfassungsgerichts wurde die Absicht des Präsidenten, eine „besondere Verwaltungsweise für das Land" einzuführen, für verfassungswidrig erklärt[4]. Auf einem weiteren Sonderkongreß der Volksdeputierten, der eiligst einberufen wurde, sollte dem Präsidenten endgültig das Mißtrauen ausgesprochen werden. Aber der Kongreß, der vom 26. bis zum 29. März 1993 tagte, nahm einen anderen Verlauf. Der Mißtrauensantrag gegen *Jelzin* fand keine ausreichende Mehrheit im Parlament. Statt dessen wurde deutlich, daß *Jelzin* mit Hilfe eines heimlichen Kompromisses, den er mit Parlamentspräsident *Chasbulatow* vorab getroffen hatte, dessen Zustimmung für vorgezogene Parlaments- und Präsidentschaftswahlen gewonnen hatte. Einige Abgeordnete waren darüber derart verärgert, daß sie sogar einen Mißtrauensantrag gegen *Chasbulatow* stellten, der aber ebenfalls keine ausreichende Unterstützung erhielt.

Im Ergebnis trug dieser 9. Sonderkongreß ebenso wenig zur Beendigung der Verfassungskrise bei, wie das am 24. April 1993 durchgeführte Referendum. Zwar konnte *Jelzin* bei der

2 Zum Konflikt zwischen *Jelzin* und dem Parlament vgl. *Sergej A. Saizew*, Machtkampf und Nervenkrieg in Rußland, in: Europa-Archiv, Folge 8/1993, S. 239–248.

3 Vgl. die Fernsehansprache *Jelzins*, in: Europa-Archiv, Folge 8/1993, D 169–172.

4 Vgl. das Gutachten des Verfassungsgerichts vom 23. März 1993, in: Europa-Archiv, Folge 8. D 172–175.

Volksabstimmung eine klare Mehrheit für sich und seinen Reformkurs erringen, aber er erhielt nicht die erforderliche Mehrheit für vorgezogene Parlamentsneuwahlen, die er dringend benötigte, um das widerspenstige Legislativorgan aufzulösen und eine neue Verfassung zu verabschieden.

Die Folge dieser Form von „Doppelherrschaft" war die gegenseitige Lähmung der beiden Staatsgewalten und damit des gesamten Reformprozesses. Der Begriff, der die Phase vom März bis zum September 1993 bezeichnet, wurde nicht zufällig gewählt. In seiner Form und Intensität erinnert der Konflikt zwischen dem Präsidenten und Parlament an die Zeit zwischen der Februar- und Oktoberrevolution 1917. Nach der Abdankung des Zaren hatten sich die Provisorische Regierung, die aus dem Exekutivausschuß der Duma hervorgegangen war, und die von den Bolschewiki dominierten Arbeiter- und Soldatenräte in ähnlicher Weise gegenübergestanden und blockiert. Überdies kann eine weitere historische Parallele in den politischen Zielsetzungen gesehen werden, die beide Seiten vertraten. Während es der Provisorischen Regierung um die Entwicklung einer bürgerlichen Demokratie ging, strebte die Mehrheit der Räte eine sozialistische Ordnung an.

Aus der Sicht *Jelzins* stellte das von *Gorbatschow* revitalisierte Rätesystem das Haupthindernis für jedwede Demokratisierung dar und mußte daher als Relikt der kommunistischen Vergangenheit eliminiert werden. Für die konservative Mehrheit der Parlamentarier hingegen war es ein unverzichtbarer Bestandteil des „alten" Systems, das sie zwar modernisieren, aber in seinen Grundformen erhalten wollten. Ihre Forderung konnte im Grunde nicht überraschen, denn schließlich wurde der Sowjetsozialismus nicht durch revolutionäre Umwälzungen beseitigt, sondern primär durch drei Entwicklungen: (1) den Verzicht der herrschenden Schicht auf die kommunistische Ideologie, (2) die Auflösung der KPdSU und (3) die Entmachtung der alten Generation orthodoxer Kommunisten und ihre Ablösung durch eine jüngere Garde innerhalb der Nomenklatura. Diese fand in dem System der lokalen und regionalen Sowjets bereits intakte Machtstrukturen vor, die sie übernommen hat. Indes wurde die Ablösung der Parteiorgane durch die munizipalen Räte dadurch erleichtert, daß ihre Mitglieder oftmals identisch waren und nur in geringem Maße ausgetauscht wurden. Ohne sich weiterhin mit der lästigen Ideologie auseinandersetzen zu müssen, konnte sich ein Großteil der politischen Funktionsträger in ihren Ämtern weiter behaupten.

Parteien in Rußland

Die russische Parteienlandschaft, die sich bereits im Zuge der *Gorbatschow*schen Perestroika herausgebildet und danach weiterentwickelt hat, zeigt äußerst heterogene Züge. Bei der überwiegenden Mehrheit der Parteien, deren Anzahl sich insbesondere nach der Aufgabe des Führungsmonopols der KPdSU im März 1990 sprunghaft erhöht hat, handelt es sich um programmatisch und organisatorisch schwach entwickelte Organisationen. Sie besitzen eine geringe soziale Basis und spiegeln in nur unzureichender Weise gesellschaftlich relevante Gruppen wider, die sie vertreten könnten. Mit Ausnahme der Sammelbewegung *Demokratisches Rußland* und der *Kommunistischen Partei Rußlands*, der Nachfolgeorganisation der KPdSU, verfügen sie über Mitgliederzahlen, die sich lediglich in einer Größenordnung von 2000 bis 5000 Personen bewegen. Bei etlichen Kleinparteien dürfte die Mitgliederzahl noch weitaus geringer sein. Über den tatsächlichen Grad an Unterstützung, den die russischen Parteien in der Bevölkerung genießen, konnten bislang nur vage Angaben gemacht werden. Zu Spekulationen verführten unter anderem die widersprüchlichen Aussagen, die einige Parteiführer über ihre Mitglieder- und Sympathisantenstärke machten. So gab beispielsweise die von *Ruzkoi* gegründete *Volkspartei Freies Rußland* an, Anfang 1992 mehr als 100000 Mitglieder zu haben, die in 370 Parteisektionen organisiert seien. Bei ihrer Registrierung im September 1991 wurde sie jedoch nur mit etwas mehr als 5000 Mitgliedern erfaßt. Ähnliches gilt für die von *Nikolai Trawkin* geleitete *Demokratische Partei Rußlands*, die für sich in Anspruch nimmt, mit mehr als 50000 Mitgliedern eine der größten russischen Parteien zu sein. Angesichts der allgemeinen Partei- und Politikverdrossenheit in der russischen Bevölkerung dürften beide Aussagen jedoch nicht der Realität entsprechen.

Wirft man einen Blick auf das programmatische Profil der russischen Parteien, so wie sie sich bis zum Herbst 1993 (siehe Schaubild 1) präsentierten, wird deutlich, daß es die gesamte Bandbreite politischer Ideen und Weltanschauungen abdeckt[5]. Neben einigen Parteien, die die Entwicklung eines demokratisch-freiheitlichen Rechtsstaats auf ihre Fahnen geschrieben haben, existiert eine Vielzahl von Parteien, für die eine nationalistische Programmatik kennzeichnend ist. In ihren extremsten Ausformungen plädieren sie für die Einführung eines autoritären, gegebenenfalls sogar monarchistischen Systems, das sie auf der Grundlage der russischen Orthodoxie entwickeln wollen. Partiell koalieren die Vertreter dieser Parteien mit kommunistischen Gruppierungen, die für die Rekonstitution einer „Sozialistischen Union" plädieren und jegliche demokratischen, westlich orientierten Reformen strikt ablehnen. Die Hauptkritik derjenigen Parteien, die sich bislang als Opposition zum Präsidenten und seiner Politik begriffen haben, konzentriert sich auf folgende Punkte:

(1) „In Rußland muß Ordnung geschaffen werden!" Die auf die Entwicklung eines demokratischen Systems ausgerichteten Reformen hätten zu Korruption, Chaos und geistigem Verfall in Rußland geführt. Die daraus resultierende Staatskrise könne nur mit Hilfe einer starken autoritären Führung behoben werden, die sich auf die eigentlichen russischen Werte besinnen müsse.

(2) Die Wirtschaftspolitik *Jelzins* sei durch ein inkonsequentes und überhastetes Vorgehen geprägt, das zu sozialer Verelendung geführt habe. Westliche Pläne seien kritiklos übernommen worden, ohne vorher die Konsequenzen abzuschätzen. Stattdessen sollte eine „verwaltete Marktwirtschaft" eingeführt werden, die die bereits vorhandenen Strukturen berücksichtige.

(3) Ziel der russischen Außenpolitik müsse es sein, die Stellung Rußlands als natürliche Ordnungsmacht innerhalb der GUS zu verstärken und mit jedweden Mitteln dafür Sorge zu tragen, daß die zentrifugalen Kräfte sowohl in der Russischen Föderation selbst als auch in den anderen GUS-Staaten kontrolliert und eingedämmt würden. Anstatt sich um die Realisierung des langfristigen Ziels zu bemühen, nämlich der Wiederherstellung der Union unter Führung der Russischen Föderation, würde *Jelzin* den „Ausverkauf russischer Interessen an den Westen" weiter vorantreiben und damit die außen- und sicherheitspolitischen Interessen Rußlands gefährden.

5 Vgl. *Vera Tolz*, *Wendy Slater* und *Alexander Rahr*, Profiles of the Main Political Blocs, in: RFE/RL Research Report, Vol. 2, No. 20, 14. Mai 1993, S. 16–25.

Schaubild 1: Politische Parteien und Bewegungen

Organisation	Führungspersonen
Demokratische Organisationen	
Demokratische Russische Bewegung	Lew Ponomarew, Galina Starowojtowa, Gleb Jakunin
Russische Bewegung für Demokratische Reformen	Gawril Popow
Demokratische Wahl	verschiedene demokratische Parteien
Republikanische Partei der Russischen Föderation	Wladimir Lysenko, Wjatscheslaw Schostakowski, Igor Jakowenko
Russische Partei der Freien Arbeit	Igor Korowikow
Zentristen	
Bürgerunion	Alexander Ruzkoi, Arkadi Wolski
Demokratische Partei Rußlands	Nikolai Trawkin
Volkspartei des Freien Rußlands	Alexander Ruzkoi
Neue Generation-Neue Politik	Andrej Golowin
Allrussische Union der Erneuerung	Alexander Wladislawlew
Allrussische Union der Industrie und der Unternehmen	Alexander Wolski
Sozial-Demokratisches Zentrum	Oleg Rjumanzew
Industrielle Union	Juri Gecht
Demokratisches Zentrum	– ? –
Kommunistische und nationalistische Organisationen	
Kommunistische Partei der Russischen Föderation	Gennadi Schuganow
Sozialistische Partei der Arbeiter	Roy Medwedew, Anatoli Denisow
Russische Partei der Kommunisten	Anatoli Kruschkow
Russische Kommunistische Arbeiterpartei	Viktor Anpilow
Allunion Kommunistische Partei der Bolschewiken	Nina Andrejewa
Russische Volksversammlung	Nikolai Pawlow, Ilja Konstantinow, Viktor Aksjuschits
Russische Christlich-Demokratische Bewegung	Viktor Aksjuschits
Konstitutionell-Demokratische Partei	Michail Astafjew (Kadetten)
Russische Nationalversammlung	General a. D. Alexander Sterligow
Union der Russischen Wiedergeburt	Dmitri Rogoschin
Liberal-Demokratische Partei	Wladimir Schirinowski
Nationale Rettungsfront	Ilja Konstantinow, Michail Astafjew, Wladimir Isakow

Diese und andere Kritikpunkte ließen sich bislang in den Aussagen und Programmen nahezu aller Oppositionsparteien finden. Je nach politischem Standort der Personen und Parteien wurden sie direkt oder indirekt in den Mittelpunkt der Kritik an der Politik des Präsidenten gerückt.
Nach der Niederschlagung der „bewaffneten Revolte" Anfang Oktober 1993 veränderte sich die politische Rhetorik einiger Parteien. Mit Hilfe der restriktiven Maßnahmen, die der Präsident gegenüber den oppositionellen Parteien und Organisationen ergriff, wurden sowohl ihre Handlungs- als auch Artikulationsspielräume eingeschränkt. Das Verbot einiger kommunistischer und nationalistischer Parteien sowie die Einführung der Zensur für etliche oppositionelle Presseorgane trugen dazu bei, daß radikale und extreme Forderungen zumindest offiziell weitgehend verstummten. Dies zeigte sich insbesondere bei den Vorbereitungen der Parteien für die Parlamentswahlen, die auf Beschluß des Präsidenten im Dezember 1993 durchgeführt wurden.

Freie Wahlen in Rußland

Die Abgeordneten des neuen russischen Parlaments, das von Präsident *Jelzin* so lange gefordert und von seinen politischen Gegnern heftig abgelehnt worden war, wurden am 12. Dezember 1993 gewählt. Der Wahlkampf gestaltete sich für die Mehrzahl der Parteien und politischen Organisationen schwierig. Die Gründe dafür waren vielfältig. Zum einen befanden sich viele politische Aktivisten in einem Zustand des Schocks, der aus der gewaltsamen und blutigen Auseinandersetzung um den Kongreß der Volksdeputierten resultierte. Zum anderen verhinderte die Kürze der Zeit, die zwischen dem von der Zentralen Wahlkommission festgesetzten Termin für die Registrierung zur Wahl und dem eigentlichen Wahltag lag, daß sich die Parteien ausreichend auf den Wahlkampf vorbereiten konnten. Bis zum 7. November mußten alle Parteien, die bei der Wahl kandidieren wollten, die notwendigen Unterlagen bei der Zentralen Wahlkommission abgegeben haben. Konkret bedeutete dies, daß sie 100000 Unterschriften in mindestens sieben der insgesamt 88 Subjekte der Föderation sammeln mußten, um sich in das Wahlregister eintragen lassen zu können. Da zwischen der Aufhebung des Ausnahmezustandes und dem Tag der amtlichen Registrierung lediglich vier Wochen lagen, bedeutete dies für viele Parteien eine gewaltige, wenn nicht gar unüberwindliche organisatorische Hürde. Von den offiziell eingetragenen 129 politischen Organisationen gelang es schließlich nur 13 Parteien, die notwendigen Unterschriften zu sammeln und somit ihre Kandidaten in den Wahlkampf zu schicken (Schaubild 2).
Prinzipiell lassen sich die 13 Parteien, die sich zur Wahl stellten, in vier Kategorien einteilen: demokratische Reformparteien, gemäßigte und radikale Oppositionsparteien sowie spezifische Interessenparteien. Zu den demokratisch orientierten Reformparteien gehört die eigens für die Parlamentswahl ins Leben gerufene Partei des stellvertretenden Ministerpräsidenten *Jegor Gaidar Rußlands Wahl,* die die Reformpolitik *Jelzins* uneingeschränkt unterstützt. Sie stellt ein Bündnis verschiedener demokratischer Parteien dar, wobei sich ihre Mitglieder jedoch primär aus der *Bewegung Demokratisches Rußland* rekrutieren. Zur ersten Kategorie zählen ebenfalls die *Russische Bewegung der Demokratischen Reformen,* die den ehemaligen Bürgermeister von St. Petersburg *Anatoli Sobtschak,* zu ihrem

Schaubild 2: Parteien und Führungspersonen der Parlamentswahl von 1993

Partei	Führungspersonen
Rußlands Wahl	Jegor Gaidar
Russische Bewegung der Demokratischen Reformen	Anatoli Sobtschak
Block Jawlinski/Boldyrew/Lukin	Grigori Jawlinski
Partei der russischen Einheit und Eintracht	Sergej Schachrai
Bürgerunion für Stabilität, Gerechtigkeit und Fortschritt	Arkadi Wolski
Demokratische Partei Rußlands	Nikolai Trawkin
Agrarpartei	Michail Lapschin
Kommunistische Partei der Russichen Föderation	Gennadi Schuganow
Liberal-Demokratische Partei	Wladimir Schirinowski
Konstruktive Ökologie – Bewegung „Zeder"	Lubow Lymar
Frauen Rußlands	Alewtina Fedulowa
Bewegung Würde und Wohlstand	Konstantin Frolow
Rußlands Zukunft – Neue Namen	Wjatscheslaw Laschewski

Spitzenkandidaten nominierte, die *Partei der Russischen Einheit und Eintracht,* die von dem stellvertretenden Ministerpräsidenten *Sergej Schachrai* geleitet wird, sowie der *Block Jawlinski,* der Mitglieder verschiedener sozialdemokratischer, christdemokratischer und republikanischer Parteien in sich vereinigt.

Zu den gemäßigten Oppositionsparteien zählt die *Bürgerunion* von *Arkadi Wolski,* der als Vorsitzender des Verbands der Industriellen und Unternehmer zu den einflußreichsten Persönlichkeiten in Rußland gehört. Seitdem die *Bürgerunion* mit *Alexander Ruzkoi* ihre bekannteste Gallionsfigur verloren hat, ist ihre programmatische Linie etwas gemäßigter geworden. Die Hauptkritik der *Bürgerunion* konzentriert sich jedoch nach wie vor auf die ihrer Ansicht nach zu übereilten und radikalen Wirtschaftsreformen. Ähnlich argumentieren auch die Vertreter der *Demokratischen Partei Rußlands.* Ihr Vorsitzender *Nikolai Trawkin* befürwortet zwar generell die Einführung demokratischer Reformen, plädiert jedoch für ein langsameres Tempo und einen sozialverträglichen Übergang zur Marktwirtschaft.

Die *Agrarpartei,* die *Kommunistische Partei der Russischen Föderation* und vor allem die *Liberal-Demokratische Partei* mit *Wladimir Schirinowski* an der Spitze müssen zweifelsohne zur dritten Kategorie gerechnet werden. Während des Wahlkampfes vertraten alle drei Parteien extrem radikale Positionen, die sich deutlich von den Programmen der demokratisch orientierten Parteien abgrenzten. Dazu gehörten unter anderem Forderungen nach der Etablierung eines autoritären Staates, um die „innere Ruhe und Ordnung" wiederherzustellen.

Unter der vierten und letzten Kategorie innerhalb des Parteienspektrums können diejenigen Gruppierungen subsumiert werden, die spezifische Interessen repräsentieren. Die *Bewegung Zeder* hat ihren programmatischen Schwerpunkt eindeutig auf die Vielzahl der ökologischen Probleme gelegt, die von den anderen Parteien kaum aufgenommen wurden. Die erste *russische Frauenpartei* bietet ebenfalls kein umfassendes politisches Programm an, sondern hat im Wahlkampf vornehmlich sozialpolitische und frauenspezifische Aspekte thematisiert. Ähnliches gilt schließlich für die Partei *Rußlands Zukunft – Neue Namen,* die sich besonders für die Notwendigkeit ausspricht, junge Menschen für die politische Arbeit zu gewinnen, um das System der Nomenklatura aufzubrechen.

Die neue Verfassung

107 Millionen Wahlberechtigte in Rußland sollten am 12. Dezember 1993 nicht nur über die Zusammensetzung des neuen Parlaments entscheiden, sondern in einem Referendum auch über die Annahme einer Verfassung, in der die künftigen Strukturen des Staatsaufbaus geregelt werden. Ihre Annahme erforderte eine Mindestbeteiligung von 50 Prozent aller Wahlberechtigten sowie eine Zustimmung von ebenfalls 50 Prozent aller abgegebenen Stimmen. Mit einer knappen Mehrheit von 52,3 Prozent aller gültigen Stimmen wurde die Verfassung angenommen. Daß die Wahlen zum Parlament und das Referendum über die Verfassung am gleichen Tag stattfanden, mochte zunächst überraschen, denn aus verfassungsrechtlicher Sicht hätte das Referendum über die Verfassung eigentlich vorgezogen werden müssen. Nur wenn für die neue Verfassung bereits eine ausreichende Mehrheit gefunden worden wäre, hätten in einem zweiten Schritt die Vertreter der neuen Staatsorgane gewählt werden dürfen. So aber wählte die russische Bevölkerung Abgeordnete eines Parlaments, das bereits Bestandteil der Verfassung war, die vom Präsidenten ausgearbeitet und vorgeschlagen worden war. Andere bis dato entwickelte Verfassungsentwürfe standen nach den Oktoberereignissen nicht mehr zur Disposition. Zweifelsohne verfolgte *Jelzin* mit dieser Maßnahme die Absicht, jede weitere Kontroverse über die zukünftige Verfassung zu vermeiden und eine zügige Annahme seines Entwurfs sicherzustellen.

Es überrascht nicht, daß die neue Verfassung dem Präsidenten weitgehendere Vollmachten gegenüber dem Parlament als die alte Sowjetverfassung einräumt[6]. Das neugewählte Parlament, das jetzt als Föderale Versammlung bezeichnet wird, ist nach wie vor ein Zweikammerorgan (Art. 95).

Die Mandatsträger der ersten Kammer, der Staatsduma, wurden auf der Basis eines gemischten Wahlrechts bestimmt. 225 Abgeordnete wurden nach dem Verhältniswahlrecht über Parteilisten gewählt. Für die Listenwahl galt eine Sperrklausel von 5 Prozent und eine Mindestwahlbeteiligung von 25 Prozent für die Wahlgültigkeit. Die restlichen 225 Abgeordneten wurden in Wahlkreisen direkt mit relativer Mehrheit gewählt. Insgesamt ließen sich 1591 Kandidaten in den 225 Wahlkreisen für die Direktwahl registrieren. Diejenigen Kandidaten, die nicht offiziell von einer zur Wahl zugelassenen Partei nominiert worden waren, mußten eine Unterschriftenquote von 1 Prozent der Wahlberechtigten des Wahlkreises vorweisen, was in der Regel ca. 5000 Unterschriften entsprach. Dies galt für 60 Prozent aller Direktkandidaten.

6 Der Text der russischen Verfassung ist abgedruckt in: Rossijskie Vesti, No. 235 (420) vom 12. Dezember 1993.

Nach der neuen Verfassung stellt der *Föderationsrat* die zweite Kammer dar. In ihm sind 176 Abgeordnete vertreten, die aus den an der Wahl beteiligten 88 „Subjekten der Russischen Föderation" kommen. Die 20 Teilrepubliken und 68 autonomen Verwaltungsregionen entsenden jeweils zwei Mandatsträger in den Föderationsrat, wobei jedes „Subjekt" einen eigenen Wahlkreis bildete, in dem sich mindestens drei Kandidaten zur Wahl stellen mußten. Falls die Wahlbeteiligung nicht geringer als 25 Prozent war, wurden die beiden Kandidaten mit den höchsten Stimmenanteilen gewählt. Mit Ausnahme der Tschetschenischen Republik, der Region Tscheljabinsk und der Republik Tatarstan nahmen alle Subjekte der Russischen Föderation an der Wahl teil. Tschetschenien hatte die Durchführung der Wahlen verweigert; in Tatarstan und Tscheljabinsk wurde die Wahl verschoben, weil dort weniger als drei Kandidaten angetreten waren.

Nach den Übergangsbestimmungen zur Verfassung wurden die Abgeordneten der Föderalen Versammlung erst einmal für zwei Jahre gewählt. Ab 1996 soll für beide Kammern eine vierjährige Legislaturperiode gelten, wobei die Vertreter des Föderationsrats dann nicht mehr von der Bevölkerung direkt gewählt, sondern als Delegierte ihrer regionalen Exekutiv- und Legislativorgane in die zweite Kammer entsandt werden.

Bei der Betrachtung der Grundzüge der neuen russischen Verfassung (Schaubild 3) erscheint die zentrale Stellung des Präsidenten im Staatsgefüge am auffälligsten. Im Gegensatz zur mehrfach modifizierten Sowjetverfassung ist das Parlament nicht mehr das oberste Verfassungsorgan. Statt dessen wird als einziger Souverän das russische Volk genannt (Art. 3). Den Volksvertretern werden jedoch nur eingeschränkte Rechte zugebilligt. Außer dem Recht, Gesetze zu initiieren und zu beschließen, wählen sie den vom Staatspräsidenten zu nominierenden Ministerpräsidenten. Falls die Staatsduma den vom Präsidenten vorgeschlagenen Regierungschef dreimal ablehnt, kann dieser die erste Kammer auflösen und Neuwahlen ausrufen (Art. 111, Abs. 4). Das Recht zur Auflösung der Staatsduma gilt ebenfalls, wenn diese innerhalb von drei Monaten wiederholt dem Ministerpräsidenten und seinem Kabinett ihr Mißtrauen ausspricht oder der Regierungschef selbst die Vertrauensfrage stellt und scheitert (Art. 117, Abs. 3, 4). Bis zur Durchführung von Neuwahlen kann der Präsident dann einen Ministerpräsidenten seiner Wahl bestimmen, der nicht der Zustimmung der Staatsduma bedarf.

Zu den weiteren Kompetenzen des Staatspräsidenten gehört das Recht zur Gesetzesinitiative (Art. 84 g, 104) sowie ein suspensives Vetorecht, mit dessen Hilfe er Gesetzesvorhaben des Parlaments aufschieben, wenn nicht gar verhindern kann, da es mit einer Zweidrittelmehrheit beider Kammern zurückgewiesen werden muß (Art. 107). Alle Dekrete und Verordnungen, die er außerhalb des Gesetzgebungsverfahrens erläßt, haben unmittelbare Gesetzeswirkung in der Russischen Föderation (Art. 90).

Darüber hinaus ist der Präsident Oberbefehlshaber der Streitkräfte (Art. 87) und höchster Repräsentant des Staates nach außen. Er ernennt die Richter des Verfassungsgerichtes und der Obersten Gerichtshöfe, die Mitglieder des Sicherheitsrates sowie den Vorsitzenden der Zentralbank. Schließlich wird seine dominante Stellung noch durch das Recht zur Durchführung von Referenden (Art. 84 w) sowie zur Verhängung des Ausnahmezustandes in „Fällen, die die Ordnung der föderalen Verfassung gefährden" (Art. 88) verstärkt.

Während der Ministerpräsident dem Parlament gegenüber politisch verantwortlich ist, kann der für die Dauer von vier Jahren direkt gewählte Staatspräsident nur im Rahmen eines Amtsenthebungsverfahrens abgesetzt werden (Art. 93), das an das in der amerikanischen Verfassung vorgesehene „Impeachment"-Verfahren erinnert. Sollte er beschuldigt werden, die Verfassung gebrochen oder sich eines „schweren Vergehens schuldig gemacht" zu haben, müßte ein Drittel der Abgeordneten ein Verfahren gegen ihn beim Verfassungsgericht einleiten, über dessen Urteil dann innerhalb von drei Monaten mit einer Zweidrittelmehrheit beider Kammern zu entscheiden ist. Darüber hinausgehende Möglichkeiten, den Staatspräsidenten bei der Ausübung seiner Machtbefugnisse zu kontrollieren oder zu begrenzen, nennt die Verfassung kaum. Lediglich der Föderationsrat verfügt über das Recht, Erlasse des Präsidenten über die Feststellung des Kriegszustandes oder Ausnahmezustandes vorübergehend zurückzuweisen.

Schaubild 3: Die Stellung von Präsident und Parlament in der neuen russischen Verfassung

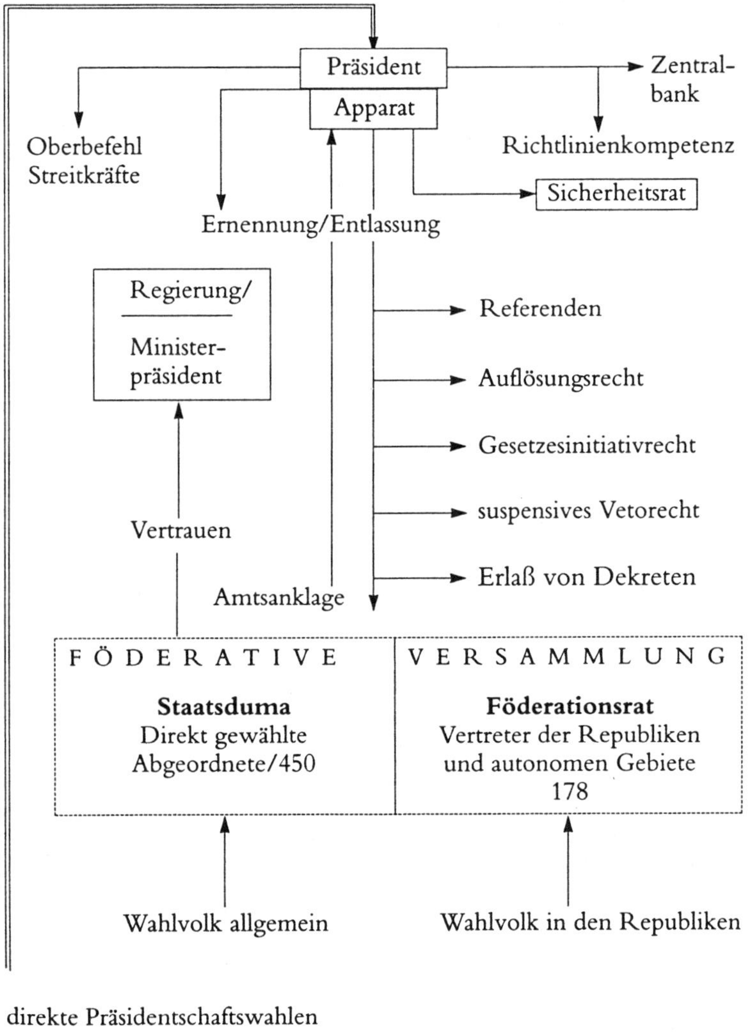

Zusammenfassend können die politischen Strukturen, die in der neuen Verfassung festgelegt wurden, wie folgt charakterisiert werden:
Bei dem künftigen Regierungssystem Rußlands handelt es sich um ein präsidiales, das durch eine bipolare Exekutivstruktur gekennzeichnet ist. In seiner Konzeption erinnert es sowohl an die Weimarer Reichsverfassung als auch an die der V. Republik Frankreichs.
Der Staatspräsident verfügt nicht nur über repräsentative Befugnisse, wie sie für Staatsoberhäupter in parlamentarischen Regierungssystemen vorgesehen sind, sondern er ist unmittelbar am politischen Willensbildungsprozeß beteiligt. Seine zentrale Stellung ist durch eine geradezu omnipotente Machtfülle und eine direkte demokratische Legitimation bedingt. Er selbst stellt den gewichtigsten und unabhängigsten Teil der staatlichen Exekutive dar, während die Regierung mit dem Ministerpräsidenten an der Spitze zum Ausführungsorgan seiner Politik degradiert worden und vom Vertrauen des Parlaments abhängig ist.
Den umfassenden Kompetenzen des Staatspräsidenten kann die Föderale Versammlung nur wenig entgegensetzen. Politisch gesehen kann sie nur den schwächeren Teil der Exekutive, den Ministerpräsidenten, direkt zur Verantwortung ziehen, wobei auch diese Möglichkeit Einschränkungen unterliegt. Da das Auflösungsrecht beim Staatspräsidenten liegt, ist anzunehmen, daß die Abgeordneten nur vorsichtig von ihrem Recht Gebrauch machen, der Regierung das Mißtrauen auszusprechen. Ob und wie häufig der Präsident dieses Instrument einsetzt, wird vom Erfolg seiner Zusammenarbeit mit der Staatsduma abhängen.
Angesichts der Notwendigkeit, die gesellschaftlichen und wirtschaftlichen Reformen rasch voranzutreiben, dürfte eine wiederholte Auflösung der Staatsduma nicht im Interesse des Präsidenten liegen, sondern allenfalls als letzte Möglichkeit in Betracht gezogen werden. Ein permanenter „Gesetzgebungsnotstand" wäre weder im Sinne des Demokratisierungsprozesses noch des gesamtgesellschaftlichen Reformprogramms.

Wahlergebnisse

Die Ergebnisse der ersten freien Parlamentswahlen in Rußland waren für viele überraschend. Zwar war bereits erwartet worden, daß die demokratischen Reformparteien Mühe haben würden, eine ausreichende Mehrheit im Parlament zu erreichen; dennoch hatte keine der Wahlprognosen einen derart drastischen Anstieg für die neokommunistischen und nationalistischen Parteien vorausgesagt. Diese konnten offensichtlich davon profitieren, daß sich nach dem Verbot einiger radikaler Parteien im Oktober 1993 die Stimmen der kommunistisch und nationalistisch orientierten Wähler sowie die der Protestwähler auf sie konzentrierten.
Die von *Jegor Gaidar* geleitete Reformpartei *Rußlands Wahl* konnte immerhin 96 Mandate erringen. Überraschungssieger mit insgesamt 70 Abgeordneten wurde die *Liberal-Demokratische Partei* des radikalen Nationalisten *Wladimir Schirinowski*. Den Sprung über die Fünf-Prozent-Hürde schafften ebenfalls die *Kommunistische Partei*, die *Agrarpartei*, die *Frauenpartei*, der *Jawlinski-Block* sowie die *Partei Einheit und Eintracht* von *Sergej Schachraj*.

Tabelle 4: Mandatsverteilung in der Staatsduma

Rußlands Wahl	96 Mandate
Liberal-Demokratische Partei	70 Mandate
Agrarpartei	47 Mandate
Kommunistische Partei Rußlands	65 Mandate
Partei Einheit und Eintracht	27 Mandate
Block Jawlinski	33 Mandate
Frauen Rußlands	25 Mandate
Demokratische Partei Rußlands	21 Mandate
Unabhängige	27 Mandate
Bürgerunion	18 Mandate
Sonstige	14 Mandate

Überdies konnte eine nicht unerhebliche Anzahl Parteiloser in die Staatsduma einziehen.

Nach dieser Zusammensetzung stellen die Reformkräfte nicht die Mehrheit der Abgeordneten in der Staatsduma. Zwar hat *Rußlands Wahl* angekündigt, daß sie zusammen mit der Partei *Jawlinskis* und der *Partei der Eintracht und Einheit* einen demokratischen Block bilden werde, aber dieser verfügt nur über 156 Sitze. Ihm gegenüber steht das Lager der neokommunistischen und nationalistischen Kräfte. Die *Agrarpartei*, die *Liberal-Demokratische Partei* und die *Kommunistische Partei* stellen zusammen 182 Abgeordnete. Rechnet man noch die Mandate der *Demokratischen Partei Rußlands* hinzu, deren Programmatik auch eher reformfeindlich orientiert ist, so verfügen die Reformgegner mit 203 Sitzen über die relative Mehrheit im russischen Parlament.

Dies allein sagt jedoch nur wenig über den Ausgang künftiger Abstimmungen aus. Dieser wird in erheblichem Maße von dem Abstimmungsverhalten der kleineren Parteien und unabhängigen Mandatsträger abhängen, von denen sich 65 zur Fraktion *Neue Regionale Politik* zusammengeschlossen haben. Da es sich bei der Mehrzahl der Unabhängigen um Vertreter verschiedener lokaler und regionaler Interesssengruppen handelt, ist anzunehmen, daß ihr Abstimmungsverhalten mit der jeweiligen Sachfrage variiert. Dies dürfte ebenfalls für die *Frauenpartei* gelten.

Damit ist die Fortsetzung der Konflikte innerhalb des russischen Parlaments vorprogrammiert. Angesichts seiner heterogenen Zusammensetzung und der großen Anzahl von unabhängigen und fraktionslosen Abgeordneten erscheint es mehr als wahrscheinlich, daß sowohl die Abstimmungen nur unter großen Mühen zustande kommen werden, als auch das Verhalten des Parlaments gegenüber dem Präsidenten und dem von ihm eingeschlagenen Reformkurs konfrontativ bleiben wird. Die erste Sitzung der Staatsduma am 11. Januar 1994, die von verbalen und handgreiflichen Auseinandersetzungen zwischen den Abgeordneten begleitet wurde, deutete bereits darauf hin.

Als zusätzlich erschwerend muß die Parlamentszugehörigkeit *Schirinowskis* und einiger anderer radikaler Kräfte gewertet werden, die mit Hilfe von drastischer Polemik den Arbeits- und Organisationsablauf des Parlaments behindern. Es bleibt abzuwarten, ob sich die Mehrheit der Abgeordneten von „Krawallmachern" beeinflussen läßt oder ernsthaft mit ihrer legislativen Arbeit beginnen wird.

Fazit und Ausblick

Faßt man den jüngsten Verlauf der verfassungspolitischen Entwicklung in Rußland zusammen, so kommt man zu folgenden wenig optimistischen Ergebnissen:
(1) Die Transformation des vormals autoritären politischen Systems Rußlands in ein nach demokratischen Prinzipien geordnetes Staatswesen erweist sich angesichts der Besonderheiten der russischen politischen Kultur und der sowjetischen Vergangenheit als äußerst schwierig. Die eine freiheitliche, demokratische und marktwirtschaftliche Ordnung anstrebenden politischen Kräfte sind zwar auf der gesellschaftlichen Ebene vorhanden, aber institutionell zu gering vertreten, um die gesamtgesellschaftlichen Reformen konsequent vorantreiben zu können.
(2) In das weltanschauliche Vakuum, das durch den Zusammenbruch des sowjetischen Herrschaftssystems und das offizielle Scheitern der Ideologie des Marxismus-Leninismus entstanden ist, dringen zunehmend neokommunistische und ultranationalistische Parteien und Organisationen, die von der geistigen Orientierungslosigkeit und der Fustration der russischen Bürger über den bisherigen Reformverlauf profitieren. Ihr Zusammenwirken in den staatlichen Institutionen, und dies primär in der Staatsduma, erschwert oder verhindert sogar die Durchsetzung der Reformen.
(3) Mit Hilfe der neuen „autoritären" Verfassung ist versucht worden, dieser Entwicklung entgegenzuwirken. Der Präsident, der über eine nahezu uneingeschränkte Machtfülle verfügt, soll den Reformkurs notfalls auch gegen den Widerstand des Parlaments fortsetzen können. Zwar verleihen ihm die Verfassungsnormen die Macht dazu, aber es ist fraglich, ob ihre permanente Anwendung den Demokratisierungsprozeß nicht per se ad absurdum führen würde. Löste der Präsident die Staatsduma wiederholt auf und regierte mit Hilfe von Dekreten und Anordnungen, würde der Beginn einer wirklichen Demokratisierung der russischen Gesellschaft und ihrer Institutionen erneut hinausgezögert werden. Langfristig gesehen wird der Präsident nicht ohne die Zustimmung der wesentlichen politischen Kräfte arbeiten können. Er muß sich, ob er will oder nicht, mit ihnen auseinandersetzen.
Schließlich birgt die neue russische Verfassung auch die Gefahr des Machtmißbrauchs in sich. Zwar ist von dem jetzigen Präsidenten *Boris Jelzin* nicht zu erwarten, daß er die verfassungsrechtliche Machtfülle zur Errichtung einer autoritären Diktatur ausnutzt, aber seine Amtszeit ist begrenzt. Sollte es ihm und den reformorientierten Kräften bis zu den nächsten Präsidentschaftswahlen 1996 nicht gelingen, zumindest ansatzweise Reformerfolge vorweisen zu können, besteht Grund zu der Annahme, daß sich das Potential der Unzufriedenen, Frustrierten und Desorientierten in Rußland, die ihr Heil in den Versprechungen der radikalen Kräfte suchen, noch vergrößern wird. Die Vorstellung von einer Person wie *Schirinowski* an der Spitze des Staates wäre dann nicht nur für die Russen beängstigend.

AUFSÄTZE

Semi-Präsidentialismus: ein eigenständiger Systemtyp? Zur Unterscheidung von Legislative und Parlament

Winfried Steffani

Das Konzept des „Semi-Präsidentialismus" wird von einigen Analytikern moderner Regierungssysteme neben den Systemtypen des Präsidentialismus und Parlamentarismus als ein weiterer, eigenständiger Systemtyp gedeutet. Das so verstandene „Semi"-Konzept soll nicht nur bei der Interpretation bestimmter „westlicher" Regierungssysteme zutreffend sein, sondern auch auf die Erforschung und Deutung gewisser – insbesondere „östlicher" – Regierungssysteme Anwendung finden, die sich gegenwärtig in einem wandlungsorientierten Prozeß demokratischer Konsolidierung befinden[1]. Ich kann diese Ansicht aus einer Reihe von Gründen nicht teilen.

1. Walter Bagehots Analyseansatz

Parlamentsforscher zählen den Engländer *Walter Bagehot* zu den Klassikern ihrer Profession[2]. Dieses Urteil läßt sich wohl kaum mit der Annahme einer überzeitlichen Gültigkeit all seiner detailgenauen Ausführungen zur Rolle beider Häuser des Londoner Parlaments, die schließlich im Kontext des britischen Regierungssystems der Mitte des 19. Jahrhunderts erfolgten, behaupten. Noch weniger wird es sich mit der ihn nicht gerade auszeichnenden normativ-professionellen Abgehobenheit seiner Darstellung von den Verfassungsrealitäten seiner Zeit erklären lassen. Vielmehr liegt der Hauptgrund dafür in der journalistisch überragenden Präsentation der „lebendigen Verfassung" („living Constitution – a Constitution that is in actual work and power"[3]) seines Landes um die Jahre

1 Vgl. hierzu den vornehmlich in begriffsgeschichtlicher Hinsicht aufschlußreichen Artikel von *Horst Bahro* und *Ernst Veser,* Das semipräsidentielle System – „Bastard" oder Regierungsform sui generis?, in: ZParl 26. Jg. (1995), H. 3, S. 471–485 sowie die weiteren dort wiedergegebenen Beiträge. Ich selbst habe mich zum Thema eingehender am 17. November 1994 vor der Deutschen Gesellschaft für Osteuropakunde in Lüneburg unter dem Titel „Parlamentarisch-präsidentielle „Mischsysteme"? Bemerkungen zum Stand der Forschung in der Politikwissenschaft" geäußert. Der Beitrag soll Ende 1995 im Tagungsband erscheinen. Siehe auch meine Abhandlung, Zur Unterscheidung parlamentarischer und präsidentieller Systeme, in: ZParl 14. Jg. (1983), S. 390–401.

2 Hier zitiert nach *Walter Bagehot,* The English Constitution (1867), Ausgabe Fontana Library, mit einem Vorwort von *R. H. S. Crossmann,* London 1963.

3 Ebenda, „Introduction to the Second Edition, 1872", S. 267.

1865/66. Ihm ging es dabei weniger um eine Belehrung seiner Leser, sondern um die ungeschminkte, wenn nicht enthüllende Beschreibung der bestehenden Verfassungswirklichkeit und der maßgeblichen Denkweisen und Haltungen seiner Gegenwart („to look closely and for himself at real political life“[4]). Wir würden diese Betrachtungs- und methodische Vorgehensweise heute als die Analyse von „politischer Kultur“ bezeichnen – als eine Untersuchung der maßgeblichen Institutionen und der ihr Funktionieren begründenden Erwartungshaltungen der Bürger eines konkreten Verfassungssystems.

Bagehot unternahm dies als Angehöriger des aufstrebenden Besitzbürgertums. Während sein deutscher Zeitgenosse *Karl Marx* jenes Unterfangen einer Realitätsanalyse als Renegat seiner eigenen bürgerlichen Klasse anging, zeigte sich *Bagehot* betont als engagierter Verfechter ihrer Machtinteressen. Daher lehnte letzterer auch die Demokratisierung des von ihm dargestellten parlamentarischen Systems im Wege einer allgemeinen Wahlrechtsausweitung auf die „ungebildeten“ Schichten des britischen Volkes vehement ab.

Bagehots methodischer und bis heute fruchtbarer Leitgedanke liegt darin, das seiner Ansicht nach verborgene „Geheimnis“ („secret“) britischer Politik anhand seiner Unterscheidung zwischen Mythos beziehungsweise politischer Symbolik einerseits und Wirklichkeit beziehungsweise realer Machtausübung andererseits herauszuarbeiten. Ihn interessierte insbesondere die Wechselbeziehung zwischen den verschiedenen „dignified and efficient parts“ der untersuchten Verfassung. Mit dem Begriff „dignified parts“ – zu denen er vornehmlich das Amt des Königs samt seinem Hofgefolge mit dem Symbol des prächtigen Buckingham Palastes zählte – waren aber keineswegs die im Grunde verfassungspolitisch weitgehend wirkungslosen Teile der Verfassung gemeint, denen gegenüber es allein auf den „efficient part“ ankomme, das heißt auf die reale Machtausübung durch das Kabinett, das sich symbolträchtig in seinen Amtssitz in der verborgenen Seitenstraße Downing Street 10 zurückgezogen habe. Vielmehr wurde der Begriff „dignified parts“ von *Bagehot* ganz im Sinne moderner politischer Kulturforschung mit jener Vorstellung von Systemstabilität verbunden, die vermittels einer historisch gefestigten, systemtragenden Verfassungsakzeptanz durch die überwältigende Mehrheit der Bevölkerung eines Landes bewirkt werde[5].

Für eine engere Verbindung von „dignified“ und „efficient“ Elementen steht nach *Bagehot* insbesondere das Londoner Parlament, wobei im House of Lords die erstgenannten Elemente und im House of Commons letztere überwiegen. Dementsprechend beginnt der zweite Absatz des dritten Kapitels seines Buches mit der Feststellung: „The use of the House of Lords or, of the Lords, in its dignified capacity – is very great.“ Das vierte Kapitel – in dem er zugleich seinen berühmten, allerdings interpretationsbedürftigen Funktionenkatalog (im Unterschied zu dem des House of Lords) entwickelte[6] – eröffnete er dagegen mit den Worten: „The dignified aspect of the House of Commons is altogether secondary to its efficient use ... The House of Commons needs to be impressive, and impressive it is: but its use resides not in its appearance, but in its reality. Its office is not to win power by awing mankind, but to use power in governing mankind.“

4 Ebenda, S. 2.

5 Wohlgemerkt, es ist hier von einer System- und nicht von Regierungsstabilität die Rede.

6 Wenn *Bagehot* beispielsweise von der parlamentarischen Wahlfunktion spricht, dann meint er dies lediglich im politischen Sinne, da das Unterhaus bis heute der Regierung gegenüber allein über ein Abberufungsrecht verfügt. Zudem vermeidet Bagehot den zentralen Begriff parlamentarischer „Kontrolle“.

2. „Only two existing species"?

Das Besondere am Erscheinungsjahr der ersten Auflage (1867) von *Bagehots* Buch lag darin, daß die dort unterbreitete wirklichkeitsgetreue Systembeschreibung seit dem Inkrafttreten der Disraelischen Reformen im gleichen Jahre in vielfältiger Weise nicht mehr zutraf. Denn die Periode des klassischen britischen parlamentarischen Regierungssystems, die sich nach der Parlamentsreform (eigentlich eine Wahlreform) von 1832 herausgebildet und deren Entwicklungsstand Mitte der 60er Jahre *Bagehot* analysiert hatte, war mit den Reformen von 1867 und der dadurch bewirkten Demokratisierung des Verfassungssystems im Wege einer bemerkenswerten Ausweitung des allgemeinen Wahlrechts zum House of Commons zugleich zu Ende gegangen. Englands fundamentaler Wandel von einem plutokratisch-aristokratischen zu einem pluralistisch-demokratischen parlamentarischen System ebnete den Weg zur Herausbildung und Festigung des modernen britischen Parteiensystems. Sie wurde erst 1928 mit der vollen Wahlrechtsgleichheit aller Männer und Frauen vom gleichen Lebensalter an abgeschlossen[7].
Als dann zu Beginn der 70er Jahre des vorigen Jahrhunderts eine Neuauflage zur Debatte stand, gab es drei Möglichkeiten: eine völlige Neufassung des Buches, eine den inzwischen eingetretenen Wandel einarbeitende Version oder eine unveränderte Wiedergabe des „Urtextes", jedoch versehen mit einer neuen Einleitung. *Bagehot* entschied sich für den dritten Weg. Es gehört sicherlich zu den Besonderheiten dieser Einleitung *Bagehots* zur zweiten Auflage vom 20. Juni 1872, daß er darin seine Überzeugung zum zeitübergreifenden Aspekt des Grundverhältnisses von Regierung und Parlament in den USA und in England mit folgendem Absatz abschloß:

> „I do not apologise for dwelling at length upon these points, for the subject is one of transcendent importance. The practical choice of first-rate nations is between the Presidential government and the Parliamentary; no State can be first-rate which has not a government by discussion, and those are the only two existing species of that government. It is between them that a nation which has to choose its government must choose. And nothing therefore can be more important than to compare the two, and to decide upon the testimony of experience, and by facts, which of them is the better."[8]

Für *Bagehot* stand somit fest, daß ein Staat nur dann „first-rate" sein könne, wenn er – im Unterschied zu einer autoritären Diktatur – über ein „government by discussion" verfüge, wobei er zwischen den zwei hierfür allein anerkennenswerten System-Typen zu wählen habe: präsidentielles oder parlamentarisches Regierungssystem. *Bagehot* kam zu diesem Ergebnis, weil für ihn der amerikanische Präsidentialismus als das Musterbeispiel einer republikanischen Verfassung und der britische Parlamentarismus als das allein akzeptable Leitbild einer (selbst durch Ausweitung zum allgemeinen Wahlrecht „fortgeschrittenen") Monarchie galt.
Frankeichs damaliger republikanischer Parlamentarismus (seit 1871) mit der Einsetzung und formellen Abberufung des Premierministers durch die Nationalversammlung wurde

7 Siehe *Hans Setzer*, Wahlsystem und Parteienentwicklung in England – Wege zur Demokratisierung der Institutionen 1832 bis 1945, Frankfurt/Main 1973, S. 251ff.
8 *Walter Bagehot* a. a. O., (Anm. 2), S. 310.

demgegenüber als ein Irrweg abgetan: „It is too singular in its nature and too peculiar in its accidents to be a guide to anything except itself.“[9]
Ist es angängig und begründbar, auch heute noch die Regierungssysteme pluralistischer, Verfassungsstaaten unter die zwei Leitbilder „parlamentarisch“ und „präsidentiell“ zu stellen? Sind nicht zwischenzeitlich derart vielfältig ausgeprägte Verfassungsstrukturen sowie politisch relevante Denkweisen und Erwartungshaltungen entwickelt und durchgesetzt worden, daß eine Reduktion der Kennzeichnung moderner Regierungssysteme entweder als parlamentarisch oder präsidentiell geradezu als sträflich simpel erscheinen muß?
Der Vorwurf der Simplifizierung greift sicherlich dann, wenn die Unterscheidung zwischen präsidentiellen und parlamentarischen Regierungssystemen weiterhin primär – und obendrein versehen mit dem Etikett „klassisch“ – an den historischen Vorbildern USA und Großbritannien festgemacht oder allein den durchaus aufschlußreichen Argumenten *Bagehots* gefolgt wird. Eine eingehendere Untergliederung der zwei Grundtypen – wie dies beispielsweise *Werner Kaltefleiter* in seiner 1970 publizierten Habilitationsschrift „Die Funktionen des Staatsoberhauptes in der parlamentarischen Demokratie“ für den Parlamentarismus getan hat[10] – sollte heute jedoch unter Parlamentsforschern selbstverständlich sein. Sie bedarf allerdings einer einleuchtenden Begründung.

3. *Verantwortlichkeit und Legitimation in unterschiedlicher Perspektive*

Die skizzierte Fundamentalkritik am Zweitypen-Modell könnte dann überzeugend erscheinen, wenn in demokratisch-legitimatorischer Absicht nicht primär von der „Volksvertretung“, sondern in betont gouvernementaler Perspektive von der Regierung her gedacht und argumentiert wird.
Den gemeinsamen Ausgangspunkt dürfte dabei die von beiden – der parlamentarischen ebenso wie der gouvernementalen – Sichtweisen geteilte Überzeugung bilden, daß das Regierungshandeln im demokratischen Verfassungsstaat sowohl der Legitimation als auch der Verantwortlichkeit bedarf. Demokratische Legitimation fußt stets auf dem Vertrauen der die Legitimation Gewährenden in die Verantwortungsfähigkeit der zum Handeln Ermächtigten. Ob jemand – eine Person, Gruppe oder Institution – verantwortungsfähig ist, läßt sich an dessen oder deren Tun und Lassen bis zu dem Zeitpunkt, da man selbst zur Entscheidung aufgerufen wird, überprüfen. Vertrauen bedeutet dann die Annahme, daß dieser Jemand auch künftighin, möglicherweise in einem neuen Amt, zu verantwortlichem Handeln fähig ist[11]. Legitimation hat es schließlich mit der Anerkennungswürdigkeit der Bestellungsweise der zum Handeln Ermächtigten zu tun.
Im demokratischen Verfassungsstaat beruht die Legitimität der zu verantwortlichem Handeln ermächtigten Amtsinhaber beziehungsweise Staatsorgane demnach in der Art ihrer Wahl beziehungsweise Bestellung, ihrer auf Zeit beschränkten Amtsausübung, der Über-

9 Ebenda, S. 300.
10 *Werner Kaltefleiter*, Die Funktionen des Staatsoberhauptes in der parlamentarischen Demokratie, Köln und Opladen 1970, S. 129f., 197.
11 Den Hinweis auf diese unterschiedliche Grundbedeutung von Verantwortlichkeit und Vertrauen verdanke ich *Jürgen Plöhn*, der sich in seiner vielversprechenden Habilitationsschrift mit dem Thema „Vertrauen und Verantwortung in der Politik“ befaßt.

prüfbarkeit und kritischen Diskussion ihres Tun und Lassens sowie der Möglichkeit ihrer Amtsenthebung – gegebenenfalls durch „vorzeitigen" politischen Vertrauensentzug (zum Beispiel parlamentarisches Mißtrauensvotum).

Die genannten, den demokratischen Verfassungsstaat bestimmenden Leitbegriffe Legitimation und Verantwortlichkeit werden nun je nach „Perspektive" des Betrachters einen unterschiedlichen Stellenwert in den angestellten Überlegungen und den daraus abgeleiteten Systembezeichnungen haben. Denn im Mittelpunkt der gouvernementalen Perspektive steht üblicherweise die Forderung nach Regierungsstabilität beziehungsweise – bei bestimmten Entwicklungslagen (Transition, Transformation) eines Regierungssystems – der Handlungsfähigkeit der Regierung oder Staatsspitze. In der parlamentarischen Perspektive geht es demgegenüber eher um die Verantwortungs- und Handlungsfähigkeit der gesetzgebenden Körperschaften bei der Regierungskontrolle, gegebenenfalls durch die politische Rückbindung der Regierung an das von allen Wählern gewählte Parlament vermittels der Möglichkeit des Vertrauensentzugs.

Im „gouvernementalen" Fall wird vornehmlich nach der Legitimation und Verantwortung der Regierungsinstanzen gefragt, wobei machtpolitisch bei deren Bestellung nur die Stimmen der siegreichen Mehrheit zählen. Im „parlamentsorientierten" Fall steht die Legitimität und politische Verantwortlichkeit des parlamentarischen Kontrollhandelns im Vordergrund, wobei die Möglichkeit einer streitigen Auseinandersetzung im Angesicht des politischen Gegners, die Akzeptanz wechselnder Beschlußmehrheiten und das kritische Agieren von parlamentarischer Opposition eine wichtige Rolle spielen.

Daß gerade in parlamentsorientierter Perspektive die Zweiteilung in parlamentarische und präsidentielle Regierungssysteme von wesentlicher Bedeutung ist, hat bereits kein Geringerer als *Douglas V. Verney* in seinem 1959 vorgestellten Kriterienkatalog zur Unterscheidung der zwei Systemtypen angedeutet[12]. Es dürfte höchst aufschlußreich sein, wenn er seinen Katalog mit der These einleitet, daß in parlamentarischen Regierungssystemen die vom Wähler bestellten gesetzgebenden Versammlungen („assemblys") zu Parlamenten geworden seien, während im präsidentiellen Regierungssystem die Versammlung als gesetzgebende Körperschaft eine Versammlung, also eine Legislative im eigentlichen Sinne des Wortes blieb. Dabei erkennt *Verney* einen signifikanten Sachverhalt in der Tatsache, daß in parlamentarischen Systemen die politische „Exekutive" zweigeteilt sei (Staatsoberhaupt und Regierungschef; bei *Bagehot* Monarch und parlamensabhängiger Premierminister), während in präsidentiellen Systemen der durch Volkswahlen auf Zeit bestellte Regierungschef in Personalunion zugleich das Staatsoberhaupt darstelle.

Diese Zweiteilungs-Thesen *Verneys* waren es wiederum, die *Kaltefleiter* seinerzeit mit dazu veranlaßten, die Konstruktion des Weimarer Regierungssystems ebenso wie die des Regierungssystems der V. Französischen Republik – auch nach Einführung der Direktwahl des französischen Staatspräsidenten im Jahre 1962 – unter der Bezeichnung „bipolare Exekutive" als eine „Modifikation parlamentarischer Regierungsweise" anzusehen. Eine solche Zuordnung sei geboten, „da die wesentlichen Unterscheidungskriterien zwischen parlamentarischer und präsidialer Regierungsweise, nämlich die parlamentarische Verant-

12 *Verneys* Kriterienkataloge sind wiedergegeben in *Arend Lijphart* (Hrsg.), Parliamentary versus Presidential Government, Oxford/London/New York 1992, S. 31–47.

wortlichkeit der Regierung, die Auflösung des Parlaments und die Zweiteilung der Exekutive, deutlich auf ein parlamentarisches System hinweisen“[13].

4. Republikanischer Parlamentarismus

Spätestens seit den zwanziger Jahren unseres Jahrhunderts wurde erkennbar, daß in systematischer Hinsicht zwischen dem britischen – mit seinen speziellen Ausprägungen in den zumeist föderativ strukturierten Regierungssystemen des British Commonwealth of Nations – sowie einem kontinentalen Parlamentarismus (mit seinen Koalitionsnotwendigkeiten) differenziert werden mußte; wobei auf dem Kontinent wiederum die republikanischen Staaten mit ihren dualen Exekutiven und den unterschiedlichen Bestellungsweisen und Kompetenzzuordnungen beider, Staatsoberhaupt wie Regierungschef, deutliche Abweichungen vom britischen Westminstermodell und seiner Fortentwicklung markierten.

Zur französischen Verfassungsgeschichte meinte *Maurice Duverger* einmal: „Im Laufe des 19. Jahrhunderts haben die Franzosen tastend nach einem System gesucht, das ihnen zusagte, bis sie im Jahre 1875 den britischen Parlamentarismus in einen republikanischen Rahmen verpflanzten.“[14] Daß mit der tastenden Übernahme britischer Organisationsformen nicht auch britisches Verfassungsdenken, geschweige denn deren Parteien und die von ihnen entwickelten Verhaltensweisen übernommen werden konnten, machen gerade die erheblichen Eigenwilligkeiten der französischen Parlamentarismusgeschichte aus.

Das „verfassungssystematisch ‚Neue‘“ an der Weimarer Reichsverfassung von 1919 war dann die „Ausgestaltung des Amtes des Reichspräsidenten“[15]. Man übertrug dem Amtsinhaber Zuständigkeiten, wie man sie dem Amt des britischen Königs meinte entnehmen zu können. Und um dem Staatsoberhaupt – gleichsam als republikanischem Monarchen-Ersatz – betonte Eigenständigkeit zu verleihen, wurde dessen Direktwahl mit der Möglichkeit seiner Wiederwahl vorgesehen. Wäre es gelungen, mit diesen organisatorischen Vorkehrungen auch britisches Verfassungsdenken einschließlich dazu befähigter Parteien zu übernehmen, wäre die Geschichte der Weimarer Republik mit ihrer späteren Flucht in die Misere der Präsidialkabinette wohl anders verlaufen. Das Grundgesetz von 1949 hat vornehmlich deshalb bei der Amtsgestaltung des Bundespräsidenten diese Weimarer Erfahrungen zu verarbeiten versucht.

Kein Wunder, daß vor allem seit dem Ende des Zweiten Weltkrieges die Unterscheidung zwischen präsidentiellen und parlamentarischen Regierungssystemen ohne jede weitergehende Differenzierungen zunehmend als recht unbefriedigend angesehen wurde. Dies insbesondere dann, wenn die jeweiligen Systemtypen anhand einer Reihe als maßgeblich erachteter Kriterien bestimmt wurden. Ausnahmen und mehr oder weniger erhebliche Abweichungen traten immer häufiger auf. Eingehendere Untergliederungen taten also not. Das konnte entweder dadurch geschehen, indem eine ganze Reihe von Systemtypen

13 *Kaltefleiter,* a. a. O. (Anm. 8), S. 130.

14 *Maurice Duverger*, Die Entwicklung der Demokratie in Frankreich, in: *Richard Löwenthal* (Hrsg.), Die Demokratie im Wandel der Gesellschaft – Vorträge gehalten im Sommersemester 1962, Berlin 1963, S. 72.

15 *Kaltefleiter* a. a. O., (Anm. 10), S. 130.

nebeneinander gestellt wurden – was beispielsweise *Karl Loewenstein* tat[16]. Oder indem man gleichsam innerhalb der umfassender gedachten Grundtypen Präsidentialismus und Parlamentarismus Untertypen ausmachte – wie das *Werner Kaltefleiter* für das parlamentarische Regierungssystem andeutete.

5. Duvergers Suche nach einem „dritten Weg"

Die Suche nach einem dritten Weg zwischen den zwei bekannten des Präsidentialismus und Parlamentarismus hat seit einigen Jahren der französische Verfassungsrechtler *Maurice Duverger* unternommen. Er meinte ihn schließlich in betont gouvernementaler Sichtweise nach eingehenderen Erhebungen unter der Bezeichnung „Semi-Präsidentialismus" als eigenständigen Systemtyp gefunden zu haben.
Ansätze hierfür lassen sich bereits einem Vortrag entnehmen, den *Duverger* Anfang Mai 1962 vor Hörern des Otto-Suhr-Instituts für Politische Wissenschaft der Freien Universität in Berlin unter dem Titel: „Die Entwicklung der Demokratie in Frankreich" gehalten hatte. Er meinte schon damals, daß gerade *de Gaulles* V. Republik entgegen anderslautender Behauptungen eines der „freiheitlichsten Regierungssysteme eben dieser westlichen Welt"[17] sei. Den Grund hierfür sah er in den französischen Besonderheiten traditionellen Verfassungsdenkens, das niemals angelsächsischem Politikverständnis entsprochen habe. Denn für Frankreich gelte und galt seit jeher: „Demokratie, das ist der Staatsbürger gegen die Staatsgewalt, und nicht der Staatsbürger als Teilhaber an der Staatsgewalt (was nach *Duverger* angelsächsischem Denken entspricht, *W. St.*). Die Abgeordneten, die die Forderungen der Wähler vertreten, und die zentralistische Verwaltung bilden ein seltsames Gleichgewicht, das ein großes Maß an Freiheit für den einzelnen Bürger und an Leistungsfähigkeit in der Führung der Staatsgeschäfte bedeutet."[18]
Mit aus diesem Grunde sei auch das „augenblickliche französische Regierungssystem, das man das ‚Gaullistische Konsulat' nennen könnte, in Wahrheit eine besonders geartete Antwort auf die Probleme des 20. Jahrhunderts"[19]. Denn in der heutigen Welt sei um der Demokratie willen „eine starke Exekutive, ein System, in dem der Staat sich Gehorsam verschaffen kann, eine absolute Notwendigkeit"[20]. Und dann folgte das persönliche Bekenntnis, daß „ich einer von denen bin, die für ein präsidentielles Regime kämpfen"[21], ein System also, in dem das Staatsoberhaupt in Personalunion der Regierungschef ist und folgerichtig keine Kammer der Legislative die Regierung aus politischen Gründen im Rahmen eines Mißtrauensvotums abberufen kann.
Duverger meinte als durchaus kritischer Beobachter der Entwicklungsgeschichte der V. Republik erkennen zu können, daß die Verfassungspraxis und Amtswahrnehmung *de Gaulles* zunehmend seinen Wunschvorstellungen nach einer präsidial dominierten „starken Exekutive" zu entsprechen schien. Und dies trotz jener Bestimmungen des geltenden

16 *Karl Loewenstein*, Verfassungslehre, Tübingen 1959, S. 67–124.
17 *Duverger* a. a. O., (Anm. 14), S. 68.
18 Ebenda, S. 72.
19 Ebenda, S. 69.
20 Ebenda, S. 83.
21 Ebenda, S. 84.

Verfassungstextes, wonach der Präsident der Regierung Frankreichs weder angehört noch ihr jemals vorsitzen darf und deren Personal er zwar ernennen, nicht jedoch aus eigener Initiative formell jederzeit wieder entlassen kann (siehe Art. 20ff.); und daß die Regierung „die Politik der Nation bestimmt" und der Premierminister innerhalb der Exekutive allein das Recht der Gesetzesinitiative besitzt (Art. 39).
Daß *de Gaulle* und seine Nachfolger im Präsidentenamt dennoch über ihre Dekretpolitik und als Vorsitzende des Ministerrats, als Außenpolitiker und angesichts folgebereiter Politiker in Regierung und Nationalversammlung zu den dominanten Politikgestaltern des Regierungssystems aufsteigen konnten, faszinierte *Duverger*: War die extreme, verfassungsrechtlich gerade noch hinnehmbare Ausschöpfung der Handlungsbefugnisse eines Präsidenten der V. Republik durch *de Gaulle* und seine Epigonen ein auf Frankreich beschränktes Phänomen sui generis, oder zeigten sich hier bereits die Konturen eines eigenständigen Systemtyps? Ließ sich das System des „Gaullistischen Konsulats" unter dem Etikett „Semi-Präsidentialismus" verallgemeinern?
Duverger hat sich dieser Frage in zahlreichen Abhandlungen zunehmend gewidmet und im Jahre 1980 die Ergebnisse seiner damaligen Forschungen im European Journal of Political Research unter der Überschrift „A New Political System Model: Semi-Presidential Government" einer breiteren Leserschaft zugänglich gemacht[22].

6. *Duvergers Konzept des Semi-Präsidentialismus*

Wie *Duverger* betont, wird sein Konzept des Semi-Präsidentialismus durch die verfassungsrechtliche Absicherung der folgenden drei Elemente definiert: 1. die Bestellung des Präsidenten der Republik erfolgt durch allgemeine Wahlen; 2. sein Amt ist mit erheblichen Befugnissen („considerable powers") ausgestattet; 3. ihm stehen ein Premierminister und Minister gegenüber, die nur solange im Amt bleiben können, wie ihnen die Parlamentsmehrheit ihr Vertrauen nicht entzieht[23]. Ende der siebziger Jahre konnte er sieben Länder ausmachen, deren Verfassungen den Kriterien seiner Definition entsprachen. Abgesehen von der Weimarer Republik von 1919 bis 1933 als Vorläufer sowie Frankreich seit der Einführung der Direktwahl des Präsidenten im Jahre 1962 waren dies Finnland, Österreich, Irland, Island und Portugal.
Nicht jedoch diese in unterschiedlicher Gewichtung in den verschiedenen Ländern nachweisbare Verfassungs-Trias war das, was *Duverger* speziell interessierte. Er fragte vielmehr, warum beispielsweise in Island die formalen Befugnisse des Staatsoberhauptes zwar beträchtlich seien, seine tatsächliche Machtausübung sich hingegen als relativ unbedeutend erweise, während dies im Frankreich der V. Republik geradezu umgekehrt zu sein scheine (Schaubild 1). Den Grund dafür sah und sieht er in der teilweise gravierend verschiedenartig gelagerten Wirkungsweise der drei weiteren Systemvariablen, anhand derer er die einzelnen Regierungssysteme näher untersuchte: Beschaffenheit der jeweiligen Parlamentsmehrheit, Verhältnis des Präsidenten ihr gegenüber und schließlich nationale Tra-

22 *Maurice Duverger*, A New Political System-Model: Semi-Presidential Government, in: European Journal of Political Research, Heft 8/1980, S. 165–187.
23 Ebenda, S. 166.

Schaubild 1:

„SEMI-PRESINDENTIAL GOVERNMENT“

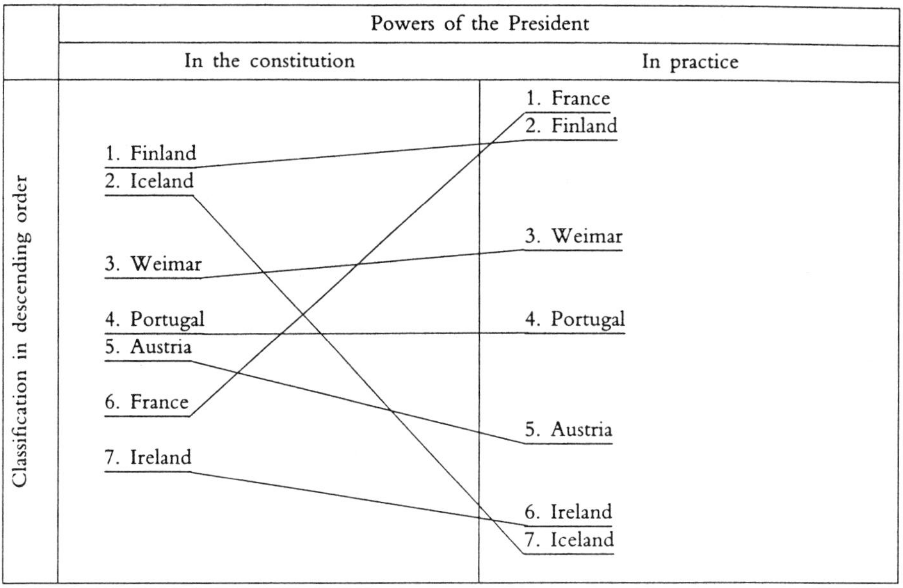

Verfassungsrechtliche und reale Macht der Staatspräsidenten nach *Duverger* (1980, S. 179)

ditionen; insgesamt also Fragen nach der Beschaffenheit der Parteien, ihrer geschichtlichen Bedingtheiten und der Rolle des Parteiensystems.

Im Mittelpunkt der von *Duverger* hierbei angestellten Erwägungen stehen das Staatsoberhaupt und dessen Wirkungsmöglichkeiten im jeweiligen Systemkontext. Typisch für diese Denkrichtung ist die bevorzugte Begriffswahl: Es wird nicht vom Parlament und dessen Struktur und Funktionen im Regierungssystem her gedacht, denn dann wäre eine Modell-Bezeichnung wie „präsidialdominierter Parlamentarismus“ zweifellos angebrachter. Vielmehr gilt ihm eine „starke Exekutive“ als „absolute Notwendigkeit“. Und das Parlament? Lediglich eine „sinnvolle Ergänzung“ der Exekutive, nicht einmal ein gleichberechtigter Partner? Soll mit einer dergestalt dezidiert gouvernementalen Perspektive neben den „traditionellen“ Grundtypen Präsidentialismus und Parlamentarismus das „neue Modell des Semi-Präsidentialismus“ als dritter Grundtyp tatsächlich angemessen begründbar sein[24]?

Aus parlamentarischer Sicht besagt die Systembezeichnung Präsidentialismus, daß das Regierungspersonal in seiner Amtsdauer parlamentsunabhängig ist und die vom Wähler bestellte gesetzgebende Versammlung als Legislative zur gesetzgeberischen Regierungskontrolle verpflichtet ist; während die Bezeichnung Parlamentarismus im Gegensatz dazu die

24 Zu anders begründeter Kritik am Konzept des Semi-Präsidentialismus unter anderem seitens des Spaniers *Juan J. Linz* und des Italieners *Giovanni Sartori* sowie zur Problematik einer Anwendung dieses Konzepts auf lateinamerikanische und osteuropäische Regierungssysteme siehe *Steffani* 1995 a. a. O., (Anm. 1).

politische Verantwortlichkeit jenes Teils der Volksvertretung für die Einsetzung des Premierministers sowie die Amtsdauer seiner Regierung unterstreicht, der über das Instrument des Mißtrauensvotums verfügt. Angesichts einer so begründeten Dichotomie der Regierungssysteme – entweder parlamentarische Abberufbarkeit der Regierung aus politischen Gründen oder nicht –, kann es keinen „dritten Weg", sondern allenfalls spezielle, subsystemartig begründbare „Variationen" im Rahmen des einen oder des anderen System-Grundtyps geben.

Von diesem Verständnis her hatte auch *Duvergers* Fachkollege *George Vedel* in einem Le Monde-Artikel vom 19./20. Februar 1978 hervorgehoben, daß das Konzept *Duvergers* keine besondere Synthese der anderen zwei Grundtypen darstellen könne, sondern allenfalls eine „Alternation" zwischen präsidentiellen (zum Beispiel *de Gaulle*) und parlamentarischen Phasen (zum Beispiel Cohabitation) meine. *Duverger* fügte dieser Ansicht allerdings die Bemerkung hinzu, daß die USA den Präsidentialismus und die Engländer ihren Parlamentarismus doch wohl schwerlich bewußt geschaffen hätten. Möglicherweise könne das – worüber erst künftig hinsichtlich seiner wissenschaftlichen Nützlichkeit zu befinden sein werde – auch für das von ihm entdeckte Modell eines Semi-Präsidentialismus gelten[25].

Weshalb ich dem *Duverger*schen Konzept des Semi-Präsidentialismus sowohl im Sinne einer eigenständigen Systemkategorie als auch unter der gewählten Bezeichnung mit außerordentlicher Skepsis begegne, und darin lediglich den Untertyp eines präsidialdominierten Parlamentarismus erkennen kann, ist eingehender zu begründen. Diese Gründe lassen sich im einzelnen folgendermaßen skizzieren[26].

7. *Die Entscheidung für ein primäres Kriterium: Abberufbarkeit der Regierung*

Die Form ist die Schwester der Freiheit. Organisationsformen sind für jede rechtsstaatliche Ordnung und deren interne Gestaltungsprozesse unverzichtbar. Eine derartige Rechtsordnung kommt insbesondere in einer Demokratie ohne die staatlichen Letztinstanzen Parlament beziehungsweise Legislative und Regierung nicht aus. Dem Wechselverhältnis beider muß daher in jedem Regierungssystem sowohl in verfassungsrechtlicher als auch faktisch-politischer Hinsicht eine fundamentale Bedeutung beigemessen werden.

Zweifellos ist jedes staatlich geordnete Gemeinwesen nicht nur in geschichtlicher, sondern ebenso in sozioökonomischer wie rechtlicher Hinsicht mit all seinen Einzel- und Besonderheiten letztlich ein Gebilde sui generis. Es kann und wird insoweit niemals mit anderen völlig gleichzusetzen sein. Dennoch gibt es gerade bei demokratischen Verfassungsstaaten gewisse Gemeinsamkeiten und Übereinstimmungen. Es genügt, wenn sich diese auf einer hohen Abstraktionsstufe herstellen und in ihrer signifikanten Relevanz für das jeweilige Regierungssystem aufzeigen lassen.

Die entscheidende Frage lautet: Sind auf einer solchen Abstraktionsstufe generelle Kriterien bestimmbar, die von einer umfassenden Systemsicht her unter besonderer Berück-

25 Vgl. *Duverger* (Anm. 22), S. 186f. Dabei wird „paranthèse" allerdings mit „paralysis" übersetzt.
26 Die folgenden Ausführungen stimmen weitgehend mit den entsprechenden Ausführungen bei *Steffani* 1995 a. a. O. (Anm. 1) überein.

sichtigung der Rolle der parlamentarischen Körperschaft der Regierung gegenüber nicht nur eine systematische Untergliederung möglichst aller Verfassungsstaaten zulassen, sondern zugleich Erklärungshilfen zum Begreifen verschiedener politischer Willensbildungs- und Entscheidungsprozesse anbieten?

Meine Antwort lautet, daß dies durchaus möglich ist. Allerdings nur dann, wenn der Weg vom Allgemeinen zum Besonderen in der Weise zurückgelegt wird, daß beim Start lediglich ein einziges, als maßgeblich erkanntes Kriterium gesetzt wird, dem dann in zunehmend differenzierender Fein- und Untergliederung anhand systembezogener Ergänzungen beziehungsweise landesspezifischer Konkretisierungen der Fortgang zum Besonderen eröffnet wird und stets offen bleibt. Es ist also geboten, jenes „Start-Kriterium" ausfindig zu machen oder zu bestimmen sowie dessen systemsignifikante Relevanz, das heißt seine generelle Bedeutsamkeit und analytische Ergiebigkeit zu begründen.

Das gesuchte Kriterium sehe ich in der parlamentarischen Abberufbarkeit der Regierung aus politischen Gründen durch das dazu befugte Parlament. Dies geschieht üblicherweise vermittels eines parlamentarischen Mißtrauensvotums mit zwingender Rücktrittsfolge beziehungsweise der Folge einer Auflösung des Parlaments und dessen anschließender Neuwahl. Dieses parlamentarische Abberufungsrecht aus politischen Gründen gegenüber der Regierung insgesamt (über den Regierungschef) oder gegenüber jedem einzelnen Minister, muß entweder verfassungsrechtlich vorgesehen sein (Republiken) oder unstreitig als tatsächlich anerkannte Parlamentsbefugnis gelten (so auch heute noch in den meisten Monarchien). Alle Regierungssysteme, deren Parlamente über ein solches Abberufungsrecht aus politischen Gründen verfügen, gehören zum Grundtyp „parlamentarisches Regierungssystem" beziehungsweise „Parlamentarismus" im speziellen Sinne. Alle anderen Systeme bilden den Grundtyp „präsidentielles Regierungssystem" beziehungsweise „Präsidentialismus".

In welcher Art und Weise von der Befugnis der Abberufbarkeit der Regierung aus politischen Gründen in einem konkreten politischen System Gebrauch gemacht werden kann und wird, läßt sich erst unter Hinzuziehung weiterer verfassungsrechtlicher wie faktischer Besonderheiten – bis hin zur Rechtsfigur des „konstruktiven Mißtrauensvotums" nach Art. 67 GG in Deutschland – klären[27].

27 Sechs Grundformen des parlamentarischen Abberufungsrechts wären:
1. Vertrauensentzug sowohl seitens des Parlaments als auch des Staatsoberhauptes (Beispiel: Weimarer Reichspräsident).
2. Vertrauensentzug seitens des Parlaments jederzeit, seitens des Staatsoberhauptes nur auf formelles Ersuchen des Premierministers möglich (Beispiel: V. Französische Republik).
3. Parlamentarische Abberufbarkeit (PA) jedes Regierungsmitgliedes sowie der Regierung insgesamt mit einfacher Mehrheit.
4. PA jedes Regierungsmitgliedes sowie der Regierung insgesamt mit qualifizierter beziehungsweise absoluter Mehrheit oder vermittels einander nachgeschalteter Abstimmungsverfahren (zum Beispiel mehrere Abstimmungen ohne oder mit einem bestimmten Zeitabstand erforderlich).
5. PA jedes Regierungsmitglied nur vermittels eines „konstruktiven Mißtrauensvotums" möglich, das heißt durch gleichzeitige Wahl eines Nachfolgers.
6. PA allein des Regierungschefs (Kanzler) und nur durch Wahl eines Nachfolgers im Rahmen eines „konstruktiven Mißtrauensvotums" möglich (so auf Bundesebene in Deutschland).
Obwohl mit diesen unterschiedlichen Abberufungsverfahren jeweils auch unterschiedliche poli-

Dem Kriterium der Abberufbarkeit ist der Rang des primären Unterscheidungskriteriums beizumessen. Denn mit der Entscheidung für den einen oder anderen Grundtyp wird zugleich über den Charakter des jeweiligen Parlaments, seine Stellung und Rolle im politischen System sowie über sein Grundverhältnis zur Regierung und zum Staatsoberhaupt befunden. Mit dieser Entscheidung – ja oder nein zur Abberufbarkeit der Regierung aus politischen Gründen – wird tatsächlich nicht nur über den verfahrensmäßigen Charakter des politischen Prozesses innerhalb eines Regierungssystems befunden, sondern ebenso über die normative wie faktische Grundstruktur der Gewaltenteilung eines Landes – einschließlich der damit bewirkten fundamental unterschiedlichen Herausforderungen an die Parteien, insbesondere innerhalb des Parlaments.

8. Zur Unterscheidung von Legislative und Parlament

Den Ausgangspunkt aller weiteren Überlagerungen bildet die Annahme, daß eine Repräsentativversammlung erst dann den Charakter einer gesetzgebenden oder parlamentarischen Versammlung gewinnen kann, wenn sie die erforderlichen Befugnisse zur Erfüllung der folgenden vier Hauptaufgaben besitzt: 1. Kontrolle der Regierung, verstanden als das sanktionsfähige Überprüfen ihres Handelns; 2. Gesetzgebung und Haushaltsrecht (Rechtssetzung), wobei vornehmlich die Phasen der Beratung und Beschlußfassung bedeutsam sind; 3. unter Beachtung der Verfassung weitgehend autonome Gestaltung ihrer inneren Ordnung (Geschäftsautonomie); 4. permanente Kommunikation mit den Entscheidungsbetroffenen (nicht nur den Wählern), das heißt Öffentlichkeitsfunktion[28].
Das Abberufungsrecht ist für den Charakter einer so gearteten Versammlung ausschlaggebend, weil damit eine Grundentscheidung getroffen wird, die für deren Kontrollbereich hinsichtlich der Sanktionsfähigkeit der Versammlung von essentieller Bedeutung ist. Kann eine Versammlung das Personal einer Regierung einschließlich ihres „Chefs" nicht aus politischen Gründen aus deren Regierungsämtern abberufen, wird deren gewichtigstes Sanktionspotential in ihrer Gesetzgebungskompetenz liegen. Die Versammlung gewinnt damit den Charakter einer Legislative im strengen Sinne des Wortes. Ihre Sanktionsfähigkeit steht und fällt daher mit der Befugnis zum Gesetzgebungsbeschluß. Die Gesetzgebung wird folgerichtig von einer Legislative gegenüber ihrer Regierung wie ihr Augapfel gehütet. Das Konzept des Arbeits- beziehungsweise Ausschußparlaments meint im Grunde den Charakter einer Versammlung als Legislative, wenn sie ihr Sanktionspotential

tische Wirkungen und Abhängigkeiten einhergehen können, bleibt der Grundsatz politischer Verantwortlichkeit dennoch erhalten. Das gilt sogar für die Regelung in der Bayerischen Landesverfassung, wonach der Ministerpräsident nur solange im Amt bleiben darf, wie „ein vertrauensvolles Zusammenarbeiten zwischen ihm und dem Landtag" möglich ist (Art. 44 Abs. 3). Sein Rücktritt hat auch „den Rücktritt der Staatsregierung zur Folge". Dies scheint angesichts der häufigen Regierungsstürze zur Zeit der Weimarer Republik eine bayerische Vorwegnahme des „konstruktiven Mißtrauensvotums" gewesen zu sein. Zum parlamentarischen Charakter der Bayerischen Verfassung vgl. insbesondere *Jürgen Plöhn,* Untersuchungsausschüsse der Landesparlamente als Instrumente der Politik, Opladen 1991, S. 176f.

28 Vgl. hierzu und zum folgenden *Winfried Steffani,* Die Untersuchungsausschüsse des Preußischen Landtages zur Zeit der Weimarer Republik, Düsseldorf 1960, S. 13f., 292ff.

möglichst weitreichend auszuschöpfen bemüht ist. Das trifft insbesondere dann zu, wenn sie – wie in den USA – als Legislative mit Vertretern der Regierung (des Präsidenten) nur im Rahmen ihrer Ausschüsse verbindlich verhandeln kann.

Vermag eine Repräsentativversammlung demgegenüber auch aus rein politischen Erwägungen das Personal ihrer Regierung aus deren Ämtern abzuberufen, wird damit die gesetzgebende Versammlung zu einem Parlament. Deren Mehrheit wird damit zugleich für das politische Tun und Lassen der Regierung zumindest mitverantwortlich. Die Regierung wiederum wird zur Führungsgruppe dieser Mehrheit, wenn diese ihre dafür – aus welchen sachlichen und proporzpolitischen Gründen auch immer – am besten als geeignet erscheinenden Politikerinnen und Politiker „hinzunehmen" bereit ist. Daher wird die Parlamentsmehrheit der von ihrem Vertrauen getragenen Führungsgruppe auch weitgehend die Initiative im Gesetzgebungsprozeß überlassen und zugestehen.

Wenn *Walter Bagehot* in diesem Zusammenhang von der parlamentarischen Wahlfunktion sprach, dann war damit nicht die formelle Rechtsbefugnis des House of Commons zur Regierungsbestellung gemeint. Eine solche Befugnis hatte das House of Commons weder damals noch hat es dieses Recht heute. Vielmehr ging es *Bagehot* um die politische Verantwortlichkeit der Parlamentsmehrheit für die Regierung. In dieser Hinsicht hat das Abberufungsrecht die Wirkung formaler Wahlen, da der Krone signalisiert wird, daß sie nur bei einer der Parlamentsmehrheit genehmen Ernennung mit dem parlamentarischen Verzicht auf eine umgehende Abberufung rechnen könne. Allein auf die Abberufung kommt es daher an. Alles andere ist von sekundärer Bedeutung. Die Regierungsstabilität durch die Bildung längerfristig trag- und politisch handlungsfähiger Parlamentsmehrheiten wird hier – im Gegensatz zum präsidentiellen System – weitgehend zum Zentralproblem. Hier werden die Parteien völlig anders als im Präsidentialismus gefordert. Versagen sie an dieser Aufgabe, können sich Regierungskrisen zur Systemkrise ausweiten.

In parlamentarischen Systemen hat sich die Parlamentsmehrheit ihrer politischen Verantwortlichkeit für die Regierung zu stellen. Daß dies nicht vergessen wird und sowohl die Regierung als auch die sie tragende Mehrheit zur steten Rechtfertigung ihres Handelns angehalten werden, dafür haben die in Opposition verbleibenden Parlamentarier und deren Parteien zu sorgen. Opposition meint dabei jene Fraktionen und Abgeordneten, die in der Regierung nicht vertreten sind. Keines ihrer Mitglieder hat das normative Recht (unabhängig von allen faktischen Problemmöglichkeiten), die Richtlinien der Politik zu bestimmen oder mitzubestimmen. Eine gesetzgeberische Unterstützung beziehungsweise „Stützung" der Regierung hat mit dem Oppositionsstatus von Parlamentariern und Fraktionen hingegen nichts zu tun[29]. Erst die Entsendung von Vertretern in die Regierung oder die ausdrückliche Zustimmung zu deren Zusammensetzung macht aus einer Opposition einen Regierungs- beziehungsweise Koalitionspartner. Insgesamt bildet die öffentlich-streitige Auseinandersetzung von verantwortlicher Regierungsmehrheit und

29 Daher halte ich auch die in den Länderverfassungen von Mecklenburg-Vorpommern Art. 26, Niedersachsen Art. 19 und Sachsen-Anhalt Art. 48 vorgenommene Definitionen von Opposition als „Fraktionen und Mitglieder des Landtages, die die Landesregierung nicht stützen", als völlig mißlungen. Der Verzicht auf eine derart fragwürdige verfassungsrechtliche Legaldefinition von Opposition, wie dies in den Verfassungen von Berlin Art. 25 (3), Brandenburg Art. 55 (2) und Thüringen Art. 59 beispielhaft geschieht, erscheint demgegenüber als höchst lobenswert.

kritischer Opposition den Kernbestand eines sich seiner Öffentlichkeitsfunktion im Plenum wie in den Ausschüssen bewußt stellenden Parlaments. In diesem Sinne hat sich jedes Parlament als „Redeparlament" zu bewähren[30].

Fazit: Präsidentielle Systeme verfügen über eine Legislative, die sich des Regierungspersonals allenfalls im Wege eines rechtlich mehr oder weniger streng reglementierten Klageverfahrens entledigen kann („Impeachment"). Parlamentarische Systeme haben demgegenüber Parlamente, deren Mehrheiten in einer zusätzlichen politischen Pflicht stehen[31]. Man könnte Legislativen – zugestandenermaßen in ziemlich schwerfälliger Terminologie – auch als „präsidentielle Parlamente" und Parlamente im definierten Sinne als „parlamentarische Parlamente" bezeichnen.

In einem parlamentarischen System sind sowohl die Amtsdauer als auch die Handlungsfähigkeit der Regierung von der Koalitions- und Mehrheitsfähigkeit der im Parlament vertretenen Parteien abhängig. Eine darauf bezogene Fraktions- und Koalitionsdisziplin muß von den Parteien funktionsnotwendig geleistet werden. Die Alternativen wären häufige Regierungsstürze, möglicherweise „Präsidialkabinette" wie am Ende der Weimarer Republik oder gar der Zustand eines „government by corruption"[32]. In präsidentiellen Systemen entfällt hingegen die strukturelle Notwendigkeit der Bildung einer tragfähigen Regierungsmehrheit und damit das wichtigste Motiv für eine funktionsgerechte Parteidisziplin.

9. Organschaftliche und institutionelle Gewaltenteilung

Der Terminus präsidentielles System oder Präsidentialismus besagt, daß der Präsident nicht nur Staatsoberhaupt, sondern zugleich Regierungschef oder zumindest das formelle Oberhaupt beziehungsweise der Vorsitzende der Regierung ist. Die Bezeichnungen Parlamentarisches System beziehungsweise Parlamentarismus (im engeren Sinne) meinen demgegenüber, daß dem Parlament die politische Verantwortung für die amtierende Regierung zukommt, die – nach der Wahl des Parlaments durch den Bürger – von der parlamentarischen Mehrheitsfähigkeit und dem damit verbundenen politischen Vertrauen „ihrer" Abgeordneten abhängig ist.

Das hat Konsequenzen für die in den jeweiligen Systemen vorherrschende, verfassungsrechtlich gewollte oder ermöglichte Gewaltenteilung. Im Präsidentialismus stehen sich üblicherweise die Staatsorgane Legislative und Regierung (Exekutive) weitgehend in existentieller Unabhängigkeit gegenüber. Sie müssen jedoch, falls es in der Politik und vornehmlich der Gesetzgebung nicht zum alles blockierenden Stillstand („deadlock") kom-

30 Zu den Begriffen Arbeits- und Redeparlament siehe *Winfried Steffani*, Parlamentarische und präsidentielle Demokratie, Opladen 1979, S. 333ff.

31 Siehe auch *Uwe Thaysen* u. a.. (Hrsg.), US-Kongreß und Deutscher Bundestag – Bestandsaufnahmen im Vergleich, Opladen 1988, S. 15f. und 260ff., sowie zum Ganzen jetzt *Patrick Horst*, Haushaltspolitik und Regierungspraxis in den USA und der Bundesrepublik Deutschland, Frankfurt/Main 1995, der eingehender aufzeigt, was die Unterscheidung von Legislative (Beispiel USA, S. 85ff.) und Parlament (Beispiel Deutscher Bundestag, S. 283ff.) für die jeweilige politische Praxis tatsächlich bedeutet.

32 Mit dieser Formel wurde im England des 18. Jahrhunderts die Regierung *Walpole* verhöhnt.

men soll, miteinander kooperieren. Das gilt vor allem für jene Zeiten, da der Präsident und die Kongreßmehrheiten nicht der gleichen „Partei" angehören.
Im Parlamentarismus hat das parlamentarische Abberufungsrecht hingegen zur Folge, daß hier die organschaftliche Gewaltenteilung zwischen Legislative und Exekutive grundsätzlich von der institutionellen Gewaltenteilung zwischen Regierungsmehrheit und Opposition überlagert wird. Sicherlich, im Parlamentarismus stehen der Regierungsmehrheit als der mehr oder weniger integrierten Einheit von Parlamentsmehrheit und Regierungspersonal die wesentlichen Befugnisse beider Staatsorgane zu. Die auf das Parlament beschränkte Opposition wird sich insoweit mit der Einflußnahme auf die Regierungsmehrheit begnügen müssen. Daß dennoch von einer wirkungsvollen Gewaltenteilung gesprochen werden kann, liegt vornehmlich daran, daß die letzte Entscheidung über die politische Grundhaltung von Parlament und Regierung den Wählern zufällt. Aus diesem Grunde wird die Opposition insbesondere auf die Öffentlichkeit Einfluß zu nehmen versuchen, um unter Einwirkung auf deren Entscheidungsmacht der Macht der Regierungsmehrheit wirksam Grenzen setzen zu können.
Diese Überlegungen gelten auch dann, wenn die parlamentarische Opposition aus mehreren weitgehend eigenständig vorgehenden Fraktionen besteht. Denn die Möglichkeit, innerhalb der Regierungsmehrheit unterschiedliche Interessenlagen gegeneinander zu mobilisieren oder gar deren Zerfall zu bewirken, bleibt stets gegeben. Insoweit können Verbindungen zu opponierenden Gruppen innerhalb der Regierungsmehrheit mitunter Erstaunliches zuwege bringen. Schließlich setzt sich jede Mehrheit aus einer Mehrzahl von Minderheiten zusammen, von denen einige dazu beitragen können, daß bei ihrer Verweigerung eine Mehrheit aufhört, weiterhin eine Mehrheit zu sein. Demgemäß gilt der generelle Grundsatz, daß die Strukturen organschaftlicher Gewaltenteilung auf verfassungsrechtlichen Vorgaben beruhen, die institutionelle Gewaltenteilung eines parlamentarischen Regierungssystems jedoch im Gegensatz dazu ihre strukturelle Existenz wesentlich der Organisations- und Kooperationsfähigkeit der Parteien verdankt[33].
Auch unter dem Aspekt praktizierter Gewaltenteilung lassen sich demgemäß genug Gründe benennen, um das parlamentarische Abberufungsrecht zum primären Kriterium zu erheben. Sämtliche anderen möglichen Merkmale treten demgegenüber zurück, da sie alle in der einen oder anderen Weise mit dem Kriterium der Abberufbarkeit vereinbar sind. Das trifft sogar auf das besondere Kriterium einer geschlossenen oder doppelten Exekutive zu. Von einer geschlossenen Exekutive kann gesprochen werden, wenn das Staatsoberhaupt in Personalunion Regierungschef ist oder letzterer nur vom Vertrauen des Staatsoberhauptes abhängig ist (wie das beim Reichskanzler im Deutschen Reiche bis 1918 der Fall war). Dies trifft auch auf den Sonderfall zu, daß (wie dies in der Schweizer Regierug, dem dortigen Bundesrat, üblich ist) die Funktionen beider Exekutivämter „reihum" von einem Mitglied der Regierung wahrgenommen werden, der eben-

33 Die Wechselbeziehungen zwischen organschaftlicher und institutioneller Gewaltenteilung in den damals zwölf verschiedenen parlamentarischen Systemen der EG von 1990 herauszuarbeiten, ist der Kerngedanke des von *Jens Gabriel* und mir besorgten Sammelbandes: Regierungsmehrheit und Opposition in den Staaten der EG, Opladen 1991. Zur „neuen Gewaltenteilung" im Parlamentarismus der EG-Staaten vgl. ebenda, S. 31ff.

so wie das gesamte Regierungskollektiv nach seiner Wahl aus politischen Gründen nicht abberufen werden kann.
Eine doppelte Exekutive ist wiederum dann gegeben, wenn das Staatsoberhaupt und der Premierminister beziehungsweise der Regierungschef zwei Amtsinhaber sind, von denen nur der letztere vom parlamentarischen Vertrauen abhängig ist. Denn immerhin gibt es Länder – wie in der Bundesrepublik –, deren parlamentarische Systeme lediglich das exekutive Amt eines Regierungschefs („Ministerpräsident") kennen. In diesen Ländern muß der parlamentsabhängige Regierungschef – falls und soweit der Parlamenspräsident nicht damit betraut wird – auch noch die üblichen Aufgaben eines Staatsoberhauptes wahrnehmen[34].

10. Disjunktive Klassifikation und Konkordanzprinzip

Neben dem primären Kriterium parlamentarischer Abberufbarkeit lassen sich durchaus eine Vielzahl weiterer, jeweils systemsignifikanter Merkmale benennen, wie Parlamentsauflösung, Inkompatibilität, Parteidisziplin, Bundes- oder Einheitsstaat, Verfassungsgerichtsbarkeit, Direktwahl des Staatsoberhauptes, Ein- oder Zweikammersystem, Volksinitiative und Volksentscheid. Alle diese weiteren Merkmale sind jedoch neben dem primären Kriterium als zusätzliche und insoweit supplementäre Merkmale zu charakterisieren. Aus ihnen läßt sich aber so etwas wie eine Trias bilden, derzufolge nur dem primären Kriterium der Abberufbarkeit neben dem einer Entscheidung für oder gegen die Staatsform Monarchie beziehungsweise Republik die Qualität eines disjunktiven Klassifikations-Kriteriums (entweder – oder) zugestanden wird. Bei allen anderen Merkmalen gilt demgegenüber das Zuordnungskriterium eines „Mehr-oder-Weniger". Wobei dies, wie gesagt, noch am wenigsten auf die Merkmale einer geschlossenen oder doppelten Exekutive zutrifft.
Unter den anderen lassen sich üblicherweise sekundäre und tertiäre Merkmale mit der Anmerkung ausmachen, daß die sekundären zumeist oder vornehmlich einem der beiden Grundtypen zugeordnet werden können, während die tertiären Merkmale in beiden Grundtypen relativ häufig anzutreffen sind. Zu den sekundären Merkmalen eines parlamentarischen Regierungssystems können beispielsweise die funktionalen Erfordernisse von Regierungsmehrheit und Fraktionsdisziplin, das Auftreten einer möglichst einheitlich agierenden parlamentarischen Opposition, die Befugnis zur Parlamentsauflösung sowie die Vereinbarkeit von Abgeordnetenmandat und Ministeramt gezählt werden. Als sekundäre Merkmale des Präsidentialismus ließen sich wiederum das Inkompatibilitätsgebot, die Bindung von Legislative und Regierung (Präsident) an feststehende Amtsperioden, der Verzicht auf ein Auflösungsrecht sowie häufiger wechselnde Abstimmungsmehrheiten benennen. Merkmale wie Zweikammersystem, Verfassungsgerichtsbarkeit, Direktwahl sowohl des Parlaments als auch des Staatsoberhauptes, Einheits- oder Bundesstaatlichkeit und Volksentscheide sind wiederum in beiden Grundtypen relativ weit verbreitet und

34 Hierbei handelt es sich zumeist um im völkerrechtlichen Sinne „nichtsouveräne Staaten", wie dies bei den Ländern der Bundesrepublik der Fall ist.

demzufolge nicht systemspezifisch. Sie können daher als tertiäre Merkmale gekennzeichnet werden.

Wichtig ist nun folgende Zuordnung: Entspricht die Unterscheidung zwischen präsidentiellem und parlamentarischem Grund- oder Haupttyp (mit dessen Erscheinungsformen von Monarchie und Republik) einer disjunktiven Klassifikation, so beruhen die Differenzierungen zwischen den jeweils als signifikant feststellbaren und für eine systematische Analyse hilfreichen Untertypen auf dem Konkordanzprinzip. Ihnen ist die gemeinsame Zugehörigkeit entweder zum Präsidentialismus oder Parlamentarismus als jeweiligem Grundtyp gemeinsam. Ansonsten stellen sie innerhalb ihres Grundtyps auf ihre Weise signifikante, gleichsam haupttypen-immanente Merkmalskombinationen dar. Die dabei herangezogenen Maßstäbe zur Differenzierung und wechselseitigen Zuordnung solcher Merkmalskombinationen läßt sich wiederum aus der Unterscheidung von geschlossener und doppelter Exekutive ableiten.

Auf seiten des präsidentiellen Grundtyps wird den drei wichtigsten Exekutivkonstruktionen – der Präsident ist verfassungsrechtlich in Personalunion zugleich die Regierung; der Präsident ist zugleich der Regierungschef und Vorsitzende der in der Verfassung vorgesehenen Regierung; das Amt des Staatsoberhauptes und der Vorsitz im Regierungskolektiv werden auf Zeit reihum von einem Regierungsmitglied wahrgenommen – die Funktion zuerkannt, die Differenzierung zwischen den drei präsidentiellen Untertypen zu ermöglichen. Innerhalb des parlamentarischen Grundtyps kommt wiederum dem Wechselverhältnis von Staatsoberhaupt und Regierung – und hier den unterschiedlichen Dominanzbeziehungen im Verhältnis von parlamentsabhängigem Regierungschef beziehungsweise Premierminister und parlamentsunabhängigem Staatsoberhaupt – diese Aufgabe einer Differenzierung von Untertypen zu. Aspekte des Parteiensystems – Einparteienregierung oder Koalitionsnotwendigkeit – können dabei hinzukommen.

11. Versuch einer systematischen Zuordnung und Übersicht

Im Zusammenhang mit den hier vorgetragenen Grundüberlegungen habe ich 1962 in der Politischen Vierteljahresschrift im Rahmen eines umfangreicheren Aufsatzes zu Problemen der Gewaltenteilung im demokratisch-pluralistischen Rechtsstaat ein Zuordnungsschema veröffentlicht, das nahezu völlig dem 1992 im Lexikon der Politik wiedergegebenen entspricht[35]. Lediglich der Begriff „Hegemonie" wurde durch das meines Erachtens angemessenere Wort „Dominanz" ersetzt und die herangezogenen Beispiele wurden ergänzt oder geändert.

Zwischenzeitlich sind sicherlich weiterhin bedeutsame Wandlungen eingetreten und im Verlauf der neueren Diskussionen zum Thema vielfältige Erwägungen angestellt und vorgetragen worden. Dennoch bin ich trotz ihrer eingehenden Berücksichtigung und Aufarbeitung auch nach mehr als dreißig Jahren der Überzeugung, daß die erneut skizzierten

35 Vgl. die Übersicht des Aufsatzes „Gewaltenteilung im demokratisch-pluralistischen Rechtsstaat, in: PVS Heft 3, 1962, S. 257 mit der Übersicht in meinem Stichwortartikel „Parlamentarisches und präsidentielles Regierungssystem", in: *Dieter Nohlen* (Hrsg.), Lexikon der Politik, Bd. 3, München 1992, S. 293.

Schaubild 2:
Die Grundtypen präsidentielles und parlamentarisches Regierungssystem in monarchischer und republikanischer Form sowie deren Untertypen (mit Hinweisen auf Beispiele)

Präsidentielles Regierungssystem (geschlossene Exekutive)

Monarchische Form

- Konstitutionelle Monarchie
  (Deutsches Kaiserreich von 1871)

Republikanische Form

- Präsident
  (Der Staatspräsident ist zugleich die Regierung: Vereinigte Staaten von Amerika)
- Präsident im Ministerrat
  (Staatspräsident als Regierungschef mit Ministerrat oder Ministern: Lateinamerika)
- Kollegialsystem
  (Der Staatspräsident ist auch als deren Vorsitzender in die Regierung integriert: Schweizer Bundesrat)

Parlamentarisches Regierungssystem (doppelte Exekutive)

Monarchische Form

- Kabinettsdominanz
  (Zweiparteiensystem: England, Mehrparteiensystem mit Koalitionszwang: Kontinent, Minderheitskabinette: Skandinavien)
- Premierdominanz
  (Zweiparteiensystem: England, Mehrparteiensystem mit Koalitionszwang: Kontinent)

Republikanische Form

- Versammlungsdominanz
  (gouvernement d'assemblée, französische Konventsverfassung von 1793, der Idee nach Rätesystem)
- Exekutiv-Kooperation
  (klassisches französisches Modell III. und IV. Republik Frankreichs)
- Premier- bzw. Kanzlerdominanz
  (Bundesrepublik Deutschland)
- Präsidialdominanz
  (Weimarer Republik, Finnland, V. Republik Frankreichs)

Grundüberlegungen und die daraus abgeleitete Systematik einschließlich der hier wiedergegebenen Übersicht durchaus als sachlich begründet und analytisch fruchtbar angesehen werden können (Schaubild 2).

Dem Schaubild sind unter anderem vier Erkenntnisse zu entnehmen: 1. Demokratie und präsidentielles System sind nur in ihrer republikanischen Form miteinander vereinbar. 2. Demokratie und Monarchie können nur in der Form eines parlamentarischen Regierungssystems eine Symbiose eingehen, wobei das Parteiensystem den Untertypus charakterisiert. 3. Variationen in der Verfassungswirklichkeit sowohl präsidentieller als auch parlamentarischer Systeme beruhen neben mitunter recht eigenwilligen Verfassungsbestimmungen zumeist auf den Besonderheiten des jeweiligen tradierten Parteiensystems und der ihm zugrunde liegenden politischen Kultur des Landes sowie dem erreichten Ausmaß an demokratischer Konsolidierung, trotz der gemeinsamen Merkmale des Grundtyps beziehungsweise gewisser Untertypen. 4. Ein „Kontinuum" besteht nicht zwischen den, sondern allenfalls innerhalb der zwei Grundtypen: Innerhalb des Präsidentialismus läßt sich ein Kontinuum von der „klassischen Version" der USA bis hin zum Extrempol „Schweizer Bundesrat" konstruieren. Die republikanische Parallele im Grundtyp Parlamentarismus verläuft vom „klassischen Versammlungs-Modell" („gouvernement d'assemblée") bis hin zu deren anderem Pol eines parlamentarischen Systems mit Präsidialdominanz: der Dominanz eines Staatsoberhauptes im Exekutivbereich, das als Amtsträger vom Parlament nicht aus politischen Gründen abgewählt werden kann.

Innerhalb einer so begründeten Systematik müssen sich die wissenschaftlichen Konzeptionen eines Semi-Präsidentialismus oder die eines Regierungssystems mit den Eigenschaften eines „parlamentarisch-präsidentiellen Mischtyps" als gedankliche Fehlleistungen erweisen. Was mit der Bezeichnung Semi-Präsidentialismus gemeint sein könnte, erscheint in der vorgetragenen Systematik als parlamentarisches System mit Präsidialdominanz (kurz: präsidialdominanter Parlamentarismus beziehungsweise Präsidial-Parlamentarismus). Mit dieser Systembezeichnung wird zugleich darauf hingewiesen, daß auch ein Präsident, der mit weitreichenden, vornehmlich außenpolitischen Kompetenzen ausgestattet erscheint und sowohl bei der Regierungsbildung als auch im Gesetzgebungs- und Dekretprozeß einflußreich auftritt – wie dies in der V. Republik geschehen ist – dennoch seine Befugnisse nur solange voll ausnutzen kann, wie das (aus welchen Gründen auch immer) von der Parlamentsmehrheit hingenommen und ermöglicht wird. Erscheinungsformen einer „Cohabitation" wären in einem Präsidialsystem undenkbar, im parlamentarischen Untertyp der Präsidialdominanz wären sie hingegen stets eine Möglichkeit, wenn nicht gar Anzeichen parlamentarischer Normalität.

12. Konsolidierte Demokratie als Ziel

Abschließend seien noch einige Anmerkungen zur Entwicklung eines politischen Systems sowie der tatsächlichen Berücksichtigung und Rolle eines geltenden Verfassungstextes angeführt[36]. Dabei sollte stets im Auge behalten bleiben, daß in totalitären Systemen, in

36 Was nach der Verabschiedung und dem Inkrafttreten der Verfassung einer weitgehend „konsolidierten Demokratie" für deren politische Praxis zu bedenken ist, habe ich an anderer Stelle aufzuzeigen versucht, siehe *Steffani* 1983 a. a. O., (Anm. 1), S. 396–401.

denen die „Souveränität" des Staatsapparates bei den faktischen Machthabern liegt, diese sich der Verfassung als eines ihnen dienstbaren Herrschaftsinstruments bedienen. Nach *Karl Loewensteins* Verfassungsontologie besitzt sie damit die Qualität einer „semantischen" Verfassung[37]. In autoritären Regimen – ein Systemzustand, in dem sich viele osteuropäischen Regierungssysteme heute noch befinden – kann der jeweils „geltenden" Verfassung schon häufiger eine nominalistische (zukunftsweisende) Funktion zugesprochen werden. Die Wirksamkeit einer normativen, das heißt tatsächlich beachteten und angewandten Verfassung eines demokratischen Verfassungsstaates prägt jedoch erst in einer mehr oder weniger konsolidierten Demokratie auch deren Verfassungswirklichkeit.

Letzteres gilt auch unabhängig von der Tatsache, daß das in der Realität immer nur teilweise aufhebbare Spannungsverhältnis zwischen dem demokratischen Gleichheitssatz und den jeweils gegebenen biologisch-sozialen Ungleichheiten (Alte und Junge, Erfahrene und Unerfahrene, formal Ausgebildete und Ungelernte, Kapital und Arbeit, Arme und Reiche usw.) für die Verfassungswirklichkeit einer jeden realen Demokratie ebenso weitreichende Probleme aufwirft wie das allgemeine Verhältnis von Person und Gruppe, Individuum und Staat.

Was ist jedoch im hier interessierenden Zusammenhang unter einer „konsolidierten Demokratie" zu verstehen und wann kann sie als existent angesehen werden? Hierzu hat *Gerald Paschen* jüngst am minutiös analysierten Beispiel der Transition des spanischen Staates von *Francos* Diktatur hin zur gegenwärtigen parlamentarischen Monarchie eine umfangreiche Monographie vorgelegt[38]. Anschließend hat er deren Kernthesen in einem später erschienenen Aufsatz nochmals knapp „auf den Punkt" gebracht[39]. Danach ist demokratische Konsolidierung als eine „bestimmte Entwicklungsstufe des allgemeinen Demokratisierungsprozesses" zu begreifen. Bei *Paschen* heißt es dazu weiterhin:

„Demokratische Konsolidierung muß demgemäß als ein eigenständiges Problem des umfassenden Transitionsprozesses angesehen werden. Zu unterscheiden sind folglich die Institutionalisierung demokratischer Verfahren, Regeln und demokratisch legitimierter Verfassungsorgane einerseits sowie deren politisch-kulturelle Stabilisierung andererseits. Die Phase einer ‚formalen Transition', die mit der Umsetzung der Entscheidung zur Errichtung einer pluralistischen Demokratie beginnt und mit dem Inkrafttreten einer demokratischen Verfassungsordnung endet, muß daher von der Phase einer ‚demokratischen Konsolidierung' jener Ordnung abgegrenzt werden, die wiederum erst mit der Verwirklichung von demokratischer Stabilität endet. Aussagen zum Konzept einer stabilen Demokratie bleiben dabei weitgehend auf Wahrscheinlichkeiten bezogen. ‚Demokratische Konsolidierung' besteht somit vor allem in einem Prozeß der Festigung, Sicherung und Behauptung demokratischer Strukturen, Verfahrensweisen und Normen. Dieser Prozeß muß sich in hochkomplexer Weise in verschiedenen Bereichen, die einen politischen, wirtschaftlichen und sozio-kulturellen Charakter besitzen, entfalten und dabei üblicherweise eine Reihe unterschiedlicher Entwicklungsphasen durchlaufen."[40]

37 Zur „ontologischen" Klassifizierung von Verfassungen – semantisch, nominalistisch und normativ – siehe *Karl Loewenstein* a. a. O., (Anm. 16), S. 151–157 sowie *Steffani* 1995 a. a. O. (Anm. 1).

38 Siehe *Gerald Paschen*, Regierungsmehrheit und Opposition in der demokratischen Konsolidierung Spaniens, Frankfurt/Main 1994.

39 Siehe *Gerald Paschen*, Regierungsmehrheit und Opposition in Spanien. Der Prozeß demokratischer Konsolidierung (1977–1993), in *Steffani/Thaysen* (Hrsg.): Demokratie in Europa: Die Rolle der Parlamente, Opladen 1995, S. 164–172.

40 Dazu *Paschen* a. a. O. (Anm. 39), S. 162.

Da fast alle der im befreiten Osteuropa in neuerer Zeit verabschiedeten demokratischen Verfassungstexte trotz ihres zumeist nominalistischen Charakters ihren Grundentscheidungen nach dem parlamentarischen Grundtyp zuzuordnen sind[41], sollte dies auch in der wissenschaftlich verwandten Systembezeichnung zum Ausdruck gebracht werden. In verschiedenen Staaten Mittel- und Osteuropas wurde bisher in variationsreicher Ausprägung dem Untertyp einer parlamentarischen Republik mit Präsidialdominanz (Präsidial-Parlamentarismus) der Vorzug gegeben. Diese Regierungssysteme selbst in ihrer frühen Konsolidierungsphase heute mit dem Etikett eines „Semi-Präsidentialismus" zu befrachten oder gar als „parlamentarisch-präsidentielle Mischsysteme" zu definieren, halte ich nicht nur aus sachlich-systematischen Gründen für unangemessen. Solche Formeln und Betrachtungsweisen dürften sich auch in ihrer politisch-genetischen Wirkung auf das Selbstverständnis und die politischen Verantwortlichkeiten der dortigen politischen Akteure innerhalb wie außerhalb der Parteien ihrer Länder als wenig hilfreich erweisen.

41 Die meisten der bisher gedruckt vorliegenden Verfassungstexte mittel- und osteuropäischer Staaten sehen ein parlamentarisches Regierungssystem mit Exekutivkooperation vor, wobei die in der Verfassungswirklichkeit dieser parlamentarischen Systeme mitunter phasenweise praktizierte Dominanz des Premierministers oder des Staatspräsidenten zumeist durch die Koalitionsstabilität der bestehenden Regierungsmehrheit und/oder die politische Stärke beziehungsweise Führungspersönlichkeit des jeweiligen Amtsinhabers bedingt zu sein scheint.

AUFSÄTZE

Deutschlands Abgeordnete: Profil eines Berufsstands, der weit besser ist als sein Ruf

Werner J. Patzelt

Wer sind Deutschlands Abgeordnete? Wie sind sie? Was tun sie? Und was halten sie vom Bürger? Antworten auf diese Fragen förderte eine neuere Untersuchung des Verfassers zutage[1]. Bei ihr wurden im Frühjahr 1994 alle gut 2800 deutschen Landes-, Bundes- und Europaparlamentarier schriftlich zu ihrem Amtsverständnis, ihrer Amtsführung und ihrer gesellschaftlichen Verankerung befragt[2]. Zwar antwortete nur ein Drittel von ihnen; immerhin hatte das kräftezehrende Superwahljahr begonnen. Doch die ausgewerteten 856 Fragebögen stellen die breiteste durch Befragungen gewonnene Informationsgrundlage über Deutschlands Abgeordnete dar, die es bisher gibt[3].

1 Sie steht in der Kontinuität analoger Untersuchungen zu bayerischen Abgeordneten im Jahr 1989 und ostdeutscher sowie Westberliner Parlamentarier in den Jahren 1991/92. Siehe hierzu *Werner J. Patzelt,* Abgeordnete und Repräsentation. Amtsverständnis und Wahlkreisarbeit, Passau 1993; *ders.,* Legislators of new parliaments: The case of East Germany, in: *Lawrence D. Longley* (Hrsg.), Working Papers on Comparative Legislative Studies, Appleton 1994, S. 15–33, leicht verändert auch in: *Attila Agh* (Hrsg.), The Emergence of East Central European Parliaments: The First Steps, Budapest 1995, S. 108–121; *ders.,* Abgeordnete und ihr Beruf. Interviews, Umfragen, Analysen. Mit einem Vorwort von *Rita Süssmuth,* Berlin 1995; und *ders.* (unter Mitarbeit von *Roland Schirmer*), Repräsentanten und Repräsentation in den neuen Bundesländern. Forschungsbericht, Dresden 1996. Als ganz aktuelle, sehr anschauliche und die Ergebnisse des Verfassers bestätigende Untersuchung zu den niedersächsischen Landtagsabgeordneten siehe *Rolf Paprotny,* Der Alltag der niedersächsischen Landtagsabgeordneten. Ergebnisse einer qualitativen und quantitativen Befragung der Mitglieder der 12. Wahlperiode, Hannover 1995 (Landeszentrale für politische Bildung).

2 Die Studie wurde von der Deutschen Forschungsgemeinschaft finanziert. Für die Mitarbeit an der Entwicklung des Fragebogens danke ich meinem Mitarbeiter *Steffen H. Elsner,* M.A., für die Leitung der Datenerhebung, Datenerfassung und Datenanalyse Dipl.-Kauffrau *Ulrike Dirscherl,* für die sorgfältige Erstellung von Tabellen und Übersichten Frau *Brigitte Heller.*

3 Bei einer durchschnittlichen Fragebogenbearbeitung von 45 Minuten (Median), welche die Befragten angaben, steht hinter dieser Studie eine Gesamtdauer von 642 Stunden, also von knapp 27 vollen Tagen, in denen die Abgeordneten über sich und ihr Amt Auskunft gaben. 62 Prozent der Parlamentarier meinten: „Diese Fragen erfaßten Bestandteile des Amtsverständnisses und Amtes eines Abgeordneten, die ich auch selbst für wichtig halte". Nur 2 Prozent sagten: „Mit diesen Fragen haben Sie vielfach verfehlt, was am Amtsverständnis und Amt eines Abgeordneten wichtig ist". Die übrigen 36 Prozent gaben an: „Diese Fragen erfaßten nicht ganz jene Bestandteile, die ich selbst am Amtsverständnis und Amt eines Abgeordneten für wichtig halte".

Auf ihr beruht das folgende Gesamtbild des durchschnittlichen[4] deutschen Landtags- und Bundestagsabgeordneten[5].

Wird dieses Bild aber stimmen, da es doch auf Aussagen der Betroffenen über sich selbst beruht? Wird es nicht geschönt sein? Ganz lassen sich solche Einwendungen nicht ausräumen. Darum sind unmittelbare Beobachter des Abgeordnetenalltags in Parlament und Wahlkreis gefordert, den hier getroffenen Aussagen widersprechende Tatsachen entgegenzuhalten. Doch es genügen bloße Einzelfälle keineswegs, sondern widersprechendes Datenmaterial muß schon auch Repräsentativität beanspruchen können. Nicht nur journalistische Impressionen, sondern vor allem vertiefende politikwissenschaftliche Beobachtungsstudien sind darum ein Desiderat.

Im übrigen spricht viel dafür, daß die vorgelegten Ergebnisse im wesentlichen stimmen. Denn erstens passen die Antworten zu verschiedenen Themenbereichen sehr gut zusammen. Das gilt nicht zuletzt für die Angaben zu solchen Fragen, die zur selben Thematik in sehr differenzierter Weise, in wechselnden Zusammenhängen und gar noch in unterschiedlichen Fragebogenversionen gestellt und deshalb von unterschiedlichen Teilstichproben der Abgeordneten beantwortet wurden. Also müßte schon eine ‚unsichtbare Hand' dafür gesorgt haben, daß so viele Befragte unabhängig voneinander gemeinsame Falschaussagen treffen, ohne einander zu widersprechen. Zweitens mag man das Wirken einer solchen ‚unsichtbaren Hand' zwar prinzipiell unterstellen und annehmen, daß die Abgeordneten oft im Sinn eines erwünschten Ergebnisses antworteten, also eher ‚einen normativen Code zitierten', als die Tatsachen und ihre wirklichen Einstellungen zu berichten. Doch über das ‚eigentlich Erwünschte' und über Sollvorstellungen gibt es nur in wenigen und sehr allgemeinen Bereichen Konsens unter den Parlamentariern. ‚Schönende' Abweichungen werden darum oft auseinandergestrebt und sich angesichts so vieler Befragter wechselseitig neutralisiert haben.

4 Die Unterschiede zwischen Bundes- und Landesparlamentariern, solchen aus Flächen- und Stadtstaaten, Abgeordneten großer und kleiner Parteien, von regierungstragenden und oppositionellen Fraktionen und west- beziehungsweise ostdeutschen Parlamentariern sind im einzelnen beträchtlich. Sie können im Rahmen dieses einer Gesamtschau gewidmeten Beitrags aber nicht behandelt werden. Speziell zu den Unterschieden zwischen west- und ostdeutschen Abgeordneten siehe aber *Patzelt,* Repräsentanten und Repräsentation in den neuen Bundesländern (Anm. 1), Teil B/VII, S. 77–103.

5 Die im folgenden präsentierten Informationen sind viel differenzierter, als daß sie mit nur einem einzelnen Fragebogen hätten erhoben werden können. Faktisch wurden vier thematisch unterschiedlich akzentuierte Versionen des Fragebogens an je eine repräsentative Stichprobe von einem Viertel der Abgeordneten versandt. Den folgenden Angaben liegen also oft nicht die Aussagen von allen befragten Abgeordneten, sondern von drei Vierteln, der Hälfte oder einem Viertel der Gesamtzahl zugrunde. Außerdem wurden die Angaben der 30 Europaparlamentarier aus dem hier präsentierten Profil ausgenommen, da sich deren Arbeitsweise allzu deutlich von jener der Landtags- und Bundestagsabgeordneten unterscheidet. Ferner wurden die Angaben von fünf Republikanern, zwei Mitgliedern der Statt-Partei und vier fraktionslosen Abgeordneten nicht einbezogen, da solche Fallzahlen für aussagekräftige Analysen zu gering sind. Somit sind Grundlage der folgenden Ausführungen die (gewichteten) Angaben von 375 CDU/CSU-Abgeordneten, von 325 Sozialdemokraten, von 53 Mandatsträgern der FDP, von 38 Parlamentariern von B90/Grünen und von 24 Abgeordneten der PDS. Unter ihnen befinden sich 177 Bundes- und 638 Landesparlamentarier. 608 der Befragten vertreten Wahlkreise in Westdeutschland oder Westberlin, 207 in den neuen Bundesländern oder Ostberlin.

Drittens wurden 1994 viele Fragen gestellt, mit denen die ostdeutschen und bayerischen Abgeordneten schon 1991/92, 1989 und 1983 konfrontiert wurden. Oft bis in die Einzelheiten, stets aber im großen und ganzen entsprechen die damaligen ‚Antworten den nun aufgefundenen Ergebnissen[6]. Das ist ein starkes Argument dafür, daß die sich in ihnen spiegelnden Sachverhalte sowohl stabil sind als auch korrekt erhoben wurden. Selbst wo manche Befunde sich deutlich änderten, wie es ein Vergleich der Ergebnisse für die neuen Bundesländer von 1991/92 mit denen von 1994 zeigt, ist dieses Änderungsmuster völlig plausibel, läßt sich anhand von Außenkriterien validieren und belegt reale Wandlungsprozesse[7]. Viertens ist die Sorge vor Falschangaben der Abgeordneten ziemlich aufgesetzt und wenig durchdacht. Denn vor wem sollten sich Parlamentarier eigentlich scheuen, in der anonymen Situation einer schriftlichen Befragung nach bestem Wissen zu antworten? Und da sie solche Untersuchungen und deren Öffentlichkeitswirksamkeit ohnehin nicht allzu ernst nehmen, ist ein rationales Motiv für Falschangaben obendrein nicht anzunehmen. Fünftens wurden alle eingegangenen Fragebögen sorgfältig auf Anhaltspunkte für Zweifel an der persönlichen beziehungsweise ernsthaften Bearbeitung sowie auf die sachliche Schlüssigkeit und interne Stimmigkeit der Angaben kontrolliert. Dabei wurden, wenn auch nicht in besorgniserregendem Umfang, durchaus Fehlangaben aufgedeckt. Diese wurden als fehlende Werte behandelt und gingen nicht in die Analyse ein. Häuften sich unstimmige oder anscheinend unseriöse Angaben in einem Fragebogen, so wurde dieser von der weiteren Untersuchung ausgeschlossen[8]. Die verbliebenen Fragebögen können darum als im Rahmen akzeptabler Fehlergrenzen korrekt und aussagekräftig gelten. Das auf sie gegründete Bild des deutschen Abgeordneten dürfte also stimmen. Im übrigen bestätigt es weitgehend, was viele sowohl sachkundige als auch unvoreingenommene Beobachter der Praxis auch ohne wissenschaftlichen Nachweis vermuten oder wissen.

I. Wer sind die deutschen Abgeordneten?

78 Prozent der deutschen Abgeordneten sind Männer. Im Durchschnitt waren die Parlamentarier 1994 51 Jahre alt[9], zu 85 Prozent verheiratet und zu jeweils rund fünf Prozent geschieden oder ledig. Mehrheitlich kommen die Volksvertreter, nach eigener Einschätzung, aus der Mittelschicht des Volkes, mit allerdings leichter Tendenz zu dessen ‚besseren‘

6 Vgl. die entsprechenden Ergebniszusammenstellungen in *Patzelt,* Abgeordnete und ihr Beruf (Anm. 1).

7 Siehe hierzu die entsprechenden Analysen in *Patzelt,* Repräsentanten und Repräsentation in den neuen Bundesländern (Anm. 1), S. 77–103.

8 Insgesamt wurden 13 zurückgesandte Fragebögen aus der weiteren Untersuchung ausgeschlossen. Bei den meisten geschah dies allerdings deshalb, weil die Abgeordneten – wohl aus Sorge um ihre ohnehin nicht angetastete Anonymität – Angaben über ihre Partei- oder Parlamentszugehörigkeit oder ihr Bundesland unterlassen hatten. Fragebögen ohne solche Informationen waren aber für die im wesentlichen auf Vergleiche unterschiedlicher Gruppen von Parlamentariern zielenden Untersuchungen wertlos.

9 Bei westdeutschen Abgeordneten liegt der Mittelwert bei 52 Jahren, bei ostdeutschen Abgeordneten bei knapp 50 Jahren.

Kreisen[10]. Zur Mitte, mit leichter Linkstendenz, zählen sie sich auch politisch: auf einer fünfstufigen Skala schätzen sich 39 Prozent (eher) links, 35 Prozent genau in der Mitte und 26 Prozent (eher) rechts ein.
99 Prozent der deutschen Abgeordneten berichten von einer abgeschlossenen Berufsausbildung und ersten beruflichen Erfahrungen vor der Übernahme ihres Mandats; 96 Prozent halten berufliche Erfahrungen vor der Übernahme eines Mandats auch für wichtig[11], und 81 Prozent schreiben sich eine gesicherte wirtschaftliche und soziale Stellung selbst ohne parlamentarisches Mandat zu. 13 Prozent üben ihren angestammten Beruf sogar noch in gewissem Umfang aus[12], 77 Prozent indessen nicht mehr, zehn Prozent gelegentlich. Deutschlands Abgeordnete sind also Berufspolitiker.
Zuvor waren 22 Prozent unter ihnen Lehrer beziehungsweise Hochschullehrer, 21 Prozent als sonstige Beamte oder Angestellte im öffentlichen Dienst tätig. 15 Prozent waren vor ihrer parlamentarischen Laufbahn Angestellte in der Wirtschaft, fünf Prozent bei Parteien und Gewerkschaften, vier Prozent bei Wirtschaftsverbänden, Kirchen oder sonstigen Organisationen. Elf Prozent waren Freiberufler, zehn Prozent selbständige Unternehmer, Handwerker oder Bauern. Jeweils drei Prozent waren Arbeiter oder Hausfrauen, hatten sonstige Berufe oder verweigerten die Auskunft. Im wesentlichen kommen Deutschlands Abgeordnete also aus dem öffentlichen Dienst (insgesamt 43 Prozent), während das gesamte Wirtschaftsleben bei nur 36 Prozent der Parlamentarier beruflicher Hintergrund ist und neun Prozent aus Parteiapparaten, Gewerkschaften und sonstigen Verbänden kommen. Offenbar ist – bei durchaus gegebenen Ausnahmen – der Weg zum Abgeordnetenmandat vor allem für solche Personen attraktiv, die sich um ihren Arbeitsplatz keine Sorgen machen müssen und ohne politische Karriere über mittlere Einkommensregionen nicht hinauskämen.
Bevor sie ins Parlament gelangten, waren westdeutsche Abgeordnete vielfach in der Kommunalpolitik tätig: im Durchschnitt gut sechs Jahre in Gemeinde- oder Stadträten, gut drei Jahre in Kreistagen. Solche Erfahrungen halten 80 Prozent der westdeutschen Parlamentarier auch für wichtig. Unter ihnen schreiben sich Erfahrungen aus Aktivitäten im vorpolitischen Raum, etwa in Vereinen und Bürgerinitiativen, knapp 70 Prozent klar zu, 56 Prozent Erfahrungen aus der Arbeit in größeren Organisationen und Verbänden, 82 Prozent aus längerer Tätigkeit in verschiedenen Parteifunktionen, bevor sie ihr parlamentarischen Mandat unmittelbar anstrebten. In Ostdeutschland verlief der Weg in die ersten frei gewählten Parlamente natürlich anders, wenngleich ein großer Teil auch ihrer Mitglieder auf politische Erfahrungen schon aus der DDR zurückblicken kann[13].
Für 54 Prozent der westdeutschen Abgeordneten (ostdeutsche: 32 Prozent) ergab sich ihr parlamentarisches Mandat Schritt um Schritt. Bei 26 Prozent (ostdeutsche: zwölf Prozent) gehörte es nur bedingt zur aktuellen Lebensplanung: sie wollten eine sich zufällig bietende

10 Auf einer fünfstufigen Skala ordneten sich 35 Prozent bei der Ober- und oberen Mittelschicht ein, 19 Prozent bei der Unter- und unteren Mittelschicht, 46 Prozent genau in der Mittelkategorie.

11 Derartigen Angaben liegen so gut wie immer fünfstufige Einschätzungsskalen zugrunde, deren einschlägigen beiden benachbarten Extremwerte (also 1 und 2 oder 4 und 5) zusammengefaßt wurden.

12 Siehe dazu die entsprechenden Angaben in den Abschnitten über die Amtsführung im allgemeinen, die Parlamentsarbeit und die Wahlkreisarbeit.

13 Siehe *Patzelt*, Repräsentanten und Repräsentation in den neuen Bundesländern (Anm. 1), S. 15 – 20.

Chance einfach nicht ungenutzt vorübergehen lassen. 16 Prozent der westdeutschen Abgeordneten brachten sich ausdrücklich selbst als Kandidaten ins Gespräch (ostdeutsche: zehn Prozent), während 77 Prozent der West-Parlamentarier – eigenen Angaben zufolge – ihre innerparteiliche Laufbahn so steuerten, daß aus ihr ein Ruf zur Kandidatur kam[14].

Vor den Wahlen von 1994 übten ostdeutsche Abgeordnete ihr parlamentarisches Mandat im Durchschnitt gut drei Jahre, westdeutsche Abgeordnete gut acht Jahre aus. 28 Prozent der Volksvertreter wollten bei der kommenden Wahl nicht mehr kandidieren. Wer freilich Abgeordneter bleiben will, ist seiner Wiederwahl ziemlich gewiß: rund 73 Prozent gaben dies an, während sich nur sieben Prozent knappe Wiederwahlchancen ausrechneten. Sich für eine neue Kandidatur zu entscheiden und die Renominierung zu sichern, stellt also den wichtigsten Schritt auf dem Weg zur Erneuerung des Mandats dar. Anders gewendet: wer einmal Abgeordneter ist, hat gute Chancen, es auch für mindestens eine weitere Wahlperiode zu bleiben.

Eindeutig ehrgeizig nennen sich 40 Prozent der Abgeordneten; für wichtig halten Ehrgeiz aber 57 Prozent. So zeigt sich ein Spannungsverhältnis zwischen dem, was als angemessen empfunden wird, und dem, wie man selbst ist oder sich zumindest darstellt. Dergleichen tritt noch an weiteren Stellen zutage und weist auf Brüche im Rollen- und Selbstverständnis der Abgeordneten hin[15]. Freude am eigenen politischen und gesellschaftlichen Einfluß haben 66 Prozent, und für gut 88 Prozent war der Wunsch, auf Politik Einfluß zu nehmen, auch ein wichtiges Motiv ihrer ins Parlament führenden Karriere. 45 Prozent empfinden besondere persönliche Eignung als wichtiges Motiv für ihre politische Laufbahn, und 27 Prozent sehen im Amt eines Abgeordneten eine Möglichkeit der Selbstverwirklichung[16]. Gut 84 Prozent der deutschen Abgeordneten schreiben sich klar die Fähigkeit zu, Positionen überzeugend vertreten zu können, und 68 Prozent halten sich für rednerisch begabt[17]. Je 83 Prozent nennen als ihre persönlichen Eigenschaften Entschlußfreude beziehungsweise Konfliktbereitschaft, 77 Prozent auch Durchsetzungsvermögen, und 69 Prozent glauben, mit Konflikten kompromißorientiert umgehen zu können.

14 Die Vergleichszahl von hier 90 Prozent der ostdeutschen Abgeordneten ist wegen der ganz anderen Rekrutierungsbedingungen des Jahres 1990 irreführend.

15 Solche Brüche werden im folgenden jeweils thematisiert und im letzten Abschnitt knapp zusammengestellt.

16 Doch es lehnten die These, einem Abgeordneten gehe es in erster Linie um sich selbst und seine persönlichen Interessen, 57 Prozent ab. Es stimmten dieser These allerdings 19 Prozent zu, die ihre Aussage aber wohl nicht auf sich selbst, sondern auf ihre Kollegen bezogen. Solche Distanzierung von den ‚schlechten anderen' tritt ebenso wie mancher Bruch im Rollen- und Selbstverständnis mehrfach auf und weist auf mangelnde professionelle Identität, auf fehlenden ‚parlamentarischen Corpsgeist' hin. Allerdings stimmen der Behauptung, es fehle unter den Abgeordneten ein parlamentarisches Gemeinschaftsgefühl, nur 21 Prozent der Befragten zu, während sie 42 Prozent in Abrede stellen. Zusätzliche Beispiele solcher Kollegenschelte werden in weiteren Fußnoten angemerkt und bedürfen noch näherer Analyse.

17 Allerdings sind die Abgeordneten auch selbstkritisch: 35 Prozent akzeptieren – vielleicht vorschnell – die These, die Politikersprache sei formelhaft, inhaltsleer und voller Sprechblasen, während nur 18 Prozent das in Abrede stellen. Zur Reflexion von Parlamentariern über ihre Sprache und zu deren Prägefaktoren siehe *Werner J. Patzelt,* Politiker und ihre Sprache, in: *Andreas Dörner/Ludgera Vogt* (Hrsg.), Sprache des Parlaments und Semiotik der Demokratie, Studien zur politischen Kommunikation der Moderne, Berlin/New York 1995, S. 17–54.

Als Abgeordneter für Mitbürger Hilfe realisieren zu können, nennen 77 Prozent ein wichtiges Motiv, und 86 Prozent bekunden – nach ihren persönlichen Eigenschaften gefragt – Einfühlungsvermögen in die Belange der Bürger sowie die Empfindung persönlicher Betroffenheit von deren Problemen[18]. Führung ausüben zu wollen und zu können, derlei in den Dienst von Mitbürgern zu stellen und an solcher Arbeit auch Freude zu haben: auf diese Formel können solche Aussagen gebracht werden. Und nimmt man alle diese Befunde zusammen, so ergibt sich der Schluß: es sind in der Regel Persönlichkeiten mit politischem Gestaltungswillen, mit unter Beweis gestellter politischer Begabung und mit langem Atem, die ins Parlament kommen[19]. Nur sieben Prozent – unter den ostdeutschen Abgeordneten aber gut zehn Prozent – stimmten denn auch der These zu, die Tätigkeit als Abgeordneter ‚liege ihnen doch nicht so richtig', was umgekehrt 87 Prozent in Abrede stellten. Im übrigen sind 64 Prozent der Parlamentarier bereit, an Abgeordnete höhere moralische Maßstäbe anlegen zu lassen als an andere Leute, zumal 88 Prozent einen integeren Lebenswandel für einen Abgeordneten als wichtig ansehen und 90 Prozent ihn sich voll und ganz zuschreiben.

II. Was ist das Amts- und Mandatsverständnis der deutschen Abgeordneten?

Aufgrund des mit ihm verbundenen Zeit- und Arbeitsaufwandes sowie der benötigten Sach- und Fachkenntnisse halten 90 Prozent das Abgeordnetenamt für einen echten Beruf. Doch nur 55 Prozent sind bereit, sich selbst als Berufspolitiker zu bezeichnen, während 30 Prozent dies ablehnen. Es sind nicht die relativ wenigen ‚Feierabendparlamentarier' einiger Bundesländer, welche das Bild prägen. Vielmehr drücken sich hier ganz deutlich die populären Vorbehalte gegen politische Professionalisierung, gegen eine Professionalisierung als *Politiker*, Bedenken dagegen aus, sich zu dem zu bekennen, was man doch letztlich ist und auch sein muß, wenn man seine politischen Pflichten gut erfüllen will. Anders formuliert: mangelnder Berufsstolz als Abgeordneter, als Politiker wird hier sichtbar[20].

Bei der Ausübung des Mandats erachten 98 Prozent uneingeschränkt die Kontrolle der Regierung und 94 Prozent die Gesetzgebungsarbeit als ihre Aufgabe[21]. Parlamentarische Aufgaben prägen also das Amtsverständnis an erster Stelle[22]. 89 Prozent stimmen der Aufgabenbeschreibung zu, sie sollten die Anliegen und Interessen der Bürger im Parlament vertreten, 56 Prozent, sie sollten Anliegen von Bürgern, Gruppen und Kommunen entgegennehmen und sich bei Behörden, Ministerien oder ‚vor Ort' für sie einsetzen. Dies

18 In den Ergebnissen zum Amtsverständnis kehrt dieser Befund wieder.

19 Zwar stimmten 20 Prozent der These zu, man brauche keine großen Fähigkeiten, um Abgeordneter zu werden; 54 Prozent aber lehnten sie ab.

20 Auf ein ähnliches Spannungsverhältnis zwischen erkanntem Soll und bekundetem Sein wurde oben schon im Zusammenhang mit der Rolle des Ehrgeizes hingewiesen.

21 Auch solchen Aussagen liegen fünfstufige Skalen zugrunde, auf denen zu beurteilen war, wie stark man einer die entsprechende Komponente des Amtsverständnisses beschreibenden These zustimme. Mitgeteilt wird stets der Prozentsatz derer, die mit ‚stimme völlig zu' oder ‚stimme überwiegend zu' antworteten.

22 Siehe hierzu im Abschnitt IV/1 die Angaben zu den Grundzügen der Amtsführung.

entspricht dem bekundeten Motiv der Bürgerhilfe und macht eine große Bereitschaft sichtbar, eine Dienstleistungsfunktion zu erfüllen und Responsivität zu praktizieren[23]. Daß 79 Prozent hervorheben, durch ihre persönlichen Kontakte Parlament und Gesellschaft miteinander verknüpfen zu wollen, und 90 Prozent betonen, aus vielfältigen Kontakten solle ein Abgeordneter sich über die Stimmung und Wünsche der Bevölkerung informieren, unterstreicht jene Bereitschaft[24].

65 Prozent halten ferner die Aufgabe für wichtig, sich um die Verwirklichung der politischen Vorstellungen der eigenen Partei zu bemühen, 63 Prozent jene, auf die politische Willensbildung der Bürger Einfluß zu nehmen und um Unterstützung für jene Positionen zu werben, die man selbst für richtig hält. Politische Führung als Aufgabe eines Abgeordneten wird dergestalt zwar ernstgenommen, der Bereitschaft zur Responsivität aber hintangestellt. Vertrauen für sich selbst, die eigene Partei, ‚sein' Parlament und das Staatswesen insgesamt zu erwerben, sehen 93 Prozent als ihre wichtige Aufgabe an[25]. Insgesamt entsprechen diese Aussagen jenen Befunden zum Amtsverständnis deutscher Parlamentarier, die Untersuchungen an bayerischen beziehungsweise ostdeutschen Abgeordneten schon 1989 beziehungsweise 1991/92 zutage förderten[26].

Bei der Erfüllung solcher Aufgaben eines Abgeordneten verstehen sich 86 Prozent der Befragten vor allem als Sachwalter des Gemeinwohls, 67 Prozent als Vertreter der Bürger ihrer Wahlkreise, 58 Prozent ihrer Wähler, 34 Prozent ihrer Parteien und 13 Prozent von nahestehenden Interessengruppen. Die durchaus auftretenden Konflikte zwischen dem Gemeinwohl und den Interessen von Bürgern oder Wählern hindern nicht an solchen Antworten, zumal Gemeinwohl und Sonderinteressen zum Ausgleich zu bringen ohnehin eine zentrale Aufgabe gewählter Repräsentanten ist. Derartige Konflikte zwischen dem Gemeinwohl und Sonderinteressen im Wahlkreis nennen 25 Prozent der Parlamentarier häufig, 41 Prozent hingegen selten. Konflikte zwischen Entscheidungen, die auf eigene Sachkompetenz und wertgeleitete Urteilskraft des Abgeordneten gegründet sind, und Wünschen im Wahlkreis allgemein, also ‚Gewissenskonflikte' nannten 17 Prozent häufig und 45 Prozent (eher) selten[27]. Wenn derartige ‚Gewissenskonflikte', aber so selten sind, dann werden grundsätzliche, ethische Belange anrührende Streitfragen im Alltag von Abgeordneten keine sonderlich große Rolle spielen. So ist es, gemäß den Aussagen der Ab-

23 Das geht auch aus den Reaktionen auf eine abstraktere These hervor: 64 Prozent meinten, als Abgeordneter richtig zu handeln heiße, im Interesse der Bevölkerung zu agieren, und zwar so, daß man auf deren vorgebrachten Interessen und Anliegen sensibel reagiere.

24 Vgl. hierzu in den Abschnitten IV/2c und IV/3c,e die Ergebnisse zu den Informationsquellen der Abgeordneten und zum sich selbst zugeschriebenen Informationsstand.

25 Sie wird nicht sonderlich erfolgreich erfüllt, wie aus den Befunden im Abschnitt VIII hervorgeht.

26 Siehe das in Anm. 1 angegebene Schrifttum.

27 Konkret lautete die Frage: „Wie häufig kommt, Ihrer Erfahrung nach, ein Abgeordneter in die Lage, mit einer auf die persönliche Sachkompetenz oder auf das eigene Gewissen gegründeten Entscheidung sich in einen Widerspruch zu jenen zu begeben, die auf seine Solidarität oder Loyalität bauen?" Im Anschluß hieran wurde gefragt nach der Häufigkeit solcher Konflikte hinsichtlich des Wahlkreises im allgemeinen, im Hinblick auf Interessenverbände (häufig 25 Prozent, [eher] selten 42 Prozent) sowie bezüglich der eigenen Partei (häufig 21 Prozent, [eher] selten 46 Prozent).

geordneten, in der Praxis auch[28]. Dann allerdings wird es der tatsächlichen Bedeutung von Art. 38 GG (‚freies Mandat') nicht gerecht, in der rechtlich gesicherten Entscheidungsfreiheit eines Abgeordneten ein grundsätzliches Spannungsverhältnis zu seinen Loyalitätspflichten angelegt zu sehen[29].

Dies gilt um so mehr, als ohnehin 53 Prozent der Abgeordneten bekunden, ihre politischen Ansichten deckten sich weitgehend mit denen ihrer Wähler, was umgekehrt nur sechs Prozent bestreiten. Kommt es hingegen zu Konflikten zwischen vermutetem Gemeinwohl und partikularen Bürger- beziehungsweise Wahlkreisinteressen, so wollen 60 Prozent der Parlamentarier sie durch eine Orientierung am Gemeinwohl bewältigen, während nur 20 Prozent dann die Partikularinteressen ihrer politischen Basis bevorzugen möchten. Hier wird jenes unaufhebbare Spannungsverhältnis kenntlich, das letztlich jede Repräsentationsbeziehung kennzeichnet und bei dem es gemeinwohlorientierte Führungsleistungen mit auf Partikularinteressen sich einlassender Responsivität zu verschränken gilt[30]. Es dem Gemeinwohl dienlich auszubalancieren, ist nicht die geringste Leistung, die einem Parlamentarier abverlangt wird.

Obwohl sich die Abgeordneten in den Dienst von Bürgern und Wählern stellen wollen, lehnen sie es klar ab, einfach deren Handlanger zu sein. Unmittelbar danach befragt, verwahren sich 47 Prozent dagegen, als ‚Beauftragte' der Bürger mit quasi-imperativem Mandat zu agieren. Vielmehr schreiben sich 85 Prozent eine Rolle als persönlicher Kompetenz und dem eigenen Gewissen verpflichteter ‚Treuhänder' des Volkes zu. Entsprechend sehen sich auch 81 Prozent als Inhaber eines ‚freien Mandats' , hingegen nur sechs Prozent als Inhaber eines ‚imperativen Mandats'. 90 Prozent meinen denn auch, ein Abgeordneter müsse sich über die vorgebrachten Interessen der Bürger dann hinwegsetzen und sich mit ihnen auf einen Konflikt einlassen dürfen, wenn er glaubt, übergeordneter Gesichtspunkte wegen dafür gute Gründe zu haben. Dem Volk im Prinzip zu Willen zu sein, diesen aber kraft eigenen Urteils zu ‚veredeln' und dann gegebenenfalls gegen Widerstreben durchzusetzen: so definieren Deutschlands Abgeordnete ihr Amt. Das überkommene Begriffspaar ‚freies versus imperatives Mandat' ist offenbar viel zu grobschlächtig, um die tatsächlichen Bindungen zwischen dem Volk und seinen Vertretern zu beschreiben[31].

III. Das parlamentarische Regierungssystem im Verständnis der Abgeordneten

Das parlamentarische Regierungssystem, in dem die Regierung aus dem Parlament hervorgeht und mit dessen Mehrheit auf das engste zusammenwirkt, hat in Deutschland noch

28 Vgl. hierzu *Patzelt*, Abgeordnete und Repräsentation (Anm. 1), S. 181–219; *ders.*, Abgeordnete und ihr Beruf (Anm. 1), S. 26–48; und *ders.*, Rollen und Rollenorientierungen deutscher Parlamentarier: Probleme und Ergebnisse der Forschung, in: Österreichisches Jahrbuch für Politik 1996 (im Erscheinen).

29 Dies tut etwa *Hildegard Hamm-Brücher*, Der Politiker und sein Gewissen. Eine Streitschrift für mehr parlamentarische Demokratie, 2. überarb. und erw. Auflage, München 1987.

30 Dieser analytischen Betrachtungsweise liegt die Kerntheorie politischer Repräsentation *Hanna F. Pitkins* zugrunde, dargestellt und erweitert in *Patzelt*, Abgeordnete und Repräsentation (Anm. 1), S. 17–55.

31 Es ist auch nicht besonders gut geeignet, die Bindungen zwischen einem Abgeordneten und seiner Partei beziehungsweise Fraktion zu verdeutlichen; siehe hierzu unten den Abschnitt V.

keine allzu lange Tradition. In Westdeutschland wurde es auf Länderebene seit 1946, auf Bundesebene 1949, in den neuen Bundesländern erst 1990 begründet. Viel tiefer konnten darum die konstitutionellen Monarchien des 19. Jahrhunderts das deutsche parlamentarische Denken prägen. In ihnen stand das Parlament einer von ihm unabhängigen Regierung gegenüber. Die Weimarer Republik verband die Tradition des deutschen Konstitutionalismus mit – zugleich bewußt konterkarierten – verfassungsstrukturellen Neuerungen und blieb wohl eher in ihrer präsidentiellen als in ihrer parlamentarischen Regierungsweise in der kollektiven historischen Erinnerung. Demoskopische Erhebungen des Verfassers zum Wissen und zu den Wünschen der Deutschen im Hinblick auf unser Regierungssystem und seine Funktionsweise zeigen, daß das hiesige politische Alltagsdenken tatsächlich noch tief vom deutschen Konstitutionalismus geprägt ist[32].

Auch für die Abgeordneten gilt dies, wenngleich in geringerem Umfang als für die Bevölkerung. Zwar erkannten 84 Prozent (Bevölkerung: 61 Prozent), daß sie jeweils in einem parlamentarischen Regierungssystem agieren, das durch die Konfrontation von Regierung und Koalitionsfraktionen auf der einen Seite und der parlamentarischen Opposition auf der anderen gekennzeichnet ist. Doch zehn Prozent wollten ein Mischmodell erkennen, bei dem Regierung, Koalitionsfraktionen und Opposition eigenständig agieren, und sechs Prozent (Bevölkerung: 18 Prozent) ein präsidentielles Regierungssystem, in welchem das Parlament als ganzes der Regierung gegenübersteht[33].

Die gehegten Wünsche sind allerdings nicht deckungsgleich mit dem, was als bestehende Wirklichkeit erkannt wird. Zwar befürworten 70 Prozent der Abgeordneten (Bevölkerung: 40 Prozent) das bestehende parlamentarische Regierungssystem mit seinem Dualismus von Regierungslager und Opposition. Doch dessen ‚wirkungsmächtiges Geheimnis' *(Walter Bagehot)* kennt allenfalls die Hälfte der Parlamentarier. Nur 52 Prozent stimmen nämlich der These zu, es sei gut, wenn Abgeordnete Regierungsmitglieder werden und Regierungsmitglieder Abgeordnete bleiben können (Bevölkerung: 16 Prozent); 36 Prozent hingegen befürworteten eine systemunangemessene oder Umgehungsstrategien erfordernde Inkompatibilität zwischen Abgeordnetenmandat und Regierungsamt (Bevölkerung: 57 Prozent). Damit stellen sie unter Beweis, daß sie das bestehende Regierungssystem entweder zwar befürworten, aber nicht begriffen haben, oder es durch ein schlechter funk-

32 Sie wurden, gefördert von der Deutschen Forschungsgemeinschaft, in Zusammenarbeit mit dem Allensbacher Institut für Demoskopie im Frühjahr 1995 durchgeführt. Ihre hier einschlägigen Ergebnisse finden sich in *Werner J. Patzelt,* Ist der Souverän unaufgeklärt? Die Ansichten der Deutschen über Parlament und Abgeordnete. Forschungsbericht, Dresden 1996, S. 27–35.

33 Die entsprechenden Vorgaben waren wie folgt formuliert: a) „Die Regierung wird von einer zum Zweck des Regierens verbündeten Parlamentsmehrheit getragen; dieser Einheit aus Regierung und Parlamentsmehrheit steht die parlamentarische Opposition (eine oder mehrere Fraktionen/Gruppen) gegenüber"; b) „Koalitionsfraktionen, Oppositionsfraktionen/Gruppen und Regierung verhalten sich als jeweils eigenständige Machtfaktoren"; c) „Der Regierung steht das gesamte Parlament als eigenständiger Machtfaktor gegenüber". Die im Text angegebenen Abgeordneten- und Bevölkerungsangaben sind hinsichtlich des Strukturtyps des Regierungssystems nicht vollständig vergleichbar, da den Abgeordneten die drei vorstehend genannten Systemtypen vorgelegt wurden, den demoskopisch Befragten aber nur Beschreibungen des parlamentarischen und des präsidentiellen Regierungssystems. Außerdem konnten die Abgeordneten ihre Präferenzen hinsichtlich des Strukturtyps anhand fünfstufiger Rangskalen ausdrücken, während die demoskopisch Befragten einfach zu wählen hatten.

tionierendes beziehungsweise gar antiquiertes Gefüge zwischen Parlament und Regierung ersetzen wollen. Immerhin 45 Prozent wünschen nämlich ein – praktisch nicht funktionstüchtiges – Mischmodell mit Regierung, Koalitionsfraktionen und Opposition als unabhängigen Akteuren, und gar 53 Prozent (Bevölkerung 33 Prozent)[34] ein – dem deutschen Konstitutionalismus mit demokratischer Legitimierung der Exekutive nachgeformtes – präsidentielles Regierungssystem[35]. Solche Unsicherheit entweder im Wissen oder im begründeten Urteil über das durch die eigene Berufsrolle doch mitgetragene Regierungssystem gehört zu den besorgniserregenden Ergebnissen dieser Studie. Gemeinsam mit den anderen zutage geförderten Brüchen und Unstimmigkeiten im Amts- und Systemverständnis der Abgeordneten beweist es Bildungs- und Orientierungsdefizite unserer Parlamentarier[36].

Besser steht es mit der Einsicht in die Rolle der parlamentarischen Opposition[37]. 99 Prozent der Abgeordneten halten deren Funktion der Regierungskontrolle für wichtig, 84 Prozent deren Aufgabe, an der Regierung öffentlich Kritik zu üben. Daß die Opposition auch eigene Themen in den politischen Willensbildungsprozeß einbringe, sehen 95 Prozent als wichtig an, die Entfaltung eigener – in der Regel zum Scheitern verurteilter – gesetzgeberischer Initiativen immerhin 65 Prozent. Sachalternativen zur Regierungspolitik bereitzustellen, halten 81 Prozent der Abgeordneten für eine bedeutende Oppositionsaufgabe, das Angebot von Personalalternativen allerdings nur 40 Prozent. Daß die Opposition in Wahrnehmung ihrer vielfältigen Kontroll-, Kritik-, Initiativ- und Alternativfunktionen Fehler zu verhindern habe, die der Regierung und ihrer Mehrheit zu unterlaufen drohen, erachten 52 Prozent als wichtig. 49 Prozent erkennen auch als wichtige Oppositionsaufgabe die Integration der Gesellschaft durch Repräsentation der bei der letzten Wahl politisch unterlegenen Bevölkerungsteile. Im übrigen verlangt jeder zweite Abgeordnete eine

34 Zu den hier gegebenen Vergleichsproblemen siehe die letzte Fußnote.

35 Da es sich bei den Angaben der Abgeordneten um nur langfristig sich wandelnde und inzwischen mehrfach mit deckungsgleichen Ergebnissen abgefragte Einstellungen handelt, kann in diesem Themenbereich aus der korrekten Reproduktion bekannter Befunde gefolgert werden, daß auch andere Ergebnisse der Untersuchung stimmen werden. Analoge Befunde aus den späten sechziger Jahren finden sich in *Hans Maier/Heinz Rausch/Emil Hübner/Heinrich Oberreuter,* Parlament und Parlamentsreform. Zum Selbstverständnis des fünften Deutschen Bundestages. 2., korrigierte Aufl. München 1979, S. 25–30, und aus den späten 80er Jahren in *Dietrich Herzog/Hilke Rebenstorf/Camilla Werner/Bernhard Weßels,* Abgeordnete und Bürger. Ergebnisse einer Befragung der Mitglieder des 11. Deutschen Bundestages und der Bevölkerung, Opladen 1990, S. 101–109.

36 Die Ergebnisse der demoskopischen Erhebungen des Verfassers zum Wissen und Denken der Deutschen über Parlament und Parlamentarier legen die folgende Deutung nahe. Die Bestände des populären Alltagswissens sind von ins 19. Jh. zurückreichenden Erfahrungen mit dem inzwischen gewandelten deutschen Parlamentarismus geprägt und darum antiquiert; als Querschnitt zumindest der Mittelschichten teilen die Volksvertreter solche tradierten, doch falschen Vorstellungen zunächst; und die praktische Erfahrung sorgt sodann bei einigen für Korrekturen, so daß die Abgeordneten mit ihren Ansichten zum parlamentarischen Regierungssystem zwar dessen tatsächliche Beschaffenheit noch vielfach verfehlen, in ihrem Verständnis aber schon viel weiter sind als der Durchschnitt des Volkes. Ausführlich wird die These vom konstitutionalistisch geprägten politischen Populärwissen begründet in *Patzelt,* Ist der Souverän unaufgeklärt? (Anm. 32).

37 In diesem Zusammenhang ist zu bedenken, daß 60 Prozent der Abgeordneten regierungstragenden Fraktionen, 40 Prozent Oppositionsfraktionen angehören. Gerade hier prägt die derzeit ausgeübte parlamentarische Funktion viele Antworten rollenspezifisch.

Stärkung der Wirkungsmöglichkeiten der parlamentarischen Opposition. Letzteres wird auch durch das folgende Ergebnis belegt: ganze 13 Prozent halten den tatsächlichen Einfluß der parlamentarischen Opposition auf ihr jeweiliges Parlament für stark (schwach: 49 Prozent); einen starken Einfluß befürworten aber 39 Prozent (schwach: zwölf Prozent). Die parlamentarische Opposition als eine der wichtigsten und besten institutionellen Erfindungen aus der Geschichte des Regierens hat also im normativen wie faktischen Systemverständnis der deutschen Abgeordneten ihren festen Platz gefunden.

Im übrigen befürworten die deutschen Parlamentarier eindeutig ein System repräsentativer Demokratie, wenn auch ein großer Teil der Abgeordneten es durch plebiszitäre Elemente ergänzt sehen möchte. Nur neun Prozent halten repräsentative Demokratie für ein Art ‚notwendiges Übel' und für eine ‚leider unverzichtbare' Abweichung von der Idealnorm, jedermann solle sich persönlich an politischen Entscheidungen beteiligen[38]; 77 Prozent halten diese Ansicht hingegen für falsch. Daß sich hinter dem Repräsentativsystem Mißtrauen gegenüber dem Bürger verberge, da man ihn als unfähig zur eigenen Entscheidung ansehe, glauben acht Prozent, während 84 Prozent diese These ablehnen. Und nur drei Prozent meinen, Repräsentation führe zu einer ‚Entmündigung' des Bürgers, nämlich dazu, ihm sein Recht der politischen Selbstbestimmung zu nehmen; diese These lehnen 92 Prozent der Abgeordneten ab. Obwohl also nur eine sehr kleine Minderheit der Abgeordneten im System repräsentativer Demokratie die politischen Partizipationsmöglichkeiten des Bürgers beschnitten sieht, meinen 46 Prozent beziehungsweise 39 Prozent der Abgeordneten, die bestehende repräsentative Demokratie solle auf Landes- beziehungsweise Bundesebene durch plebiszitäre Elemente ergänzt werden, wogegen sich nur 29 Prozent beziehungsweise 45 Prozent verwahren. Und 27 Prozent halten zur Verbesserung der Arbeit und Wirksamkeit des Parlaments sogar die Einbeziehung außerparlamentarischer Gremien, etwa ‚Runder Tische', für wichtig, was allerdings 41 Prozent ablehnen.

In Verbindung mit den oben vorgestellten Befunden zum eigenen Selbstverständnis zeigen diese Ergebnisse, daß die Argumentationen und Urteile der Abgeordneten über das von ihnen doch faktisch getragene Regierungssystem wohl nicht recht zusammenstimmen. Wenn nämlich Repräsentation nicht bloß ein notwendiges Übel ist, wenn sie nicht auf Mißtrauen beruht und die Bürger durch sie keineswegs entmündigt werden, wenn außerdem die Repräsentanten selbst die Anliegen des Bürgers aufgreifen und – nach pflichtgemäßem Abgleich mit Gemeinwohlvermutungen – umsetzen wollen: Weswegen braucht es dann eigentlich ergänzende plebiszitäre Elemente? Welchen Vorteil gewinnt denn ein Staatswesen, wenn über wichtige Dinge nicht responsive Repräsentanten unter dem Leistungsdruck klar zuzuordnender Verantwortung entscheiden, sondern Bürger, die niemand in politisch folgenreicher Weise für ihre Entscheidungen zur Rechenschaft ziehen kann und die darum an ihre entscheidungsbegründenden Willensbildungsprozesse viel geringere Qualitätsanforderungen stellen können? Welche Folgekosten versickernder Verantwortung sind die Responsivitätsvorteile plebiszitärer Elemente wert? Und wenn die Abgeordneten – wie die Ergebnisse im Abschnitt VIII zeigen – die Bürger für politisch allzu wenig interessiert und unbefriedigend informiert halten: woher nehmen sie dann überhaupt das

38 Präzise lautete die zu beurteilende These: „Repräsentation, Parlamente und Abgeordnete sind eigentlich nur ein ‚notwendiges Übel'. Das Ideale wäre immer noch, wenn sich jedermann persönlich an politischen Entscheidungen beteiligen würde".

Vertrauen, plebiszitäre Entscheidungen könnten bessere Ergebnisse zeitigen als die parlamentarische Arbeit, für deren Qualität sie selbst die Verantwortung tragen?
Vieles deutet darauf hin, daß außerhalb des eigenen Erfahrungshorizonts und fachlichen Zuständigkeitsbereichs die Argumentationen der Parlamentarier sich rasch im Ungewissen und Ungeprüften, im bloß Geglaubten verlieren und die Kenntnisse von Abgeordneten um die funktionslogischen Zusammenhänge des von ihnen selbst getragenen parlamentarischen Systems nur in engen Grenzen besser sind als die der Bürger[39]. Darum neigen auch Parlamentarier, ebenso wie ihre Wähler, zu populären, doch nicht fundierten Thesen, statt vor allem über die Funktionstüchtigkeit der ihnen anvertrauten Institutionen zu wachen und im Streit um deren Reform auch Positionen zu vertreten, die das Volk nicht gerne hört. Nur bedingt verfängt hier der Einwand, in den Ansichten der Abgeordneten müsse die Bevölkerung auch die ihren wiederfinden, weswegen ein gewisser Populismus für Abgeordnete verzeihlich sei. Denn die ihnen eigentümliche Leistung erbringen Parlamentarier nur dann, wenn sie dem Volk zwar aufs Maul schauen, doch nicht nach dem Munde reden – zumal dann nicht, wenn nachzugeben aufs ganze mehr Schaden als Nutzen stiftete.

IV. Wie üben die deutschen Abgeordneten ihr Mandat aus?

1. Die Amtsführung im Überblick

a) Zum Profil der Amtsführung

Die Hälfte der Arbeitszeit deutscher Abgeordneter entfällt – gemäß den Angaben der Befragten – auf die Parlamentsarbeit, ein Drittel auf die Wahlkreisarbeit, der Rest auf die sonstigen Verpflichtungen, die mit der Mandatsausübung einhergehen[40]. Dies entspricht im großen und ganzen auch den Normvorstellungen der Abgeordneten: 35 Prozent meinen, der Arbeitsschwerpunkt solle eher auf der Parlamentsarbeit liegen, zwölf Prozent wünschen ihn auf der Wahlkreisarbeit, und 53 Prozent plädieren für ein ausgewogenes Verhältnis. Doch in der Praxis steht die Wahlkreisarbeit, also vor allem die Vernetzungstätigkeit hin zum Bürger, ein wenig zurück. Einesteils geht dies aus der eingangs beschriebenen Zeitaufteilung hervor; und andernteils sagen 35 Prozent, wegen ihrer Arbeit im Parlament hätten sie zu wenig Zeit für ihren Wahlkreis (unzutreffend: 17 Prozent), während nur elf Prozent beklagen, wegen ihrer Arbeit im Wahlkreis hätten sie zu wenig Zeit für die Arbeit im Parlament (unzutreffend: 58 Prozent). Sicher ist die Parlamentsarbeit der

39 Ausführliche Interviews mit Abgeordneten zu dieser Thematik belegen dies erst recht; siehe etwa die Befunde in *Patzelt*, Abgeordnete und Repräsentation (Anm. 1), S. 221–251.

40 Die Einteilung der Tätigkeiten eines Abgeordneten in die beiden großen Bereiche der Parlaments- sowie der Wahlkreisarbeit halten 44 Prozent der Befragten für sinnvoll, 42 Prozent für möglich, wenn auch nicht präzis das Arbeitsprofil treffend, und 14 Prozent für irreführend. Manche Tätigkeiten lassen sich in der Tat nicht klar der einen oder anderen Arbeitsarena zuordnen. Vor allem gilt dies für die Parteiarbeit eines Abgeordneten, durch welche Parlaments- und Wahlkreisarbeit ja miteinander verschränkt werden. Mit guten Gründen könnte man das Gesamtspektrum der Abgeordnetenarbeit darum auch nach der Trias Parlament – Partei – Wahlkreis gliedern.

Kern und Zweck des Abgeordnetenamtes. Doch in einer Demokratie darf das Parlament nicht den ständigen, engen Kontakt zur Bevölkerung verlieren, der nun aber ganz wesentlich im Rahmen der Wahlkreisarbeit gehalten wird[41].
Nach dem praktischen Stellenwert einer Reihe von Tätigkeiten gefragt, nannten 86 Prozent der Abgeordneten als besonders ins Gewicht fallend die Kontrolle der Regierung durch die Tätigkeit in Arbeitsgruppen, Fraktionen und Ausschüssen; 83 Prozent das Kontakthalten mit der Bevölkerung im Rahmen ihrer Wahlkreisarbeit; 81 Prozent die Aufnahme von Informationen aller Art zur Vorbereitung ihrer politischen Arbeit; ebenfalls 81 Prozent Gespräche zur Koordination und Konsensfindung; 68 Prozent die Mitwirkung an der Gesetzgebungsarbeit; 54 Prozent die Vertretung von Bürgerinteressen; 51 Prozent die Öffentlichkeitsarbeit; 46 Prozent politische Grundsatzarbeit wie die Ausarbeitung von Konzepten und deren parteiinterne Diskussion beziehungsweise Durchsetzung; und 33 Prozent die Vertretung der Anliegen von Interessengruppen. Parlamentarische Gremientätigkeit und Kontakthalten zum Wahlkreis prägen also den Arbeitsalltag von Abgeordneten. Dabei hat das speziell politische Metier der Koordination und Konsensbeschaffung auf der Grundlage möglichst prägnanter Informationen einen viel größeren Stellenwert als die seine Ausrichtung festlegende politische Grundsatzarbeit. Die Sorge, Parlamentarier würden von ihren Alltagsaufgaben so sehr in Anspruch genommen, daß der Blick und die solide Planung über das Tagwerk hinaus vernachlässigt würden, erweist sich also auch in den Aussagen der Abgeordneten selbst als begründet. Dann wird freilich eine wesentliche Leistung, die man von professionellen Politikern verlangen muß, nur unzureichend erfüllt.

b) Schweres und Schönes am Abgeordnetenberuf

Auch die Angaben darüber, was bei der Ausübung des Mandats schwierig oder belastend sei, erhärten den Befund, daß eben der – durchaus nicht frei wählbare – Arbeitsstil von Parlamentariern sie an einer besseren Amtsführung hindert. Unter den Belastungen werden nämlich auch objektive Überforderungen genannt, die zu Einbußen bei der Qualität der geleisteten Sacharbeit führen. Immerhin 61 Prozent sagen, sie hätten zu wenig Zeit, um vertiefend über politische Probleme nachzudenken (unzutreffend: elf Prozent), und jeweils 53 Prozent meinen, sie hätten zu wenig Zeit, sich angemessen zu informieren oder sich den einzelnen Aufgaben sorgfältig zu widmen (unzutreffend: 13 Prozent beziehungsweise 12 Prozent). Die anschließenden Untersuchungen zum Zeitbudget der Parlamentarier zei-

41 So gesehen ist es widersprüchlich, sowohl eine ‚Abgehobenheit' von Abgeordneten zu kritisieren als auch eine Verkleinerung des Bundestages zu verlangen. Bei der Verkleinerung eines Parlaments wird nämlich die Parlamentsarbeit auf weniger Schultern verteilt und werden die faktisch zu betreuenden Wahlkreise vergrößert, was das Verhältnis zwischen Parlaments- und Wahlkreisarbeit zu Lasten der letzteren und des Bürgerkontakts von Abgeordneten verschieben wird. Allerdings muß bei der Diskussion um adäquate Parlamentsgrößen auch in Rechnung gestellt werden, daß die Wahlkreisarbeit in den Altbundesländern, zumal auf Landesebene, mitunter hypertroph geworden ist, und daß ein Parlament oberhalb einer – nur im Einzelfall zu bestimmenden – Mitgliederzahl aufgrund seiner schieren Größe nicht mehr recht funktionieren kann. Keine sinnvollen Argumente zur angemessenen Größe von Parlamenten sind hingegen aus Kostenüberlegungen zu gewinnen, denn unter den gesamten Staatsausgaben fallen die ‚Kosten der Demokratie' ohnehin nicht sonderlich ins Gewicht.

gen, daß nicht eine insgesamt quantitativ zu geringe Arbeitsleistung in solche Schwierigkeiten führt. Vielmehr tut dies ein Arbeitsprofil, das den Abgeordneten von der Arbeitsweise der politischen Institutionen und von den funktionslogischen Zusammenhängen unseres Systems auferlegt wird.

Unter dessen Rahmenbedingungen ergeben sich weitere Beschwernisse, die für den Abgeordnetenberuf kennzeichnend sind. 82 Prozent der Befragten nennen die schlechte Vereinbarkeit von Politik und Privat- beziehungsweise Familienleben belastend[42]; 74 Prozent die zeitlichen, 59 Prozent die physischen, 55 Prozent die psychischen Beanspruchungen des Abgeordnetenberufs[43]; 37 Prozent die Repräsentationsverpflichtungen, vor allem die im Wahlkreis[44]. Während die letzteren, gerade zu Beginn der Mandatsausübung, auch als Quelle von Stolz und Zufriedenheit wirken können, machen die erstgenannten Sachverhalte das Amt eines Abgeordneten durchaus nicht allzu begehrenswert. Verbunden mit den hohen Hürden auf dem Weg zum Mandat und mit Verdienstaussichten eines normalen Parlamentariers, die denen in anderen, ebenso fordernden Berufen durchaus nachstehen, schränkt dies den Kreis von solchen nach Elitepositionen strebenden Personen ein, die sich für den Politikerberuf interessieren könnten. Und daß 76 Prozent der Befragten auch die öffentliche Einschätzung von Abgeordneten für belastend halten, behebt die angedeuteten Rekrutierungsprobleme für eine politische Laufbahn erst recht nicht.

Weitere Belastungen von Abgeordneten sind unvermeidbar und ergeben sich in jedem Fall aus den Eigentümlichkeiten ihres Amtes. 32 Prozent meinen, die Erwartungen anderer auf den Erfolg eigener Bemühungen seien belastend[45], und 29 Prozent sagen dies von der Notwendigkeit, immer wieder Mehrheiten zusammenbringen zu müssen. Das letztere sind die persönlichen Folgekosten des demokratischen Mehrheitsprinzips, das erstere die Konsequenzen eines letztlich doch gegebenen Vertrauens auf die Einsatzbereitschaft und Fähigkeit von Parlamentariern. An beidem ist füglich nichts zu ändern.

Trotz aller Beschwernisse des Abgeordnetenamtes finden sich regelmäßig mehr Bewerber um Kandidaturen und parlamentarische Mandate, als zum Zuge kommen können. Es ist in Deutschland also zweifellos für sehr viele reizvoll, Parlamentarier zu sein. Nicht nur hängt dies damit zusammen, daß gar nicht so wenige ihre Selbsterfüllung nun einmal in der Politik finden und wissen, gerade dort ihr Bestes geben zu können. Sondern ebenso geht der keineswegs versiegende Nachwuchs an Bewerbern um politische Ämter darauf zurück, daß gar nicht so wenige ihren ansonsten viel schwierigeren sozialen Aufstieg über ein Parlamentsmandat anstreben.

Vor allem aber hat das Amt des Abgeordneten auch vielerlei schöne Seiten, die es begehrenswert machen. So sehen es die deutschen Parlamentarier auch selbst. 91 Prozent empfinden an ihrer Tätigkeit besonders schön die Selbständigkeit in deren Ausgestaltung; je

42 In mit Parlamentsarbeit verbrachten Wochen stehen für das Privat- und Familienleben rund 8 Stunden zur Verfügung, in mit Wahlkreisarbeit verbrachten Wochen rund 10 Stunden. 97 Prozent der Abgeordneten stimmen denn auch der Aussage zu, ein Parlamentarier habe zu wenig Zeit für das Privat- oder Familienleben.

43 53 Prozent sagen ferner, die heute erwartete Ausübung des Mandats gefährde die Gesundheit; in Abrede stellen dies nur 21 Prozent.

44 52 Prozent sagen, die ‚Repräsentationspflichten' seien zu zahlreich, was nur 24 Prozent bestreiten.

45 70 Prozent meinen, die Erwartungen an die Einflußmöglichkeiten eines Abgeordneten seien zu groß; nicht dieser Ansicht sind ganze sieben Prozent.

88 Prozent deren Vielfalt und die von ihr eröffneten Kontakt- und Informationsmöglichkeiten; 87 Prozent die Gelegenheit, Bürgern helfen zu können, 42 Prozent auch die mit solchem Wähler- und Wahlkreisservice verbundenen Tätigkeiten. 77 Prozent heben als besonders begehrenswerten Aspekt ihres Berufs die persönlichen Einflußmöglichkeiten hervor, welche sie dank des Mandats besitzen, 68 Prozent die Gelegenheit, durch Interessenausgleich und Kompromißbildung immer wieder Menschen und Gruppen zusammenbringen zu können, und 34 Prozent die Gelegenheit zur dauernden Teilnahme am politischen Meinungsstreit. 54 Prozent schließlich nennen besonders schön ihre – zumindest im Wahlkreis gegebene – öffentliche Resonanz.
Den erheblichen Anforderungen und Einbußen an Lebensqualität des Abgeordnetenberufs stehen somit sehr schöne Seiten dieser Tätigkeit gegenüber, deretwegen man sich um die künftige Attraktivität politischer Laufbahnen zumindest quantitativ keine Sorgen machen muß. Sicher werden aber nicht alle, die einst ein Mandat anstrebten, in diesem Amt auch wirklich glücklich und finden in dessen spezifischer Balance von schönen und unangenehmen Dingen persönliche Selbstverwirklichung. Und selbst wem dies gelingt, vergleicht sein Einkommen mit dem, was in anderen, ebenso befriedigenden und herausfordernden Berufen zu verdienen ist. Und dann empfinden zwar immerhin 36 Prozent den vom Mandat ermöglichten Lebensstandard als schön; doch 60 Prozent halten im Vergleich zur erbrachten Arbeitsleistung ihre Bezahlung für zu gering. Weil die erzielbare Einkommenshöhe nun aber durchaus eine Grenze ist, die – in diesem Fall nach oben hin – mögliche Bewerber um ein Abgeordnetenmandat ausgrenzt, muß man diese Grenze immer wieder neu und so ziehen, daß sie nicht gerade jene auch wirtschaftlich erfolgreichen Personen von der Politik wegweist, derer die Parlamente letztlich doch auch bedürften. Vielleicht wäre darum der Dauerdiskussion um die Diäten der Abgeordneten am besten gedient, wenn man die Aufmerksamkeit weniger auf den Vergleich von deren Höhe mit dem Durchschnittseinkommen der Bevölkerung lenkte, sondern vielmehr darauf, ob in die Parlamente wirklich so qualifizierte und achtenswerte Persönlichkeiten gelangen, daß man ihnen hohe Gehälter auch gerne gönnt.

2. Die Parlamentsarbeit

a) Parlamentarische Funktionen

Ein nicht geringer Teil der Abgeordneten hat parlamentarische Funktionen inne und ist, wenn auch ‚nur' auf unterer und mittlerer Ebene, in die politische Führungsverantwortung eingebunden. 15 Prozent der Parlamentarier sind Ausschußvorsitzende, 33 Prozent Vorsitzende von Arbeitsgruppen oder Arbeitskreisen ihrer Fraktion, 53 Prozent Sprecher ihrer Fraktion für einen bestimmten Politikbereich. 28 Prozent gehören Fraktionsvorständen, sechs Prozent Parlamentspräsidien an. Die Position eines ‚Hinterbänklers', eines ganz einflußlos zum ‚Fußvolk' gehörenden Abgeordneten, ist also nicht typisch für die parlamentarische Arbeit. In kleinen Fraktionen ist sie ohnehin selten; und in großen Fraktionen handelt es sich bei solchen Abgeordneten nicht selten um ‚Wahlkreiskönige' mit entsprechendem innerparteilichen Gewicht.

Bestimmt man anhand von Angaben über die ausgeübten parlamentarischen Funktionen und die innegehabten Parteiämter grob den ‚Rang' eines Abgeordneten, so stellt sich heraus, daß – unter Ausschluß der knapp drei Prozent Regierungsmitglieder – jeweils gut 27 Prozent der Abgeordneten einen ‚hohen' beziehungsweise ‚mittleren' politischen Rang innehaben, während 45 Prozent einen einfachen Rang bekleiden. Keineswegs trifft also die Vorstellung zu, einer kleinen Gruppe von mehr oder minder autoritären Fraktionsführern stünde eine fügsame Masse von kujonierten Hinterbänklern gegenüber. Im Gegenteil stellen zumal große Parlamentsfraktionen nicht nur arbeitsteilig fein ausdifferenzierte, sondern auch hierarchisch vielschichtig gegliederte Gebilde dar. In ihnen sorgen periodische fraktionsinterne Wahlen dafür, daß nur der seine Position behält oder gar verbessert, wer im Konsens mit dem breiten Mittelbau der Fraktion agiert und die Fühlung mit der Fraktionsbasis nicht verliert. Die Entstehung und Nutzung von Fraktionssolidarität ist vor genau diesem Hintergrund zu verstehen[46].

b) Was ist bei der Parlamentsarbeit wichtig?

Unter den parlamentarischen Tätigkeiten halten 95 Prozent der Abgeordneten die Ausschußsitzungen für wichtig[47], 92 Prozent die Fraktionssitzungen, 91 Prozent die Sitzungen von Arbeitsgruppen beziehungsweise Arbeitskreisen der Fraktionen und 50 Prozent die Plenarsitzungen. Diese Rangordnung in den Angaben der Befragten dürfte in etwa dem wirklichen relativen Gewicht jener parlamentarischen Handlungsarenen entsprechen. Informelle Kontakte mit Kollegen der eigenen Partei halten 70 Prozent der Abgeordneten für wichtig, mit Kollegen von anderen Koalitionsfraktionen 43 Prozent, mit Oppositionskollegen aber nur 25 Prozent. Das spiegelt das vom parlamentarischen Regierungssystem erzeugte Auseinandertreten von Regierungs- und Oppositionslager wider. Informelle Kontakte mit Ministerialbeamten, wichtig vor allem bei der Gesetzgebungs- und Kontrolltätigkeit sowie für regierungstragende Fraktionen, werden von 56 Prozent für ebenso wichtig gehalten wie informelle Kontakte mit Vertretern von Verbänden und Interessengruppen[48]. 57 Prozent der Abgeordneten halten ferner Kontakte mit Journalisten für wichtig, was nicht erstaunt, da sie von deren Vermittlungsleistung doch abhängig sind[49].

c) Kommunikations- und Kontaktstränge bei der Parlamentsarbeit

Noch deutlicher wird das Bild der zentralen Kommunikationsstränge eines Parlamentariers bei den Antworten auf die Frage nach jenen Personengruppen, Organisationen und Institutionen, welche bei der Parlamentsarbeit eines Abgeordneten wichtig sind. An der

46 Siehe hierzu Abschnitt V/2.

47 Ein Abgeordneter gehört im Durchschnitt zwei Ausschüssen an und ist in einem weiteren stellvertretendes Mitglied. Bei solchen Angaben sind allerdings die starken Unterschiede zwischen ‚großen' und ‚kleinen' Fraktionen zu bedenken.

48 Siehe hierzu, neben den speziellen Angaben zu den wichtigsten Rollenpartnern und Informationsquellen bei der Parlaments- beziehungsweise Wahlkreisarbeit, den Abschnitt VI.

49 Vgl. den Abschnitt VII.

Spitze steht die eigene Fraktion: 97 Prozent der Abgeordneten halten sie für wichtig. Bei der engen Einbindung eines Parlamentariers in die fraktionsinterne Willensbildung ist dies ebenso wenig verwunderlich wie die auch nach außen gekehrte Fraktionssolidarität. Beides entspringt einesteils dem Bewußtsein, nicht als Einzelner, sondern nur als Mannschaft im Parlament das Wünschenswerte ausrichten zu können. Anderenteils versieht ein Großteil der Abgeordneten fraktionsinterne Funktionen, so daß Parlamentsarbeit auch ganz unmittelbar Fraktionsarbeit ist.

Da die meisten Abgeordneten auch Parteiführer sind[50], kommt der große Stellenwert der eigenen Partei für die Parlamentsarbeit nicht überraschend: 80 Prozent halten ihre Parteiorganisation auf regionaler oder kommunaler Ebene für wichtig, also ihre persönliche politische Basis, 66 Prozent Parteiorganisation auf Bundes- oder Landesebene, und 70 Prozent jene Arbeitsgemeinschaften oder Arbeitskreise der eigenen Partei, in denen die parlamentarisch zu behandelnden Probleme innerparteilich vorberaten werden. Unter anderem im Umfeld solcher innerparteilichen Fachpolitik werden sich auch jene Experten für die jeweils zu bearbeitenden Probleme finden, die 71 Prozent der Abgeordneten als wichtige Rollenpartner[51] erachten.

Dem engen Zusammenwirken von Parlament und Regierung im parlamentarischen Regierungssystem entsprechend, sehen 70 Prozent der Abgeordneten die Ministerien und 62 Prozent die Regierung insgesamt als wichtig für ihre Parlamentsarbeit an. 69 Prozent nennen Interessengruppen, die sich darum auch hier als wichtiger parlamentarischer Akteur erweisen. Ebenso sind Journalisten als Vermittler der vertretenen Positionen und der persönlichen politischen Rolle wichtig; 45 Prozent der Abgeordneten sagten das von Journalisten der Printmedien, 33 Prozent von Hörfunkjournalisten und 28 Prozent von Fernsehjournalisten. Die wissenschaftliche Dienste und Dokumentationsdienste des Parlaments, also die in Eigenregie der Volksvertretung verwalteten Quellen von Sachkunde und Kompetenz, sind für 52 Prozent der Abgeordneten bei der Parlamentsarbeit wichtig und rangieren klar hinter Ministerien und Interessenverbänden.

Ein ähnliches Bild zeichnen die Antworten auf die Frage, was denn die wichtigsten Informationsquellen sind, wenn sich ein Abgeordneter auf seinen speziellen politischen Arbeitsgebieten über die anstehenden Probleme und deren Lösungsmöglichkeiten informieren will. An der Spitze solcher Informationsquellen stehen, von 81 Prozent der Abgeordneten genannt, Experten für die jeweils zu bearbeitenden Probleme. Auch die eigene Fraktion ist, wohl aufgrund ihrer internen Arbeitsteilung, eine – von 77 Prozent der Parlamentarier genannte – wichtige Informationsquelle.

Die eigene Parteiorganisation fällt demgegenüber sowohl auf der Bundes- oder Landesebene als auch auf der regionalen beziehungsweise kommunalen Ebene klar ab; nur 50 Prozent beziehungsweise 43 Prozent nannten sie eine wichtige Informationsquelle für die Parlamentsarbeit. Denn in der Partei werden Informationen politisch gewertet und in Zielsetzungen beziehungsweise Prioritäten transformiert, nicht aber gesammelt und an die

50 Siehe den Abschnitt V/1.

51 Der Begriff des ‚Rollenpartners' bezeichnet Akteure, mit denen die Abgeordneten aufgrund ihrer politischen Rolle umgehen, zu denen also professionelle Beziehungen bestehen, deren Struktur und Intensität von der Person des jeweiligen Rolleninhabers auch weitgehend unabhängig sein mag.

Abgeordneten herangetragen. Diese Funktion kommt vielmehr, von 67 Prozent der Abgeordneten als wichtig genannt, den Verbänden und Interessengruppen zu sowie der Regierung, ihren Ministerien und den diesen nachgeordneten Ämtern, Behörden und Verwaltungen; sie wurden von 67 Prozent, 69 Prozent beziehungsweise 55 Prozent wichtige Informationsquellen genannt. Gerade hier wird der überaus große Stellenwert von Verbänden für die Abgeordneten kenntlich: sie machen Sachverstand verfügbar, mit dem man die von der Regierung gebotenen Informationen überprüfen kann.

Die große Bedeutung auch der kommunalen Ebene, wohl vor allem für den Landesparlamentarismus, kommt darin zum Ausdruck, daß 62 Prozent der Abgeordneten ebenfalls Kommunen und deren Vertreter eine wichtige Informationsquelle nennen. Ebenso müssen sich die Abgeordneten auf ihre Mitarbeiter stützen können (62 Prozent), die ihrerseits wohl nicht selten jene Fachzeitschriften und wissenschaftlichen Veröffentlichungen auswerten, die 67 Prozent beziehungsweise 61 Prozent der Abgeordneten eine wichtige Informationsquelle nannten. Außerdem spielen erneut die wissenschaftlichen Dienste und Dokumentationsdienste des Parlaments eine gewisse Rolle (56 Prozent), während die von 55 Prozent der Abgeordneten als wichtige Informationsquelle genannten Tageszeitungen ebenso wie andere Medien eher der allgemeinen politischen Information dienen werden.

Einen weiteren Blick auf jene kommunikativen Netzwerkstrukturen, in denen deutsche Parlamentarier ihre Arbeit verrichten, erlauben die Antworten auf die Frage, von wem denn die wichtigsten Impulse kämen, wenn es darum geht, politische Probleme anzupacken oder bestimmte Möglichkeiten ihrer Lösung in Betracht zu ziehen. Hier steht einmal mehr der Bereich der eigenen Fraktion und Partei an der Spitze: 82 Prozent nennen die eigene Fraktion eine wichtige Impulsquelle, 59 Prozent die Arbeitskreise und Arbeitsgemeinschaften der eigenen Partei, in welchen die fachpolitischen Positionen vorberaten werden, und 56 Prozent die Parteiorganisation auf Landes- oder Bundesebene, in denen Einzelpolitiken zur möglichst attraktiven Gesamtlinie der Partei gebündelt werden. Wegen dieser überragenden Stellung der eigenen Fraktion und Partei, welch letztere auch wichtigster Adressat von demoskopisch gemessenen Urteilen und machtverteilenden Wahlentscheidungen der Bürger ist, kommt der Verschränkung innerparteilicher und innerfraktioneller Willensbildung mittels der Parteiführungsfunktionen von Abgeordneten[52] so große Bedeutung zu. Gelingt diese Verschränkung nicht, so blockieren einander Partei und Fraktion, verliert die Wählerschaft den Einfluß auf die innerfraktionelle Willensbildung und das zwischen Fraktion und Partei zerstrittene politische Lager an öffentlichem Ansehen sowie an Gestaltungskraft.

Daß Experten, von 65 Prozent für wichtig gehalten, unter den bedeutenden Impulsquellen ebenso weit vorne rangieren wie die eigene Partei, belegt ebenso wie die große Rolle von Kommunen und ihren Vertretern (55 Prozent), wie wesentlich der parlamentarische Willensbildungs- und Entscheidungsprozeß von ganz praktischen Problemen ausgeht. Die besondere Funktion von Verbänden und Interessengruppen geht vor allem aus dem Vergleich ihrer Rangplätze als Rollenpartner, als Informations- beziehungsweise als Impulsquelle hervor. Denn während Verbände von 69 Prozent beziehungsweise 67 Prozent der Abgeordneten als wichtige Rollenpartner und als Informationsquelle bei der Parlamentsarbeit genannt werden, sehen sie nur 46 Prozent der Parlamentarier als wichtigen politischen

52 Siehe dazu den Abschnitt V/1.

Impulsgeber an. Was an den Anliegen von Interessengruppen Schubkraft hat, wird offenbar von den ihnen nahestehenden Parteien aufgegriffen; und ansonsten statten sie den einzelnen Abgeordneten mit Sachkunde und zweckdienlichen Argumentationen aus und sind ihm solange willkommen, wie sie nicht eine größere Rolle beanspruchen[53].

d) Das Zeitbudget der Parlamentsarbeit

Das Zeitprofil der Parlamentsarbeit ist ohne unmittelbare Zeitmessungen zwar nur schwer zu ermitteln. Doch zumindest der Größenordnung nach erbringen auch die Durchschnittsangaben von Abgeordneten valide Ergebnisse[54]. Es wurden darum die einzelnen Tätigkeiten eines Abgeordneten in mit Parlamentsarbeit verbrachten Wochen sehr differenziert anhand von 42 Kategorien erfaßt. Die Durchschnittsangaben[55] der Abgeordneten wurden zunächst einfach summiert, wobei sich die – zumal für Landtagsabgeordnete – unrealistisch große Anzahl von rund 78 Arbeitsstunden pro Woche bei gut sieben Stunden Privatleben und Freizeit ergibt. Unter Ausschluß von acht Stunden wöchentlicher Fahr- und Wegezeiten, der Tätigkeit in einem beibehaltenen Beruf[56] und einander typischerweise überschneidenden Tätigkeiten läßt sich sodann eine durchschnittliche wöchentliche Arbeitsbelastung in Parlamentswochen von rund 65 Stunden ermitteln[57].
Unter ihnen, welche die für normale Arbeitnehmer vorgesehene Wochenarbeitszeit weit überschreiten, entfallen auf Sitzungen von Arbeitskreisen und Arbeitsgruppen sowie auf Fraktionssitzungen je rund vier Wochenstunden, auf Ausschußsitzungen rund fünf Stunden, auf Plenarsitzungen – deren Zeit oft für andere, parallele Tätigkeiten genutzt wird – an die sechs Stunden. Sonstige Sitzungen nehmen durchschnittlich drei Wochenstunden in Anspruch, Vorbesprechungen von Sitzungen etwa zwei Wochenstunden. An die neun Stunden entfallen auf Besprechungen mit Ministerien, Behörden, Verbänden und Interessengruppen oder Mitarbeitern. Auf sonstige informelle Kontakte mit Kollegen werden rund zwei Wochenstunden verwendet, auf Kontakte mit Journalisten eine gute Stunde, auf Auftritte als Referent oder Diskussionsteilnehmer oder in ähnlicher Rolle knapp drei Stunden, auf wahlkreisbezogene Tätigkeiten vier Stunden. Die Schreibtischarbeit – Post, Telefonate, Lektüre, Ausarbeitung von Referaten und sonstige persönliche Vorbereitungsarbeit – schlägt mit rund 13 Stunden zu Buche. Hinzu kommen rund drei Stunden für die Parteiarbeit und für sonstige politische oder gesellschaftliche Funktionen. Typisch für die Parlamentsarbeit sind also Sitzungs- und Kommunikationsaktivitäten, in beträchtlichem

53 Siehe dazu den Abschnitt VI.
54 Der Vergleich von Zeitbudgetprofilen, die mit identischen Fragen in verschiedenen Studien erhoben wurden, erlaubt ein positives Urteil auch über die Reliabilität von Durchschnittsangaben der Befragten. Siehe die entsprechenden Tabellen in *Patzelt*, Abgeordnete und ihr Beruf (Anm. 1), S. 56 und S. 76, sowie in *ders.*, Repräsentanten und Repräsentation in den neuen Bundesländern (Anm. 1), S. 42.
55 Als Durchschnittswert wurde bei den Zeitbudgetuntersuchungen stets der Medianwert benutzt, da er besser den geringeren, ‚realistischen' Durchschnitt angibt als das auf Extrembelastungen einzelner Parlamentarier allzu intensiv ansprechende arithmetische Mittel.
56 Arithmetisches Mittel: 6,6 Stunden; Median: 0 Stunden.
57 Bei Summierung der überschätzenden arithmetischen Mittelwerte, statt der Medianwerte, kommt man auf 82 Stunden.

Umfang auch Lektüre und Korrespondenz. Daß mancher Bürger Schwierigkeiten hat, dergleichen als echte Arbeit anzusehen, ändert nichts daran, daß auf Kompromißfindung und Mehrheitskonstruktion gegründete Politik sich auf eben diese Weise vollzieht und durchaus nicht jedermann dafür das Geschick besitzt.

e) Parlamentsreform und Infrastruktur

Um die Arbeit und Wirksamkeit des jeweiligen Parlaments zu verbessern, halten 74 Prozent der deutschen Abgeordneten es für wichtig, die Plenardebatten von Einzelfragen zu entlasten, um mehr Zeit für die Erörterung grundsätzlicher Dinge zu haben. 55 Prozent wünschen mehr kurzfristig angesetzte Plenardebatten über aktuelle Fragen, 51 Prozent auch die Öffentlichkeit der Ausschußberatungen. Eine umfangreichere Medienberichterstattung halten 71 Prozent für wichtig, 40 Prozent auch eine Entlastung des Abgeordneten bei der Wahlkreisarbeit, so daß ihm mehr Zeit für seine parlamentarischen Aufgaben bliebe. Ihretwegen ist es nach Ansicht von 48 Prozent der Befragten nötig, die Fraktionen infrastrukturell besser auszustatten, während 57 Prozent eine bessere infrastrukturelle Ausstattung des einzelnen Abgeordneten als wichtig erachten[58]. Grundsätzlich muß in Mitarbeiter für die Abgeordneten investieren, wer die deutschen Parlamente leistungsfähiger und schlagkräftiger machen will: es klagen insgesamt 56 Prozent der deutschen Abgeordneten über zu wenige Mitarbeiter (unzutreffend: 32 Prozent), doch nur 25 Prozent über eine unzureichende Infrastruktur, etwa Büroräume und Büroausstattung (unzutreffend: 60 Prozent).

3. Die Wahlkreisarbeit

Während bei der Parlamentsarbeit eines Abgeordneten die Kontrolle der Regierung und die Gesetzgebungsarbeit im Vordergrund stehen, geht es bei der Wahlkreisarbeit vor allem um die Gewährleistung von Bodenhaftung und um die Sicherung von Renominierung und Wiederwahl. Zu beiderlei Zweck muß ein Abgeordneter den Kontakt zu seiner politischen Basis pflegen, also vor allem die Beziehungen zu den Grundgliederungen seiner Partei. Er muß mit den Bürgern seines Wahlkreises oder politisch betreuten Gebietes unmittelbar oder über die Organisationen des vorpolitischen Raums im Kontakt bleiben. Er muß Tuchfühlung halten mit den administrativen, wirtschaftlichen und gesellschaftlichen Eliten sowie mit den Journalisten seines Wahlkreises, um sowohl selbst gut informiert

58 Allerdings ist bei dieser Thematik der klare Unterschied zwischen der Ausstattung von Bundes- und Landesparlamentariern zu berücksichtigen. Undifferenziert betrachtet, halten 36 Prozent die ihnen durchschnittlich zur Verfügung stehende Halbtagssekretärin für quantitativ unzureichend (ausreichend: 51 Prozent), und je 26 Prozent halten die Anzahl ihrer sonstigen maximal zwei Halbtagsmitarbeiter sowie die ihnen am Parlamentssitz verfügbare Bürofläche von gut 18 qm für unzureichend (ausreichend: 54 Prozent beziehungsweise 58 Prozent). Mit der PC-Ausstattung – durchschnittlich einer – sind hingegen 17 Prozent, mit den ihnen zur Parlamentsarbeit verfügbaren Finanzmitteln ganze elf Prozent unzufrieden (zufrieden: 75 Prozent beziehungsweise 72 Prozent).

zu sein als auch die jeweils nötigen Verbindungen zielsicher herstellen zu können. Er muß eng mit den Kommunen und ihren Vertretern zusammenzuwirken, um bei der Weiterentwicklung des Wahlkreises und dessen Infrastruktur hilfreich zu sein. Und die meisten dieser Tätigkeiten muß er in geeigneter Weise öffentlich machen, da er nicht allein nach seinen tatsächlichen, sondern vor allem nach seinen öffentlich bekannten Leistungen beurteilt wird.

a) Gesellschaftliche Funktionen der Abgeordneten

Viele für eine erfolgreiche Wahlkreisarbeit nötigen Bezüge ergeben sich aus den nichtparlamentarischen und außerparteilichen Funktionen der Abgeordneten. Viele davon entstehen während der ins Parlament führenden politischen Laufbahn als deren Begleiterscheinung oder Voraussetzung; andere werden aufgrund des erreichten Mandats angetragen, bisweilen auch bewußt übernommen, um den persönlichen Rückhalt im Wahlkreis oder auf den bearbeiteten politischen Sachgebieten zu stärken.
Insgesamt belegen die Ergebnisse eine enge gesellschaftliche Verankerung der Abgeordneten im kommunalen und vorpolitischen Raum. Fünf Prozent der Parlamentarier sind sogar selbst noch Bürgermeister, und 29 Prozent der deutschen Abgeordneten üben zugleich kommunalpolitische Mandate in Gemeinde- und Stadträten aus, 22 Prozent in Kreisräten. In Vorständen von Verbänden, Vereinen oder Bürgerinitiativen sind auf Kreisebene 39 Prozent der Abgeordneten, auf Landesebene 22 Prozent, auf Bundesebene zwölf Prozent. Funktionen in Beiräten, Kuratorien und Kommissionen haben 41 Prozent der Abgeordneten, in Stiftungen, Förderkreisen oder Ähnlichem 27 Prozent, in Fachausschüssen und sonstigen Gremien des vorpolitischen Raums 24 Prozent, im Bildungs- und Kulturbereich 19 Prozent, im karitativen Bereich 15 Prozent, im Medienbereich sieben Prozent. Vorstandsmitglied mindestens eines Unternehmens sind sieben Prozent. In Aufsichtsräten sitzen rund 25 Prozent der Abgeordneten, von denen die meisten ein einziges Aufsichtsratsmandat wahrnehmen. Betrachtet man solche Vernetzungen der Abgeordneten, so kann von einer Fixierung auf ihre parlamentarische Tätigkeit und von einem so verursachten ‚Abheben' aus konkreten gesellschaftlichen Bezügen nicht die Rede sein[59].

59 Außerdem verfügen die Parlamentarier aufgrund ihrer häufigen Mitgliedschaft in einer Vielzahl von Verbänden und Vereinen über weitere, im Einzelfall durchaus wichtige und prägende gesellschaftliche Verankerungen. Sie haben sich oft im Lauf der Karriere ergeben und sind teils für die Wahlkreisarbeit vorteilhaft, teils für die fachpolitische Arbeit wünschenswert, teils Ausweis eines symbolischen Aktes und nicht selten auch Ausdruck tiefergehender Loyalität. Im einzelnen gehören 46 Prozent der deutschen Abgeordneten Vereinigungen im Sozialbereich an (etwa Wohlfahrts- oder Frauenverbänden), 39 Prozent Vereinigungen im Bereich von Kultur und Wissenschaft, 20 Prozent Umweltverbänden, 34 Prozent Vereinigungen im Freizeitbereich und 19 Prozent kirchlichen Verbänden; 44 Prozent einer Gewerkschaft, 14 Prozent mittelständischen Verbänden, sechs Prozent einem Arbeitgeberverband, zehn Prozent einem Verband der freien Berufe und 14 Prozent einem sonstigen Berufsverband.

b) Das Zeitbudget der Wahlkreisarbeit

Im Zeitbudget der Wahlkreisarbeit spiegelt sich durchaus die Zwecksetzung der Wahlkreisarbeit und die Einbindung der Abgeordneten in nicht-parlamentarische Funktionen. Allerdings verbergen sich hinter den Durchschnittswerten gerade hier große individuelle Abweichungen, zumal solche zwischen den Abgeordneten großer und kleiner Parteien und solche zwischen Landes- und Bundesparlamentariern. Im übrigen ist auch die durchschnittliche Zeitbelastung eines Abgeordneten in mit Wahlkreisarbeit verbrachten Wochen nicht einfach zu schätzen. Denn einesteils gehen Parlaments- und Wahlkreisarbeit für die Landesparlamentarier Berlins und der Hansestädte ineinander ebenso über wie für Abgeordnete, die in der jeweiligen Hauptstadt wohnen. Und andernteils verschmelzen gerade in der Praxis der Wahlkreisarbeit vielerlei eigentlich nur analytisch unterscheidbare Einzeltätigkeiten.
Entsprechend der Untersuchung zur Parlamentsarbeit, wurden die für einzelne Wahlkreistätigkeiten verwendeten Zeitbudgets anhand von 35 Kategorien erfaßt. Summiert man die Durchschnittswerte[60] der von den Abgeordneten vorgelegten Schätzungen, so ergibt sich – bei Ausschluß von zehn Stunden für Privatleben und Freizeit sowie der für eine mögliche Berufstätigkeit aufgewandten Zeit[61] – eine Zahl von rund 54 Stunden[62].
Auf reine Fahr- und Wegzeiten, wie sie für die Wahlkreisarbeit typisch sind, entfallen dabei knapp acht Stunden. Je zwei Stunden werden im Durchschnitt verwendet auf Besuche von Gemeinden oder Betrieben, auf Besprechungen mit Vertretern von Interessengruppen, Behörden oder kommunalen Mandatsträgern. Die Parteiarbeit nimmt etwa fünf Stunden, die Tätigkeit in sonstigen gesellschaftlichen und politischen Funktionen oder in Verbänden gut vier Wochenstunden in Anspruch. Öffentliche Auftritte auf politischen Versammlungen, auf Seminaren oder sonstwo als Referent beziehungsweise Diskussionsredner verlangen rund vier Stunden, gesellschaftliche Veranstaltungen wie Einweihungen, Jubiläen und Feste zwei Stunden. Kontakte mit Journalisten und spezielle Bürgersprechstunden schlagen mit durchschnittlich je einer guten Stunde zu Buche. Viel Zeit nimmt wiederum die Schreibtischarbeit in Anspruch: die Erledigung von Post, Telefonate, Lektüre und persönliche Vorbereitung verlangen ungefähr 16 Wochenstunden. Auch die Wahlkreisarbeit von Abgeordneten ist im wesentlichen Vernetzungs- und Kommunikationstätigkeit, zu einem nennenswerten Anteil auch Schreibtischarbeit.

c) Kommunikations- und Kontaktstränge bei der Wahlkreisarbeit

Im Prinzip stets für die Bürger zugänglich zu sein, halten 84 Prozent der Abgeordneten für wichtig; dieses Ziel – zumal in Wahlkreiswochen – auch zu erreichen, schreiben sich 82 Prozent der Befragten zu. 61 Prozent geben an, die Bürger im Wahlkreis allgemein träten von sich aus intensiv an sie heran. Neben Kontakten am Rande von Veranstaltungen

60 Wie bei der Bestimmung des Zeitvolumens der Parlamentsarbeit wurde hierfür der Median benutzt.
61 Arithmetisches Mittel: 10,7 Stunden; Median: 0 Stunden.
62 Bei Summierung der überschätzenden arithmetischen Mittelwerte kommt man auf 68 Stunden.

im Wahlkreis, zumal von ‚Repräsentationsveranstaltungen', neben Telefonaten oder Bürgersprechstunden ist dabei an die über zehn wöchentlichen Briefe von Bürgern zu denken, welche die Abgeordneten im Durchschnitt erreichen. Für 64 Prozent der Parlamentarier sind solche Bürgerbriefe ein wichtiges Stimmungsbarometer, für 61 Prozent eine wichtige Informationsquelle.

47 Prozent der Abgeordneten berichten davon, Vereine träten von sich aus intensiv an sie heran, 42 Prozent das gleiche von Bürgerinitiativen, 39 Prozent von Verbänden allgemein, 34 Prozent von Unternehmen und Betrieben im Wahlkreis und je 30 Prozent von Ämtern und Behörden beziehungsweise von Journalisten. Natürlich entsteht bei so intensiven Kontakten nicht nur wechselseitige Kenntnis, sondern auch ein positives Verhältnis, auf das sich weitere Aktivitäten gründen lassen. 36 Prozent der Abgeordneten halten denn auch die Vereine und Interessengruppen im Wahlkreis für gut über ihre persönliche politische Arbeit informiert (schlecht: 14 Prozent), und 39 Prozent empfinden sie von Vereinen und Interessengruppen im Wahlkreis auch gut bewertet (schlecht: neun Prozent).

Am intensivsten ist der Kontakt innerhalb der eigenen Partei: nach Auskunft von 71 Prozent beziehungsweise 74 Prozent der Abgeordneten treten einfache Parteimitglieder sowie Funktionsträger der eigenen Partei von sich aus intensiv an sie heran. Auch die Antworten auf die Frage nach den wichtigsten Partnern bei der Wahlkreisarbeit zeigen, daß – analog zum Stellenwert der Fraktion für die parlamentarische Arbeit – die eigene Partei im Wahlkreis die wichtigste Bezugsgruppe darstellt. 82 Prozent der Abgeordneten nannten die eigene Parteiorganisation auf regionaler oder kommunaler Ebene diesbezüglich wichtig, immerhin noch 58 Prozent die eigene Parteiorganisation auf Bundes- oder Landesebene.

Sehr wichtig sind, genannt von 72 Prozent der Abgeordneten, bei der Wahlkreisarbeit natürlich auch die Kommunen und deren Vertreter, da sich zumal die Landtagsabgeordneten – als regionale Parteiführer aber ebenfalls die Bundesparlamentarier – auch um deren Probleme und Anliegen anzunehmen haben. 69 Prozent der Abgeordneten nannten ferner die Akteure des vorpolitischen Raumes, also Vereine und Interessengruppen, wichtige Rollenpartner bei der Wahlkreisarbeit. In der Tat sind sie mit ihnen über gesellschaftliche Funktionen und durch deren eigenes Zugehen auf die Parlamentarier eng vernetzt.

61 Prozent der Abgeordneten verweisen außerdem auf einzelne Bürger und Petenten als wichtige Rollenpartner im Wahlkreis. Und nicht zuletzt ihretwegen werden auch Ämter, Behörden und Verwaltungen wichtige Rollenpartner bei der Wahlkreisarbeit von 63 Prozent der Abgeordneten sein. Denn dort interveniert ein Parlamentarier im Interesse von Bürgern und Kommunen und ist, will er dabei Erfolg haben, auf gute und darum laufend zu pflegende Beziehungen mit den entsprechenden Entscheidungsträgern angewiesen. Verständlicherweise sind auch Journalisten wichtige Kontaktpersonen bei der Wahlkreisarbeit: 34 Prozent nannten Pressejournalisten, 23 Prozent Hörfunkjournalisten, 14 Prozent Fernsehjournalisten. Die besonders große Bedeutung von Pressejournalisten ergibt sich natürlich daraus, daß die Lokalpresse das wichtigste Medium der Öffentlichkeitsarbeit im Wahlkreis ist.

Weitgehend dasselbe Bild von den Vernetzungsstrukturen eines Abgeordneten im Wahlkreis zeigen die Antworten auf die Frage, welche Quellen wie wichtig wären, um sich über die Lage im eigenen Wahlkreis zu informieren. 82 Prozent der Abgeordneten nannten die Lokal- oder Regionalzeitungen besonders wichtig, deren sorgfältige Auswertung darum zu den unabdingbaren Aufgaben eines Abgeordneten gehört. 79 Prozent nannten als wichtige Informationsquellen Kommunen und deren Vertreter, 70 Prozent die eigene Parteiorganisation auf kommunaler und regionaler Ebene. Experten für die zu bearbeitenden Probleme nannten 56 Prozent der Abgeordneten eine wichtige Informationsquelle, Mitarbeiter 54 Prozent; sodann folgen Verbände, Interessengruppen und Vereine insgesamt (53 Prozent), Ämter, Behörden und Verwaltungen (51 Prozent), einzelne Bürger und Petenten (48 Prozent) sowie Kollegen (46 Prozent). Erneut erweisen sich auch Briefe von Bürgergruppen beziehungsweise Einzelpersonen als nicht zu vernachlässigende Informationsquelle: wichtig wurden sie von 45 Prozent beziehungsweise 42 Prozent der Abgeordneten genannt.

Die zentralen Elemente des Netzwerks zwischen den Parlamentariern und der Gesellschaft in ihren Wahlkreisen sind somit die eigene Partei auf ihren unteren Organisationsebenen, Kommunen samt ihren Behörden sowie der vorpolitische Raum, ergänzt um die lokalen Medien und ihre Vertreter. Der Kontakt zum einzelnen Bürger wird ebenfalls gesucht. Erreichen läßt sich der Bürger aber im wesentlichen nur über die Berichterstattung in der Lokalpresse und am Rande gesellschaftlicher Veranstaltungen, und nur wenige wenden sich von sich aus an einen Abgeordneten[63].

d) Kommunikationsinhalte

Worum aber geht es, wenn Bürger und Abgeordnete kommunizieren? Thema zwischen dem Volk und seinen Vertretern sind dann in erster Linie ganz konkrete Anliegen und keineswegs die Gegenstände der ‚großen Politik'. Denn 76 Prozent der Abgeordneten berichteten, ein häufiger Kommunikationsinhalt der Briefe von und Gespräche mit Bürgern seien persönliche Anliegen und Sorgen. 73 Prozent sagten dies von Fragen, Meinungen und Wünschen zu Problemen des Wahlkreises, und 74 Prozent berichteten, häufig brächten Verbände ihre Anliegen vor. Hingegen schon viel weniger Abgeordnete, nämlich 51 Prozent, nannten allgemeine Fragen zur Landes- oder Bundespolitik einen häufigen Kommunikationsinhalt, und 33 Prozent den Wunsch von Bürgern nach Informationen über Gesetzgebung und Parlamentsarbeit[64].

Betrachtet man detailliert, was von einzelnen Bürgern an die Abgeordneten herangetragen wird, so zeigt sich die ganze Palette aktueller Probleme. 61 Prozent der Parlamentarier nannten nämlich Arbeitsplatzprobleme ein häufig vorgebrachtes Thema, 57 Prozent Arbeitslosigkeit und ihre Begleitprobleme. An 60 Prozent werden oft Schwierigkeiten der Bürger mit Behörden herangetragen, an 46 Prozent Anliegen im kommunalen Bereich (zum Beispiel im Hinblick auf Sozialeinrichtungen) an 43 Prozent Wohn- und Mietprobleme, an 37 Prozent Probleme mit der Sozialhilfe und sonstige Sozialprobleme,

63 Vgl. die entsprechenden Befunde aus der demoskopischen Erhebung von 1995 in: *Patzelt,* Ist der Souverän unaufgeklärt? (Anm. 32), S. 2–7.

64 Ferner sagten 25 Prozent, beim Austausch mit den Bürgern würde oft Zustimmung und Sympathie für persönliche politische Arbeit vorgetragen. 17 Prozent meinten dasselbe von Kritik an der eigenen Partei, 15 Prozent von einer Bekundung von Zustimmung und Sympathie für Partei des Abgeordneten, und vier Prozent von Kritik an der persönlichen politischen Arbeit.

an 31 Prozent Rentenfragen. Weitere relativ häufige Kommunikationsinhalte sind kommunale und regionale Planungsfragen, Wirtschaftsprobleme, Ausbildungs- und Schulfragen sowie – als häufig von 26 Prozent der Abgeordneten genannt – Bausachen und Baugenehmigungen. Rein persönliche Probleme der Bürger sind ein häufig vorgebrachtes Thema bei 34 Prozent der Abgeordneten, Informationswünsche zu politischen Fragen bei 44 Prozent.

In ähnlicher Weise spiegeln sich zentrale gesellschaftliche Probleme in den Anliegen, die von Gemeinden, Betrieben, Verbänden und so weiter an die Abgeordneten herangetragen werden[65]. An erster Stelle finden sich kommunalpolitische Belange, die von 59 Prozent der Abgeordneten als häufig vorkommend genannt werden. Kaum stehen dem allerdings die folgenden Belange nach: Fördermittel und Zuschüsse (54 Prozent), Arbeitsmarktprobleme (52 Prozent), Verkehrsplanung (51 Prozent) und Wirtschaftsförderung allgemein (48 Prozent). Es folgen Probleme mit Wohnungsmarkt, Wohnungsbau und Mieten (43 Prozent), bei der Stadtentwicklung sowie im Zusammenhang sonstiger Infrastrukturfragen (37 Prozent), etwa im Hinblick auf Schulen (37 Prozent) und Kinderhorte beziehungsweise Kindergärten (33 Prozent). Aus der Konfrontation mit derartigen Problemen, die auf Reaktionen der Abgeordneten setzt, profitieren durchaus auch diese für ihre parlamentarische Arbeit: 72 Prozent waren der Ansicht, in den Sorgen von Bürgern und in den Wahlkreisanliegen, die an einen Abgeordneten herangetragen werden, könne er gut sehen, wie sich die Gesetze in der Praxis auswirkten; und eben solcher Rückkoppelungsfunktion wegen sei der Wähler- und Wahlkreisservice auch für die Parlamentsarbeit nützlich.

Betrachtet man sowohl jene überaus konkreten und praktisch wichtigen Kommunikationsinhalte als auch die vielfältigen Verankerungen und Kontakte der Abgeordneten in den Wahlkreisen, so läßt sich keineswegs mehr die Vorstellung aufrechterhalten, ein Parlamentarier lebe abgehoben vom ‚wirklichen' Leben der Gesellschaft, nehme erst kurz vor den Wahlen wieder den Kontakt mit den Bürgern auf und müsse mühsam dazu gezwungen werden, deren wirkliche Probleme zur Kenntnis zu nehmen. Ganz im Gegenteil dürfte es kaum einen Berufsstand geben, der ausgedehnter und intensiver in so viele Gesellschaftsbereiche vernetzt ist und der über ähnlich tiefe Einblicke in so unterschiedliche Problembereiche verfügt.

e) Informationsstand und Zufriedenheit der Abgeordneten

Tatsächlich glauben auch 76 Prozent der Abgeordneten, die politischen Ansichten und Wünsche der wichtigsten Personengruppen, Organisationen und Institutionen gut zu kennen, mit denen sie bei ihrer Wahlkreisarbeit zu tun haben, und nur ganze zwei Prozent halten sich darüber für weniger gut informiert. Immerhin noch 66 Prozent meinen, auch die politischen Ansichten und Wünsche der Bevölkerung im Wahlkreis allgemein gut zu kennen, was nur drei Prozent in Abrede stellen. Entsprechend halten 59 Prozent der Befragten die These für falsch, die Abgeordneten würden die Ansichten und Wünsche

65 Gerade hier stehen hinter den angegebenen Werten im Einzelfall erhebliche Unterschiede zwischen den Aussagen von Landtags- und Bundestagsabgeordneten.

der Bevölkerung nicht kennen (Zustimmung: 14 Prozent), und 50 Prozent widersprechen der Behauptung, die Abgeordneten seien abgehoben und wüßten nicht mehr, wie der Alltag der Bürger aussieht (Zustimmung: 21 Prozent)[66].

Alles in allem wohl zu Recht sind 61 Prozent der Abgeordneten mit jenen Beziehungen zufrieden, die sie insgesamt zu den Bürgern ihrer Wahlkreise haben; unzufrieden nannten sich nur acht Prozent. Nicht einmal die Parteizugehörigkeit des Abgeordneten, sein im von starken Parteien getragenen Staat letztlich wichtigstes Erkennungsmerkmal, behindert wohl allzu stark den Grund solcher Zufriedenheit: nur elf Prozent der Parlamentarier meinten, viele Bürger ihrer Wahlkreise träten nicht an sie heran, weil sie sich durch ihre Parteizugehörigkeit gestört fühlten, während 52 Prozent dieser These widersprachen.

f) Infrastruktur

Im großen und ganzen geben sich die Abgeordneten mit der Infrastruktur ihrer Wahlkreisarbeit zufrieden. Nicht zuletzt um sie zu finanzieren, erhalten sie ihre Aufwandspauschale beziehungsweise – in einigen Bundesländern – ein entsprechend erhöhtes Gehalt[67]. Nur 16 Prozent der Abgeordneten unterhalten trotzdem kein eigenes Wahlkreisbüro; 69 Prozent haben aber eines, der Rest sogar zwei. Im Durchschnitt stehen einem Abgeordneten für seine Wahlkreisarbeit rund 20 qm an Bürofläche zur Verfügung, was 56 Prozent als ausreichend, 25 Prozent hingegen als unzureichend ansehen. 48 Prozent halten ferner die halbe Mitarbeiterstelle, die ihnen für die Wahlkreisarbeit im Durchschnitt zur Verfügung steht, für ausreichend (nicht ausreichend: 40 Prozent), 46 Prozent auch die halbe Sekretariatskraft, über die sie durchschnittlich im Wahlkreis verfügen (nicht ausreichend: 34 Prozent). Mit dem einen in der Regel verfügbaren, zur Sekretariatsarbeit einsetzbaren PC sind außerdem 62 Prozent der Abgeordneten zufrieden (nicht zufrieden: 21 Prozent). Und 34 Prozent halten die für die Wahlkreisarbeit verfügbaren Finanzmittel für ausreichend, während freilich 42 Prozent sie unzureichend nennen.

V. Der Abgeordnete und seine Partei

Das Verhältnis zwischen den Abgeordneten und ihren Parteien ist ein Dauerthema populärer und parlamentarismustheoretischer Diskussion. In Deutschland wird sie oft anhand einer Gegenüberstellung von Art. 38 GG und Art. 21 GG geführt, deren einer das ‚freie

66 In den durchaus nennenswerten Anteilen der kritischen Stimmen zeigt sich wohl die immer wieder zu beobachtende Neigung einer Minderheit der Abgeordneten, ihre Kollegen im Sinn populärer Vorwürfe zu kritisieren. Wenig spricht nämlich dafür, die Betreffenden hätten ausgerechnet sich selbst so charakterisieren wollen.

67 In diesem Zusammenhang ist zu erwähnen, daß die Abgeordneten – laut ihren Angaben – im Monat durchschnittlich rund 250 bis 300 DM aus vielerlei Anlässen für Spenden ausgeben. Umgekehrt nennen drei Prozent Spenden bis zu 500 DM an sich selbst häufig, 79 Prozent aber selten. Spenden über 500 bis 1000 DM sind laut den Angaben von einem Prozent der Abgeordneten häufig, nach Aussage von 92 Prozent selten. Und für Spenden oberhalb von 1000 DM gilt: zwei Prozent nennen sie häufig, 93 Prozent selten.

Mandat' des Abgeordneten, der andere die Rolle von Parteien verfassungsrechtlich absichert. Im Kern ist diese Diskussion dem Umstand geschuldet, daß die bis heute tragenden liberaldemokratischen Vorstellungen von der Rolle des Abgeordneten ausformuliert wurden, bevor in ihrer Willensbildungsfunktion leistungsstarke Parteien auf die politische Bühne getreten waren. Dann liegt es nahe, die durch die Existenz von Parteien veränderte Rolle des Abgeordneten als Abweichung von einem angeblich einst verwirklichten Ideal und als dessen ständige Bedrohung aufzufassen. In Wirklichkeit wird die Rolle des Abgeordneten nur komplexer, weil sich zwischen Parlament und Gesellschaft zusätzliche Vermittlungsstrukturen ausdifferenziert haben, aus denen heraus und durch die hindurch Abgeordnete politisch wirken. Wie im Fall der noch mangelhaften Akzeptanz des parlamentarischen Regierungssystems ist hier ganz einfach das politische Denken, und zwar auch jenes von politischen Eliten, hinter der erreichten Modernität der politischen Strukturen zurückgeblieben[68]. Darum sind Spannungen zwischen Theorie und Praxis zu diagnostizieren, und zwar deshalb, weil die Theorie hinterherhinkt.

1. Parlamentarier sind Parteiführer

Die Praxis hat sich der Funktionslogik parteienstaatlicher Demokratie angepaßt: die meisten deutschen Abgeordneten haben in ihren Parteien mehr oder minder wichtige Funktionen inne. Nicht einmal zehn Prozent geben an, keinerlei Parteifunktionen auszuüben[69]. Doch 16 Prozent sind Ortsgruppenvorsitzende, 20 Prozent Mitglieder in Ortsvorständen; 22 Prozent sind Kreis- beziehungsweise Unterbezirksvorsitzende, 38 Prozent Mitglieder in Kreis- beziehungsweise Unterbezirksvorständen; vier Prozent sind Bezirksvorsitzende, 22 Prozent in Bezirksvorständen; vier Prozent sind (stellvertretende) Landesvorsitzende, 20 Prozent ansonsten in Landesvorständen. Alles in allem haben 75 Prozent der westdeutschen und 68 Prozent der ostdeutschen Parlamentarier Vorsitzenden- und Vorstandsfunktionen auf den unterschiedlichen Organisationshöhen ihrer Parteien inne[70]. Die wichtigste innerparteiliche Verankerungsebene eines Abgeordneten ist dabei die Kreis- beziehungsweise Unterbezirksebene, auf welcher die Parteien auch ihre eigentliche organisatorische Basis haben.

Die deutschen Parlamentarier sind also zumindest lokale und regionale, in ihren höheren Rängen auch landesweite und nationale Parteiführer. In ihrer Person verschränkt sich die innerparteiliche mit der innerparlamentarischen Willensbildung. Dabei handelt es sich wirklich um eine Verschränkung zweier nicht wechselseitig aufeinander zurückzuführender Willensbildungsprozesse, und keineswegs wird im Parlament – gemäß der immer schon übertriebenen Parteienstaatslehre von *Gerhard Leibholz* – einfach der in Parteigremien gebildete Wille nachvollzogen. Dies geht etwa aus dem folgenden Ergebnis hervor: Obschon

68 Vgl. hierzu die Befunde in: *Patzelt*, Ist der Souverän unaufgeklärt? (Anm. 32), S. 30–35.

69 Diese Abgeordneten distanzieren sich dadurch allerdings nicht von ihren Parteien. Im Gegenteil fühlen sie sich in ihnen so heimisch und einflußreich, daß sie auf die Ausübung formaler Funktionen glauben verzichten zu können. In manchen Parteien verlangen hingegen eingeführte Regelungen funktionswidrig eine Trennung von Parteiamt und parlamentarischem Mandat, ohne allerdings dadurch die Bindung der Abgeordneten an ihre Partei zu lösen oder lösen zu wollen.

70 Dieser signifikante Unterschied zwischen West- und Ostdeutschland geht vor allem auf den geringeren Organisationsgrad des ostdeutschen Parteiensystems zurück.

sie doch Parteiführer und von ihrer ganzen Karriere her Parteipolitiker sind, meinen nur 26 Prozent der Parlamentarier, ein Abgeordneter repräsentiere nicht das Volk, sondern seine Partei, während 32 Prozent diese These klar ablehnen. Parteipolitische und parlamentarische Verantwortlichkeit wird von den Abgeordneten also zwar gemeinsam wahrgenommen, doch weder hierarchisiert noch streng getrennt.
Allerdings bekennen sich die Abgeordneten zu ihrer Rolle als Parteiführer noch weniger gerne als zu ihrem Berufspolitikertum. Denn nur 52 Prozent stimmten der Aussage zu, ein Abgeordneter solle in seiner Partei durch die Übernahme von Führungsfunktionen auf einer seinem Wahlkreis entsprechenden Organisationsebene verankert sein; 22 Prozent hingegen widersprachen, obwohl sie sich doch nicht gemäß diesem Widerspruch verhalten. Ganz offenkundig wirken hier, wie unbewußt auch immer, Vorstellungen eines parteienfernen Honoratiorenparlamentarismus nach, in denen die Praxis einer Massendemokratie mit vermittlungsstarken Parteien schlechten Gewissens nur als Abweichung vom ‚eigentlichen Ideal' zu empfinden ist[71]. Ähnliches zeigt sich auch im folgenden Befund: 88 Prozent der – überwiegend als Parteiführer fungierenden – Abgeordneten halten den Einfluß von Parteien auf ihr Parlament für stark; doch nur 77 Prozent wünschen auch einen so starken Einfluß. Immerhin befürworten auch dann noch drei Viertel die Rolle von Parteien als Transmissionsriemen des Bürgerwillens, was allem Anschein nach ein größerer Anteil ist als in der Bevölkerung selbst. Doch eben die Differenz von elf Prozentpunkten erschließt den Grundton einer Unsicherheit der Abgeordneten über ihre korrekte Rolle in einer parteienstaatlichen Demokratie.

2. Partei- und Fraktionssolidarität

In Deutschland geht es sowohl an der Funktionalität als auch an der Praxis des Abgeordnetenamtes vorbei, Abgeordneten und Partei einander entgegensetzen zu wollen. Im Grunde sehen das die Parlamentarier auch selbst so. 77 Prozent stimmen nämlich der Aussage zu, die Partei sei die ‚politische Heimat' eines Abgeordneten, weswegen er sich ihr gegenüber solidarisch und loyal verhalten solle. Entsprechend meinen 49 Prozent, bei wichtigen Entscheidungen solle ein Abgeordneter selbst dann mit seiner Partei stimmen, wenn ihn dies im Wahlkreis politische Unterstützung kosten sollte (dagegen: 17 Prozent). Solche Loyalität fällt um so leichter, als nur 15 Prozent der Meinung sind, die Partei enge die persönliche Entscheidungsfreiheit des Abgeordneten ein (dagegen: 47 Prozent). Tatsächlich berichten auch nur 21 Prozent der Befragten davon, es käme häufiger zu Konflikten zwischen ihnen beziehungsweise ihren persönlichen Entscheidungen und der eigenen Partei; 46 Prozent nannten solche Konflikte hingegen (eher) selten. Für einen Ab-

71 Auch hier zeigt sich, daß die Abgeordneten antiquiertes politisches Populärwissen teilen, sich aber immerhin ein großes Stück weit von ihm emanzipiert haben. Denn während nur 22 Prozent der Abgeordneten eine Inkompatibilität zwischen Parteiamt und Parlamentsmandat wünschen, sind dies in der Bevölkerung 50 Prozent! Siehe *Patzelt*, Ist der Souverän unaufgeklärt? (Anm. 32), S. 31.

geordneten ist es also kein Widerspruch, zugleich ein freies Mandat auszuüben und sich als – zumindest regionaler – Führer seiner Partei solidarisch und loyal zu ihr zu verhalten[72]. Im übrigen ist eine solche Haltung alles andere als erstaunlich oder unvernünftig: ein Abgeordneter vertritt genau darum seine Partei im Parlament, weil er sich mit ihren zentralen Anliegen, die regionale Parteibasis aber mit ihm identifiziert.

Die Folge dessen, nämlich geschlossenes Auftreten einer Fraktion im Parlament, zumindest im Plenum, halten die Abgeordneten denn auch für akzeptabel. Freilich erachten sie nicht jeden Begriff zur Beschreibung der solcher Geschlossenheit zugrunde liegenden Mechanismen als gleichermaßen sinnvoll. Der Begriff ‚Fraktionssolidarität' wird von 81 Prozent der Abgeordneten für geeignet gehalten; ‚Fraktionsloyalität' von 77 Prozent, ‚Fraktionsdisziplin' von nur noch 41 Prozent, und ‚Fraktionszwang' von ganzen sechs Prozent (dagegen: 78 Prozent). Das vom so unglücklichen, da irreführende Assoziationen erweckenden Begriff ‚Fraktionszwang' Gemeinte[73] halten allerdings 29 Prozent der Abgeordneten für mehr oder minder nötig, wenn ein Parlament funktionieren soll; 40 Prozent lehnen indessen ‚Fraktionszwang' als Verhinderung von ‚richtigem Parlamentarismus' ab[74]. Einesteils mag dafür der schlechte Beigeschmack jener im übrigen inadäquaten Bezeichnung ursächlich sein. Doch andernteils wirkt sich hier wohl aus, daß die Abgeordneten die Funktionslogik des parlamentarischen Regierungssystems, die Fraktionssolidarität – gemeinsam mit Fraktionsdisziplin der angemessene Begriff – verlangt und hervorbringt, eher in Rechnung stellen als aufrichtig befürworten. Ein nicht unbeträchtlicher Teil hängt, wie die oben vorgelegten Ergebnisse zeigten, nämlich immer noch jenem Parlamentsverständnis an, das einem konstitutionellen oder präsidentiellen Regierungssystem angemessen sein mag, welches ohne sonderliche Fraktionssolidarität auskommt. Dann freilich verstärkt der Begriff Fraktionszwang nur die Vorbehalte gegen eine ohnehin ungeliebte Verhaltensweise.

Daß es ‚Fraktionszwang' gibt, ist in Deutschland offenbar eine kommunikativ ebenso stabil konstruierte ‚soziale Tatsache', wie dies vormals die Scheibengestalt der Erde war. Beispielsweise meinen 39 Prozent der Deutschen, im Bundestag entstehe einheitliches

72 Wenn die Abgeordneten den Bürgern ihre politische Leistungen als Abgeordnete darstellen, betonen denn auch 73 Prozent die Leistungen ihrer Partei, nur 52 Prozent aber ihre persönlichen Leistungen und 51 Prozent die Leistungen ihres Parlaments. Die deutschen Abgeordneten sind also nicht nur Parteipolitiker, sondern fühlen sich auch so und stellen sich so dar.

73 Bei den hier einschlägigen Fragen war das Problem zu bewältigen, daß der Begriff ‚Fraktionszwang' zwar systematisch falsch, doch in der – auch von Abgeordneten benutzten – politischen Alltagssprache anscheinend unausrottbar ist. Die Problemlösung wurde dahingehend versucht, daß zunächst die Begriffe „Fraktionsloyalität", „Fraktionssolidarität" und „Fraktionsdisziplin" gemeinsam mit dem Begriff „Fraktionszwang" hinsichtlich ihrer Adäquanz vergleichend zu beurteilen waren; die Ergebnisse finden sich im Text. Dergestalt wurde eine kritische Verständnismöglichkeit der Folgefragen sichergestellt, die mit dem Begriff des „Fraktionszwangs" operierten. Dieser wurde dabei für die Befragten wie folgt definiert: „Verstehen Sie im folgenden bitte Fraktionszwang im Sinn der Alltagssprache beziehungsweise populärer (Vor-)Urteile: ein Abgeordneter wird zum Vertreten einer Position angehalten, die er ohne solchen ‚Zwang' nicht einnähme".

74 Die entsprechenden Pole einer fünfstufigen Einschätzungsskala waren wie folgt bezeichnet: „Fraktionszwang ist für das Funktionieren eines Parlaments notwendig", beziehungsweise „Fraktionszwang macht richtigen Parlamentarismus unmöglich".

Abstimmungsverhalten deswegen, weil die Fraktionsführungen ‚den Fraktionszwang verhängten'[75]. Auch unter den Abgeordneten meinen 53 Prozent, in den anderen Fraktionen gäbe es ‚Fraktionszwang', was nur 14 Prozent in Abrede stellen. Doch in der eigenen Fraktion erkennen nur 25 Prozent ‚Fraktionszwang', während 54 Prozent bestreiten, er finde sich im eigenen Lager. Ein solcher Befund wird vor allem anhand der Annahme plausibel, die Abgeordneten unterstellten – wie die Bevölkerung – zunächst einmal die Existenz von ‚Fraktionszwang', lokalisierten ihn dann aber vor allem außerhalb des eigenen Erfahrungsbereichs, weil sie ihn in diesem nicht wiederfinden.
Allerdings erachten 31 Prozent die These für zutreffend, die meisten Abgeordneten hätten in ihren Fraktionen nicht viel zu sagen; nur 30 Prozent lehnen sie klar ab. Und 33 Prozent stimmen der Behauptung zu, die Gewissensfreiheit des Abgeordneten stehe nur auf dem Papier, da in der Praxis allemal der Fraktionszwang vorgehe[76]. Zwar widersprechen immerhin 43 Prozent Abgeordnete dieser These; doch das sind viel weniger als die 81 Prozent, die sich als Inhaber eines freien Mandats verstehen. Zwar werden auch hier die Befragten, so wie bei den Angaben zur Existenz von ‚Fraktionszwang', sich wohl vor allem auf die jeweils anderen Fraktionen bezogen haben. Doch offenbar erlebt ein Viertel bis Drittel der Abgeordneten die Fraktionssolidarität und Fraktionsdisziplin tatsächlich nicht nur als ‚zwanglosen Zwang des wohlverstandenen Eigeninteresses' und als solche Begrenzung der eigenen Handlungsfreiheit, die jede Mannschaftssportart einem Mitspieler auferlegt. Sondern nicht wenige Abgeordnete empfinden solche, von der Funktionslogik des parlamentarischen Regierungssystems gesetzten Rahmenbedingungen eigenen Handelns als eine tatsächlich unangenehme Fessel. Deren Charakter scheint dann der – ansonsten abgelehnte – Begriff ‚Fraktionszwang' recht gut zu treffen. Wird er mit solcher Intention gezielt verwendet, verfestigt er freilich Mal um Mal die dann auch antizipativ befolgbare Vorstellung, als auferlegter Zwang nähme seinen Anfang, was letztlich nur im Nachhinein so etikettiert wird. Der wirklichkeitskonstruktive Kreislauf der Fixierung selbst irrealer ‚sozialer Tatsachen' ist dann geschlossen.
Im übrigen sind sich die Abgeordneten in der Sache viel einiger als in deren vom populären Sprachgebrauch verzeichneter Beschreibung. Denn trotz des – hinsichtlich anderer Fraktionen – so umfangreich unterstellten ‚Fraktionszwangs' halten nur 26 Prozent eine Auflockerung der Fraktionssolidarität beziehungsweise Fraktionsdisziplin für wichtig, um die Arbeit und Wirksamkeit des Parlaments zu verbessern, während 46 Prozent dies für wenig wichtig halten und dergestalt systemkonform antworten. Das Problem ‚Fraktionszwang' ist also viel weniger dramatisch, als es für manchen den Anschein hat und in der öffentlichen Diskussion immer wieder unterstellt wird.

3. Rationale Nutzenkalküle

Unverzichtbar ist für einen Kandidaten oder Abgeordneten die Partei für seine Wahl und Wiederwahl: nur von ihr als Direktkandidat in einem sicheren Wahlkreis oder auf

75 So ein Ergebnis aus der Bevölkerungsumfrage des Verfassers; siehe *Patzelt,* Ist der Souverän unaufgeklärt? (Anm. 32), S. 29.

76 Bei dieser zu beurteilenden These war der Begriff ‚Fraktionszwang' nicht in Anführungszeichen gesetzt, um ihn nicht antwortbeeinflussend abzumildern.

einem sicheren Listenplatz aufgestellt, kann er ein parlamentarisches Mandat gewinnen und behalten. Ohnehin ist es die Partei, die nicht nur tatsächlich, sondern auch in den Augen der Abgeordneten bei der Wahlentscheidung der Bürger den Ausschlag gibt. Denn 56 Prozent der Befragten meinen, die Bürger sähen einen Abgeordneten in erster Linie als herausgehobenes Mitglied seiner Partei; 47 Prozent meinen, die Bürger sähen ihn insbesondere als professionellen Parlamentarier; und nur 34 Prozent glauben, die Bevölkerung nehme einen Abgeordneten vor allem als individuelle Persönlichkeit und Mitbürger wahr.

Solchen Einschätzungen gemäß meinen auch nur 37 Prozent der Abgeordneten, ihr eigenes Image als kompetente und vertrauenswürdige Kandidaten sei wahlentscheidend[77]. Auch ein rationales Urteil des Bürgers über die politische Kompetenz und die inhaltlichen Positionen der Konkurrenten ist dies nur in den Augen von 37 Prozent der Parlamentarier. Hingegen stimmen 75 Prozent der Abgeordneten der These zu, die Bürger entschieden sich vor allem nach ihrer Einschätzung der führenden Repräsentanten der Partei, zu der sie, zumindest auf regionaler Ebene, auch selbst gehören. Und 74 Prozent meinen, die Bürger entschieden sich vor allem nach der allgemeinen Kompetenz und Vertrauenswürdigkeit der Partei des Abgeordneten. Zu solcher Kompetenz und Vertrauenswürdigkeit der Partei gilt es seitens des Abgeordneten also selbst dann beizutragen, wenn er nur den persönlichen Wahlerfolg suchen sollte. Sich loyal und solidarisch zu seiner Partei zu stellen, muß einem Parlamentarier also in keiner Weise aufgezwungen werden, denn sofern er das nicht ohnehin aus Überzeugung will, bringt ihn rasch sein individuelles Nutzenkalkül dazu. Allenfalls in Spitzenpositionen kann ein Profilieren auf Kosten der Partei kurzfristige Vorteile bringen.

Außerdem ist einem Abgeordneten seine Partei auch auf vielerlei sonstige Weise hilfreich. Besonders wichtig ist die organisatorische Unterstützung durch die eigene Partei; 75 Prozent nennen sie häufig. Als häufige Form der Unterstützung seitens der eigenen Partei wird von 63 Prozent der Abgeordneten auch der moralische Beistand genannt. 58 Prozent der Abgeordneten sagen ferner, häufig würden von ihrer Partei detaillierte Informationen geliefert, und 51 Prozent geben an, oft übersende die Partei auf gezielte Anfrage inhaltlich schon aufbereitete Vorlagen für gezieltes Engagement. Unterstützung durch Sachmittel und geldgleiche Leistungen beziehungsweise durch die Überlassung von Mitarbeitern ist schon viel seltener: nur 26 Prozent beziehungsweise 15 Prozent berichten, derlei komme häufig vor (selten: 46 Prozent beziehungsweise 72 Prozent). Die geringste Rolle spielen Geldspenden der eigenen Partei; nur sechs Prozent der Abgeordneten nennen sie häufig (selten: 86 Prozent). Im Gegenteil unterstützt ein deutscher Abgeordneter seine Partei, und zwar unter anderem – laut eigenen Angaben – mit monatlichen Spenden zwischen durchschnittlich 800 und 900 DM.

Aus allen diesen Gründen sind die Beziehungen zwischen den Abgeordneten und ihren Parteien sehr eng. Sie sind nicht ohne Spannungen; doch die Bruchlinie verläuft keineswegs dort, wo die Entgegensetzung von ‚freiem Mandat' und ‚Parteienstaatlichkeit' sie

77 Ins Leere läuft darum weitgehend die Zustimmung von 46 Prozent der Abgeordneten zur These, ein Abgeordneter müsse auch den Mut haben, sich gegen den Hintergrund seiner eigenen Partei politisch zu profilieren, und zwar zumal dann, wenn die Partei beim Wähler weniger Vertrauen finde als die Persönlichkeit des Abgeordneten.

bestimmen will. Wie eng das Verhältnis in der Praxis ist, ging aus den Schilderungen der Parlaments- und der Wahlkreisarbeit hervor sowie aus der Untersuchung der wichtigsten Rollenpartner, Kontaktnetze und politischen Informations- beziehungsweise Impulsquellen. Noch deutlicher wird die Innigkeit jenes Beziehungsgeflechts anhand der folgenden Befunde: 79 Prozent der Abgeordneten halten ihre eigene Parteibasis für gut über ihre politische Arbeit informiert, 78 Prozent ihre Parlamentsfraktion und 62 Prozent ihre Partei allgemein. Von der eigenen Parteibasis im Wahlkreis gut bewertet fühlen sich wiederum 84 Prozent der Abgeordneten, von der eigenen Parlamentsfraktion 72 Prozent und von der eigenen Partei allgemein 66 Prozent[78]. In Verbindung mit dem oben berichteten Ergebnis, daß es relativ selten zu ernsthaften Konflikten zwischen einem Abgeordneten und seiner Partei kommt, läßt sich aus solchen Ergebnissen verstehen, warum eine parteienstaatlich ausgeformte Demokratie in der Tat nicht zu einer Minderung der genuin parlamentarischen Rolle des Abgeordneten führt und warum entsprechende ‚Verbesserungsversuche' unseres politischen Systems im besten Fall unnötig, im wahrscheinlichen schlimmsten Fall kontraproduktiv sind.

VI. Abgeordnete und Verbände

Verbände gehören in jeder Hinsicht zum Berufsalltag von Abgeordneten. Das gilt zwar nicht in erster Linie, doch auch nicht zuletzt aufgrund der üblichen Mitgliedschaft von Abgeordneten in einer Vielzahl von Verbänden und Vereinen, die auch aktuell nützliche Verbindungen sichern kann[79]. Vor allem aber zählen Interessengruppen zu den wichtigsten Informationsquellen und Rollenpartnern der Abgeordneten. Dies ging einesteils aus den Untersuchungen zur Parlaments- und Wahlkreisarbeit hervor. Andernteils ergibt sich dasselbe Bild, wenn man die Abgeordneten unmittelbar nach ihrem Verhältnis zu Verbänden und Interessengruppen befragt. Denn Deutschlands Parlamentarier stehen den Interessengruppen grundsätzlich positiv gegenüber: 77 Prozent nennen Verbände eine wichtige Informationsquelle für die politische Sacharbeit; 58 Prozent sagen, daß von Interessengruppen wichtige Impulse für die politische Sacharbeit ausgehen; und für 41 Prozent der Befragten gelten die Verbände als wichtige Stimmungsbarometer. Diese Ergebnisse passen zu den oben dokumentierten Befunden, wonach Interessengruppen eine wesentlich größere Rolle als Informationsquelle denn als politische Impulsquelle spielen.
54 Prozent der Parlamentarier halten es – gemäß den pluralistischen Prinzipien einer offenen Gesellschaft – nicht nur für zulässig, sondern auch für richtig, daß Verbände und Interessengruppen auf Parteien Einfluß zu nehmen versuchen, 53 Prozent auf Abgeordnete und Parlamente, und 47 Prozent auf die Regierung. In der Tat sind das die üblichen Adressaten legitimen und höchst nützlichen Verbandseinflusses. Nur die Verwaltung soll

78 Andere Parteien im Wahlkreis empfinden nur 28 Prozent der Abgeordneten als über die eigene politische Arbeit gut informiert, und von ihnen gut bewertet fühlen sie verständlicherweise nur 17 Prozent. Daß letztlich doch nur 25 Prozent sagen, andere Parteien im Wahlkreis bewerteten die eigene Arbeit schlecht, weist auf eine viel größere auch affektive Kohärenz der politischen Lager hin, als sie gemeinhin unterstellt wird.
79 Angaben zur Verbands- und Vereinsmitgliedschaft finden sich in Anm. 59.

vom Verbandseinfluß im wesentlichen frei bleiben: 44 Prozent der Abgeordneten sind gegen den Einfluß von Interessengruppen auf sie, 26 Prozent dafür. Den faktischen Einfluß von Verbänden allgemein auf ihr Parlament halten 40 Prozent der Abgeordneten für stark (schwach: neun Prozent); ebenso stark wollen ihn aber nur 15 Prozent haben (schwach: 22 Prozent). Das positive Gesamtverhältnis zu Verbänden bedeutet also nicht die Bereitschaft, sich auf ungebremsten Verbandseinfluß einzulassen, sondern nur die Wertschätzung der Informationsleistung von Interessengruppen und deren Akzeptanz als Partner und Konkurrent bei der Prägung der politischen Agenda sowie beim Ringen um gestalterischen Einfluß. Wohl genau unter diesen Prämissen nennen 64 Prozent der Abgeordneten Verbände und Interessengruppen unverzichtbare Bestandteile der parlamentarischen Demokratie.

Ihre eigenen politischen Entscheidungen lassen die Parlamentarier ohnehin nur bedingt von Verbänden und Interessengruppen beeinflussen: 52 Prozent stellen einen starken derartigen Einfluß von Interessengruppen in Abrede, während nur elf Prozent ihn bekunden. Entsprechend lehnen auch 55 Prozent die Behauptung ab, Abgeordnete ließen sich von Lobbyisten gegen ihre eigentliche Überzeugung beeinflussen (Zustimmung: 14 Prozent). Im übrigen kommt es durchaus häufig zu Konflikten zwischen Abgeordneten und Interessengruppen: 49 Prozent berichteten davon, während nur 24 Prozent Konflikte mit Verbänden (eher) selten nennen. Solche Konflikte werden jedoch als normaler Bestandteil des politischen Gewerbes betrachtet, nicht als Abweichung von einer an Harmonie und ausbleibendem Widerspruch ausgerichteten Norm. In der Tat wollen, alles in allem, nur ganze 26 Prozent der Abgeordneten den Einfluß von Verbänden und Interessengruppen zurückdrängen, während 39 Prozent eine solche Forderung für falsch halten.

Im übrigen erfahren die Abgeordneten auch mancherlei Unterstützung von Interessenverbänden. Die häufigste Form ist die Übersendung detaillierter Informationen, die von 74 Prozent der Abgeordneten als häufig genannt wird. Ferner sind wichtig die Zusendung bereits inhaltlich aufbereiteter Vorlagen für gezieltes Engagement (von 45 Prozent als häufig genannt) und die ‚moralische Unterstützung' bei der politischen Arbeit (44 Prozent). Nicht ins Gewicht fällt demgegenüber die Unterstützung des Abgeordneten durch organisatorische Hilfestellung, etwa in Form der Durchführung von Veranstaltungen (als häufig genannt von sechs Prozent; selten: 78 Prozent), durch Geldspenden (drei Prozent häufig, zehn Prozent selten) oder durch Sachmittel und geldgleiche Leistungen (zwei Prozent häufig, 93 Prozent selten).

VII. Die Öffentlichkeitsarbeit der Abgeordneten

Nur wer gewählt wird, kann in einer Demokratie politische Führungsämter ausüben[80]. Um gewählt zu werden, muß man aber sich und seine Leistungen bekannt machen. Öffentlichkeitsarbeit gehört darum zu den zentralen Aufgaben von Abgeordneten. Sie wissen

80 „You can 't be a statesman, unless you are elected", lautet denn auch der angelsächsische Merksatz. Im deutschen Sprachraum wird hingegen der von seinen Wählern abhängige ‚Politiker' meist dem ‚Staatsmann' entgegengestellt, der die größeren Zusammenhänge im Sinn hat und seinen Handlungen zugrunde legt. Beides muß kein Widerspruch sein, wie der angelsächsische Merksatz zeigt. Im deutschen Sprachgebrauch konstituieren beide Begriffe allerdings einen Gegensatz, bei

es auch: ‚öffentliche Sichtbarkeit', Resonanz ihres politischen Auftretens zumindest in der Öffentlichkeit des Wahlkreises, halten 88 Prozent für wichtig. Beim Versuch, solche Resonanz zu erreichen, sind den meisten Abgeordneten vor allem eigene Auftritte im Wahlkreis und die Berichterstattung der lokalen Medien über sie wichtig[81]. Die Öffentlichkeitsarbeit mittels überregionaler und Massenmedien ist aufgrund der Aufmerksamkeitsregeln von Journalisten und Publikum hingegen nur wenigen Spitzenpolitikern auf Landes- und Bundesebene vorbehalten.

Im einzelnen nannten 81 Prozent der Abgeordneten unter den Möglichkeiten der Öffentlichkeitsarbeit die Berichterstattung der Lokalpresse über eigene Auftritte und Äußerungen bei politischen Veranstaltungen im Wahlkreis wichtig. Den dafür nötigen Anlaß bieten öffentliche Gespräche und Diskussionsrunden beziehungsweise Ansprachen, Vorträge und Reden, die darum ebenfalls 81 Prozent beziehungsweise 74 Prozent der Abgeordneten ein wichtiges Mittel nennen, an die Öffentlichkeit zu treten und auf sie einzuwirken. Da die Recherche- und Vermittlungsleistung von Journalisten offenbar nicht ausreicht, halten 80 Prozent der Abgeordneten auch eigene Presseerklärungen und 73 Prozent eigene Artikel in der lokalen Tagespresse für wichtig. 67 Prozent nannten Presseinterviews wichtig, 61 Prozent jene Kontakte und Hintergrundgespräche mit Journalisten, bei denen die für die Öffentlichkeitsarbeit wichtigen Beziehungen gepflegt werden. Auch Bürger- und Parteiversammlungen sind wichtig, zumal wenn in der Lokalpresse über die Äußerungen des Abgeordneten auf ihnen berichtet wird: 71 Prozent beziehungsweise 58 Prozent stuften sie so ein. Und mit 48 Prozent entsprechender Urteile fallen durchaus auch jene Grußworte ins Gewicht, die auf ‚Repräsentationsveranstaltungen' einem Abgeordneten die Gelegenheit geben, sich als Person zu präsentieren[82].

Hörfunkinterviews werden von 47 Prozent der Abgeordneten ein bedeutendes Mittel der Öffentlichkeitsarbeit genannt, Fernsehinterviews von 43 Prozent. Beides ist zweifellos wichtig, stellt für die Mehrzahl der Abgeordneten aber ein relativ selten nutzbares Mittel der Öffentlichkeitsarbeit dar. In der Tat ist ja die Aufmerksamkeit auch schon der überregionalen Presse für einen normalen Abgeordneten nur schwer zu erreichen. 47 Prozent nannten diese denn auch schlecht informiert über die eigene politische Arbeit (gut informiert: 21 Prozent), und 23 Prozent fühlten sich von ihr schlecht bewertet (gut bewertet: 21 Prozent). Bei der lokalen und regionalen Presse, mit deren Protagonisten im Wahlkreis ein kundiger Abgeordneter stets enge Beziehungen pflegt, ist das Bild dann ganz anders: 54 Prozent halten sie für gut, nur neun Prozent für schlecht über die persönliche politische Arbeit informiert, und 44 Prozent fühlen sich von ihr auch gut bewertet (schlecht be-

dem obendrein der demokratisch an die Leine gelegte Politiker gegenüber dem seine eigenen Wege gehenden ‚Staatsmann' als inferior eingeschätzt wird. Offenbar drückt sich hierin eine tiefgreifende, unreflektierte Befangenheit im vordemokratischen, obrigkeitsstaatlichen Denken aus. Sie ist um so besorgniserregender, als sie gerade das zum Ansatzpunkt der Politikerverachtung macht, was deren demokratische Legimitation begründet: die Rückbindung an die Zustimmungsbereitschaft der Regierten.

81 Die Berichterstattung in der Lokalpresse ist – neben Plakaten – in der Tat die wichtigste Informationsquelle der Bevölkerung über die örtlichen Abgeordneten; siehe *Patzelt*, Ist der Souverän unaufgeklärt? (Anm. 32), S. 5 f.

82 Eher auf mittelbaren Einfluß zielen Besprechungen mit kommunalen Mandatsträgern und Hintergrundgespräche mit Verbänden und Bürgerinitiativen, die von 68 Prozent beziehungsweise 62 Prozent als wichtig genannt werden.

wertet: sieben Prozent). Die Voraussetzungen für eine ausreichende und befriedigende Berichterstattung über die Abgeordneten im für sie wichtigsten Medium, der Lokalpresse, sind also gegeben.

Doch die erzielten Ergebnisse befriedigen die Befragten nicht. Grundsätzlich meinen sie, der einzelne Abgeordnete habe zu wenig Möglichkeiten, durch Informationen oder Stellungnahmen auf die Bürger einzuwirken: 48 Prozent stimmen dieser Aussage zu, und nur 17 Prozent lehnen sie ab. Dahinter stehen die folgenden Einzelbefunde: Bloß 26 Prozent halten den Umfang der Medienberichterstattung über ihre persönliche politische Arbeit für ausreichend, 41 Prozent hingegen für unzureichend. Kaum besser fällt das Urteil zum Umfang der Medienberichterstattung über ihr Parlament aus: 25 Prozent halten ihn für ausreichend, 40 Prozent für unzureichend. Und als ganz unbefriedigend sehen Abgeordnete den Umfang der Berichterstattung über ihre Partei an: den neun Prozent, die ihn für ausreichend halten, stehen 58 Prozent mit gegenteiligem Urteil zur Seite.

Etwas besser steht es allerdings um den Inhalt der – insgesamt für unzureichend befundenen – Medienberichterstattung. Hinsichtlich der persönlichen politischen Arbeit halten 43 Prozent der Abgeordneten das Dargestellte für zutreffend, nur 21 Prozent aber für verzerrt. Bezüglich der Parlamentsberichterstattung fällt das Urteil mit 22 Prozent ‚zutreffend' gegenüber 38 Prozent ‚verzerrt' schon schlechter aus. Und die meiste Kritik zieht die Berichterstattung über die eigene Partei auf sich: nur 14 Prozent halten sie für zutreffend, 48 Prozent aber für verzerrt. Die seit knapp zwei Jahren verfügbaren inhaltsanalytischen Befunde des ‚Deutschen Medien Tenor' erhärten dieses Urteil: hinsichtlich aller Parteien überwiegen in den Medien so gut wie immer die negativen Meldungen die positiven, und aus der Sicht eines um redliche Parteiarbeit bemühten Abgeordneten kann das kaum anders denn als verzerrte Berichterstattung gewertet werden.

VIII. Abgeordnete und Bürger

Die zwar nicht geringen, doch sicher noch verbesserungsfähigen Anstrengungen der Abgeordneten im Bereich der Öffentlichkeitsarbeit erreichen ihr Ziel bestenfalls mit großen Einschränkungen. Klar geht das aus demoskopischen Erhebungen zur Wahrnehmung der Abgeordneten durch die Bevölkerung hervor[83]. Die Abgeordneten schätzen hier die Lage durchaus richtig ein: 38 Prozent von ihnen meinen, die Bürger nähmen – trotz aller Öffentlichkeitsarbeit – einen Abgeordneten kaum wahr und hätten darum keine besonderen Vorstellungen von ihm; lediglich 19 Prozent widersprechen dieser Ansicht[84]. Und bloß 19 Prozent der deutschen Parlamentarier meinen, die Bürger im Wahlkreis allgemein seien gut über ihre politische Arbeit informiert; 34 Prozent halten sie hingegen für schlecht

83 Siehe *Patzelt*, Ist der Souverän unaufgeklärt? (Anm. 32), S. 25 f. und S. 36 f.

84 Die Selbstzuschreibung ‚öffentlicher Sichtbarkeit' , die 78 Prozent der Abgeordneten vornehmen, dürfte etwas übertrieben sein. Realistischer urteilen wohl die 18 Prozent, die sich Resonanz in der Wahlkreisöffentlichkeit nur teilweise zuschreiben. Tatsächlich kennen 42 Prozent der Deutschen keinen Landtagsabgeordneten, 45 Prozent keinen Bundestagsabgeordneten aus ihrer Gegend. Persönlich kennengelernt haben 25 Prozent beziehungsweise 16 Prozent einen MdL beziehungsweise MdB, von einem Landtags- beziehungsweise Bundestagsabgeordneten gehört oder gelesen haben 33 Prozent beziehungsweise 39 Prozent.

informiert. Wenigstens hinsichtlich der politisch interessierten Bürger mißt man sich allerdings mehr Erfolg zu: 73 Prozent der Abgeordneten halten diese für gut über ihre Arbeit informiert, nur drei Prozent für schlecht. Wer will, der kann Bescheid wissen und tut das auch – so ist die Ansicht der Abgeordneten zusammenzufassen. Doch reduziert man den Kreis politisch interessierter Bürger nicht auf eine extrem kleine Gruppe, sondern nimmt man die Selbstzuschreibung politischen Interesses als Kriterium[85], so erweist sich diese optimistische Annahme als durchaus falsch: die Abgeordneten schwindeln sich hier etwas aufs Konto.

Ansonsten fühlen sich die deutschen Abgeordneten von den Bürgern persönlich wesentlich besser eingeschätzt als gekannt: 39 Prozent empfinden ihre politische Arbeit von der Bevölkerung im Wahlkreis als gut bewertet, nur acht Prozent als schlecht. Hinsichtlich der politisch Interessierten steigt – wie beim unterstellten Wissensstand – die vermutete Wertschätzung sogar noch an: 70 Prozent der Abgeordneten halten sich von den politisch Interessierten für gut bewertet. Das geht nicht nur darauf zurück, daß die Befragten politisches Interesse wohl auch mit der Neigung zum eigenen politischen Lager gleichsetzen beziehungsweise als politisch Interessierte vor allem die eigenen Parteimitglieder vor Augen haben. Vielmehr zeigen Analysen demoskopischer Befunde, daß die Wertschätzung von Parlament und Abgeordneten sowie das beiden entgegengebrachte Vertrauen tatsächlich unter den politisch Informierten stärker ausgeprägt ist[86]. Der hier zentrale Befund ist freilich, daß sich die Abgeordneten persönlich durchaus nicht schlecht bewertet und eingeschätzt fühlen. Unmittelbare Erfahrungen aus der Wahlkreisarbeit sowie die relativ gute persönliche Bewertung in der Lokalpresse dürften die wesentliche Grundlage dieses Einschätzung sein.

Sie steht in einem Spannungsverhältnis zur viel schlechteren Beurteilung, welche die Abgeordneten in der überregionalen Presse empfinden und die sich auch unter der Bevölkerung grundsätzlich nachweisen läßt. Denn laut Allensbacher Umfragen vom Frühjahr 1995 meinen 34 Prozent der Deutschen, die Bundestagsabgeordneten hätten bei der Bevölkerung allgemein ein geringes Ansehen (hohes Ansehen: 24 Prozent), und beim Befragten persönlich genossen unter 31 Prozent der Bundestagsabgeordneten geringes, nur unter 17 Prozent aber hohes Ansehen. Die Abgeordneten sehen diese Lage sogar noch schlimmer, als sie ist: nur zehn Prozent halten das Ansehen von Abgeordneten als Berufsstand für hoch, 52 Prozent indessen für gering. Um das Ansehen der Abgeordneten steht es also zwar besser, als die Betroffenen glauben; doch keineswegs steht es darum gut.

Nichts Besseres kann hinsichtlich der – zumindest bekundeten – Vertrauensbeziehung zu den Bürgern berichtet werden. Zwar sehen es 93 Prozent der Parlamentarier als die Aufgabe eines Abgeordneten an, um Vertrauen für sich und sein Parlament zu werben, und 72 Prozent meinen, die Bürger wollten ihren Abgeordneten vor allem vertrauen können, was ihnen sogar wichtiger sei, als deren politischen Positionen und Handlungen im einzelnen zu kennen. In der Praxis glauben aber nur 16 Prozent der Abgeordneten, die

85 Es sind politisch ‚interessiert' 45 Prozent, ‚nicht besonders' an Politik interessiert 44 Prozent, ‚gar nicht' politisch interessiert elf Prozent; siehe *Patzelt,* Ist der Souverän unaufgeklärt? (Anm. 32), S. 2 f.

86 Siehe *Patzelt,* Ist der Souverän unaufgeklärt? (Anm. 32), S. 25f und S. 36 f.

Bevölkerung habe viel Vertrauen zum jeweiligen Parlament, während 33 Prozent vermuten, die Bürger hegten wenig oder gar kein Vertrauen[87]. Und ebenfalls 33 Prozent der Abgeordneten stimmten der These zu, die Bürger hätten zu wenig Vertrauen zu ihren Abgeordneten, während bloß 20 Prozent diese These für falsch erklärten[88]. Leider liegen die Parlamentarier mit der Tendenz ihres wenig befriedigenden Urteils richtig. Denn tatsächlich bekundeten im Frühjahr 1995 nur 14 Prozent der Deutschen Vertrauen zum Bundestag und neun Prozent zu seinen Abgeordneten, während 28 Prozent beziehungsweise 37 Prozent angaben, zum Bundestag beziehungsweise seinen Abgeordneten nur wenig Vertrauen zu haben. Die Vertrauensbeziehungen zwischen dem Volk und seinen Vertretern sind also gestört[89].

Die Aufmerksamkeits- und Selektionsregeln der Massenmedien werden in Verbindung mit unkritischer Interpretation der Nachrichtenlage recht oft dazu führen, daß Einzelfälle fälschlicherweise verallgemeinert und zur Grundlage insgesamt ungerechter Urteile gemacht werden. Das glauben auch die Abgeordneten. Denn nur – doch immerhin – 16 Prozent stimmen der These zu: „Zu oft erlebt man, daß führende Politiker nicht die Wahrheit sagen. Deshalb kann man kein Vertrauen zu ihnen haben und sich nicht auf das verlassen, was sie sagen."[90] 42 Prozent indessen lehnen diese Behauptung ab. Umgekehrt stimmen 55 Prozent der Aussage zu, führende Politiker versuchten natürlich, ihre Politik im besten Licht darzustellen, weswegen sie vielleicht nicht alles, doch immerhin nicht absichtlich etwas Falsches sagten; darum könne man ihnen im großen und ganzen vertrauen. Nur – doch allerdings – zehn Prozent widersprachen dem.

Zweifellos kommen in den vorgelegten Befunden zwei Spannungsfelder zum Vorschein. Ein erstes besteht zwischen der persönlichen und der massenmedial vermittelten Erfahrung von Abgeordneten beziehungsweise Bürgern. Denn sich selbst erleben die Parlamentarier stets viel weniger kritisiert und viel besser bewertet als ‚die Abgeordneten im allgemeinen' , die der Bürger freilich nur über die massenmediale Berichterstattung kennt. Umgekehrt beruht das Urteil des Volkes über seine Vertreter in erster Linie auf der massenmedialen Berichterstattung, da nur 25 Prozent der Deutschen einen Landtagsabgeordneten und bloß

87 Analog stimmten 45 Prozent der Abgeordneten der an anderer Stelle zu beantwortenden These zu, die Bürger hätten zu wenig Vertrauen zu ihrem Parlament, während bloß elf Prozent diese These für falsch erklärten.

88 Im übrigen meinen 54 Prozent der Befragten, die Bürger sähen ihre Probleme vom Parlament und von den Abgeordneten zu wenig berücksichtigt; bloß drei Prozent lehnen diese Behauptung ab.

89 Im einzelnen werden die Indikatoren und Ursachen solcher gestörter Beziehungen dargestellt in *Patzelt,* Ist der Souverän unaufgeklärt? (Anm. 32). Wesentlich trägt zur Störung der Vertrauensbeziehungen zum einen bei, daß die Bürger vielfach unzutreffende Vorstellungen von der tatsächlichen Arbeit und den wirklichen Leistungen der Abgeordneten haben; sie kritisieren sie dann grundlos. Zum anderen hegen die Deutschen vielfach andere normative Vorstellungen vom Verhalten ihrer Parlamentarier, als sie der Funktionslogik eines von Parteien getragenen parlamentarischen Regierungssystems angemessen sind. Gerade die zutreffend wahrgenommene und korrekte Amtsführung von Abgeordneten wird dann zum Kristallisationspunkt von Kritik.

90 Bestimmt ist die Zustimmung zu dieser These, wie so manches andere Echo populärer Kritik, vor allem an die politische Konkurrenz, doch kaum an das eigene Lager adressiert.

16 Prozent einen Bundestagsabgeordneten persönlich kennen[91]. Das zweite Spannungsfeld besteht zwischen der Berufswirklichkeit von Abgeordneten, wie sie in diesem Beitrag umrissen wurde[92], und dem, was die Bürger über sie wissen oder vermuten. Dies ist wenig und vielfach Falsches[93]. Durchaus ist die tatsächliche persönliche und politische Leistung der deutschen Abgeordneten nicht geeignet, so großes Mißtrauen des Volkes und so geringes Ansehen der Volksvertreter zu rechtfertigen. Vielmehr ist Kritik am mangelnden Wissen der Bürger und an ihren Vorurteilen erforderlich.

Im Grunde sehen das die Abgeordneten kaum anders. Sie haben aber zu wenig Mut, ihren Auftraggeber hinsichtlich der Informationsgrundlagen seiner Vermutungen und Urteile zu kritisieren. Das Demokratieprinzip scheint hier deformierend zu wirken. Denn tatsächlich meinen durchaus 78 Prozent der Abgeordneten, die Bürger hätten zu wenig Kenntnisse vom Amt sowie der Arbeit eines Abgeordneten, und 74 Prozent sagen, die Bevölkerung wisse zu wenig von den Aufgaben und der Arbeitsweise ihres Parlaments. Im übrigen denken 49 Prozent, die Deutschen hätten ein zu geringes Interesse an Politik. Statt nun aber auf die Bürger mit solchen Vorhaltungen zuzugehen, sie möglicherweise bis zur Thematisierung auch unterschwelliger Vorurteile zu provozieren und dann durch offensives Informieren, durch die Präsentation klarer Tatsachen ein Publikum zumindest zum Überdenken von eingeschliffenen Ansichten zu bringen, halten sich die meisten Abgeordneten hier bedeckt und beklagen bloß untereinander, wie wenig man sie doch verstehe. Und andere üben sich in vorauseilendem Populismus: durch allgemeine Kritik an Kollegen und durch undifferenziertes ‚institution bashing‘ wird versucht, wenigstens sich selbst als Gerechten unter vielen Fehlsamen darzustellen und dann aus der Schußlinie zu eilen. Das aber bringt auf die Dauer nichts und beschädigt nur die Institutionen parlamentarischer Demokratie.

IX. Was tun?

Das zentrale Ergebnis der 1994 unternommenen Untersuchung aller deutschen Parlamentarier ist: Die Abgeordneten sind zweifellos um vieles besser als ihr Ruf. Weder sind sie ‚abgehoben‘ noch überbezahlte Nichtstuer; ihr Amtsverständnis ist abgestimmt auf die Prinzipien unserer Demokratie; und in ihrer Amtsführung drückt sich jene Mandatsauffassung auch aus. Ein solcher Befund widerspricht dem, was gemeinhin als gesicherte Erkenntnis vorgebracht wird. Aus den eingangs erörterten Gründen läßt sich aber davon ausgehen, daß das gezeichnete Abgeordnetenprofil stimmt. Darum lassen sich aus den präsentierten Befunden praktische Konsequenzen ableiten. Sie bestehen zunächst in Kritik. Auf ihr mag dann die Ausarbeitung von Therapie gründen, die solcher Diagnose folgt.

91 Siehe Fußnote 84.

92 Anhand von Selbstbeschreibungen von Abgeordneten, die in Leitfadeninterviews gewonnen wurden, wird ein detailliertes Bild des Arbeitsalltags von Abgeordneten geschildert in *Patzelt,* Abgeordnete und ihr Beruf (Anm. 1).

93 Siehe die Ergebnisse demoskopischer Umfragen in *Patzelt,* Ist der Souverän unaufgeklärt? (Anm. 32).

…fil des deutschen Durchschnittsabgeordneten

Biographischer Hintergrund	Amtsverständnis	Amtsführung	innegehabte Funktionen	gesellschaftliche Vernetzung	Einschätzung der Bürger
vor allem Männer; um die 50	Treuhänder der Bürger mit freiem Mandat	Schwerpunkt Parlamentsarbeit, dazu Wahlkreis- und Parteiarbeit	Parteiführungsfunktionen, v. a. auf Kreis- und Unterbezirksebene	vorpolitischer Raum, Vereine, Verbände	zu wenig politisches Interesse
Mittelschicht	Solidarität mit der eigenen Fraktion/Partei	durchschnittlich 65 Arbeitsstunden in ‚Parlamentswochen'	Funktionen in Verbänden, Vereinen, Bürgerinitiativen	kommunale Ebene, Ämter und Behörden	wenig Kenntnisse über Parlament und Abgeordnete
abgeschlossene Berufsausbildung	Sachwalter von Bürger- und Wahlkreisinteressen	durchschnittlich 54 Arbeitsstunden in ‚Wahlkreiswochen'	Funktionen in Beiräten, Kuratorien, Stiftungen usw.	eigene Fraktion und Partei	gute Bewertung des persönlich gekannten Abgeordneten
gesicherte Stellung auch ohne Mandat	Sachwalter des Gemeinwohls	schwierige Verbindung von Mandatsausübung und Familienleben	mittlere parl.Führungsfunktionen (Arbeitsgruppen, Ausschüsse)	Ministerien	schlechte Bewertung von Abgeordneten im allgemeinen
öffentlicher Dienst	Regierungskontrolle und Arbeit am Gesetz	attraktive Seiten: Selbständigkeit, Aufgabenvielfalt, Gestaltungs- und Hilfsmöglichkeiten	kommunale Mandate	Journalisten	zu wenig Vertrauen zu Abgeordneten und zum Parlament
vor der Mandatsübernahme tätig im vorpolitischen Raum, in Kommunalpolitik und Partei	Kontaktpflege und Informationsaufnahme	Kompromißstiftung und Mehrheitsbildung		Kommunikationsinhalte: aktuelle, praktische Probleme und Anliegen	
der Wiederwahl gewisser Berufspolitiker	Vertretung der Anliegen von Bürgern, Gruppen und Kommunen; Dienstleistungen für sie	Kommunikation und Kontakthalten		Zufriedenheit mit dem eigenen Informationsstand über Wahlkreis und Bevölkerung	
seit durchschnittlich gut acht Jahren Abgeordneter	politische Führung, gepaart mit Erwerb und Sicherung von Vertrauen	Dienstleistungen für Bürger, Gruppen und Kommunen		Zufriedenheit mit der eigenen Vernetzung in Wahlkreis und Gesellschaft	

Kritik ist zunächst an den Bürgern zu üben, deren Abgeordnetenbild offenbar falsch ist[94]. Doch sie beharren darauf, wider alle Rationalität auf unsolider Informationsgrundlage fossilisierte Vorurteile zu pflegen und Wissenslücken durch irregeleitete Meinungen über Parlamente und Parlamentarier zu schließen. Da in einer Demokratie Politiker sich aber nun einmal an dem orientieren müssen, was der Bevölkerung vermittelbar ist, wirkt falsches Bewußtsein der Bürger fatal zurück auf die Handlungsweisen ihrer Abgeordneten. Es muß also darauf hingewirkt werden, daß die Vorurteile des Volkes über seine Vertreter zurechtgerückt werden, da sonst auch pflichtgemäße Amtsführung Legitimationsverlusten nicht Einhalt gebieten kann.

Kritik ist ferner an den Massenmedien zu üben, und zwar allen voran am Fernsehen als der wichtigsten politischen Informationsquelle der Bürger. Offenbar haben sich die Medien unzureichend darum bemüht, die populären Wissensbestände des Volkes über die Institutionen und Funktionsträger seiner repräsentativen Demokratie wenigstens auf das Niveau der Kenntnisse über halbwegs verbreitete Sportarten zu bringen[95]. Sicher besitzen die Medien Aufmerksamkeitsregeln, Darstellungsmöglichkeiten und Prioritäten, die daran hindern, Massenmedien ohne weitere Umstände zum Instrument politischer Bildung zu machen. Doch wegen seiner überragenden Prägewirkung ist es schwer zu verantworten, zumal das Fernsehen nicht auch in den Dienst institutionenkundlicher und funktionslogischer Aufklärung zu stellen. Und da ihre Freiheit eine dienende und auf das Gedeihen freiheitlicher Demokratie ausgerichtete ist, dürfen sich die Massenmedien zweifellos nicht der Sorge darum entziehen, wie sich ihre Berichterstattung und journalistische Pointierung mittelfristig auf die Achtung unserer politischen Institutionen auswirkt.

Kritik verdient auch die Politikwissenschaft. Warum ließ sie die Funktionsanalyse von Institutionen und ihrer Akteure so in Mißkredit geraten, um sie – nachdem große Forschungslücken entstanden sind – nun als wichtige Aufgabe wiederzuentdecken[96]? Warum wissen wir bis heute nicht anhand repräsentativer Inhaltsanalysen, wie Parlamente und Parlamentarier üblicherweise in den verschiedenen Medien dargestellt werden und diese auf sie zurückwirken[97]? Und warum gibt es keine verläßlichen, den Geltungsbereich von Einzelfallstudien überschreitenden Aussagen über das Zusammenwirken von Medienberichterstattung einerseits und andererseits dem öffentlichem Ansehen der Institutionen und Funktionsträger unserer parlamentarischer Demokratie?

Kritik ist aber auch an den Abgeordneten selbst zu üben. Viele von ihnen sind mit ihren Vorstellungen von der eigenen Rolle nicht auf der Höhe der Modernität der Institutionen, in denen es diese Rolle auszufüllen gilt. Das ist vor allem hinsichtlich der parteipolitischen

94 Grundlage dieser Kritik ist der Vergleich der hier vorgelegten zentralen Ergebnisse der Abgeordnetenstudie von 1994 mit denen der spiegelbildlich angelegten Bevölkerungsstudie von 1995.

95 Nur 14 Prozent der Deutschen meinen, aus der Fernsehberichterstattung erfahre man genug darüber, wie der Bundestag arbeitet und was die Abgeordneten tun (nicht genug: 69 Prozent; unentschieden: 17 Prozent). Die analogen Zahlen für die Presseberichterstattung lauten: Man weiß dann ganz gut Bescheid 22 Prozent; man erfährt da nicht genug 61 Prozent; unentschieden 17 Prozent. Siehe *Patzelt*, Ist der Souverän unaufgeklärt? (Anm. 32), S.4 f. und 37 f.

96 Erfreulicherweise wurde gerade im Bereich der Parlamentarismusforschung in einer der Zeitmode sich widersetzenden Weise an der Analyse parlamentarischer Institutionen durchaus festgehalten, wovon nicht zuletzt die Bände der Zeitschrift für Parlamentsfragen zeugen.

97 Vgl. zum letzteren *Frank Brettschneider,* Öffentliche Meinung und Politik. Eine empirische Studie zur Responsivität des deutschen Bundestages zwischen 1949 und 1990, Opladen 1995.

Rolle von Parlamentariern und der Funktionslogik des parlamentarischen Regierungssystems der Fall. Ferner bringen die Abgeordneten einen Ton von Falschheit in ihr Selbstverständnis und in ihre Selbstdarstellung, da sie sich nicht unumwunden zu dem bekennen, was sie sind und doch auch sein sollen: nämlich Berufspolitiker, von denen man professionelle Kompetenz ohne große Niveauschwankungen erwarten darf, und Persönlichkeiten voller Ehrgeiz, der sie – wie Spitzensportler – zu Bestleistungen anhalten sollte. Schließlich ist ihnen vorzuwerfen, daß sie, zumal beim Urteil über den Wert plebiszitärer Elemente, recht kurzschlüssiges Denken an den Tag legen und gründliches Überlegen durch populistische Reflexe substituieren. Das alles macht sie zu unzulänglichen Sachwaltern der Interessen der ihnen anvertrauten Zentralinstitution parlamentarischer Demokratie.

Vor allem ist jene Minderheit von Abgeordneten zu kritisieren, in deren Antworten populäre Kritik leichtfertig auf die Kollegen umgeleitet, doch nicht ihrerseits hinterfragt und kritisiert wird. Solche Parlamentarier werden sich in öffentlichen Diskussionen nicht anders verhalten, als sie es beim Ausfüllen des Fragebogens taten. Ihr Tenor ist stets der gleiche: „Die Vorwürfe an die Adresse von Abgeordneten stimmen ja; allerdings betreffen sie nicht mich, sondern die Masse der anderen. Denn jene gehen auf ihre persönlichen Vorteile aus, wissen um die Ansichten der Bevölkerung nicht Bescheid, lassen ‚Fraktionszwang' über sich ergehen, unterwerfen sich Lobbyisten auch gegen die eigene Überzeugung und trauen sich nicht zu sagen, daß die führenden Politiker im wesentlichen lügen. Folglich ist das Ansehen von Abgeordneten sowie das ihnen geschenkte Vertrauen immer noch viel zu groß, soweit das die anderen und nicht mich betrifft." So argumentierende Parlamentarier – Volksvertreter im schlechten Sinn – werden von der Öffentlichkeit zwar meist als ‚kritische Köpfe' und ‚unangepaßte Querdenker' gelobt. In Wirklichkeit sind sie mehr oder minder subtile Opportunisten, welche zwischen kritischer Distanz zu Fehlentwicklungen und Illoyalität zur eigenen Institution changieren.

Zu kritisieren ist im übrigen der Arbeitsstil, den die eingeschliffenen politischen Routinen den Abgeordneten auferlegen. Denn ganz ohne Zweifel kommen gründliches Nachdenken, solides Nachlesen, umsichtiges Abwägen von Möglichkeiten und Folgerungen viel zu kurz. Dies alles wird abgewürgt von der hektischen Taktung des Parlamentsbetriebs und von einer Vielzahl entbehrlicher Pflichten im Wahlkreis. Zwar läßt sich Politik nicht mehr wie zu *Bismarcks* Zeiten fern der Hauptstadt und voller Muße betreiben. Doch es ist zu bezweifeln, daß es zur etablierten Arbeit auf Verschleiß und zur Aufzehrung mitgebrachter Substanz wirklich keine befriedigenden Alternativen gibt.

Solche Betrachtungen machen klar, daß die vorgelegten Ergebnisse zwar viel populäre Kritik an den deutschen Abgeordneten entkräften, trotzdem aber folgenreiche Schwachpunkte ihrer Einstellungen, Mängel ihrer Verhaltensweisen und Defekte unserer parlamentarischen Demokratie aufdecken. Selbst daß die Gesamtbilanz positiv ausfällt, verlangt nicht unmittelbar nach einem Hoch auf die Volksvertreter. Denn sie tun doch einfach ihre Pflicht, und sie tun sie nicht zuletzt deshalb recht gut, weil die Funktionslogik unseres gut strukturierten Institutionensystems sie auf mittlere Frist auch gegen manche Trägheit dazu zwingt. Zufrieden kann man darum zunächst mit der Leistung dieses Institutionensystems sein, doch dann auch weithin mit jener der Abgeordneten. Und eigentlich gibt es keinen Grund zur Verlegenheit, nur weil der Blick auf die Welt der Parlamentarier nicht bloß Kritikwürdiges erkennen läßt.